AF532543

Dirk Siegmann

Datenvisualisierung mit Excel

Das Praxisbuch

Liebe Leserin, lieber Leser,

Excel ist ein mächtiges Tool, mit dem Sie die unterschiedlichsten Daten sammeln und aufbereiten können. Hierzu bietet es viele Möglichkeiten, auf die Sie bei Ihrer täglichen Arbeit sicherlich nicht mehr verzichten möchten. Doch wie werten Sie diese Daten richtig aus? Wie präsentieren Sie die erarbeiteten Ergebnisse, damit Sie verständlich und überzeugend sind? Das Zauberwort heißt Datenvisualisierung. Excel bietet Ihnen zahlreiche Diagramme, die für nahezu jede Präsentation die perfekte Darstellung möglich machen. Auch jenseits der üblichen Balken- und Säulendiagramme lassen sich Visualisierungen klar und raffiniert gestalten.

In diesem Buch erfahren Sie, wie die Datenvisualisierung mit Excel richtig gelingt. Sie lernen alle Möglichkeiten von Excel kennen und können so entscheiden, welcher Diagrammtyp Ihrem Ziel dienlich ist. Schon bald erstellen Sie aussagekräftige Diagramme und Grafiken mit den Bordmitteln von Excel. Dirk Siegmann zeigt Ihnen, wie Sie Zahlen und Daten aus den unterschiedlichsten Bereichen richtig visualisieren. Und das gute dabei? Es ist egal, welche Excel-Version Sie verwenden. Natürlich kommen mit jeder neuen Version auch neue Diagramme hinzu, aber auch mit einem älteren Excel stehen Ihnen vielfältige Möglichkeiten zur Verfügung.

Damit Sie das gezeigte besser nachvollziehen können, laden Sie sich am besten gleich die Beispieldateien von der Website zum Buch herunter: *www.rheinwerk-verlag.de/datenvisualisierung-mit-excel/*. Klicken Sie dazu einfach auf den Reiter MATERIALIEN und dann auf HERUNTERLADEN.

Dieses Buch wurde mit größter Sorgfalt geschrieben, geprüft und hergestellt. Sollte dennoch einmal etwas nicht so funktionieren, wie Sie es erwarten, freue ich mich, wenn Sie sich mit mir in Verbindung setzen. Ihre Anregungen und Fragen sind jederzeit herzlich willkommen!

Ihr Erik Lipperts
Lektorat Rheinwerk Computing

erik.lipperts@rheinwerk-verlag.de
www.rheinwerk-verlag.de
Rheinwerk Verlag · Rheinwerkallee 4 · 53227 Bonn

Auf einen Blick

Wir hoffen, dass Sie Freude an diesem Buch haben und sich Ihre Erwartungen erfüllen. Ihre Anregungen und Kommentare sind uns jederzeit willkommen. Bitte bewerten Sie doch das Buch auf unserer Website unter **www.rheinwerk-verlag.de/feedback**.

An diesem Buch haben viele mitgewirkt, insbesondere:

Lektorat Erik Lipperts, Fynn Koretz
Korrektorat Annette Lennartz, Bonn
Herstellung Maxi Beithe
Typografie und Layout Vera Brauner
Einbandgestaltung Bastian Illerhaus
Coverbild iStock: 538015587 © artvea, 831902110 © shapecharge
Satz III-satz, Husby
Druck und Bindung mediaprint solutions, Paderborn

Dieses Buch wurde gesetzt aus der TheAntiquaB (9,35/13,7 pt) in FrameMaker.
Gedruckt wurde es auf chlorfrei gebleichtem Offsetpapier (90 g/m²).
Hergestellt in Deutschland.

Bibliografische Information der Deutschen Nationalbibliothek:
Die Deutsche Nationalbibliothek verzeichnet diese Publikation in der Deutschen Nationalbibliografie; detaillierte bibliografische Daten sind im Internet über *http://dnb.dnb.de* abrufbar.

ISBN 978-3-8362-7331-2

1. Auflage 2021

Informationen zu unserem Verlag und Kontaktmöglichkeiten finden Sie auf unserer Verlagswebsite **www.rheinwerk-verlag.de**. Dort können Sie sich auch umfassend über unser aktuelles Programm informieren und unsere Bücher und E-Books bestellen.

Inhalt

8 Pivot-Tabellen und -Diagramme 303

9 Individuelle Diagramme 337

Materialien zum Buch

Auf der Webseite zu diesem Buch stehen folgende Materialien für Sie zum Download bereit:

- alle Beispieldaten (Excel-Tabellen)
- die im Buch gezeigten Diagramme zu den Beispieldateien

Gehen Sie auf *www.rheinwerk-verlag.de/datenvisualisierung-mit-excel*. Klicken Sie auf den Reiter MATERIALIEN. Sie sehen die herunterladbaren Dateien samt einer Kurzbeschreibung des Dateiinhalts. Klicken Sie auf den Button HERUNTERLADEN, um den Download zu starten. Je nach Größe der Datei (und Ihrer Internetverbindung) kann es einige Zeit dauern, bis der Download abgeschlossen ist..

Kapitel 1
Einführung

Excel bietet neben Formeln und Pivot-Tabellen eine weitere hervorragende Möglichkeit, um aus Daten verständliche Informationen zu generieren – mit den unterschiedlichsten Diagrammen lassen sich bequem Daten visualisieren. Wie das funktioniert, erfahren Sie in diesem Buch.

Daten sind Träger von Informationen. Je mehr Daten vorliegen, desto vielschichtiger und umfangreicher können die Informationen sein, die sich aus den Daten ableiten lassen. Aus den Informationen wiederum können Erkenntnisse entstehen und Zusammenhänge sichtbar werden. Und letztlich kann aus diesem Wissen eine Aktion oder eine Handlung resultieren. Auf dieser erst mal recht abstrakten Kette basiert jedoch zum Teil unsere datengetriebene digitale Welt. Viele Einzeldaten werden erfasst, analysiert, bewertet und als Parameter für Prozesse benutzt. Die Werkzeuge dafür sind in der heutigen Informationstechnologie vielfältig. Über Sensoren lassen sich z. B. sehr große Datenmengen erfassen und über Funk weiterleiten. In Rechenzentren laufen leistungsfähige Datenbanken für unstrukturierte Daten, mit Algorithmen aus der künstlichen Intelligenz findet eine permanente selbstlernende Analyse aller Daten statt.

Aber auch mit Excel lassen sich für »relativ« geringe Datenmengen sehr gut Analysen durchführen. Von den Anfängen Mitte der 1980er Jahre bis zur aktuellen Version 2019 als Teil des Pakets *Office 2019* und dem Abonnementmodell *Microsoft 356* hat sich viel getan. In jeder neuen Version kamen weitere Funktionalitäten hinzu, Verbesserungen und Erweiterungen wurden eingebaut, die Handhabung optimiert. Und dieser Trend wird sich mit Sicherheit fortsetzen. Zukünftige Versionen von Excel setzen auf die bestehenden Funktionalitäten auf, es kommen nur weitere hinzu. Heute schon deckt Excel ein sehr breites Spektrum an Einsatzszenarien ab, für fast jede Fragestellung zu Daten lassen sich mit Excel Antworten finden. Und in vielen Fällen kann die Antwort aus einem Diagramm bestehen.

1.1 Datenvisualisierung – Informationen anschaulich machen

In einer sehr einfachen Form kann ein Datum aus nur einer Zahl bestehen. Die einzelne Zahl »749« hat für sich genommen jedoch keinen Informationsgehalt, erst im

Kontext ergibt sich die Information. Wenn zu diesem Einzeldatum »749« noch weitere Daten wie die Währung, eine Artikelnummer und ein Bezug zur Produktkategorie »Fahrrad« angeheftet werden, ergibt sich eine Art Datensatz. Und eine Information dieses Datensatzes lautet, dass dieses Fahrrad genau 749 € kostet. Haben Sie jetzt weitere Datensätze dieser Art vorliegen, lassen sich daraus neue Informationen gewinnen. Sie können z. B. ermitteln, wie viele Fahrräder über bzw. unter einem bestimmten Preis liegen oder wie der Durchschnittspreis aller vorhandenen Räder lautet. Beinhaltet Ihr Datensatz noch die Anzahl verkaufter Fahrräder pro Tag, so kann z. B. auch die Information herausgezogen werden, wie hoch der Umsatz bei Fahrrädern pro Quartal war. Um die Informationen aus den *Rohdaten* anschaulich zu machen, können Sie in Excel auf eine breite Palette von Diagrammen zurückgreifen. Je nach Art der Daten und dem Aufbau der Datensätze lassen sich die Diagramme direkt aus den *Rohdaten* erstellen, oder es muss eine Ergebnistabelle erzeugt werden. Diese Zwischentabelle kann aus einer Bereinigung, einer Aggregation oder einer Transformation der ursprünglichen Daten bestehen.

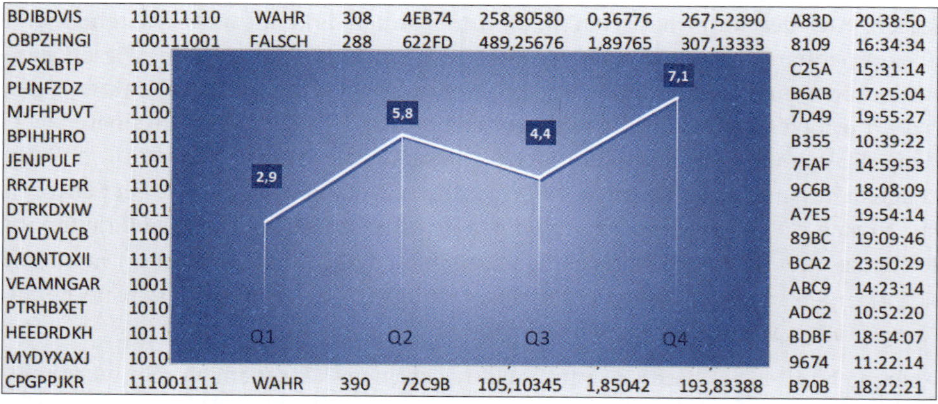

Abbildung 1.1 Rohdaten und Informationen in Form eines Diagramms

Das Prinzip der tabellarischen Anordnung von Daten in Excel basiert auf einer sehr alten Methode. Schon lange vor der elektronischen Verarbeitung von Daten wurden rechteckige Bereiche horizontal in Zeilen und vertikal in Spalten unterteilt. Jeder karierte Notizblock basiert auf dieser Anordnung, ein Blatt Papier mit Kästchen stellt nichts anderes dar als eine leere Tabelle. Innerhalb dieses Rasters können Daten eingegeben werden. Und ganz gleich, ob die Daten in Excel oder auf Papier stehen sollen, eine stringente und konsequente Struktur erleichtert die weitere Verarbeitung. Die Summenbildung auf Papier ist ungleich einfacher, wenn die Dezimaltrennzeichen untereinanderstehen (siehe Abbildung 1.2). Und Berechnungen in Excel liefern auch nur dann die richtigen Ergebnisse, wenn eine Zahl auch eine Zahl ist und nicht durch versteckte Leerzeichen als Text interpretiert wird.

Datum	Einnahmen	
07.09.2020	823,45	€
08.09.2020	1205,7	€
09.09.2020	968,28	€
10.09.2020	1370,1	€
11.09.2020	1483,69	€
12.09.2020	992,11	€
	6843,33	€

Abbildung 1.2 Strukturierte Datenerfassung und Berechnung auf Papier

Das Prinzip der Visualisierung von Daten ist keine Errungenschaft der Informationstechnologie. Viele der bekannten Diagramme wie Säulen, Kreise, Flächen und Linien stammen aus dem 18. Jahrhundert, an der Grundidee hat sich seitdem nichts geändert (siehe Abbildung 1.3). Natürlich ist es heute einfacher, ein Diagramm zu erstellen. Mit drei Mausklicks in Excel haben Sie ein optisch ansprechendes Diagramm erstellt, auf Papier und mit Lineal dauert es ungleich länger.

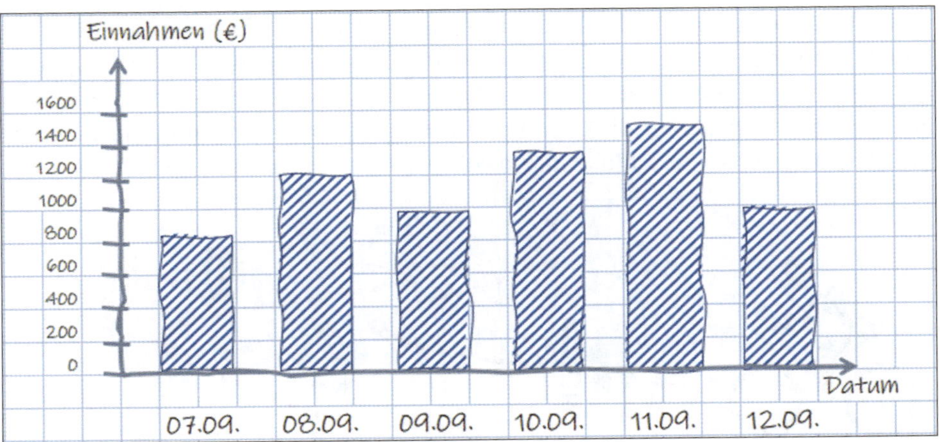

Abbildung 1.3 Manuell erstelltes Säulendiagramm

1.2 Beispieldaten und Aufbau dieses Buches – der rote Faden

Es gibt eine nicht zu überschauende Menge an Informationsquellen für beinahe jede Excel-Fragestellung. Und auch die Fülle an frei verfügbaren Beispielen mit entsprechenden Daten scheint ins Unendliche zu gehen. Die Herausforderung ist dabei oftmals, dass es sich um nicht zusammenhängende Fragmente handelt. Im Internet fehlt die Struktur, der rote Faden, die Kontinuität. Diesem Umstand möchte das vorliegende Buch etwas entgegenwirken. Ausgehend von einer Übersicht und einigen grundlegenden Excel-Funktionalitäten in Kapitel 1 und Kapitel 2 folgt die Einführung in die Welt der Diagramme. Die Erstellung, der Aufbau und die Formatierung werden detailliert in Kapitel 3 beschrieben. An sehr konkreten Anwendungsfällen folgt dann die Vertiefung der Thematik. Dabei wird der Bogen von Standarddiagrammen wie Säulen, Balken und Kreisen (Kapitel 4) über erweiterte Formen wie Kombidiagramme und statistische Diagramme (Kapitel 5 und 7) bis hin zu eigenen Darstellungen wie Tachometern (Kapitel 9) gespannt. Die *bedingte Formatierung* als Visualisierungsform wird gesondert in Kapitel 6 behandelt. Die sehr umfangreiche Funktionalität der *Pivot-Tabellen* und der *Pivot-Diagramme* wird in Kapitel 8 erläutert.

Alle Daten und Beispiele in diesem Buch drehen sich um Fahrräder. An konkreten (aber fiktiven) Szenarien aus den Bereichen Vertrieb, Zubehör, Reparatur und Nutzung von Fahrrädern werden sämtliche Möglichkeiten beschrieben, die Ihnen Excel zur Visualisierung von Daten bietet. Die Beispieldaten und die Diagramme können Sie von der Webseite des Buches herunterladen: *www.rheinwerk-verlag.de/datenvisualisierung-mit-excel/.*

Sie können dieses Buches auf unterschiedliche Arten nutzen. Eine Möglichkeit besteht darin, es von vorne bis hinten durchzuarbeiten. Hierbei werden Sie den Verlauf von den Grundlagen über die Standards bis hin zu sehr individuellen Szenarien erkennen. Eine andere Möglichkeit der Nutzung besteht im Nachschlagen. Über das Inhalts- und Stichwortverzeichnis können Sie ganz gezielt auf die Themen zugreifen, die für Sie von Interesse sind. Und Sie können sich inspirieren lassen. Beim Durchblättern des Buches stoßen Sie so eventuell auf Diagramme, Darstellungsformen und Datenstrukturen, die Sie dann in den jeweiligen Kapiteln vertiefen können.

Abbildung 1.4 Der rote Faden

1.3 Diagrammtypen – eine Übersicht der Excel-Diagramme

Viele der in Excel vorhandenen Diagrammtypen stehen schon seit den ersten Versionen von Excel zur Verfügung. Alle Standarddiagramme wie Säulen, Balken, Linien oder Kreis waren bereits Ende der 1980er Jahre Bestandteil von Excel. Auch die Netz-,

Oberflächen- und Punktdiagramme kamen schon Anfang der 1990er Jahre hinzu. Seit der Version 2013 erlaubt Excel die Kombination verschiedener Typen in einem Diagramm. In Excel 2016 wurden dann weitere Typen integriert, ab dieser Version stehen die Wasserfall-, Trichter- und Kastendiagramme zur Verfügung. Auch die Hierarchiediagramme wie Treemaps und Sunbursts sowie die Histogramme haben mit dieser Version Einzug in Excel gehalten.

In der Welt der Datenvisualisierung haben sich in den letzten Jahren viele neue Darstellungsformen entwickelt. Immer häufiger sind z. B. *Infografiken* oder *Sankey-Diagramme* (siehe Abbildung 1.42) zu sehen. Es ist somit auch davon auszugehen, dass in den zukünftigen Versionen von Excel der eine oder andere neue Diagrammtyp hinzukommen wird. In Abschnitt 1.3 können Sie sich einen vollständigen Überblick über alle aktuellen Diagrammformen in *Excel 2019* bzw. *Microsoft 365* verschaffen. Es werden ganz bildhaft alle Diagrammtypen und deren Varianten vorgestellt und ihr jeweiliger Einsatzbereich beschrieben. Auf die Daten der Diagramme wird an dieser Stelle bewusst nicht eingegangen, dies erfolgt in den weiteren Kapiteln.

1.3.1 Säulendiagramme

Säulendiagramme in den verschiedenen Varianten gehören zu den gängigsten Darstellungsformen von Daten. Hier stehen Säulen senkrecht auf der horizontalen Achse, die Höhe jeder Säule repräsentiert einen Wert. Die Breite und die Abstände der Säulen sind nicht von Bedeutung. Für jede Rubrik oder Kategorie auf der horizontalen Achse ist pro Datenreihe eine Säule vorhanden, beim *gruppierten Säulendiagramm* stehen diese nebeneinander. Die Reihenfolge der Rubriken ist bei den Säulendiagrammen unerheblich, es muss keine natürliche Rangordnung bestehen. Die Säulen einer jeden Rubrik können links, in der Mitte oder rechts stehen, die Aussage wird dadurch nicht verändert. Dieser Diagrammtyp eignet sich besonders zum Vergleich von Werten zwischen den Rubriken. Bestehen Ihre Daten aus mehreren Datenreihen und somit aus mehreren Säulen pro Rubrik, lassen sich auch sehr gut Vergleiche zwischen den Datenreihen ablesen. Sie sehen in Abbildung 1.5, dass in der Rubrik »Süd« der Wert für »2019« höher ist als »2020«. Gleichzeitig erkennen Sie, dass dieser Wert auch höher ist als in der Rubrik »Mitte«.

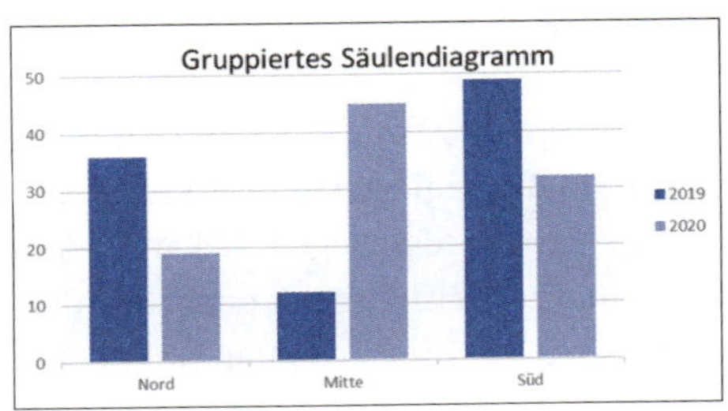

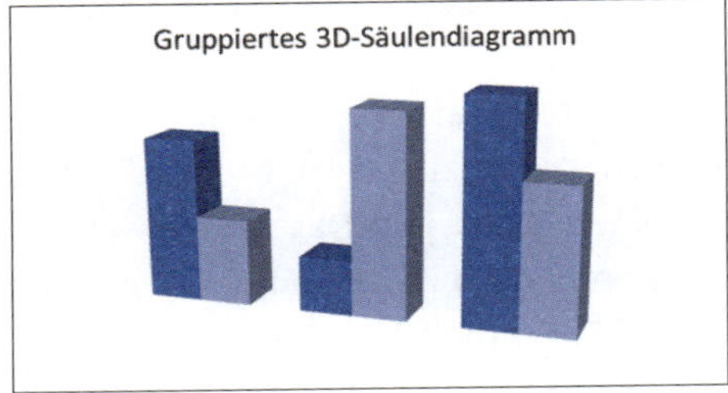

Abbildung 1.5 Gruppiertes 2D- und 3D-Säulendiagramm

Bei einem gestapelten Säulendiagramm stehen die Säulen einer Rubrik nicht nebeneinander, sie sind hier übereinandergestapelt. Mit diesem Diagrammtyp können Sie sehr gut die absoluten Summen aller Werte einer Rubrik vergleichen. Hat Ihr Diagramm mehrere Datenreihen, sind also viele Anteile übereinandergestapelt, kann der Vergleich der Werte einer Datenreihe über die Rubriken eventuell schwierig sein. Durch die unterschiedlichen Positionen im Stapel ist für den Betrachter nicht immer klar zu erkennen, welche Höhe der Anteil in Relation zur Höhe einer anderen Rubrik hat.

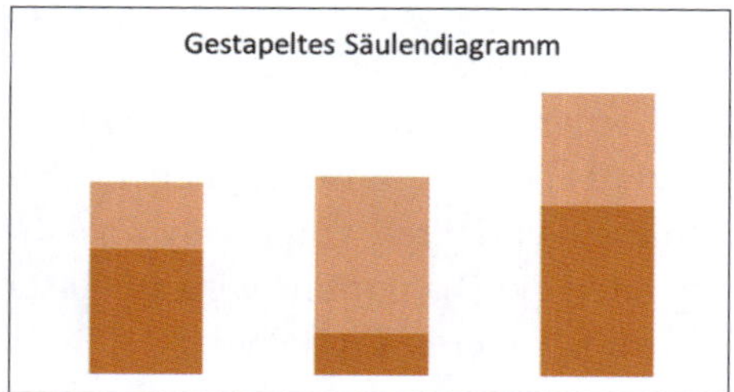

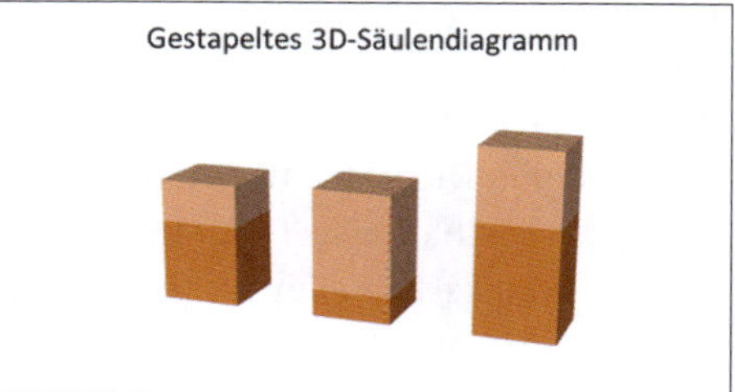

Abbildung 1.6 Gestapeltes 2D- und 3D-Säulendiagramm

Bei dem Säulendiagramm in Abbildung 1.7 haben alle gestapelten Säulen insgesamt dieselbe Höhe, d. h., die Summe aller Werte einer Rubrik stellen 100 % dar. Diese Darstellung ermöglicht den Vergleich der relativen Anteile der Datenreihen an der Summe pro Rubrik. Durch entsprechende Achsenskalierung sollten Sie hier die relative Bedeutung der Höhen verdeutlichen. Ansonsten ist die Gefahr vorhanden, absolute Werte herauszulesen.

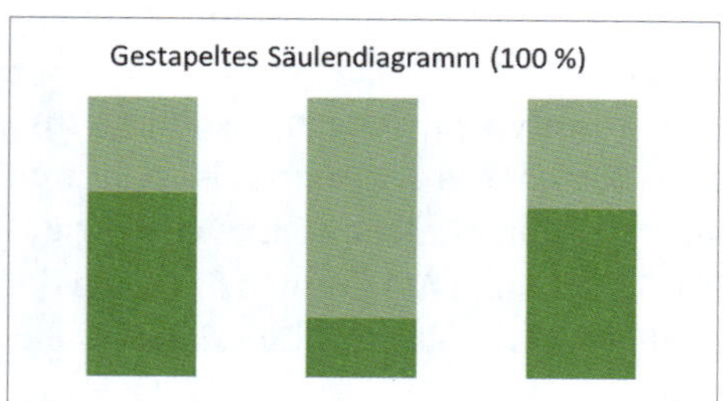

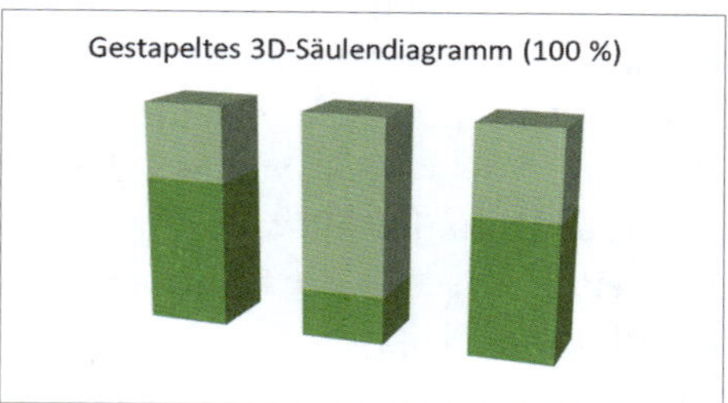

Abbildung 1.7 Gestapeltes 100-%-2D- und -3D-Säulendiagramm

Eine weitere Variante zur Anordnung der Säulen besteht darin, die Säulen hintereinander zu platzieren (siehe Abbildung 1.8). Mit dem 3D-Säulendiagramm erzeugen Sie einen Raum, jede Datenreihe wird hier auf der z-Achse aufgetragen. Es kann leicht passieren, dass weiter hinten liegende Säulen von den vorderen verdeckt werden. Diese Variante sollten Sie nur dann einsetzen, wenn die hinteren Säulen höher sind als die vorderen.

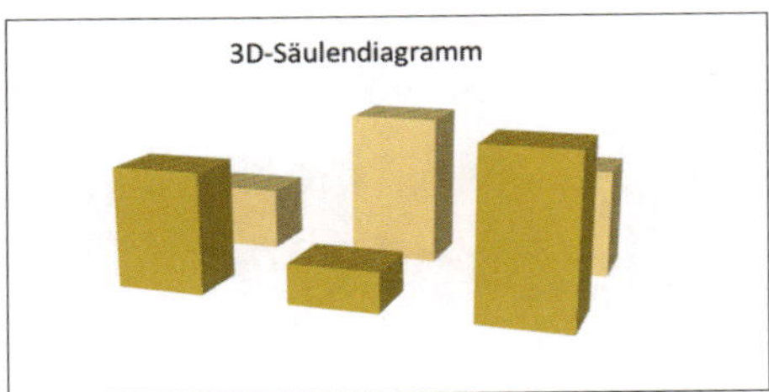

Abbildung 1.8 Echtes 3D-Säulendiagramm

1.3.2 Liniendiagramme

Bei Liniendiagrammen haben die Rubriken auf der horizontalen Achse immer eine aufsteigende oder eine abnehmende Reihenfolge. Diese Folge kann aus Datumswerten oder aus Uhrzeiten bestehen, aus fortlaufenden Nummern für Quartale oder aus Wochentagen. Wichtig ist die Reihenfolge, eine Linie wird immer von links nach rechts fortlaufend gelesen. Für jeden Wert der Datenreihen wird in entsprechender Höhe pro Rubrik ein Punkt gezeichnet. Alle Punkte einer Reihe werden dann zu einer Linie verbunden (siehe Abbildung 1.9). Die Datenpunkte selbst lassen sich im Liniendiagramm ein- oder ausblenden. Diese Form der Datenvisualisierung eignet sich hervorragend, um einen zeitlichen Verlauf aufzuzeigen bzw. um unterschiedliche Verläufe zu vergleichen. Ein Beispiel für ein Liniendiagramm ist die Umsatzentwicklung der beiden Datenreihen »Fahrräder« und »Ersatzteile« über die Rubriken »Jan« bis »Mai«.

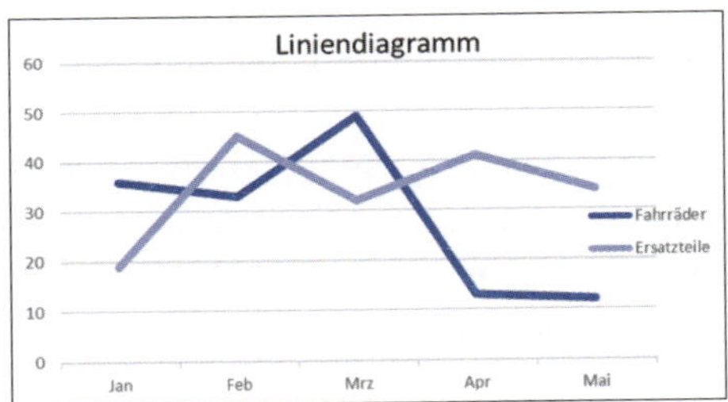

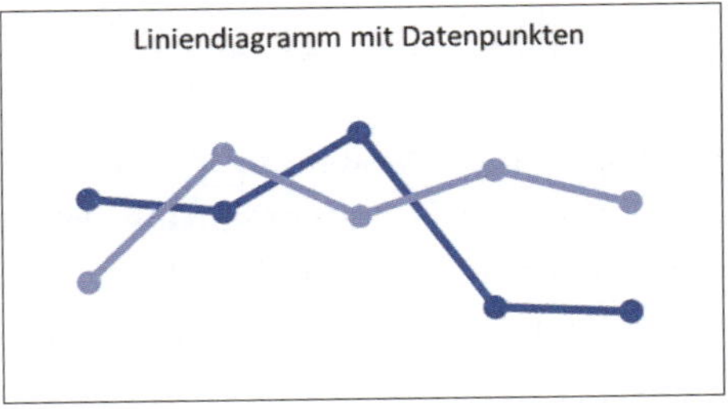

Abbildung 1.9 Liniendiagramm ohne und mit Datenpunkten

Auch Liniendiagramme lassen sich stapeln. Damit können sehr gut Verlaufslinien verglichen werden, die Tendenz oder extreme Werte werden gut sichtbar. Der Vergleich der Werte einzelner Rubriken hingegen fällt etwas schwerer. Die Bezugslinie einer zweiten Datenreihe ist nicht mehr die horizontale Achse, sondern die Linie der ersten Datenreihe.

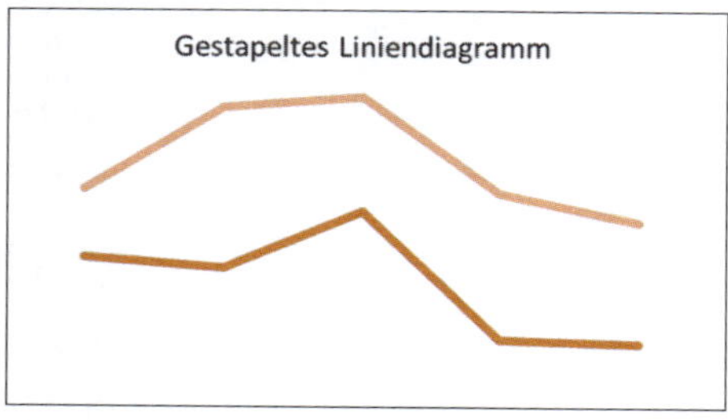

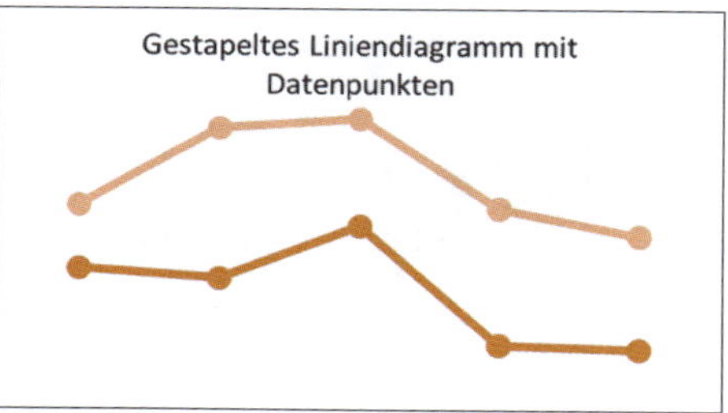

Abbildung 1.10 Gestapelte Linien ohne und mit Datenpunkten

Noch etwas schwieriger sind die zu 100 % gestapelten Liniendiagramme in Abbildung 1.11 zu lesen. Dabei verläuft die Linie der letzten Datenreihe parallel zur horizontalen Achse, dadurch kann ein falsches Bild entstehen. Es ist bei diesem Diagrammtyp nicht sofort ersichtlich, dass die Abstände der Linien den relativen Anteil der Summe einer Rubrik darstellen. Ein Flächendiagramm stellt hier eine etwas leichter zu deutende Alternative dar.

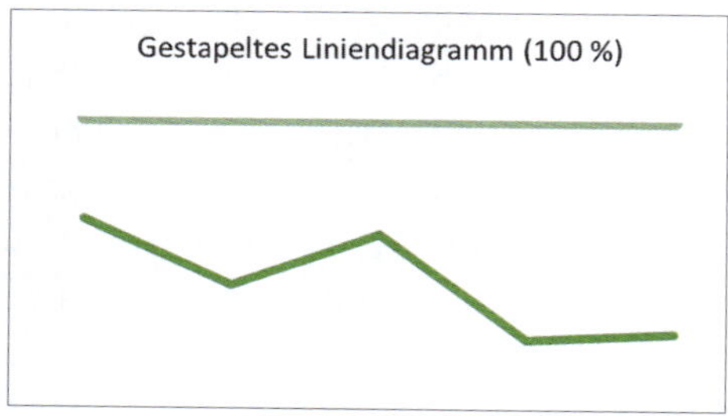

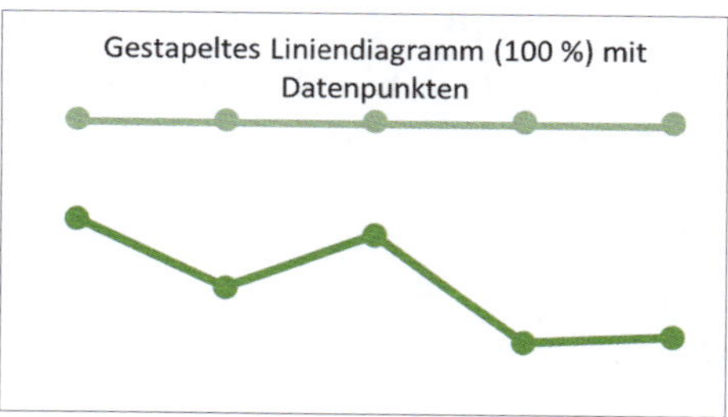

Abbildung 1.11 Zu 100 % gestapelte Liniendiagramme ohne und mit Datenpunkten

Eine räumliche Darstellung von Linien ermöglicht das 3D-Liniendiagramm (siehe Abbildung 1.12). Dabei werden aus den Linien Bänder, die entlang der z-Achse hintereinander gezeigt werden. Bei Überschneidungen der Bänder ist diese Art der Darstellung ebenfalls schwer zu lesen, ein klassisches Liniendiagramm stellt oftmals die bessere Wahl dar.

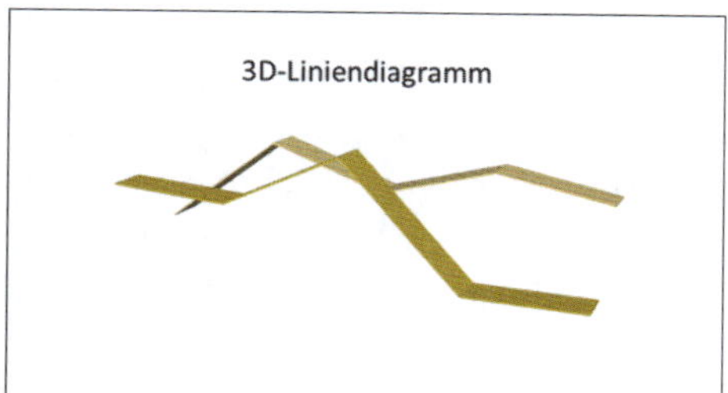

Abbildung 1.12 3D-Ansicht eines Liniendiagramms

1.3.3 Kreisdiagramme

Mit einem Kreisdiagramm, oftmals auch als Kuchendiagramm bezeichnet, lassen sich sehr gut Verhältnisse visualisieren. Die Daten aus einer einzelnen Datenreihe werden dabei als Segmente eines Kreises dargestellt. Die Größe der einzelnen Segmente ergibt sich aus dem Verhältnis zur Summe aller Daten. In Abbildung 1.13 sehen Sie eine Datenreihe mit den drei Rubriken »Damen-, Herren- und Kinder-Fahrräder«. Die Summe der Werte aller Rubriken ergibt den kompletten Kreis, jedes Segment des Kreises repräsentiert den Wert der einzelnen Rubriken. Ein Kreisdiagramm verliert an Übersichtlichkeit, wenn Ihre Daten aus mehr als acht Rubriken bestehen. Die Unterscheidung von einzelnen Segmenten ist dann unter Umständen nicht mehr gegeben. Und auch wenn ein deutlicher Größenunterschied zwischen den Werten vorhanden ist, eignet sich das einfache Kreisdiagramm nur bedingt. Dann wären einige Segmente zu klein, um das Verhältnis richtig auszudrücken.

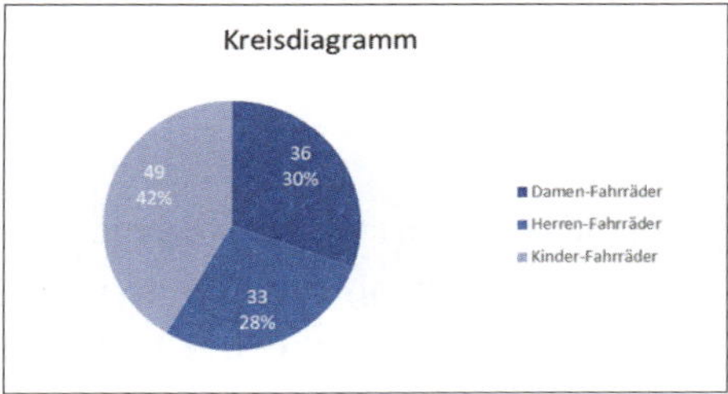

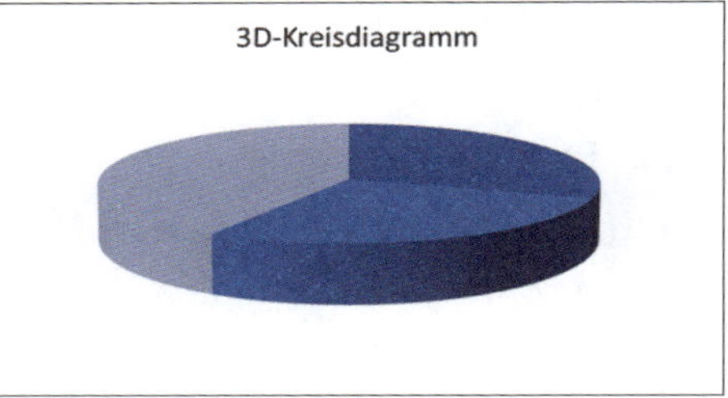

Abbildung 1.13 2D- und 3D-Kreisdiagramm

Haben Sie einige deutlich kleinere Werte in Ihren Daten, lassen sich diese bei Bedarf herausziehen und als eigener Kreis bzw. als gestapelte Säule anzeigen, etwa wie in Abbildung 1.14. Die Summe dieser kleinen Werte stellt im eigentlichen Kreis ein eigenes Segment dar.

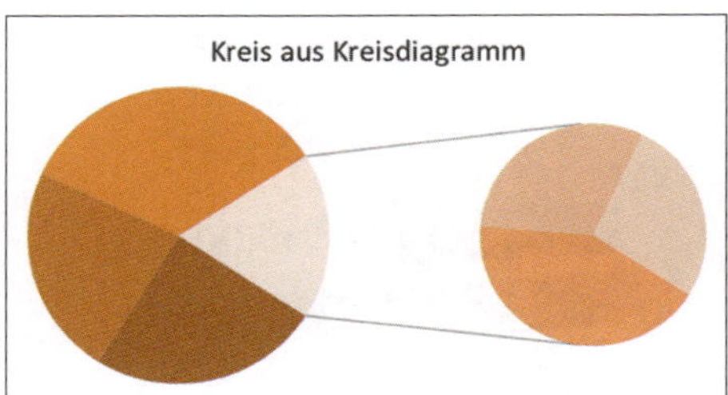

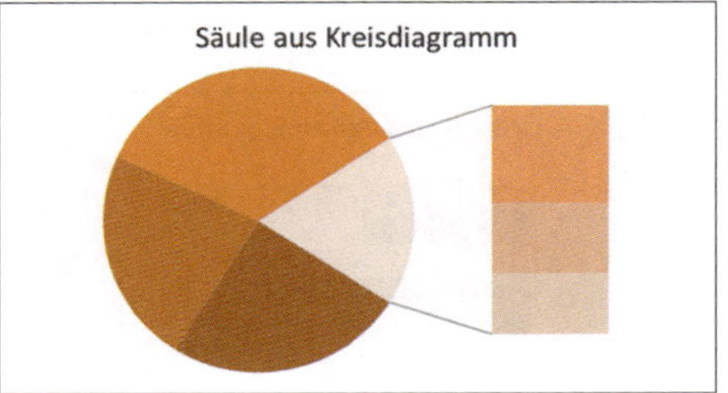

Abbildung 1.14 Kreis aus Kreisdiagramm und Säule aus Kreisdiagramm

Eine leicht abgewandelte Form des Kreisdiagramms ist das Ringdiagramm, das Sie in Abbildung 1.15 sehen. Anstelle eines kompletten Kreises erfolgt hierbei die Darstellung von Werten in Form von Teilen eines Ringes. Der große Unterschied besteht darin, dass Sie mehrere Datenreihen in einem Ringdiagramm darstellen können. Jeder Ring hat denselben Ursprung, jedoch einen anderen Radius. Dadurch entsteht unter Umständen eine Verzerrung der Größenverhältnisse. Weiter außen liegende Segmente haben eine größere Fläche, repräsentieren jedoch denselben Wert. Der Vergleich mehrerer Segmente fällt bei geschachtelten Ringen schwer, ein Säulendiagramm kann hier die bessere Wahl sein.

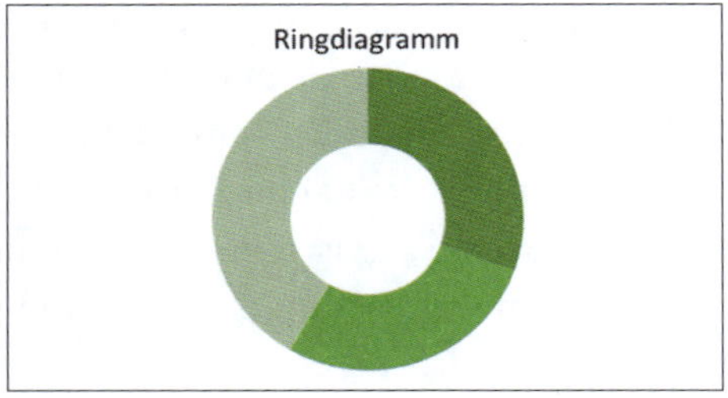

Abbildung 1.15 Ringdiagramm mit einer und mit zwei Datenreihen

1.3.4 Balkendiagramme

Der Aufbau eines Balkendiagramms ist dem Säulendiagramm sehr ähnlich, die Achsen und somit auch die Säulen sind nur um 90° gedreht. Daraus ergeben sich hinsichtlich der Lesbarkeit und der Einsatzszenarien gewisse Unterschiede. Die Balken stehen senkrecht zur vertikalen Achse, auf der die Rubriken aufgetragen sind. Die Werte befinden sich auf der horizontalen Achse, die Länge der Balken repräsentiert somit den Wert der Datenreihen pro Rubrik. Ein Balkendiagramm eignet sich sehr gut, wenn Sie Daten der Größe nach sortiert darstellen wollen. Das menschliche Auge kann so von oben nach unten eine Abnahme oder eine Zunahme gut erkennen. Wie beim Säulendiagramm handelt es sich bei den Rubriken nicht um eine natürliche Reihenfolge, eine Sortierung der Daten nach der Größe ist also möglich. Eine weitere Eigenschaft der Balkendiagramme ist der Platz zur Beschriftung von Rubriken.

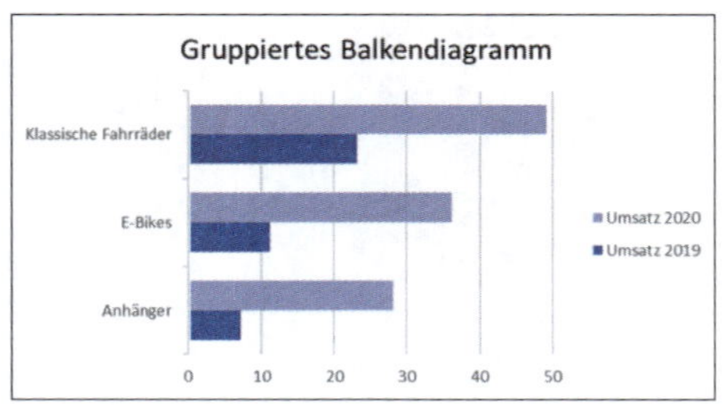

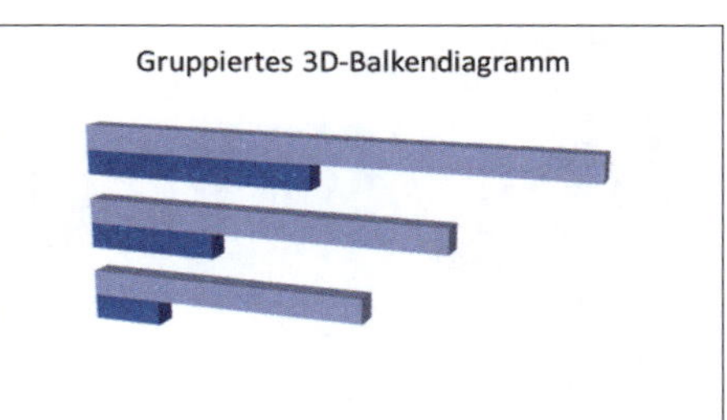

Abbildung 1.16 Gruppiertes 2D- und 3D-Balkendiagramm

Lange Bezeichnungen von Rubriken können hier gut verwendet werden, sie stehen alle untereinander. Bei Säulendiagrammen kommt es dann unter Umständen zu Überschneidung der Rubrikennamen.

Auch die Balkendiagramme erlauben neben einer Gruppierung eine Stapelung. Genauso wie bei den Säulen werden pro Rubrik die Werte aller Datenreihen nebeneinander gestapelt. Somit ist auch hier die Summe aller Datenreihen pro Rubrik sehr gut vergleichbar. Das Verhältnis der einzelnen Anteile des Stapels ist hingegen nicht so eindeutig erkennbar.

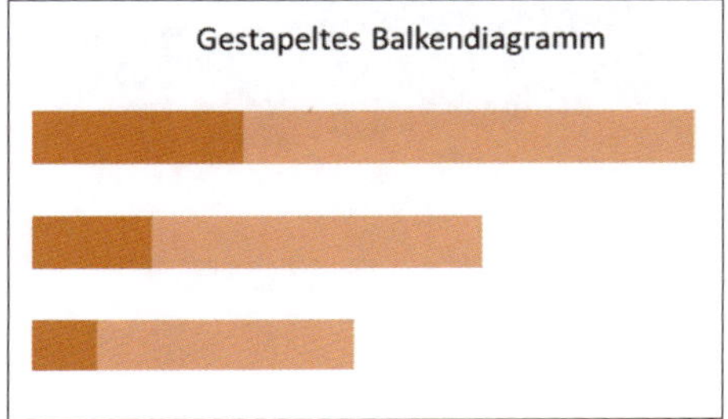

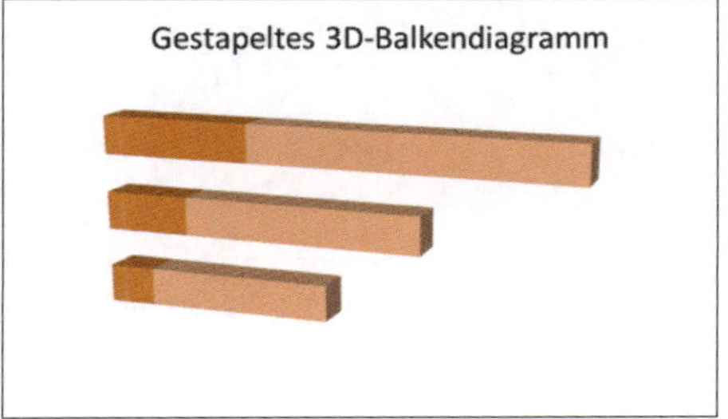

Abbildung 1.17 Gestapeltes 2D- und 3D-Balkendiagramm

Entsprechend den Säulen können Sie die gestapelten Balken auch im prozentualen Verhältnis zur Summe der Rubriken darstellen.

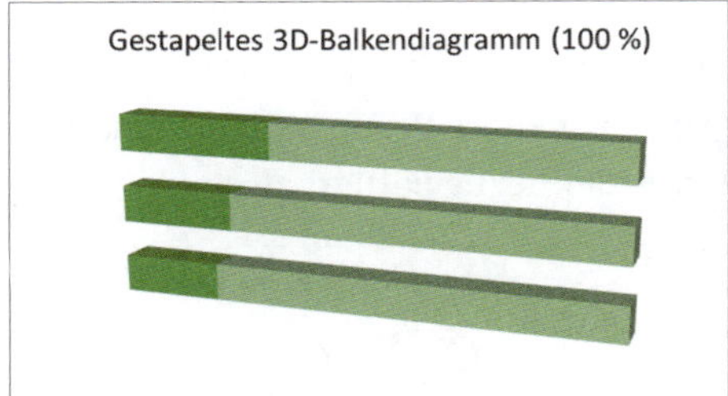

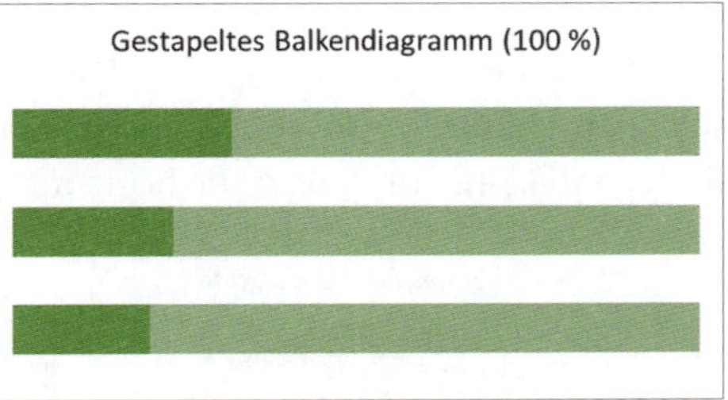

Abbildung 1.18 Gestapeltes 2D- und 3D-Balkendiagramm (100 %)

1.3.5 Flächendiagramme

Die Flächendiagramme sind im Grunde Liniendiagrammen, bei denen die Fläche unterhalb der Linie eingefärbt ist. Entsprechend müssen die Rubriken auf der horizontalen Achse einer natürlichen Reihenfolge entsprechen. Auch hier müssen Datums- oder Zeitangaben bzw. eine fortlaufende Nummerierung zugrunde liegen. Beim Betrachten orientiert sich das Auge an der oberen Kante der Flächen, ganz automatisch wird der Verlauf von links nach rechts interpretiert. Ein Unterschied zu Liniendiagrammen besteht darin, dass im Fall von mehreren Datenreihen die hinteren

Flächen zum Teil verdeckt sein können. Sind Werte einer hinteren Datenreihe kleiner als die der vorderen Reihe, verschwindet ein Teil der Fläche, der Wert ist im Diagramm nicht sichtbar. Wäre im Beispiel in Abbildung 1.19 der Umsatz der Region »Nord« im dritten Quartal 2020 kleiner als der in Region »Süd«, könnten Sie im Diagramm nur erahnen, wie hoch der Wert wirklich ist. In solchen Fällen bietet sich als Alternative das Liniendiagramm an.

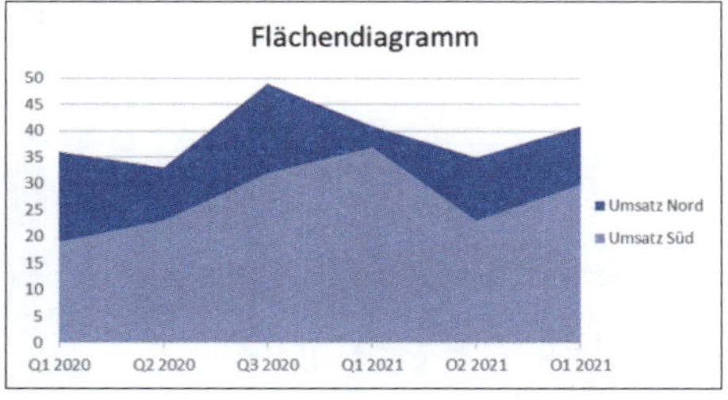

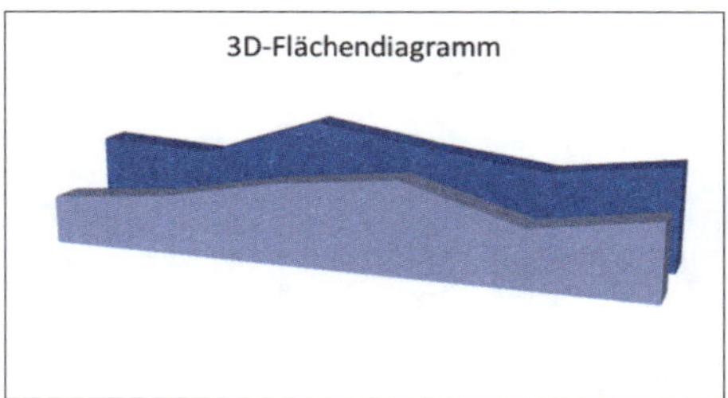

Abbildung 1.19 2D- und 3D-Flächendiagramm

Rein optisch ist in Abbildung 1.20 nicht sofort erkennbar, ob es sich bei einem Flächendiagramm um die einfache oder um die gestapelte Variante handelt. In beiden Fällen sind Flächen übereinander zu sehen, einmal stehen sie jedoch hintereinander und einmal übereinander. Sie sollten im Diagramm eindeutig vermitteln, um welche Variante es sich handelt. Ein gestapeltes Flächendiagramm eignet sich sehr gut, um eine Gesamtheit darzustellen. Das menschliche Auge kann auf Anhieb erkennen, welche Fläche größer und welche kleiner ist. Weniger gut ist ablesbar, wie der Verlauf selbst aussieht. Die weiter oben gestapelten Werte haben als Bezugslinien die darunterliegende Linie und nicht die horizontale Achse, der Bezug variiert also.

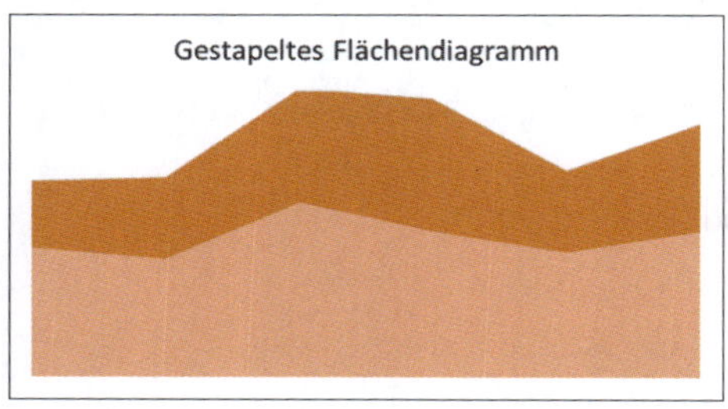

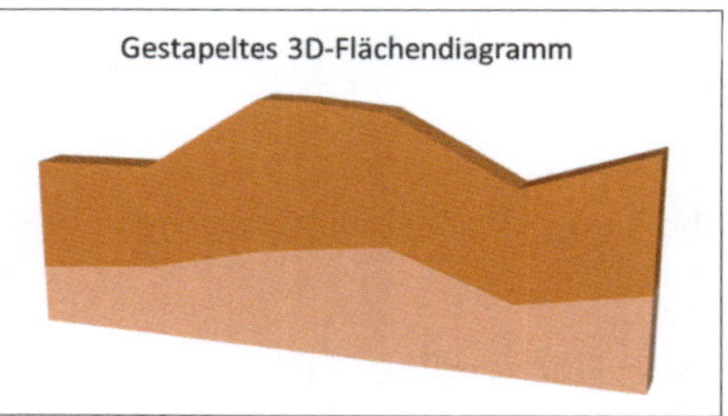

Abbildung 1.20 Gestapeltes 2D- und 3D-Flächendiagramm

Sehr gut lassen sich die relativen Anteile der Datenreihen in 100 % gestapelten Flächendiagrammen verdeutlichen (siehe Abbildung 1.21).

Die Gesamtfläche besteht bei dieser Form der Stapelung aus einem Rechteck, die jeweiligen prozentualen Flächenanteile einer jeden Datenreihe sind gut zu erkennen.

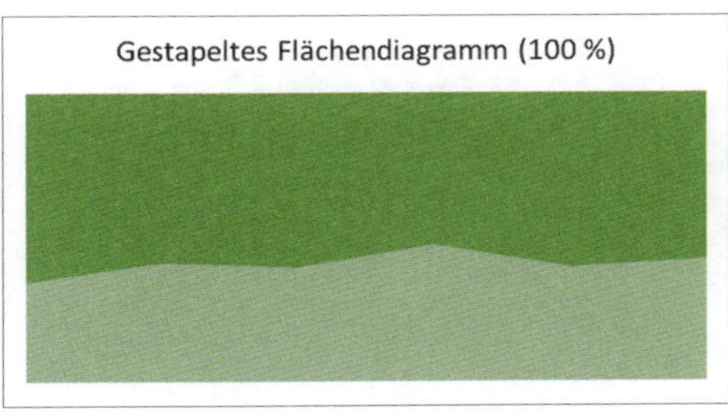

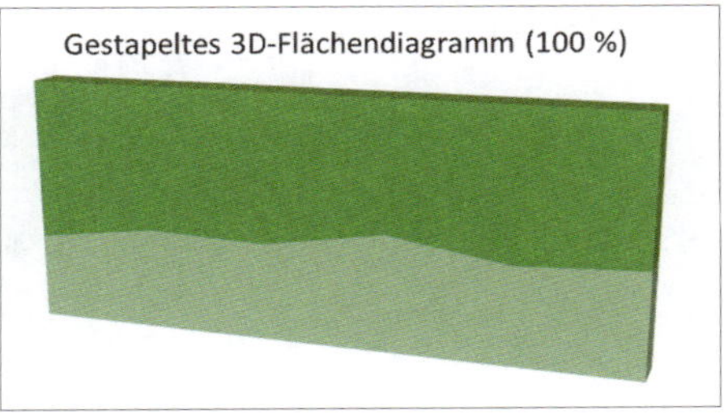

Abbildung 1.21 Gestapeltes 2D- und 3D-Flächendiagramm (100 %)

1.3.6 Punktdiagramme

Der vielseitigste Diagrammtyp in Excel ist das Punktdiagramm, auch »Punkt XY« genannt. Die Besonderheit dieses Typs besteht darin, dass die Rubriken auf der horizontalen Achse numerisch sind und auch so von Excel interpretiert werden. Bei allen anderen Typen sind die Abstände zwischen den Rubriken konstant. Bei Punktdiagrammen können Sie die Position sehr granular angeben. Somit haben Sie die Möglichkeit, in einem Koordinatensystem jeden beliebigen Punkt zu zeichnen. Die x-Koordinate ergibt sich aus der Zahl der Rubrik, die y-Koordinate aus dem dazugehörigen Wert. Punktdiagramme eignen sich hervorragend zum Erstellen von Streudiagrammen im Kontext von Korrelationsanalysen. Ein anderes Einsatzszenario von Punktdiagrammen sind Funktionsplotter. Mit diesem Diagrammtyp lassen sich beliebige Graphen zu mathematischen Funktionen zeichnen. Und auch zum genauen Platzieren von Beschriftungen und Pfeilen können Sie Punktdiagramme einsetzen. Dazu wird einem bestehenden Diagramm der Typ Punktdiagramm hinzugefügt. In diesem Kombidiagramm können Sie dann Punkte und Verbindungen nach Ihren Vorstellungen integrieren.

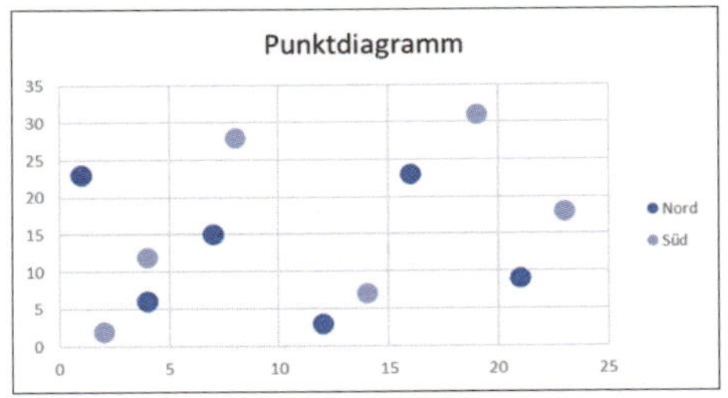

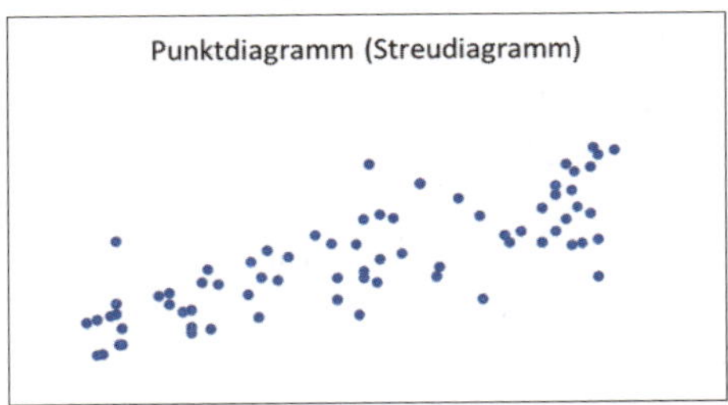

Abbildung 1.22 Punktdiagramme mit zwei Datenreihen und Streudiagramm

Wie in Abbildung 1.23 zu sehen ist, lassen sich die Punkte durch gerade Linien verbinden. Auf die Art ähneln Punktdiagramme den Liniendiagrammen, mit dem Unterschied, dass die horizontalen Abstände der verbundenen Punkte variabel sind. Selbst senkrechte Linien sind darstellbar, mehrere Punkte können denselben x-Wert bei unterschiedliche y-Werten haben.

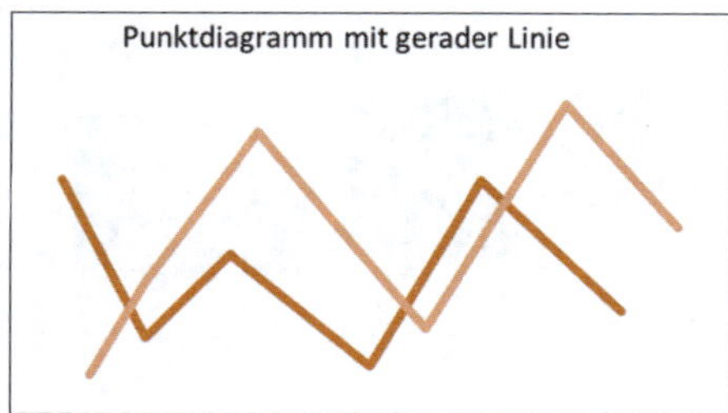

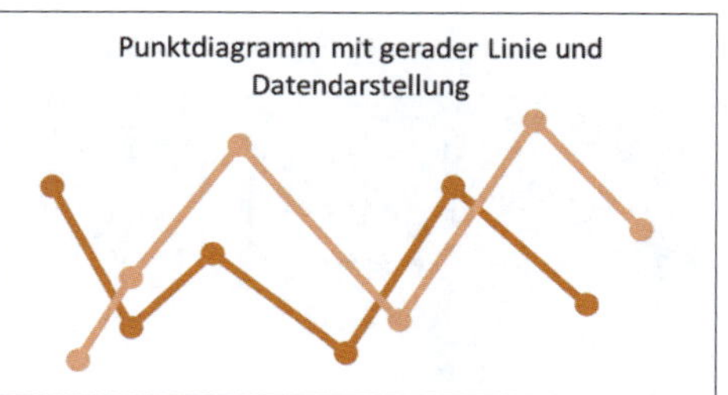

Abbildung 1.23 Verbundene Punkte mit geraden Linien ohne und mit Datendarstellung

Sie können die Punkte nicht nur mit einer geraden Linie verbinden, auch eine sogenannte interpolierte Linie ist möglich (siehe Abbildung 1.24). Dabei glättet Excel die Verbindungslinie, es entsteht eine fließende Kurve. Mit dieser Variante der Punktdiagramme können Sie die oben erwähnten Funktionsgraphen zeichnen.

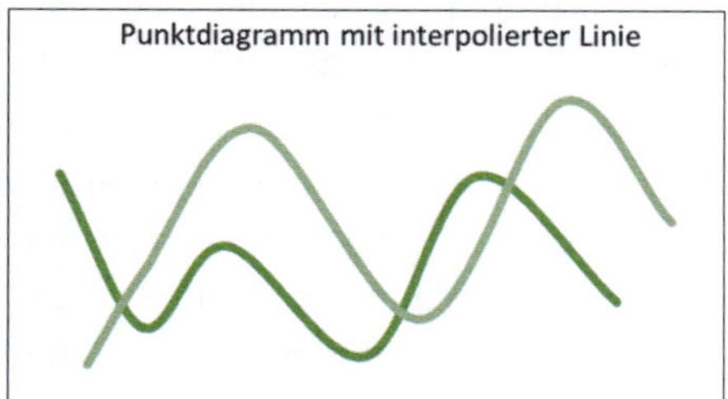

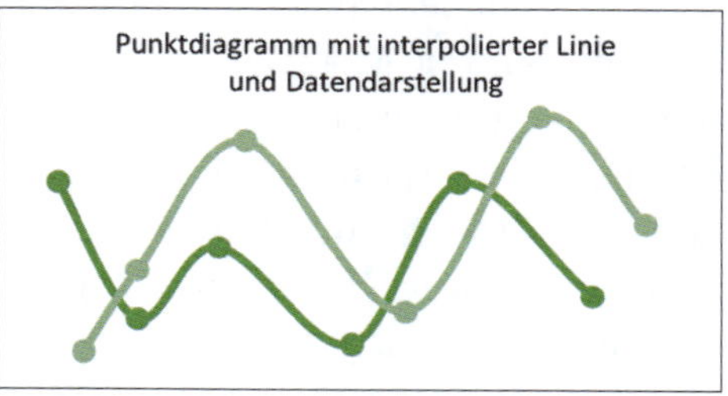

Abbildung 1.24 Verbundene Punkte mit interpolierten Linien ohne und mit Datendarstellung

Den Punkten lässt sich eine weitere Dimension hinzufügen. Neben den Koordinaten können Sie in einem solchen Blasendiagramm noch Einfluss auf die Größe nehmen. Damit vermitteln Sie eine Information nicht nur durch die Platzierung des Punktes, auch die Größe sagt etwas aus. In einem Blasendiagramm kommt somit eine dritte Dimension Ihrer Daten hinzu. Ein Beispiel ist eine Risikobetrachtung bestehend aus Eintrittswahrscheinlichkeit, Auswirkung und Kosten.

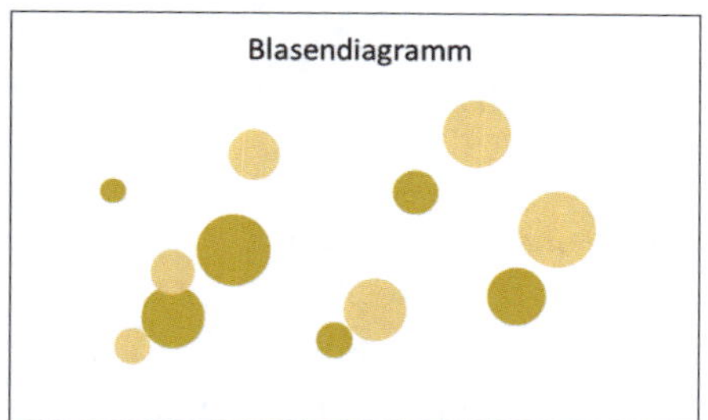

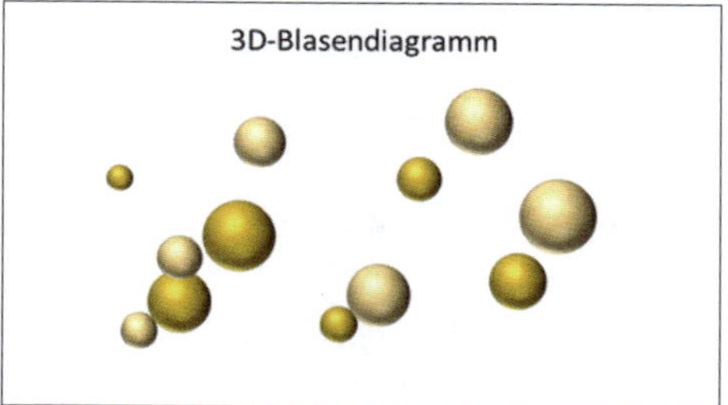

Abbildung 1.25 2D- und 3D-Blasendiagramm

1.3.7 Netzdiagramme

In einem Netzdiagramm werden Werte als Abstand zu einem Nullpunkt angezeigt. Die Anzahl der Rubriken bestimmt den Aufbau des Netzes, pro Rubrik besitzt das Netz eine Ausprägung ausgehend vom Nullpunkt. Mehrere Datenreihen lassen sich gut miteinander vergleichen, Abweichungen werden schnell deutlich. Im Beispiel in Abbildung 1.26 sehen Sie ein Netzdiagramm mit Daten aus zwei Datenreihen mit jeweils fünf Rubriken. Dabei geht es um die Anzahl von Serviceanfragen in verschiedenen Kommunikationskanälen. Sie erkennen schnell, dass sich die Anfragen in allen Kanälen im zweiten Quartal erhöht hat. Sie erkennen darüber hinaus, dass die Steigerung im Fall der telefonischen Anfragen im Vergleich recht gering ausfällt.

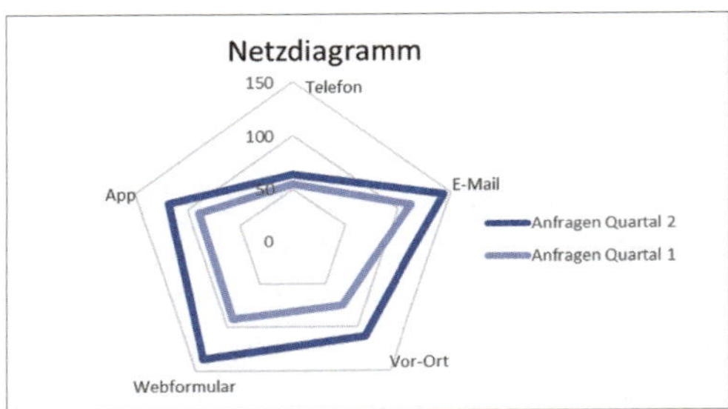

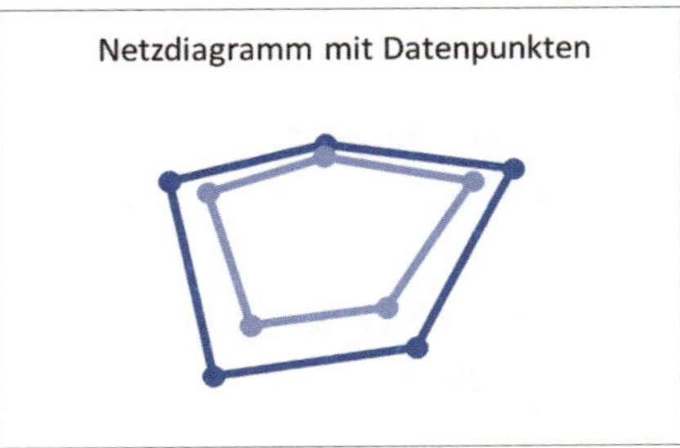

Abbildung 1.26 Netzdiagramm ohne und mit Datenpunkten

Sie können die Flächen eines Netzdiagramms auch einfärben. Dabei muss beachtet werden, dass alle Werte einer Datenreihe größer sein sollten als die Werte der vorherigen Reihe. Ansonsten verdeckt eine Fläche einen Teil der anderen Fläche, der Wert ist nicht mehr erkennbar.

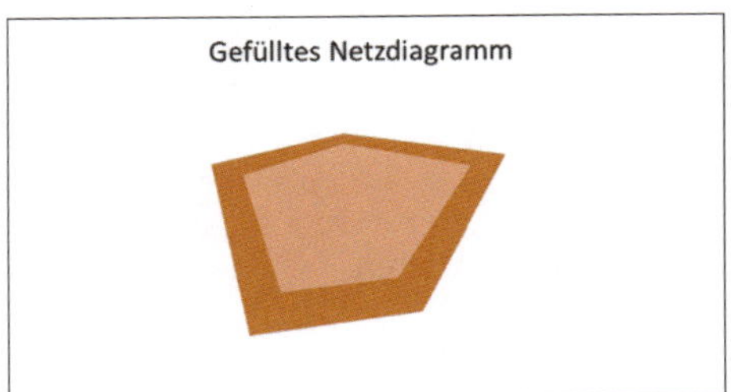

Abbildung 1.27 Gefülltes Netzdiagramm

1.3.8 Flächenkartogramme

Mit den Karten oder genauer mit den Flächenkartogrammen können Sie Regionen auf einer Landkarte unterschiedlich einfärben. Regionen können dabei Kontinente, Länder oder Städte sein, im deutschsprachigen Raum auch Bundesländer oder Postleitzahlengebiete. Da Excel die notwendigen geografischen Informationen aus einem externen Kartendienst ermittelt, ist bei der Erstellung oder Änderung eine Internetverbindung notwendig.

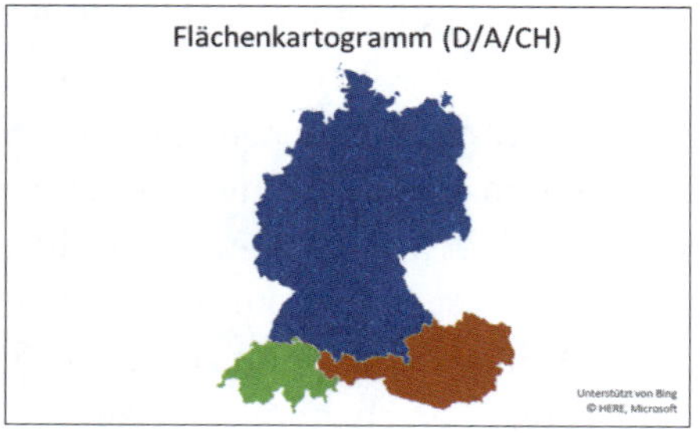

Abbildung 1.28 Flächenkartogramme

1.3.9 Kursdiagramme

Die Kursdiagramme sind primär zur Darstellung der Schwankungen von Aktienkursen konzipiert. Prinzipiell lassen sich mit diesem Diagrammtyp aber alle Größen darstellen, die Schwankungen unterliegen. Sie können damit z. B. auch Schwankungen von Niederschlagsmengen oder Temperaturen über Zeiteinheiten visualisieren. Ein Kursdiagramm besteht aus verbundenen Punkten und Säulen. Die in Excel integrierte Kombination daraus ermöglicht eine Sicht auf einige Kerngrößen von Aktienkursen. Um ein Kursdiagramm zu erstellen, müssen die Daten in einer festgelegten Anordnung vorliegen.

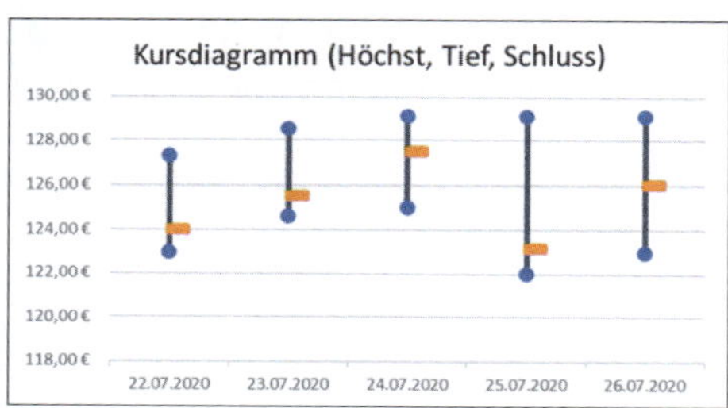

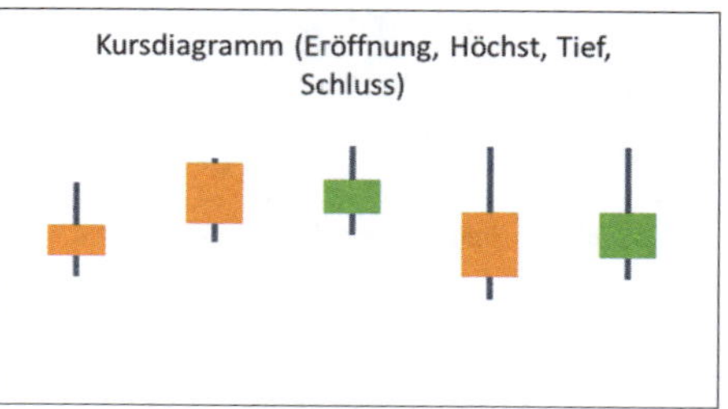

Abbildung 1.29 Kursdiagramme mit drei bzw. vier Aktienkenngrößen

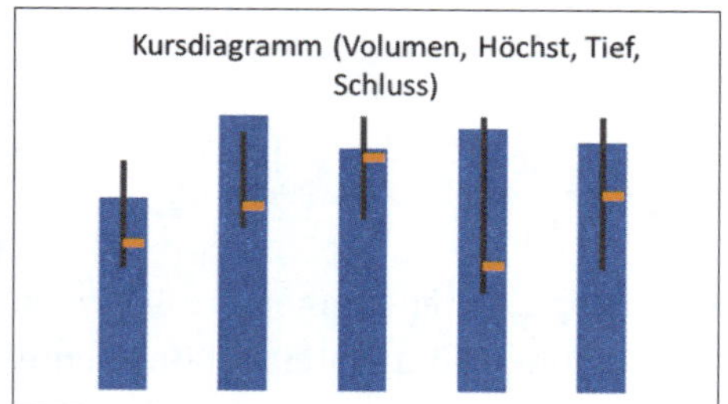

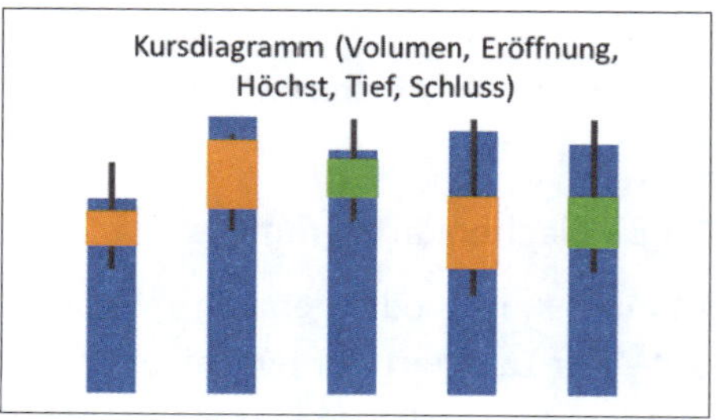

Abbildung 1.30 Kursdiagramme mit vier bzw. fünf Aktienkenngrößen

1.3.10 Oberflächendiagramme

Die Oberflächendiagramme gehören in der Bürowelt zu den seltener genutzten Visualisierungsformen von Daten. Diese Darstellungsart ist in technischen Bereichen häufiger anzutreffen. Das Prinzip von Oberflächendiagrammen besteht darin, eine ebene Fläche an bestimmten Punkten entsprechend einem Wert zu erhöhen. Die Punkte ergeben sich aus den Koordinaten der Datenreihen und der Rubriken. Die resultierenden Höhenniveaus werden unterschiedlich eingefärbt. Im Beispiel in Abbildung 1.31 können Sie erkennen, dass ein Wert für Nürnberg im März und für Mannheim im April zwischen vier und acht liegt, alle anderen Werte bewegen sich im Bereich null bis vier.

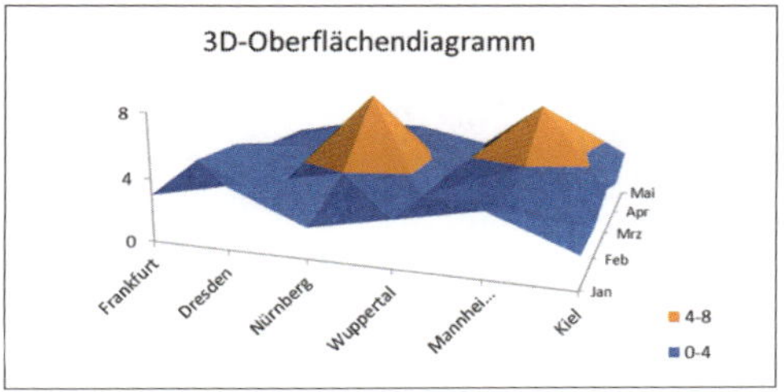

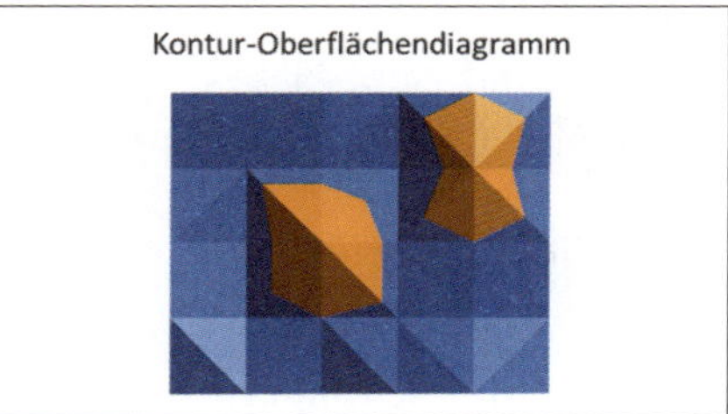

Abbildung 1.31 3D- und Kontur-Oberflächendiagramm

Anstelle von ausgefüllten Flächen werden beim Drahtmodell nur die Verbindungslinien gezeichnet.

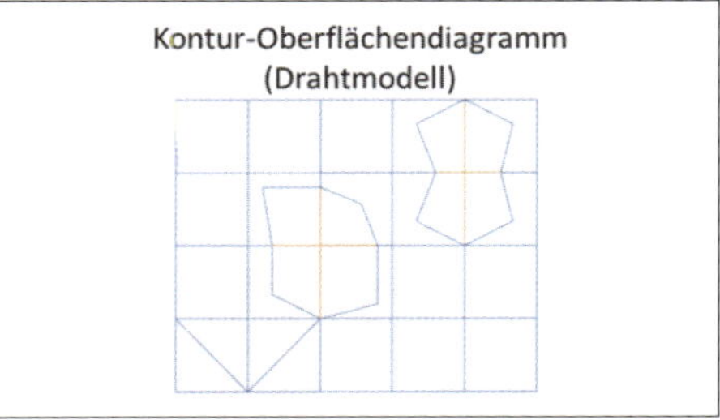

Abbildung 1.32 3D- und Kontur-Oberflächendiagramm als Drahtmodell

1.3.11 Treemap-Diagramme

In einem Treemap-Diagramm stellt Excel Werte als rechteckige Flächen dar. Jede der Rubriken erhält eine andere Farbe, die Größe eines Rechtecks ergibt sich aus der Relation des jeweiligen Wertes zur Summe aller Werte. Die größten Flächen befinden sich tendenziell links oben, nach rechts unten nimmt die Fläche und somit der darzustellende Wert ab. Die Anordnung übernimmt Excel automatisch, Sie können darauf keinen Einfluss nehmen. Die Besonderheit von Treemaps besteht jedoch darin,

Hierarchien darzustellen. Im Beispiel in Abbildung 1.33 liegen für drei Hauptkategorien Unterkategorien vor, zu jeder Region gehören noch zwei bzw. drei Städte. Für diese Hierarchie fasst Excel die Werte jeder Region zusammen und erstellt daraus eine Fläche. Diese Fläche wird anschließend noch in entsprechende Flächen für die Städte unterteilt. Auch diese Teilflächen sind so angeordnet, dass die Größe der Fläche von links oben nach rechts unten abnimmt.

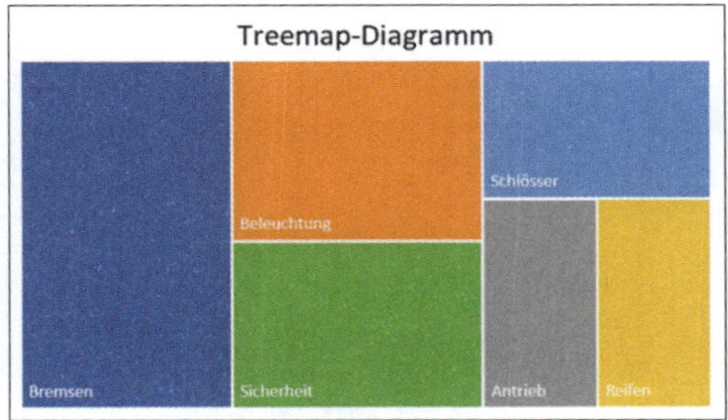

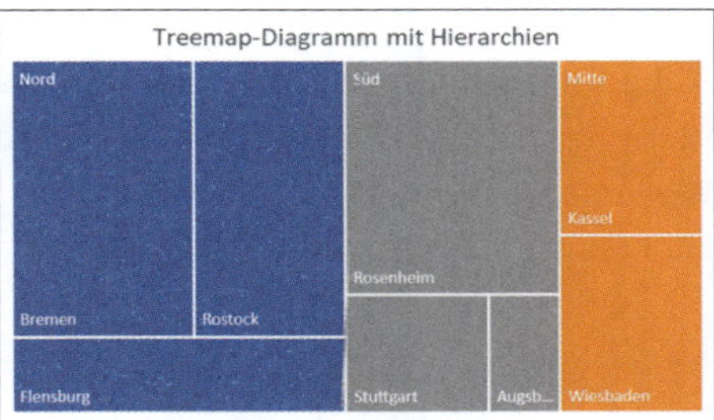

Abbildung 1.33 Treemap-Diagramm ohne und mit Hierarchien

1.3.12 Sunburst-Diagramme

Auch mit den Sunburst-Diagrammen lassen sich Hierarchien visualisieren. Hier erstellt Excel segmentierte Ringe, für jede Hierarchieebene einen. Die Segmente des inneren Ringes stellen alle Werte der oberen Ebene dar. In den folgenden Ringen findet die weitere Segmentierung statt. Es kann durchaus vorkommen, dass für einige Ebenen keine weitere Segmentierung vorhanden ist. Im Beispiel in Abbildung 1.34 ist für die Regionen »West« und »Ost« keine Stadt mehr aufgeführt. In solchen Fällen entstehen dann die »Sonnenstrahlen«, Namensgeber für diesen Diagrammtyp.

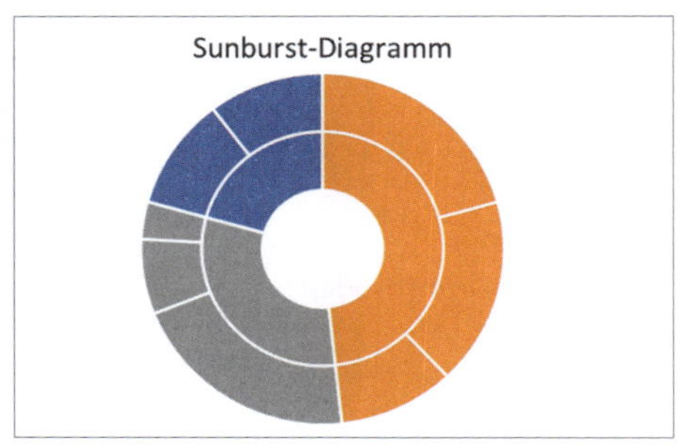

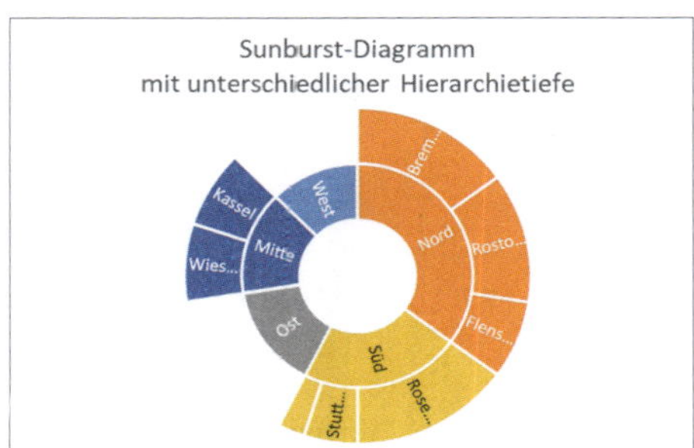

Abbildung 1.34 Sunburst-Diagramme

1.3.13 Histogramme

In Histogrammen werden Häufigkeiten dargestellt. Diese aus der Statistik stammende Methode erlaubt es, Verteilungen von Daten zu erkennen. Das Prinzip ist dabei, Wertebereiche festzulegen und alle Daten zu zählen, die in diesen Bereichen liegen. Als Rubriken auf der horizontalen Achse fungieren die nach ihrer Wertigkeit aufsteigend sortierten Bereiche. Die jeweiligen Häufigkeiten werden dann als Säule dargestellt. Eine Sonderform des Histogramms ist das *Pareto-Diagramm*. Hier sind die Rubriken absteigend nach der Häufigkeit sortiert. Zusätzlich ist in diesem Säulendiagramm die sogenannte *Pareto-Linie* eingezeichnet. Dabei handelt es sich um die aufsummierten relativen Häufigkeiten.

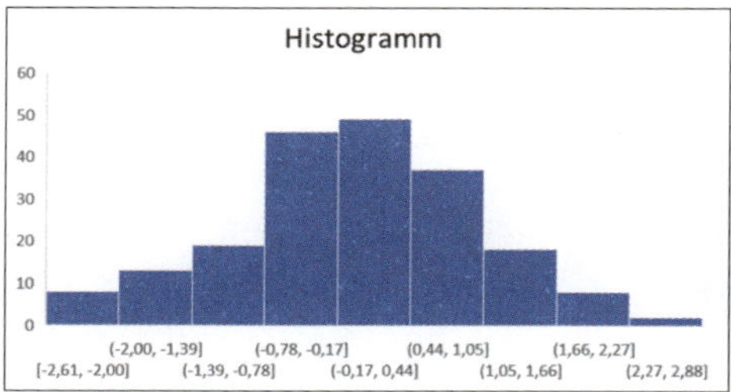

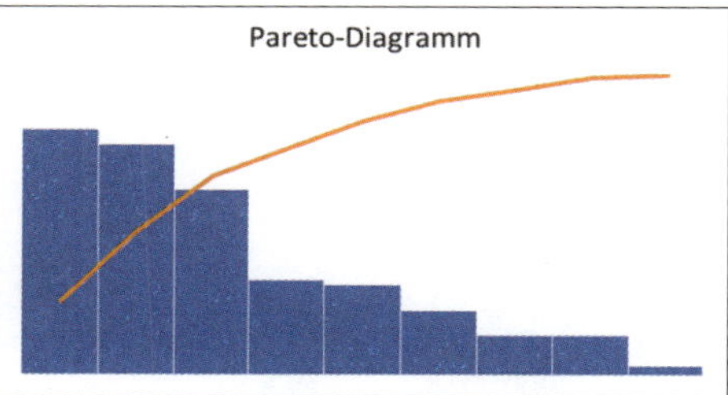

Abbildung 1.35 Histogramm und Pareto-Diagramm

1.3.14 Kastengrafik

Auch die Kastengrafik, im Englischen Boxplot genannt, zeigt Verteilungen von Daten an. Dabei werden fünf statistische Lageparameter ermittelt und mit einem Kasten sowie zwei Linien dargestellt. Die Höhe und die Position des Kastens ergibt sich aus dem 25-%- und dem 75-%-Quantil, zusätzlich ist der Median bzw. Mittelwert markiert. Die vertikalen Linien stellen den Bereich zwischen den Quantilen und dem Minimum bzw. Maximum dar.

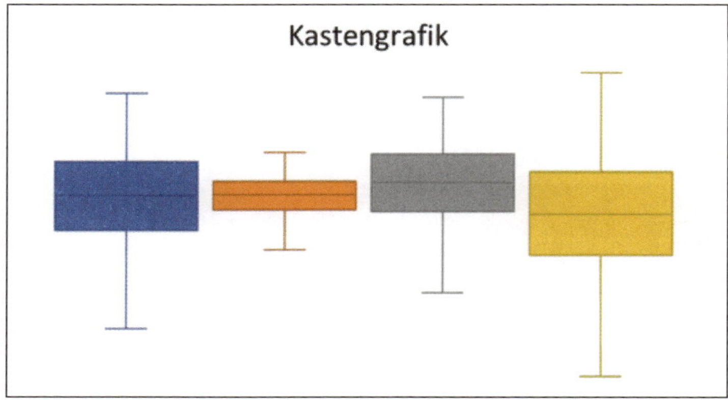

Abbildung 1.36 Kastengrafik bzw. Boxplot

1.3.15 Wasserfalldiagramme

Oftmals liegen Daten im zeitlichen Verlauf vor, die eine Zunahme oder eine Abnahme im Vergleich zum vorherigen Zeitintervall aufweisen. Solche Daten lassen sich in Excel sehr gut mit dem Wasserfalldiagramm darstellen. Ausgehend von einem Startwert als Säule werden z. B. monatliche Zunahmen durch eine blaue Fläche angezeigt, die Abnahmen durch eine orangefarbene Fläche. Die Höhe der Fläche drückt dabei immer die Differenz aus. Am Ende der Zeitskala steht eine weitere Säule, diese stellt den Endwert dar.

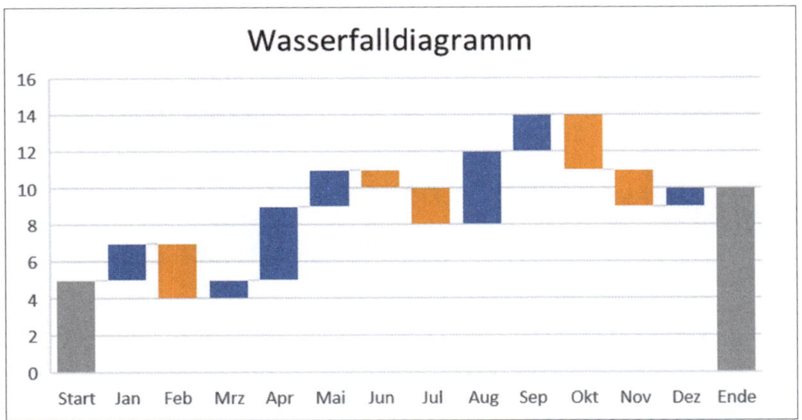

Abbildung 1.37 Wasserfalldiagramm

1.3.16 Trichterdiagramme

Mit den Trichterdiagrammen lassen sich sehr gut abnehmende Werte in den verschiedenen Phasen eines Prozesses abbilden. Haben Sie z. B. einen sechsstufigen Prozess zur Qualitätsprüfung, nimmt von Schritt zu Schritt die Anzahl der gefundenen Fehler ab. Diese Entwicklung können Sie mit einem Trichterdiagramm sehr anschaulich machen.

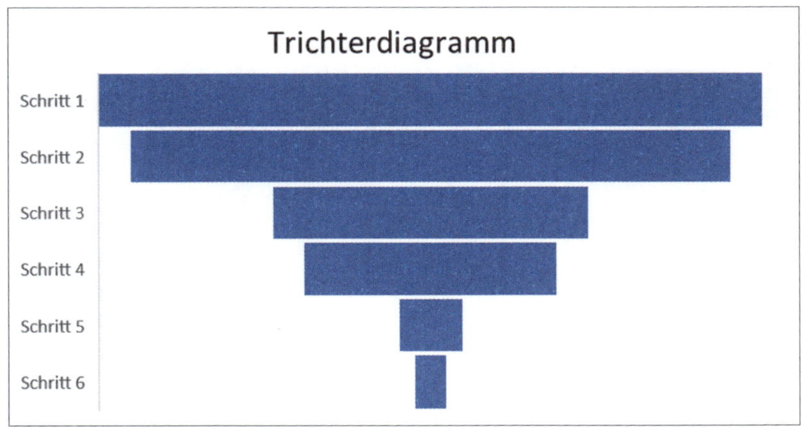

Abbildung 1.38 Trichterdiagramm

1.3.17 Kombidiagramme

Seit Excel 2013 lassen sich verschiedene Diagrammtypen kombinieren. Dies kann hilfreich sein, wenn Sie zu denselben Rubriken verschiedene Werte anzeigen möchten. Sie können in einem Kombi- oder auch Verbunddiagramm eine Datenreihe als Säule ausgeben, eine andere Datenreihe als Linie. Die Säulendatenreihe kann dabei die aktuellen Tageswerte beinhalten, die Liniendatenreihe den Tagesdurchschnitt der letzten Monate. Bei deutlichen Größenunterschieden der Werte erlaubt es Excel, eine Datenreihe auf eine sekundäre y-Achse zu legen. So lassen sich z. B. relative und absolute Werte in einem Diagramm unterbringen. Die Standarddiagramme wie Säulen, Linien, Balken und Punkte können Sie gut kombinieren, spezielle Typen wie Oberflächendiagramme oder Treemaps hingegen erlauben keine Kombination mit anderen Typen.

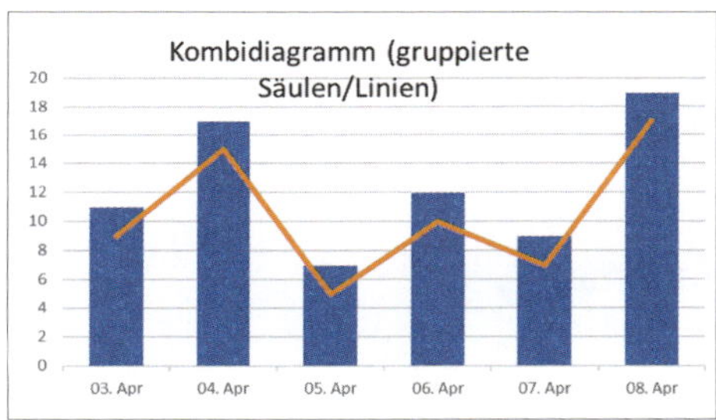

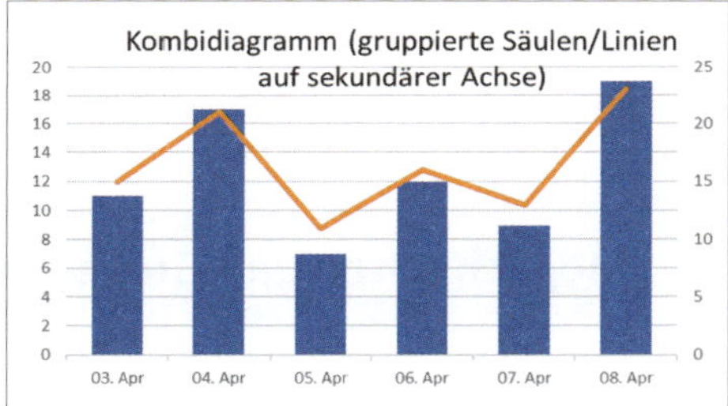

Abbildung 1.39 Kombi- bzw. Verbunddiagramm

1.3.18 3D-Kartendiagramme

Neben den Flächenkartogrammen können Sie eine weitere Kartendarstellung in Excel nutzen. Diese sogenannten 3D-Karten stehen seit der Version 2013 als *Add-in* zur Verfügung. Im Gegensatz zu den Kartogrammen ist es hier möglich, punktgenau durch Angabe von Adressen oder Längen- und Breitengraden Werte auf einer Landkarte anzuzeigen. Sie können mit den 3D-Karten Säulen oder *Heatmaps* auf einer Adresse platzieren und so ein sehr einfach zu lesendes Bild erzeugen.

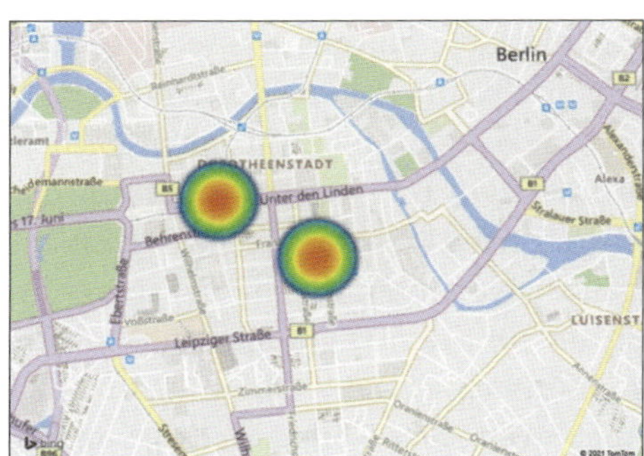

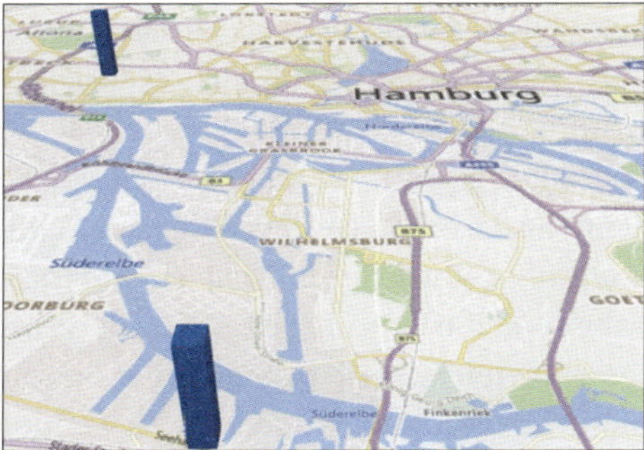

Abbildung 1.40 3D-Karten mit Heatmaps und Säulen

1.3.19 Sparklines und bedingte Formatierung

Sparklines und Zellformatierungen unter Bedingungen stellen neben den Diagrammen eine weitere Form dar, um in Excel aus Daten bildhafte Informationen zu erzeugen. Mit Sparklines lassen sich *Miniaturdiagramme* in Zellen erstellen, die bedingt formatierten Zellen erlauben es, Werte in einer Tabelle mit vielfältigen Symbolen zu versehen.

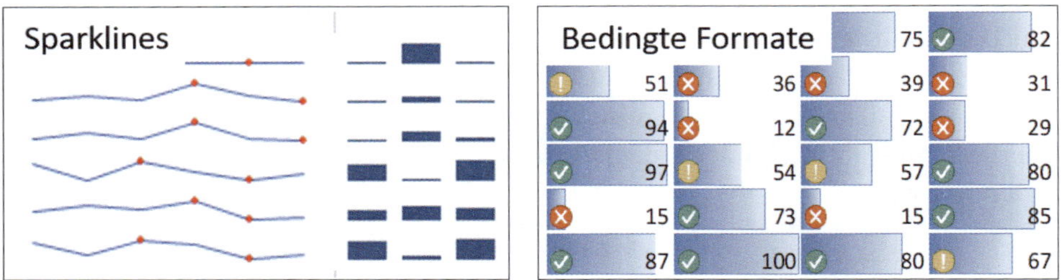

Abbildung 1.41 Sparklines und bedingte Zellformate

1.4 Möglichkeiten und Grenzen von Excel

Excel hat sich in den vielen Jahren des Bestehens zu einem vielfältigen und leistungsfähigen Werkzeug entwickelt. Das Spektrum der Einsatzszenarien reicht von der Verwaltung einfacher Listen bis zu Erstellung von Prognosen, von der Summenbildung bis zur Durchführung statistischer Tests, von der Auto-Vervollständigung bis hin zur Programmierung. Allein die Datenvisualisierung ist mittlerweile so umfangreich, dass dieses Thema ein eigenes Buch füllt. Für viele der Excel-Funktionalitäten gibt es andere, sehr spezialisierte Werkzeuge. Diese können einiges besser als Excel, gehen weiter in die Tiefe, unterstützen bei sehr speziellen Fragen und Problemen. Solche Programme haben ihre Stärken auf einem Fachgebiet, Excel hingegen ist ein Allroundwerkzeug, die Kombizange im Werkzeugkoffer. Auch im Bereich der Diagramme und der generellen Datenvisualisierung gibt es Programme auf dem Markt, die mächtiger sind als Excel. Solche auf Visualisierung spezialisierte Programme beinhalten noch andere Diagrammtypen, erlauben die automatisierte Erstellung von Diagrammen, ermöglichen in Diagrammen die Anwendung von Filtern und Gruppierungen mit einem Webbrowser im Internet oder Intranet. Mit einem solchen Spezialprogramm werden Sie jedoch keine Inventarliste verwalten oder auf die Schnelle den Mittelwert der Tageseinnahmen des letzten Monats berechnen können. Ein großer Vorteil von Excel ist es, dass Sie ganz nah an Ihren Daten dran sind – die Tabelle ist die Grundlage für jede Berechnung und für jedes Diagramm. Und ein weiterer Vorteil von Excel gegenüber Spezialprogrammen ist die Verbreitung und das damit verbundene Wissen der Anwender*innen. Wer etwas Übung im Umgang mit Excel hat, ist unmittelbar in der Lage, ein einfaches Diagramm zu erstellen.

An einigen kleinen Beispielen soll verdeutlicht sein, wo die Diagramme in Excel an ihre Grenzen stoßen. Sie können zwar mit einem verbundenen Punktdiagramm Veränderungen darstellen. Mit Pfeilen lässt sich z. B. die Änderung eines Zustandes links zu einem Zustand rechts anzeigen. Ein echtes Sankey-Diagramm (siehe Abbildung 1.42), mit dem Sie Mengenflüsse durch unterschiedlich dicke Pfeile verdeutlichen können, ist in Excel dagegen nicht enthalten. Rudimentär können Sie in Excel zwar ein Sankey-Diagramm selbst bauen, der Aufwand ist jedoch recht hoch.

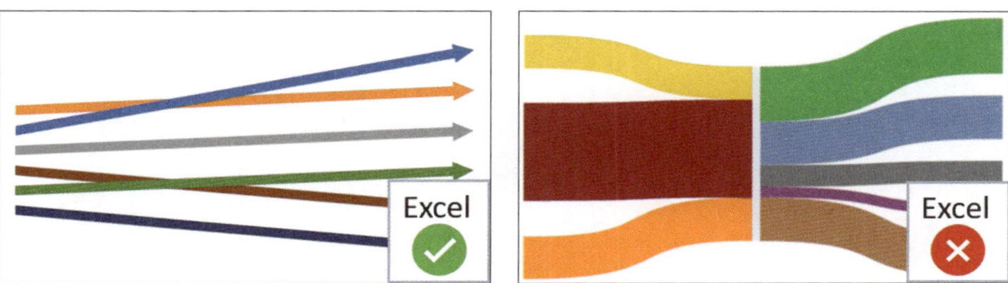

Abbildung 1.42 Einfache Pfeile vs. Sankey-Diagramm

Die 3D-Liniendiagramme erzeugen in Excel rein optisch Bänder. Damit wird es trotzdem nicht möglich sein, eine Banddiagramm wie in Abbildung 1.43 zu erstellen. Bei dieser Diagrammform sehen Sie für verschiedenen Phasen Bänder entsprechend der Dicke sortiert. Es entsteht ein geflochtenes Gebilde, dass mit Excel so nicht realisierbar ist.

Abbildung 1.43 3D-Linien- vs. Banddiagramm

Ein geschickter Einsatz von Säulen und Balken erlaubt in Excel durchaus den Aufbau von verästelten Baumstrukturen. Im eigentlichen Sinn ist so aber kein Analysebaum (siehe Abbildung 1.44) realisierbar. Ein echter Analysebaum bildet Hierarchien ab und erlaubt das interaktive Auf- und Zublättern von Zweigen. Selbst mit großem Aufwand ist dies mit Excel nicht möglich, dafür gibt es spezialisierte Programme. Aber alles, was Sie mit Excel im Zusammenhang mit Diagrammen machen können, finden Sie auf den folgenden Seiten dieses Buches.

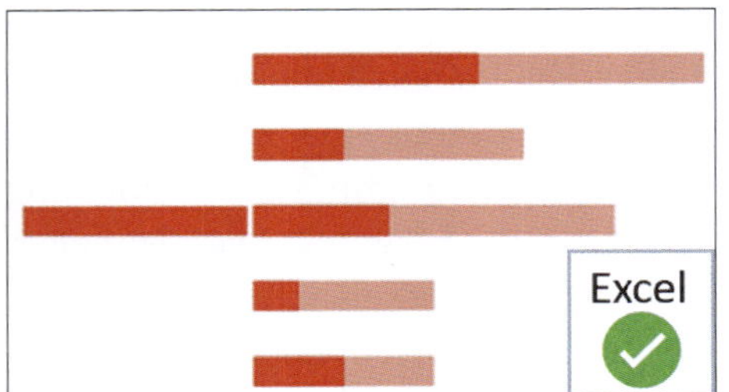

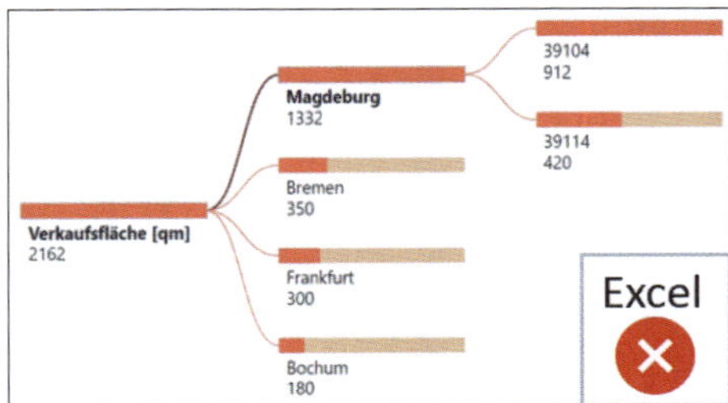

Abbildung 1.44 Verästelung von Balken vs. Analysebaum

Kapitel 2
Daten – Basis für Diagramme

Um mit Excel zu arbeiten, benötigen Sie Daten. Für jede Art der Berechnung, der Aggregation oder der Analyse sind Zahlen und Texte notwendig. Die Strukturen und die Formate der Daten sind vielfältig, keine Tabelle gleicht der anderen.

Selbstverständlich benötigen Sie Daten, um diese in Form eines Diagramms zu visualisieren. Der Ursprung dieser Daten kann vielfältig sein und reicht von der manuellen Erfassung bis zur automatisierten Abfrage von Datenbanken. Letztlich ist es nur eine Frage der Aufbereitung und der Anordnung, um mit den Daten effizient zu arbeiten.

2.1 Excel-Tabellenblätter – Daten manuell erfassen

Für Daten mit geringem Umfang stellt die manuelle Erfassung in Excel einen gängigen Weg dar. Wenn Sie Informationen und Daten im Kopf, auf Papier oder in einer unstrukturierten Datei vorliegen haben, können Sie diese Daten recht komfortabel manuell nach Excel übertragen. An vielen Stellen erleichtern bekannte oder auch weniger bekannte Funktionalitäten von Excel diese Art der Datenerfassung.

2.1.1 Tabellenblätter – Zellen als kleinste Einheit

In einem Projekt hantieren Sie oft mit mehreren Excel-Dateien. Jede dieser Dateien beinhaltet Tabellenblätter, jedes Tabellenblatt wiederum besteht aus Zellen. Eine Zelle ist somit die kleinste Einheit und durch eine Adresse eindeutig benannt. Dieser Name bzw. diese Adresse besteht in der Regel aus der Bezeichnung der Spalte in Form eines oder mehrerer Buchstaben sowie einer Zeilennummer. Die wohl bekannteste Zelle hat die Adresse »A1«, es handelt sich um die oberste Zelle ganz links im Tabellenblatt. In der letzten Zelle hingegen werden sehr selten Daten stehen, allein der Name bzw. die Adresse »XFD1048576« ist zu sperrig für eine effiziente Handhabung.

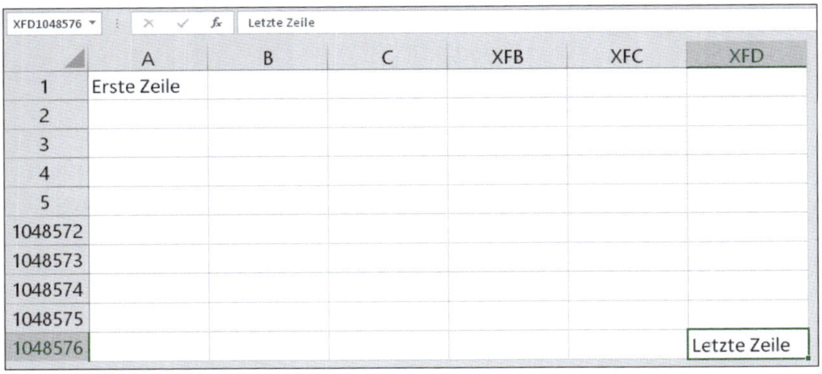

XFD1048576 | Letzte Zeile

	A	B	C	XFB	XFC	XFD
1	Erste Zeile					
2						
3						
4						
5						
1048572						
1048573						
1048574						
1048575						
1048576						Letzte Zeile

Abbildung 2.1 Zellen eines Excel-Tabellenblattes

Wenngleich die folgenden Zahlen eher theoretischer Natur sind, verdeutlichen sie doch recht eindrucksvoll die Dimensionen von Excel. Ein Tabellenblatt besteht aus etwas mehr als 16.000 Spalten und mehr als 1 Million Zeilen. Daraus ergeben sich 17,2 Milliarden Zellen. Angenommen, auf Ihrem Bildschirm hat eine Zelle die Größe von 2,5 cm mal 0,5 cm, so entspricht dies einer Fläche von 0,000125 m^2. Diese Zellenfläche multipliziert mit 17,2 Milliarden Zellen ergibt eine Gesamtfläche von 2,15 km^2. Um also alle Zellen auf einem Bildschirm anzuzeigen, müsste Ihr Monitor die Größe des Berliner Tiergartens haben.

	Anzahl	Anzahl (binär)
Zeilen	1.048.576	2^20
Spalten	16.384	2^14
Zellen	17.179.869.184	2^34

	Einheit cm	Einheit m
Zellenhöhe	0,50	0,0050
Zellenbreite	2,50	0,0250

	Einheit m^2	Einheit km^2
Zellenfläche	0,000125	0,000000000125
Gesamtfläche	2.147.483,65	2,15

Abbildung 2.2 Flächenvergleich von Zellen

Maximale Anzahl von Excel-Zellen

Auch wenn die theoretische Anzahl bei 17,2 Milliarden Zellen liegt, gerät eine Datei mit Daten in mehreren zigtausend Zeilen und Dutzenden von Spalten schon leicht an die Grenzen der Handhabung. Abhängig von der Leistung Ihres Computers und der Komplexität der Berechnungen ist es dann eventuell besser, solche Arbeitsblätter in mehrere kleinere Dateien aufzuteilen und mit Zwischenergebnissen weiterzuarbeiten.

2.1.2 Eingabe von Daten – automatische Formatierung

In vielen Anwendungsfällen haben Sie nur wenige Daten, die Sie einfach in die Zellen eines Tabellenblattes eingeben können. Dafür schreiben Sie eine Zahl oder einen Text in eine Zelle und drücken die Taste [↵]. Für die Formatierung oder Darstellung Ihrer Eingabe greift Excel automatisch auf gewisse Regeln zurück. Ein Text wird z. B. linksbündig in der Zelle angezeigt, eine Zahl hingegen rechtsbündig. Ein Datum ohne Jahresangabe wird als zweistelliger Tag und abgekürzter Monat für das aktuelle Jahr angezeigt. Ein Datum mit Jahreszahl hingegen formatiert Excel gleich als zweistelligen Tag und Monat, die Jahreszahl ist vierstellig. Sie selbst können aber auch schon bei der Eingabe Einfluss auf die Formatierung nehmen. Die Eingabe des Tausender-Trennzeichens bei einer Zahl bewirkt, dass der Punkt auch angezeigt wird. Die Zahl in der Zelle selbst wird jedoch ohne Trennzeichen gespeichert, Sie haben ja nur die Formatierung beeinflusst. Um eine Zahl als Bruch darzustellen, geben Sie null, gefolgt von einem Leerzeichen und dem eigentlichen Bruch ein. Der Wert in der Zelle ist der Dezimalwert, angezeigt wird jedoch der Bruch. Eine Zahl mit anschließendem Prozentzeichen zeigt dieses auch an, der Wert in der Zelle ist jedoch die Zahl dividiert durch hundert. Und wenn Sie eine Zahl als Text formatieren möchten, stellen Sie der Zahl einfach das Hochkomma ['] voran. Alle Formatierungen können Sie später über Formatcodes noch ändern. Was Sie aber schon bei der Eingabe erledigt haben, erspart Ihnen dann einen weisteren Arbeitsschritt. In Abbildung 2.3 sehen Sie, was die automatische Formatierung nach Ihrer Eingabe ausgibt und was im Unterschied dazu in der Zelle gespeichert wird.

Eingabe	Ausgabe	Zellinhalt
Fahrrad	Fahrrad	Fahrrad
123	123	123
7,3	7,3	7,3
1000	1000	1000
1.000	1.000	1000
0 1/5	1/5	0,2
0 2/4	1/2	0,5
37€	37 €	37
27%	27%	0,27
8.2	08. Feb	44235
8.2.20	08.02.2020	43869
14:23	14:23	0,599305556
8.2 14:23	08.02.2021 14:23	44235,59931
100.000.000.000	1,E+11	100000000000
'124	124	124

Abbildung 2.3 Formatierungen während der Eingabe

2.1.3 Auto-Ausfüllen – Reihen von Daten erstellen

Sobald zwei Zahlen oder Texte mit Zahlen untereinander- bzw. nebeneinanderstehen, lässt sich daraus eine Reihe erstellen. Dazu markieren Sie die beiden Zahlen und ziehen die Markierung an dem unteren rechten Quadrat weiter (siehe Abbildung 2.4). Entsprechend dem Abstand der ersten beiden Werte wird die Reihe fortgesetzt. Ein Doppelklick auf das Quadrat erstellt eine Reihe bis zur letzten mit Daten gefüllten Zelle der Nachbarspalte. Neben einer linearen Reihe, bei der die Abstände immer identisch sind, können Sie auch eine geometrische Reihe mit einem konstanten Verhältnis erstellen. Dazu müssen Sie auf der Registerkarte START den Menüpunkt AUSFÜLLEN • DATENREIHE auswählen, als Typ aktivieren Sie GEOMETRISCH. Das Inkrement gibt das Verhältnis von zwei benachbarten Zellen der Reihe an, der Endwert bestimmt, wie lang die Reihe sein soll.

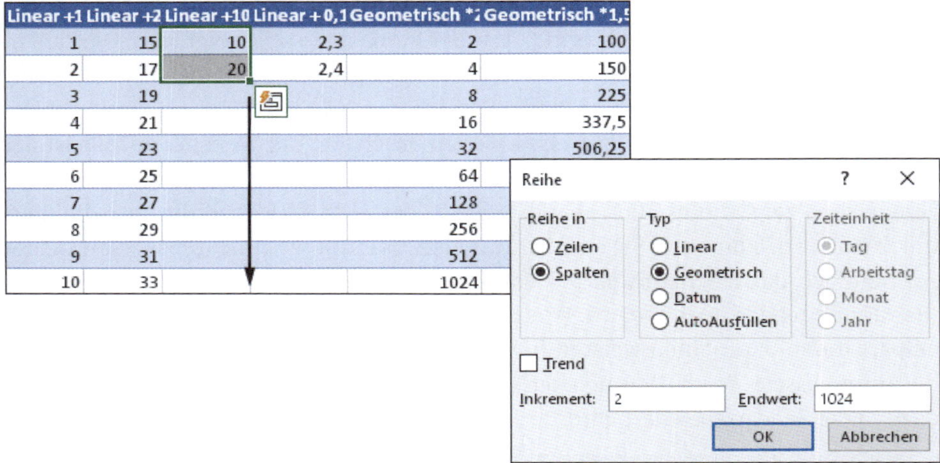

Linear +1	Linear +2	Linear +10	Linear + 0,1	Geometrisch *	Geometrisch *1,5
1	15	10	2,3	2	100
2	17	20	2,4	4	150
3	19			8	225
4	21			16	337,5
5	23			32	506,25
6	25			64	
7	27			128	
8	29			256	
9	31			512	
10	33			1024	

Abbildung 2.4 Lineare und geometrische Reihen

Datum +1 Tag	Datum +1 Jahr	Wochentag +1 Tag	Datum +1 Arbeitstag	Uhrzeit +1 Std.	Uhrzeit +1 Min.
01. Jan	01.01.2010	Montag	01. Jan	14:00	14:01
02. Jan	01.01.2011	Dienstag	04. Jan	15:00	14:02
03. Jan			05. Jan	16:00	14:03
04. Jan			06. Jan	17:00	14:04
05. Jan			07. Jan	18:00	14:05
06. Jan					
07. Jan					
08. Jan					
09. Jan					
10. Jan					

Reihe ? ×

Reihe in: Zeilen / Spalten (ausgewählt)
Typ: Linear / Geometrisch / Datum (ausgewählt) / AutoAusfüllen
Zeiteinheit: Tag / Arbeitstag (ausgewählt) / Monat / Jahr
Trend
Inkrement: 1 Endwert: 14.01.2021
OK Abbrechen

Abbildung 2.5 Reihen mit Datums- und Zeitwerten

Auch mit Datumswerten und Zeiten lassen sich auf dieselbe Art Reihen erstellen. Eine Besonderheit stellt die Zeiteinheit ARBEITSTAG dar. Dabei lässt Excel in der Reihe die Samstage und die Sonntage weg, nur die Arbeitstage sind Bestandteil der Reihe.

2.1.4 Blitzvorschau – Regeln aus Beispielen anwenden

Eine weniger beachtete Funktionalität zum Erstellen und Anpassen von Daten stellt die sogenannte *Blitzvorschau* dar. Dabei schreibt Excel nach einer von Ihnen festgelegten Regel Datenreihen fort. Das Besondere daran ist, dass Sie die Regel einfach in Form eines Beispiels definieren. Wenn Sie Daten in einer oder mehreren Spalten vorliegen haben, schreiben Sie in die erste Zeile der Spalte rechts daneben Ihr gewünschtes Ergebnis. Im Beispiel in Abbildung 2.6 soll aus dem Lagerplatz und dem Artikel ein neuer Text in der Form entstehen, bei der Artikel und Lagerplatz durch einen Gedankenstrich getrennt in einer Zelle stehen. Die Regel legen Sie nur über den Text »Lenker - 34« fest. Wenn Sie jetzt die Zelle darunter aktivieren und die BLITZVORSCHAU aus der Registerkarte DATEN über das Icon starten, werden alle darunterliegenden Zellen entsprechend der erkannten Regel befüllt. All dies geschieht ohne den Einsatz von Formeln oder einer expliziten Regeldefinition.

Lagerplatz	Artikel	Artikel - Lagerplatz
34	Lenker	Lenker - 34
123	Beleuchtung	
66	Schutzbleche	
69	Bremsen	
71	Gepäckträger	
103	Räder	
12	Gangschaltung	

Lagerplatz	Artikel	Artikel - Lagerplatz
34	Lenker	Lenker - 34
123	Beleuchtung	Beleuchtung - 123
66	Schutzbleche	Schutzbleche - 66
69	Bremsen	Bremsen - 69
71	Gepäckträger	Gepäckträger - 71
103	Räder	Räder - 103
12	Gangschaltung	Gangschaltung - 12

Abbildung 2.6 Zusammenfügen von Texten aus verschiedenen Spalten

Manuelle Prüfung der Ergebnisse

Sie sollten in jedem Fall die Ergebnisse der Blitzvorschau prüfen. Die erkannte Regel kann eventuell nicht präzise genug sein, sodass es zu unerwünschten Abweichungen kommt. Oder Excel stößt auf einen Datensatz, auf den sich die Regel gar nicht sinnvoll anwenden lässt. Es wird zwar immer ein Ergebnis in die Zellen geschrieben, dieses kann aber unter Umständen einfach falsch sein.

Auch mit Datumsangaben kann die Blitzvorschau gut umgehen. Im Beispiel in Abbildung 2.7 soll in einer neuen Spalte der Modellname mit dem Erscheinungsjahr zusammengefasst werden. Aus dem vollständigen Datum benötigen Sie nur das Jahr, Tag und Monat sind nicht notwendig. Auch hier schreiben Sie einfach ein Beispiel in die erste Zelle, die Blitzvorschau übernimmt den Rest.

Modell	Erschein. Datum	Modell (Jahr)
M-Bike 7X	23.04.2019	M-Bike 7X (Jahr 2019)
M-Bike 8Xe	03.02.2020	
Rad LER9	12.03.2019	
Rad LER11	29.05.2020	
Speed 44a	27.04.2019	
Speed 47a	18.02.2020	
Rad LER13 E	04.04.2021	

Modell	Erschein. Datum	Modell (Jahr)
M-Bike 7X	23.04.2019	M-Bike 7X (Jahr 2019)
M-Bike 8Xe	03.02.2020	M-Bike 8Xe (Jahr 2020)
Rad LER9	12.03.2019	Rad LER9 (Jahr 2019)
Rad LER11	29.05.2020	Rad LER11 (Jahr 2020)
Speed 44a	27.04.2019	Speed 44a (Jahr 2019)
Speed 47a	18.02.2020	Speed 47a (Jahr 2020)
Rad LER13 E	04.04.2021	Rad LER13 E (Jahr 2021)

Abbildung 2.7 Jahreszahl aus einem vollständigen Datum ermitteln

Es lassen sich mit dieser Funktionalität nicht nur Daten zusammenfassen, auch Teile von Texten lassen sich extrahieren. Um die Internetadresse aus einer E-Mail-Adresse zu ermitteln, nehmen Sie den Teil hinter dem @-Zeichen und setzen *www.* davor. Einmal die Logik in eine Zelle geschrieben wie in Abbildung 2.8, baut die Blitzvorschau alle *URLs* (Uniform Resource Locator) aus Ihrer Liste zusammen.

Hersteller-E-Mail	Internetadresse
info@lerch.de	www.lerch.de
service@Cyri8.net	
master@astur.de	
Lumin@lumin.com	
norepley@Trozu.de	
feedback@contra.info	
back@jameees.com	

Hersteller-E-Mail	Internetadresse
info@lerch.de	www.lerch.de
service@Cyri8.net	www.Cyri.net
master@astur.de	www.astur.de
Lumin@lumin.com	www.lumin.com
norepley@Trozu.de	www.Trozu.de
feedback@contra.info	www.contra.info
back@jameees.com	www.jameees.com

Abbildung 2.8 Internetadressen aus E-Mail-Adressen erstellen

Und selbst bei einer unterschiedlichen Anzahl der zu extrahierenden Buchstaben mit einer beliebigen Anzahl umschließender Ziffern erkennt Excel die Regel. Nur durch Angabe des Textes »LER« im Beispiel in Abbildung 2.9 extrahiert die Blitzvorschau alle Herstellerkürzel unabhängig von der Länge.

Artikelnummer	Herstellerkürzel
11LER89613	LER
435AS93229	
3TRO76848	
675CY17001	
77CON21366	
723TRO73527	
55LER1081	

Artikelnummer	Herstellerkürzel
11LER89613	LER
435AS93229	AS
3TRO76848	TRO
675CY17001	CY
77CON21366	CON
723TRO73527	TRO
55LER1081	LER

Abbildung 2.9 Extrahieren der Herstellerkürzel

KI in Excel

Bei der Blitzvorschau kann noch nicht von *künstlicher Intelligenz* die Rede sein. Sie lässt aber erahnen, dass immer mehr Algorithmen zur Muster- und Regelerkennung auch in Bürosoftware Einzug erhalten. In diesem Bereich hat die Technik in den letzten Jahren enorme Fortschritte gemacht.

2.1.5 Duplikate – Entfernen von doppelten Einträgen

Zur Datenbereinigung ist das Entfernen von Duplikaten elementar. Zu finden ist diese Funktionalität auf der Registerkarte DATEN über das Symbol . Im Fall von mehreren Spalten müssen Sie nur angeben, welche Spalten zur Bestimmung eines Duplikats berücksichtig werden sollen. Geben Sie wie im Beispiel in Abbildung 2.10 beide Spalten an, so ist ein Duplikat eine Zeile, in der sowohl »Hersteller« als auch »Artikel« zusammen bereits in einer anderen Zeile vorkamen. Nach Abschluss gibt Ihnen Excel noch die Meldung, wie viele doppelte und wie viele eindeutige Werte ermittelt wurden. Die Zellen selbst sind dann schon aus Ihrem Datenbereich gelöscht.

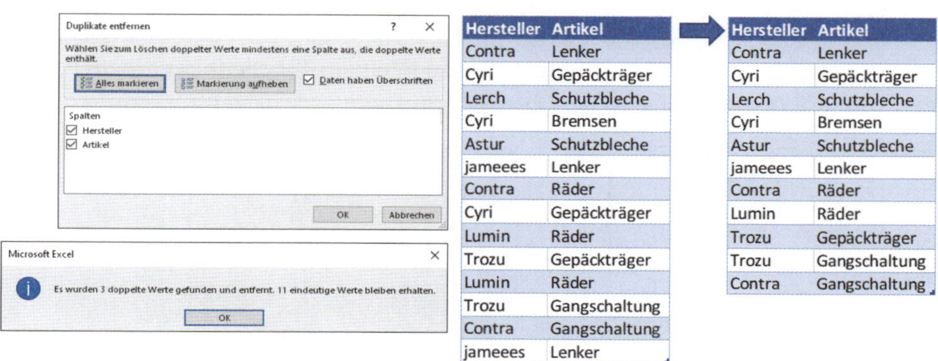

Hersteller	Artikel
Contra	Lenker
Cyri	Gepäckträger
Lerch	Schutzbleche
Cyri	Bremsen
Astur	Schutzbleche
jameees	Lenker
Contra	Räder
Cyri	Gepäckträger
Lumin	Räder
Trozu	Gepäckträger
Lumin	Räder
Trozu	Gangschaltung
Contra	Gangschaltung
jameees	Lenker

Hersteller	Artikel
Contra	Lenker
Cyri	Gepäckträger
Lerch	Schutzbleche
Cyri	Bremsen
Astur	Schutzbleche
jameees	Lenker
Contra	Räder
Lumin	Räder
Trozu	Gepäckträger
Trozu	Gangschaltung
Contra	Gangschaltung

Abbildung 2.10 Entfernen von Duplikaten basierend auf zwei Spalten

Wenn Sie hingegen nur die Spalte »Hersteller« auswählen wie im Beispiel in Abbildung 2.11, berücksichtigt Excel zur Bestimmung eines Duplikats auch nur Werte in dieser Spalte. Der Inhalt von »Artikel« ist nicht von Relevanz. Für jeden eindeutigen Hersteller wird der zuerst gefundene Artikel ausgegeben.

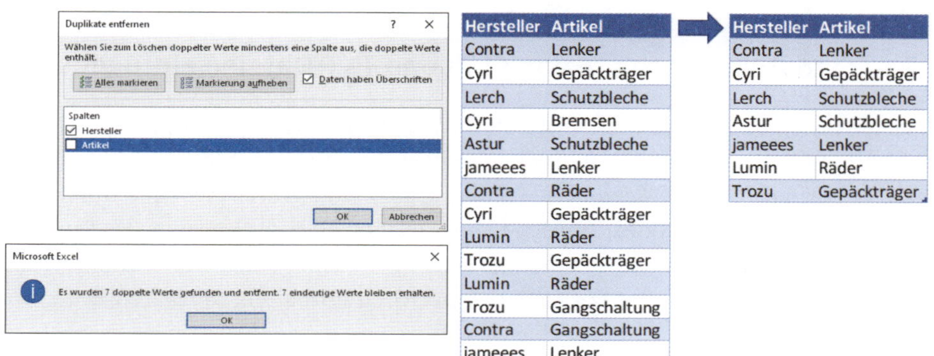

Hersteller	Artikel
Contra	Lenker
Cyri	Gepäckträger
Lerch	Schutzbleche
Cyri	Bremsen
Astur	Schutzbleche
jameees	Lenker
Contra	Räder
Cyri	Gepäckträger
Lumin	Räder
Trozu	Gepäckträger
Lumin	Räder
Trozu	Gangschaltung
Contra	Gangschaltung
jameees	Lenker

Hersteller	Artikel
Contra	Lenker
Cyri	Gepäckträger
Lerch	Schutzbleche
Astur	Schutzbleche
jameees	Lenker
Lumin	Räder
Trozu	Gepäckträger

Abbildung 2.11 Entfernen von Duplikaten basierend auf einer Spalte

2.1.6 Tastaturkürzel – effizientes Bewegen in Datenbereichen

Es gibt Aberhunderte von Tastaturkürzeln in Excel. Für nahezu jede Funktionalität existiert eine Tastenkombination als Alternative zur Maus und den vielen Registerkarten, Fenstern und Menüs. Viele dieser Kürzel erleichtern die Bedienung, machen den Umgang mit Excel etwas effizienter. An dieser Stelle sollen nur wenige dieser Kürzel erwähnt sein, die Ihnen das Bewegen und das Markieren in Datenbereichen erleichtern. Insbesondere zur Vorbereitung und der Auswahl von Daten für Diagramme sind Sie mit der Tastatur oftmals schneller als mit der Maus. Innerhalb eines Datenbereichs bewegen Sie sich zum Anfang oder Ende mit den Tastenkombinationen [Strg] und den entsprechenden Pfeiltasten: [↑], [→], [↓] oder [←]. Drücken Sie zusätzlich die Taste [⇧], markieren Sie Zeilen, Spalten oder Datenbereiche. Gerade wenn Sie mit größeren Datenmengen in einem Tabellenblatt arbeiten, werden Sie diese Tastaturkürzel gegenüber der Maus sehr zu schätzen wissen.

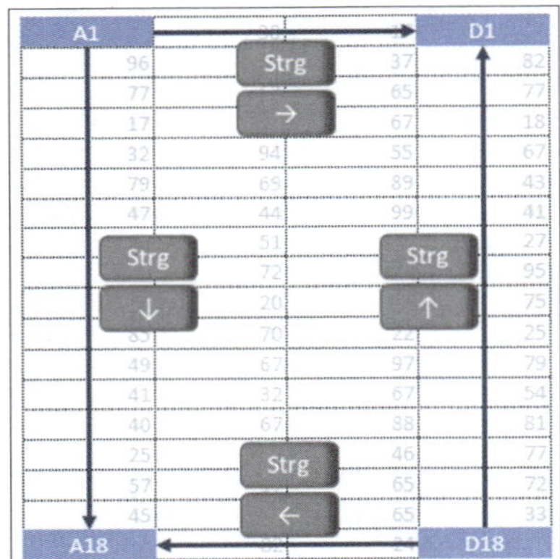

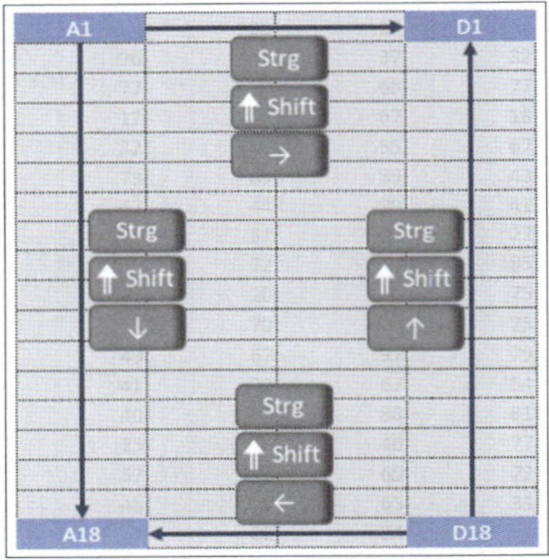

Abbildung 2.12 Tastaturkürzel zum Bewegen und Markieren in Datenbereichen

2.2 Textdateien – Inhalte von CSV- und TXT-Dateien einfügen

In vielen Fällen haben Sie Daten schon als Datei vorliegen, diese müssen Sie natürlich nicht erneut in Excel eingeben. Ein sehr gängiges Dateiformat ist hier das Text- oder das CSV-Format (*Comma Separated Values*). Dabei sind Werte pro Zeile durch ein bestimmtes Zeichen getrennt. Typische Trennzeichen sind das Komma, das Semikolon oder auch ein Tabulator. In der Datei selbst sind sonst keine weiteren Informationen wie Steuerungs- oder Formatierungszeichen enthalten, die Daten liegen in einer Rohform vor.

2.2.1 Kopieren und Einfügen – Daten aus der Zwischenablage nutzen

Eine einfache Möglichkeit, diese Daten nach Excel zu übertragen, besteht aus der *Zwischenablage*. Eine Textdatei können Sie z. B. mit dem Programm *Notepad* bzw. *Editor* öffnen, dort den gesamten Text markieren und dann kopieren. Somit befinden sich die Daten in der Zwischenablage.

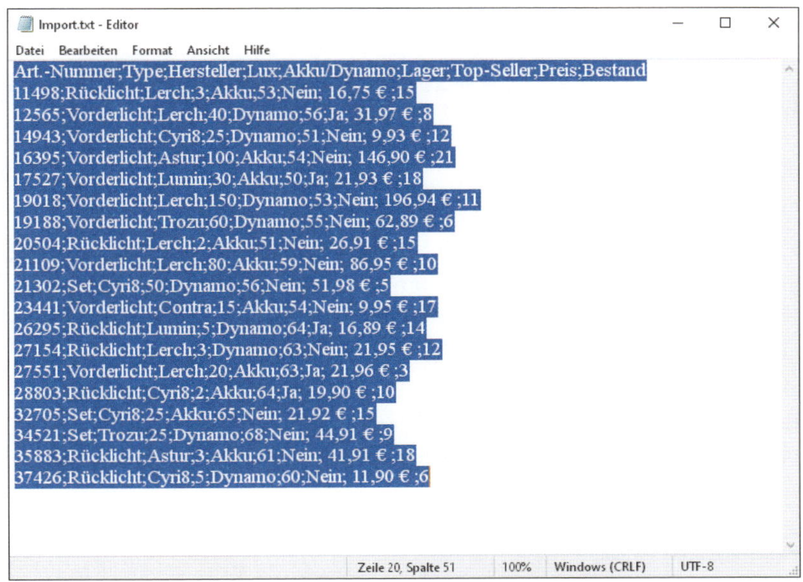

Import.txt - Editor

Datei Bearbeiten Format Ansicht Hilfe

Art.-Nummer;Type;Hersteller;Lux;Akku/Dynamo;Lager;Top-Seller;Preis;Bestand
11498;Rücklicht;Lerch;3;Akku;53;Nein; 16,75 € ;15
12565;Vorderlicht;Lerch;40;Dynamo;56;Ja; 31,97 € ;8
14943;Vorderlicht;Cyri8;25;Dynamo;51;Nein; 9,93 € ;12
16395;Vorderlicht;Astur;100;Akku;54;Nein; 146,90 € ;21
17527;Vorderlicht;Lumin;30;Akku;50;Ja; 21,93 € ;18
19018;Vorderlicht;Lerch;150;Dynamo;53;Nein; 196,94 € ;11
19188;Vorderlicht;Trozu;60;Dynamo;55;Nein; 62,89 € ;6
20504;Rücklicht;Lerch;2;Akku;51;Nein; 26,91 € ;15
21109;Vorderlicht;Lerch;80;Akku;59;Nein; 86,95 € ;10
21302;Set;Cyri8;50;Dynamo;56;Nein; 51,98 € ;5
23441;Vorderlicht;Contra;15;Akku;54;Nein; 9,95 € ;17
26295;Rücklicht;Lumin;5;Dynamo;64;Ja; 16,89 € ;14
27154;Rücklicht;Lerch;3;Dynamo;63;Nein; 21,95 € ;12
27551;Vorderlicht;Lerch;20;Akku;63;Ja; 21,96 € ;3
28803;Rücklicht;Cyri8;2;Akku;64;Ja; 19,90 € ;10
32705;Set;Cyri8;25;Akku;65;Nein; 21,92 € ;15
34521;Set;Trozu;25;Dynamo;68;Nein; 44,91 € ;9
35883;Rücklicht;Astur;3;Akku;61;Nein; 41,91 € ;18
37426;Rücklicht;Cyri8;5;Dynamo;60;Nein; 11,90 € ;6

Zeile 20, Spalte 51 100% Windows (CRLF) UTF-8

Abbildung 2.13 Datei »Import.txt« im Editor

	A	B	C	D	E	F
1	Art.-Nummer;Type;Hersteller;Lux;Akku/Dynamo;Lager;Top-Seller;Preis;Bestand					
2	11498;Rücklicht;Lerch;3;Akku;53;Nein; 16,75 € ;15					
3	12565;Vorderlicht;Lerch;40;Dynamo;56;Ja; 31,97 € ;8					
4	14943;Vorderlicht;Cyri8;25;Dynamo;51;Nein; 9,93 € ;12					
5	16395;Vorderlicht;Astur;100;Akku;54;Nein; 146,90 € ;21					
6	17527;Vorderlicht;Lumin;30;Akku;50;Ja; 21,93 € ;18					
7	19018;Vorderlicht;Lerch;150;Dynamo;53;Nein; 196,94 € ;11					
8	19188;Vorderlicht;Trozu;60;Dynamo;55;Nein; 62,89 € ;6					
9	20504;Rücklicht;Lerch;2;Akku;51;Nein; 26,91 € ;15					
10	21109;Vorderlicht;Lerch;80;Akku;59;Nein; 86,95 € ;10					
11	21302;Set;Cyri8;50;Dynamo;56;Nein; 51,98 € ;5					
12	23441;Vorderlicht;Contra;15;Akku;54;Nein; 9,95 € ;17					
13	26295;Rücklicht;Lumin;5;Dynamo;64;Ja; 16,89 € ;14					
14	27154;Rücklicht;Lerch;3;Dynamo;63;Nein; 21,95 € ;12					
15	27551;Vorderlicht;Lerch;20;Akku;63;Ja; 21,96 € ;3					
16	28803;Rücklicht;Cyri8;2;Akku;64;Ja; 19,90 € ;10					
17	32705;Set;Cyri8;25;Akku;65;Nein; 21,92 € ;15					
18	34521;Set;Trozu;25;Dynamo;68;Nein; 44,91 € ;9					
19	35883;Rücklicht;Astur;3;Akku;61;Nein; 41,91 € ;18					
20	37426;Rücklicht;Cyri8;5;Dynamo;60;Nein; 11,90 € ;6					

Abbildung 2.14 Kopierte Daten aus der Zwischenablage

In Excel selbst fügen Sie anschließend die Daten aus der Zwischenablage in Ihr Tabellenblatt ein. Sie werden feststellen, dass zwar alle Daten im Blatt enthalten sind, jedoch nicht in der Form, dass Sie gleich damit weiterarbeiten können. Jede komplette Zeile wurde von Excel in eine einzige Zelle geschrieben, die Werte einer Zeile wurden noch nicht getrennt, wie Sie im Beispiel in Abbildung 2.14 sehen. Dies erreichen Sie erst mit der Funktionalität TEXT IN SPALTEN.

2.2.2 Daten aufteilen – Text in Spalten

Um die Werte jeder Zeile zu trennen und auf verschiedene Spalten aufzuteilen, stellt Ihnen Excel den Textkonvertierungs-Assistenten TEXT IN SPALTEN zur Verfügung. Das Symbol dafür finden Sie auf der Registerkarte DATEN. In drei Schritten geben Sie an, wie Ihre Daten getrennt sind und in welches Format die einzelnen Bestandteile zu überführen sind. Im ersten Schritt legen Sie fest, ob die Aufteilung über eine feste Breite oder über ein Trennzeichen erfolgen soll. In einer Vorschau, zu sehen in Abbildung 2.15, können Sie sich schon ein Bild machen, wie das Ergebnis aussehen wird.

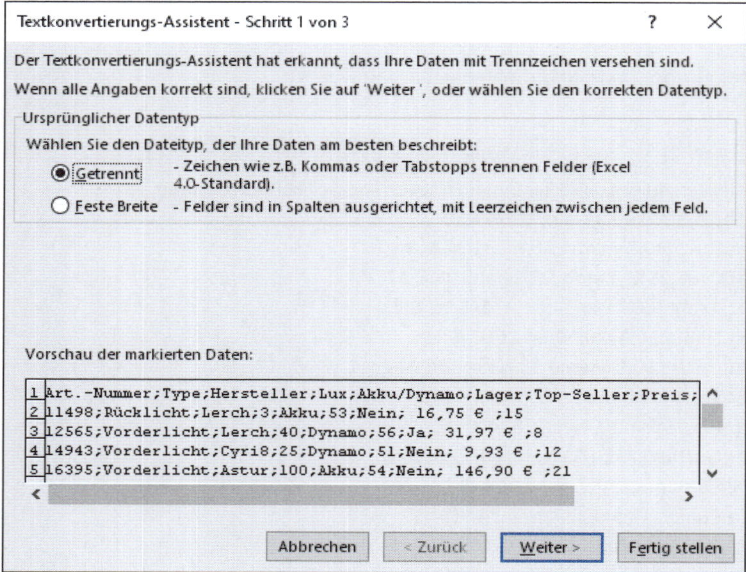

Abbildung 2.15 Erster Schritt des Assistenten »Text in Spalten«

Nachdem Sie festgelegt haben, dass die Datenfelder getrennt sind, müssen Sie jetzt das Trennzeichen auswählen. Die Beispieldaten in Abbildung 2.16 sind durch ein Semikolon getrennt, die Aktivierung des entsprechenden Schalters führt unmittelbar zur erwarteten Vorschau. Die Daten stehen jetzt alle in eigenen Spalten, das Semikolon selbst ist aus den Daten verschwunden.

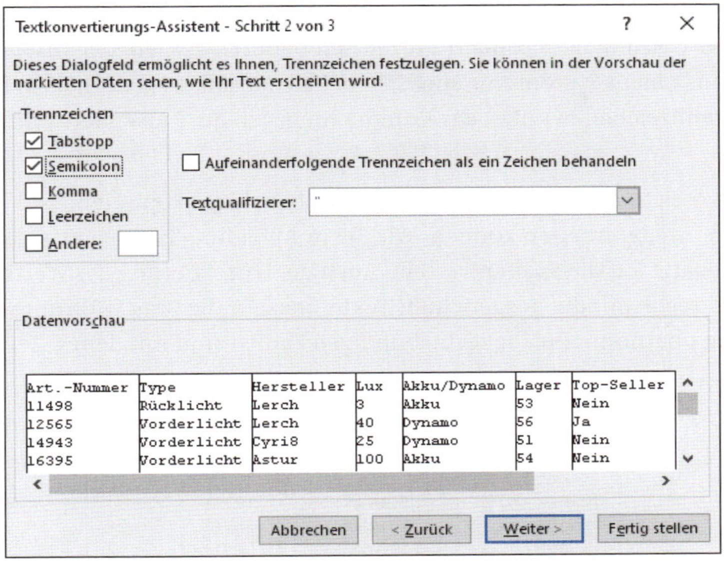

Abbildung 2.16 Zweiter Schritt des Assistenten »Text in Spalten«

Im letzten Schritt können Sie noch angeben, wie die Daten einer jeden Spalte zu formatieren sind. STANDARD bedeutet, dass eine Zahl als Zahl und ein Text als Text behandelt wird. Wollen Sie jedoch eine Zahl auch als Text in Ihrem Tabellenblatt verarbeiten, können Sie die Option TEXT als Datenformat wählen. Ist ein Datum in Ihren Daten enthalten, lässt sich im Assistenten bereits eine Kurz- oder eine Langform als Format einstellen.

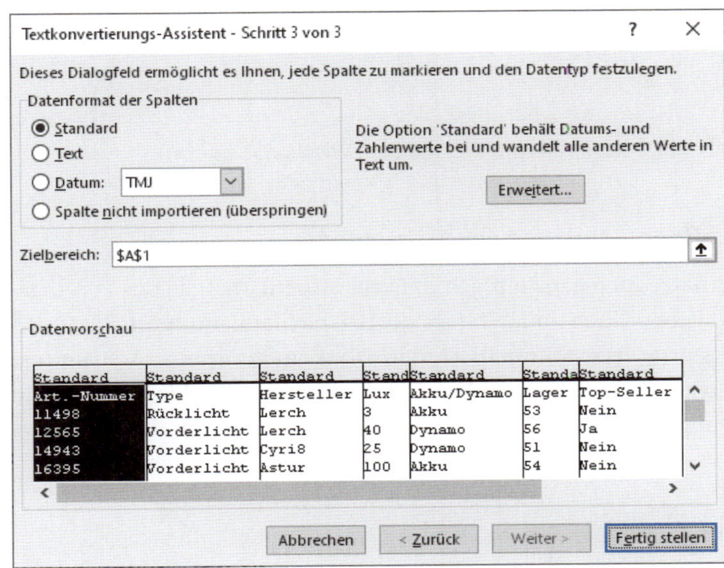

Abbildung 2.17 Dritter Schritt des Assistenten »Text in Spalten«

Über ERWEITERT... lässt sich noch bestimmen, welches Zeichen bei Zahlen als Tausendertrennzeichen und welches als Dezimaltrennzeichen benutzt werden soll. Insbesondere bei Daten aus einem System mit englischem Zeichensatz wird oftmals der Punkt als Dezimaltrennzeichen benutzt, das Komma hingegen als Tausendertrennzeichen.

Nach Durchlauf des Assistenten liegen die aus der Zwischenablage kopierten Daten so vor, dass Sie damit weiterarbeiten können. Wie Sie in Abbildung 2.18 sehen, sind alle Werte der Zeilen jetzt auf die Spalten verteilt. Auch die Formatierung der Werte stimmt. Zahlen sind rechtsbündig ausgerichtet, Texte linksbündig. Das Währungsformat wurde richtig übernommen, die rechtsbündigen Zahlen sind mit dem €-Zeichen versehen.

	A	B	C	D	E	F	G	H	I	J
1	Art.-Nummer	Type	Hersteller	Lux	Akku/Dynamo	Lager	Top-Seller	Preis	Bestand	
2	11498	Rücklicht	Lerch	3	Akku	53	Nein	16,75 €	15	
3	12565	Vorderlicht	Lerch	40	Dynamo	56	Ja	31,97 €	8	
4	14943	Vorderlicht	Cyri8	25	Dynamo	51	Nein	9,93 €	12	
5	16395	Vorderlicht	Astur	100	Akku	54	Nein	146,90 €	21	
6	17527	Vorderlicht	Lumin	30	Akku	50	Ja	21,93 €	18	
7	19018	Vorderlicht	Lerch	150	Dynamo	53	Nein	196,94 €	11	
8	19188	Vorderlicht	Trozu	60	Dynamo	55	Nein	62,89 €	6	
9	20504	Rücklicht	Lerch	2	Akku	51	Nein	26,91 €	15	
10	21109	Vorderlicht	Lerch	80	Akku	59	Nein	86,95 €	10	
11	21302	Set	Cyri8	50	Dynamo	56	Nein	51,98 €	5	
12	23441	Vorderlicht	Contra	15	Akku	54	Nein	9,95 €	17	
13	26295	Rücklicht	Lumin	5	Dynamo	64	Ja	16,89 €	14	
14	27154	Rücklicht	Lerch	3	Dynamo	63	Nein	21,95 €	12	
15	27551	Vorderlicht	Lerch	20	Akku	63	Ja	21,96 €	3	
16	28803	Rücklicht	Cyri8	2	Akku	64	Ja	19,90 €	10	
17	32705	Set	Cyri8	25	Akku	65	Nein	21,92 €	15	
18	34521	Set	Trozu	25	Dynamo	68	Nein	44,91 €	9	
19	35883	Rücklicht	Astur	3	Akku	61	Nein	41,91 €	18	
20	37426	Rücklicht	Cyri8	5	Dynamo	60	Nein	11,90 €	6	
21										
22										

Abbildung 2.18 Datenbereich aus kopierten Werten der Zwischenablage

2.2.3 Textdateien öffnen – Nutzung des Assistenten

Sie können eine Textdatei auch ganz einfach in Excel öffnen. Anstelle des voreingestellten Dateityps *.xl** geben Sie *.csv* oder *.txt* an, die Beispieldatei *Import.txt* lässt sich so auswählen. Excel startet jetzt automatisch den Textkonvertierungs-Assistenten. Die Schritte entsprechen dem Assistenten zum Aufteilen von Text in Spalten. Ein kleiner Unterschied besteht darin, dass Sie zusätzlich noch den Dateiursprung angeben können.

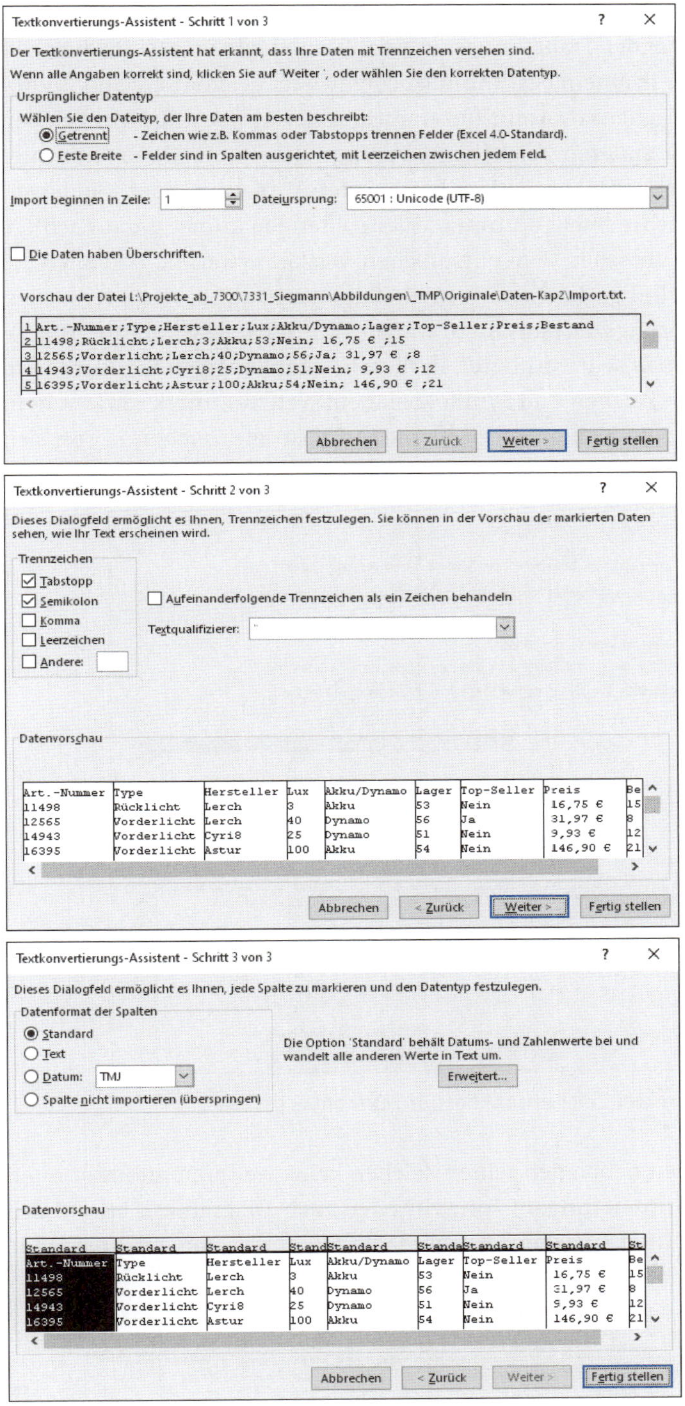

Textkonvertierungs-Assistent - Schritt 1 von 3

Der Textkonvertierungs-Assistent hat erkannt, dass Ihre Daten mit Trennzeichen versehen sind.

Wenn alle Angaben korrekt sind, klicken Sie auf 'Weiter ', oder wählen Sie den korrekten Datentyp.

Ursprünglicher Datentyp

Wählen Sie den Dateityp, der Ihre Daten am besten beschreibt:

(●) Getrennnt – Zeichen wie z.B. Kommas oder Tabstopps trennen Felder (Excel 4.0-Standard).

( ) Feste Breite – Felder sind in Spalten ausgerichtet, mit Leerzeichen zwischen jedem Feld.

Import beginnen in Zeile: 1 Dateiursprung: 65001 : Unicode (UTF-8)

[ ] Die Daten haben Überschriften.

Vorschau der Datei L:\Projekte_ab_7300\7331_Siegmann\Abbildungen_TMP\Originale\Daten-Kap2\Import.txt.

```
1 Art.-Nummer;Type;Hersteller;Lux;Akku/Dynamo;Lager;Top-Seller;Preis;Bestand
2 11498;Rücklicht;Lerch;3;Akku;53;Nein; 16,75 € ;15
3 12565;Vorderlicht;Lerch;40;Dynamo;56;Ja; 31,97 € ;8
4 14943;Vorderlicht;Cyri8;25;Dynamo;51;Nein; 9,93 € ;12
5 16395;Vorderlicht;Astur;100;Akku;54;Nein; 146,90 € ;21
```

Abbrechen | < Zurück | Weiter > | Fertig stellen

Textkonvertierungs-Assistent - Schritt 2 von 3

Dieses Dialogfeld ermöglicht es Ihnen, Trennzeichen festzulegen. Sie können in der Vorschau der markierten Daten sehen, wie Ihr Text erscheinen wird.

Trennzeichen

[x] Tabstopp
[x] Semikolon
[ ] Komma
[ ] Leerzeichen
[ ] Andere:

[ ] Aufeinanderfolgende Trennzeichen als ein Zeichen behandeln

Textqualifizierer: "

Datenvorschau

Art.-Nummer	Type	Hersteller	Lux	Akku/Dynamo	Lager	Top-Seller	Preis	Be
11498	Rücklicht	Lerch	3	Akku	53	Nein	16,75 €	15
12565	Vorderlicht	Lerch	40	Dynamo	56	Ja	31,97 €	8
14943	Vorderlicht	Cyri8	25	Dynamo	51	Nein	9,93 €	12
16395	Vorderlicht	Astur	100	Akku	54	Nein	146,90 €	21

Abbrechen | < Zurück | Weiter > | Fertig stellen

Textkonvertierungs-Assistent - Schritt 3 von 3

Dieses Dialogfeld ermöglicht es Ihnen, jede Spalte zu markieren und den Datentyp festzulegen.

Datenformat der Spalten

(●) Standard
( ) Text
( ) Datum: TMJ
( ) Spalte nicht importieren (überspringen)

Die Option 'Standard' behält Datums- und Zahlenwerte bei und wandelt alle anderen Werte in Text um.

Erweitert...

Datenvorschau

Standard	Standard	Standard	Stand	Standard	Standa	Standard	Standard	St
Art.-Nummer	Type	Hersteller	Lux	Akku/Dynamo	Lager	Top-Seller	Preis	Be
11498	Rücklicht	Lerch	3	Akku	53	Nein	16,75 €	15
12565	Vorderlicht	Lerch	40	Dynamo	56	Ja	31,97 €	8
14943	Vorderlicht	Cyri8	25	Dynamo	51	Nein	9,93 €	12
16395	Vorderlicht	Astur	100	Akku	54	Nein	146,90 €	21

Abbrechen | < Zurück | Weiter > | Fertig stellen

Abbildung 2.19 Textdatei in Excel öffnen

Je nachdem, mit welchem System oder in welcher Region eine Datei erstellt wurde, kann es Unterschiede bei der Transformation von Zeichen geben. Alle Buchstaben und Zeichen sind immer in einem bestimmten Schema oder Zeichensatz durchnummeriert. Und je nach Zeichensatz kann für eine Nummer ein bestimmtes Zeichen definiert sein, in einem anderen Zeichensatz verbirgt sich hinter dieser Nummer jedoch ein anderes Zeichen. Insbesondere bei unseren Umlauten oder Sonderzeichen können unerwünschte Effekt auftreten. Hier sollten Sie immer darauf achten, dass die Zeichen in der Vorschau dem entsprechen, was Sie erwarten. Erkennen Sie hier bereits, dass merkwürdige Zeichen wie in Abbildung 2.20 auftauchen, versuchen Sie, einen anderen Ursprungszeichensatz zu wählen. Mittlerweile ist der internationale Standard *UTF Unicode* sehr verbreitet. In diesem unabhängigen Standard wird versucht, alle bekannten Zeichen und Symbole eindeutig zu nummerieren. Mit dem Zeichensatz UTF treten die wenigsten Probleme auf, fast alle Zeichen lassen sich damit von System zu System und von Region zu Region transformieren.

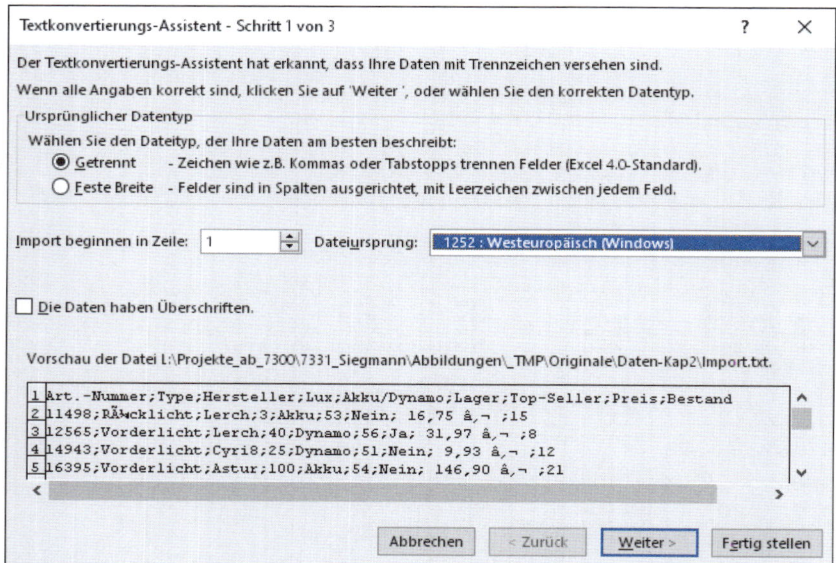

Abbildung 2.20 Nicht korrekter Zeichensatz bei der Textkonvertierung

In einer Textdatei können neben den reinen Zeichen keine weiteren Informationen gespeichert werden. Formatierungen, Formeln oder auch Diagramme lassen sich nicht in diesem Dateiformat speichern. Excel macht Sie durch eine entsprechende Meldung darauf aufmerksam (siehe Abbildung 2.21).

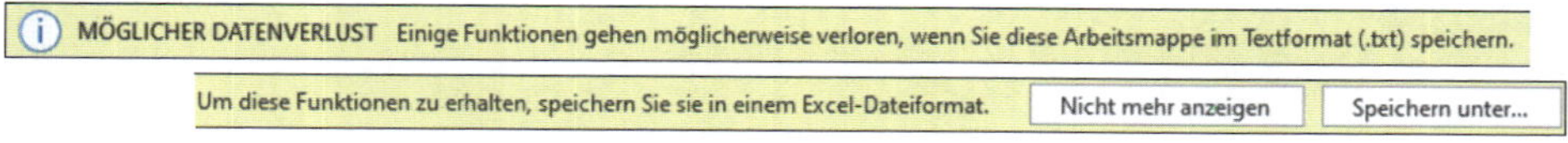

Abbildung 2.21 Meldung zu möglichen Datenverlusten

2.3 Externe Quellen – Abfrage von Daten

Die Menge an binär codierten Daten ist in den letzten Jahren förmlich explodiert, und jeden Tag, jede Stunde, jede Sekunde wächst dieser Daten-Pool weiter an. Nur ein kleiner Teil dieser Daten lagert in Form von Dateien auf lokalen Computern, der größte Teil befindet sich in Datenbanken auf Servern in Rechenzentren und auf verteilten Cloud-Plattformen. Eine entsprechende Authentifizierung und Autorisierung vorausgesetzt, können Sie auf viele dieser Daten direkt aus Excel zugreifen.

2.3.1 Datenquellen – auf (fast) beliebige Daten zugreifen

Auf der Registerkarte DATEN finden Sie ganz links den Menüpunkt DATEN ABRUFEN. Über das Symbol öffnen Sie die Auswahl der möglichen Quellen in Excel (siehe Abbildung 2.22). Mit vielen dieser Datenquellen kann nicht jeder sofort etwas anfangen. Es handelt sich dabei oftmals um sehr spezialisierte Quellen, die ein entsprechendes Hintergrundwissen voraussetzen. Die Methodik der Abfragen ist aber immer identisch, ganz gleich, ob Sie auf eine Datei, auf eine *Sharepoint*-Liste oder auf das *Hadoop-Dateisystem HDFS* zugreifen.

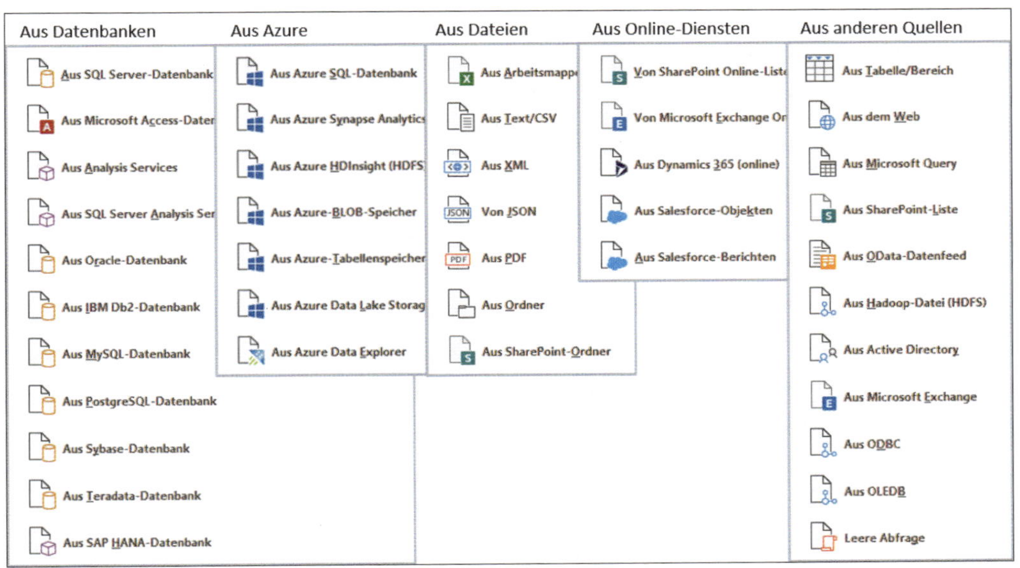

Abbildung 2.22 Mögliche Datenquellen für Abfragen mit Excel

2.3.2 Abfragen – eine dauerhafte Verbindung

Der Unterschied zwischen einer Abfrage und dem Import über die Zwischenablage besteht unter anderem darin, dass die Verbindung von Dauer ist. Der Import ist ein einmaliger Vorgang, eine Abfrage hingegen kann per Knopfdruck wiederholt werden, wobei aktualisierte Daten aus der Quelle nachgeladen werden. Im folgenden Beispiel in Abbildung 2.23 wird eine Abfrage auf die lokale Excel-Datei *Lagerbestand-Ersatzteile.xlsx* erstellt und ausgeführt. Die Datei beinhaltet für verschiedene Produktkategorien den Bestand pro Hersteller.

	A	B	C	D	E	F	G
1	Teile-Kategorie	A-Z Rad	B4Y	Fair-Radl	Jupiter	MyWay	TOP-Bike
2	Rahmen	87	88	32	18	80	59
3	Gabel	98	109	66	71	111	102
4	Räder	80	70	24	112	84	106
5	Sattel	37	46	19	67	110	108
6	Tretlager	109	20	93	27	67	46
7	Ketten	63	72	29	98	68	37
8	Bremsen	79	104	68	120	42	46
9	Klingel	102	18	69	21	17	98
10	Beleuchtung	66	33	55	90	120	49
11	Gangschaltung	99	65	19	112	67	93
12	Schutzbleche	55	92	42	123	117	68
13	Gepäckträger	34	86	122	18	51	115
14	Ständer	94	37	73	87	113	55

Lagerbestand-Ersatzteile.xlsx

Abbildung 2.23 Excel-Datei als Datenquelle einer Abfrage

Nachdem Sie die Datei ausgewählt haben, startet der sogenannte *Navigator*. Hier können Sie die gewünschte Tabelle in der Datei *Lagerbestand-Ersatzteile.xlsx* auswählen, auf die die Abfrage ausgeführt werden soll. Eine Vorschau zeigt die Ergebnisdaten bereits an, die Sie dann über LADEN in Ihr aktuelles Arbeitsblatt einfügen können (siehe Abbildung 2.24).

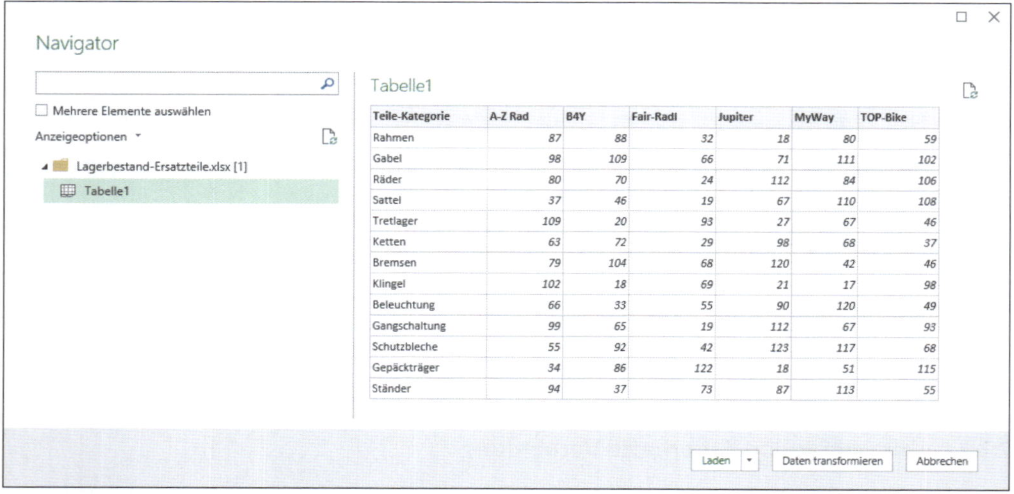

Abbildung 2.24 Navigator einer neuen Abfrage

Die Daten aus der Ursprungsdatei sind jetzt auch in Ihrer aktuellen Arbeitsdatei vorhanden. Excel hat die abgefragten Daten in einer formatierten Tabelle zusammengefasst, die Sie in Abbildung 2.25 sehen. Damit ist der namentliche Bezug auf die Ergebnisse von Abfragen möglich. Sie können die Daten hier weiterverarbeiten, Berechnungen anstellen oder Diagramme erzeugen. Sie sollten dabei den Bezug auf die formatierte Tabelle nutzen, so werden aktualisierte Daten bei Ihren Auswertungen immer einbezogen.

Teile-Kategorie	A-Z Rad	B4Y	Fair-Radl	Jupiter	MyWay	TOP-Bike
Rahmen	87	88	32	18	80	59
Gabel	98	109	66	71	111	102
Räder	80	70	24	112	84	106
Sattel	37	46	19	67	110	108
Tretlager	109	20	93	27	67	46
Ketten	63	72	29	98	68	37
Bremsen	79	104	68	120	42	46
Klingel	102	18	69	21	17	98
Beleuchtung	66	33	55	90	120	49
Gangschaltung	99	65	19	112	67	93
Schutzbleche	55	92	42	123	117	68
Gepäckträger	34	86	122	18	51	115
Ständer	94	37	73	87	113	55

Abbildung 2.25 Ergebnis einer Abfrage als formatierte Tabelle

Bislang ist der Unterschied zu einem Import der Daten aus der Zwischenablage und einer Abfrage nicht sehr offensichtlich. Diese werden aber deutlich, wenn Sie eine Zelle in der Ergebnistabelle aktivieren. Sie sehen jetzt die neue Registerkarte ABFRAGE. Hier können Sie sich unter anderem die Eigenschaften der Abfrage anzeigen lassen oder auch Veränderungen durchführen. Eine Aktualisierung bewirkt, dass die Daten aus der Ursprungsdatei neu geladen werden. Sollten sich also in der Zwischenzeit die Lagerbestände geändert haben, liegen die neuen Werte dann auch in Ihrer Arbeitsdatei vor.

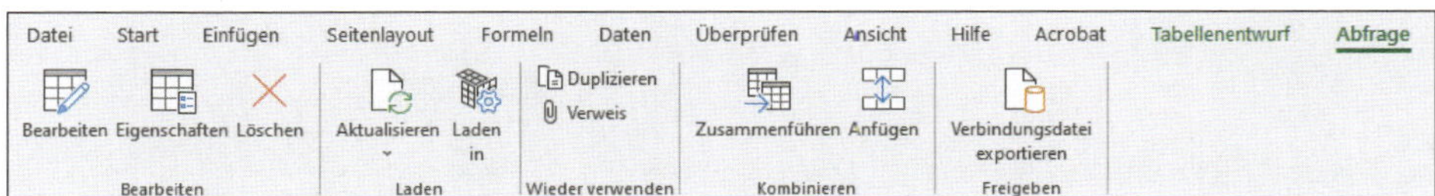

Abbildung 2.26 Registerkarte »Abfrage«

Die Eigenschaften der Abfrage bestehen unter anderem aus dem Namen und einer eventuellen Beschreibung sowie aus Optionen der *Verbindungssteuerung*. Sie können z. B. angeben, dass die Abfrage alle 60 Minuten im Hintergrund erneut ausgeführt werden soll oder dass beim Öffnen Ihrer Arbeitsdatei gleich eine Aktualisierung stattfindet.

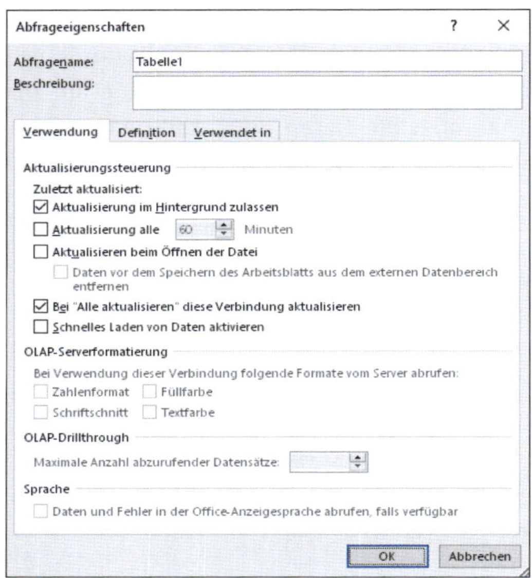

Abbildung 2.27 Eigenschaften einer Abfrage

Erweiterte Eigenschaften zum Verwalten der Abfragen finden Sie im Fenster ABFRAGEN UND VERBINDUNGEN. Dieses können Sie auf der Registerkarte DATEN über das gleichnamige Symbol ein- und ausblenden. In diesem Fenster werden alle Abfragen und Verbindungen innerhalb Ihrer Arbeitsdatei aufgelistet. Zu jeder Abfrage erhalten Sie Informationen wie LADESTATUS, SPALTEN, letzte Aktualisierung sowie eine Vorschau. Und Sie können hier die Bearbeitung der Abfragen starten.

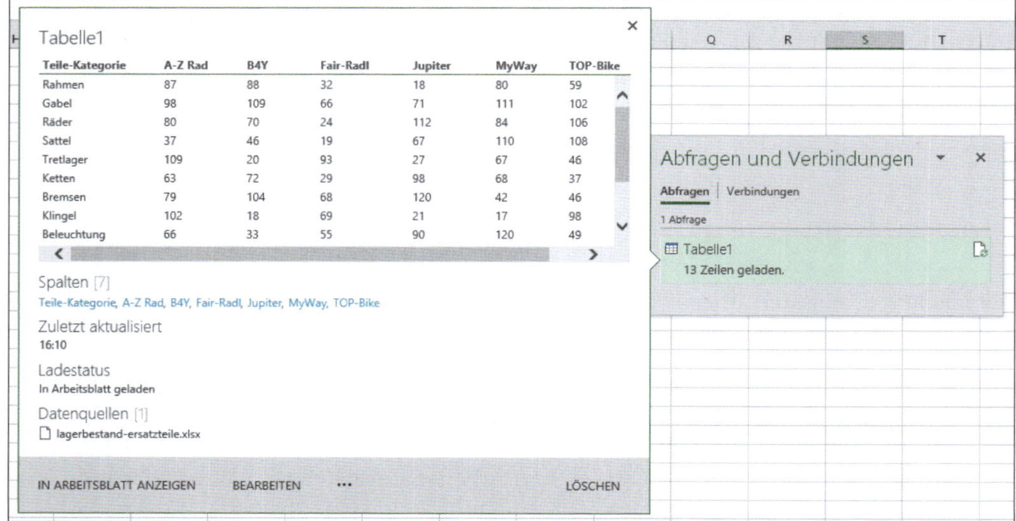

Abbildung 2.28 Erweiterte Eigenschaften zum Verwalten von Abfragen und Verbindungen

Unterschied zwischen Abfragen und Verbindungen

Die Unterscheidung der Begriffe ist insofern etwas irritierend, als eine Abfrage ja eigentlich auf einer Verbindung beruht. Excel unterscheidet jedoch nach der Technologie, wie auf externe Daten zugegriffen wird.

Es gibt sogenannte *Legacy-Quellen*, die Sie in den Optionen von Excel aktivieren können. Wenn Sie auf solch eine Quelle mit der veralteten Technologie zugreifen, nennt Excel dies Verbindung. Der Zugriff auf externe Daten mittels der aktuellen Technologie heißt hingegen Abfrage. Beide Methoden ändern aber nie die Daten in der Quelle. Sie können Daten nur lesen, nicht aber verändern.

2.3.3 Power Query – universelles Abfragewerkzeug

Die Bearbeitung einer Abfrage findet in einem eigenen Programm statt. Dieses Programm mit dem Namen *Power Query* ist in Excel als Add-in realisiert, wird also aus Excel heraus gestartet. Power Query kommt nicht nur in Excel zum Einsatz, auch das Business-Intelligence-Werkzeug *Power BI* aus dem Hause Microsoft setzt auf diese Abfragetechnologie. Basierend auf der Abfragesprache *M* lassen sich in Power Query beliebig komplexe Abfragen realisieren. Sämtliche Einstellungen können Sie komfortabel auf der Oberfläche vornehmen, die Übersetzung in die Sprache M findet dann automatisch statt.

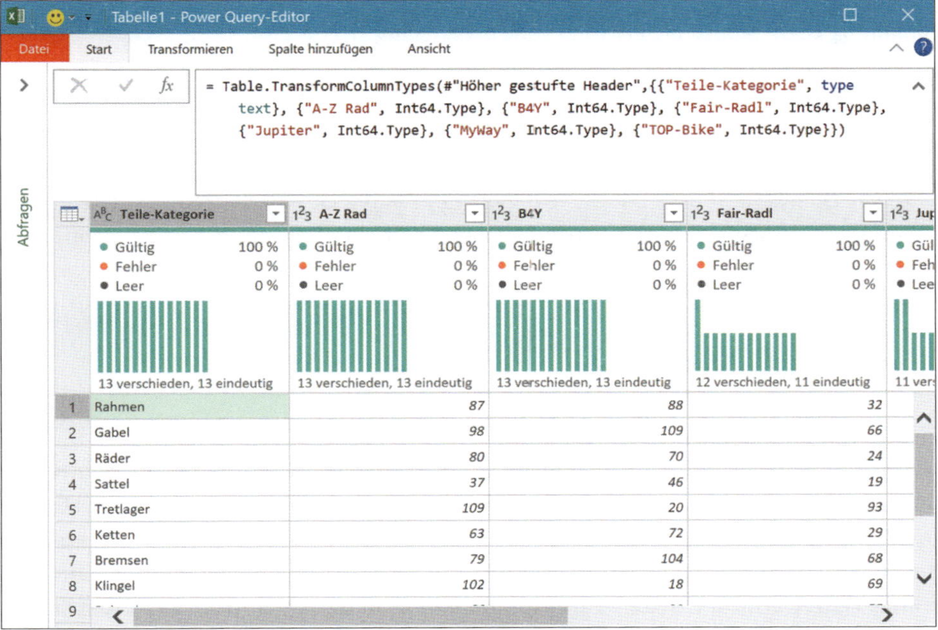

Abbildung 2.29 Benutzeroberfläche von Power Query

Schon allein an den Registerkarten des Add-ins Power Query (zu sehen in Abbildung 2.30) erkennen Sie, wie umfangreich die Möglichkeiten zur Gestaltung von Abfragen sind. Sie können festlegen, welche Spalten und Zeilen übernommen werden sollen. Dabei können Sie angeben, ob das Ergebnis der Abfrage gleich sortiert oder gruppiert sein soll oder ob einzelne Spalten in mehrere aufzuteilen sind. Power Query erlaubt es Ihnen, Daten zu transponieren oder zu pivotieren, Datentypen zu modifizieren und Werte zu ersetzen. Ebenso lassen sich Berechnungen durchführen und somit schon bei der Abfrage Ergebnisse in neue Spalten aufnehmen. Sie können Bedingungen in Ihre Abfragen einbauen oder umfangreiche statistische Daten ermitteln. Das Ergebnis in Ihrer Excel-Arbeitsdatei kann so Daten enthalten, die in der Quelle gar nicht explizit aufgeführt sind. Die Abfrage stellt somit schon eine Art Analyse dar.

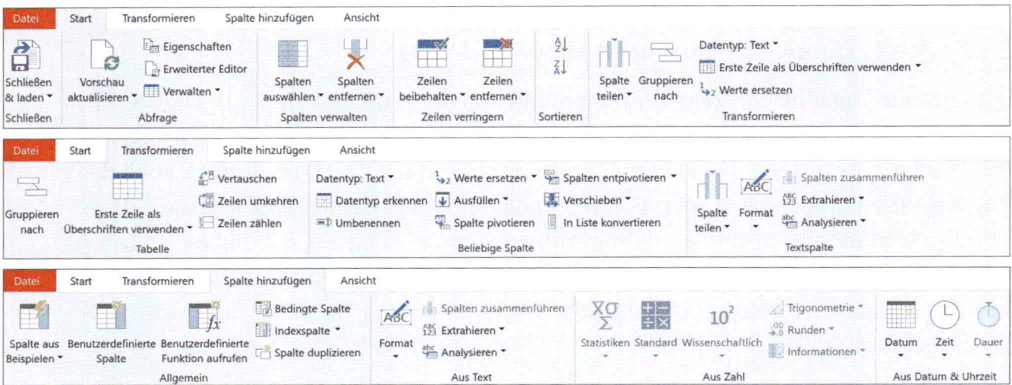

Abbildung 2.30 Hauptregisterkarten von Power Query

> **Benutzung der Power-Query-Oberfläche**
>
> Wollen Sie externe Daten abfragen und in Excel übernehmen, geschieht dies über Power Query. Sie müssen aber nicht zwingend in die Oberfläche selbst einsteigen, einfache Abfragen lassen sich auch bequem direkt in Excel realisieren. Erst wenn Sie Abfragen anpassen und verändern wollen, ist eine kurze Einarbeitung in Power Query unumgänglich, dafür beinhaltet dieses Add-in zu viele Funktionalitäten.

2.3.4 Daten aus Wikipedia – Liste von Fahrradherstellern einfügen

Eine große, frei verfügbare Datenquelle stellt Wikipedia dar. Unter Berücksichtigung der Urheberrechte können Sie aus Excel heraus direkt auf Daten in Wikipedia zugreifen. Für die Quelle Aus dem Web geben Sie einfach die entsprechende URL ein, die Sie vorher mit Ihrem Internetbrowser ermittelt haben. Im Beispiel in Abbildung 2.31 sollen Daten von der Seite »Fahrradhersteller« abgefragt und in Excel verfügbar gemacht werden.

Aus dem Web

◉ Standard ○ Weitere

URL

https://de.wikipedia.org/wiki/Liste_von_Fahrradherstellern

OK Abbrechen

Abbildung 2.31 Angabe der URL einer Wikipedia-Seite

Im Navigator der Abfrage listet Ihnen Excel jetzt alle Tabellen auf, die auf dieser Internetseite gefunden wurden (siehe Abbildung 2.32). Sie entscheiden sich für die ehemaligen Hersteller, und schon wird der Inhalt der Tabelle in der Vorschau angezeigt. Die Tabelle besteht aus nur zwei Spalten, dem Hersteller selbst sowie einer Anmerkung. In der Webansicht können Sie sehen, wie die Tabelle auf der Wikipedia-Seite im Original aussieht. Über LADEN starten Sie die Abfrage, und die Daten werden nach Excel übertragen.

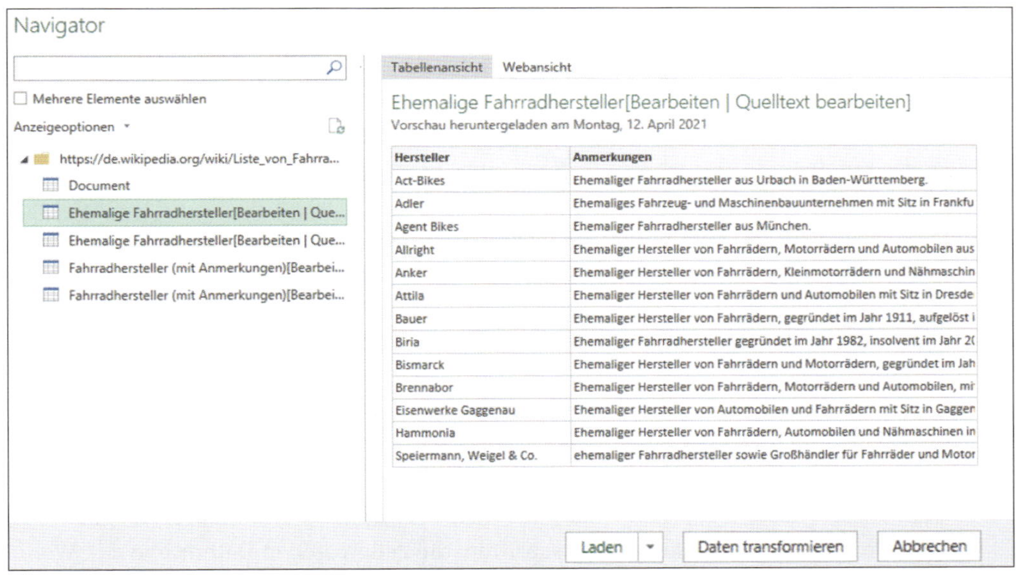

Hersteller	Anmerkungen
Act-Bikes	Ehemaliger Fahrradhersteller aus Urbach in Baden-Württemberg.
Adler	Ehemaliges Fahrzeug- und Maschinenbauunternehmen mit Sitz in Frankfu
Agent Bikes	Ehemaliger Fahrradhersteller aus München.
Allright	Ehemaliger Hersteller von Fahrrädern, Motorrädern und Automobilen aus
Anker	Ehemaliger Hersteller von Fahrrädern, Kleinmotorrädern und Nähmaschin
Attila	Ehemaliger Hersteller von Fahrrädern und Automobilen mit Sitz in Dresde
Bauer	Ehemaliger Hersteller von Fahrrädern, gegründet im Jahr 1911, aufgelöst i
Biria	Ehemaliger Fahrradhersteller gegründet im Jahr 1982, insolvent im Jahr 2(
Bismarck	Ehemaliger Hersteller von Fahrrädern und Motorrädern, gegründet im Jah
Brennabor	Ehemaliger Hersteller von Fahrrädern, Motorrädern und Automobilen, mi
Eisenwerke Gaggenau	Ehemaliger Hersteller von Automobilen und Fahrrädern mit Sitz in Gagger
Hammonia	Ehemaliger Hersteller von Fahrrädern, Automobilen und Nähmaschinen in
Speiermann, Weigel & Co.	ehemaliger Fahrradhersteller sowie Großhändler für Fahrräder und Motor

Abbildung 2.32 Vorschau einer Wikipedia-Tabelle im Navigator

Die Daten wurden von Excel in die formatierte Tabelle in Abbildung 2.33 übernommen und können jetzt weiterverarbeitet werden. Sie können die Datensätze z. B. zählen, den Ort extrahieren, nach bestimmten Buchstaben filtern oder ein Diagramm erstellen. Sollte ein Wikipedia-Autor einen weiteren Hersteller hinzufügen, müssen Sie die Abfrage nur aktualisieren, und schon haben Sie wieder die vollständige Liste in Excel inklusive der Aktualisierung Ihrer nachgelagerten Analysen.

Hersteller	Anmerkungen
Act-Bikes	Ehemaliger Fahrradhersteller aus Urbach in Baden-Württemberg.
Adler	Ehemaliges Fahrzeug- und Maschinenbauunternehmen mit Sitz in Frankfurt, welches Fahr
Agent Bikes	Ehemaliger Fahrradhersteller aus München.
Allright	Ehemaliger Hersteller von Fahrrädern, Motorrädern und Automobilen aus Köln.
Anker	Ehemaliger Hersteller von Fahrrädern, Kleinmotorrädern und Nähmaschinen mit Sitz in Bi
Attila	Ehemaliger Hersteller von Fahrrädern und Automobilen mit Sitz in Dresden.
Bauer	Ehemaliger Hersteller von Fahrrädern, gegründet im Jahr 1911, aufgelöst im Jahr 1968 na
Biria	Ehemaliger Fahrradhersteller gegründet im Jahr 1982, insolvent im Jahr 2006 mit Sitz in N
Bismarck	Ehemaliger Hersteller von Fahrrädern und Motorrädern, gegründet im Jahr 1904, aufgelös
Brennabor	Ehemaliger Hersteller von Fahrrädern, Motorrädern und Automobilen, mit Sitz in Branden
Eisenwerke Gaggenau	Ehemaliger Hersteller von Automobilen und Fahrrädern mit Sitz in Gaggenau.
Hammonia	Ehemaliger Hersteller von Fahrrädern, Automobilen und Nähmaschinen in Hamburg, gegr
Speiermann, Weigel & Co.	ehemaliger Fahrradhersteller sowie Großhändler für Fahrräder und Motorräder und entsp

Abbildung 2.33 Ehemalige Hersteller als Ergebnis einer Webabfrage

Löschen einer Abfrage

Wenn Sie eine Abfrage löschen, bleiben die zuletzt aktualisierten Daten trotzdem in Ihrer Excel-Datei erhalten. Sie löschen nur die Abfrage mit allen enthaltenen Parametern, eine erneute Aktualisierung ist dann nicht mehr möglich.

2.4 Verbund von Daten – Bereiche als Tabelle formatieren

In vielen Fällen ist es sehr praktisch, Bereiche eines Tabellenblattes optisch hervorzuheben. Sie können dies manuell machen und Zellen einfärben und mit einem Rahmen versehen. Oder Sie nutzen die Funktionalität der *formatierten Tabellen*. Und dahinter verbirgt sich noch ungleich mehr als nur die farbliche Hervorhebung von Zellbereichen.

2.4.1 Formatierte Tabellen – mehr als farbige Zellen

Eine Tabelle besteht typischerweise aus mehreren Spalten und mehreren Zeilen. Die Spalten besitzen in der Regel Überschriften, die Zeilen stellen Datensätze dar. Wenn Sie so ein Konstrukt aufbauen und die Zellen mit Daten befüllen, haben Sie per Definition eine Tabelle vorliegen. In Excel können Sie daraus eine *formatierte Tabelle* erstellen, die Ihnen an vielen Stellen die Arbeit erleichtert. Zu erkennen ist eine formatierte Tabelle oftmals an der *Bänderung*, also an den unterschiedlich gefärbten waagerechten Streifen (wie in Abbildung 2.34 zu sehen), und – ganz entscheidend – an dem Namen, über den sie angesprochen werden kann. Insbesondere der Bezug von Diagrammen auf diesen Namen und somit auf die Daten der Tabelle erspart Ihnen manuelle Anpassungen des Datenbereichs von Diagrammen.

Teile-Kategorie	A-Z Rad	B4Y	Fair-Radl	Jupiter	MyWay	TOP-Bike
Rahmen	87	88	32	18	80	59
Gabel	98	109	66	71	111	102
Räder						
Sattel						
Tretlager						
Ketten						
Bremsen						
Klingel						
Beleuchtung						
Gangschaltung						
Schutzbleche						
Gepäckträger						
Ständer						

Teile-Kategorie	A-Z Rad	B4Y	Fair-Radl	Jupiter	MyWay	TOP-Bike
Rahmen	87	88	32	18	80	59
Gabel	98	109	66	71	111	102
Räder	80	70	24	112	84	106
Sattel	37	46	19	67	110	108
Tretlager	109	20	93	27	67	46
Ketten	63	72	29	98	68	37
Bremsen	79	104	68	120	42	46
Klingel	102	18	69	21	17	98
Beleuchtung	66	33	55	90	120	49
Gangschaltung	99	65	19	112	67	93
Schutzbleche	55	92	42	123	117	68
Gepäckträger	34	86	122	18	51	115
Ständer	94	37	73	87	113	55

Abbildung 2.34 Einfache Tabelle und formatierte Tabelle

Eine formatierte Tabelle zu erstellen ist denkbar einfach. Auf der Registerkarte START finden Sie den entsprechenden Menüpunkt mit dem dazugehörigen Symbol. Neben einer Farbauswahl müssen Sie noch den Bereich festlegen, für den eine formatierte Tabelle erstellt werden soll. Hat dieser Bereich bereits Überschriften, aktivieren Sie das entsprechende Feld.

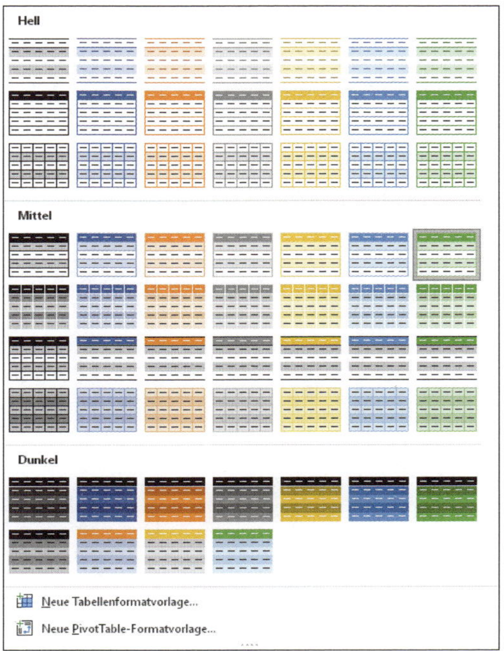

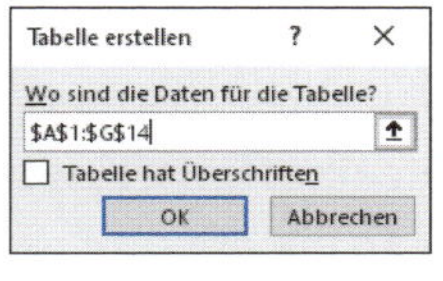

Abbildung 2.35 Erstellen einer formatierten Tabelle

Neben der neuen Einfärbung des Bereichs erstellt Excel für formatierte Tabellen auch gleich die eigene Registerkarte TABELLENENTWURF. Darüber lassen sich zahlreiche Einstellungen für die formatierte Tabelle vornehmen. Sie können auswählen, welche zusätzlichen Elemente der Tabelle angezeigt werden sollen, oder Sie können einen Filter in Form eines Datenschnitts aktivieren. Hier lässt sich auch der Bereich der formatierten Tabelle manuell anpassen sowie der Name für die Tabelle ändern. Excel versieht neue formatierte Tabellen mit dem Namen »Tabelle« und einer fortlaufenden Nummer, Sie können aber selbstverständlich aussagekräftigere Namen wählen. Hier ist zu beachten, dass einige Sonderzeichen und das Leerzeichen nicht im Namen vorhanden sein dürfen. Um aus der formatierten Tabelle wieder einen normalen Bereich zu machen, lässt sich diese konvertieren. Alle erweiterten Eigenschaften der Tabelle gehen verloren, die Daten und auch die Farbformatierung bleiben erhalten.

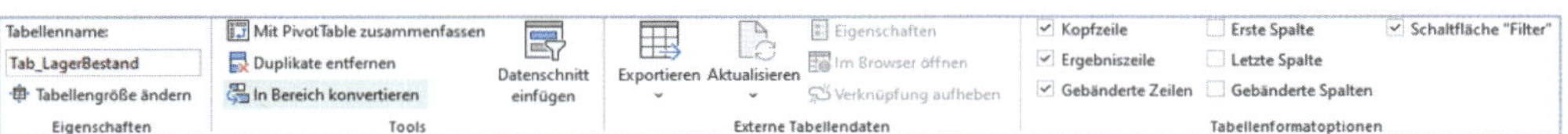

Abbildung 2.36 Registerkarte »Tabellenentwurf«

2.4.2 Neue Spalten und Zeilen – dynamische Anpassung des Datenbereichs

Neue Zeilen und Spalten lassen sich in formatierten Tabellen sehr einfach hinzufügen. Für eine neue Zeile am Ende der Tabelle drücken Sie einfach die Taste [⇆] in der letzten Zelle. Der Datenbereich wird automatisch vergrößert, die neue Zeile ist sofort Teil der Tabelle, sämtliche Formatierungen werden übernommen. Um eine neue Spalte rechts neben einer bestehenden Tabelle hinzuzufügen, geben Sie einfach den Namen der neuen Spalte ein und drücken [↵], den Rest macht Excel automatisch. Wenn Sie dann noch eine Formel in diese Spalte eingeben wollen, tragen Sie diese in die obere Datenzelle ein, der Abschluss der Eingabe mit [↵] kopiert die Formel in alle darunterliegenden Zellen.

TOP-Bike	Summe
59	
102	
106	
108	
46	
37	
46	
98	
49	
93	
68	
115	
55	

TOP-Bike	Summe
59	
102	
106	
108	
46	
37	
46	
98	
49	
93	
68	
115	
55	

TOP-Bike	Summe
59	=SUMME(B2:G2)
102	
106	
108	
46	
37	
46	
98	
49	
93	
68	
115	
55	

TOP-Bike	Summe
59	364
102	557
106	476
108	387
46	362
37	367
46	459
98	325
49	413
93	455
68	497
115	426
55	459

Abbildung 2.37 Hinzufügen einer neuen Spalte

Spaltennamen

Die Namen von Spalten in einer formatierten Tabelle dürfen zum einen nicht leer sein, zum anderen müssen sie eindeutig sein. Excel akzeptiert auch nur Texte als Namen, Zahlen sind nicht erlaubt. Leider ist es auch nicht möglich, diese Namen über eine Formel zu ändern, dynamische Anpassungen lassen sich also an Spaltennamen nicht realisieren.

2.4.3 Ergebniszeile – spezielle Berechnungen am Ende der Tabelle

In vielen Situationen ist eine Ergebniszeile unter einem Datenbereich hilfreich oder notwendig. In der letzten Zeile steht oftmals die Summe oder der Mittelwert aus den darüberliegenden Zellen. In einer formatierten Tabelle lässt sich diese Ergebniszeile bei Bedarf anzeigen, dabei können Sie die Art der Berechnung aus einer Liste in jeder Zelle der Ergebniszeile auswählen. Die Besonderheit dieser Ergebniszeile besteht nicht nur darin, dass sie automatisch nach unten verschoben wird, sobald Sie neue Zeilen einfügen. Die Funktion zur Berechnung ist an dieser Stelle wichtig zu verstehen. Excel setzt hier nämlich die Funktion *TEILERGEBNIS* anstelle der normalen Funktionen *SUMME* oder *MITTELWERT* ein. Diese Funktion rechnet nur mit den sichtbaren Daten, herausgefilterte Werte fließen nicht in das Ergebnis ein.

Teile-Kategorie	A-Z Rad	B4Y	Fair-Radl	Jupiter	MyWay	TOP-Bike	Summe
Rahmen	87	88	32	18	80	59	364
Gabel	98	109	66	71	111	102	557
Räder	80	70	24	112	84	106	476
Sattel	37	46	19	67	110	108	387
Tretlager	109	20	93	27	67	46	362
Ketten	63	72	29	98	68	37	367
Bremsen	79	104	68	120	42	46	459
Klingel	102	18	69	21	17	98	325
Beleuchtung	66	33	55	90	120	49	413
Gangschaltung	99	65	19	112	67	93	455
Schutzbleche	55	92	42	123	117	68	497
Gepäckträger	34	86	122	18	51	115	426
Ständer	94	37	73	87	113	55	459
Ergebnis	**1003**	**840**	**711**	**964**	**1047**	**982**	**5547**

Abbildung 2.38 Ergebniszeile einer formatierten Tabelle

Wenn Sie wie im Beispiel in Abbildung 2.39 über einen Datenschnitt nur gewisse Teile-Kategorien auswählen, werden alle anderen Zeilen ausgeblendet. Die normale Summenfunktion würde hier trotzdem in der Summenspalte als Gesamtsumme 5547 ermitteln. Die Funktion *TEILERGEBNIS* hingegen berechnet nur die Summe der drei sichtbaren Werte.

Teile-Kategorie	A-Z Rad	B4Y	Fair-Radl	Jupiter	MyWay	TOP-Bike	Summe
Ketten	63	72	29	98	68	37	367
Bremsen	79	104	68	120	42	46	459
Gangschaltung	99	65	19	112	67	93	455
Ergebnis	**241**	**241**	**116**	**330**	**177**	**176**	**1281**

Abbildung 2.39 Ergebniszeile mit gefilterten Daten

2.4.4 Strukturierter Verweis – Bezüge auf formatierte Tabellen

Jede formatierte Tabelle hat einen Namen, über den sie angesprochen werden kann. In den meisten Fällen wollen Sie aber gar nicht die komplette Tabelle ansprechen, sondern nur Teile daraus. Deswegen ist die Tabelle in einzelne Elemente oder auch Objekte aufgeteilt. Es gibt das Objekt *Kopfzeile* und das Objekt *Ergebniszeile*, auch jede Spalte lässt sich als Objekt ansprechen. Die Zellen im Datenbereich stellen das kleinste Objekt dar, dort stehen die einzelnen Werte. Um auf die Objekte hierarchisch zuzugreifen, benutzt Excel den sogenannten *strukturierten Verweis*. Anstelle der klassischen Adressierung, bestehend aus Spaltenname und Zeilennummer, kommen hier die Objektnamen zum Einsatz. Wenn Sie z. B. eine Formel mit Bezug auf Felder innerhalb der Tabelle eingeben, wandelt Excel die Adressierung sofort in den strukturierten Verweis um, Sie müssen also nicht selbst die etwas sperrigen Objektnamen eingeben. Das @-Zeichen hat bei diesen Verweisen die Bedeutung, dass die jeweils aktuelle Zeile angesprochen wird. Aus der Formel »B2 * C2« für den Wert in Spalte D wird beim strukturierten Verweis »[@Bestand] * [@Preis]« (siehe Abbildung 2.40).

SVERW... =[@Bestand]*[@Preis]

	A	B	C	D	E
1	B4Y Rahmen	Preis	Bestand	Wert	
2	R234 X	219,00 €	4	=[@Bestand]*[@Preis]	
3	R235 T3	266,00 €	2	532,00 €	
4	R301 S11	289,00 €	7	2.023,00 €	
5	R440 EX	330,00 €	3	990,00 €	
6	R465 L9	342,00 €	1	342,00 €	
7	**Ergebnis**			**4.763,00 €**	

Abbildung 2.40 Formel mit strukturiertem Verweis

Sie werden vielleicht zu Recht sagen, dass diese Adressierung komplizierter ist. Die Vorteile liegen jedoch darin, dass Sie sich keine Gedanken mehr machen müssen, wenn Sie die Tabelle verschieben, Zeilen oder Spalten hinzufügen oder Spaltennamen ändern. Für alle nachgelagerten Berechnungen, Analysen und Diagramme zieht Excel automatisch die Änderungen nach, das manuelle Anpassen von Bezügen entfällt vollständig.

Sie können die Objekte auch direkt in einer Formel eingeben. Dazu tippen Sie einfach den Namen der Tabelle, gefolgt von der eckigen Klammer, ein, und schon erhalten Sie die Auflistung aller vorhandenen Objekte dieser Tabelle. Mit der [⇆]-Taste erweitern Sie den Objektnamen und schließen mit der eckigen Klammer ab. Im Beispiel in Abbildung 2.41 sind einige strukturierte Verweise mit dem Pendant der *SZ-Adressierung* zu sehen.

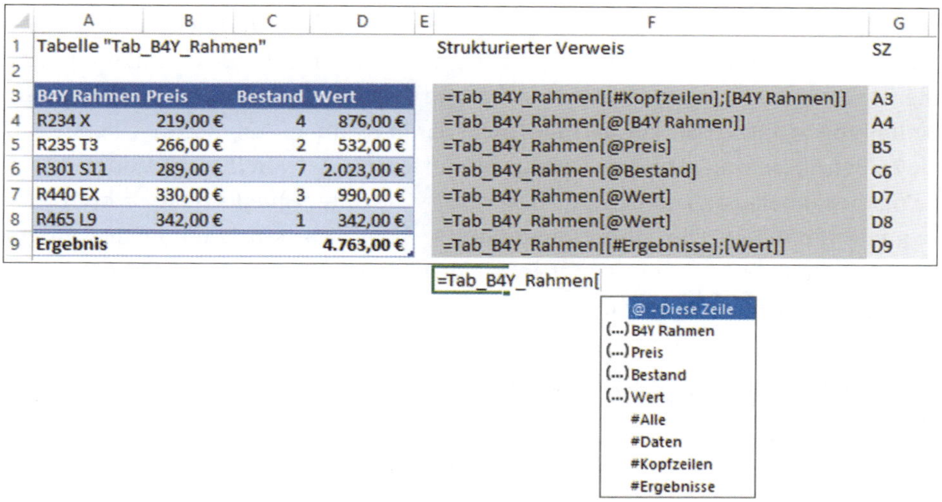

	A	B	C	D	E	F	G
1	Tabelle "Tab_B4Y_Rahmen"					Strukturierter Verweis	SZ
2							
3	B4Y Rahmen	Preis	Bestand	Wert		=Tab_B4Y_Rahmen[[#Kopfzeilen];[B4Y Rahmen]]	A3
4	R234 X	219,00 €	4	876,00 €		=Tab_B4Y_Rahmen[@[B4Y Rahmen]]	A4
5	R235 T3	266,00 €	2	532,00 €		=Tab_B4Y_Rahmen[@Preis]	B5
6	R301 S11	289,00 €	7	2.023,00 €		=Tab_B4Y_Rahmen[@Bestand]	C6
7	R440 EX	330,00 €	3	990,00 €		=Tab_B4Y_Rahmen[@Wert]	D7
8	R465 L9	342,00 €	1	342,00 €		=Tab_B4Y_Rahmen[@Wert]	D8
9	Ergebnis			4.763,00 €		=Tab_B4Y_Rahmen[[#Ergebnisse];[Wert]]	D9

=Tab_B4Y_Rahmen[

@ - Diese Zeile
(...) B4Y Rahmen
(...) Preis
(...) Bestand
(...) Wert
#Alle
#Daten
#Kopfzeilen
#Ergebnisse

Abbildung 2.41 Auswahl der Objekte einer formatierten Tabelle

Ausschalten der strukturierten Verweise

Wenn Sie nicht wollen, dass Excel diese Art der Verweise benutzt, können Sie in den Optionen im Bereich der Formeln das Feld Tabellennamen in Formeln benutzen deaktivieren. Bestehende strukturierte Verweise bleiben bestehen, alle neuen Formeln nutzen ab jetzt aber die klassische Adressierung.

2.5 Zahlenformate – Ansichten von Daten anpassen

In den Zellen eines Tabellenblattes können vermeintlich sehr unterschiedliche Informationen enthalten sein: eine ganze Zahl, ein Buchstabe oder ein Text, ein Bruch, eine Dezimalzahl oder ein Datum mit Uhrzeit. In den meisten Fällen handelt es sich jedoch nur um eine andere Formatierung ein und derselben Information. Sie legen nur fest, wie die Information angezeigt werden soll. Dazu stellt Excel eine Fülle an Zahlenformaten bereit.

2.5.1 Inhalte von Zellen – Zahlen und Texte

Letztlich kennt Excel nur zwei unterschiedliche Arten von Daten, nämlich Zahlen und Texte. Zu erkennen sind diese beiden Arten in der Regel schon an der Ausrichtung. Texte stehen linksbündig in der Zelle, Zahlen hingegen sind am rechten Rand ausgerichtet. Buchstaben und daraus resultierende Texte sind aus Sicht einer Tabellenkalkulation recht unspektakulär, mit diesen Informationen lassen sich nur wenige Analysen durchführen. Mit Texten werden oftmals Listen erstellt, sie dienen somit der Sammlung von einzelnen statischen Informationen. Texte benötigen Sie für Beschriftungen von Zeilen und Spalten, aber auch für die Benennung von Elementen in einem Diagramm. Buchstaben und Texte können Sie ändern, zählen, als Bedingung benutzen, Sie können aber nicht damit rechnen. Zum Rechnen benötigen Sie Zahlen, diese sind somit die weitaus interessantere Art von Informationen innerhalb einer Tabellenkalkulation. Auch wenn es viele unterschiedliche Ansichten oder Formate für Zahlen gibt, hinter einer Zahl verbirgt sich immer die binär codierte Form »Mantisse x Basis hoch Exponent«. Jede Zahl lässt sich immer in dieser Schreibweise ausdrücken, sämtliche mathematischen Operationen und Funktionen können darauf angewendet werden.

Texte			
Rahmen	Sattel	Bremsen	Gangschaltung
Gabel	Tretlager	Klingel	Schutzbleche
Räder	Ketten	Beleuchtung	Gepäckträger

Zahlen	
12	7657756
0,95	-0,0000001
-22342,3232	2,0000231

Abbildung 2.42 Ausrichtung von Texten und Zahlen

Vermischung von Informationen in einer Zelle vermeiden

Sie sollten immer versuchen, eine einzelne Information in eine Zelle zu packen. Aus Gründen der vermeintlichen Übersichtlichkeit ist der Anreiz manchmal vorhanden, in eine Zelle z. B. »12 Räder« zu schreiben. Damit nehmen Sie sich jedoch die Möglichkeit, mit der 12 zu rechnen. Wenn dann noch verbundene Zellen im Spiel sind und eine wilde Farbgebung zum Markieren »wichtiger« Daten benutzt wurde, kann nur noch die Excel-Funktionalität *Text in bunten Kästchen* benutzt werden. Diese berühmte »Excel-Liste« lässt kaum Zusammenfassungen, Analysen oder Diagramme zu.

2.5.2 Standardformate – Ansichten der Zellinhalte verändern

Die Einstellungen der Zahlenformate auf der Registerkarte START decken in der Regel schon sehr viele Anforderungen ab. Per Mausklick lässt sich ein Währungszeichen hinzufügen, ein bestimmtes Datumsformat auswählen oder eine weitere Dezimalstelle darstellen. Müssen Sie die Zahlenformate noch etwas granularer angeben, können Sie über WEITERE ZAHLENFORMATE oder direkt aus der Zelle mit dem Tastaturkürzel [Strg] + [1] das detaillierte Menü dafür aufrufen. In der Vorschau wird angezeigt, wie sich das Zahlenformat auf die Darstellung auswirkt. So können Sie schon erkennen, ob für die Zahl in der aktuellen Zelle eine Prozentangabe oder eine Bruchdarstellung überhaupt sinnvoll ist.

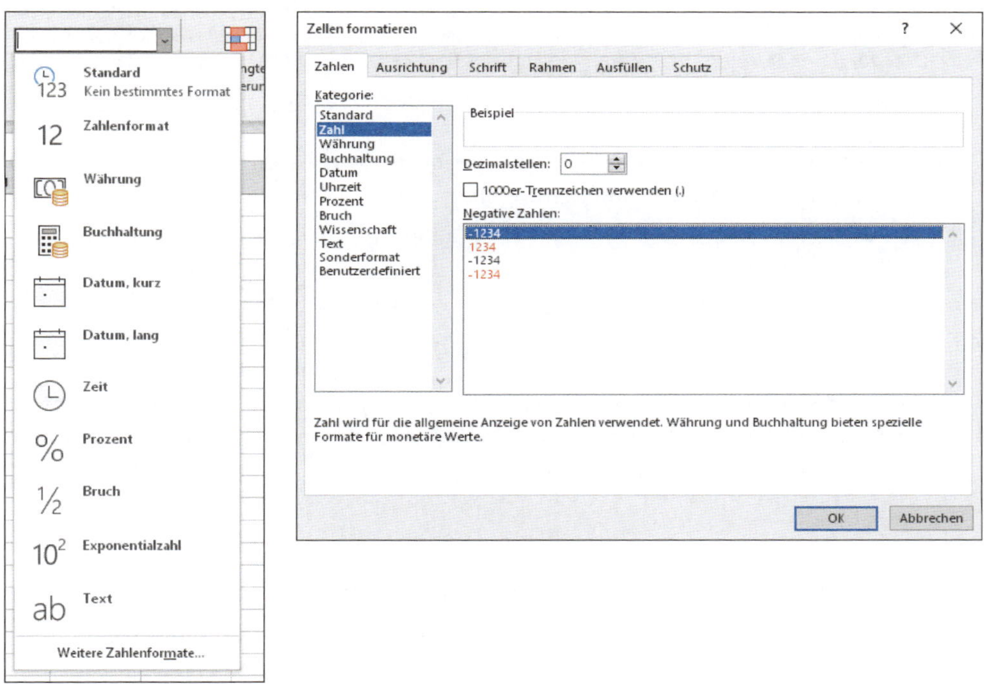

Abbildung 2.43 Einstellungen der Zahlenformate

2.5.3 Besondere Zahlenformate – Datum und Uhrzeit

Für den richtigen Umgang mit Datums- und Zeitangaben ist es wichtig zu wissen, dass ein Datum und auch eine Uhrzeit durch eine Zahl repräsentiert wird. Per Definition stellt in Excel die Zahl *1* das Datum 1. Januar 1900 dar. Ab diesem Datum zählt Excel ganzzahlig weiter, hinter jedem Datum verbirgt sich somit die Anzahl von Tagen ab dem 01.01.1900. Excel kennt selbstverständlich alle Schaltjahre und berücksichtig diese bei der Zählung. Seit dem 01.01.1900 bis zum 01.01.2021 sind somit genau 44.196 vollständige Tage vergangen. Eine Uhrzeit hingegen ist ein Bruchteil der Zahl »1«. Die 24 Stunden bzw. die 1.440 Minuten oder die 86.400 Sekunden eines Tages sind durch die »1« repräsentiert. Die Uhrzeit 06:00 Uhr entspricht somit der Zahl 0,25, 21:00 Uhr der Zahl 0,875.

Datum	Zahlenwert
01.01.1900	1
02.01.1900	2
03.01.1900	3
29.02.1900	60
31.12.1900	366
01.01.1901	367
02.01.1901	368
01.01.2000	36526
02.01.2000	36527
01.01.2021	44197
02.01.2021	44198
23.04.2021	44309

Uhrzeit	Zahlenwert
00:00	0
01:00	0,041666667
02:00	0,083333333
06:00	0,25
09:00	0,375
12:00	0,5
13:30	0,5625
15:30:30	0,646180556
18:45:23	0,781516204
21:00:00,0	0,875
23:30	0,979166667
23:59:59	0,999988426

Datum / Uhrzeit	Zahlenwert
01.01.1900 0:00:01	1,00001157
01.01.1900 0:01:00	1,00069444
01.01.1900 1:00:00	1,04166667
01.01.2021 0:00:00	44197,00000000
01.01.2021 0:00:01	44197,00001157
01.01.2021 1:00:00	44197,04166667
01.01.2021 12:00:00	44197,50000000
01.01.2021 23:00:00	44197,95833333
01.01.2021 23:59:59	44197,99998843
08.02.2021 0:01:00	44235,00069444
08.02.2021 12:00:00	44235,50000000
23.04.2021 23:59:59	44309,99998843

Abbildung 2.44 Einige Datums- und Zeitangaben als Zahlenwert

Erkennung von Datums- und Zeitangaben

Der Mensch ist in der Lage, aus sehr vielen unterschiedlichen Formen ein Datum zu erkennen. Ein Strich anstelle eines Punktes ist für uns immer noch ein Datum. Eine Uhrzeit mit zwei Doppelpunkten erkennen wir weiter als Uhrzeit. Damit Excel ein Datum als Datum erkennt, müssen Sie sich jedoch an die gängigen Formate halten, also den Punkt bzw. den Doppelpunkt als Trennzeichen benutzen. Sie können immer an der Ausrichtung in der Zelle sehen, ob es für Excel wirklich ein Datum ist oder doch nur ein Text. Ein Datum ist eine Zahl und ist somit am rechten Zellenrand ausgerichtet, ein Text hingegen am linken Rand.

2.5.4 Benutzerdefinierte Formate – eigene Ansichten erstellen

In 95 % aller Fälle kommen Sie wahrscheinlich gut mit den Standardformaten für Zahlen hin. Es mag aber trotzdem Situationen geben, in denen Sie eine Zahl auf eine spezielle Art formatieren wollen. Ein Beispiel ist die Verkürzung einer großen Zahl auf Tausender oder Millionen. Insbesondere in Diagrammen fehlt Ihnen manchmal der Platz für die vollständige Zahl, hier kann die Darstellung »1,93 Mio.« anstelle »1928374,65« eine Alternative sein. Über die *benutzerdefinierten Formatcodes* können Sie jede erdenkliche Formatierung definieren. Mit dem Platzhalter »0« nehmen Sie bei Zahlen Einfluss auf die Anzahl von Nachkommastellen und führenden Nullen, der Platzhalter # steuert den Trennpunkt für Tausender. Sie können Texte in Zahlen einbauen, unterschiedliche Farben für positive und negative Werte festlegen oder Zahlen runden.

Auch für Datums- und Zeitangaben lassen sich viele Formate festlegen. Neben den gängigen Darstellungen wie dem Lang- oder Kurzformat eines Datums oder der 12- bzw. 24-Stunden-Anzeige einer Uhrzeit können Sie auch benutzerdefinierte Formatcodes erstellen. Sie haben darüber z. B. die Möglichkeit, nur den ausgeschriebenen Monat eines Datums anzuzeigen oder den Zusatz »Uhr« hinter eine Zeit zu schreiben.

Zellinhalt	Formatcode	Anzeige
192,65	0	193
192,65	0,0	192,7
192,65	0,00	192,65
192,65	0,000	192,650
0,19265	00,00	00,19
0,19265	000,000	000,193
192,65	#	193
1928374,65	#.#0,00	1.928.374,65
192,65	(#.#0,00)	(192,65)
192,65	-#.#0,00	-192,65
1928374,65	#.	1928
1928374,65	#.,00	1928,37
1928374,65	#..	2
1928374,65	#..,00	1,93
1928374,65	00,00..	01,93
1928374,65	#.,00 "Tsd."	1928,37 Tsd.
1928374,65	#..,00 "Mio."	1,93 Mio.
1928374,65	#.,0 "Tsd. €"	1928,4 Tsd. €
1928374,65	#..,0 "Mio. km"	1,9 Mio. km

Abbildung 2.45 Formatcodes für Zahlen

Zellinhalt	Formatcode	Anzeige
01.01.2021 12:00	#.##0,00	44.197,50
01.01.2021 12:00	TT.MM.JJ	01.01.21
01.01.2021 12:00	TTT	Fr
01.01.2021 12:00	TTTT	Freitag
01.01.2021 12:00	MM	01
01.01.2021 12:00	MMM	Jan
01.01.2021 12:00	MMMM	Januar
01.01.2021 12:00	hh:mm	12:00
01.01.2021 12:00	hh:mm "Uhr"	12:00 Uhr
01.01.2021 12:00	hh "Std." mm "Minuten"	12 Std. 00 Minuten
01.01.2021 12:00	hh:mm:ss	12:00:00
01.01.2021 12:00	h:m:s	12:0:0
01.01.2021 12:00	hh:mm:ss AM/PM	12:00:00 PM

Abbildung 2.46 Formatcodes für Datums- und Zeitangaben

Darüber hinaus gibt es noch einige spezielle Formatcodes für Zahlen. Dazu zählt die prozentuale und die wissenschaftliche Darstellung genauso wie die Anzeige einer Zahl als Bruch. Hat eine Zelle den Wert »0«, so können Sie über Formate die Anzeige dieser Null unterdrücken, die Zelle erscheint vermeintlich leer zu sein. Wollen Sie die Zahl in einer Zelle mit einem beliebigen Zeichen auffüllen, können Sie dies ebenfalls über einen entsprechenden Formatcode realisieren.

Zellinhalt	Formatcode	Anzeige
0,653	0%	65%
0,653	0,00%	65,30%
0,653	#,#%	65,3%
1 9 2 8 3 7 4 , 6 5	#.##0,00;"-"##0,00;"-";"Ungültig"	Ungültig
1928374,65	@	1928374,65
1928374,65	0,00E+00	1,93E+06
1,5	0/0	3/2
1,5	# 0/0	1 1/2
0	0,00;0,00;;	
10	#,0**	10,0*************

Abbildung 2.47 Spezielle Formatcodes für Zahlen

Inhalt vs. Anzeige einer Zelle

Sie sollten sich immer vergegenwärtigen, dass der Inhalt einer Zelle nicht immer das ist, was Sie sehen. Eine Zahl hat viele Ausdrucksformen, sodass sie manchmal gar nicht auf Anhieb zu erkennen ist. Das Wort »Januar« kann genauso eine Zahl sein wie das Wort »Freitag«. Und die Zahlen dafür lauten nicht zwingend »1« oder »5«.

2.6 Daten berechnen und aggregieren – Einsatz von Formeln

Mit Formeln lassen sich in Excel (fast) alle denkbaren Berechnungen durchführen. Diese grundlegendste aller Funktionalitäten steckt schon im Namen von Excel selbst: »Execute Cells«. Die Ausführung und die Kalkulation von Werten in Zellen nach bestimmten Regeln macht das Wesen einer Tabellenkalkulation aus. Damit fassen Sie Werte zusammen und generieren neue Erkenntnisse. Alle Regeln für Formeln basieren auf den mathematischen Prinzipien der Arithmetik.

2.6.1 Formeln – Berechnungen in Zellen durchführen

In Excel bedeutet das Gleichheitszeichen als erstes Zeichen in einer Zelle, dass in dieser Zelle eine Formel steht. Die einfachste Form stellt dabei eine reine Zahl dar, diese kann auch mit einem führenden Gleichheitszeichen eingegeben werden. Steht nach dem Gleichheitszeichen ein Bezug auf eine Zelle, ist das Ergebnis der Formel der Inhalt der referenzierten Zelle. Mehrere Bezüge lassen sich durch einfache mathematische Operationen verknüpfen, jeder Bezug stellt dabei einen Operanden dar. Die Operationen können aus der Addition, Subtraktion, Multiplikation und Division bestehen. Es gelten selbstverständlich die Regeln für die Reihenfolge von Operationen wie Punktrechnung vor Strichrechnung und die Berücksichtigung von Klammern. Eine einfache nicht mathematische Operation ist die Textverknüpfung mit dem Zeichen »&«.

	A	B	C	D	E	F	G	H	I
1	Operation	Formel	Operand1	Op.2	Op.3	Op.4	Op.5	Op.6	Ergebnis
2	Wert	=1							1
3	Bezug	=C3	1						1
4	Addition	=C4+D4	1	2					3
5	Multiplikation	=(C5+D5)*E5	1	2	3				9
6	Division	=((C6+D6)*E6)/F6	1	2	3	4			2,25
7	Potenzieren	=(((C7+D7)*E7)/F7)^G7	1	2	3	4	5		57,67
8	Wurzel	=((((C8+D8)*E8)/F8)^G8)^H8	1	2	3	4	5	0,5	7,59
9	Text verknüpfen	=C9&D9&E9&F9&G9&H9	Fa	hr	-	Rä	de	r	Fahr-Räder

Abbildung 2.48 Einfache Formeln mit Operationen

2.6.2 Funktionen – Bestandteile von Formeln

Der Begriff *Funktion* wird oftmals in einem Atemzug mit Formeln verwenden. Der Unterschied zwischen diesen beiden Begriffen besteht darin, dass eine Formel von Ihnen selbst innerhalb einer Zelle erstellt wird. Ein Bestandteil der Formel kann dabei eine Funktion sein. Funktionen lassen sich verschachteln und mit Standardoperatoren in der Formel verknüpfen. Excel bietet Ihnen mehr als 500 fertige Funktionen an, die in verschiedene Kategorien eingeteilt sind. Sie finden alle Funktionen sowie Methoden zur Formelüberwachung auf einer eigenen Registerkarte FORMELN.

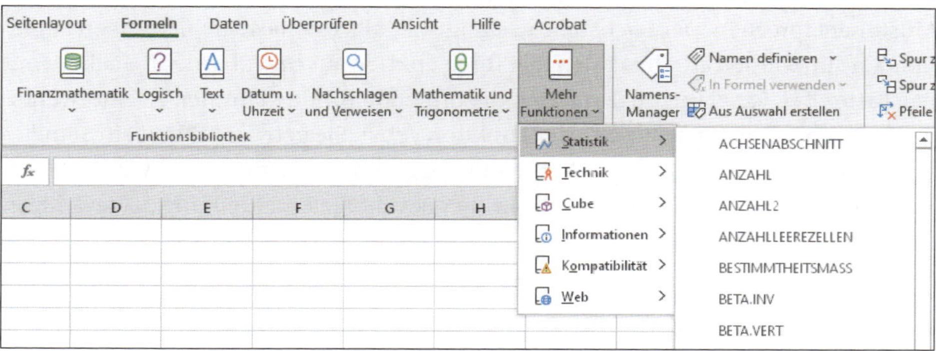

Abbildung 2.49 Funktionskategorien

2.6.3 Formeleingabe – Assistenten und direkte Eingabe in einer Zelle

Sie können eine Funktion als Teil einer Formel mithilfe des Funktionsassistenten eingeben. Dazu wählen Sie aus der entsprechenden Kategorie Ihre Funktion aus, Excel führt Sie dann in einem eigenen Fenster zu den notwendigen Argumenten. Dabei bekommen Sie eine kurze Beschreibung der Funktion sowie der Bedeutung der einzelnen Argumente angezeigt. So weit wie möglich sehen Sie hier auch schon die Werte Ihrer Bezüge bzw. das Ergebnis der Funktion.

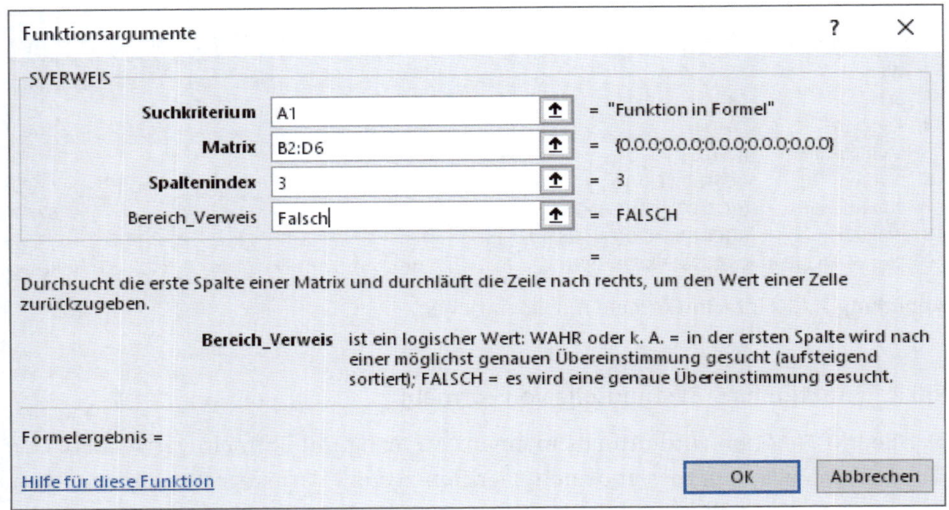

Abbildung 2.50 Funktionsassistent

Eine andere Variante der Formeleingabe mit Verwendung einer Funktion besteht darin, einfach ein Gleichheitszeichen in eine Zelle zu schreiben. Gefolgt von einem oder mehreren Buchstaben schlägt Ihnen Excel jetzt alle Funktionen vor, die diesem Muster entsprechen. Der Buchstabe »S« zeigt z. B. alle mit diesem Buchstaben beginnenden Funktionen an. Sie wählen hier Ihre Funktion aus und übernehmen diese mit der Taste ↹. Excel setzt dabei gleich die öffnende runde Klammer. Alle notwendigen bzw. optionalen Argumente der Funktion geben Sie getrennt durch ein Semikolon ein und schließen die Funktion mit der runden Klammer ab. Während der Eingabe sehen Sie unterhalb der Zelle immer eine kurze Beschreibung der jeweiligen Argumente (siehe Abbildung 2.51).

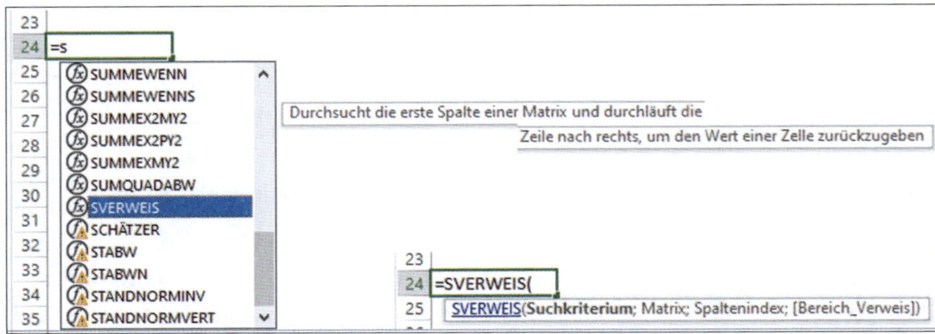

Abbildung 2.51 Direkte Eingabe einer Funktion in der Formel

Eine bereits bestehende Formel lässt sich mit der Taste [F2] oder einem Doppelklick in die Zelle verändern. Die einzelnen Argumente stellt Excel jetzt in unterschiedlichen Farben dar, so sehen Sie immer die Zelle oder den Bereich im Tabellenblatt, der als Argument dient (siehe Abbildung 2.52). Sie können die farblich umrandeten Zellen per Maus verschieben und somit die Argumente Ihrer Funktion ändern. Sämtliche Änderungen der Formel bzw. der Funktion lassen sich auch direkt über die Tastatur innerhalb der Zelle oder der Funktionsleiste durchführen. Ein Klick auf das Funktionssymbol [fx] startet erneut den Funktionsassistenten.

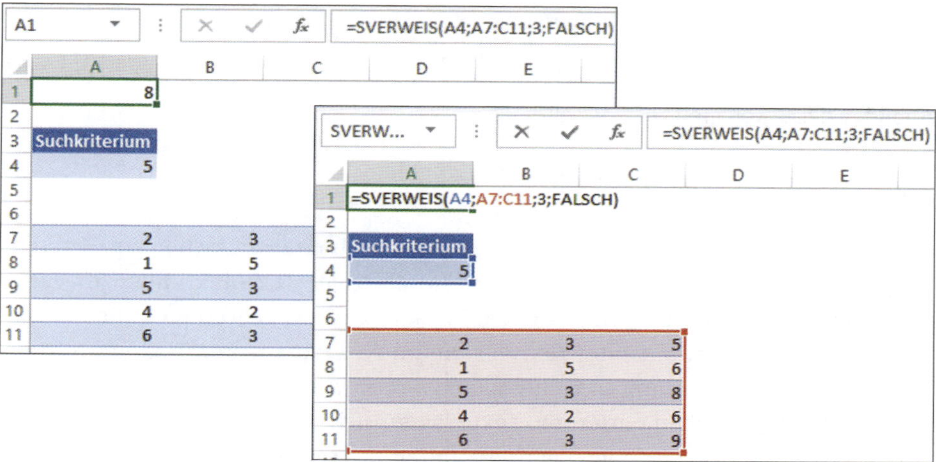

Abbildung 2.52 Ändern einer bestehenden Formel

2.6.4 Kopieren von Formeln – automatische Änderung der Bezüge

Sehr oft benötigen Sie ein und dieselbe Formel mehrmals in verschiedenen Zellen, nur die Argumente in Form von Bezügen sollen sich ändern. Hier hilft Ihnen Excel mit der Funktionalität, Formeln einfach zu kopieren. Beim Kopiervorgang ändert Excel automatisch die Bezüge innerhalb der Formel bzw. der Funktion. Wenn Sie beispielweise eine Formel in der zweiten Zeile mit Argumenten aus der zweiten Zeile erstellt haben und diese Formel in die dritte Zeile kopieren, nimmt Excel jetzt auch die Argumente aus der dritten Zeile. Dahinter verbirgt sich der Begriff der *relativen Adressierung*. Wünschen Sie explizit keine Anpassung der Bezüge, müssen Sie den Bezug in Ihrer Formel als *absoluten Bezug* deklarieren. Dies geschieht mit dem $-Zeichen vor der Spalte bzw. Zeile. So können Sie festlegen, das beim Kopieren einer Formel entweder die Spalte, die Zeile oder die komplette Adresse nicht verändert werden soll. Bei der Eingabe der Formel lassen sich die $-Zeichen mit der Taste [F4] hinzufügen und entfernen.

	A	B	C	D
1	Formel mit Funktion	Argument1	Argument2	Ergebnis
2	=SUMME(B2;C2)	2	3	5
3		1	5	
4		5	3	
5		4	2	
6		6	3	

	A	B	C	D
1	Formel mit Funktion	Argument1	Argument2	Ergebnis
2	=SUMME(B2;C2)	2	3	5
3	=SUMME(B3;C3)	1	5	6
4	=SUMME(B4;C4)	5	3	8
5	=SUMME(B5;C5)	4	2	6
6	=SUMME(B6;C6)	6	3	9

Abbildung 2.53 Kopieren von Formeln

2.6.5 Textfunktionen

Auch wenn sich mit Texten in dem Sinne nicht rechnen lässt, stehen zur Veränderung und zum Ermitteln von Informationen zahlreiche Textfunktionen zur Verfügung. So lassen sich Teile eines Textes in einer Zelle durch einen anderen Text ersetzen oder die Position eines Textteils innerhalb eines anderen Textes ermitteln. Sie können einen bestimmten rechten, linken oder mittleren Teil extrahieren oder überflüssige Leerzeichen entfernen. Texte lassen sich mit oder ohne Trennzeichen verketten sowie in Groß- oder Kleinschreibung umwandeln. Auch können Zahlen unter Angabe des Formatcodes in Texte umgewandelt werden.

	A	B	C	D
1	Formel mit Funktion	Argument1	Argument2	Ergebnis
2	=ERSETZEN(B2;5;5;C2)	Fahrräder	-Räder	Fahr-Räder
3	=FINDEN(C3;B3)	Fahrräder	rr	4
4	=GLÄTTEN(B4)	Fahrräder		Fahrräder
5	=LÄNGE(B5)	Fahrräder		9
6	=LINKS(B6;C6)	Fahrräder	4	Fahr
7	=RECHTS(B7;C7)	Fahrräder	5	räder
8	=TEIL(B8;2;LÄNGE(B8)-2)	Fahrräder		ahrräde
9	=GROSS(B9)	Fahrräder		FAHRRÄDER
10	=TEXT(B10;"#.##")	1234		1.234
11	=TEXTKETTE(B11;C11)	Fahr	räder	Fahrräder
12	=TEXTVERKETTEN("-";WAHR;B12;C12)	Fahr	Räder	Fahr-Räder

Abbildung 2.54 Einige ausgewählte Textfunktionen

2.6.6 Datums- und Zeitfunktionen

Excel erkennt Texte als Datum, sobald ein Muster aus Tagen, Monaten und Jahren in einem Text zu identifizieren ist. Die Funktion *DATWERT* wandelt diesen Text in ein Datum bzw. die entsprechende Zahl um. Das funktioniert bei Punkten und Schrägstrichen, nicht aber mit anderen Sonderzeichen. Die Funktion liefert im Fehlerfall das Ergebnis *#WERT!*. Der einzelne Tag sowie der Monat und das Jahr können als eigenständige Zahl mit den gleichnamigen Funktionen aus einem Datum extrahiert werden. Die Funktion *DATUM* erlaubt den umgekehrten Weg, damit lässt sich aus drei Zahlen wieder ein Datum machen.

	A	B	C	D	E
1	Formel mit Funktion	Argument1	Argument2	Argument3	Ergebnis
2	=DATWERT(B2)	23.04.2021			44309
3	=DATWERT(B3)	23.4.21			44309
4	=DATWERT(B4)	23. 4. 21			44309
5	=DATWERT(B5)	23/4/21			44309
6	=DATWERT(B6)	23 . 4 . 21			44309
7	=DATWERT(B7)	23 # 4 # 21			#WERT!
8	=JAHR(B8)	23.04.2021			2021
9	=MONAT(B9)	23.04.2021			4
10	=TAG(B10)	23.04.2021			23
11	=DATUM(B11;C11;D11)	2021	4	23	23.04.2021

Abbildung 2.55 Ausgewählte Datumsfunktionen

Nach derselben Logik können Sie Zeiten bearbeiten. Zeiten erkennt Excel, sobald zwei oder drei Zahlen durch einen Doppelpunkt voreinander getrennt sind. Die Funktion *ZEITWERT* wandelt die erkannte Uhrzeit in einem Text in eine Zahl zwischen 0 und 1 um. Zum Zusammensetzen einzelner Werte zu einer Uhrzeit können Sie die Funktion *ZEIT* nutzen.

	A	B	C	D	E
1	Formel mit Funktion	Argument1	Argument2	Argument3	Ergebnis
2	=ZEITWERT(B2)	14:20:10			0,597337963
3	=ZEITWERT(B3)	14 : 20 : 10			0,597337963
4	=ZEITWERT(B4)	14/20/10			#WERT!
5	=STUNDE(B5)	14:20:10			14
6	=MINUTE(B6)	14:20:10			20
7	=SEKUNDE(B7)	14:20:10			10
8	=ZEIT(B8;C8;D8)	14	20	10	14:20:10

Abbildung 2.56 Ausgewählte Zeitfunktionen

Mit der Funktion *WOCHENTAG* lässt sich leicht der Tag eines bestimmten Datums ermitteln. Dabei beginnt Excel bei der Zählung mit dem Sonntag als erstem Tag der Woche. Das Ergebnis besteht aus einer Zahl zwischen 1 und 7. Um daraus einen Text in Kurzform oder den ausgeschriebenen Wochentag zu erhalten, können Sie die Funktion *TEXT* mit dem gewünschten Formatcode um den Wochentag herumbauen.

	A	B	C	D
1	Formel mit Funktion	Argument1	Argument2	Ergebnis
2	=WOCHENTAG(B2)	23.04.2021		6
3	=TEXT(WOCHENTAG(B3);C3)	23.04.2021	TT	06
4	=TEXT(WOCHENTAG(B4);C4)	23.04.2021	TTT	Fr
5	=TEXT(WOCHENTAG(B5);C5)	23.04.2021	TTTT	Freitag

Abbildung 2.57 Wochentage mit verschiedenen Formatcodes angeben

2.6.7 Mathematische Funktionen

Viele arithmetische Funktionen sind in der Kategorie Mathematik zu finden. Neben der wohl am häufigsten genutzten Summenfunktion finden Sie hier verschiedene Varianten zum Runden von Zahlen. Im Gegensatz zur Einstellung mittels Formatcode ändern die Rundungsfunktionen die Zahl selbst. Die dritte Nachkommastelle verschwindet aus der Zahl, bei späteren Berechnungen mit dieser Zahl ist das Ergebnis entsprechend ungenau. Um eigene Reihen von Zahlen aufzubauen, können die Funktionen zur Bestimmung des ganzzahligen Anteils einer Dezimalzahl sowie des Rests einer Division nützliche Dienste leisten.

	A	B	C	D
1	Formel mit Funktion	Argument1	Argument2	Ergebnis
2	=SUMME(B2:C2)	34,567	12,345	46,912
3	=PRODUKT(B3;C3)	34,567	2	69,134
4	=ABRUNDEN(B4;C4)	34,567	2	34,56
5	=AUFRUNDEN(B5;C5)	34,567	2	34,57
6	=RUNDEN(B6;C6)	34,567	1	34,6
7	=GANZZAHL(B7)	34,567		34
8	=REST(B8;C8)	34,567	2	0,567

Abbildung 2.58 Einfache mathematische Funktionen

Selbstverständlich finden Sie auch viele Funktionen zur Potenz- und Logarithmusrechnung für beliebige Basiswerte und Exponenten vor. Bekannte und auch weniger bekannte trigonometrische Funktionen sind ebenso verfügbar wie die Kreiszahl Pi mit einer 15-stelligen Genauigkeit.

	A	B	C	D
1	Formel mit Funktion	Argument1	Argument2	Ergebnis
2	=POTENZ(B2;C2)	10	2	100
3	=POTENZ(B3;C3)	2	2	4
4	=EXP(B4)	1		2,7183
5	=LOG10(B5)	100		2
6	=LOG(B6;C6)	4	2	2
7	=LN(B7)	2,7183		1
8	=PI()			3,1416
9	=SIN(B9)	1,5708		1
10	=COS(B10)	1,5708		0

Abbildung 2.59 Potenz-, Logarithmus- und Trigonometriefunktionen

2.6.8 Statistische Funktionen

Die Kategorie Statistik umfasst die größte Anzahl von Funktionen. Hier finden Sie einfache Funktionen wie das Zählen, das Zählen unter Bedingungen, die Ermittlung von größten und kleinsten Werten sowie die Berechnung der statistischen Lage- und Streumaße. Des Weiteren sind hier aber auch viele Funktionen enthalten, die ein gewisses fachliches Wissen erfordern. Die Durchführung eines F-Tests oder die Ermittlung von Wahrscheinlichkeiten einer Poisson-Verteilung gehören nicht zu den gängigsten Anwendungen in Excel. Das Wesen von statistischen Funktionen liegt oftmals darin, möglichste viele Daten in die Berechnung einzubeziehen. Deswegen bekommen viele der statistischen Funktionen einen größeren Datenbereich in Form einer Matrix oder eines eindimensionalen Arrays als Argument übergeben. Eine Matrix ist nichts anderes als ein zusammengehöriger Datenbereich, ein eindimensionales Array ist eine Spalte oder eine Zeile.

	A	B
1	Funktion in Formel	Ergebnis
2	=ANZAHL(D2:F4)	8
3	=ANZAHL2(D2:F4)	9
4	=MAX(D2:F4)	8
5	=MIN(D2:F4)	1
6	=KGRÖSSTE(D2:F4;2)	7
7	=KKLEINSTE(D2:F4;2)	3
8	=MEDIAN(D2:F4)	4,5
9	=MITTELWERT(D2:F4)	4,63
10	=ZÄHLENWENN(D2:F4;4)	2
11	=ZÄHLENWENN(D2:F4;"<>4")	7
12	=ZÄHLENWENNS(D2:D4;5;E2:E4;">2")	1
13	=ZÄHLENWENNS(D2:F4;">3";D2:F4;"<7")	4

D	E	F
Daten (Matrix / Array)		
5	4	8
1	3	7
4	Kein Wert	5

Abbildung 2.60 Einige einfache statistische Funktionen

Argumente der Funktionen zum Zählen unter einer Bedingung

Funktionen zum Zählen unter einer Bedingung erlauben den Einsatz verschiedener Vergleichsoperatoren. Excel zählt dann z. B. alle Werte in einem Bereich bzw. einer Matrix, die ungleich 4 oder größer als 7 sind. Die Eingabe des Operators mit dem Vergleichswert erfolgt als Text in doppelten Anführungszeichen, auch wenn der Vergleich mit einer Zahl durchgeführt wird.

2.6.9 Logische Funktionen

Die logischen Funktionen *UND* bzw. *ODER* prüfen eine Bedingung und geben als Ergebnis den Wert *WAHR* oder *FALSCH* aus. Hinter diesen Wahrheitswerten verbergen sich die beiden Zahlen *0* und *1*. Die Umwandlung der Wahrheitswerte in die Zahl lässt sich durch Multiplikation mit 1 realisieren, der umgekehrte Weg mit der Funktion *N*. Mit den Wenn-Funktionen prüfen Sie nicht nur eine Bedingung, Sie können auch gleich angeben, was im wahren bzw. im falschen Fall gemacht werden soll. In der einfachen Form haben Sie die Kette »Wenn, dann, sonst« vorliegen. Die Funktion *WENNS* hingegen prüft mehrere Bedingungen aus unterschiedlichen Datenbereichen. Sehr praktisch kann die Funktion *WENNFEHLER* sein, damit lassen sich die typischen Excel-Fehlerwerte wie *#NV* oder *#DIV/0!* abfangen.

	A	B	C	D	E
1	Formel mit Funktion	Argument1	Argument2	Argument3	Ergebnis
2	=ODER(B2=1;C2=1;D2=1)	8	3	1	WAHR
3	=UND(B3=1;C3=1;D3=1)	4	1	5	FALSCH
4	=1*ODER(B4=1;C4=1;D4=1)	1	3	3	1
5	=1*UND(B5=1;C5=1;D5=1)	6	4	2	0
6	=WENN(B6<>1;"Nicht Eins";"Eins")	5			Nicht Eins
7	=WENN(D7=1;"Eins";"Nicht Eins")	1		1	Eins
8	=WENNS(B8=0;"Null";D8=1;"Eins")	0		1	Null
9	=WENNFEHLER(C9/B9;"Division durch 0")	0	5		Division durch 0

Abbildung 2.61 Logische Funktionen

2.6.10 Verweisfunktionen

Hinter den Verweisfunktionen verbergen sich Excel-eigene Verfahren zur Ermittlung von Adressen, Zellbezügen und Werten in Zellen. So lassen sich z. B. aus Zahlen relative oder absolute Adressen generieren. Sie können die Nummer der Zeilen und Spalten ermitteln oder mit der Funktion *INDIREKT* über einen Umweg eine Zelle ansprechen.

	A	B	C	D	E
1	Formel mit Funktion	Argument1	Argument2	Argument3	Ergebnis
2	=ADRESSE(B2;C2;D2)	1	1	1	$A$1
3	=ADRESSE(B3;C3;D3)	1	1	2	A$1
4	=ADRESSE(B4;C4;D4)	1	1	3	$A1
5	=ADRESSE(B5;C5;D5)	1	1	4	A1
6	=ADRESSE(B6;C6;D6;0)	1	1	4	Z(1)S(1)
7	=ZEILE()				7
8	=SPALTE()				5
9	=INDIREKT(B9)	B1			Argument1

Abbildung 2.62 Einfache Verweisfunktionen

Mit einem Vergleich bekommen Sie heraus, in welcher Zeilennummer ein bestimmter Vergleichswert in einer Spalte steht. Die Funktion *INDEX* gibt Ihnen hingegen an, welcher Wert in der Zelle der angegebenen Zeile einer Spalte steht. Diese beiden Funktionen scheinen separat betrachtet wenig spektakulär, können in Kombination aber sehr nützlich sein. Sie stellen eine erweiterte Alternative zur Funktion *SVERWEIS* dar. Diese Funktion sucht nämlich immer in der ersten Spalte der Matrix und liefert den Inhalt der Zelle aus der angegebenen Spaltennummer. Das Manko der ersten Spalte können Sie mit den Funktionen *VERGLEICH* und *INDEX* aufheben.

	A	B	C	D	E
1	Formel mit Funktion	Argument1	Argument2	Argument3	Ergebnis
2	=VERGLEICH(B2;G2:G4;)	4			3
3	=INDEX(G2:I4;B3;C3)	2	3		7
4	=SVERWEIS(B4;G2:I4;C4;FALSCH	4	3		5
5	=WAHL(B5;C5;D5)	1	8	9	8

G	H	I
Daten (Matrix / Array)		
5	4	8
1	3	7
4	2	5

Abbildung 2.63 Weitere Verweisfunktionen

2.6.11 Matrixformeln – Berechnungen in mehreren Zellen

Mit den Matrix- oder Array-Formeln stellt Excel eine Methodik bereit, mehrere Berechnungen innerhalb einer oder mehrerer Zellen automatisch durchzuführen. Im Beispiel in Abbildung 2.64 sehen Sie fünf Zeilen mit einem Einkaufspreis, dem Aufschlag für den Verkauf sowie den Lagerbestand. Um den gesamten Wert im Lager zu berechnen, würden Sie klassisch eine weitere Spalte einfügen, dort den Zeilenwert berechnen und dann die Summe bilden. Mit einer Matrixformel können Sie diese Berechnungen in einer Zelle in einem Arbeitsschritt durchführen. Statt des Bezugs auf eine einzelne Zelle steht in der Formel der Bezug auf das Array. In älteren Excel-Versionen musste die Eingabe einer Matrixformel mit der Tastenkombination Strg + ⇧ + ↵ abgeschlossen werden. Seit Excel 2019 ist dies nicht mehr notwendig, das Programm erkennt durch die Arrays in den Argumenten selbstständig, dass es sich um eine Matrixformel handelt.

	A	B	C	D	E	F
1	B4Y Rahmen	Einkaufspreis	Aufschlag %	Bestand		Lager-Wert
2	R234 X	219,00 €	4%	4		4.964,01 €
3	R235 T3	266,00 €	5%	2		=SUMME(B2:B6*(1+C2:C6)*D2:D6)
4	R301 S11	289,00 €	4,50%	7		
5	R440 EX	330,00 €	3,50%	3		
6	R465 L9	342,00 €	4%	1		

Abbildung 2.64 Matrixformel mit dem Ergebnis in einer Zelle

Wenn Sie die Einzelergebnisse einer Zeile benötigen, jedoch keine Hilfsspalte erstellen und die Formel nicht kopieren möchten, können Sie auch mit einer Matrixformel arbeiten. Sie geben einmalig die Formel mit den Bezügen auf die Arrays ein, und nach Abschluss der Eingabe mit ↵ füllte Excel automatisch die darunterliegenden Zellen mit den berechneten Werten. Das Ergebnis-Array dieser Formel versieht Excel mit einem blauen Rahmen. In älteren Versionen mussten Sie auch hier die Zellen für die Einzelergebnisse vorher markieren und die Formel in der ersten Zelle des Bereichs mit Strg + ⇧ + ↵ eintragen. Excel hat diese dann in der Funktionsleiste in geschweifte Klammern gesetzt.

F2 =B2:B6*(1+C2:C6)*D2:D6

	A	B	C	D	E	F
1	B4Y Rahmen	Einkaufspreis	Aufschlag %	Bestand		
2	R234 X	219,00 €	4%	4		911,04 €
3	R235 T3	266,00 €	5%	2		558,6
4	R301 S11	289,00 €	4,50%	7		2114,035
5	R440 EX	330,00 €	3,50%	3		1024,65
6	R465 L9	342,00 €	4%	1		355,68

Abbildung 2.65 Matrixformel mit mehreren Berechnungen

Mit jeder Version von Excel kommen weitere Funktionen hinzu, so gibt es seit Excel 2019 auch einige neue Array-Funktionen. Diese Funktionen liefern von sich aus immer eine Matrix bzw. ein Array als Ergebnis. Ein Beispiel ist hier die Funktion *ZUFALLSMATRIX*. Sie geben dabei die Anzahl von Zeilen und Spalten sowie die Grenzen für die Zufallszahlen in eine einzelne Zelle ein. Das Ergebnis ist im Beispiel in Abbildung 2.66 eine 5-×-6-Matrix mit zufälligen ganzen Zahlen zwischen 10 und 20.

=ZUFALLSMATRIX(5;6;10;20;WAHR)			14	19	13
10	11	18	11	11	20
20	13	14	16	18	14
10	18	20	15	19	13
13	15	17	16	13	14

Abbildung 2.66 Funktion zur Erstellung einer Matrix mit Zufallszahlen

2.6.12 Formelüberwachung – Aufspüren von Fehlern

Excel gibt Ihnen einige Werkzeuge an die Hand, mit denen Sie Formeln überwachen und Fehler aufspüren können. Auf der Registerkarte FORMELN finden Sie unter anderem ein Überwachungsfenster, das alle Formeln der aktuellen Datei mit Angabe der benutzen Bezüge, den jeweiligen Werten sowie den Formeltexten anzeigen kann. Es lässt sich hier auch eine Art *Debug-Modus* starten, der geschachtelte Formeln Schritt für Schritt auswertet.

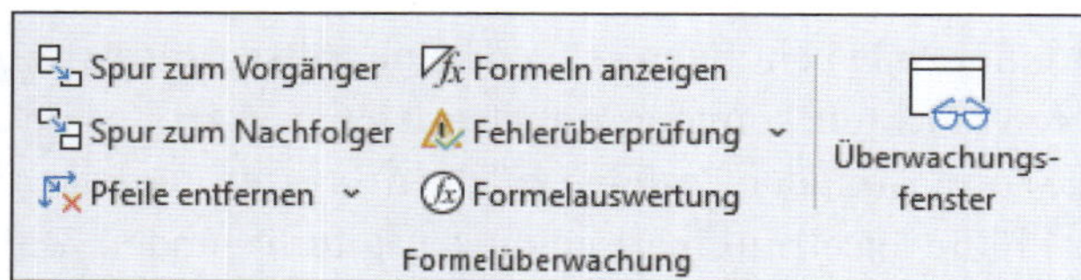

Abbildung 2.67 Formelüberwachung

Bei komplexeren Formeln kann es sehr nützlich sein, sich die Spuren zum *Vorgänger* oder zum *Nachfolger* anzeigen zu lassen, ähnlich Abbildung 2.68. Excel verknüpft dabei die involvierten Zellen einer Formel mit blauen Pfeilen. Sie erhalten so ein Bild, das erkennen lässt, wie sich die Berechnungen in Ihrer Formel zusammensetzen.

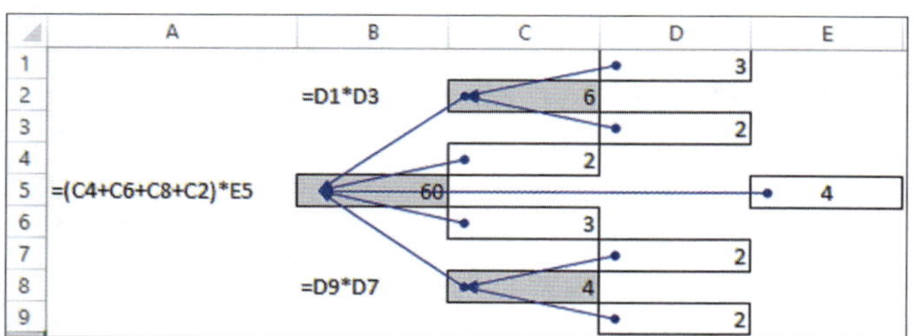

Abbildung 2.68 Spuren zu den Vorgängern in Formeln

Kapitel 3
Das erste Diagramm

Ein Standarddiagramm mit Excel zu erstellen ist denkbar einfach. Auch ohne viel Erfahrung können Sie mit wenigen Mausklicks Daten in einer ansprechenden Form visualisieren.

Einfache Diagramme lassen sich in Excel schnell und unkompliziert erstellen. Um diese Diagramme jedoch anschließend Ihren eigenen Vorstellungen anzupassen, ist es wichtig, sich mit den Komponenten eines Diagramms und deren Gestaltungmöglichkeiten vertraut zu machen.

3.1 Erstellung eines Diagramms – verschiedene Wege zum Ziel

Die Idee und das Ziel eines Diagramms ist es, aus Daten ein Bild zu generieren. Dieses Bild soll helfen, die Daten leichter zu erfassen, zu verstehen und zu interpretieren. Typischerweise stehen die Daten, oder genauer gesagt die Zahlen und Texte, in einem Excel-Tabellenblatt. Dort sind sie in den meisten Fällen als zusammenhängender Datenbereich angeordnet. Die Spaltenüberschriften und entsprechende Zeilenbeschriftungen geben Aufschluss darüber, was die Daten überhaupt aussagen. Sind Zahlen und Texte also in dieser Form vorhanden, ist es ein Leichtes, das erste Diagramm zu erstellen.

3.1.1 Daten für das erste Diagramm – Umsätze pro Region

Das erste konkrete Beispieldiagramm stellt die jährlichen, nach Regionen gruppierten Umsatzzahlen eines fiktiven Fahrradhändlers dar. In der Datentabelle in Abbildung 3.1 stehen in Spalte A als Zeilenbeschriftung die fünf Regionen Nord, West, Mitte, Ost und Süd.

Region	Umsatz 2019	Umsatz 2020
Nord	230.000	315.400
West	412.300	441.800
Mitte	219.700	289.500
Ost	301.500	324.600
Süd	389.400	401.300

Abbildung 3.1 Beispieldaten für das erste Diagramm

Die Spalten B und C enthalten die Umsatzwerte für die Jahre 2019 und 2020. Somit ergeben sich also zehn Zahlen, die in einem ersten Diagramm dargestellt werden sollen.

3.1.2 Drei Varianten zur Erstellung eines Diagramms

Nachdem Sie diesen Datenbereich markiert haben, können Sie im oberen Excel-Menüband in der Registerkarte EINFÜGEN aus der Gruppe DIAGRAMME einen Diagrammtyp auswählen. Hier finden Sie auf einen Blick alle verfügbaren Typen und deren Varianten. Eine weitere recht elegante und schnelle Methode steht Ihnen mit der Schnellanalyse zur Verfügung. Als dritte Variante können Sie über die Tastatur mit `Alt` + `F1` bzw. mit `F11` ein Diagramm unmittelbar erstellen. Excel wählt dafür in der Regel den Diagrammtyp GRUPPIERTE SÄULEN aus.

Registerkarte »Einfügen«

In der Registerkarte EINFÜGEN in der Gruppe DIAGRAMME finden Sie sämtliche in Excel zur Verfügung stehenden Diagrammtypen. Excel stellt Ihnen basierend auf Ihren Daten zu Beginn die Gruppe EMPFOHLENE DIAGRAMME bereit. Daneben können Sie jedoch auch aus anderen Gruppen jeden Typ auswählen, der für Ihre Daten infrage kommt. Das Diagramm wird anschließend in das aktive Excel-Tabellenblatt eingefügt.

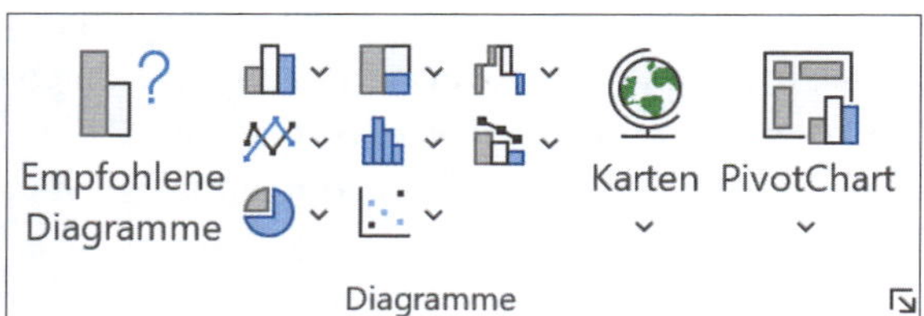

Abbildung 3.2 Gruppe der Diagramme auf der Registerkarte »Einfügen«

Tabelle 3.1 zeigt Ihnen die Symbole für die verschiedenen Gruppen der Diagrammtypen in Excel.

Auswahl	Enthaltene Diagrammtypen
	empfohlene Diagramme/alle Diagrammtypen
	Säulen- und Balkendiagramme
	Linien- und Flächendiagramme

Tabelle 3.1 Gruppen zur Auswahl des Diagrammtyps

Auswahl	Enthaltene Diagrammtypen
	Kreis- und Ringdiagramme
	Hierarchiediagramme
	Statistikdiagramme
	Punkt- und Blasendiagramme
	Wasserfall-, Trichter-, Oberflächen-, Netz- und Kursdiagramme
	Verbunddiagramme
	Karten/Flächenkartogramm
	PivotCharts/Pivot-Diagramme

Tabelle 3.1 Gruppen zur Auswahl des Diagrammtyps (Forts.)

Diagrammgröße

Die Größe des so erstellen Diagramms beträgt in der Regel 12,7 × 7,62 cm. Dies entspricht dem Breiten-Höhen-Verhältnis eines modernen Monitors (16 : 9 oder 1,78 : 1). Bei einer Auflösung des Monitors von 1.920 × 1.080 Bildpunkten nimmt das Diagramm eine Fläche von sechs Spalten und knapp 15 Zeilen ein (Standardwerte für Spalten- und Zeilengröße). Selbstverständlich lässt sich jedes Diagramm in einem Tabellenblatt anschließend beliebig in der Größe und den Seitenverhältnissen ändern.

Schnellanalyse

Die zweite Methode zum Erstellen eines Diagramms bietet eine Funktionalität der *Schnellanalyse* an. Sie können das Fenster SCHNELLANALYSE aufrufen, indem Sie entweder die Tastenkombination `Strg` + `Q` drücken oder mit der rechten Maustaste das Kontextmenü aufrufen und dort den Eintrag SCHNELLANALYSE auswählen. Sowohl für die Tastatur- als auch die Mausvariante muss sich die aktive Zelle innerhalb des Tabellenbereichs befinden, ein explizites Markieren des Bereichs ist nicht notwendig,

Das sich jetzt öffnende Fenster der SCHNELLANALYSE stellt einige Funktionalitäten zur Analyse Ihrer Daten bereit, unter anderem auch das Einfügen von Diagrammen. Excel empfiehlt basierend auf den Daten an dieser Stelle fünf Diagrammtypen. Wenn Sie die Maus über die Vorschläge bewegen, wird Ihnen in einem Vorschaufenster das jeweilige Diagramm angezeigt. Sollte der richtige Typ dabei sein, klicken Sie auf das entsprechende Symbol, und das Diagramm wird in das aktuelle Tabellenblatt eingefügt. Ist Ihr gewünschter Diagrammtyp nicht enthalten, klicken Sie auf das Symbol WEITERE DIAGRAMME, und es öffnet sich wieder das bekannte Fenster DIAGRAMME EINFÜGEN mit der Auswahl aller anderen Diagrammtypen.

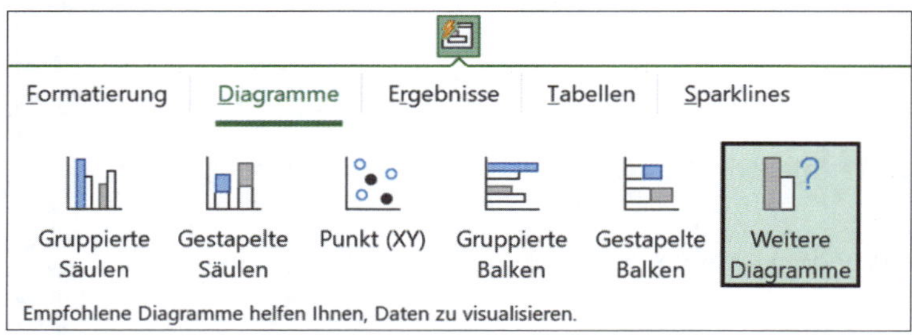

Abbildung 3.3 Schnellanalyse

Mit etwas Übung stellt die Schnellanalyse eine Methode dar, die sich sehr gut in den Ablauf von Benutzeraktionen innerhalb von Excel einfügt. Sie bleiben nah mit dem Auge und mit der Maus an ihren Daten, ein Sprung in einen anderen Bildschirmbereich ist nicht notwendig, das Arbeiten gestaltet sich flüssiger.

Tastenkombination Alt + F1 bzw. Taste F11

Wenn Sie die Tastenkombination Alt + F1 drücken, erstellt Excel ohne weitere Fragen oder Auswahlmöglichkeiten ein gruppiertes Säulendiagramm in dem aktuellen Arbeitsblatt. Die Taste F11 erstellt auch sofort ein Diagramm, diesmal jedoch auf einem neuen Tabellen- bzw. Diagrammblatt. Dieses Diagrammblatt erscheint dann automatisch unten in der Auflistung sämtlicher Arbeitsblätter in der aktuellen Datei. Mit beiden Tastaturvarianten ist zwar sehr schnell ein Diagramm erstellt, sie erlauben jedoch keinen Einfluss auf den Diagrammtyp. Anpassungen und Typänderungen müssen also im Nachhinein vorgenommen werden, ein vermeintlicher Zeitgewinn ist dann nicht mehr gegeben.

Größe des Diagramms auf einem Diagrammblatt

Im Gegensatz zu einem Diagramm als Bestandteil auf einem Tabellenblatt ist ein Diagramm als eigenständiges Diagrammblatt größer. Die Größe des Blattes und somit auch des Diagrammes beträgt 25,8 × 16,67 cm, eine Änderung dieser Werte ist nicht möglich Das Verhältnis zwischen Breite und Höhe beträgt somit 1,55 : 1 und entspricht ca. dem Verhältnis einer DIN-A4-Blattes. Wenn Sie also ein Diagramm ganzseitig ausdrucken möchten, erstellt die Taste F11 gleich ein richtig dimensioniertes Diagramm für Sie.

3.1.3 Erscheinungsbild des ersten Diagramms

Ganz gleich, mit welcher der oben beschriebenen Methoden das Diagramm erzeugt wird, das von Excel empfohlene gruppierte Säulendiagramm sieht im Normalfall wie in Abbildung 3.4 aus.

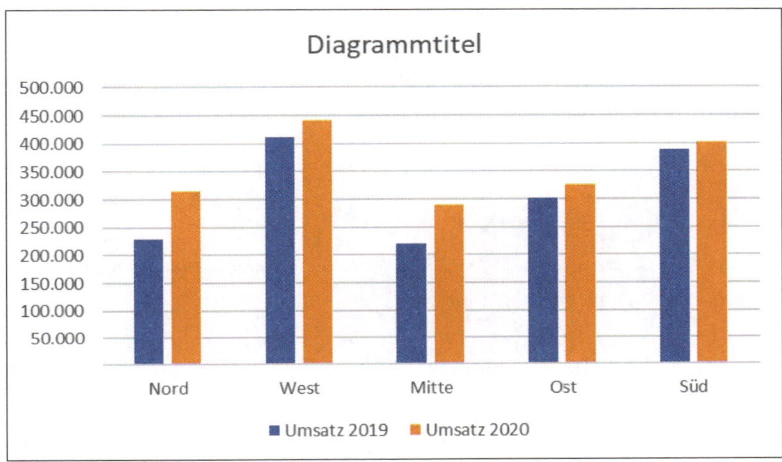

Abbildung 3.4 Das erste Diagramm

Dieses automatisch gestaltete Diagramm beinhaltet die senkrecht auf der horizontalen Achse stehenden Säulen. Der eigentliche Zahlenwert aus der Beispieltabelle wird durch die Höhe der Säule repräsentiert und kann ungefähr aus der linken vertikalen Achse abgelesen werden. Darüber hinaus sind als Einteilung der horizontalen Achse die verschiedenen Regionen aufgetragen. Pro Region sind zwei Säulen vorhanden, eine Säule für das Jahr 2019 und eine Säule für 2020. Die Legende unterhalb des eigentlichen Diagramms gibt Aufschluss darüber, welches Jahr die blauen und welches Jahr die orangefarbenen Säulen darstellen. Dieses erste Diagramm besitzt noch horizontale Hilfslinien sowie einen Platzhalter für den Diagrammtitel. Nicht im Diagramm ersichtlich, aber links neben der Excel-Bearbeitungsleiste im Namensfeld zu erkennen, hat das Diagramm auch einen Namen bekommen. Excel benennt alle Diagramme mit der Bezeichnung »Diagramm« und einer fortlaufenden Nummer.

Alle diese Diagrammkomponenten können formatiert, modifiziert oder entfernt werden. Ebenso ist es möglich, noch viele weitere Elemente hinzuzufügen oder das Diagramm in einen anderen Typ umzuwandeln. Ausführliche Informationen dazu finden Sie in Abschnitt 3.2 und Abschnitt 3.3.

3.1.4 Registerkarten »Diagrammentwurf« und »Format«

Sobald ein Diagramm markiert ist, also die rechteckige Fläche mit der Maus angeklickt wurde, tauchen im oberen Excel-Hauptmenü zwei zusätzliche Registerkarten auf: zum einen die Registerkarte DIAGRAMMENTWURF und zum anderen rechts daneben die Registerkarte FORMAT.

Registerkarte »Diagrammentwurf«

Die Registerkarte DIAGRAMMENTWURF stellt ein Menüband bereit, das Funktionalitäten zur Gestaltung des Diagramms enthält. Hier können Sie Diagrammelemente hinzufügen, Layouts und Vorlagen auswählen, die Datenbasis modifizieren und den Diagrammtyp ändern.

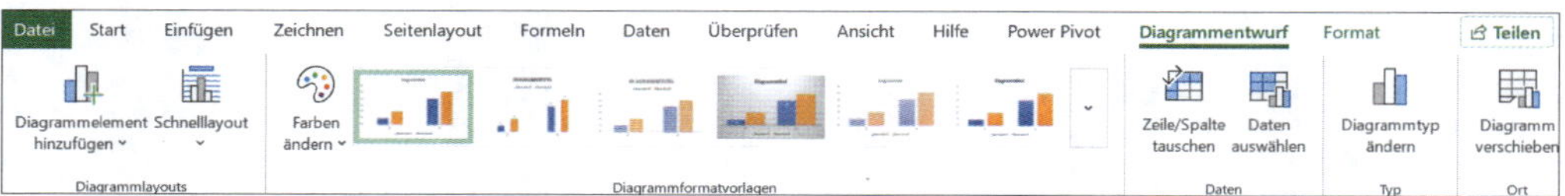

Abbildung 3.5 Registerkarte »Diagrammentwurf«

In Tabelle 3.2 sehen Sie die Schaltflächen der Registerkarte DIAGRAMMENTWURF sowie eine kurze Beschreibung der jeweiligen Funktion, die sich dahinter verbirgt.

Symbol	Funktion
	Diagrammelemente, wie z. B. Titel oder Achsen, hinzufügen oder entfernen
	ein vorgefertigtes Set von Elementen auswählen (Schnelllayouts)
	Farbkonstellationen aus der aktuellen Palette wählen
	eine gestalterische Formatvorlage auswählen (Hintergründe, Effekte etc.)
	Zeile/Spalte tauschen, Datenreihen werden zu Rubriken und umgekehrt.
	Datenbasis modifizieren, Daten hinzufügen, ändern, entfernen
	Diagrammtyp ändern, den bestehenden Typ in einen anderen transformieren
	Diagramm auf ein anderes Tabellen- oder Diagrammblatt verschieben

Tabelle 3.2 Symbole der Registerkarte »Diagrammentwurf«

Registerkarte »Format«

Die Menüpunkte auf der Registerkarte FORMAT stellen Ihnen Funktionalitäten zur Verfügung, um Ihr Diagramm nach Ihren Vorstellungen zu gestalten. Sie können Farben von Füllungen und Rahmen ändern, WordArt-Text formatieren, die Größe des Diagramms verändern. Des Weiteren können Sie einzelne Diagrammelemente ganz gezielt über deren Namen auswählen und dann in die weiteren detaillierten Formatierungsoptionen springen. Sie finden auf dieser Registerkarte jedoch keine Möglichkeit, die Schriftart oder Schriftgröße von Textelementen zu ändern. Diese Einstellungen lassen sich jedoch immer auf der Registerkarte START vornehmen.

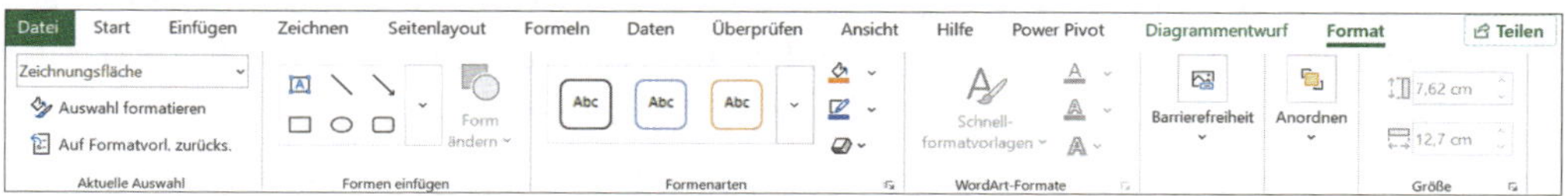

Abbildung 3.6 Registerkarte »Format«

Die wichtigsten Symbole der Registerkarte FORMAT und eine Kurzbeschreibung der Funktionen sind in Tabelle 3.3 zusammengefasst.

Symbol	Funktion
Diagrammb ⌄	ein einzelnes Element des Diagramms auswählen bzw. markieren
	in die weiteren detaillierten Formatoptionen springen
	manuelle Änderungen rückgängig machen und auf die Formatvorlage zurücksetzen
	weitere Formen wie Kreise oder Rechtecke dem Diagramm hinzufügen bzw. diese modifizieren
	Füllfarbe eines Flächenelements ändern
	die Farbe eines Linienelements bzw. den Rahmen eines Flächenelements ändern
	Effekte wie Schatten, Spiegelungen oder Leuchten einstellen
	WordArt-Effekte für Textelemente einsetzen und ändern
	zwecks Barrierefreiheit einen beschreibenden Text des Diagramms für eine Sprachausgabe angeben
	Höhe des Diagramms in Zentimetern eingeben
	Breite des Diagramms in Zentimetern eingeben

Tabelle 3.3 Symbole der Registerkarte »Format«

3.2 Hinzufügen und Entfernen von Elementen eines Diagramms

Bestandteile oder Elemente eines Diagramms sind zum einen die Säulen, Balken, Linien etc., durch die ein Zahlenwert visualisiert wird, zum anderen gehören Informationen wie Titel, Beschriftungen, Achsen ebenso zu einem Diagramm, um ein ganzheitliches Bild zu erstellen. Im Grunde genommen sind fast alle Bestandteile eines Diagramms optional, d. h., fast jede Komponente kann hinzugenommen oder entfernt werden. Im Extremfall würde ein Diagramm sogar nur aus einer weißen Fläche bestehen, ohne jegliche Komponente darauf. Natürlich macht diese Darstellung wenig Sinn, es sollen ja schließlich Daten visualisiert werden. Die eigentlichen Datenreihen auf der Zeichnungsfläche sind somit grundlegend, Elemente wie der Titel einer Achse oder die Datentabelle müssen hingegen nicht zwingend enthalten sein.

Je nach Diagrammtyp unterscheidet sich die Menge und Auswahl der zur Verfügung stehenden Komponenten. Ein Kreisdiagramm beinhaltet z. B. keine Achsen, einem Netzdiagramm kann keine Datentabelle hinzugefügt werden. In solchen Fällen blendet Excel die entsprechenden Schaltflächen oder Menüpunkte zum Hinzufügen oder Entfernen gar nicht erst ein oder sie sind deaktiviert.

3.2.1 Verschiedene Methoden zum Hinzufügen und Entfernen von Elementen

Excel stellt Ihnen zwei recht ähnliche Methoden zum Hinzufügen oder Entfernen von Diagrammelementen zur Verfügung. Sobald ein Diagramm markiert ist, erscheinen rechts oben neben dem Diagramm drei kleine Symbole: ein Pluszeichen, ein Pinsel und ein Filter. Ein Mausklick auf das Pluszeichen [+] erlaubt es Ihnen, Diagrammelemente zu aktivieren oder zu deaktivieren. Auf der schon bekannten Registerkarte DIAGRAMMENTWURF befindet sich ganz links das Symbol DIAGRAMMELEMENT HINZUFÜGEN, auch damit lassen sich Elemente hinzufügen oder auch wieder entfernen.

3.2.2 Das Pluszeichen eines markierten Diagramms

Ein Klick mit der Maus auf das Pluszeichen listet in Textform alle verfügbaren Diagrammelemente auf (siehe Abbildung 3.7). Hier können Sie durch Anklicken des kleinen Quadrats den Haken setzen, dann wird das Element im Diagramm angezeigt. Ist es bereits aktiviert, führt ein erneuter Klick dazu, dass der Haken wieder herausgenommen wird, das Element wird nicht mehr angezeigt.

Zusätzlich sehen Sie kleine schwarze, nach rechts weisende Pfeile. Damit gelangen Sie in die jeweiligen Untermenüs und können auf dieselbe Art und Weise Elemente oder Optionen aktivieren oder deaktivieren.

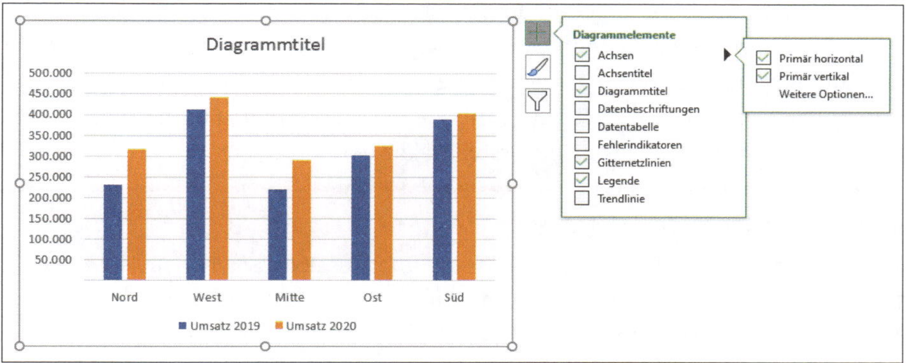

Abbildung 3.7 Elemente mit dem Pluszeichen aktivieren/deaktivieren

3.2.3 Der Menüpunkt »Diagrammelement hinzufügen«

Ein Mausklick auf das Symbol auf der Registerkarte DIAGRAMMENTWURF zeigt Ihnen ebenfalls alle in Excel vorhandenen Diagrammelemente alphabetisch sortiert an, diesmal noch zusätzlich mit einem kleinen Symbol vor dem Text. Rechts neben jedem Element finden Sie ebenso einen kleinen nach rechts weisenden Pfeil. Ein weiterer Mausklick darauf öffnet wieder das entsprechende Untermenü. Hier haben Sie jetzt die Möglichkeit, einzelne Elemente über die entsprechende Schaltfläche zu aktivieren oder zu deaktivieren. Ist ein Element bereits im Diagramm enthalten, ist das Symbol links neben dem Text farblich hervorgehoben. Ist ein Element nicht aktiviert, hat es keinen farblichen Hintergrund. Einige der Schaltflächen schließen sich gegenseitig aus, denn es kann immer nur eine aktiv sein. So kann z. B. der Diagrammtitel entweder oben oder unten stehen, schließlich gibt es nur einen Titel.

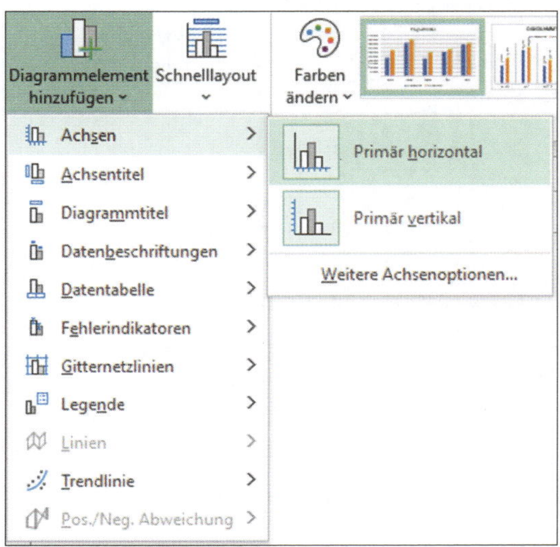

Abbildung 3.8 Menüpunkt »Diagrammelement hinzufügen«

Beide Methoden, das Symbol auf der Registerkarte und auch das Pluszeichen, bieten auf der jeweiligen zweiten Ebene WEITERE OPTIONEN an. Damit gelangen Sie in die detaillierten Formatierungsmenüs eines jeden Elements. Dort steht Ihnen eine Fülle von Einstellungen zur Verfügung, mit denen Sie aus einem Standarddiagramm eine ganz individuelle Visualisierung erstellen können.

Unterschiede der beiden Methoden

Auch wenn beide Methoden sehr ähnlich sind und dieselben Ergebnisse liefern, besteht in der Auflistung der Elemente ein kleiner Unterschied. Der Menüpunkt DIAGRAMMELEMENTE HINZUFÜGEN stellt in der Regel alle in Excel vorhandenen Elemente untereinander dar. Sind bestimmte Elemente für diesen Diagrammtyp nicht anwendbar, sind diese Einträge deaktiviert und können nicht angeklickt werden. In der Auflistung, die das Pluszeichen anzeigt, sind nicht anwendbare Elemente gar nicht erst aufgeführt.

3.3 Die Elemente im Einzelnen

Welche Elemente Sie einem Diagramm hinzufügen und wie Sie diese anordnen, ist Ihnen überlassen. Sie sollten immer bedenken, welche Informationen Sie im Kern transportieren möchten und was dafür notwendig ist.

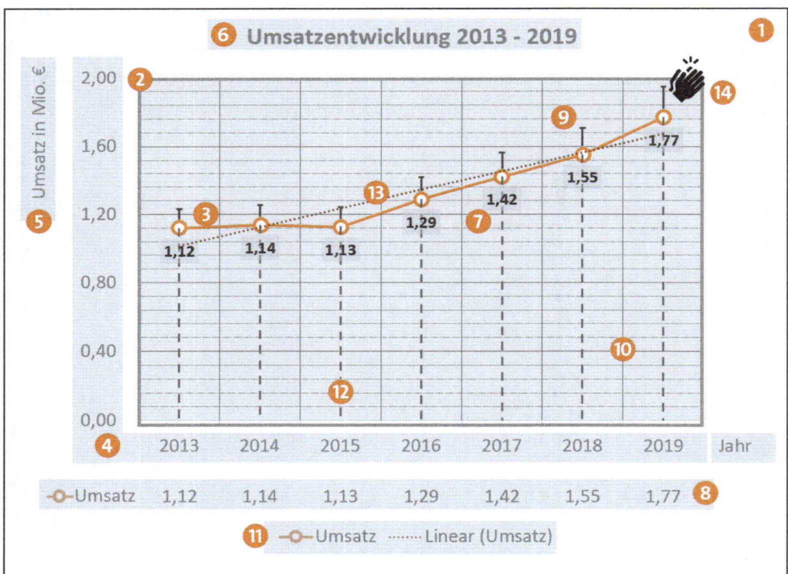

Abbildung 3.9 Elemente eines Diagramms am Beispiel eines Liniendiagramms (siehe dazu auch Tabelle 3.4)

Es dürfen keine entscheidenden Angaben fehlen, überflüssige oder gar redundante Informationen gilt es aber zu vermeiden.

Diagrammelemente	
❶	Diagrammbereich
❷	Zeichnungsfläche
❸	Datenreihe mit Datenpunkten
❹	Achsen (horizontale Rubriken- und vertikale Werteachse)
❺	Achsentitel
❻	Diagrammtitel
❼	Datenbeschriftung
❽	Datentabelle
❾	Fehlerindikatoren
❿	Gitternetzlinien
⓫	Legende
⓬	Linien
⓭	Trendlinie
⓮	Symbole, Grafiken, Piktogramme
–	positive/negative Abweichungen
–	Pareto-Linie

Tabelle 3.4 Elemente eines Diagramms

3.3.1 Diagrammbereich

Der *Diagrammbereich* stellt eine rechteckige Fläche dar, auf der die einzelnen Elemente eines Diagramms angeordnet sind. Sobald Sie ein Diagramm erstellen, wird diese Fläche in dem aktuellen Tabellenblatt oder in einem neuen Diagrammblatt erzeugt und mit einigen der Standardelemente versehen. Der Diagrammbereich ist also der Rahmen eines Diagramms, sämtliche Änderungen, Formatierungen, Gestaltungen spielen sich immer in diesem Bereich ab.

3.3.2 Zeichnungsfläche

Die *Zeichnungsfläche* wiederum ist der Teil des Diagrammbereichs, auf dem die visuelle Darstellung der Daten erfolgt. Auf der Zeichnungsfläche befinden sich die Säulen, Kreise, Linien etc. sowie die optionale Datenbeschriftung. Weitere Bestandteile der Zeichnungsfläche können die Gitternetzlinien als Raster oder auch andere Linientypen wie die Trendlinie oder die Verbindungslinien sein. In der Regel stellt die Zeichnungsfläche den größten Teil des Diagrammbereichs dar und kann nicht von diesem entfernt werden, es handelt sich um den elementaren Bestandteil des Diagrammbereichs. Im Fall von 3D-Diagrammen wird aus der Zeichnungsfläche sogar ein Raum. Zu der Fläche gehören dann noch eine Seitenwand und ein Boden, eine perspektivische Darstellung ist gegeben.

3.3.3 Datenreihen mit Datenpunkten

Eine *Datenreihe* ist nichts anderes als eine Liste von Zahlen, die in einem Diagramm visualisiert sind. Diese Zahlen stehen typischerweise in einem Excel-Tabellenblatt alle untereinander, also in einer Spalte, oder aber nebeneinander in einer Zeile. In vielen Fällen sind diese Zahlen auch noch in der Reihe darüber oder in der Spalte daneben beschrieben, also mit der Information versehen, was die Zahl eigentlich aussagt.

Im Beispiel »Umsatzentwicklung 2013–2019« besteht die Datenreihe aus den Zahlen 1,12 bis 1,77, die Information zur Einordnung der Zahl steht jeweils darüber (siehe Tabelle 3.5).

	Punkt1	Punkt2	Punkt3	Punkt4	Punkt5	Punkt6	Punkt7
Jahr	2013	2014	2015	2016	2017	2018	2019
Wert	1,12	1,14	1,13	1,29	1,42	1,55	1,77

Tabelle 3.5 Datenpunkte

Jedes dieser Jahr-Wert-Pärchen stellt einen Punkt im Diagramm dar, den sogenannten *Datenpunkt*. Die Visualisierung dieser Datenpunkte im Diagramm geschieht dann über die Höhe einer Säule, die Länge eines Balkens oder die Größe eines Kreissegments. Es gibt Diagrammtypen, in denen nur eine Datenreihe dargestellt werden kann (z. B. Kreisdiagramme), viele andere Typen erlauben die Visualisierung mehrere Datenreihen, wie etwa das Liniendiagramm oder das Säulendiagramm.

3.3.4 Achsen

Bei vielen Diagrammtypen handelt es sich um sogenannte *Achsendiagramme*. Die Datenpunkte werden bei diesen Typen auf einer Ebene oder im Raum in einem Koordinatensystem visualisiert. Die Achsen des Koordinatensystems stehen senkrecht aufeinander, es handelt sich also um ein sogenanntes *kartesisches Koordinatensystem* (benannt nach dem französischen Mathematiker René Descartes).

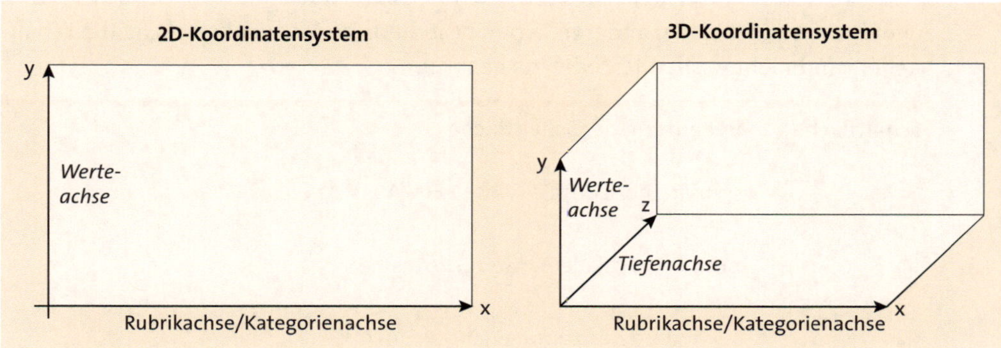

Abbildung 3.10 Kartesisches Koordinatensystem

In Excel heißt die horizontale x-Achse auch Rubriken- oder Kategorienachse, hier ist die beschreibende Information zu einem Wert aufgetragen. Rubriken oder Kategorien können beispielweise die Regionen Nord, West, Mitte, Ost und Süd sein. Oder auch die Jahreszahlen 2013–2019, die Stunden eines Tages, der Hersteller von Fahrradreifen oder auch Entfernungen in Kilometern. Die Rubrik oder Kategorie muss also nicht zwingend ein Text sein, auch Zahlen und somit auch Datums- und Zeitangaben können als Rubrik benutzt werden.

Die eigentlichen Zahlen sind auf der vertikalen y-Achse oder auch Werteachse aufgetragen. Excel skaliert diese Achse automatisch, basierend auf den Werten der Datenreihe; die Achse ist immer etwas höher als der größte Wert aus der Datenreihe. Einige Achsendiagramme erlauben auch eine 3D-Variante. Hier kommt noch zusätzlich eine dritte Achse ins Spiel, die z-Achse oder auch *Tiefenachse* genannt. Beispielsweise können so Datenreihen hintereinander dargestellt werden, eine interessante Form für Linien- oder Säulendiagramme.

Excel ermöglicht es, für unterschiedliche Datenreihen unterschiedliche Diagrammtypen zu wählen. In einem sogenannten *Kombinationsdiagramm* kann z. B. eine Datenreihe als Säule dargestellt werden, eine andere Datenreihe als Linie. Handelt es sich aber bei einer Datenreihe um sehr hohe Werte (z. B. Umsatz), bei der anderen um sehr kleine Werte (z. B. Prozentabgaben), sind die deutlich kleineren Werte eventuell gar nicht mehr im Diagramm zu erkennen. Hier helfen *sekundäre Achsen*, für die eine entsprechend angepasste Skalierung eingestellt werden kann. Die Schaltflächen für die sekundären Achsen sowie die Tiefenachse sind nur dann vorhanden, wenn mindestens eine Datenreihe auch auf der sekundären Achse aufgetragen ist bzw. wenn es sich um 3D-Diagramme handelt.

Über folgende, in Tabelle 3.6 aufgeführte Schaltflächen auf der Registerkarte DIAGRAMMENTWURF • DIAGRAMMELEMENT HINZUFÜGEN können die Achsen ein- oder ausgeschaltet werden. Eine bereits aktivierte Schaltfläche ist farblich hinterlegt, eine nicht aktivierte Schaltfläche ist weiß. Allen Achsendiagramme können Achsen hinzugefügt werden, bei den anderen Typen besteht diese Möglichkeit nicht, die Schaltflächen sind nicht vorhanden oder ausgegraut.

Schaltfläche	Bedeutung der Schaltfläche
	primäre horizontale Achse »Ein/Aus«
	primäre vertikale Achse »Ein/Aus«
	sekundäre horizontale Achse »Ein/Aus«
	sekundäre vertikale Achse »Ein/Aus«
	Tiefenachse »Ein/Aus«

Tabelle 3.6 Schaltflächen für Achsen

3.3.5 Achsentitel

Die *Achsentitel* helfen den Betrachtern des Diagramms, die Bedeutung der Achsen zu erkennen. Mithilfe dieser Elemente können Sie angeben, was auf der Rubriken-, der Werte- und der Tiefenachse dargestellt ist. Beispiele für den Titel der Rubrikenachse wären »Jahr« oder auch »Entfernung in km«. Der Titel eine Werteachse könnte lauten »Umsatz in Mio. €« oder »Anzahl der Reparaturen«. Über die Schaltflächen in Tabelle 3.7 schalten Sie die Achsentitel ein oder aus.

Bei den Achsentiteln handelt es sich um *Textfelder*. Sind diese Elemente in Ihrem Diagramm enthalten, können Sie einfach in das Feld klicken und einen beliebigen Text eingeben. Sie können aber auch einen absoluten Verweis auf eine Zelle im Tabellenblatt verwenden. Ein *Verweis* der Art *=Tabelle1!$A$1* muss jedoch in der *Bearbeitungsleiste* unterhalb des Menübandes eingegeben werden und nicht im Textfeld selbst. Mit dieser Methode sind Sie jedoch wesentlich flexibler, denn der Text der Achsentitel ist dann nicht statisch, sondern kann in einem Tabellenblatt dynamisch mittels Formeln erzeugt werden.

Die Position der Achsentitel ist nicht festgelegt, Sie können die Textfelder mit der Maus nach dem Hinzufügen an eine beliebige Stelle im Diagramm verschieben. Natürlich sollte sich der Achsentitel trotzdem in der Nähe der Achse befinden, die Sie beschriften wollen. Achsentitel sind immer dann verfügbar, wenn auch das Diagramm selbst Achsen ermöglicht.

Schaltfläche	Bedeutung der Schaltfläche
	Titel der primären horizontale Achse »Ein/Aus«
	Titel der primären vertikalen Achse »Ein/Aus«
	Titel der sekundären horizontale Achse »Ein/Aus«
	Titel der sekundären vertikalen Achse »Ein/Aus«
	Titel der Tiefenachse »Ein/Aus«

Tabelle 3.7 Schaltflächen für Achsentitel

3.3.6 Diagrammtitel

Bei dem *Diagrammtitel* handelt es sich wie bei den Achsentiteln auch um ein *Textfeld*. Mit dem Titel können Sie dem Diagramm eine Überschrift geben und dem Betrachter in knapper Form mitteilen, was im Diagramm dargestellt wird. Wenn Sie das Element Diagrammtitel neu hinzufügen, beträgt die voreingestellte Schriftgröße 14 Punkt und hebt sich somit gleich etwas von den anderen Elementen ab. Auch bei diesem Textfeld können Sie über einen Verweis der Form = *Tabelle1!$A$1* den Inhalt des Titels dynamisch gestalten. Dazu muss das Textfeld markiert sein und die Formel in der Bearbeitungsleise eingegeben werden.

Sie können den Diagrammtitel oberhalb der Zeichnungsfläche oder innerhalb der Zeichnungsfläche platzieren. Anschließend können Sie dieses Textfeld mit der Maus an eine beliebige Stelle innerhalb der Diagrammfläche verschieben. Wenn Sie den Titel aber noch mal deaktivieren und dann wieder aktivieren, wird er wieder mittig über oder in der Zeichnungsfläche angezeigt. Die jeweiligen Schaltflächen für Diagrammtitel finden Sie in Tabelle 3.8. Sie schließen sich gegenseitig aus, entweder ist der Titel nicht vorhanden oder er steht über der Zeichnungsfläche oder innerhalb der Zeichnungsfläche. Allen Diagrammen lassen sich Titel hinzufügen.

Schaltfläche	Bedeutung der Schaltfläche
	kein Diagrammtitel
	Diagrammtitel über Zeichnungsfläche
	Diagrammtitel mittig überlagert in der Zeichnungsfläche

Tabelle 3.8 Schaltflächen für Diagrammtitel

3.3.7 Datenbeschriftung

In einem Diagramm werden Zahlen durch optische Elemente ausgedrückt. Die Höhe einer Säule, die Größe eines Segments oder die Fläche eines Rechtecks repräsentieren den Zahlenwert. Das Ablesen auf einer Skala oder der Vergleich zu einer anderen Fläche erlauben es den Betrachtern, die Größe der Zahl zu erfassen.

Das Element *Datenbeschriftung* ermöglicht es Ihnen darüber hinaus, den präzisen Zahlenwert in der Nähe der Datenpunkte anzugeben. Excel fügt für jeden Datenpunkt ein kleines Feld ein, das den Wert selbst enthält. In dieses Feld können Sie aber auch weitere Informationen wie den Rubriken- oder den Datenreihennamen hinzufügen. Selbst Informationen aus einem ganz anderen Zellbereich können Bestandteil der Datenbeschriftung sein. Je nach Diagrammtyp bietet Excel ganz unterschiedliche Möglichkeiten an, die Datenbeschriftungen zu platzieren. Auch die Anzahl der Optionen unterscheidet sich von Diagrammtyp zu Diagrammtyp. Die Symbole und deren Bedeutung sind in Tabelle 3.9 beispielhaft für Säulen- bzw. Balkendiagramme aufgeführt.

Schaltfläche	Bedeutung der Schaltfläche
	keine Datenbeschriftung
	in der Mitte der Säule/des Balkens
	am Ende der Säule/des Balkens innerhalb
	am Anfang der Säule/des Balkens innerhalb
	am Ende der Säule/des Balkens außerhalb
	Legende (Reihenname mit Wert) am Ende außerhalb

Tabelle 3.9 Schaltflächen für Datenbeschriftung bei Säulen- und Balkendiagrammen

3.3.8 Datentabelle

Auch wenn die eigentlichen Zahlenwerte in Form einer Säule, Linie oder eines Balkens den Betrachtern vermittelt werden, können Sie mithilfe der Datentabelle die genauen Werte noch unterhalb der Zeichnungsfläche anzeigen. Die Schaltflächen dafür zeigt Tabelle 3.10. Sie sollten genau prüfen, ob ein wirklicher Mehrwert durch die *Datentabelle* entsteht oder ob es sich dabei um redundante Informationen handelt. Schließlich visualisieren Sie den Wert ja schon und haben vielleicht sogar eine Datenbeschriftung aktiviert, warum also noch eine Tabelle anzeigen? Bei mehreren Datenreihen und vielen Rubriken wird die Datentabelle im Diagrammbereich ohnehin sehr groß und unübersichtlich, ein Mehrwert für den Betrachter ist dann sicherlich nicht mehr gegeben.

Schaltfläche	Bedeutung der Schaltfläche
	keine Datentabelle anzeigen
	Datentabelle mit Legendensymbol anzeigen
	Datentabelle ohne Legendensymbol anzeigen

Tabelle 3.10 Schaltflächen für Datentabellen

3.3.9 Fehlerindikatoren

In manchen Fällen handelt es sich bei den Daten für ein Diagramm um Stichproben, also um einen Teil der Grundgesamtheit. Wird von dieser Stichprobe auf die Gesamtheit geschlossen, unterliegt dieser Schluss statistisch einem gewissen Fehler oder Fehlerbereich. In einem Diagramm können diese möglichen Abweichungen als *Fehlerindikatoren* angezeigt werden, mit welchen Schaltflächen zeigt Tabelle 3.11. Fehlerindikatoren sind Linien, die in den Datenpunkt nach oben, nach unten oder in beide Richtungen verlaufen und optional mit einer kurzen horizontalen Linie abschließen. Es handelt sich also um eine Darstellung der Spannweite, in der ein Wert real liegen kann. Die Größe der Spannweite kann als fester Wert bzw. Prozentwert angegeben oder aber als Standardfehler bzw. als Standardabweichung berechnet werden.

Schaltfläche	Bedeutung der Schaltfläche
	keine Fehlerindikatoren
	Fehlerindikatoren mit festem Wert anzeigen
5%	prozentualen Fehlerindikator anzeigen
σ	die Standardabweichung als Fehlerwert anzeigen

Tabelle 3.11 Schaltflächen für Fehlerindikatoren

3.3.10 Gitternetzlinien

Bei Achsendiagrammen helfen *Gitternetzlinien* beim Ablesen von Werten. Horizontale und vertikale Linien teilen die Zeichnungsfläche in ein Raster auf und erlauben es den Betrachtern, beispielsweise die Höhe eines Balkens auf der vertikalen Werteachse genauer abzulesen oder einen Datenpunkt auf der horizontalen Rubrikenachse einfacher zuzuordnen. Neben dem *Hauptgitternetz* können Sie ein *Hilfsgitternetz* anzeigen lassen, dieses ist entsprechend feiner skaliert. Sollte Ihr Diagramm eine sekundäre Werteachse besitzen, können basierend auf der Skalierung dieser Achse die sekundären Gitterlinien in das Diagramm aufgenommen werden. Im Fall eines 3D-Diagramms können Sie noch zusätzlich ein Tiefenhauptgitter und ein Tiefenhilfsgitter aktivieren. *Gitternetzlinien* in ihren unterschiedlichen Ausprägungen können Bestandteil aller Achsendiagramme sein. In Tabelle 3.12 sehen Sie, über welche Schaltfläche Sie welche Gitternetzlinien anzeigen können.

Schaltfläche	Bedeutung der Schaltfläche
	primäre horizontale Hauptgitterlinien anzeigen
	primäre vertikale Hauptgitterlinien anzeigen
	primäre horizontale Hilfsgitterlinien anzeigen
	primäre vertikale Hilfsgitterlinien anzeigen
	sekundäre horizontale Hauptgitterlinien anzeigen
	sekundäre vertikale Hauptgitterlinien anzeigen
	sekundäre horizontale Hilfsgitterlinien anzeigen
	sekundäre vertikale Hilfsgitterlinien anzeigen
	Tiefenhauptgitter anzeigen
	Tiefenhilfsgitter anzeigen

Tabelle 3.12 Schaltflächen für Gitternetzlinien

3.3.11 Legende

Unter der *Legende* sind die Namen der Datenreihen in einem vordefinierten Textfeld zu verstehen. Diese Information ist wichtig, damit die Betrachter des Diagramms wissen, was die Datenreihen überhaupt aussagen. In einem gruppierten Säulendiagramm ist es beispielsweise unerlässlich mitzuteilen, für was die Reihe von blauen Säulen und für was die Reihe von orangefarbenen Säulen steht. Dafür gibt es das Diagrammelement Legende. Die Schaltflächen in Tabelle 3.13 legen den Ort der Legende fest.

Schaltfläche	Bedeutung der Schaltfläche
	keine Legende anzeigen
	Legende rechts neben der Zeichnungsfläche anzeigen
	Legende über der Zeichnungsfläche anzeigen
	Legende unter der Zeichnungsfläche anzeigen
	Legende links neben der Zeichnungsfläche anzeigen

Tabelle 3.13 Schaltflächen für Legenden

3.3.12 Linien

Excel bietet für einige Diagrammtypen das Element *Linie* an. Dahinter verbergen sich *Verbindungslinien* von Datenpunkten zur Rubrikenachse oder von Datenpunkten untereinander. So können Sie beispielsweise in einem gestapelten Säulendiagramm die Veränderung von einer Säule zur nächsten verdeutlichen oder den Abstand von zwei Linien in einem Liniendiagramm hervorheben. Das Element Linie kann nur einigen wenigen Diagrammtypen bzw. deren Varianten hinzugefügt werden, Tabelle 3.14 zeigt Ihre Optionen. Im Kursdiagramm sind Linien elementarer, nicht veränderbarer Bestandteil.

Schaltfläche	Bedeutung der Schaltfläche
	keine Bezugs- oder Spannweitenlinien
	Bezugslinien anzeigen (nur Flächen- und Liniendiagramm)
	Spannweitenlinien anzeigen (nur Liniendiagramm)
	Reihenlinien anzeigen (nur gestapelte 2D-Säulen und Balken, Kreis aus Kreis, Balken aus Kreis)

Tabelle 3.14 Schaltflächen für Linien

3.3.13 Trendlinie

Die *Trendlinie* stellt im Grunde ein Analysefunktion für Ihre visualisierten Daten dar. Wenn Sie Daten als Säule, Linie, Fläche oder Punkte auf einer Zeitachse dargestellt haben, kann Ihnen Excel den tendenziellen Verlauf oder auch den Trend dieser Daten anzeigen. Sie können dabei aus verschiedenen mathematischen Funktionen auswählen, durch die der Trend beschrieben wird. Neben einer linearen Funktion stehen Ihnen hier exponentielle, logarithmische, polynomische und Potenzfunktionen zur Verfügung. Die jeweilige Funktionsgleichung lässt sich dann sogar im Diagramm ausgeben. Die Prognose erlaubt es darüber hinaus, einen Blick in die Zukunft oder in die Vergangenheit zu werfen. Die Rubrikenachse wird dabei um Einträge erweitert, die Trendlinie zeigt an, welcher Wert auf der vertikalen Achse zu erwarten ist. Als eigenständige Schaltfläche sind nur die lineare und exponentielle Trendlinie vorhanden (siehe Tabelle 3.15). Andere Funktionen können Sie über WEITERE TRENDLINIENOPTIONEN auswählen.

Schaltfläche	Bedeutung der Schaltfläche
	keine Trendlinie
	lineare Trendlinie
	exponentielle Trendlinie
	lineare Prognose

Tabelle 3.15 Schaltflächen für Trendlinien

3.3.14 Formen, Piktogramme, Grafiken

Bilder, Formen, Piktogramme und zusätzliche Textfelder sind im eigentlichen Sinn keine Elemente eines Diagramms, können aber zur *optischen Unterstützung* bestimmter Sachverhalte auf dem Diagrammbereich hinzugefügt werden (siehe Tabelle 3.16). Sie können z. B. das Piktogramm eines Blitzes zur Hervorhebung eines besonderen Wertes benutzen oder auch einen zusätzlichen Rahmen um die Zeichnungsfläche legen. Es ist jedoch zu beachten, dass diese zusätzlichen Elemente im Diagrammbereich nicht mit den Daten korrespondieren. Diese Elemente bleiben immer an der Stelle, an der sie eingefügt wurden. Änderungen der Achsenskalierung, Erweiterungen der Datenreihen oder Verkleinern der Zeichnungsfläche haben keinen Einfluss auf die Position, diese muss immer händisch angepasst werden. Wichtig ist auch, dass Sie vor dem Einfügen eines dieser Elemente den Diagrammbereich markiert haben. So ist das Element mit dem Diagrammbereich verbunden und wandert beim Verschieben des

Diagramms mit. Die Schaltflächen für die zusätzlichen gestalterischen Elemente sind auf der Registerkarte EINFÜGEN zu finden.

Schaltfläche	Effekt der Schaltfläche
	eine lokal gespeicherte Grafik einfügen
	eine Grafik aus dem Internet einfügen
	eine Form (Kreis, Rechteck, Pfeil etc.) einfügen
	ein Piktogramm einfügen
A	ein Textfeld einfügen

Tabelle 3.16 Schaltflächen für zusätzliche grafische Elemente

3.3.15 Positive/negative Abweichungen

Mit den positiven und negativen *Abweichungsbalken* lassen sich in 2D-Liniendiagrammen die Unterschiede von Datenpunkten der ersten und der letzten Datenreihe darstellen. Wenn Sie dieses Element über die Schaltfläche in Tabelle 3.17 Ihrem Diagramm hinzufügen, wird ein Balken pro Rubrik zwischen der ersten und der letzten Linie eingezeichnet. Ist der Abstand positiv, also der Wert der zweiten Reihe größer, ist der Balken weiß. Ist der zweite Wert kleiner als der erste, der Abstand also negativ, wird der Balken schwarz dargestellt. Natürlich lassen sich diese Farben später noch anpassen. Abweichungsbalken kommen als optionales Element in den klassischen Liniendiagrammen vor, sind aber auch fester Bestandteil in Kursdiagrammen.

Schaltfläche	Bedeutung der Schaltfläche
	keine Abweichungsbalken
	positive/negative Abweichungsbalken anzeigen (2D-Linien)

Tabelle 3.17 Schaltflächen für Abweichungsbalken

3.3.16 Pareto-Linie

Die *Pareto-Linie* ist eine spezielle Linie, die auch nur im Pareto-Diagramm, einem Untertyp des Histogramms, zum Einsatz kommt. Diese Linie kann nicht aus dem Pareto-Diagramm entfernt werden, sie ist elementarer Bestandteil. Im Pareto-Diagramm sind die absoluten Häufigkeiten absteigend sortiert als Balken dargestellt. Die Pareto-Linie stellt hier die aufsummierten relativen Häufigkeiten auf der sekundären Werteachse dar.

3.3.17 Schnelllayouts

Excel stellt für jeden Diagrammtyp *Schnelllayouts* zur Verfügung. Diese sind auf der Registerkarte DIAGRAMMENTWURF über den zweiten Menüpunkt von links zu erreichen. Je nach Diagrammtyp variiert die Anzahl der Schnelllayouts, für Kreisdiagramme gibt es z. B. sieben, bei den Histogrammen stehen nur drei Schnelllayouts zur Verfügung.

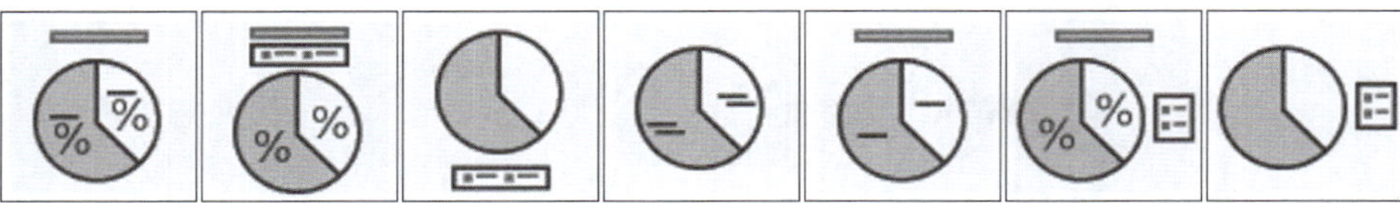

Abbildung 3.11 Schnelllayouts für Kreisdiagramme

Ein *Schnelllayout* ist eine vorgefertigte Zusammenstellung von Diagrammelementen mit einer entsprechenden Anordnung. In der Auflistung der jeweiligen Schnelllayouts ist symbolhaft das resultierende Erscheinungsbild des Diagramms zu erkennen. Es lassen sich in den Symbolen die Titel, Achsen, Legenden, Tabellen und andere Elemente identifizieren, allerdings ist diese symbolhafte Darstellung dann doch sehr klein. Ungleich besser können Sie das Ergebnis des Schnelllayouts in der *Live-Vorschau* sehen. Dazu bewegen Sie einfach die Maus über die Symbole, das Ergebnis wird unmittelbar in Ihrem Diagramm angezeigt. Zusätzlich werden in einem kleinen Fenster neben dem Mauszeiger die Elemente des Schnelllayouts aufgelistet. Wenn Sie mit dem Ergebnis eines Schnelllayouts zufrieden sind, klicken Sie einfach das Symbol an, und das Schnelllayout wird auf Ihr Diagramm angewendet. Selbstverständlich ist es jetzt auch weiterhin möglich, Elemente hinzuzufügen, zu entfernen oder zu ändern. Eine Schnelllayout ist nicht statisch, es liefert vielmehr ein Gerüst, mit dem Sie weiterarbeiten können.

3.4 Gestaltung und Formatierung – das Erscheinungsbild individuell anpassen

Nachdem Sie ein Diagramm erstellt haben und Komponenten einzeln oder über ein Schnelllayout hinzugefügt haben, geht es jetzt darum, das Erscheinungsbild dieser Komponenten Ihren Anforderungen anzupassen. Mittels *Formatierung* können Sie Farben, Linien, Hintergründe, Schriften oder auch Positionen und Ausrichtungen der einzelnen Diagrammelemente ändern. Viele Elemente bieten darüber hinaus noch umfangreiche erweiterte Optionen an, die auch unter die Funktionalität der Formatierung fallen.

3.4.1 Elemente markieren

Zu Beginn müssen Sie das Element markieren, um es dann zu formatieren. Dies geht in der Regel sehr leicht, indem Sie einfach mit der Maus innerhalb des Diagrammbereichs auf das entsprechende Element klicken. Excel zeigt Ihnen jetzt durch einen entsprechenden Rahmen mit kleinen Punkten an den Ecken die Markierung an. Möchten Sie nur den Diagrammbereich markieren, klicken Sie dort an eine Stelle ohne ein Element oder auf den Rand des Diagrammbereichs.

Die Elemente Datenreihe und Datenbeschriftung bestehen ja aus mehreren Einzelelementen. Möchten Sie beispielsweise in einem Säulendiagramm alle Säulen einer Datenreihe markieren, klicken Sie auf eine beliebige Säule und alle anderen werden ebenfalls markiert. Wenn Sie jetzt erneut auf eine einzelne Säule klicken, ist nur diese einzelne markiert (siehe Abbildung 3.12).

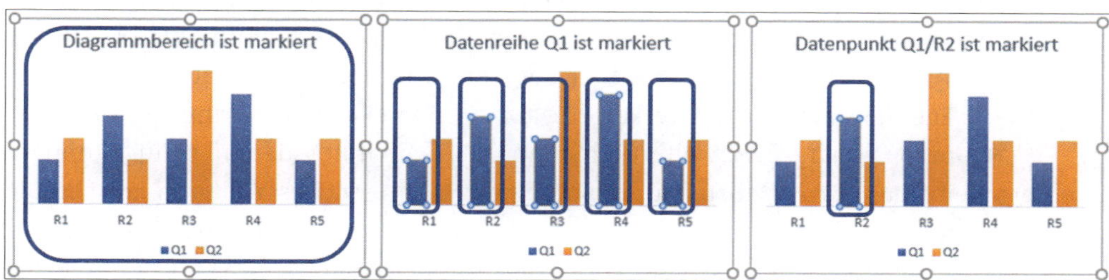

Abbildung 3.12 Markieren von Diagrammelementen

Eine andere Methode zum Markieren stellt Ihnen die Registerkarte FORMAT zur Verfügung. Dort sehen Sie ganz links eine Auswahlliste Diagrammb aller Elemente in Ihrem Diagramm. Wählen Sie einfach das Element aus, schon sehen Sie den entsprechenden Markierungsrahmen mit den Eckpunkten in Ihrem Diagramm. Diese Methode bietet sich insbesondere dann an, wenn es im Diagramm schwierig wird, die richtige Stelle zum Klicken zu finden. Dies kann der Fall sein, wenn Sie viele Elemente im Diagramm haben und die Datenreihen recht lang sind. Dann kommt es unter Umständen zu Überlappungen und das zu markierende Element ist einfach nicht mit der Maus zu erwischen. Mit der Auswahlliste auf der Registerkarte FORMAT können Sie dieses Problem einfach umgehen.

3.4.2 Registerkarte »Format« bzw. Formatfenster

Formateinstellungen für Diagramme lassen sich an zwei Stellen vornehmen. Zum einen bietet die Registerkarte FORMAT entsprechende Schaltflächen und Auswahllisten für Linien, Rahmen, Flächen und Texteffekte an, zum anderen lässt sich ein eigenes *Formatfenster* einblenden, das alle zur Verfügung stehenden Formate eines Elements beinhaltet. Insbesondere die erweiterten Formatoptionen lassen sich auch nur in diesem Formatfenster (siehe Abbildung 3.15) einstellen.

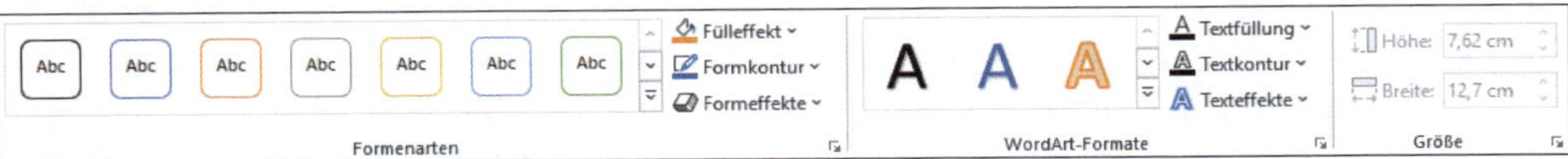

Abbildung 3.13 Registerkarte »Format für Flächen«

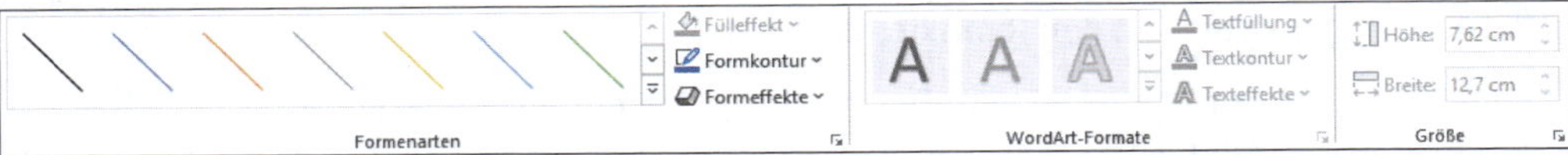

Abbildung 3.14 Registerkarte »Format für Linien«

Das Formatfenster selbst lässt sich über verschiedene Wege öffnen. Die einfachste Variante ist der Doppelkick mit der Maus auf das zu formatierende Diagrammelement. Auf der Registerkarte Format gibt es links den Menüpunkt Auswahl formatieren, auch dieser öffnet das Formatfenster für das ausgewählte Element. Ebenfalls auf der Registerkarte Format finden Sie in der Gruppe Formenarten unten rechts ein Erweiterungssymbol, ein Klick darauf genügt, und es erscheint das Formatfenster für das markierte Element. Des Weiteren können Sie auch über das Kontextmenü der rechten Maustaste zu den Formateinstellungen gelangen. Ebenso öffnet sich das Formatfenster, wenn Sie die Erweiterten Optionen im Menüpunkt Element hinzufügen auswählen. Sie sehen, es führen viele Wege zu den vielfältigen Einstellungen der Diagramme.

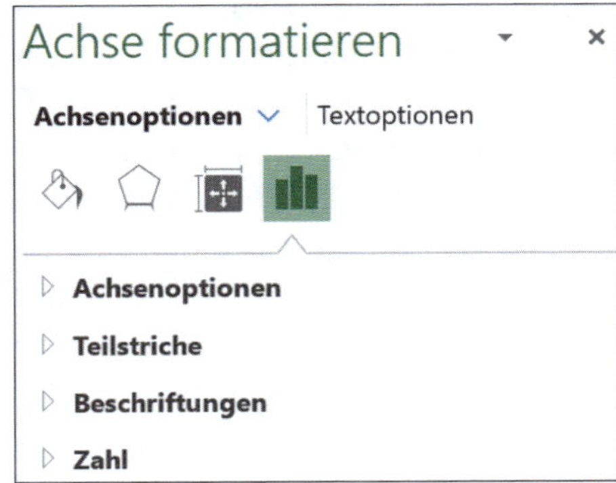

Abbildung 3.15 Formatfenster für Diagrammelemente am Beispiel Achsen

Am Beispiel der Achsenformatierung erkennen Sie den generellen Aufbau der Formatfenster. Oben sind horizontal die beiden Gruppen Achsenoptionen und Text-

OPTIONEN zu sehen (siehe Abbildung 3.15). Darunter sehen Sie verschiedene Symbole, je nach Diagrammelement zwischen zwei und vier. Ihre Bedeutung können Sie in Tabelle 3.18 nachlesen. Wiederum zu jedem dieser Symbole gehören dann im unteren Bereich vertikale Menüpunkte, die sich mit einem Mausklick aufklappen lassen. Dort finden Sie dann die ganz konkreten Einstellungen für beispielsweise die Farbe einer Linie oder die Anzahl von Nachkommastellen einer Datenbeschriftung.

Die Inhalte eines Formatfensters sehen je nach Diagrammelement mitunter anders aus. Das liegt daran, dass jedes Element unterschiedliche Eigenschaften hat. Sobald Eigenschaften nicht vorhanden sind, werden zudem auch keine Symbole oder Menüpunkte zur Formatierung angeboten.

Gruppe	Menüsymbole	Bedeutung des Symbols
Elementoptionen		Füllungen und Linien formatieren
Elementoptionen		optische Effekte hinzufügen
Elementoptionen		Größe und Eigenschaften ändern
Elementoptionen		erweiterte Optionen anzeigen
Textoptionen	A	Textfüllung und Kontur formatieren
Textoptionen	A	Texteffekte hinzufügen
Textoptionen	A≡	Textfeld formatieren

Tabelle 3.18 Symbole für verschiedene Formatierungsoptionen

Nach Erstellung eines neuen Diagramms werden generell von Excel Standardwerte benutzt. Die Farben basieren auf der aktuellen Farbpalette, Linien sind durchgezogen in der Stärke 0,75 Punkt, Effekte sind ausgeschaltet.

Richtiger Einsatz von Formatierungen

Die Möglichkeiten der Formateinstellungen und deren Kombinationen sind schier unendlich. Sie sollten immer bedenken, dass die Formatierung die Aussage Ihres Diagramms unterstützen soll bzw. das Erscheinungsbild für die Betrachter interessanter machen soll. Es gilt also zu vermeiden, zu viele unterschiedliche Mittel einzusetzen und das Diagramm optisch zu überfrachten.

3.4.3 Linienelemente formatieren

Die einfachste Form von Diagrammelementen stellen die *Linienelemente* dar. Diese haben keine Textoptionen, es stehen auch nur die beiden Symbole für Farben und Strichoptionen sowie für Effekte zur Verfügung.

- horizontale Hautgitternetze
- vertikale Hautgitternetze
- horizontale Hilfsgitternetze
- vertikale Hilfsgitternetze
- Bezugslinien
- Verbindungslinien
- Fehlerindikatoren
- Pareto-Linie
- Datenreihen (Linien, Punkte)

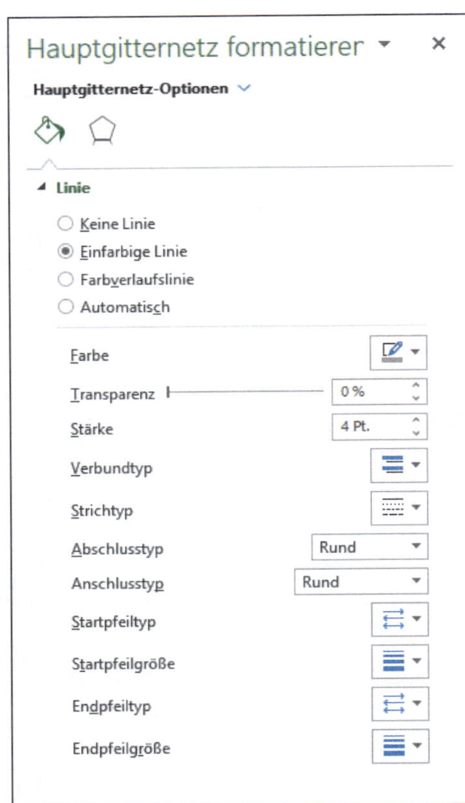

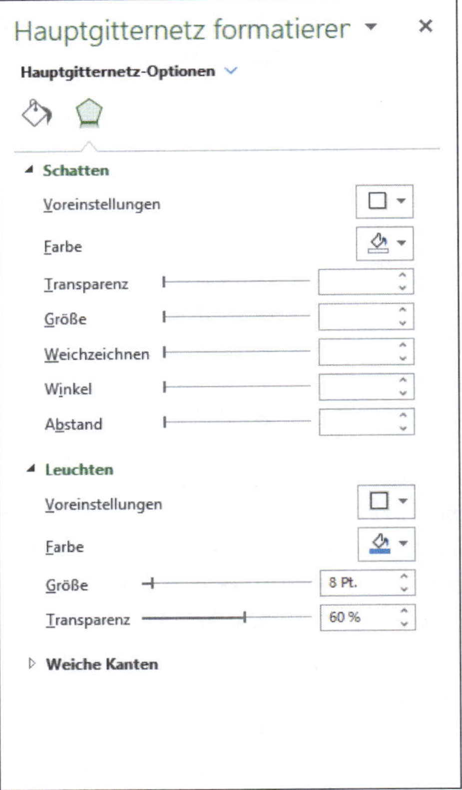

Abbildung 3.16 Formatierungsoptionen für Linien und Rahmen

Diese Linienelemente können Sie so formatieren, wie Sie es von dem »Objekt Linie« in Excel oder auch von anderen MS-Office-Produkten her kennen. Sie können jetzt die Farben anpassen, Strichstärken verändern oder optische Effekte wie Schatten oder Leuchten hinzufügen (siehe Abbildung 3.16).

Im folgenden Beispiel in Abbildung 3.17 sehen Sie formatierte horizontale Gitterlinien. Einmal sind diese als dickere Linie mit Pfeilen als Abschluss formatiert und einmal sind sie mit einem blauen Leuchten versehen.

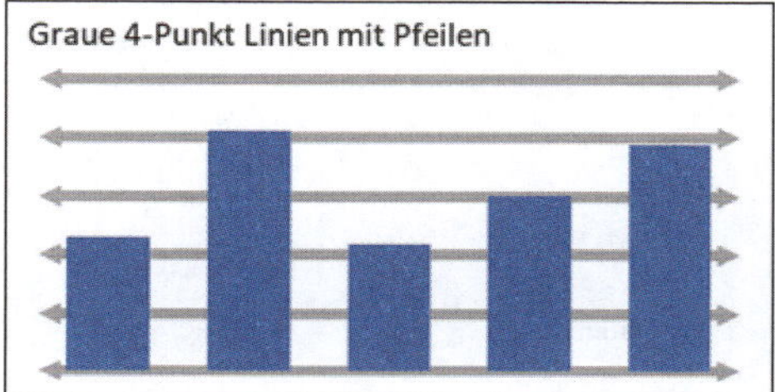

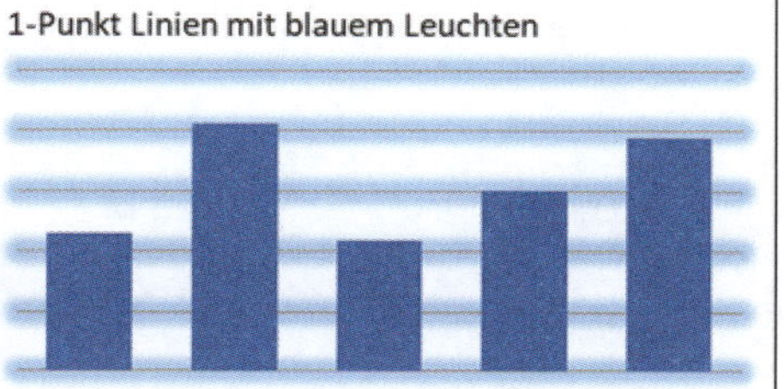

Abbildung 3.17 Beispiel für Linienformatierungen

3.4.4 Einfache Flächenelemente formatieren

Neben den Linien gibt es Diagrammelemente, die eine Fläche in Ihrem Diagramm darstellen. Einige dieser Elemente bieten auch nur die beiden Symbole zur Farb- und Rahmenformatierung sowie für Effekte an.

- Zeichnungsfläche
- Seitenwand
- Rückwand
- Boden
- Abweichungsbalken
- Datenreihen (Säulen, Balken, Kreis etc.)

Bei Flächen ist die Bezeichnung für die Umrandung *Rahmen*, die Einstellungsmöglichkeiten bezüglich Stärke, Art, Farbe etc. entsprechenden denen von Linien. Zusätzlich gibt es bei Flächen Optionen für die *Füllung*, also wie die Fläche innerhalb des Rahmens dargestellt wird. Hier können Sie eine Farbe auswählen, aber auch mit Farbverläufen, Mustern oder Bildern arbeiten. Jede Fläche können Sie darüber hinaus mit einem Schatten oder Leuchten versehen oder die Kanten weichzeichnen.

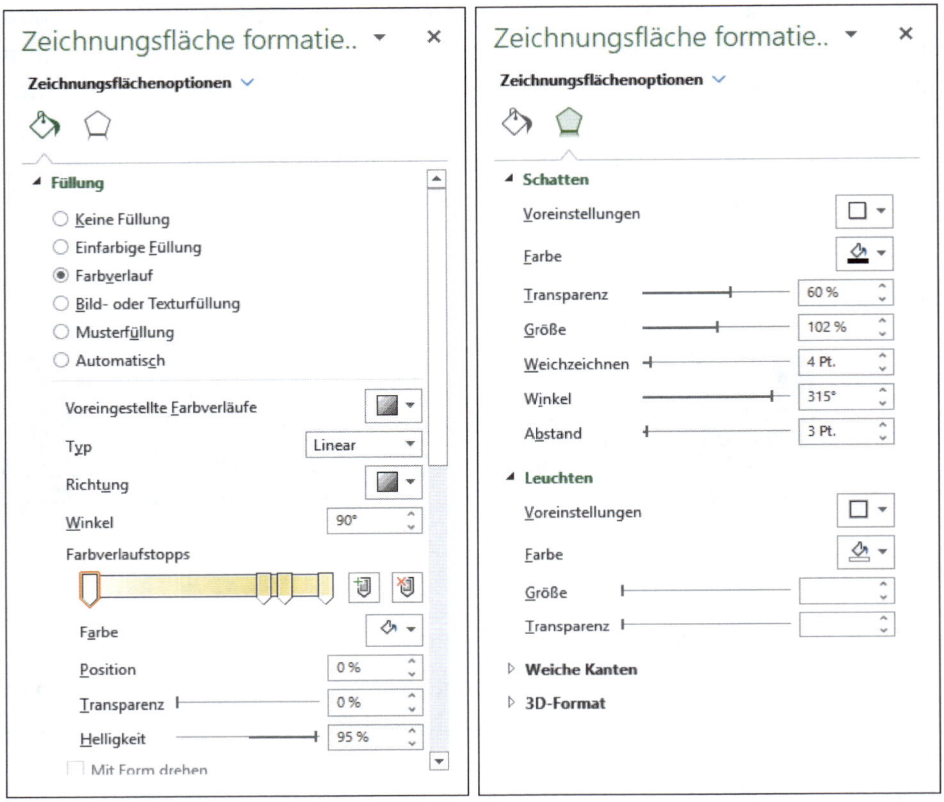

Zeichnungsfläche formatie..
Zeichnungsflächenoptionen
Füllung
Keine Füllung
Einfarbige Füllung
Farbverlauf
Bild- oder Texturfüllung
Musterfüllung
Automatisch
Voreingestellte Farbverläufe
Typ
Linear
Richtung
Winkel
90°
Farbverlaufstopps
Farbe
Position
0 %
Transparenz
0 %
Helligkeit
95 %
Mit Form drehen
Zeichnungsfläche formatie..
Zeichnungsflächenoptionen
Schatten
Voreinstellungen
Farbe
Transparenz
60 %
Größe
102 %
Weichzeichnen
4 Pt.
Winkel
315°
Abstand
3 Pt.
Leuchten
Voreinstellungen
Farbe
Größe
Transparenz
Weiche Kanten
3D-Format

Abbildung 3.18 Formatierungsoptionen für Flächen

Sie sehen im linken Beispiel in Abbildung 3.19 eine Zeichnungsfläche mit gelbem Farbverlauf. Im rechten Beispiel wurde der Zeichnungsfläche hingegen ein Schatten hinzugefügt.

Zeichnungsfläche mit gelbem Farbverlauf
Zeichnungsfläche mit Schatten

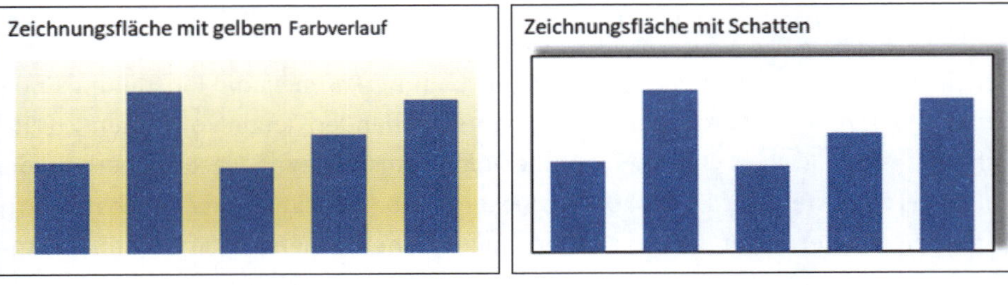

Abbildung 3.19 Beispiel für Flächenformatierungen

3.4.5 Flächenelemente mit Text formatieren

Einige der Flächenelemente beinhalten Text und bieten von daher auch *Textoptionen* auf der oberen horizontalen Ebene des Formatfensters an. Zusätzlich erlauben die Elemente Titel, Beschriftungen und Diagrammbereich, Einstellungen bezüglich der Größe und der Textausrichtung vorzunehmen, dafür steht das Symbol zur Verfügung.

- Diagrammbereich
- Diagrammtitel
- Achsentitel
- Datenbeschriftung
- Datentabelle
- Legende

Größe und Eigenschaften des gesamten Diagrammbereichs ermöglichen unter anderem, das Verhalten bei Verschiebung und Drucken des Diagramms zu steuern. Eine sehr nützliche Einstellung an dieser Stelle sind die verschiedenen Abhängigkeiten von Zellpositionen. Damit können Sie festlegen, dass beispielsweise die Größe des Diagramms nicht verändert wird, wenn sich die Spaltenbreite oder Zeilenhöhe ändert. Für die anderen Elemente mit Text ist der Hauptnutzen des Symbols, die Ausrichtung der Schrift zu beeinflussen.

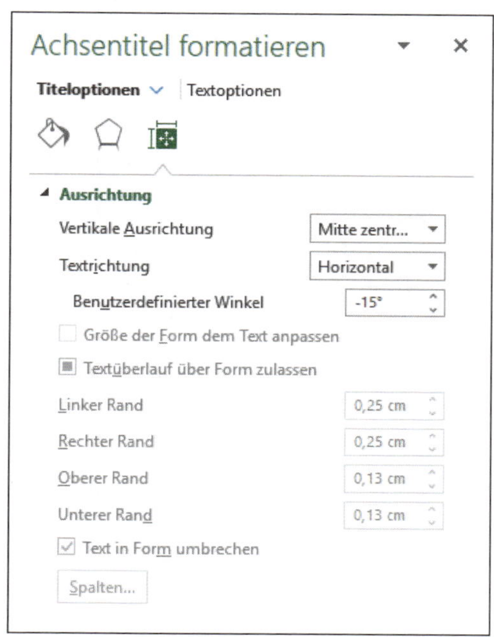

Abbildung 3.20 Formatierungsoptionen für Textausrichtung

Das Säulendiagramm in Abbildung 3.21 hat einen Achsentitel sowohl für die vertikale als auch die horizontale Achse. Bei der Werteachse sind die Buchstaben des Titels gestapelt, bei der Rubrikenachse ist der Titel um –15° abgewinkelt.

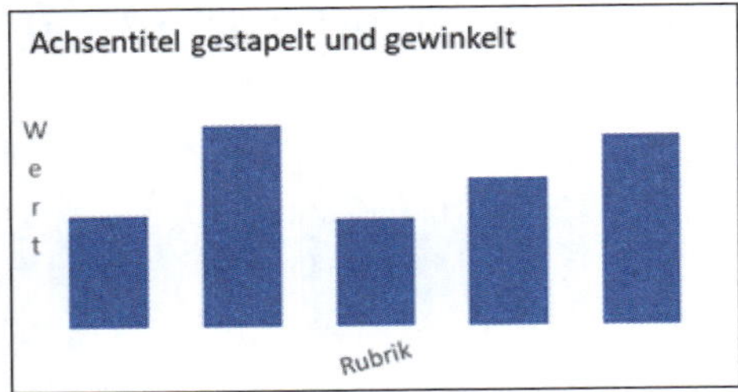

Abbildung 3.21 Beispiel für Textausrichtung

Über die *Textoptionen* ist es Ihnen möglich, das Schriftbild hinsichtlich der Kontur, der Füllung und weiterer Effekte wie Leuchten oder Schatten zu modifizieren. Ob diese WordArt-Funktionalität für Sie wirklich praxisrelevant ist, sollten Sie genau prüfen. Eine Datenbeschriftung mit leuchtenden Buchstaben kann eventuell eher störend als hilfreich sein.

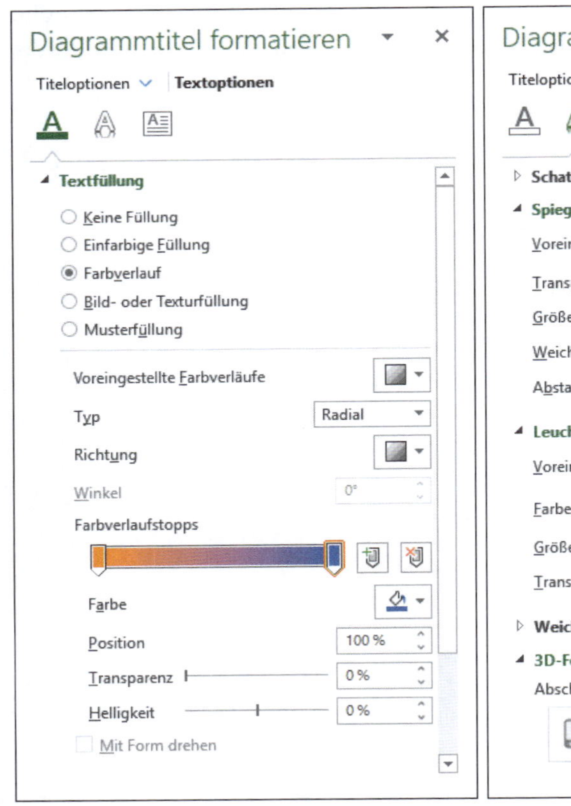

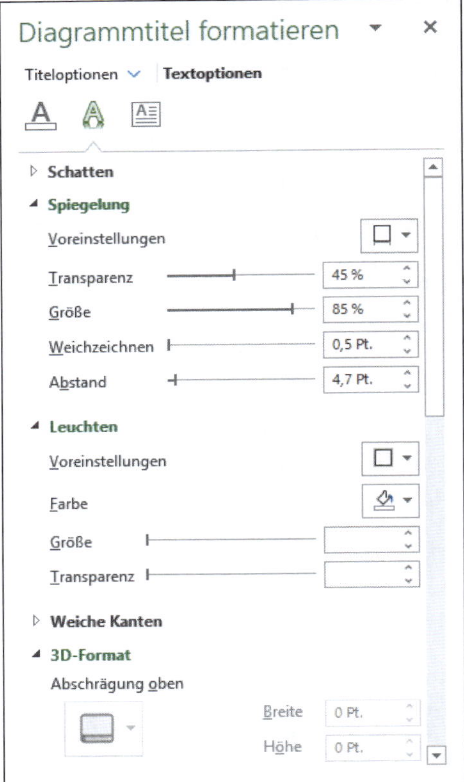

Abbildung 3.22 Textoptionen

Im Beispiel in Abbildung 3.23 ist der Text des Diagrammtitels einmal mit einem Farbverlauf versehen und einmal ist er gespiegelt.

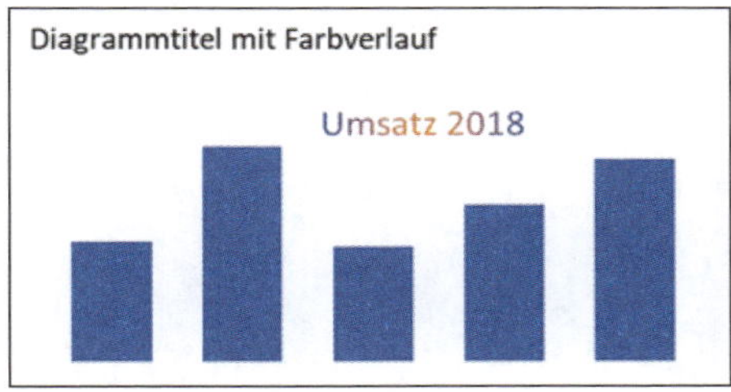

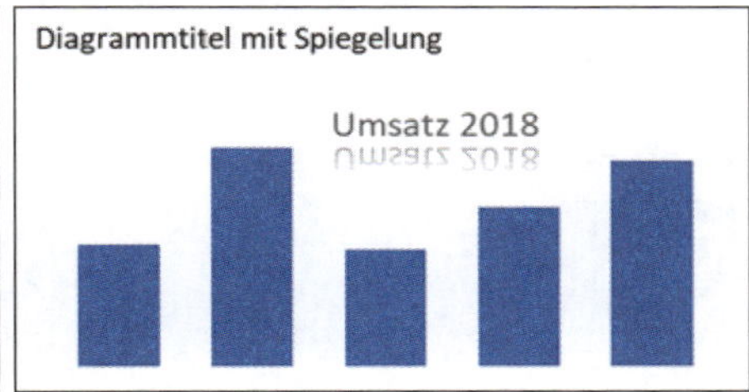

Abbildung 3.23 Beispiele für Textoptionen

> **Anpassen der Schriftgröße und Schriftfarbe**
>
> Auch wenn es elementare Formatierungen für Texte sind, sind die Einstellungen für die Größe, Farbe, Art und den Typ von Schriften nicht im Formatfenster enthalten. Um diese Einstellungen vorzunehmen, müssen Sie die entsprechenden Befehle auf der Registerkarte START benutzen.

3.4.6 Elemente mit erweiterten Optionen

Einige Diagrammelemente bieten noch weiter reichende Einstellungen und Formatierungsoptionen unter dem Symbol OPTIONEN an. Insbesondere durch Anpassungen der Achsen können Sie den Aufbau und das Erscheinungsbild Ihres Diagramms sehr individuell gestalten. Details zu den Achsenformatierungen finden Sie in Abschnitt 3.5.

- Legende
- Datentabelle
- Datenbeschriftung
- Fehlerindikatoren
- Trendlinie
- x-Achse
- y-Achse
- z-Achse

Legende und Datentabelle

Für die Legende und die Datentabelle fallen die erweiterten Optionen nicht sonderlich umfangreich aus. Für die Legende können Sie die Position festlegen, für die Datentabelle können Sie angeben, ob und wie der Rahmen angezeigt wird.

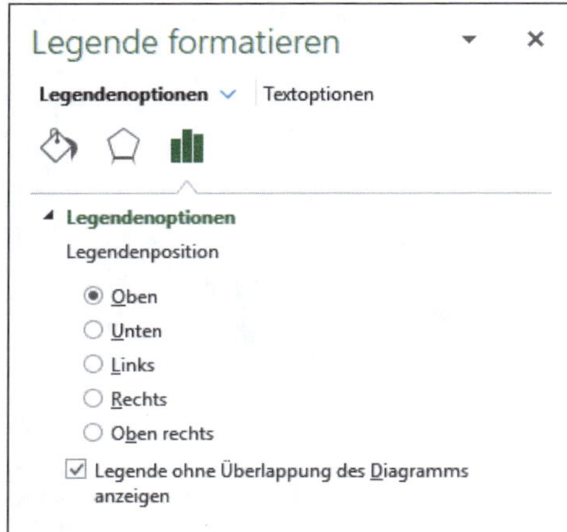

Abbildung 3.24 Formatierungsoptionen für Legenden und Datentabellen

Im Beispiel in Abbildung 3.25 links ist die Legende oben angeordnet, für die Datentabelle rechts wurde die Option UMRAHMT aktiviert.

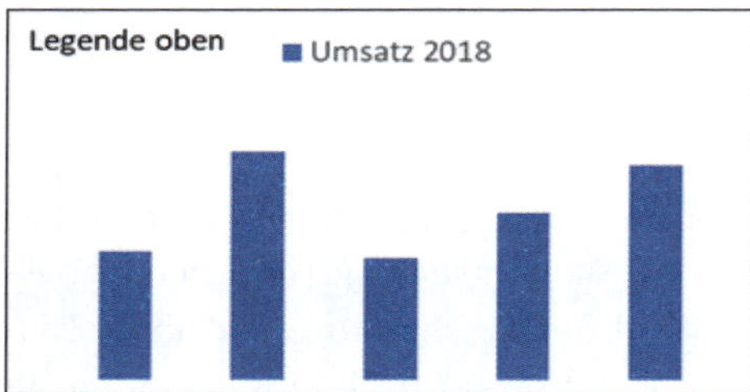

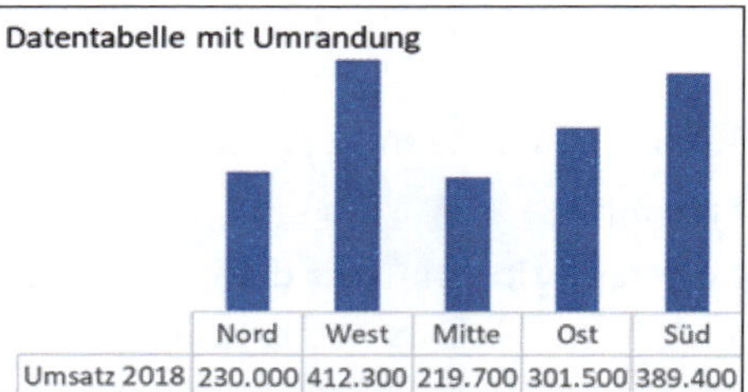

Abbildung 3.25 Beispiel für Legenden- und Datentabellenformatierung

Datenbeschriftung

Die erweiterten Optionen für die *Datenbeschriftung* stellen interessante Varianten zur Verfügung. Im einfachsten Fall der Datenbeschriftung besteht diese aus einem Zahlenwert. Es ist aber auch möglich, weitere Informationen anzugeben oder diese sogar zu kombinieren. Neben den Namen für die Datenreihe und die Rubrik können Sie das *Legendensymbol* in die Beschriftung integrieren, als Trennzeichen der verschiedenen Angaben können Sie einen Punkt, ein Komma, ein Semikolon, ein Leerzeichen oder einen Zeilenumbruch auswählen. Wenn Sie im Diagramm manuell eine Datenbeschriftung mit der Maus verschieben, zeigt die Führungslinie bei Bedarf weiterhin die Verbindung zum Datenpunkt an. Der WERT AUS ZELLEN erlaubt darüber hinaus, zusätzliche Informationen aus einem ganz anderen Tabellenbereich in der

Datenbeschriftung anzugeben. Dies kann z. B. eine Beschreibung einer Zahl oder eine Transformation in einen leichter verständlichen Wert sein.

Die Position der Datenbeschriftung lässt sich an dieser Stelle ebenfalls festlegen, wobei die angebotenen Positionen von Diagrammtyp zu Diagrammtyp unterschiedlich sein können. Unter der Option ZAHL können Sie noch angeben, in welchem Zahlenformat die Beschriftung formatiert sein soll, also mit Tausendertrennzeichen, mit Nachkommstellen, als Währung oder Prozentwert.

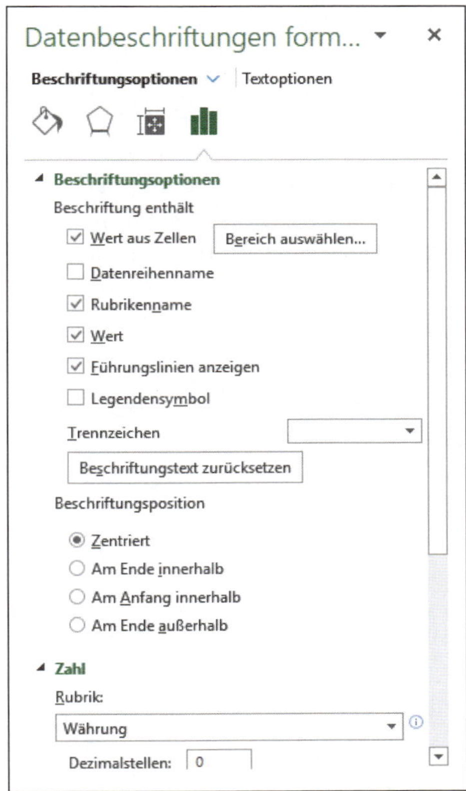

Abbildung 3.26 Formatierungsoptionen für Datenbeschriftung

In den drei Säulen des Beispiels in Abbildung 3.27 sehen Sie nicht nur den Wert als Datenbeschriftung, auch die Rubriken Nord, West und Mitte sind in das Beschriftungsfeld integriert. Über WERT AUS ZELLEN ist des Weiteren auf Zellen referenziert, die nur das Wort »Region« enthalten. Somit haben Sie drei Informationen nur in der Datenbeschriftung untergebracht.

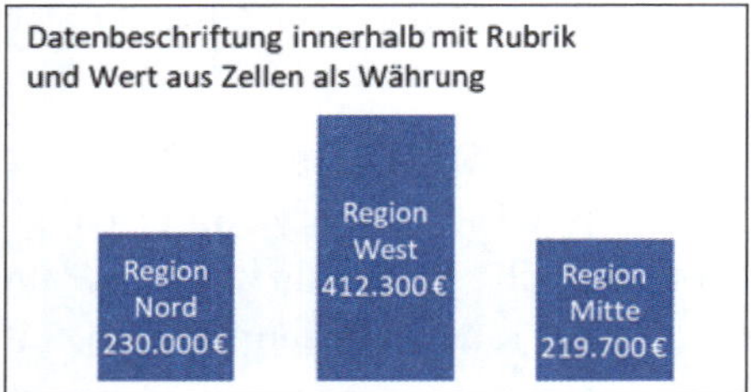

Abbildung 3.27 Beispiel für Formatierung der Datenbeschriftung

Fehlerindikatoren und Trendlinien

Die Formatierungsoptionen für Fehlerindikatoren und Trendlinien sind sehr speziell, hier steuern Sie, welche Berechnungsvorschrift für diese Art der Diagrammelemente zum Tragen kommt. Für Fehlerindikatoren geben Sie an, wie weit nach oben bzw. unten eine kleine Linie in den Datenpunkt gelegt werden soll. Neben einem festen Wert können Sie hier einen Prozentwert, die Standardabweichung oder den Standardfehler angeben.

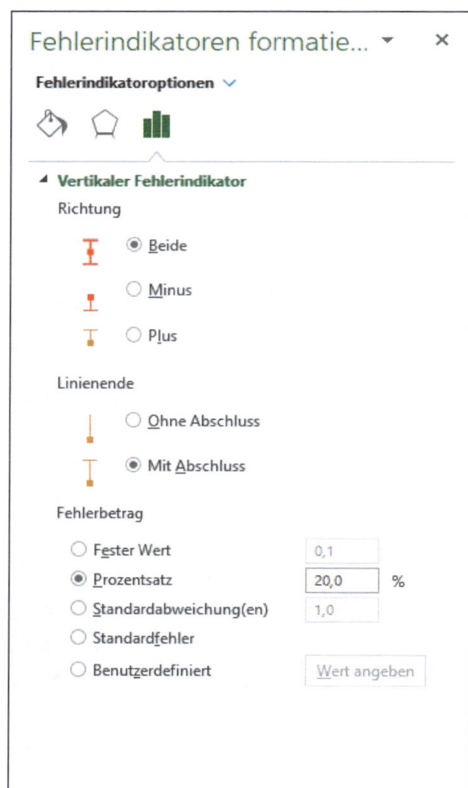

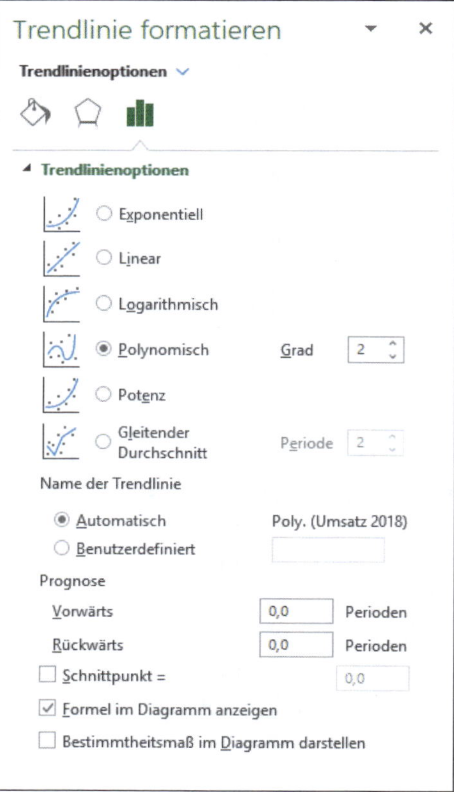

Abbildung 3.28 Formatierungsoptionen für Fehlerindikatoren und Trendlinien

Diagrammen mit einer kontinuierlichen Rubrikenachse, also z. B. einer Zeit- oder Datumsachse, können Trendlinien hinzugefügt werden. Sie können an dieser Stelle festlegen, nach welcher mathematischen Funktion die Trendlinie in Ihr Diagramm eingezeichnet werden soll. Des Weiteren erlaubt Excel eine rückwirkende oder zukünftige Prognose. Die Anzahl der Schritte wird in den Feldern PERIODEN angegeben. Sie können darüber hinaus die Formel im Diagramm angeben, die die Trendlinie beschreibt.

Die Fehlerindikatoren zeigen einen 20-%-Fehler oben und unten mit einem Abschluss an. Für die polynomische Trendlinie des Liniendiagramms ist als Formel die Funktion der Linie angegeben (siehe Abbildung 3.29).

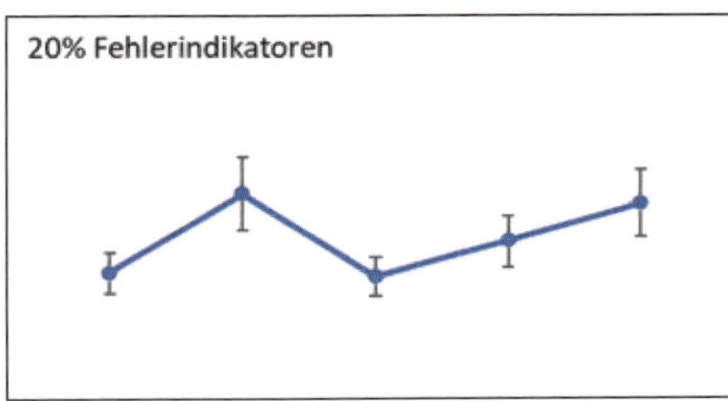

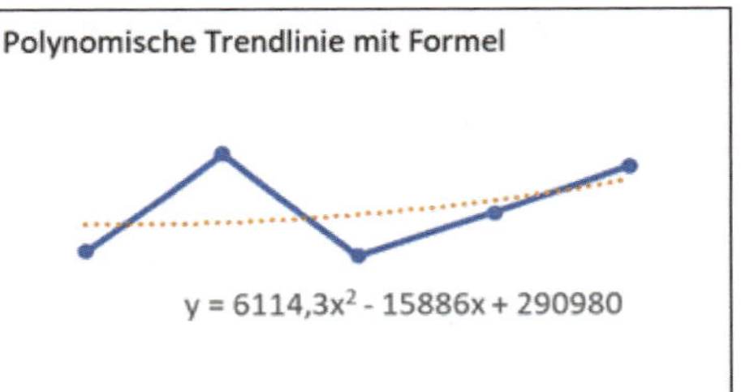

Abbildung 3.29 Beispiel für Formatierung der Fehlerindikatoren und Trendlinie

Achsen

Abhängig von Ihren Daten lässt sich die Rubrikenachse als *Datums-* oder *Textachse* festlegen. Excel übernimmt die Einstellung im Normalfall selbstständig, Sie können jedoch über die Achsenoptionen explizit eine Datumsachse als Textachse festlegen. Der umgekehrte Fall ist natürlich nicht möglich, bestehen die Rubriken aus Text, kann dieser nicht einfach als Datum festgelegt werden. Weitere Optionen zur Achsenformatierung erlauben es, den Aufbau und das Erscheinungsbild der Rubrikenachse festzulegen. Dazu zählen die Positionierung und die Formatierung der Beschriftungen sowie die Festlegung der Intervalle, also die Anzahl der angezeigten Beschriftungen auf der Rubrikenachse.

Die *Skalierung* und die Festlegung des minimalen und des maximalen Wertes auf der Werteachse übernimmt Excel beim Erstellen eines Diagramms automatisch. Sie werden also eine lineare Skalierung in Ihrem Diagramm vorfinden, wobei die untere Grenze etwas kleiner als Ihr minimaler Datenwert ist, die obere Grenze hingegen ist etwas größer als der maximale Wert aus Ihren Daten. Möchten Sie hier Anpassungen vornehmen und beispielsweise eine logarithmische Skalierung einstellen oder die Grenzen der Werteachse ändern, stehen Ihnen über die Achsenoptionen vielfältige Einstellungen zur Verfügung. Auch das Erscheinungsbild der Werteachse hinsichtlich der Position und des Zahlenformats lässt sich über die erweiterten Formatierungsoptionen individuell anpassen. In Abschnitt 3.5 wird nochmals detailliert in einigen Beispielen auf die vielfältigen Achsenoptionen eingegangen.

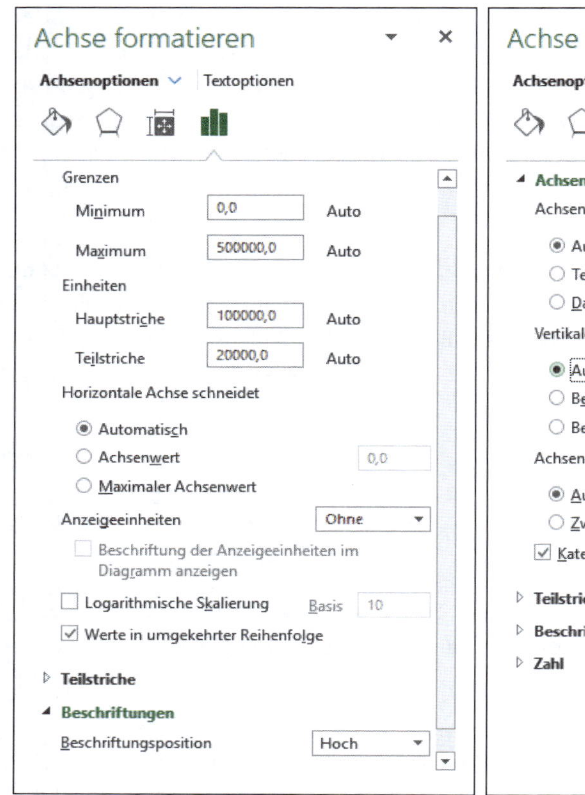

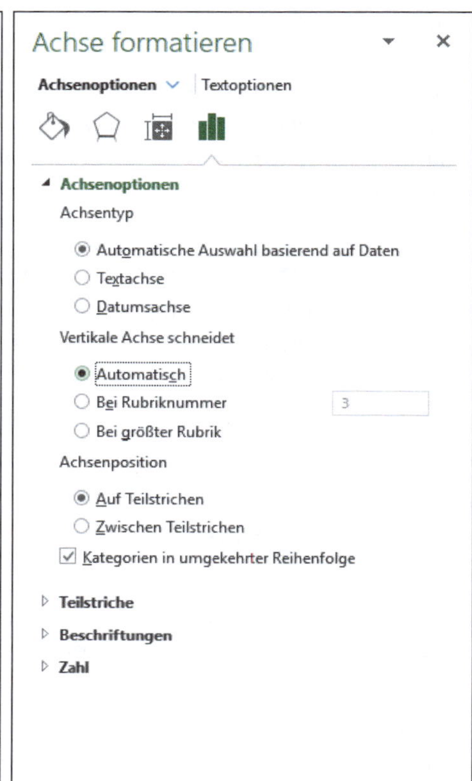

Abbildung 3.30 Formatierungsoptionen der x- und der y-Achse

Die Beschriftungsoption HOCH auf der Werteachse bewirkt, dass die Säulen an einer horizontalen Achse »hängen«, wie im Beispiel in Abbildung 3.31 zu sehen, die Werte der Achsenbeschriftung selbst sind von oben nach unten aufsteigend. Die Option AUF TEILSTRICHEN im rechten Beispiel hat den Effekt, dass die äußeren Säulen nur zur Hälfte dargestellt sind.

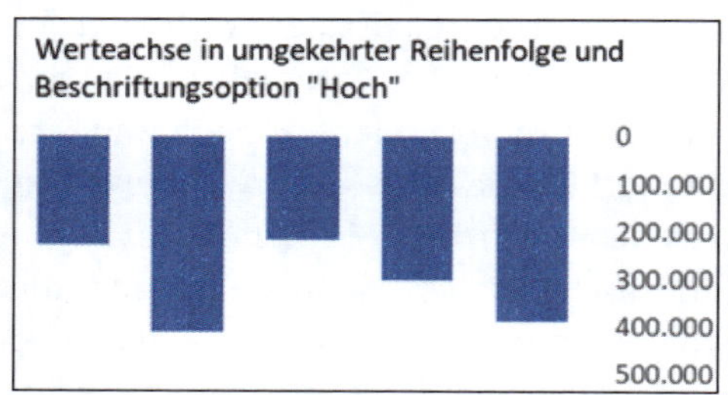

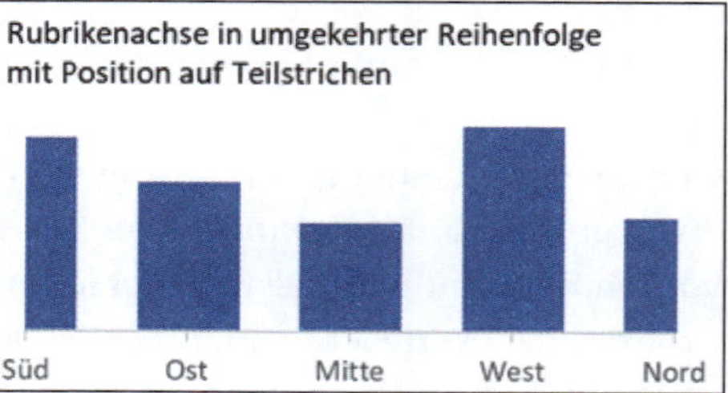

Abbildung 3.31 Beispiele für Achsenformatierungen

3.4.7 Säulen- und Balkendiagramme formatieren

Säulen- und Balkendiagramme stellen einen Wert als Höhe einer rechteckigen Fläche dar. Die Breite dieser Flächen wird von Excel automatisch festgelegt, Sie können diese jedoch über Verändern der ABSTANDSBREITE bzw. REIHENACHSENÜBERLAPPUNG modifizieren. Sollten Sie mehrere Datenreihen in Ihrem Diagramm darstellen, lässt sich über die Reihenoptionen noch einstellen, ob eine Datenreihe auf der sekundären Werteachse aufgetragen werden soll. Im Fall von 3D-Varianten der Säulen- und Balkendiagramme lassen sich an dieser Stelle verschiedene Körperformen auswählen. So können Sie aus der Standardform Quader eine Pyramide, einen Kegel oder einen Zylinder machen. Auch hier lassen sich die Abstände und Größen der Körper über ABSTANDSBREITE und ABSTANDSTIEFE verändern.

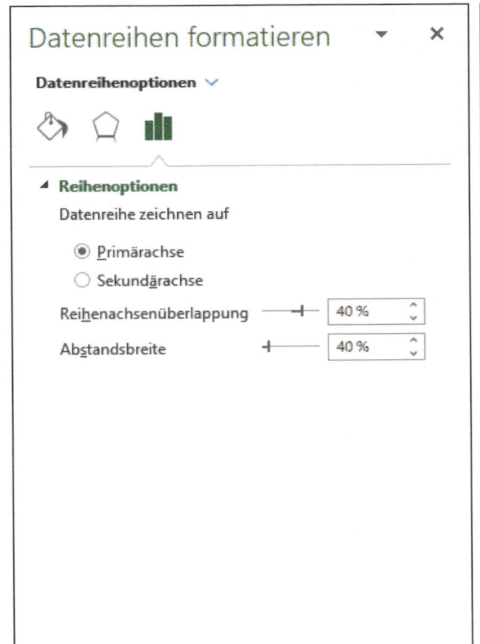

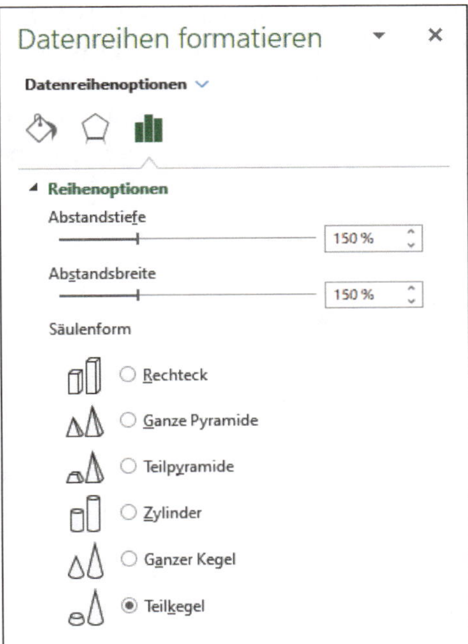

Abbildung 3.32 Formatierungsoptionen für Säulen und 3D-Objekte

Ein Wert ungleich null bei der REIHENACHSENÜBERLAPPUNG hat zur Folge, dass die Säulen nicht mehr nebeneinanderstehen, sondern sich überlappen. Säulen als Teilkegel für mehrere Reihen bilden einen Raum, sie stehen hintereinander.

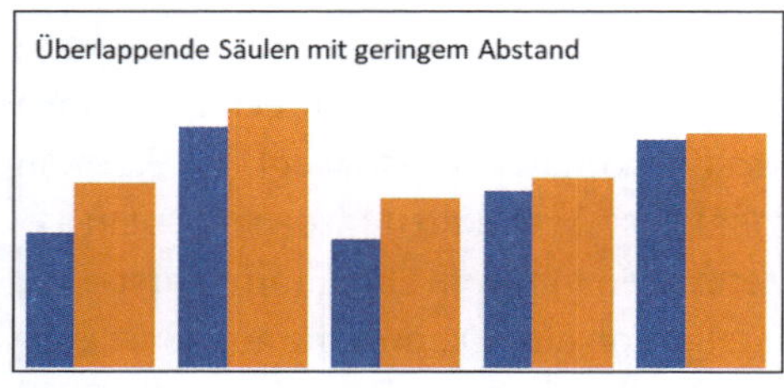

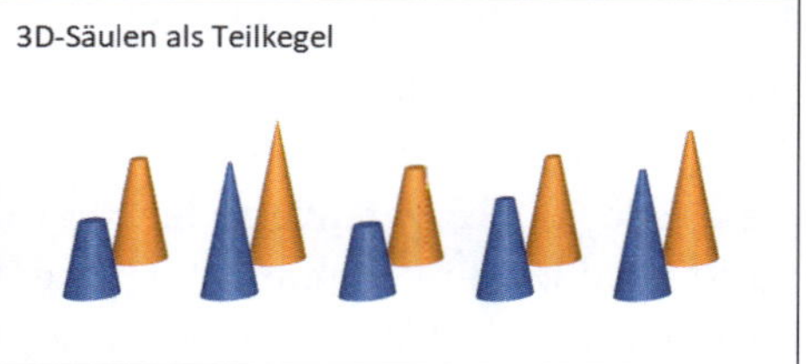

Abbildung 3.33 Beispiele für Säulenformatierungen

3.4.8 Linien- und Punktdiagramme formatieren

Für die meisten Varianten der Linien- und Punktdiagramme fallen die Reihenoptionen nicht sehr umfangreich aus. Generell können Sie bei mehr als einer Datenreihe festlegen, ob die Werte auf der primären oder der sekundären Werteachse angezeigt werden. Im Fall einer 3D-Variante stehen Ihnen für Linien noch Abstandsänderungen zur Verfügung. Die Blasendiagramme erlauben die Einstellungen, ob der Datenwert als Blasenfläche oder Blasendurchmesser zu interpretieren ist.

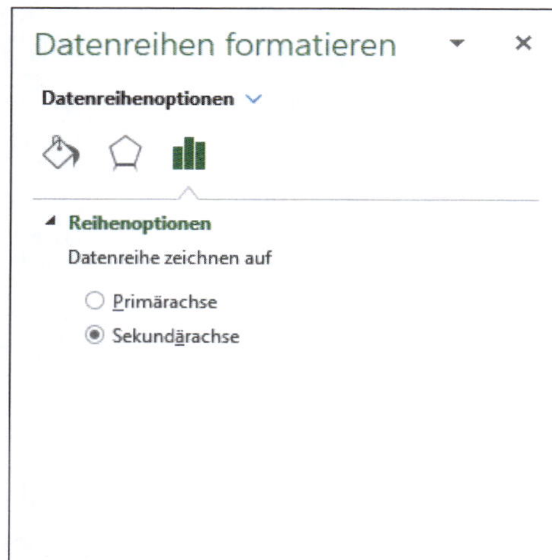

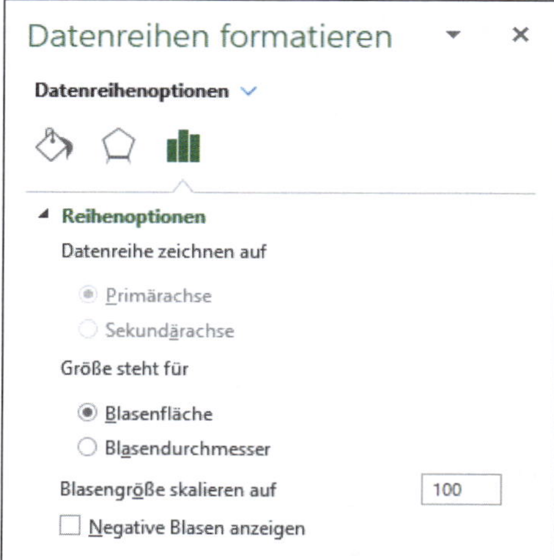

Abbildung 3.34 Formatierungsoptionen für Linien, Punkte, Blasen

Im linken Beispiel in Abbildung 3.35 sind zwei Linien abgebildet. Eine Linie ist basierend auf der Skala der primären Werteachse gezeichnet, die andere auf der Skala der Sekundärachse. Das rechte Blasendiagramm zeigt neben der Position der Blasen eine dritte Größe an, in diesem Fall steht die Fläche der Blase für diesen Wert.

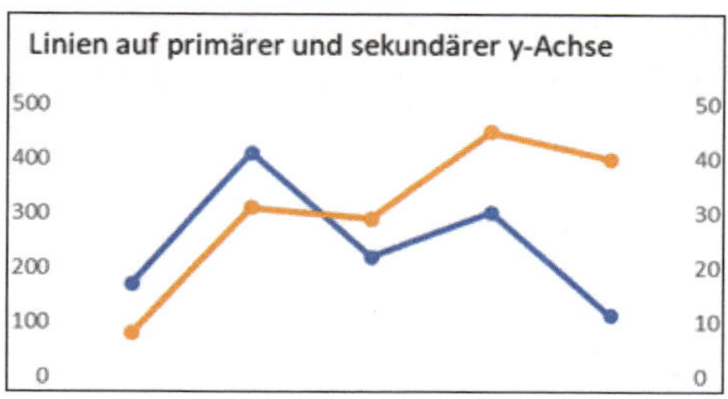

Abbildung 3.35 Beispiele für Linien- und Blasenformatierungen

Für Liniendiagramme mit Datenpunkten bzw. für Punktdiagramme mit Datenmarkierungen kommt ein weiterer Menüpunkt im Formatfenster hinzu, sobald Sie diese markiert haben. Unterhalb des Symbols für FÜLLUNG UND LINIE gibt es den Eintrag MARKIERUNG. Hier stehen Ihnen Formatierungsoptionen zur Verfügung, mit denen Sie die Form, Größe, Farbe und Umrandung der Markierungen einstellen können. Besteht das Diagramm aus nur einer Datenreihe, lässt sich die Punktfarbunterscheidung aktivieren. Dies hat zur Folge, dass jeder Markierungspunkt sowie der entsprechende Teil der Linie in einer anderen Farbe angezeigt wird.

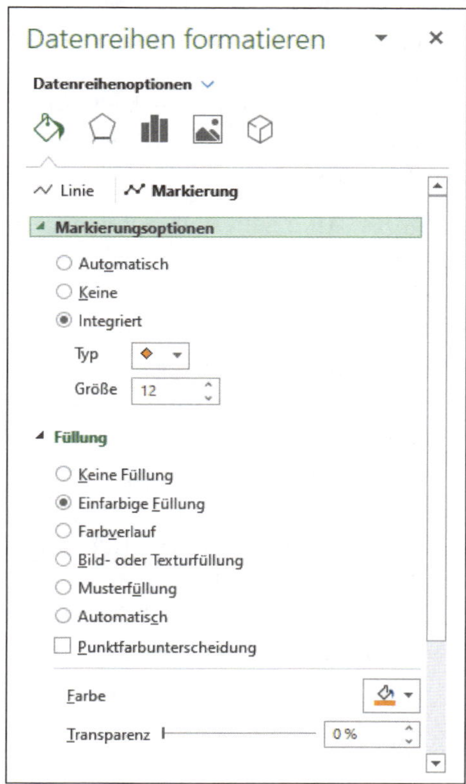

Abbildung 3.36 Markierungsoptionen

Die Markierungspunkte bestehen im Beispiel in Abbildung 3.37 aus Rauten mit der Größe zwölf. Zur besseren Unterscheidung gegenüber der Linie wurden die Rauten mit einer andersfarbigen Füllung versehen.

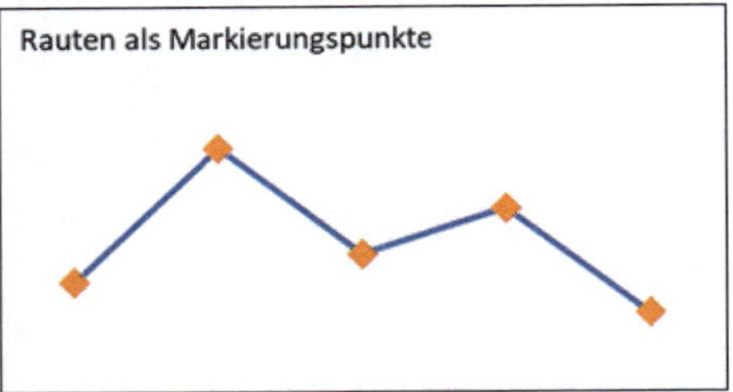

Abbildung 3.37 Beispiel für Markierungsoptionen eines Liniendiagramms

3.4.9 Kreis- und Ringdiagramme formatieren

Für die normalen Kreis- und Ringdiagramme sind insbesondere zwei Einstellungen interessant, die unter den Reihenoptionen bereitstehen. Zum einen können Sie über den Wert KREISEXPLOSION festlegen, wie weit die einzelnen Segmente voneinander getrennt sind. Zum anderen erlaubt die Einstellung WINKEL DES ERSTEN SEGMENTS eine Drehung des Kreises bzw. Ringes im Uhrzeigersinn. Normalerweise wird der erste Datenwert als Segment beginnend bei 0° (12 Uhr) dargestellt. Möchten Sie jedoch, dass dieses Segment bei 90° (3 Uhr) beginnt, ändern Sie einfach den Wert für den Winkel. Der maximale Wert beträgt 360°, was natürlich der ursprünglichen Einstellung entspricht, der Kreis bzw. Ring wurde einmal komplett gedreht.

Die beiden Varianten KREIS AUS KREIS und SÄULE AUS KREIS stellen Ihnen noch Optionen zur Verfügung, mit denen festgelegt wird, wann Werte aus dem ursprünglichen Kreis herausgenommen und separat dargestellt werden. Hier können Sie aus vier Kriterien wählen. Entweder geben Sie einen Schwellenwert vor, und alle Werte, die kleiner sind als dieser Schwellenwert, werden herausgezogen. Oder Sie geben über die Position die Anzahl der zu separierenden Werte an. Dabei sortiert Excel Ihre Daten aufsteigend und nimmt die entsprechende Anzahl der kleinsten Werte. Die dritte Option besteht in der Festlegung eines Prozentwertes; alle Datenwerte, die weniger als dieser Prozentwert zu den 100 % beitragen, werden in den separierten Teil des Kreises aufgenommen. Und über das benutzerdefinierte Kriterium ist es Ihnen möglich, ganz gezielt Datenpunkte in den zweiten Kreis bzw. in den Balken aufzunehmen. Die weiteren Einstellungen dieser Varianten eines Kreisdiagramms betreffen das Erscheinungsbild, also die Abstände und Größen, sowie die Kreisexplosion.

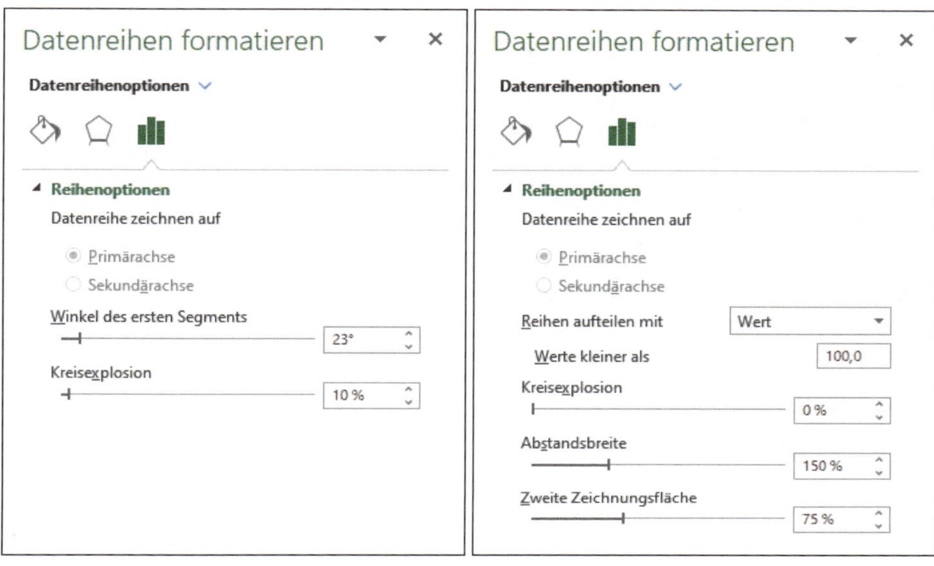

Abbildung 3.38 Formatierungsoptionen für Kreise und Balken aus Kreisen

Die Segmente des linken Kreisdiagramms im Beispiel in Abbildung 3.39 haben alle einen gewissen Abstand zueinander. Diese Darstellung ist durch die *Kreisexplosion* von 10 % hervorgerufen. Der Winkel des ersten blauen Segments beträgt 23°, somit sind alle Segmente entsprechend gedreht. Im rechten Beispiel sehen Sie, dass alle Segmente mit einem Wert kleiner als 100 als eigenes dunkelblaues Segment zusammengefasst wurden. Diese kleinen Segmente sind als separater Stapel neben dem Kreis zu sehen.

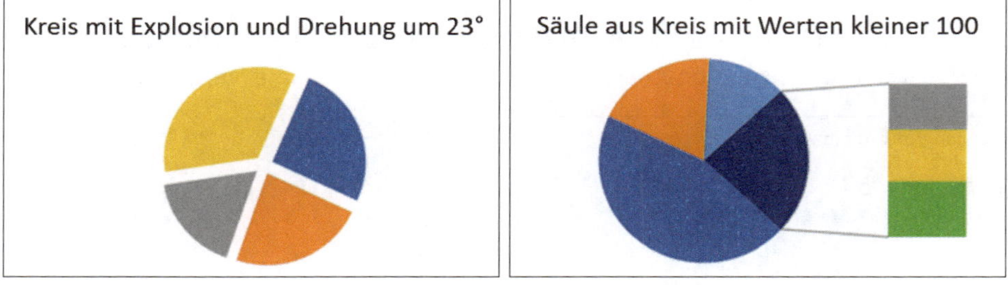

Abbildung 3.39 Beispiele für Kreis mit Explosion und Balken aus Kreis

3.4.10 Kastengrafik formatieren

Die *Kastengrafik*, auch oftmals *Boxplot* genannt, stellt eine Verteilung von Werten dar. Es handelt sich dabei also um einen Diagrammtyp aus dem Bereich der Statistik, entsprechend spezifisch fallen die Optionen für die Datenreihen aus. In einer Kastengrafik werden der minimale, der maximale und der mittlere Wert (*Median*) einer Datenreihe durch horizontale Linien angezeigt. Der eigentliche Kasten ist unten und oben durch die *Quartile*, also durch das 25-%- bzw. 75-%-*Quantil*, begrenzt. Die Reihenoptionen erlauben es Ihnen, unterschiedliche Berechnungsvorschriften für diese Werte festzulegen. Die Auswahl inklusive oder exklusive des Medians hat Einfluss auf die QUARTILSBERECHNUNG, die Anzeige der *Ausreißerpunkte* bestimmt die Festlegung des minimalen und des maximalen Wertes. Über die weiteren Optionen können Sie festlegen, ob auf der vertikalen Linie zwischen Minimum und Maximum alle einzelnen Datenpunkte angezeigt werden sollen bzw. ob im Kasten selbst auch der Mittelwert der Verteilung sichtbar sein soll. Über die ABSTANDSBREITE wiederum können Sie Einfluss auf die Breite des Kastens selbst nehmen.

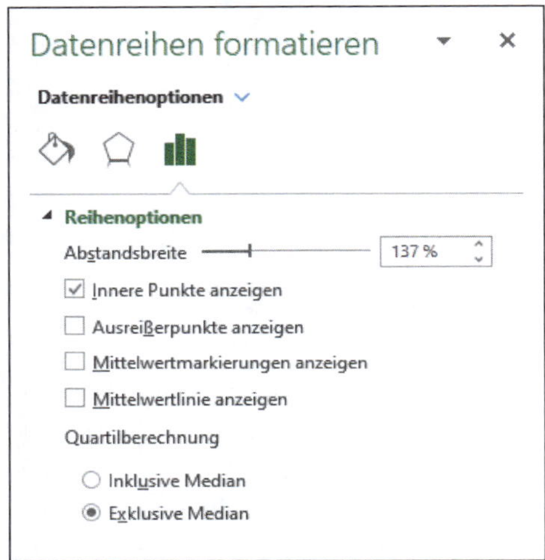

Abbildung 3.40 Formatierungsoptionen für Kastengrafiken

In der Kastengrafik des Beispiels in Abbildung 3.41 sind die inneren Punkte angezeigt, auf die außerhalb liegenden Ausreißerpunkte wurde im Beispiel verzichtet.

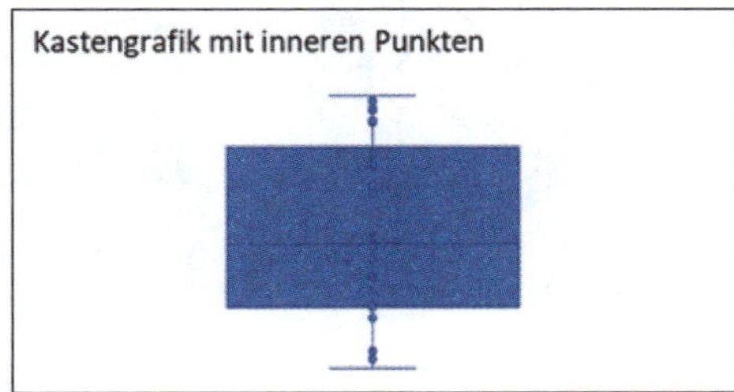

Abbildung 3.41 Beispiel für Formatierung einer Kastengrafik

3.4.11 Karten formatieren

Excel stellt für den Diagrammtyp Karte eine sehr spezielle Option zur Verfügung, die KARTENPROJEKTION. Hier können Sie die Methode auswählen, wie eine gekrümmte

Fläche auf der Erdkugel auf eine zweidimensionale Ebene projiziert wird. Die Auswahl besteht aus MERCATOR, MILLER und ALBERS. Oder Sie lassen Excel über die Auswahl AUTOMATISCH selbst entscheiden. Darüber hinaus legen Sie den Bereich Ihrer Karte fest, also ob nur Regionen mit Daten, einzelne Länder, einzelne Kontinente oder die ganze Welt angezeigt werden. Die Kartenbeschriftung sowie die Einfärbung erlauben es Ihnen, auf das Erscheinungsbild Ihrer Landkarte Einfluss zu nehmen. Es stehen Ihnen für die Farben zwei Optionen zur Verfügung, ein Verlauf mit zwei Farben (SEQUENZIELL) oder ein Verlauf mit drei Farben (AUSEINANDERLAUFEND).

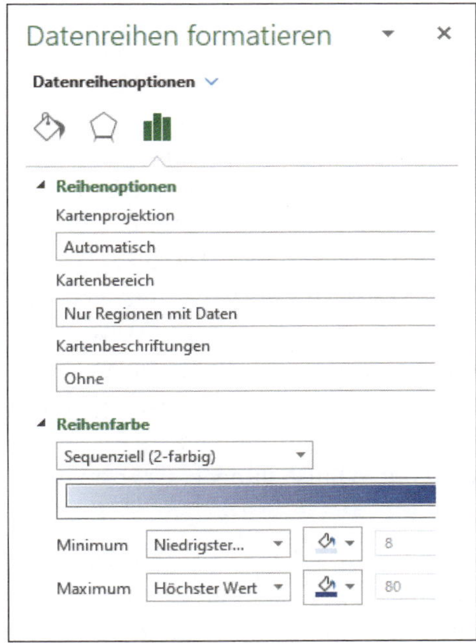

Abbildung 3.42 Formatierungsoptionen für Karten

In der Beispielkarte in Abbildung 3.43 sind die Länder Österreich, Schweiz und Deutschland dargestellt. Die Farbabstufung basiert auf der jeweiligen Einwohnerzahl dieser drei Länder.

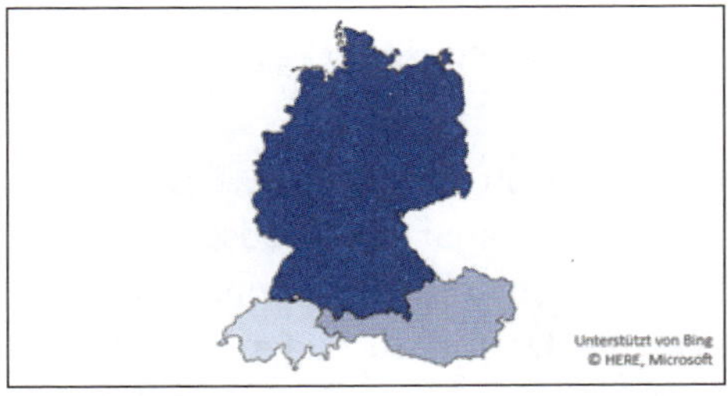

Abbildung 3.43 Beispiel für Kartenformatierung

3.4.12 Sonstige Diagramme formatieren

Alle anderen Diagrammtypen bieten keine oder nur sehr eingeschränkte Optionen für die Datenreihen. Wasserfalldiagramme erlauben lediglich das Ein- und Ausschalten einer Verbindungslinie, Treemaps das Hinzufügen von Beschriftungen, Trichter das Ändern der Abstandsbreite. Bei 2D-Flächen können Sie noch festlegen, ob eine Datenreihe auf die sekundäre Achse gelegt werden soll, Oberflächen hingegen bieten keinerlei Optionen, das Symbol steht gar nicht erst zur Verfügung

3.4.13 Formatvorlagen

Aus all den vorhandenen Formatoptionen sämtlicher Diagrammelemente ergeben sich schier unendlich viele Varianten, ein Diagramm zu gestalten. Und Sie werden feststellen, dass es gar nicht so einfach ist und auch etwas Übung bedarf, optisch ansprechende Diagramme zu erstellen. Excel stellt Ihnen für diese Herausforderung zahlreiche *Formatvorlagen* zur Verfügung, mit denen Sie mit nur einem Mausklick Ihrem Diagramm ein stimmiges Erscheinungsbild geben können. Diese Formatvorlagen finden Sie auf der Registerkarte DIAGRAMMENTWURF und nicht auf der Registerkarte FORMAT, was eigentlich anzunehmen wäre. Der Grund dafür ist wohl der, dass die Formatvorlagen unter Umständen. auch Diagrammelemente wie Datenbeschriftungen, Legenden, Gitterlinien oder Achsen Ihrem Diagramm hinzufügen, also auf den Entwurf Einfluss nehmen. Diese hinzugefügten Elemente lassen sich anschließend natürlich wieder entfernen, alle anderen Einstellungen der Formatvorlage bleiben dann trotzdem erhalten.

Für jeden Diagrammtyp steht eine unterschiedliche Anzahl von Formatvorlagen zur Verfügung, für gruppierte Säulendiagramme finden Sie 16 Formatvorlagen vor, für Oberflächendiagramme nur vier. Um schnell einen Eindruck zu erhalten, wie sich eine Formatvorlage auf Ihr Diagramm auswirkt, können Sie einfach die Maus über die Symbole der Formatvorlagen bewegen und unmittelbar die Änderungen als Vorschau in Ihrem Diagramm sehen. Sind Sie mit der Formatierung zufrieden, klicken Sie auf das Symbol, und Ihr Diagramm wird entsprechend formatiert. Sie können jetzt natürlich weitere manuelle Änderungen am Format vornehmen, beispielsweise einen Farbverlauf für die Zeichnungsfläche einstellen. Beim erneuten Auswählen einer Formatvorlage wird diese manuelle Formatierung jedoch rückgängig gemacht, und die Einstellung steht wieder auf AUTOMATISCH.

Alle Formatvorlagen zeichnen sich durch den stimmigen Einsatz von Farbverläufen, Linien, Mustern, Schatten und weiteren optischen Effekten aus. Ebenso haben die Ersteller der Vorlagen auf Kontraste und die Lesbarkeit sowohl auf dem Bildschirm als auch auf Papier geachtet. Es lohnt sich also, in jedem Fall zu prüfen, ob eine Formatvorlage Ihren Anforderungen genügt, Sie können somit eventuell viel Zeit bei der manuellen Formatierung einsparen.

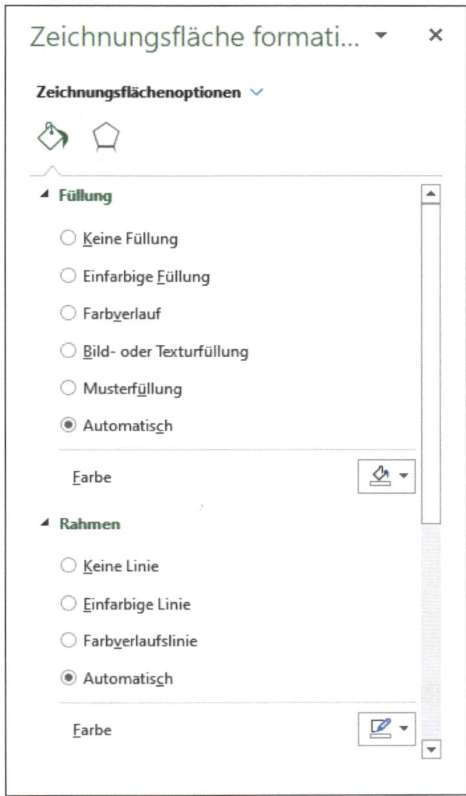

Abbildung 3.44 Automatische Formateinstellung

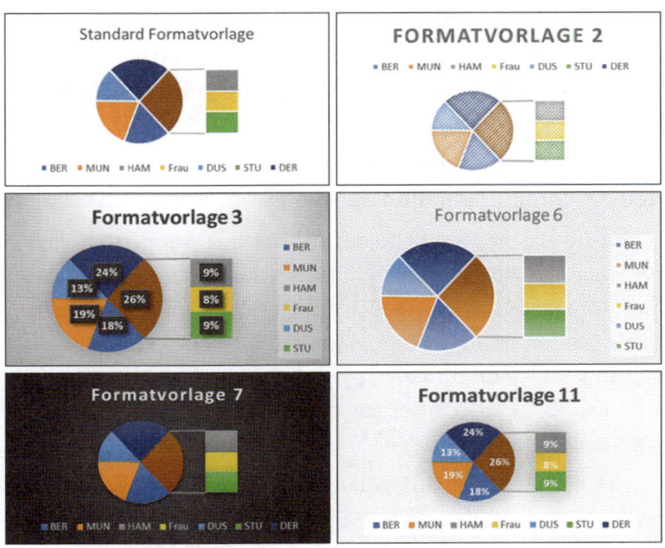

Abbildung 3.45 Ausgewählte Formatvorlagen für Kreisdiagramme

Die Formatvorlage selbst nimmt jedoch keinen Einfluss auf die Auswahl der Farben, alle Formateinstellungen basieren auf der aktuellen Farbpalette bzw. der Einstellung innerhalb dieser Palette. Möchten Sie die Einstellungen der Palette ändern, steht Ihnen auf der Registerkarte DIAGRAMMENTWURF der Menüpunkt FARBEN ÄNDERN zur Verfügung. Sie können hier eine andere Reihenfolge der sechs Akzentfarben der aktuellen Palette festlegen oder eine Abstufung einer einzelnen Akzentfarbe auswählen.

Abbildung 3.46 Farbauswahl basierend auf der aktuellen Palette

3.5 Achsen eines Diagramms – ein Rahmen für die Visualisierung

Die Formatoptionen sowohl der horizontalen Rubrikenachse als auch der vertikalen Werteachse erlauben es Ihnen, den Rahmen für alle Achsendiagramme sehr individuell anzupassen. Für die Rubrikenachse können Sie festlegen, ob die Rubriken als Datum oder Text interpretiert werden sollen, wie und wo Teilstriche und Beschriftungen angezeigt werden und in welchem Zahlenformat dies geschehen soll. Einstellungen für die Werteachse erlauben es, die Skalierung, die Grenzen und die Reihenfolge festzulegen. Auch hier können Sie steuern, wie die Teilstriche und die Beschriftungen aussehen sollen.

Hinweis zu den folgenden Beschreibungen und Beispielen

Auch wenn die Einstellungen für die Achsen bei allen Achsendiagrammen ähnlich sind, kommt es an einigen Stellen zu Abweichungen. Beispielsweise gibt es bei Säulendiagrammen eine Option für den SCHNITTPUNKT MIT DER VERTIKALEN ACHSE, beim Balkendiagramm heißt diese Option SCHNITTPUNKT MIT DER HORIZONTALEN ACHSE, das Balkendiagramm ist ja um 90° gedreht. Oder es stehen bestimmte Optionen nicht zur Verfügung, so gibt es z. B. beim Trichterdiagramm keine Werteachse, entsprechende Optionen fehlen dann.

Die folgenden Beschreibungen beziehen sich auf Säulendiagramme, die Abweichungen anderer Diagrammtypen und auch geänderte Begrifflichkeiten sind hier nicht explizit erwähnt, werden aber in den späteren ausführlichen Beispielen beschrieben.

3.5.1 Erweiterte Formatoptionen der Achsen

Insbesondere bei den Achsen fallen die Formatoptionen sehr vielfältig aus. Damit haben Sie zahlreiche Stellschrauben, um den Rahmen Ihrer Diagramme nach Ihren Vorstellungen anzupassen.

Rubrikenachse

Die TEILSTRICHE sind die Markierungen auf der Achse. Sie können für den HAUPTTYP und den HILFSTYP angeben, wie die Markierung aussehen soll. Mögliche Typen sind ein KREUZ, ein STRICH NACH INNEN oder ein STRICH NACH AUSSEN. Beinhaltet Ihr Diagramm vertikale Gitternetzlinien, stehen diese senkrecht auf den Markierungen wie im Beispiel in Abbildung 3.47. Der Wert für das Intervall bestimmt, welche Anzahl von Haupt- und Hilfsteilstrichen auf der Achse gezeichnet werden, wobei die Position der Hilfsteilstriche immer exakt in der Mitte zweier Hauptstriche liegt.

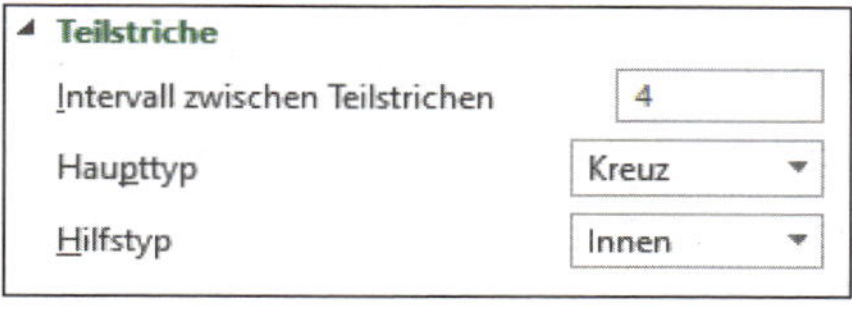

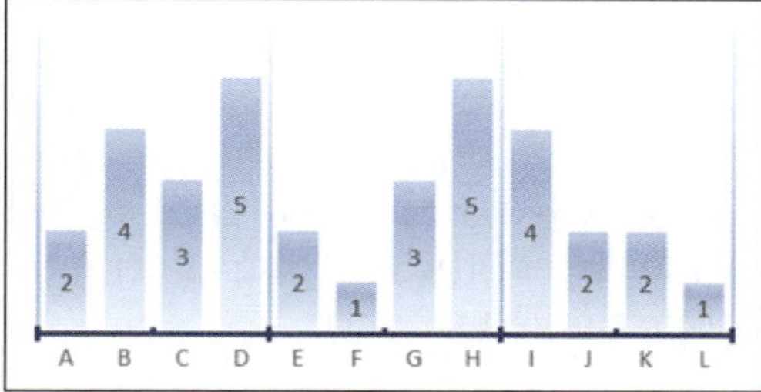

Abbildung 3.47 Teilstriche der Rubrikenachse

Das Intervall für die Beschriftungen wird von Excel standardmäßig auf AUTOMATISCH gesetzt, so werden die Namen aller Rubriken als Beschriftung der Rubrikenachse angezeigt. Sollte Ihr Diagramm aus sehr vielen Rubriken bestehen oder die Zeichnungsfläche sehr klein sein, werden unter Umständen aus Platzgründen nicht alle Beschriftungen angezeigt. Vergrößern Sie die Diagrammfläche, kommen die Beschriftungen dann wieder zum Vorschein. Wollen Sie jedoch ganz gezielt nur jede zweite oder jede fünfte Beschriftung in dem Diagramm sehen wie in dem Beispiel in Abbildung 3.48, geben Sie im Feld INTERVALLEINHEIT ANGEBEN eine 2 bzw. eine 5 ein. Der Wert im Feld ABSTAND ZUR ACHSE legt fest, wie weit die Beschriftung von der Achse, also der eigentlichen Linie, entfernt sein soll. Hier sind Werte zwischen 0 und 1.000 zulässig, wobei 1.000 in etwa einem Abstand von fünf Leerzeilen entspricht. Über die BESCHRIFTUNGSPOSITION können Sie noch festlegen, wo der Name der Rubrik stehen soll. HOCH bedeutet bei einem Säulendiagramm oberhalb der Säule, NIEDRIG bedeutet unterhalb der Säule. Möchten Sie gar keine Beschriftung angezeigt bekommen, können Sie den Wert OHNE auswählen.

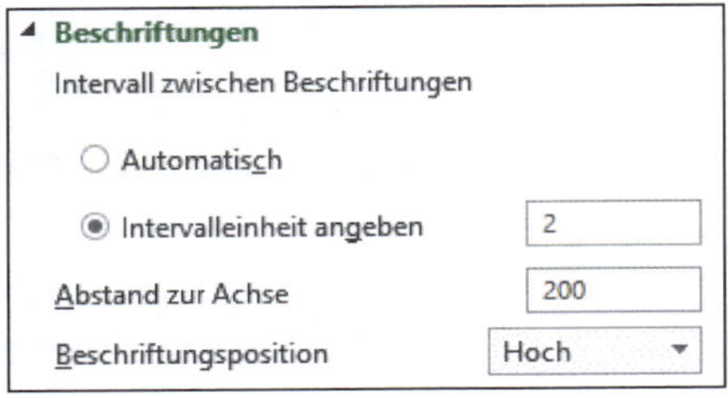

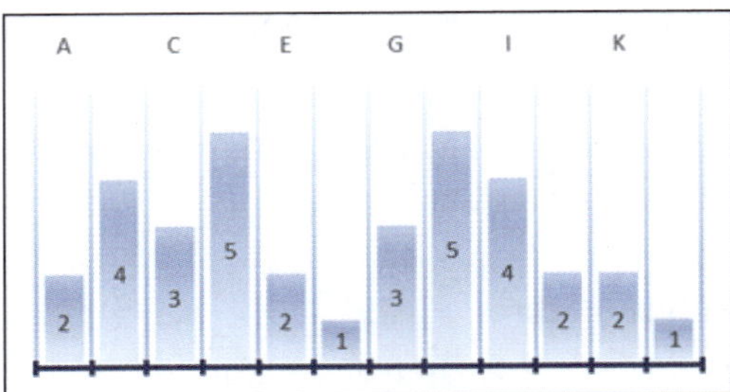

Abbildung 3.48 Beschriftungsoptionen

Im Bereich der ACHSENOPTIONEN finden Sie unten einen Block ACHSENPOSITION. Hier lässt sich festlegen, ob beispielsweise eine Säule zwischen oder auf den Teilstrichen stehen soll. Der Standardwert hier ist ZWISCHEN TEILSTRICHEN, kann bei Bedarf aber zu AUF TEILSTRICHEN geändert werden wie im Beispiel in Abbildung 3.49. Diese Einstellung hat jedoch zur Folge, dass am Beispiel eines Säulendiagramms die ganz linke und die ganz rechte Säule nur in halber Breite angezeigt werden. Die relative Länge der Achse wird nämlich immer durch die kleinste und die größte Markierung festgelegt. Eine weitere Einstellung der Achsenposition erlaubt es Ihnen, die Reihenfolge der Rubriken zu ändern. Der erste Wert Ihrer Datenreihe steht ja im Normalfall ganz links, der letzte Wert ganz rechts. Diese Reihenfolge lässt sich durch Setzen des Hakens einfach umkehren.

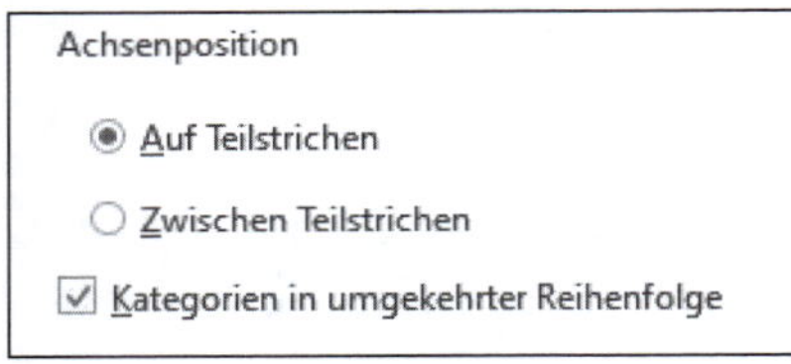

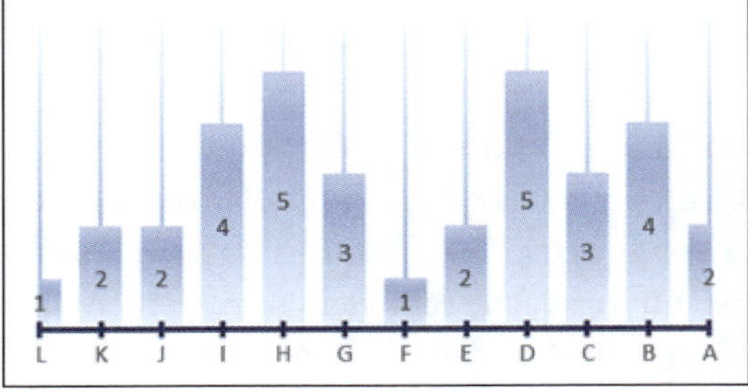

Abbildung 3.49 Position und Reihenfolge

Ebenfalls im Bereich der ACHSENOPTIONEN gibt es Einstellungen für den Schnittpunkt mit der vertikalen Achse. Der Standardwert AUTOMATISCH bewirkt, dass die vertikale Werteachse ganz links in der Zeichnungsfläche des Diagramms angezeigt wird, natürlich vorausgesetzt, dass das Element Werteachse Teil des Diagramms ist. Wählen Sie hingegen BEI GRÖSSTER RUBRIK, wandert die vertikale Achse ganz nach rechts neben die letzte Rubrik. Darüber hinaus können Sie über einen Zahlenwert im Feld BEI RUBRIKNUMMER den Schnittpunkt der Werteachse beliebig auf der Rubrikenachse verschieben und somit den Nullpunkt des Koordinatensystems in horizontaler Richtung festlegen. Das sehen Sie im Beispiel in Abbildung 3.50.

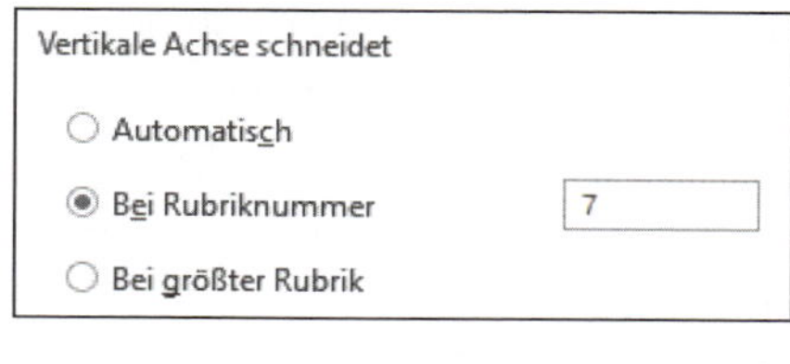

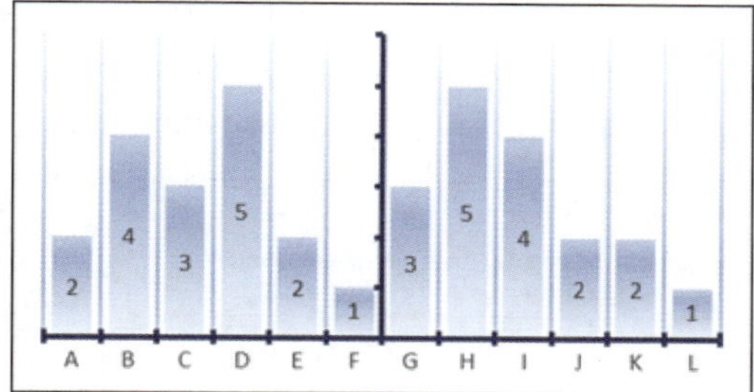

Abbildung 3.50 Schnittpunkt mit der Werteachse

Werteachse

Einige Formateinstellungen der Werteachse entsprechen denen der Rubrikenachse. Auch hier lassen sich Teilstriche auf der Achse einzeichnen, unterteilt in den Haupttyp und den Hilfstyp. Als Auswahl stehen ebenso Innen, Aussen, Kreuz und Ohne zur Verfügung. Und auch die Beschriftungsposition können Sie entsprechend einstellen, Achsennah oder Niedrig stellt die Beschriftung links neben der Achse dar, Hoch lässt die Beschriftung ganz nach rechts wandern. Ist keine Beschriftung gewünscht, wählen Sie die Einstellung Ohne aus.

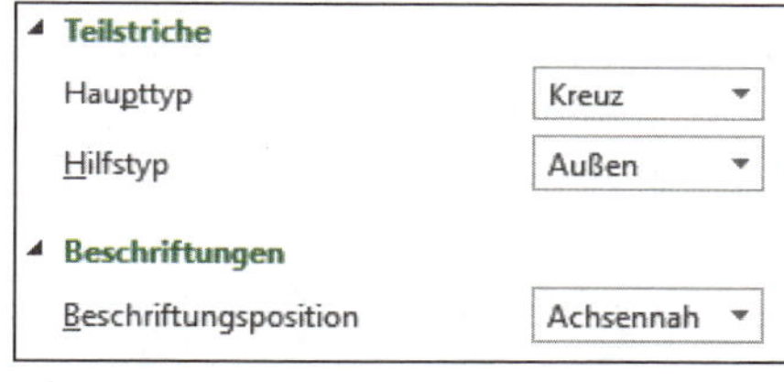

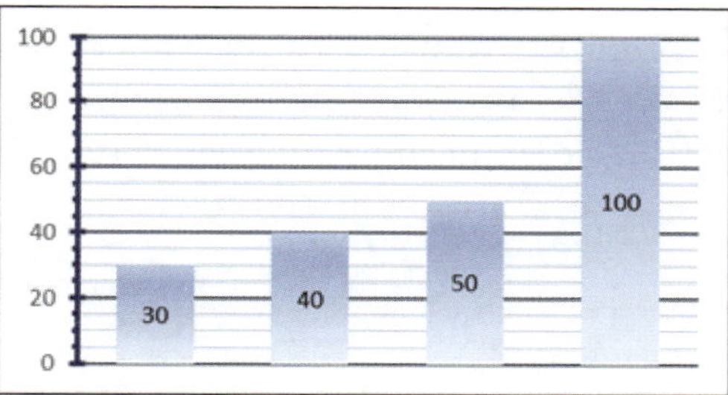

Abbildung 3.51 Teilstriche und Beschriftung

Die Werteachse besitzt eine Einstellung, die die Lesbarkeit großer Zahlen im Diagramm ungemein vereinfacht. Die Anzeigeeinheiten im Bereich der Achsenoptionen erlauben es, die Werte als Hunderte, Tausende bis hin zu Billionen darzustellen. Excel teilt den Wert durch die gewählte Anzeigeneinheit und stellt das Ergebnis sowohl als Achsenbeschriftung als auch als Datenbeschriftung dar. Zusätzlich lässt sich die Einheit im Diagramm anzeigen, sodass der Betrachter den Wert auch richtig interpretieren kann. Er muss nur die Einheit mit dem angezeigten Wert multiplizieren und kennt den korrekten Wert.

Ebenfalls im Bereich der Achsenoptionen finden Sie den Schalter Werte in umgekehrter Reihenfolge. Nach dem Aktivieren des Schalters sind die Werte auf der Achse nicht mehr von unten nach oben aufsteigend eingetragen, die Richtung der größer werdenden Werte geht jetzt von oben nach unten. Normalerweise stehen die Säulen eines Diagramms auf der horizontalen Achse, die Umkehrung bewirkt, dass die Säulen an der Rubrikenachse hängen wie in dem Beispiel in Abbildung 3.53.

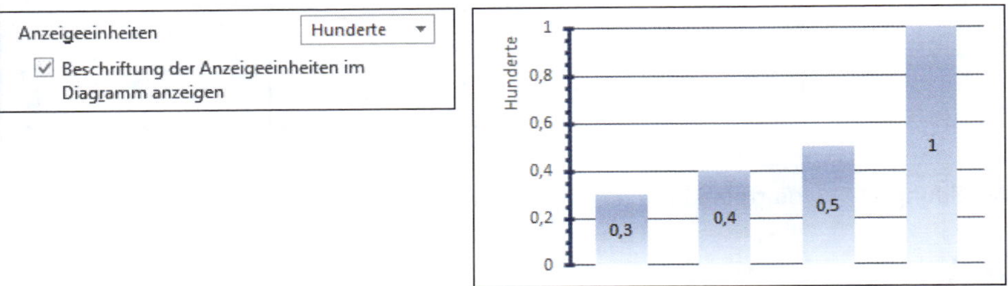

Abbildung 3.52 Anzeigeeinheiten

Der Bereich ZAHL im Formatfenster der Werteachse ermöglicht es Ihnen, das Format der Zahlen für die Beschriftung zu ändern. Die Optionen für die Rubrik entsprechen denen der Zellformatierung in einem Tabellenblatt. Sie können auswählen, ob der Wert als Dezimalzahl, als Bruch, in wissenschaftlicher Schreibweise, als Zeit oder in einem beliebig anderen Format angezeigt werden soll. Der Formatcode ermöglicht es darüber hinaus, die gewählte Rubrik ganz individuell anzupassen bzw. eigene benutzerdefinierte Formate einzustellen. Der Schalter MIT QUELLE VERKNÜPFT bewirkt, dass das Format der ursprünglichen Daten des Tabellenblattes benutzt wird, damit entfällt die Formatanpassung der Werte auf der Achse an dieser Stelle.

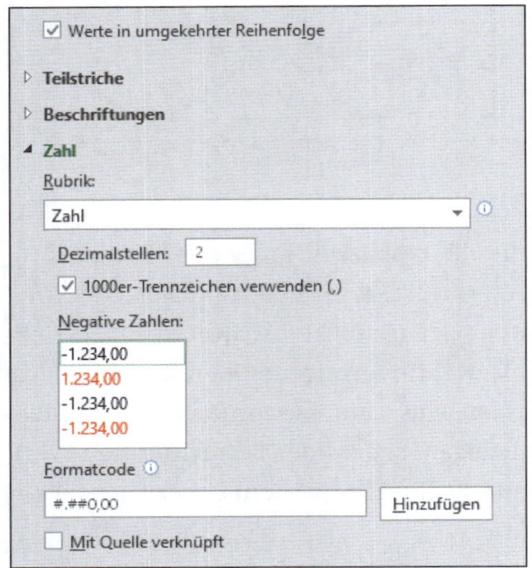

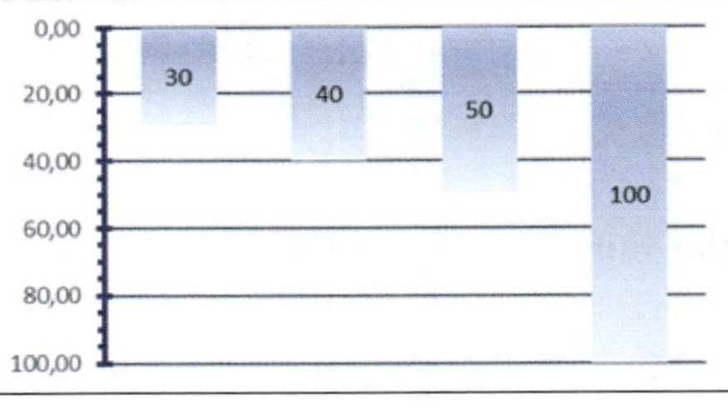

Abbildung 3.53 Zahlenformate und Reihenfolge

3.5.2 Typen der Rubrikenachse

Excel unterscheidet generell zwischen zwei Arten von Rubrikenachsen, der Textachse und der Datumsachse. Wenn Sie ein Diagramm erzeugen, wählt Excel den geeigneten Typ automatisch aus. Das heißt, wenn Ihre Rubriken aus Datumsangaben bestehen, wird der Typ *Datumsachse* eingestellt, für alle anderen Datentypen, also auch für Zahlen oder Uhrzeiten, wählt Excel den Typ *Textachse*.

Textachse

Im folgenden Beispiel wollen Sie die Datenreihe »Betrag« mit den Rubriken KM16 bis GK68 als Säulendiagramm darstellen. Dazu aktivieren Sie einfach eine beliebige Zelle in der Tabelle, indem Sie einmal mit der Maus auf eine Zelle klicken, und drücken die Tasten `Alt` + `F1`.

Rechnungsnummer	Betrag
KM16	71.102,00 €
EM97	78.915,00 €
JA61	69.153,00 €
HN58	87.990,00 €
DN57	81.176,00 €
GK68	83.635,00 €

Abbildung 3.54 Beispieldaten für Textachse

Sie stellen also den jeweiligen Rechnungsbetrag als Säule dar, während die Rechnungsnummer, bestehend aus Buchstaben und Zahlen, als Rubrik dient. Nach entsprechender Formatierung (Formatvorlage 4, vertikale Achse hinzufügen, Anzeigeeinheiten ändern) sieht Ihr Diagramm in etwa so aus wie in Abbildung 3.55.

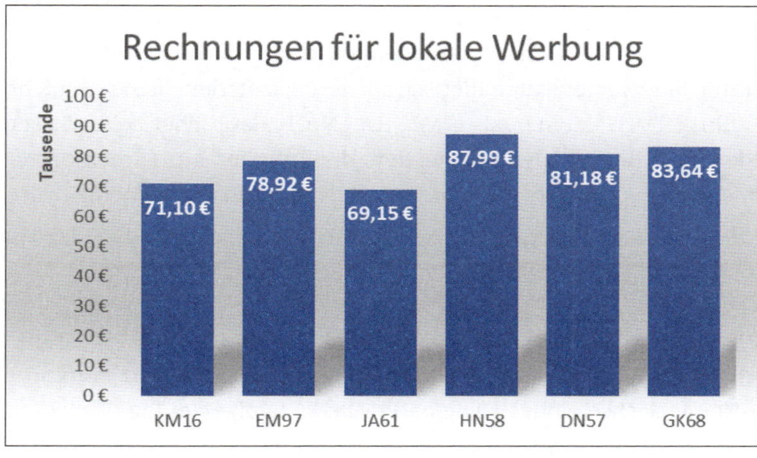

Abbildung 3.55 Beispiel eines Diagramms mit Textachse

Wenn Sie jetzt im Formatfenster der Rubrikenachse unter ACHSENOPTIONEN schauen, stellen Sie fest, dass Excel den Typ automatisch ermittelt und eingestellt hat. Dass es sich im Beispiel wirklich um eine Textachse handelt, ist daran zu erkennen, dass keine weiteren Optionen für Datumswerte angeboten werden, es folgen darunter gleich die Einstellungen des Schnittpunktes mit der vertikalen Achse. Hätte die automatische Erkennung aus der Rubikenachse eine Datumsachse gemacht, würden noch weitere Optionen und Einstellungen zu den Datumswerten folgen.

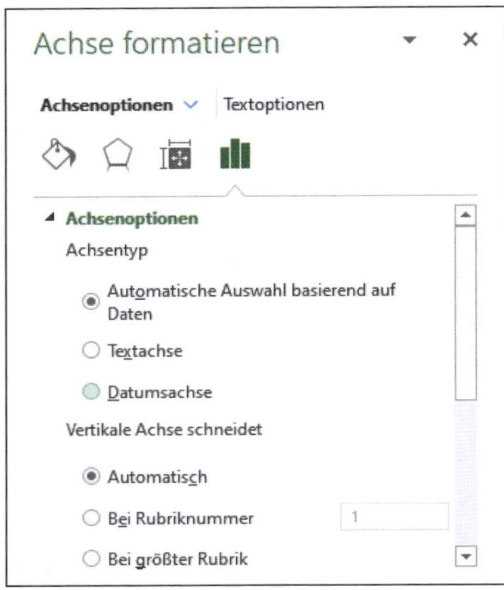

Abbildung 3.56 Auswahl des Achsentyps

Ein Blick auf das Diagramm macht jetzt deutlich, dass die Reihenfolge der Rubriken und somit auch der Säulen keiner besonderen Anordnung oder Sortierung gehorchen, Die Reihenfolge ergibt sich einfach aus den zugrunde liegenden Daten der Tabelle. Diese könnten Sie zwar jetzt alphabetisch sortieren, trotzdem lässt sich nicht sagen, dass die Rubrik DN57 kleiner als KM16 ist. Noch deutlicher wird dieser Umstand, wenn Sie an ein Beispiel denken, bei dem die Rubriken aus Farben bestehen. Sie können nicht sagen, dass Rot kleiner als Gelb ist oder Blau größer als Grün, die Farben sind nur anders.

Nominalskala

Eine Textachse in Excel stellt eine sogenannte nominal skalierte Achse dar. Der Begriff leitet sich vom lateinischem Wort Nomen ab und bedeutet ganz einfach Name. Bei einer Nominalachse gibt es keine natürliche Rangfolge der Rubriken, es kann nur festgestellt werden, dass sie sich unterscheiden, dass die Rubriken einen anderen Namen haben.

Datumsachse

Der zweite Typ der Rubrikenachse ist die Datumsachse. Haben Sie Daten vorliegen, bei denen die Rubriken aus Datumswerten bestehen, erkennt Excel dies beim Erstellen eines Diagramms und formatiert die Achse gleich in eine Datumsachse. Im folgenden Beispiel in Abbildung 3.57 sehen Sie jetzt anstelle der Rechnungsnummer das jeweilige Fälligkeitsdatum als Rubriken, die darzustellenden Werte stehen wiederum in der Datenreihe »Betrag«.

Fälligkeit	Betrag
25.04.20	71.102,00 €
27.02.20	78.915,00 €
14.05.20	69.153,00 €
03.03.20	87.990,00 €
12.01.20	81.176,00 €
17.06.20	83.635,00 €

Abbildung 3.57 Beispieldaten für Datumsachse

Das jetzt mittels `Alt` + `F1` erstellte Diagramm sieht auf den ersten Blick vielleicht etwas irritierend aus (siehe Abbildung 3.58). Aus den Säulen sind scheinbar Linien geworden, die Sortierung ist eine andere als in der Tabelle, die Abstände der Linien sind recht unterschiedlich. Und genau das sind die Besonderheiten und die automatischen Funktionalitäten einer Datumsachse.

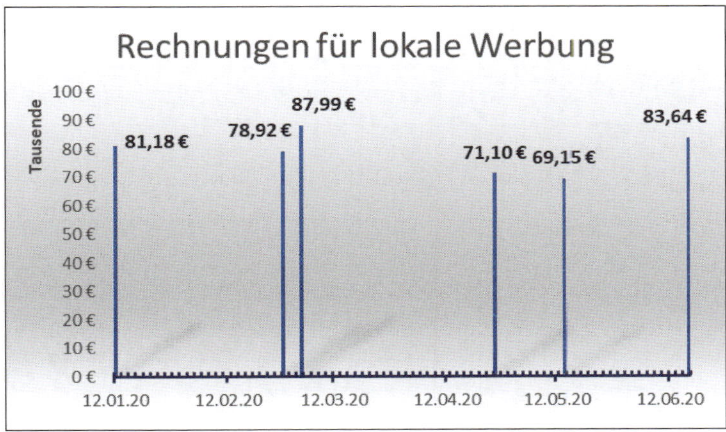

Abbildung 3.58 Datumsachse auf Tagesbasis

Sie erkennen auf der Rubrikenachse jetzt die Tagesskala, beginnend mit dem kleinsten Datum Ihrer Datenreihe, dem 12.01.20. Der letzte Wert ganz rechts ist der 17.06.20, dazwischen sind alle anderen Werte einsortiert. Die Hauptstriche sind im Abstand von einem Monat aufgetragen, der erste Teilstrich ist wiederum das kleinste Datum, es folgen Hauptstriche bei dem Datum 12.02.20, 12.03.20 bis hin zu 12.06.20.

Die Hilfsteilstriche wiederum sind im Abstand von zwei Tagen eingezeichnet. Bei einer Datumsachse werden alle fehlenden Rubriken zwischen dem kleinsten und dem größten Datumswert entsprechend der Basiseinheit integriert. Die Basis ergibt sich automatisch aus Ihren Daten, ist dort mindestens ein Tagesdatum enthalten, ist die Basis TAGE. Haben Sie nur Monatswerte oder nur Jahreswerte, wird als Basis MONATE bzw. JAHRE gewählt. Sie können die Basis aber bei Bedarf in den ACHSENOPTIONEN ändern. Auf Ihrer Rubrikenachse haben Sie jetzt viele Rubriken, für die es keinen Wert in den Daten gibt. Die dazugehörige Säule hat die Höhe null, ist also nicht vorhanden. Es wird jetzt deutlich, warum anstelle der Säulen Linien im Diagramm zu sehen sind, bei den vermeintlichen Linien handelt es sich nämlich um sehr schmale Säulen.

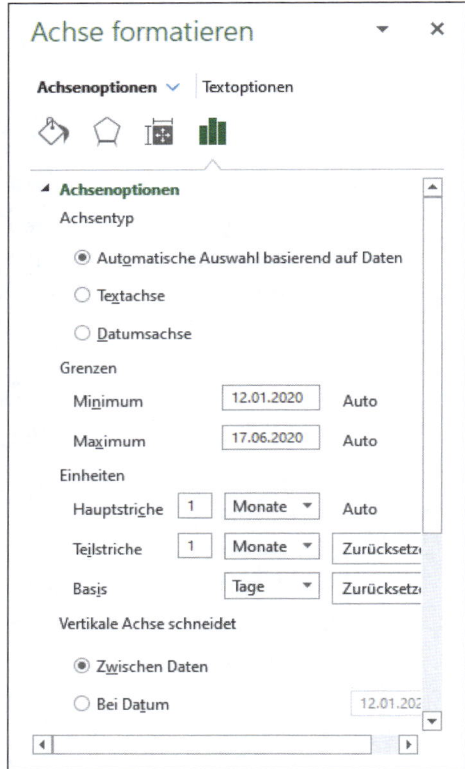

Abbildung 3.59 Formatierung der Datumsachse

Ein Blick in die Formatoptionen einer Datumsachse lässt erkennen, wie Sie die automatische erstellte Achse modifizieren können. Die Grenzen ergeben sich aus dem kleinsten und dem größten Datum Ihrer Daten. Möchten Sie jedoch die Länge der Achse nach links oder rechts verändern, können Sie in den Feldern MINIMUM und MAXIMUM neue Werte für die Grenzen eingeben. Die Hauptstriche und die Hilfsteilstriche lassen sich über ein Vielfaches von Tagen, Monaten oder Jahren festlegen. Soll beispielsweise ein Hauptstrich für alle zwei Wochen angezeigt werden, wählen Sie 14 Tage aus. Über die Angabe der BASIS legen Sie fest, welche Granularität die Rubrikenachse haben soll, mögliche Werte sind TAGE, MONATE und JAHRE.

Für die obigen Beispieldaten wählt Excel automatisch die BASIS TAGE aus, es handelt sich ja um Tagesdaten. Wenn Sie jetzt die BASIS auf MONATE umstellen, ändern sich die Grenzen, die Skala geht von Januar bis Juni, wie Abbildung 3.60 zeigt. Im Diagramm sind jetzt nur sechs Säulen zu sehen, für jeden Monat der Wert des Tages, der in diesem Monat liegt. An dieser Stelle ist jedoch Vorsicht geboten, haben Sie nämlich in einem Monat zwei Werte in Ihren Daten, werden die Säulen hintereinander dargestellt, d. h., ein geringerer Wert ist nicht sichtbar.

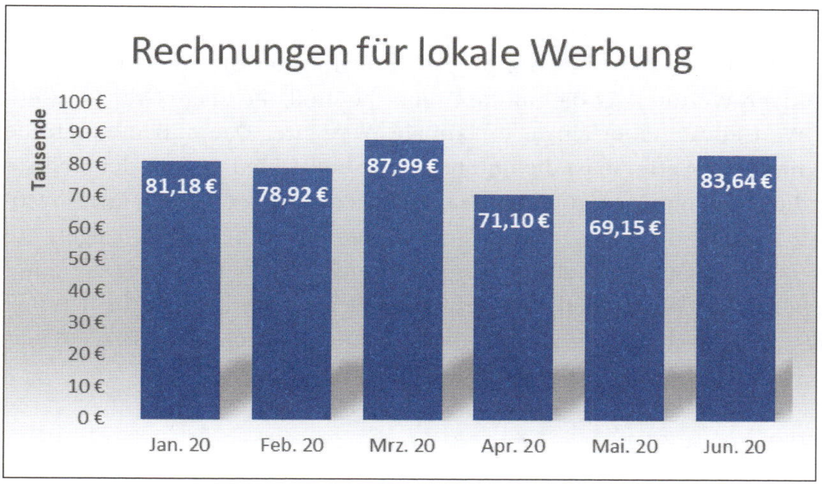

Abbildung 3.60 Datumsachse auf Monatsbasis

Intervallskala

Die Datumsachse stellt aus statistischer Sicht eine Intervallskala dar. Dieser Skalentyp zeichnet sich dadurch aus, dass sich die Rubriken in eine natürliche Reihenfolge ohne bestimmbaren Nullpunkt bringen lassen. Die Abstände zwischen den einzelnen Rubriken sind dabei immer gleich. Das Datum 1.1.2020 ist eindeutig kleiner als der 1.2.2020. Der Abstand zwischen heute und gestern beträgt genau einen Tag, genauso groß ist der Abstand zwischen heute und morgen.

3.5.3 Skalierung der Werteachse anpassen

In einem Achsendiagramm sind Daten von Rubriken auf der Werteachse dargestellt. Auch diese Werteachse erlaubt es, neben den schon beschriebenen Formatoptionen Anpassungen bei den Grenzen der Werte sowie der Art der Skalierung vorzunehmen.

Die folgenden Beispieldaten in Abbildung 3.61 stellen die Anzahl von verkauften Ersatzteilen eines Geschäfts innerhalb eines Monats dar.

Ersatzteil	Anzahl
Vorderräder	120
Hinterräder	81
Bremsen	123
Lenker	88
Schaltungen	93
Gepäckträger	77

Abbildung 3.61 Beispieldaten für die Grenzen einer Werteachse

Wenn Sie aus diesen Daten ein Säulendiagramm erstellen, wird die Werteachse bei 0 beginnen und bei 130 enden. Excel nimmt die Festlegung der Grenzen automatisch vor; bei positiven Werten liegt die untere Grenze bei null, die obere Grenze ist ein gerundeter Wert etwas höher als der maximale Wert Ihrer Daten. Beinhalten die Daten auch negative Werte, so ist die untere Grenze etwas niedriger als der kleinste Wert. Auch die Einheiten der Hauptstriche und der Teilstriche ermittelt Excel automatisch. Selbstverständlich lassen sich diese Einheiten auch ändern. Liegen die Daten Ihrer Tabelle relativ dicht zusammen, können Sie durch Anhebung der unteren Grenze die Unterschiede deutlicher hervorheben. Sie sollten jedoch die Betrachter ausdrücklich darauf hinweisen, ansonsten kann ein flüchtiger Blick auf das Diagramm einen falschen Eindruck vermitteln.

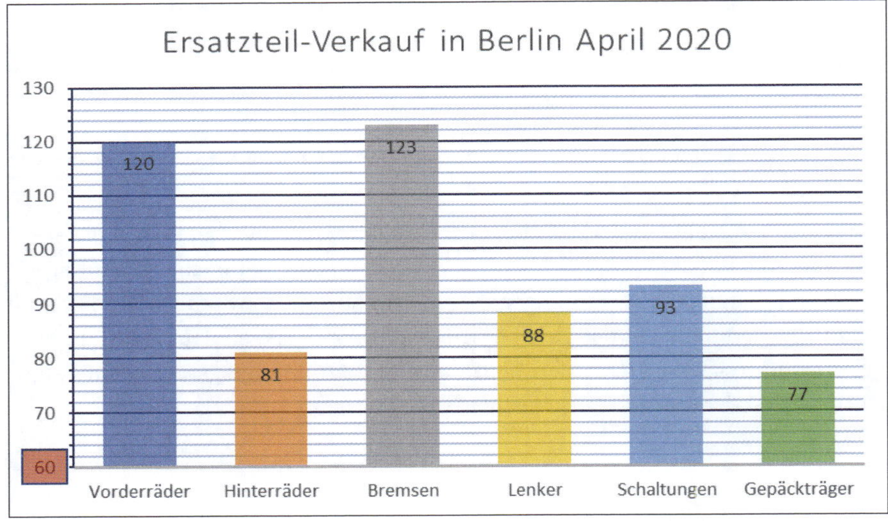

Abbildung 3.62 Anpassung der Grenzen auf der Werteachse

Im Beispieldiagramm ist nach dem Ändern der unteren Grenze auf 60 die blaue Säule dreimal so hoch wie die orangefarbene. Es wurden aber nicht 200 % mehr Vorderräder als Hinterräder verkauft, der Unterschied beträgt bezogen auf die Hinterräder ja nur 50 %. Die Verschiebung der Nulllinie lässt also schnell ein falsches Bild entstehen, hier sollten Sie vorsorgen und beispielsweise wie in Abbildung 3.62 durch einen halbtransparenten Kasten über der Zahl 60 die untere Grenze hervorheben.

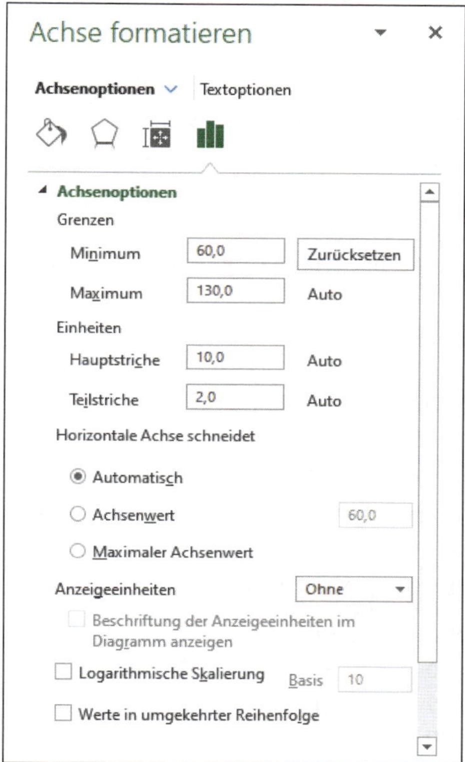

Abbildung 3.63 Skalierung der Werteachse

Eine besondere Form der Anpassung der Werteachse stellt die logarithmische Skalierung dar. Normalerweise ist die Achse linear skaliert, d. h., die Abstände zwischen den Teilstrichen sind immer gleich. Diese lineare Skalierung hat bei der Darstellung von Daten sehr unterschiedlicher Größenordnungen gewisse Nachteile. Die Beispieldaten in Abbildung 3.64 stellen den Umsatz für verschiedene Kategorien der Einnahmen einer Region in einem Monat dar.

Kategorie	Umsatz
Ersatzteile	6,23
Service	7,56
Anhänger	23,08
Kinderfahrräder	45,65
Fahrräder	89,75

Abbildung 3.64 Beispieldaten für eine logarithmische Skalierung

In einem Standardsäulendiagramm mit linearer Skalierung würde die Säule für Fahrräder ca. 15-mal so hoch sein wie die Säule für Ersatzteile, 6.230 € gegenüber 89.750 €. Um zu vermeiden, dass die Säule für Ersatzteile im Diagramm fast auf der Nulllinie verschwindet, können Sie eine logarithmische Skalierung zu einer beliebigen Basis auswählen. Diese Einstellung finden Sie auch in den ACHSENOPTIONEN unterhalb der ANZEIGEEINHEITEN.

Bei einer logarithmischen Skala wird die Werteachse in gleich große Teile aufgeteilt. Die Anzahl dieser Teile und somit die obere Grenze der Werteachse ergibt sich aus Ihren Daten, der maximale Wert bestimmt die Höhe der Werteachse. Die Hauptstriche liegen beim Potenzwert der jeweiligen Basis mit dem ganzzahligen Exponent, beginnend bei 0. Am Beispiel der Basis 10 liegt die untere Grenze bei 10 hoch 0 (= 1), der nächste Hauptstrich bei 10 hoch 1 (= 10), der nächste bei 10 hoch 2 (= 100) usw. Dann werden die Hilfsteilstriche festgelegt. Diese sind ein Vielfaches des jeweiligen Wertes des darunterliegenden Hauptstrichs. Zwischen 1 und 10 sind es die Zahlen 2–9, zwischen 10 und 100 die Zahlen 20–90, es folgen 200–900 usw. Zur Bestimmung der Lage der Hilfsteilstriche auf der Werteachse kommt die mathematische Operation des Logarithmus zum Einsatz. Der Logarithmus ermittelt die Zahl, mit der eine Basis potenziert werden muss, um eine gegebene Zahl zu erhalten. Wird jetzt also für den Wert der Hilfsteilstriche (2–9, 20–90,200–900) der Logarithmus berechnet, ergeben sich die Abstände zum jeweiligen Hautteilstrich.

Wert	log10	Wert	log10	Wert	log10
1	0,00	**10**	1,00	**100**	2,00
2	0,30	**20**	1,30	**200**	2,30
3	0,48	**30**	1,48	**300**	2,48
4	0,60	**40**	1,60	**400**	2,60
5	0,70	**50**	1,70	**500**	2,70
6	0,78	**60**	1,78	**600**	2,78
7	0,85	**70**	1,85	**700**	2,85
8	0,90	**80**	1,90	**800**	2,90
9	0,95	**90**	1,95	**900**	2,95

Abbildung 3.65 Logarithmustabelle

Aus der Tabelle in Abbildung 3.65 ist ersichtlich, dass der Abstand des ersten Hilfsteilstrichs zur unteren Grenze 0,3 in Relation zu 1 beträgt, Der nächste Hilfsteilstrich ist bei 0,48, der nächste bei 0,6 usw. Sie sehen, die Abstände werden immer geringer je näher der nächste Hautteilstrich kommt. Der Logarithmus der Werte im nächsten Abschnitt, also von 20–90, ergibt die gleichen Abstände nur um 1 erhöht. Diese Folge setzt sich weiter fort, sodass Sie immer die gleichen Abstände der Hilfsteilstriche zwischen den Hauptstrichen haben.

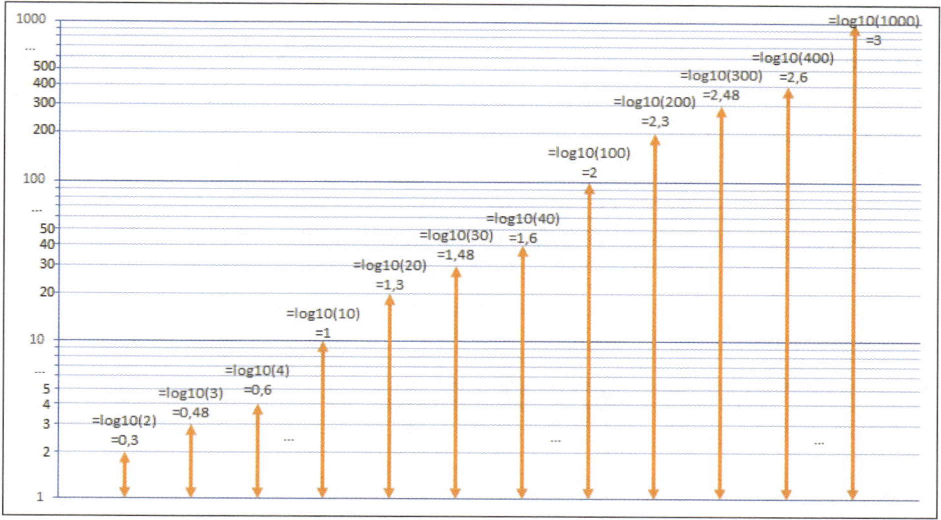

Abbildung 3.66 Logarithmische Skala mit Basis 10

Ein aus den Beispieldaten erstelltes Säulendiagramm mit logarithmischer Skalierung wie in Abbildung 3.67 zeigt die Vorteile der nichtlinearen Skalierung. Die geringeren Werte für Ersatzteile und Service sind im Diagramm deutlich sichtbar, sie liegen nicht mehr auf Höhe der Nulllinie. Aber auch hier müssen Sie vorsichtig sein, ein flüchtiger Blick lässt schnell den Schluss zu, dass der Umsatzanteil der Ersatzteile fast halb so hoch ist wie der der Fahrräder. Nutzen Sie logarithmisch skalierte Achsen, machen Sie dies im Diagramm z. B. durch Gitternetzlinien und Achsen mit Teilstrichen deutlich, wie in Abbildung 3.67 geschehen.

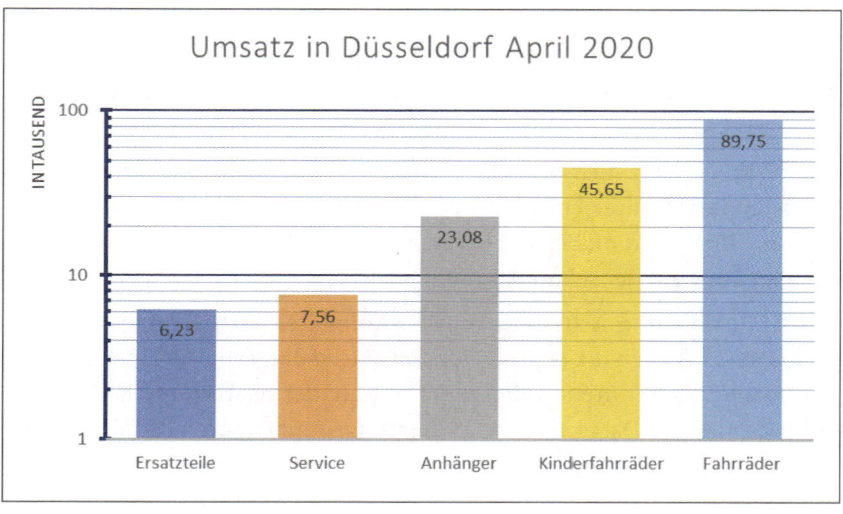

Abbildung 3.67 Diagramm mit logarithmischer Skalierung

3.5.4 Sekundäre Achse hinzufügen

Es gibt oftmals Fälle, in denen Daten in verschiedenen Größenordnungen vorliegen. Eine Datenreihe beinhaltet Werte im dreistelligen Bereich, in einer anderen Datenreihe stehen hingegen Prozentwerte, also Zahlen kleiner als eins. Stellen Sie diese Daten beispielsweise gemeinsam in einem gruppierten Säulendiagramm dar, werden die Säulen der Prozentwerte kaum sichtbar sein, deren Höhe ist im Vergleich zu den anderen Säulen viel zu gering. Um dieses Missverhältnis in einem Diagramm zu umgehen, stellt Excel die Möglichkeit zur Verfügung, eine *sekundären Werteachse* hinzuzufügen. Diese ist entsprechend der Größenordnung skaliert, hat also andere Grenzen als die primäre Werteachse.

Standort	Verkaufsfläche qm	% Anteil der Gesamtverka
Berlin	310	22,46%
München	190	13,77%
Hamburg	290	21,01%
Frankfurt	330	23,91%
Düsseldorf	260	18,84%

Abbildung 3.68 Beispieldaten für Diagramm mit sekundärer Werteachse

Sie können an zwei Stellen eine sekundäre Werteachse hinzufügen. Zum einen besteht bei den Achsendiagrammen im Formatfenster der Datenreihe die entsprechende Option. Es erscheint im Diagramm jetzt auf der rechten Seite eine zusätzliche Achse, die Grenzen hat Excel basierend auf den Daten gewählt. Sie müssen jetzt jedoch bedenken, dass die Werte einer Rubrik hintereinander dargestellt sind und so eventuell Säulen verdeckt werden und gar nicht sichtbar sind. Dies lässt sich über eine entsprechende Formatierung ändern, so können Sie z. B. die Abstandsbreite der Säulen der vorderen Reihe verkleinern.

Die zweite Variante, eine sekundäre Achse hinzuzufügen, ist im Menü DIAGRAMMTYP ÄNDERN auf der Registerkarte DIAGRAMMENTWURF enthalten. Besteht Ihr Diagramm aus mehreren Datenreihen, können Sie den Diagrammtyp KOMBI auswählen. Excel stellt Ihnen jetzt nicht nur die Option der sekundären Achse bereit, Sie können hier auch direkt unterschiedliche Diagrammtypen für die Datenreihe wählen. Eine typische Kombination besteht wie in Abbildung 3.69 aus Säulen auf der primären und einer Linie auf der sekundären Werteachse.

Der Einsatz der sekundären Achse erlaubt den Aufbau eines Diagramms, in dem sowohl die absolute als auch die relative Verkaufsfläche dargestellt ist. Der absolute Wert ist in Abbildung 3.70 durch Säulen repräsentiert, der relative durch eine Linie mit Markierungspunkten. Dabei sind die Markierungspunkte durch Rechtecke symbolisiert und unterhalb beschriftet, die Linienoption KEINE LINIE hebt die Verbindung der Markierungspunkte auf.

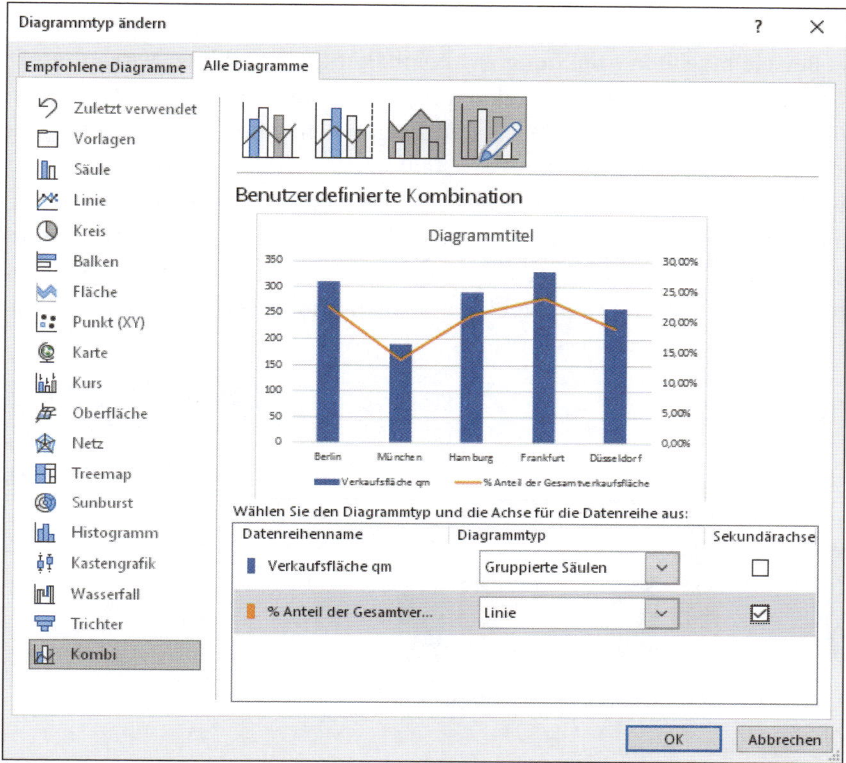

Abbildung 3.69 Sekundäre Werteachse hinzufügen

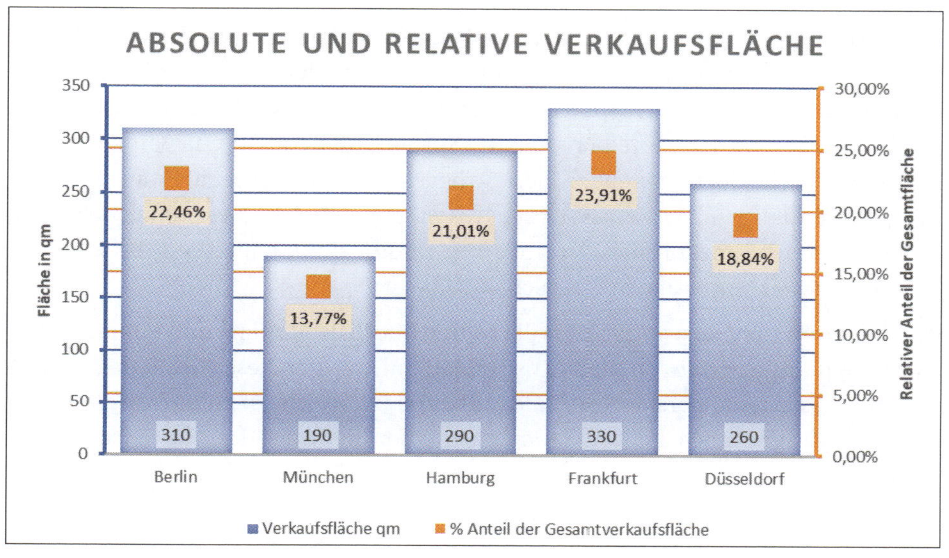

Abbildung 3.70 Diagramm mit sekundärer Werteachse

3.5.5 Zeile und Spalte tauschen

Die kleine Beispieltabelle in Abbildung 3.71 beinhaltet die Anzahl der verkauften E-Bikes in drei Städten, aufgeteilt nach den Vertriebskanälen »Laden« und »Onlineshop«. Wenn Sie mit `Alt` + `F1` ein Diagramm erstellen, sehen Sie die beiden Vertriebskanäle als Datenreihen mit den drei Städten als Rubriken. Diese Anordnung führt dazu, dass den Betrachtern zuerst der Vergleich »Laden« und »Onlineshop« für die jeweiligen Städte ins Auge springt. Diese Säulen stehen näher beieinander und haben unterschiedliche Farben. Erst auf den zweiten Blick erfolgt dann der Vergleich der Städte untereinander, werden die blauen Säulen und die orangenen Säulen als Reihe verglichen.

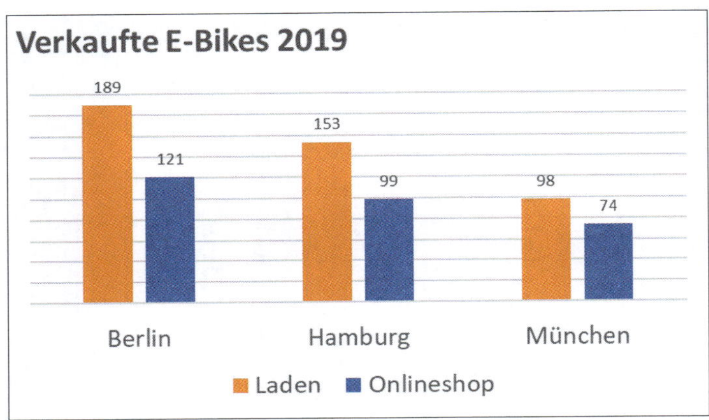

Stadt	Laden	Onlineshop
Berlin	189	121
Hamburg	153	99
München	98	74

Abbildung 3.71 Säulendiagramm mit Rubriken in Zeilen

Wenn Sie jetzt eine andere Sicht auf die Daten erstellen möchten und anstelle der Städte als Rubrik den Vertriebskanal auf der horizontalen Achse haben möchten, könnten Sie die Tabelle entsprechend umbauen. Sie würden dazu »Laden« und »Onlineshop« in Zeilen schreiben und drei Spalten mit den Namen »Berlin«, »Hamburg« und »München« erstellen. Diese Arbeit kann Ihnen Excel aber auch abnehmen, die Funktionalität ZEILE/SPALTE TAUSCHEN erledigt dies, ohne dabei die Datentabelle neu anzuordnen. Zu finden ist diese Funktionalität auf der Registerkarte DIAGRAMMENTWURF mit der Schaltfläche .

Ihr Diagramm sieht jetzt so aus, dass die beiden Rubriken »Laden« und »Onlineshop« eine Gruppe auf der horizontalen Achse bilden und in jeder dieser Gruppen der Wert der drei Städte als andersfarbige Säule enthalten ist. Welche Sicht auf die Daten Sie mit Ihrem Diagramm vermitteln möchten, müssen Sie von Fall zu Fall entscheiden.

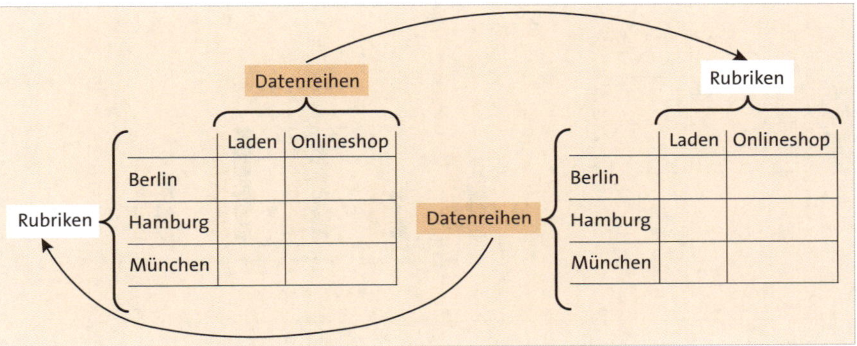

Abbildung 3.72 Auswirkung des Tausches Zeile und Spalte

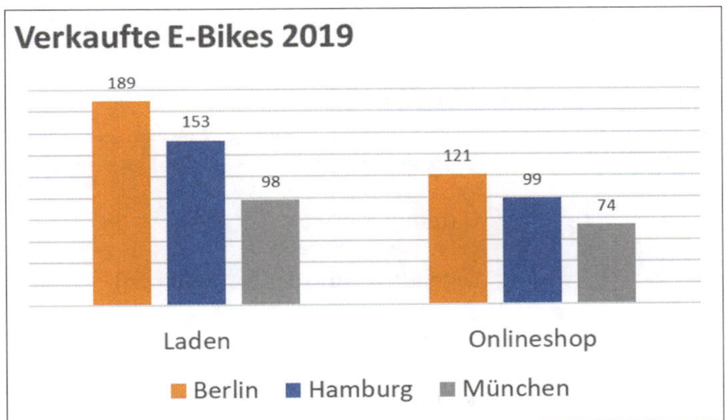

Stadt	Laden	Onlineshop
Berlin	189	121
Hamburg	153	99
München	98	74

Abbildung 3.73 Säulendiagramm mit Rubriken in Spalten

3.6 Datenbasis modifizieren – Erweitern, Reduzieren und Verändern der Diagrammdaten

Die Datenbasis eines einmal erstellten Diagramms ist nicht statisch. Jedem Diagramm können Sie selbstverständlich bei Bedarf Daten in Form von weiteren Rubriken oder Datenreihen hinzufügen, Sie können Daten ändern oder löschen. Excel stellt Ihnen dafür verschiedene Methoden zur Verfügung.

3.6.1 Bereich mit der Maus modifizieren

Das Beispiel in Abbildung 3.74 zeigt ein einfaches Säulendiagramm, in dem die Anzahl von Mitarbeitern der Geschäftsniederlassungen pro Stadt der Jahre 2017 und 2018 dargestellt sind. Jetzt gilt es, diesem Diagramm die Daten für das Jahr 2019 als zusätzliche Datenreihe sowie eine weitere Stadt als sechste Rubrik hinzuzufügen.

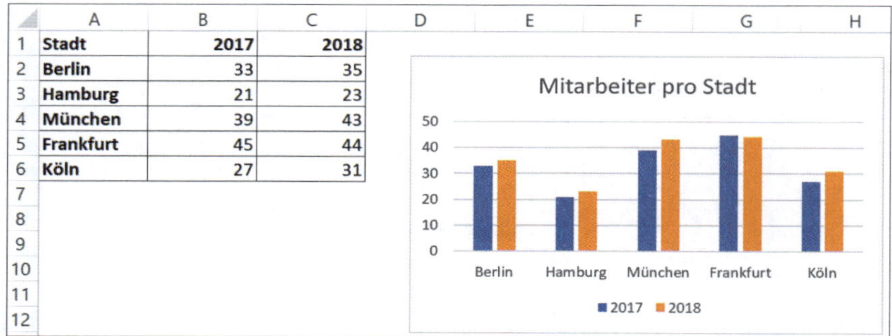

	A	B	C
1	Stadt	2017	2018
2	Berlin	33	35
3	Hamburg	21	23
4	München	39	43
5	Frankfurt	45	44
6	Köln	27	31

Abbildung 3.74 Ursprungsdaten Mitarbeiter pro Stadt und Jahr

Auch wenn Sie die Daten für 2019 in Spalte D eintragen und in Zeile 7 die Stadt Stuttgart, tauchen diese noch nicht in dem Diagramm auf. Dies können Sie erreichen, indem Sie einfach in die Zeichnungsfläche des Diagramms klicken und die farblich hervorgehobenen Bereiche der Datentabelle modifizieren.

Farbliche Markierung der Daten	Diagrammelement
Blau	Datenreihen
Rot	Legende (Name der Datenreihen)
Violett	Rubriken

Tabelle 3.19 Markierung der Daten eines Diagramms

Um jetzt noch die Werte für 2019 hinzuzufügen, ziehen Sie ganz einfach mit der Maus das kleine blaue Quadrat in Zelle C6 weiter in die Spalte D, automatisch wird die blaue Markierung für die Datenreihen erweitert. Gleichzeitig erweitert Excel auch den roten Bereich, der Name 2019 der neuen Reihe wird hinzugefügt. Genauso verfahren Sie, um die Rubrik Stuttgart in das Diagramm aufzunehmen. Diesmal ziehen Sie das blaue Quadrat jedoch nach unten in die Zeile 7.

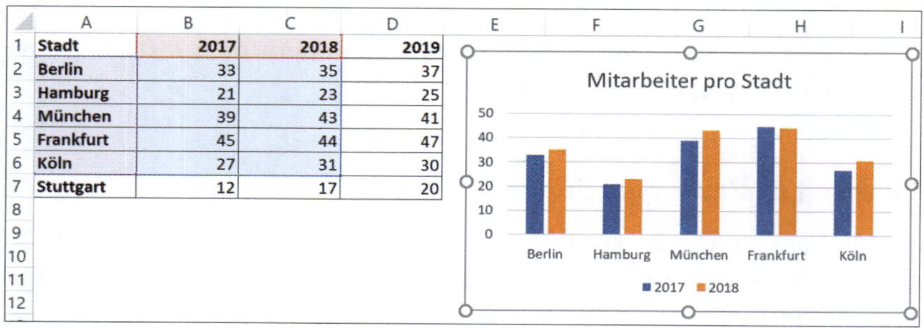

	A	B	C	D
1	Stadt	2017	2018	2019
2	Berlin	33	35	37
3	Hamburg	21	23	25
4	München	39	43	41
5	Frankfurt	45	44	47
6	Köln	27	31	30
7	Stuttgart	12	17	20

Abbildung 3.75 Markierung der Daten eines Diagramms

Auch jetzt erweitert Excel selbstständig den dazugehörigen violetten Bereich, der Name der Rubrik erscheint sofort in Ihrem Diagramm, wie Sie in Abbildung 3.76 sehen.

Diese Methode erlaubt nicht nur das Erweitern der Daten, auf die gleiche Art können die Daten auch reduziert werden. Soll beispielsweise das Jahr 2017 nicht mehr Bestandteil sein, ziehen Sie diesmal das kleine linke Quadrat der blauen Markierung nach rechts, und schon wird die Datenreihe aus dem Diagramm entfernt. Die farblich markierten Bereiche können aber nicht nur vergrößert oder verkleinert werden, sie können auch verschoben werden. Stehen z. B. die Namen der Datenreihen wegen einer Neuanordnung der Daten nicht mehr im Bereich A2:A7 sondern im Bereich F4:F9, fassen Sie mit der Maus einfach den violetten Bereich an der Umrandungslinie und ziehen diesen nach F4:F9.

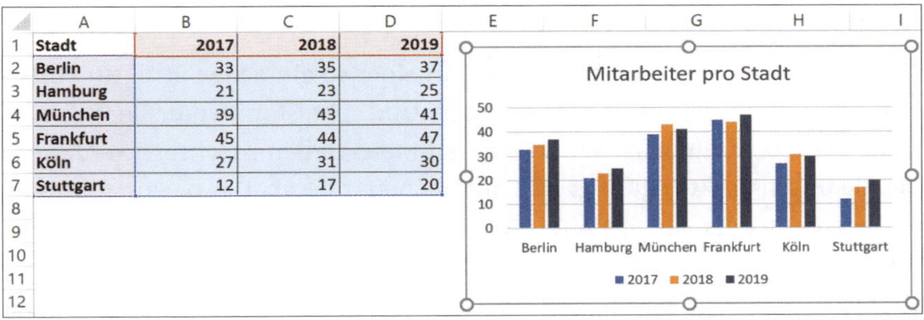

	A	B	C	D
1	Stadt	2017	2018	2019
2	Berlin	33	35	37
3	Hamburg	21	23	25
4	München	39	43	41
5	Frankfurt	45	44	47
6	Köln	27	31	30
7	Stuttgart	12	17	20

Abbildung 3.76 Erweiterung der Diagrammdaten

Grenzen dieser Methode

Solange Ihre Daten gut strukturiert in einem Tabellenblatt gegliedert sind und die Datenreihen ohne Lücken zusammenhängend angeordnet sind, solange funktioniert diese Methode recht gut. Sobald aber die unterschiedlichen Bereiche für Rubriken, Legenden und Datenreihen sehr verteilt und unterbrochen sind, stößt das Modifizieren mit der Maus an Grenzen. In diesem Fall empfiehlt sich die Nutzung der Funktionalität DATEN AUSWÄHLEN.

3.6.2 Diagrammdaten in einer formatierten Tabelle modifizieren

Die einfachste und schnellste Methode zum Hinzufügen oder Entfernen von Datenreihen und Rubriken steht Ihnen zur Verfügung, wenn die Diagrammdaten in einer *formatierten Tabelle* vorliegen. In diesem Fall reicht es wirklich aus, einfach eine neue Spalte der formatierten Liste hinzuzufügen, schon ist das Diagramm um eine Datenreihe erweitert. Und sobald Sie eine neue Zeile hinzufügen, erscheint sofort eine neue Rubrik in Ihrem Diagramm.

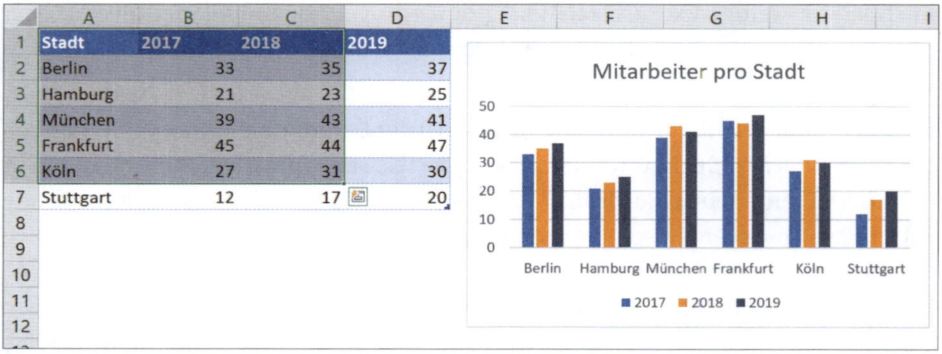
A
B
C
D
E
F
G
H
I
Stadt 2017 2018 2019
Berlin 33 35 37
Hamburg 21 23 25
München 39 43 41
Frankfurt 45 44 47
Köln 27 31 30
Stuttgart 12 17 20
Mitarbeiter pro Stadt
50
40
30
20
10
0
Berlin
Hamburg
München
Frankfurt
Köln
Stuttgart
2017
2018
2019

Abbildung 3.77 Hinzufügen von Reihen und Rubriken in einer formatierten Tabelle

3.6.3 Funktionalität »Daten auswählen«

Es gibt Fälle, in denen Ihre Daten jedoch nicht in einer so einfachen Struktur vorliegen oder sich in eine solche transferieren lassen. Und spätestens wenn Sie individuelle, über die Standards hinausgehende Diagramme erstellen möchten, werden Sie manchmal die Datenstruktur ganz gezielt aufbrechen müssen. Das bewusste Hinzufügen von Leerzeilen oder Leerspalten ist dann oftmals der Schlüssel, um ganz neue Sichten auf die Daten zu generieren.

Um dann trotzdem die Daten für Ihr Diagramm zu modifizieren, steht die Funktionalität *Daten auswählen* zur Verfügung. Das entsprechende Fenster ist unter anderem zu erreichen, indem Sie das Kontextmenu eines bestehenden Diagramms mit der rechten Maustaste aufrufen. Dort finden Sie den Menüpunkt DATEN AUSWÄHLEN . Es öffnet sich jetzt ein Dialogfenster, in dem auf der linken Seite die bestehenden Datenreihen (LEGENDENEINTRÄGE) zu finden sind. Auf der rechten Seite erkennen Sie die entsprechende Rubrik (HORIZONTALE ACHSENBESCHRIFTUNG). Datenreihen können hinzugefügt, bearbeitet oder entfernt werden. Die Rubrik lässt sich hingegen nur bearbeiten, es kann ja nur eine horizontale Beschriftung geben. Möchten Sie jetzt eine bestehende Datenreihe bearbeiten, öffnet sich ein weiteres kleines Auswahlfenster (siehe Abbildung 3.78). Hier geben Sie beginnend mit dem Gleichheitszeichen die Adresse der Zelle ein, in der der neue Name steht. Anschließend schreiben Sie den Adressbereich ebenfalls mit dem Gleichheitszeichen in das entsprechende Feld. Anstelle der manuellen Eingabe der Adressen können Sie die Zellen auch einfach mit der Maus im Tabellenblatt markieren, Excel übernimmt die Markierungen dann automatisch in die Dialogfelder. Bei dieser Methode empfiehlt es sich, den bestehenden Inhalt der Felder vorher zu löschen. Es kann ansonsten vorkommen, dass die Adresse des neuen Bereichs an die des bestehenden Bereichs angehangen wird. Die Verweisformel ist dann fehlerhaft, es kommt zu einer entsprechenden Meldung.

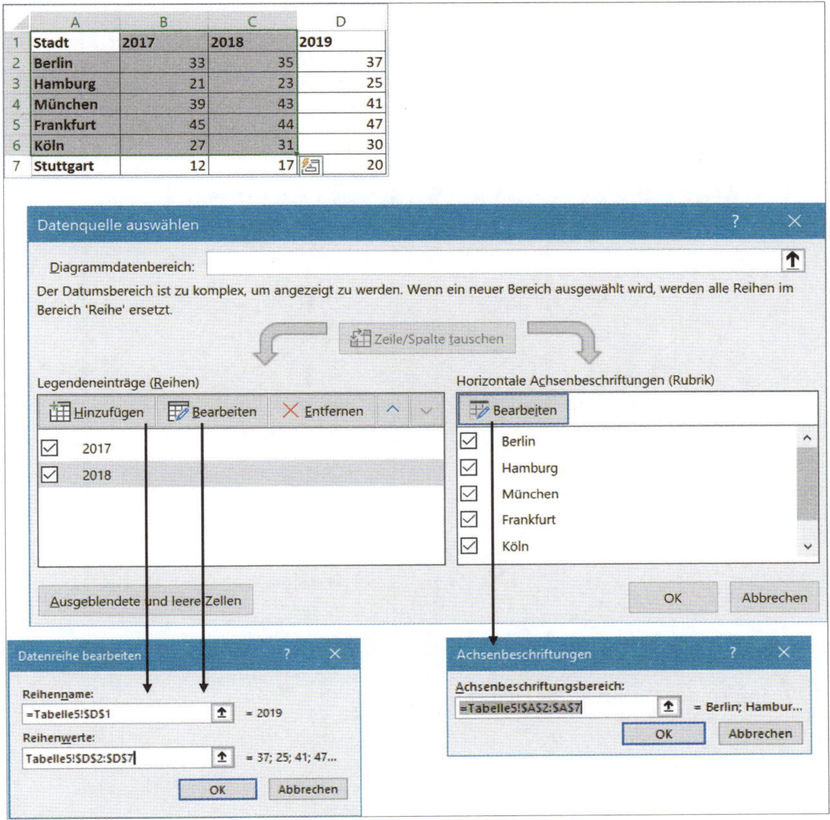

Abbildung 3.78 Datenquellen hinzufügen und bearbeiten

Adressierung der Datenreihen und der Rubrik

Die Angaben in den Feldern REIHENNAME, REIHENWERTE und ACHSENBESCHRIFTUNGSBEREICH müssen in Form der absoluten Adressierung mit Angabe des Namens des Tabellenblattes erfolgen (z. B. =Tabelle1!$A$1). Nicht zusammenhängende Bereiche werden durch ein Semikolon getrennt (z. B. =Tabelle1!$A$1; Tabelle1!$B$3).

3.6.4 Daten filtern

Sobald ein Diagramm markiert ist, erscheinen drei Symbole oben rechts neben dem Diagramm. Das untere Symbole FILTER erlaubt es Ihnen, bestehende Daten des Diagramms auszublenden. Die Daten sind weiterhin Bestandteil, sie werden lediglich nicht mehr angezeigt, sobald der entsprechende Haken entfernt wurde (siehe Abbildung 3.79). Sowohl Datenreihen als auch Rubriken (Kategorien) lassen sich so optisch entfernen und bei Bedarf auch wieder hinzufügen.

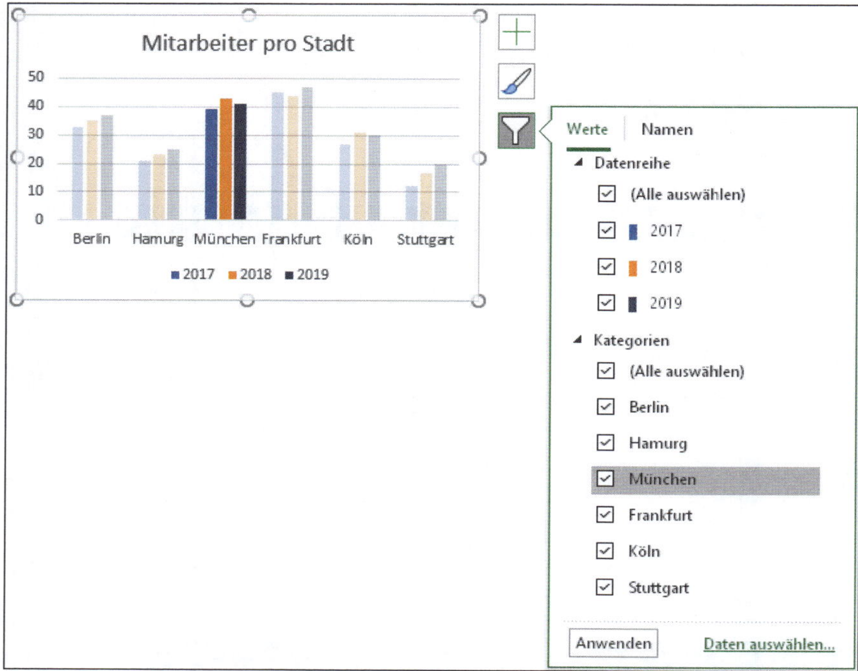

Abbildung 3.79 Filtern der Daten eines Diagramms

Kapitel 4
Standarddiagramme

Es gibt schier unendlich viele Möglichkeiten, Zahlen, Daten und Informationen zu visualisieren.

Ein hoher Anteil der Datenvisualisierung basiert auf einer kleinen Menge von Diagrammtypen, hier einfach mal als *Standarddiagramme* bezeichnet. Diese Typen zeichnen sich in ihrer einfachsten Ausprägung dadurch aus, dass Betrachter die Aussage sofort erfassen und verstehen können. Die Standarddiagramme vermitteln ein Bild, mit dem jeder sofort etwas anfangen kann, das Verständnis der visualisierten Zahlen ist auf den ersten Blick vorhanden. Jeder kann ein Balken- oder Liniendiagramm interpretieren oder ist in der Lage, die Aussage eines Kreisdiagramms zu erfassen.

Aber trotzdem ist auch bei der Erstellung eines Standarddiagramms sehr genau darauf zu achten, die Zahlen und Daten in die richtige Form zu bringen, den Betrachtern ein möglichst gutes und einfaches Bild zu liefern. Sie werden sehr schnell feststellen, dass auch bei den Standarddiagrammen einiges zu beachten ist, um dies zu erreichen.

4.1 Säulen – Vergleich von Werten zwischen Rubriken

In einem einfachen *Säulendiagramm* stehen rechteckige Flächen auf einer horizontalen Achse. Die Höhe dieser Fläche oder Säule repräsentiert dabei eine Zahl, die visualisiert werden soll. Die Breite dieser Fläche spielt in der Regel keine Rolle. Sind mehrere Datenreihen vorhanden, können die Werte einer jeweiligen Rubrik entweder nebeneinander als *gruppiertes Säulendiagramm* angezeigt werden oder auch übereinander als gestapeltes Säulendiagramm. Die Rubriken auf der horizontalen Achse können als reiner Text vorliegen, es gibt in diesem Fall also keine natürliche Reihenfolge. Oder es handelt sich um Datumswerte, dann unterliegen die Rubriken einer festen Reihenfolge.

4.1.1 Einfaches Säulendiagramm

Sie möchten die Anzahl von verkauften Fahrrädern innerhalb eines Jahres nach verschiedenen Rubriken oder Kategorien als Säulendiagramm darstellen. Die Daten liegen in einer formatierten Tabelle vor, die Erstellung des Diagramms ist nach dem

Markieren der Tabelle über die SCHNELLANALYSE • DIAGRAMME • SÄULENDIAGRAMM mit wenigen Mausklicks erledigt. Die dann getätigten Formatierungen können Sie folgender Liste unter dem Diagramm entnehmen:

Typ	Verkäufe 2019
E-Bikes	12
Kinder-Fahrräder	33
Mountain-Bikes	27
Rennräder	23
Trekking-Räder	47

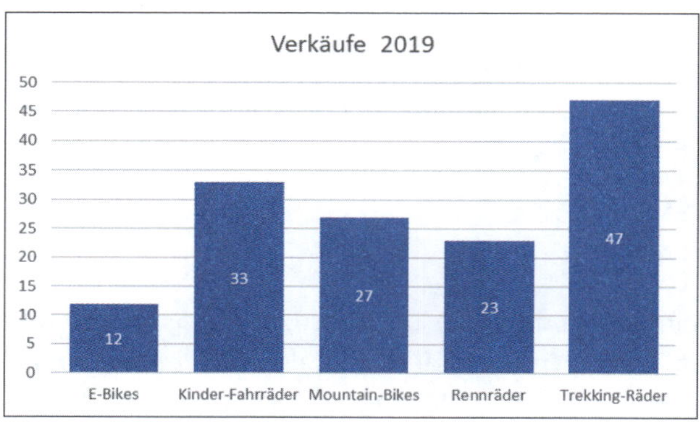

Abbildung 4.1 Verkaufszahlen 2019 pro Fahrradtyp (1)

- Typ: gruppierte Säulen
- Formatvorlage: 1
- Abstandsbreite der Säulen: 70 %
- Datenbeschriftung: zentriert in weißer Schriftfarbe
- Füllfarben der Datenreihen: Akzentfarbe 1 und Akzentfarbe 2

Die Reihenfolge der Rubriken entspricht genau der Reihenfolge der Daten in der Tabelle. Diese sind alphabetisch nach Typ sortiert, die erste Rubrik im Diagramm lautet entsprechend E-Bikes, die letzte ganz rechte Rubrik Trekking-Räder (siehe Abbildung 4.1).

Typ	Verkäufe 2019
E-Bikes	12
Rennräder	23
Mountain-Bikes	27
Kinder-Fahrräder	33
Trekking-Räder	47

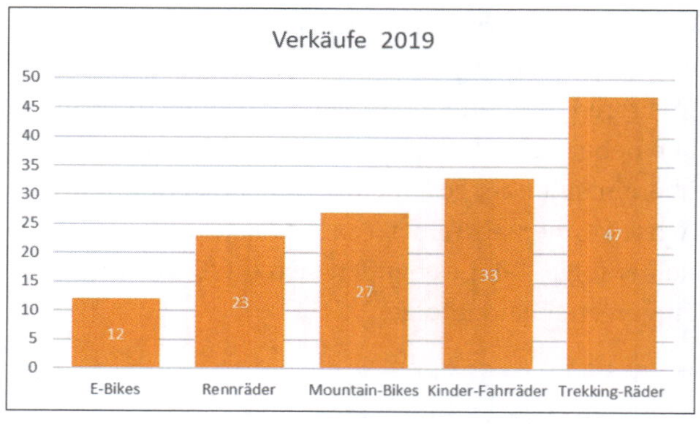

Abbildung 4.2 Verkaufszahlen 2019 pro Fahrradtyp (2)

Sind die Daten jedoch anders sortiert, z. B. aufsteigend nach der Anzahl der Verkäufe, ergibt sich auch ein anderes Bild. Die erste Rubrik sind wiederum die E-Bikes und die letzte Rubrik die Trekking-Räder. Dazwischen jedoch haben die Rennräder und die Kinderräder die Plätze getauscht (siehe Abbildung 4.2). Beide Diagramme sind richtig, die Daten werden völlig korrekt visualisiert. Da die Rubriken in diesem Beispiel aber als Text vorliegen, gibt es keine natürliche Reihenfolge, jede beliebige Sortierung und somit die Reihenfolge der Rubriken wäre genauso zulässig.

4.1.2 Säulendiagramm mit zwei Datenreihen

Das *gruppierte Säulendiagramm* erlaubt es Ihnen, mehrere Werte in einer Rubrik darzustellen. Haben Sie z. B. zwei Datenreihen vorliegen, einmal die Verkaufszahlen eines Jahres und daneben die positive oder die negative Abweichung zum Vorjahr, können Sie in einem gruppierten Säulendiagramm diese beiden Werte nebeneinander anzeigen wie in dem Beispiel in Abbildung 4.3. In jeder Rubrik werden zwei Säulen dargestellt, zur Unterscheidung erhält jede Datenreihe eine andere Farbe. Die Legende gibt Aufschluss über die Bedeutung der Datenreihen.

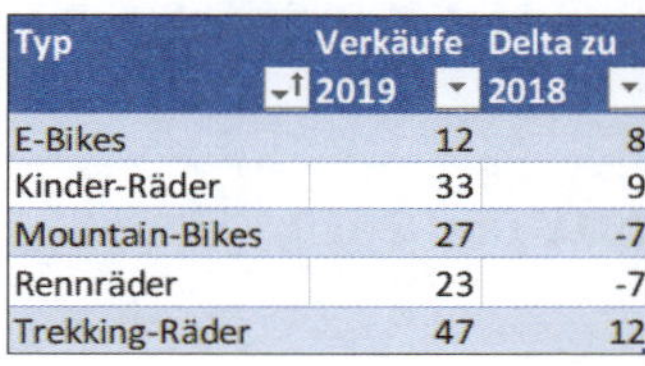

Typ	Verkäufe 2019	Delta zu 2018
E-Bikes	12	8
Kinder-Räder	33	9
Mountain-Bikes	27	-7
Rennräder	23	-7
Trekking-Räder	47	12

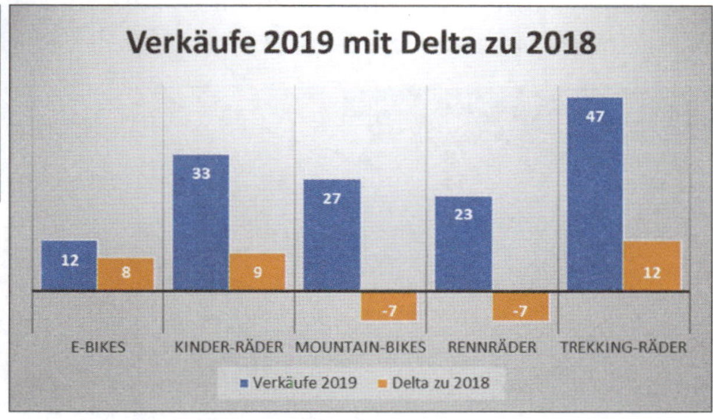

Abbildung 4.3 Verkaufszahlen 2019 mit Angabe des Zuwachses/der Abnahme

- Typ: gruppierte Säulen
- Formatvorlage: 4
- Abstandsbreite der Säulen: 30 %
- Datenbeschriftung: am Ende innerhalb, zentrierte mit weißer Schriftfarbe
- Füllfarbe der Datenreihen: Akzentfarbe 1 und Akzentfarbe 2
- Primäres horizontales Gitter: nein
- Primäres vertikales Gitter: ja, Linie mit Farbverlauf
- Beschriftungsposition der horizontalen Achse: niedrig
- Legende: unten

Sie können an dem Beispiel erkennen, dass in einem Säulendiagramm auch negative Werte angezeigt werden können. Eine Säule muss nicht zwingend auf der Rubrikenachse stehen, sie kann bildlich gesprochen auch an der horizontalen Achse hängen. Immer wenn Sie negative Werte in einer Datenreihe haben, wird die Säule beginnend von der Nulllinie, also der Rubrikenachse, um die entsprechenden Werte auf der vertikalen Werteachse nach unten gezeichnet. In solchen Fällen empfiehlt es sich, die *Achsenbeschriftungsoption* NIEDRIG zu wählen. Dadurch wird verhindert, dass die Beschriftung in die Säulen hineinragt.

4.1.3 Gestapeltes Säulendiagramm

Bei mehreren Datenreihen müssen die Säulen nicht zwingend nebeneinanderstehen, sie können auch gestapelt werden. Je nach Art und Ausprägung Ihrer Daten ist hier jedoch eine gewisse Vorsicht geboten. Die gestapelten Säulen vermitteln ein Bild auf die Summe der Datenreihen, diese sollten also auch immer sinnvoll addierbar sein und dieselbe Einheit haben. Die Verkäufe 2018 und 2019 wie im Beispiel in Abbildung 4.4 lassen sich gut stapeln, es wird ein Gesamtwert sowie die Aufteilung vermittelt. Haben Sie hingegen eine Datenreihe »Verkäufe« und eine Datenreihe »Verkaufsfläche in m^2«, so macht ein Stapel keinen Sinn.

Typ	Verkäufe 2018	Verkäufe 2019
Trekking-Räder	35	47
Rennräder	29	23
Mountain-Bikes	38	27
Kinder-Fahrräder	18	33
E-Bikes	9	14

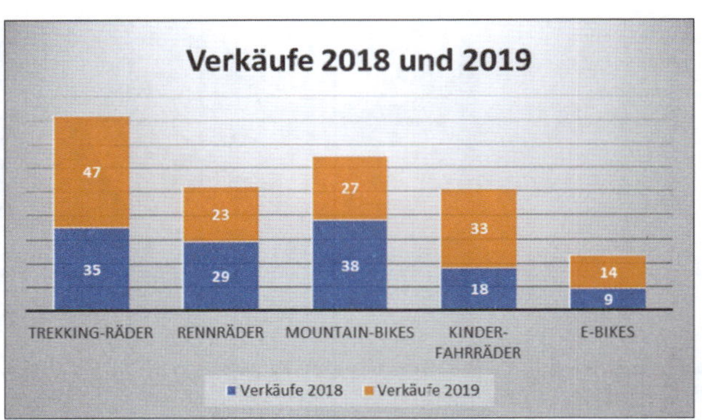

Abbildung 4.4 Verkaufszahlen 2018 und 2019 pro Fahrradtyp

- Typ: gestapelte Säulen
- Formatvorlage: 4
- Abstandsbreite der Säulen: 70 %
- Datenbeschriftung: zentrierte in weißer Schriftfarbe
- Füllfarbe der Datenreihen: Akzentfarbe 1 und Akzentfarbe 2

Aber auch wenn die Datenreihen inhaltlich stapelbar sind, ist das Erfassen des Diagramms für die Betrachter manchmal erst auf den zweiten Blick möglich. In einer gestapelten Säule verschiebt sich, ähnlich wie in einer gestapelten Fläche oder Linie auch, der untere Bezug der weiteren Datenreihen. Während Datenreihe 1 (Verkäufe 2018) auf der Rubrikenachse steht und die Höhe sofort den Wert erkennen lässt, ist die Bezugslinie der Datenreihe 2 (Verkäufe 2019) variabel. Je nach Höhe der ersten Säule ergeben sich unterschiedliche Startlinien für die Säulen der zweiten Datenreihe. Ein direkter Vergleich ist optisch unter Umständen schwierig. Um im Bild zu erkennen, dass die Säule »Mountain-Bikes 2019« höher ist als die Säule »Rennräder 2019«, muss der Betrachter schon genauer hinschauen. Es empfiehl sich in solchen Fällen immer, die Datenbeschriftung in die Säulen aufzunehmen.

4.2 Balken – Rangfolgen darstellen

Balkendiagramme scheinen auf den ersten Blick nichts anderes zu sein als Säulendiagramme, nur um 90° gedreht. Der Einsatz und Nutzen sind jedoch etwas anders gelagert, für bestimmte Daten und deren Darstellung bieten Balken große Vorteile.

4.2.1 Balkendiagramm zur Darstellung einer abnehmenden Rangfolge

Im Gegensatz zu anderen Diagrammen in einem Koordinatensystem sind die Positionen der Rubriken- und Werteachse in einem Balkendiagramm vertauscht. Auf der vertikalen Achse sind die Rubriken aufgetragen, die Werte selbst auf der horizontalen Achse. Die zu visualisierenden Zahlenwerte einer Datenreihe sind durch die Breite der Balken dargestellt. In der Regel beginnen die Balken links an der Rubrikenachse anliegend, und je höher der Wert, desto weiter ragt der Balken nach rechts.

Diese Art der Darstellung eignet sich sehr gut für Fälle, in denen die Zahlenwerte Ihrer Daten absteigend sortiert vorliegen. So lassen sich Rangfolgen gut darstellen, der höchste Wert steht ganz oben, der kleinste ganz unten wie im Beispiel in Abbildung 4.5. Die Augen der Betrachter folgen automatisch dieser Rangfolge von oben nach unten.

Radzubehör	Lagerbestand (01.07.20)
Werkzeuge /Pflege-Mittel	287
Beleuchtung	223
Anbauteile	191
Schlösser	159
Reifen und Schläuche	132
Bremsen	105
Antrieb und Schaltung	88
Lenker und Griffe	76
Transport	67
Fahrradpumpen	50
Fahrradhelme	43
Sättel	33

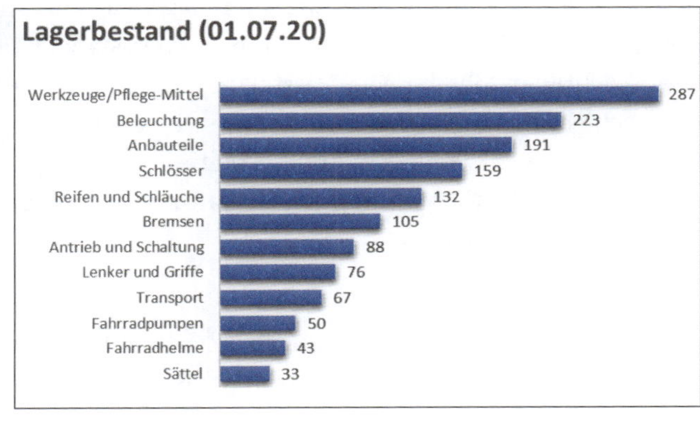

Abbildung 4.5 Rangfolge der Lagerbestände verschiedener Zubehörklassen

- Typ: gruppierte Balken
- Formatvorlage: 13
- Datenbeschriftung: am Ende außerhalb
- Füllfarbe der Datenreihen: Akzentfarbe 1
- Optionen der Rubrikenachse: Kategorien in umgekehrter Reihenfolge
- Abstandsbreite der Balken: 67 %
- Primäres vertikales Gitter: nein
- Werteachse: nein
- Diagrammtitel: oben links

Sollten Sie Daten haben, bei denen die Bezeichnung der Rubriken sehr lang ist, kann die Verwendung eines Balkendiagramms auch hilfreich sein. Die Bezeichnung wird hier links neben die Achse geschrieben, die Betrachter können den Text in der Regel gut lesen. Den benötigten Platz dafür ermittelt Excel automatisch, verkleinert jedoch im Gegenzug die Zeichnungsfläche. Unter Umständen ist also auch bei nicht sortierten Zahlenwerten ein Balkendiagramm der Säulendarstellung vorzuziehen, da unter Säulen einfach weniger Platz für lange Beschriftungen zur Verfügung steht.

4.2.2 Balkendiagramm mit zusätzlichen Informationen

Auch in Balkendiagrammen können die Datenreihen gestapelt werden. Mit ein paar Erweiterungen der Datentabelle und einem kleinen Trick lassen sich Darstellungen erzeugen, die auf den ersten Blick gar nicht wie gestapelte Balkendiagramme aussehen. Haben Sie z. B. Daten zweier Inventuren verschiedener Tage vorliegen und würden diese einfach stapeln, wäre das Ergebnis nur eingeschränkt sinnvoll. Die jeweiligen Bestände sind nicht addierbar, es handelt sich um eine Momentaufnahme mit sich überschneidenden Daten. Ein Reifen lag vielleicht am 1.1.20 schon im Lager und liegt am 1.7.20 immer noch dort. Ein einfacher Stapel würde diesen Reifen zweimal berücksichtigen. Eine bessere Darstellung für diesen Sachverhalt ist die Angabe des Unterschieds der beiden Inventuren, also wie sehen die Zahlen am 1.7. aus und welche Mengen liegen im Vergleich zum 1.1. mehr oder auch weniger vor? Ein solches Diagramm sehen Sie in Abbildung 4.6, die dafür notwendigen Daten in Abbildung 4.7.

- Typ: gestapelte Balken
- Formatvorlage: 1
- Datenbeschriftung: zentriert in weißer bzw. schwarzer Schriftfarbe
- Zahlenformat der Datenbeschriftung: +0; –0
- Füllfarbe der vier Datenreihen: Akzent 1, ohne, ohne, Hellblau
- Optionen der Rubrikenachse: Kategorien in umgekehrter Reihenfolge

- Abstandsbreite der Balken: 36 %
- Primäres horizontales Gitter: ja
- Primäres vertikales Gitter: nein
- Werteachse: nein
- Diagrammtitel: oben links in fetter Schrift
- Legende: unten ohne Datenreihen 2 und 3

Radzubehör	Lagerbestand 1.7.20	Lagerbestand 1.1.20
Werkzeuge /Pflegemittel	287	262
Beleuchtung	223	235
Anbauteile	191	202
Schlösser	159	142
Reifen und Schläuche	132	154
Bremsen	105	99
Antrieb und Schaltung	88	92
Lenker und Griffe	76	93
Transport / Anhänger	67	77
Fahrrad-Pumpen	50	47
Fahrradhelme	43	51
Sättel	33	28

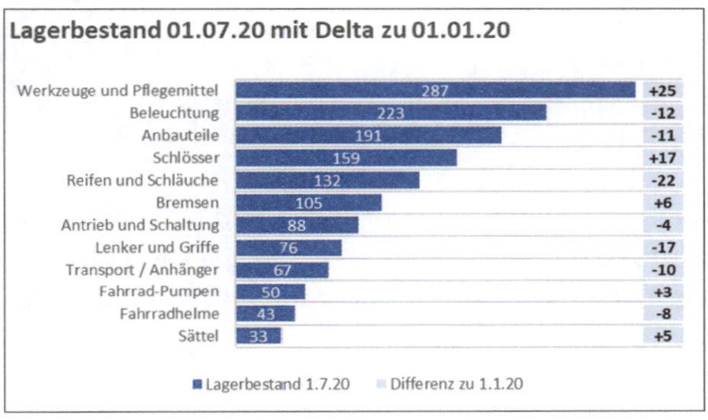

Abbildung 4.6 Rangfolge der Lagerbestände mit Angabe des Zuwachses/der Abnahme

Ihre Ursprungsdaten haben Sie in den ersten drei Spalten vorliegen, die Rubrik in Spalte 1 (Radzubehör), in Spalte 2 und 3 die Lagerbestände. Um ein Bild wie in dem Beispiel in Abbildung 4.6 zu erstellen, werden vier Hilfsspalten benötigt (siehe Abbildung 4.7). Es wird in Spalte 4 die Differenz zwischen den einzelnen Lagerbestände am 1.7. und dem maximalen Wert dieser Spalte berechnet. Da die Daten in einer formatierten Tabelle vorliegen, kommt in der Formel der *strukturierte Verweis* zum Einsatz.

```
=MAX([Lagerbestand 1.7.20])-[@[Lagerbestand 1.7.20]]
```

Dieser Differenzwert wird im Diagramm auf den jeweiligen Lagerbestand am 1.7. gestapelt. Dies hat den Effekt, dass alle Stapel genau dieselbe Breite haben, sie schließen also rechtsbündig an einer imaginären vertikalen Linie ab. Die nächste Spalte mit dem konstanten Wert 5 wird dann als nächste Datenreihe aufgestapelt. Dieser sorgt später für einen kleinen Abstand zwischen den sichtbaren Balken. Als Nächstes kommt wieder ein konstanter Wert, diesmal die Breite 30. Darin wird dann der Differenzwert platziert. Die Differenz ergibt sich aus der Subtraktion der beiden Lagerbestände (1.7. minus 1.1.).

```
=[@[Lagerbestand 1.7.20]]-[@[Lagerbestand 1.1.20]]
```

Radzubehör	Lagerbestand 1.7.20	Lagerbestand 1.1.20	Differenz zu max. Lagerbestand	Abstands balken	Differenz zu 1.1.20	Differenzwert zu 1.1.20
Werkzeuge / Pflegemittel	287	262	0	5	30	+25
Beleuchtung	223	235	64	5	30	-12
Anbauteile	191	202	96	5	30	-11
Schlösser	159	142	128	5	30	+17
Reifen und Schläuche	132	154	155	5	30	-22
Bremsen	105	99	182	5	30	+6
Antrieb und Schaltung	88	92	199	5	30	-4
Lenker und Griffe	76	93	211	5	30	-17
Transport / Anhänger	67	77	220	5	30	-10
Fahrrad-Pumpen	50	47	237	5	30	+3
Fahrradhelme	43	51	244	5	30	-8
Sättel	33	28	254	5	30	+5

Abbildung 4.7 Erweiterte Datentabelle für das Balkendiagramm

Jetzt werden die Spalten 1, 2, 4, 5 und 6 der *formatierten Tabelle* markiert und über EINFÜGEN • DIAGRAMME • GESTAPELTER BALKEN das Diagramm erstellt. Die Namen der Datenreihen können Sie dann noch über den Dialog DATEN AUSWÄHLEN • BEARBEITEN entsprechend ändern.

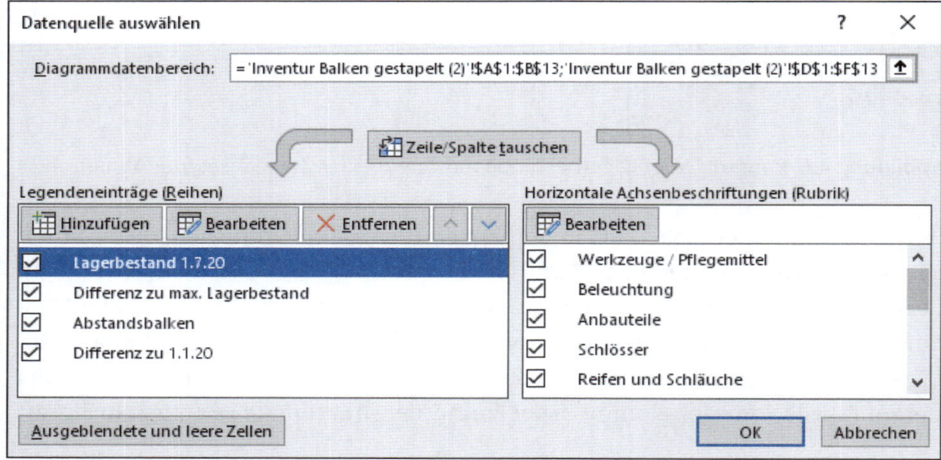

Abbildung 4.8 Dialog »Datenquelle auswählen« mit vier Datenreihen

Um ein Diagramm, wie Abbildung 4.6 abgebildet, zu erhalten, müssen Sie jetzt nur noch die Formatierungen anpassen, die Diagrammelemente hinzunehmen bzw. entfernen, die Reihenfolge der Rubriken über die Achsenoptionen umkehren und die Beschriftung des letzten Balkens in »Wert aus Zellen« ändern. Und jetzt kommt der kleine Trick: Sie geben den beiden Datenreihen DIFFERENZ ZU MAX. LAGERBESTAND und ABSTANDSBALKEN keine Füllung und keine Kontur, schon sind diese Balken unsichtbar.

4.3 Linien – Entwicklung und Trends über Zeiträume visualisieren

Betrachter erkennen in einem Liniendiagramm sofort den zeitlichen Aspekt. Ohne sich die Werte auf den Achsen oder den Titel genau anzuschauen, nimmt das Auge selbst bei flüchtiger Betrachtung sofort den Aspekt der Abfolge wahr. Eine Linie suggeriert immer ein »Von ... bis«.

4.3.1 Entwicklung mehrerer Datenreihen über die Zeit

Mithilfe von Liniendiagrammen lassen sich sehr anschaulich zeitliche Verläufe darstellen. Dafür haben Sie in der Regel als Rubrik ein aufsteigendes Datum oder auch eine Uhrzeit in Ihren Daten vorliegen. Und zu jeder dieser Rubriken einen oder mehrere Werte, im Beispiel in Abbildung 4.9 sind das Verkaufszahlen verschiedener Fahrradtypen. Die Betrachter erkennen an den Linien sofort eine natürliche Reihenfolge, links ist ein früherer Zeitpunkt als rechts. Diese Erkenntnis liefert ein Liniendiagramm unmittelbar. Die Skalierung, also ob es sich um Stunden, Tage, Monate oder Wochen handelt, ergibt sich dann durch den Blick auf die horizontale Rubrikenachse.

Monat	City-Bikes	E-Bikes	Renn-Räder	Kinder-Räder
Jan. 19	19	3	16	6
Feb. 19	18	2	17	5
Mrz. 19	22	3	15	4
Apr. 20	31	19	30	14
Mai. 20	34	19	30	17
Jun. 20	34	22	30	20

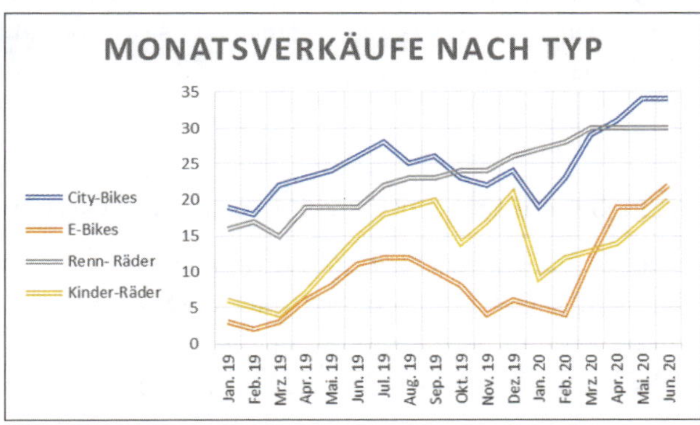

Abbildung 4.9 Verkäufe von Fahrrädern nach Typ der letzten 18 Monate

- Typ: Linien
- Formatvorlage: 10
- Legende: links
- Skalierung der Werteachse: 0 bis 35
- Horizontalen Achsenbeschriftung: 270° gedreht
- Primäres horizontales Hauptgitter: ja
- Primäres vertikales Hauptgitter: ja

Sie können zeitliche Verläufe auch mit einigen anderen Diagrammtypen darstellen, Voraussetzung ist die zeitliche Sortierung der Rubriken. Was jedoch keinen Sinn ergibt, ist der Einsatz eines Liniendiagramms für nominale Rubriken, also für Texte. Hier liegt keine natürliche Reihenfolge vor, eine Linie suggeriert dies aber immer.

Excel erkennt automatisch, wenn eine Rubrikenachse Datumsangaben enthält, diese wird dann gleich als solche formatiert. Dadurch stehen erweiterte Einstellungen zur Verfügung, wie z. B. die Aggregation von Tagen zu Monaten. Eine weitere automatische Funktionalität ist das Ergänzen fehlender Rubriken. Sollte z. B. der Eintrag »Mrz. 19« fehlen, wird dieser in die Rubrikenachse aufgenommen. Da für dieses Datum kein Wert existiert, wird die Linie zwischen »Feb. 19« und »Apr. 19« gezeichnet.

Hinweis zum Datum

Ein Datum in Excel stellt immer eine Zahl dar, nämlich die Anzahl der vergangenen Tage seit dem »01.01.1900«. Der »31.12.2020« entspricht demnach der Zahl 44.196. Wie dieser Tag dann in der Datentabelle bzw. im Diagramm dargestellt ist, hängt nur von der Formatierung ab. Möchten Sie wie im Beispiel Monatsangaben machen, lässt sich dies durch Eingabe des jeweils ersten Tages des Monats (01.01.2019 etc.) mit entsprechender Formatierung realisieren. Ein Datum mit dem Formatcode »MMM.JJ« zeigt den Monat mit drei Zeichen abgekürzt an, die Jahreszahl ist zweistellig. Eine Tagesangabe hingegen ist im Formatcode nicht enthalten, der Tag wird nicht angezeigt.

4.3.2 Gegenüberstellung von Umsatz und Gewinn

Generell sollte jedes Diagramm nicht zu viele Datenreihen haben, dadurch leidet die Übersichtlichkeit und letztlich die Aussagekraft. Und insbesondere bei sich überschneidenden Kurven in einem Liniendiagramm kann das Bild schnell als eine Art Wollknäuel erscheinen. Wenn Sie jedoch nur zwei zeitliche basierte Datenreihen haben, ergeben sich mit einem Liniendiagramm viele Möglichkeiten, zusätzliche Informationen darzustellen. Im folgenden Beispiel in Abbildung 4.10 wird nicht nur die größer werdende Schere zwischen Umsatz und Gewinn mit den Bezugslinien visualisiert, die Betrachter erhalten auch die Trendlinien mit Angabe der Funktionsgleichung dieser Trends.

- Typ: Linien
- Formatvorlage: 12
- Bezugslinien: ja
- Trendlinien: ja (linear)
- Anzeige der Formeln der Trendlinien: ja
- Füllfarbe des Textfeldes der Formal: Blau bzw. Orange

Monat	Umsatz	Gewinn
Jan. 19	17.433 €	3.490 €
Feb. 19	16.434 €	3.903 €
Mrz. 19	18.810 €	6.424 €
Apr. 20	30.612 €	5.320 €
Mai. 20	32.081 €	7.055 €
Jun. 20	31.560 €	8.133 €

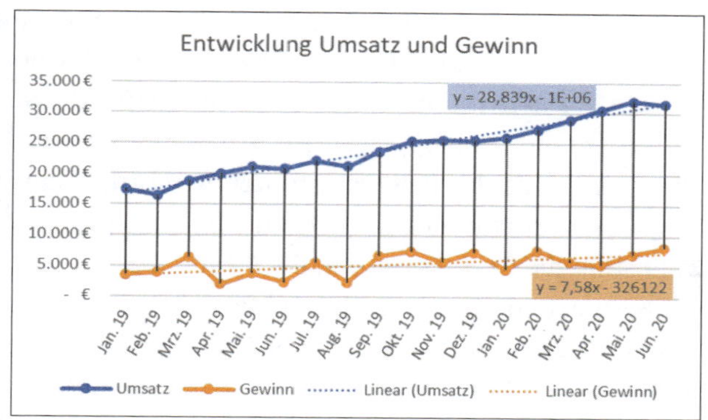

Abbildung 4.10 Gegenüberstellung von Umsatz und Gewinn

Als Trendlinientyp für die beiden Datenreihen Umsatz und Gewinn wurde LINEAR gewählt. Diese Entscheidung liegt bei Ihnen als Ersteller und ist auf Basis des Verlaufs zu entscheiden. Sie schauen sich die Daten bzw. die Kurve an und legen dann fest, durch welche Funktion sich diese Daten am besten beschreiben lassen. Neben dem linearen Typ stellt Ihnen Excel noch die Exponential-, die Logarithmus- sowie die Potenzfunktion zur Verfügung. Daneben können Sie noch eine polynomische Funktion unterschiedlichen Grades oder den gleitenden Durchschnitt wählen. Excel nimmt Ihnen zwar dann die Berechnung der Trendlinie ab, Sie wissen jedoch nicht, nach welcher Methodik dies gemacht wurde. Um eine valide Trendfunktion zu bestimmen, sollten entweder die Daten sehr offensichtlich dieser Funktion gehorchen oder Sie sollten weitere mathematische Analysen durchführen.

Funktionen der Trendlinien

Bei einer linearen Funktion ist das Verhältnis aus den x-Werten und den y-Werten konstant. Diese Steigung beschreibt den Anstieg einer geraden Linie. Bei einer Exponentialfunktion wächst der y-Wert mit steigenden x-Werten extrem schnell an. Hier stellt der x-Wert den Exponenten einer Basis dar, z. B. der eulerschen Zahl e als natürlicher Exponentialfunktion. Ebenfalls schnell ansteigend sind die Potenzfunktionen. Dabei sind die x-Werte die Basis eines konstanten Exponenten. Die polynomischen Funktionen zeichnen sich dadurch aus, dass sie je nach Grad mehrere Extremwerte haben. Die resultierende Linie hat somit mehrere steigende und fallende Abschnitte. Die Umkehrung der Exponentialfunktion ist die Logarithmusfunktion. Nach einem sehr steilen Anstieg nähert sich die Linie einem y-Wert an.

Im Beispiel in Abbildung 4.10 lässt sich gut der lineare Trend erkennen, sodass ein Hinzufügen des Diagrammelements »Lineare Trendlinie« zulässig ist. Diese Linie wird als gepunktete Linie dargestellt, kann aber bei Bedarf in Art, Stärke oder Farbe angepasst werden. Über die Optionen der Trendlinie lässt sich sogar die Formel der

Trendlinie im Diagramm anzeigen, im Fall einer linearen Linie in der Form »x * Steigung plus Achsenabschnitt«. Auf den ersten Blick erscheinen die Formeln im Diagramm etwas irritierend zu sein, die Werte für die Steigung sind recht niedrig, die Achsenabschnitte liegen weit im negativen Bereich. Wenn Sie sich aber verdeutlichen, welche Zahlenwerte sich hinter der Datumsangabe verbergen, wird die Bedeutung der Werte für die Steigung und die Achsenabschnitte schnell klar. Der 1. Januar 2019 stellt die Zahl 43.466 dar, der 1. Juni 2020 die Zahl 43.983. Mit diesen Zahlen ist die Formel dann sinnvoll. Der *Achsenabschnitt* gibt den Wert für den Tag 0 an, also rein rechnerisch für den 31.12.1899. Hätte Ihr Fahrradgeschäft damals schon existiert, wäre der tägliche Verlust bei dieser strikten linearen Entwicklung ca. 1 Million € pro Tag. Natürlich macht diese Betrachtung in die weite Vergangenheit keinen wirklichen Sinn. Sie können jedoch mit dieser Formel ausrechnen, wie hoch der Umsatz und Gewinn am 1. Juli unter Annahme dieser linearen Entwicklung seien werden. Dafür setzen Sie einfach die Zahl 44.013 als Wert des Datums in die Formeln ein. Der Gewinn beträgt somit am 1. Juli 7.496,54 €, pro Tag ist dies eine Steigerung um 7,58 €.

4.3.3 Qualitätsregelkarte

In der Prozessanalyse wird oft mit *Qualitätsregelkarten* gearbeitet. Mit diesen Karten wird visualisiert, ob die Werte einer Messreihe innerhalb eines definierten Korridors liegen. Als Grenzen des Korridors werden dazu Vielfache der Standardabweichungen der Messreihe benutzt, die Bezugslinie ergibt sich aus dem Mittelwert. Die *Standardabweichung* ist mathematisch eine Maß dafür, wie weit Werte einer Verteilung in Bezug auf den Mittelwert streuen. Excel stellt zur Berechnung dieses Wertes zwei Funktion bereit. Handelt es sich bei der Messreihe um die *Grundgesamtheit*, ist die Funktion *STABW.N* zu benutzen, handelt es sich um eine *Stichprobe*, so gibt es zur Berechnung die Funktion *STABW.S*. Je mehr einzelne Messwerte vorliegen, desto mehr nähern sich die Ergebnisse an. In den jeweiligen Formeln steht »x quer« für den Mittelwert und n für die Anzahl der Messwerte. Natürlich müssen Sie die Formeln in Abbildung 4.11 nicht selbst eingeben, diese stehen in Excel ja fertig zur Verfügung. Sie sollen an dieser Stelle nur dem Verständnis dienen.

Grundgesamtheit und Stichproben

Diese beiden Begriffe aus der Statistik definieren die Menge an Objekten, für die gewisse Untersuchungen angestellt werden. Eine Grundgesamtheit kann beispielsweise die Menge aller Fahrräder im Lager sein. Um eine Aussage über den Reifendruck dieser Fahrräder zu machen, könnten Sie alle einzeln überprüfen. Danach wüssten Sie genau, welcher Anteil genügend Luft hat und welcher Anteil zu wenig. Sie könnten aber auch nur einen gewissen Teil der Räder überprüfen, also nur eine Stichprobe nehmen und diese überprüfen. Die Statistik kennt Verfahren, um aus Stichproben mit einer bestimmten Wahrscheinlichkeit auf die Grundgesamtheit zu schließen. Es könnte also ausreichen, nur 10 % der Räder zu überprüfen und mit einer Wahrscheinlichkeit von 99 % die richtige Aussage über den Reifendruck aller Fahrräder zu machen.

$$Grundgesamtheit\ STABW.N = \sqrt{\frac{\Sigma(x - \bar{x})^2}{(n - 1)}}$$

$$Stichprobe\ STABW.S = \sqrt{\frac{\Sigma(x - \bar{x})^2}{n}}$$

Abbildung 4.11 Formeln zur Berechnung der Standardabweichungen

Die besagten Grenzen des Korridors berechnen sich entsprechend Tabelle 4.1. Ausgehend vom Mittelwert werden zwei Linien oberhalb und zwei Linien unterhalb eingezeichnet. Die eigentlichen Messwerte stellen dann die sechste Datenreihe in dem Liniendiagramm dar.

Grenze	Berechnung
Obere Eingriffsgrenze	= Mittelwert plus 3 mal Standardabweichung
Obere Warngrenze	= Mittelwert plus 2 mal Standardabweichung
Mittelwert	= Summe Messwerte geteilt durch Anzahl
Untere Warngrenze	= Mittelwert minus 2 mal Standardabweichung
Untere Eingriffsgrenze	= Mittelwert minus 3 mal Standardabweichung

Tabelle 4.1 Grenzen einer Qualitätsregelkarte

In diesem konkreten Beispiel geht es um Messungen mit einer automatischen Luftpumpe. Sie haben einen Wert von 4 Bar eingestellt. Eine Stichprobe von 50 Kontrollmessungen hat jedoch gezeigt, dass dieser Wert in den meisten Fällen über- oder unterschritten wird. Die Frage ist jetzt, liegen die Abweichungen noch im zu erwartenden Rahmen einer natürlichen Streuung oder gibt es Abweichungen, die auf eine Störung der Luftpumpe hinweisen? Die Antwort darauf ist der Qualitätsregelkarte zu entnehmen. Und diese Karte lässt sich in Excel mit einem Liniendiagramm erstellen. Um dies zu erreichen, erstellen Sie eine Tabelle mit den durchnummerierten Messwerten (siehe Abbildung 4.12). Da der genaue Zeitpunkt an dieser Stelle nicht notwendig ist, reicht die fortlaufende Nummer, damit ist die natürliche Reihenfolge gegeben. In den Spalten C bis G stehen jetzt die konstanten Werte für die Grenzen. Im Diagramm ergeben sich daraus horizontale Linien, die den Korridor selbst darstellen.

A	B	C	D	E	F	G
Messung	Wert	Mittelwert	OEG	UEG	OWG	UWG
1	4,03	4,00	4,30	3,70	4,20	3,80
2	4,06	4,00	4,30	3,70	4,20	3,80
3	4,00	4,00	4,30	3,70	4,20	3,80
4	4,07	4,00	4,30	3,70	4,20	3,80
5	3,98	4,00	4,30	3,70	4,20	3,80
48	3,92	4,00	4,30	3,70	4,20	3,80
49	4,09	4,00	4,30	3,70	4,20	3,80
50	3,84	4,00	4,30	3,70	4,20	3,80

Abbildung 4.12 Messungen und statistische Grenzen der Qualitätsregelkarte

Die jeweiligen Berechnungen der Grenzen sind denkbar einfach. Für den Mittelwert gibt es die gleichnamige Funktion. Als Zahlenreihe ist die gesamte Spalte B angegeben, also die Messwerte selbst. Voraussetzung dafür ist, dass keine weiteren Zahlen weiter unten in der Spalte stehen, Texte werden hingegen einfach ignoriert. Die Standardabweichung wird mit der schon erläuterten Funktion STAW.S aller Zahlen in Spalte B berechnet. Mithilfe dieser beiden Ergebnisse erfolgt jetzt die Berechnung der oberen und der unteren Grenzen durch ganz einfache Addition und Multiplikation (siehe Abbildung 4.13).

	I	J	K	L	M	N
1	Mittelwert	Standard-Abweichung	Obere Eingriffsgrenze	Untere Eingriffsgrenze	Obere Warngrenze	Untere Warngrenze
2	4,00	0,10	4,30	3,70	4,20	3,80
3	=MITTELWERT(B:B)	=STABW.S(B:B)	=I2+3*J2	=I2-3*J2	=I2+2*J2	=I2-2*J2

Abbildung 4.13 Berechnungen für die Qualitätsregelkarte

Nach dem Erstellen dieser Tabelle können Sie jetzt ein Liniendiagramm einfügen, das Ergebnis ist die Qualitätsregelkarte für Ihre automatische Luftpumpe. Es ist in Abbildung 4.14 sehr gut zu erkennen, dass alle Messwerte innerhalb des Korridors plus/minus zwei Standardabweichungen liegen. Lediglich der Messwert Nummer 44 ragt leicht darüber hinaus und gibt somit eine Warnung an. Da es ein einmaliges Ereignis ist, liegt hier wahrscheinlich ein Ausreißer vor. Und kein Wert liegt unter- bzw. oberhalb der Eingriffsgrenzen, Sie müssen also die Luftpumpe nicht neu eichen oder komplett erneuern. Es gibt noch wesentlich detailliertere Qualitätsregelkarten, mit diesem vorgestellten Prinzip lassen sich alle sehr gut mit Excel realisieren.

- Linien
- Formatvorlage: 1
- Linienfarbe der Datenreihe 1 (Messwert): Grau
- Linienfarbe der Datenreihe 2 (Mittelwert): Grün
- Linienfarbe der Datenreihe 3 (OEG) und 4 (UEG): Rot

- Linienfarbe der Datenreihe 5 (OWG) und 6 (UWG): Gelb
- Datenbeschriftung Reihe 2–6: Werte aus Zellen
- Skalierung der Werteachse: Minimum 3,7 und Maximum 4,3

Obere Eingriffsgrenze	4,30
Obere Warngrenze	4,20
Mittelwert	4,00
Untere Warngrenze	3,80
Untere Eingriffsgrenze	3,70

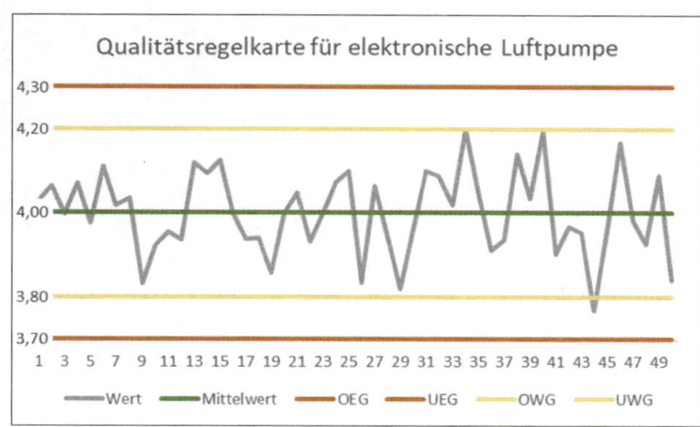

Abbildung 4.14 Qualitätsregelkarte

4.4 Kreise – Werte als Proportion anzeigen

Kreise stellen vielleicht die einfachste Form eines Diagramms dar. Anteile in einem Kreis kann jeder sofort erfassen und interpretieren, eine genauere Betrachtung und Analyse ist in der Regel nicht notwendig.

4.4.1 Einfaches Kreisdiagramm

Ein *Kreisdiagramm* ermöglicht die Darstellung von Anteilen an der Gesamtheit. Diese Gesamtheit ist ein vollständiger Kreis, die 360° entsprechen der Summe der Werte der Datenreihe. Dieser Kreis wird in Segmente aufgeteilt, für jede Rubrik ein Segment. Die Größe des Segments ergibt sich aus dem Anteil einer jeden Rubrik an der Gesamtheit. Haben Sie z. B. zwei Rubriken, einmal den Wert 9 und einmal den Wert 3, macht die erste Rubrik den Anteil von 75 % der 360° aus, also 270° oder ¾ des Kreises. Das Segment der zweiten Rubrik hat dann entsprechend den Winkel von 90° und besteht aus ¼ des Kreises.

Wenn Sie die Anteile der Verkaufszahlen verschiedener Fahrradtypen darstellen möchten, lässt sich dies sehr einfach mit einem Kreisdiagramm realisieren. Im Beispiel in Abbildung 4.15 haben Sie fünf Fahrradtypen als Rubriken vorliegen, es ergibt sich eine Summe von 127 verkauften Rädern. Diese 127 Räder stellen also die 100 % dar bzw. die 360° des Kreises. Die Berechnung der Größe der einzelnen Segmente übernimmt Excel im Diagramm automatisch, jede Rubrik wird entsprechend ihrem Wert als Segment dargestellt.

Typ	Verkäufe im Mai
Trekking-Räder	35
Rennräder	29
Mountain-Bikes	38
Kinder-Fahrräder	18
E-Bikes	7

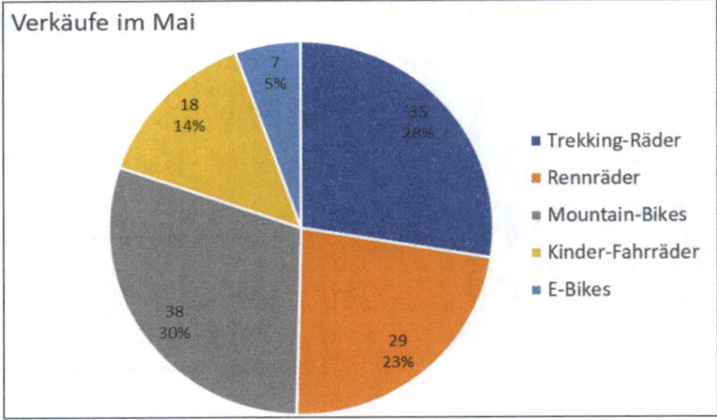

Abbildung 4.15 Absolute und relative Verkaufszahlen nach Fahrradtyp

- Typ: Kreise
- Formatvorlage: 1
- Datenbeschriftung: an Größe anpassen, mit Prozentsatz
- Datenlegende: rechts
- Zeichnungsfläche: mit Maus vergrößert
- Diagrammtitel: oben links

In einem Kreisdiagramm kann immer nur eine Datenreihe dargestellt werden, woraus sich natürlich gewisse Einschränkungen ergeben. Ein Vergleich von Werten derselben Rubrik ist hiermit nicht möglich. Des Weiteren sollten Sie bei Kreisen auch immer bedenken, dass kleine Segmente für die Betrachter gar nicht mehr unterscheidbar sind. Ob ein Segment einen Winkel von 10° oder von 12° hat, lässt sich optisch gar nicht mehr erkennen. Hier hilft in jedem Fall die Datenbeschriftung mit Angabe des Prozentsatzes. Generell sollte die Anzahl der Segmente nicht über sechs liegen, ansonsten verliert ein Kreisdiagramm schnell an Aussagekraft.

4.4.2 Ringdiagramm

Ein Ringdiagramm basiert auf derselben Logik wie ein Kreisdiagramm, hier wird anstelle eines Kreises ein Ring in Segmente unterteilt. Da jedoch mehrere ineinanderliegende Ringe möglich sind, können somit auch mehrere Datenreihen dargestellt werden. In dem Beispiel in Abbildung 4.16 stellen wieder Verkäufe nach verschiedenen Fahrradtypen die Datenbasis dar. In einer weiteren Datenreihe ist zusätzlich der Umsatz der jeweiligen Typen eingetragen. In einem Ringdiagramm mit den beiden Datenreihen können Sie jetzt den prozentual verkauften Rädern den prozentualen Anteil am Umsatz gegenüberstellen. Die E-Bikes machen nur 8 % der verkauften Räder aus, steuerten aber 16 % zum Umsatz bei. Der Anteil der verkauften Kinderräder hingegen liegt bei 15 %, der Anteil am Umsatz jedoch nur 6 %.

Typ	Verkäufe im Juni	Umsatz
E-Bikes	12	30.321 €
Kinder-Fahrräder	22	11.423 €
Rennräder	32	48.767 €
Trekking-Räder	38	38.237 €
Mountain-Bikes	43	64.523 €

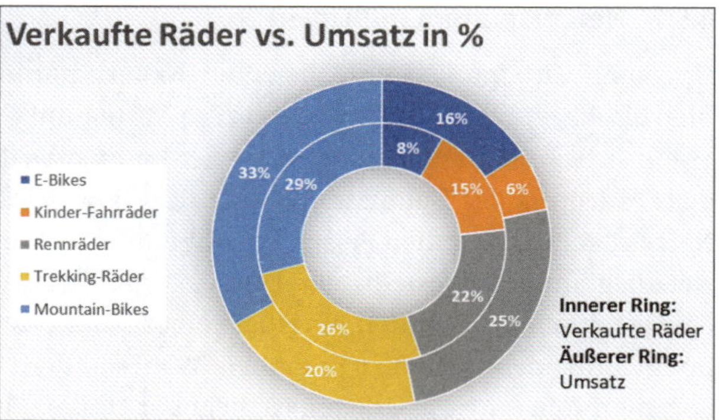

Abbildung 4.16 Prozentualer Vergleich zwischen verkauften Rädern und ihrem Anteil am Umsatz

- Typ: Ringe
- Formatvorlage: 9
- Innenringgröße: 47 %
- Datenreihen: einfarbige Linie weiß
- Datenbeschriftung: weiße Schriftfarbe
- Datenbeschriftung: Prozentsatz, Zahlenformat ohne Nachkommastellen
- Datenlegende: links
- Zeichnungsfläche: vergrößert mit Maus
- Diagrammtitel: oben links
- Zusätzliches Textfeld: unten rechts

Die Darstellung mehrerer Ringe zum Vergleich von Werten einer Rubrik kann unter Umständen für den Betrachter schwierig sein. Jedes Segment eines Ringes beginnt dort, wo das vorherige endet. Je nach Größe der vorherigen Segmente können so die Segmente einer Rubrik an unterschiedlichen Stellen des Ringes liegen, ein Vergleich ist mitunter nicht auf Anhieb möglich. Dieselbe Problematik ergibt sich übrigens auch bei gestapelten Säulen oder Balken bzw. den 100-%-Varianten. Wenn Sie in Gedanken die beiden Ringe aufschneiden und gerade ziehen, hat ja auch jeder Teil des Stapels eine andere Grundlinie.

4.5 Netze – Werte relativ zu einem Mittelpunkt darstellen

Das Prinzip eines Netzdiagramms besteht darin, als Zeichnungsfläche ein Netz zu spannen und die Datenpunkte in diesem Netz zu platzieren und über Linien zu verbinden.

4.5.1 Netzdiagramm mit Linien

Um einen Mittelpunkt werden in einem Netzdiagramm mehrere verbundene Netzlinien als Raster erstellt. Der Abstand zum Mittelpunkt und die Anzahl der Netzlinien ergibt sich aus dem maximalen Wert der Daten bzw. der Skalierung der Achse sowie der Festlegung der Hauptstriche. Jede Rubrik wiederum stellt einen Eckpunkt des Netzes dar. Im folgenden Beispiel in Abbildung 4.17 sind zwei Datenreihen in einem Netzdiagramm dargestellt, der Umsatz durch den Verkauf von Rädern und der Umsatz durch Reparaturen innerhalb eines Jahres. Es ist hier sehr klar die Verschiebung der beiden Reihen zu erkennen. Während der Umsatz durch Verkäufe in den Sommermonaten am stärksten ist, liegt der Umsatz durch Reparaturen in den Wintermonaten deutlich vorne. Kunden kaufen also eher im Sommer und lassen im Winter reparieren, mit einem Netzdiagramm sehr schön darstellbar.

Monat	Fahrräder	Reparaturen
Jan 20	3.306,50 €	8.191,11 €
Feb 20	3.786,89 €	6.869,88 €
Mrz 20	5.135,80 €	7.784,81 €
Apr 20	7.723,02 €	7.148,35 €
Mai 20	9.361,54 €	7.548,35 €
Jun 20	11.216,43 €	4.842,72 €
Jul 20	10.351,21 €	4.776,27 €
Aug 20	7.648,42 €	4.919,52 €
Sep 20	5.981,13 €	7.016,18 €
Okt 20	4.822,40 €	7.386,65 €
Nov 20	4.549,89 €	7.712,52 €
Dez 20	3.525,65 €	8.593,85 €

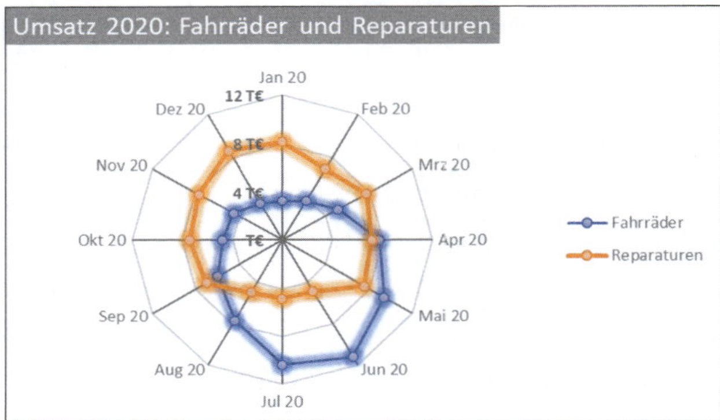

Abbildung 4.17 Gegenüberstellung der Einnahmen über das Jahr

- Typ: Netz mit Datenpunkten
- Formatvorlage: 3
- Legende: rechts
- Markierungspunkte der Datenreihen: integrierter Kreis mit Größe 5
- Datenreihen-Markierungspunkte und Linie: Leuchten mit 5 Punkt
- Option der Werteachse: Einheiten der Hauptstriche 4.000
- Werteachse: Achsenbeschriftung fett
- Werteachse: Zahlenformat der Beschriftung Zahl »#. "T€"«
- Diagrammtitel: oben links als graue Fläche mit weißer Schrift

4.5.2 Netzdiagramm mit Flächen

Das Netzdiagramm gibt es auch in der Variante mit ausgefüllter Fläche. Nach demselben Prinzip eines Liniennetzes wird dieses Diagramm erstellt, zusätzlich erfolgt die

Einfärbung der aufgespannten Fläche der jeweiligen Datenpunkte. Hier im Beispiel in Abbildung 4.18 soll das Ergebnis einer langfristigen Qualitätsoffensive in ausgewählten Filialen gezeigt werden. Einmal jährlich durchgeführte Kundenbefragungen nach der Zufriedenheit in verschiedenen Bereichen haben die Daten in der Tabelle ergeben. Dem liegt eine Skala von 1 (nicht gut) bis 10 (sehr gut) zugrunde. Diese Tabelle als ausgefülltes Netzdiagramm zeichnet ein sehr gutes Bild des Verlaufs der Maßnahmen. Jedes Jahr wurde die Fläche größer, die Ausprägungen in die Dimensionen der Kategorien stärker. Mit einem Netzdiagramm lassen sich solche Sachverhalte sehr anschaulich visualisieren.

Kriterium	2019	2020	2021
Beratung	4	6	10
Erreichbarkeit	5	6	8
Freundlichkeit	4	7	9
Kompetenz	3	5	8
Preis / Leistung	5	6	7
Bezahlvorgang	4	5	10
Auswahl	4	6	8

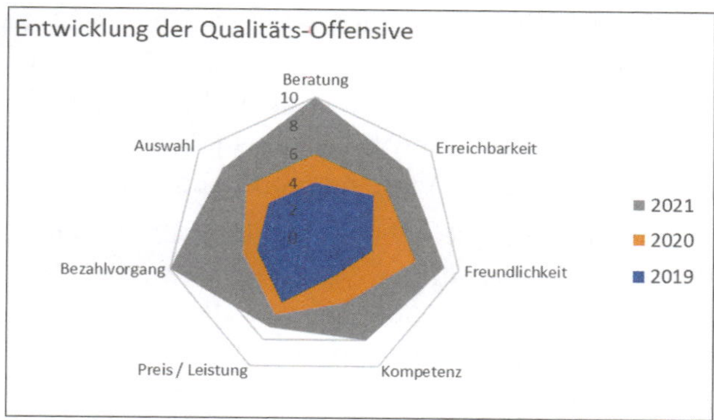

Abbildung 4.18 Vergleich von Qualitätskriterien der letzten drei Jahre

- Typ: gefülltes Netz
- Formatvorlage: 1
- Füllfarben der Datenreihen: Akzentfarbe 3
- Legende: rechts
- Diagrammtitel: oben links

Einen Aspekt müssen Sie bei Netzdiagrammen mit ausgefüllter Fläche jedoch immer berücksichtigen. Ist der Wert einer Rubrik einmal kleiner als in der vorherigen Rubrik, ist dieser nicht mehr zu erkennen, er wird überdeckt. In diesem Fall wäre ein Netzdiagramm mit Linien vorzuziehen.

4.6 Punkte (XY) – Wertepaare als Basis für neue Darstellungsformen

Punktdiagramme stellen in Excel den vielleicht interessantesten Typ von Diagrammen dar. Mit etwas Fantasie erlauben es Punkte in den unterschiedlichen Varianten und Kombinationen, ganz eigene Formen von Diagrammen zu erstellen und sehr individuelle Sichten auf Daten zu generieren.

4.6.1 Punkte mit interpolierter Linie

Die Besonderheit bei Punktdiagrammen besteht darin, dass nicht nur die Werteachse aus Zahlen besteht, auch die Rubriken selbst sind Zahlen. Sie haben somit also einen Datenpunkt, der durch eine x- und eine y-Koordinate beschrieben ist. Und diesen Punkt können Sie dann wirklich frei in einem kartesischen Koordinatensystem platzieren und bei Bedarf mit verschiedenen Linien verbinden. Dadurch ergibt sich eine Besonderheit, die bei keinem anderen Diagrammtyp so gegeben ist. Der Abstand der Rubriken auf der horizontalen Achse ist variabel. Bei allen anderen Arten teilt Excel die Achse in die jeweilige Anzahl von Rubriken auf und verteilt dann die Datenpunkte gleichmäßig. In einem Säulendiagramm ist der Abstand der Säulen immer gleich groß, bei einem Liniendiagramm ist der Abstand der Datenpunkte horizontal immer identisch. Nicht so bei Punkten, hier können die Abstände je nach Daten variieren. Und selbst die natürliche Reihenfolge muss nicht beibehalten werden, Sprünge auf der horizontalen Achse sind somit möglich.

In dem einfachen Beispiel in Abbildung 4.19 haben Sie eine Datenreihe mit den x-Werten und eine mit den y-Werten. Wenn Sie diese in Excel markieren und ein Punktdiagramm mit interpolierten Linien einfügen, erhalten Sie eine Sinuslinie. Wählen Sie als Datenbeschriftung die Option WERT AUS ZELLEN, werden die Koordinaten zusätzlich in bekannter Notation rechts neben dem Punkt angezeigt. Diese Beschriftung ergibt sich in Spalte C durch einfache Formel:

```
C2="P("&A2&";"&B2&")"
```

x-Wert	y-Wert	Punkt	Farbe
1	4	P(1;4)	
2	1	P(2;1)	
3	4	P(3;4)	
4	1	P(4;1)	
5	4	P(5;4)	
6	1	P(6;1)	
7	4	P(7;4)	

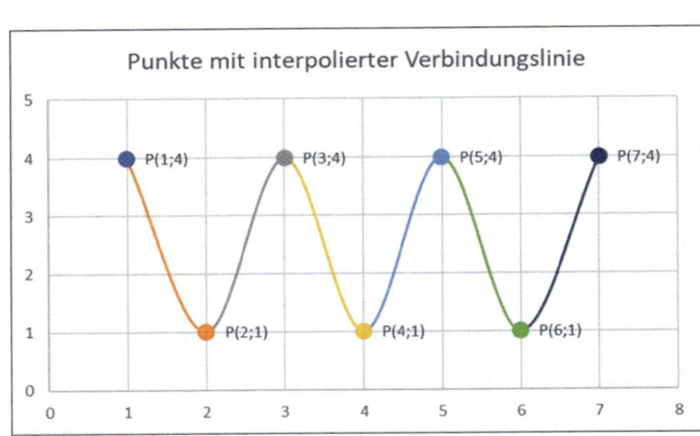

Abbildung 4.19 Punkte im Koordinatensystem

- Typ: Punkte (XY) mit interpolierter Linie
- Formatvorlage: 1
- Markierungspunkte: integrierter Kreis der Größe 8
- Markierungspunkte: Füllung mit Punktfarbunterscheidung

- Datenbeschriftung: rechts mit Wert aus Zellen C2:C8
- Primäres horizontales Hauptgitter: ja
- Primäres vertikales Hauptgitter: ja
- Optionen der Werteachse: Einheiten der Hauptstriche 1

Ein Blick in den Dialog DATEN AUSWÄHLEN • DATENREIHE BEARBEITEN lässt erkennen, dass diese Datenreihen eigentlich aus zwei Reihen bestehen, einmal mit Werten für die Reihe X und einmal für die Reihe Y (siehe Abbildung 4.20). Die Reihe X wird anschließend automatisch in die Beschriftung der Rubrikenachse übernommen. Und selbst wenn in Ihren Daten die Rubriken nicht aus Zahlen bestehen, lässt sich ein Punktdiagramm einfügen. In diesem Fall nummeriert Excel die Rubriken beginnend bei eins einfach durch.

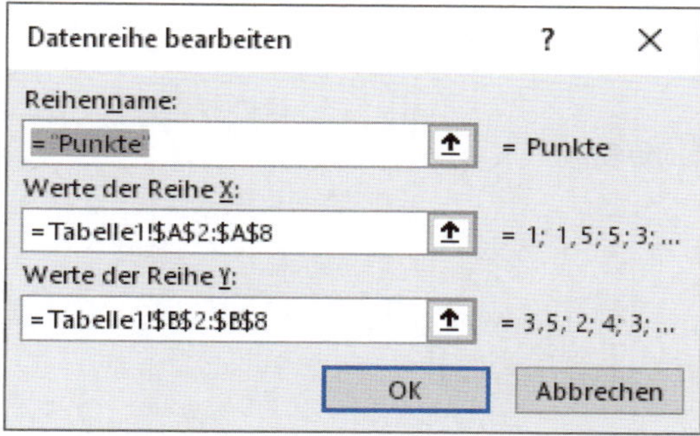

Abbildung 4.20 Besonderheit einer Datenreihe im Punktdiagramm

4.6.2 Punkte als Treppendiagramm

Diese Besonderheit von Punktdiagrammen lässt sich z. B. nutzen, um ein Diagramm in Treppenform wie in Abbildung 4.21 zu erstellen. Sie möchten darstellen, welche Anzahl von Mitarbeitern sich während der Öffnungszeiten von 8 Uhr bis 20 Uhr im Verkauf befinden. Bedingt durch Schichtbetrieb, Pausen und andere Einsatzbereiche wie Werkstätten haben Sie in jeder Stunde eine andere Anzahl von Mitarbeitern, die im Fahrradverkauf tätig sind. Eine einfache Tabelle mit Uhrzeit und Anzahl würde noch nicht zu dieser Treppenform führen. Sie benötigen nämlich zu jeder Uhrzeit mit Ausnahme des ersten und des letzten Zeitpunktes jeweils zwei Einträge. Die erste Zeile um »9:00 Uhr« mit zwei Mitarbeitern stellt im Diagramm den Punkt der unteren Stufe dar. Die zweite Zeile »9:00 Uhr« stellt die Anzahl einen ganz kurzen Augenblick später dar, der dritte Mitarbeiter ist jetzt im Verkaufsraum. Dies wird durch den oberen Punkt der Stufe dargestellt. Nur in einem Punktdiagramm besteht diese Möglichkeit, zu ein und derselben Rubrik mehrere Werte darzustellen.

Uhrzeit	Anzahl
08:00	2
09:00	2
09:00	3
10:00	3
10:00	5
19:00	5
19:00	4
20:00	4

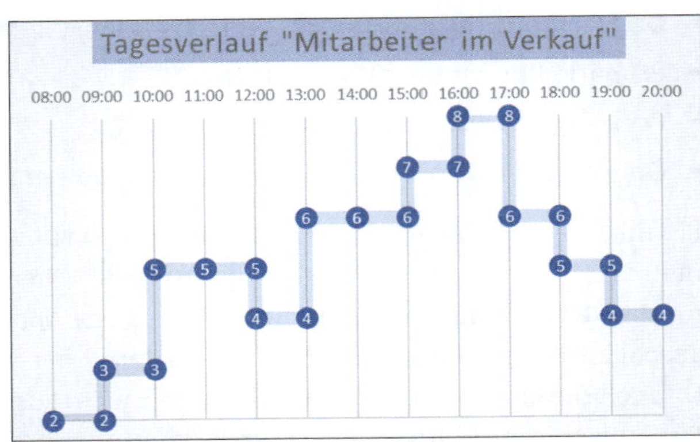

Abbildung 4.21 Anzahl der Mitarbeiter im Verkauf über den Tag verteilt

- Typ: Punkte mit geraden Linien und Datendarstellung
- Formatvorlage: 5
- Diagrammtitel: oben zentriert, Füllfarbe Blau
- Werteachse: nein
- Vertikales Gitter: nein
- Rubrikenachse: Minimum 0,33333 und Maximum 0,83334
- Rubrikenachse: Einheiten der Hauptstriche 0,041667
- Rubrikenachse: Beschriftungsposition hoch
- Markierungspunkte: integrierter Kreis mit Größe 11
- Datenpunkte: Verbindungslinie Stärke 7 Punkt und Transparenz 80 %

Wenn Sie ein Punktdiagramm basierend auf den Beispieldaten aus Abbildung 4.21 einfügen, sieht das erste Ergebnis mit Sicherheit etwas anders aus als in der Grafik. Bei den Rubriken sehen Sie nicht die vollen Stunden, hier steht vielmehr eine recht krumme Uhrzeit, die Verbindungslinien der Punkte liegen auch nicht exakt auf den Gitternetzlinien. Dies liegt daran, dass Excel eine automatische Skalierung der horizontalen Achse vorgenommen hat. Die Skala beginnt bei »0:00 Uhr« und endet um kurz nach »21:00 Uhr«, dazwischen stehen diese krummen Zeiten. Wenn Sie jetzt jedoch als Minimum der Skala den numerischen Wert für 8 Uhr eingeben (8/24) und für das Maximum den Wert für 20 Uhr (20/24), haben Sie schon mal den richtigen Rahmen. Wenn Sie jetzt noch als Einheit der Hauptstriche den Wert für eine 1 Stunde (1/24) eintragen, hat Ihr Diagramm horizontal die gewünschte Skalierung, die Darstellung der Mitarbeiteranzahl pro Stunde als Treppendiagramm ist fertig.

Hinweis zur Uhrzeit

Ein 24-Stunden-Tag entspricht in Excel dem Zahlenwert 1. Aus dieser Festlegung ergeben sich entsprechende rationale Zahlen, um jede beliebige Uhrzeit darzustellen und damit zu rechen. So entspricht die Uhrzeit »12:00 Uhr« der Zahl »12/24«, also 0,5. Der Wert der Uhrzeit »21:30 Uhr« berechnet sich durch »21/24+1/48«, das Ergebnis lautet 0,895833. Eine Sekunde hat den Wert 0,00001157 und ergibt sich aus der Berechnung »1/(24*60*60)«.

4.6.3 Darstellung eines Zusammenhangs zweier Messwerte

Mit Punktdiagrammen lassen sich sehr gut sogenannte Punktewolken darstellen, die als Grundlage für einfache Korrelationsanalysen dienen können. Es geht bei dieser Art der Analyse darum, einen Zusammenhang zwischen zwei Variablen festzustellen, also ob eine Variable die andere beeinflusst. Bei solchen sogenannten kausalen Zusammenhängen ist jedoch immer zu Beginn zu prüfen, ob überhaupt das Prinzip von Ursache und Wirkung greift. Denken Sie hier an das bekannte Beispiel mit den Variablen »Störche« und »Geburten von Kindern« in gewissen Gegenden. Rein rechnerisch lässt sich hier eventuell ein Zusammenhang erkennen, der kausale Zusammenhang darf aber zu Recht bezweifelt werden. Auch wenn dieser Zusammenhang zweier Variablen generell gegeben ist, stellt die Korrelationsanalyse nur ein Indiz dar, für statistisch valide Analysen sind dann weitere mathematische Werkzeuge wie die Regressionsanalyse notwendig.

Im folgenden Beispiel in Abbildung 4.22 soll geprüft werden, ob ein Indiz für einen Zusammenhang zwischen der Anzahl von Kunden in Ihren Fahrradgeschäften und dem Umsatz vorliegt. Zu diesem Zweck haben Sie eine Stichprobe von 100 Messungen aus verschiedenen Filialen erstellt und dafür die Kundenbesuche und den Tagesumsatz ermittelt. Eine einfache Tabelle enthält in der ersten Spalte die Anzahl der Kunden eines Tages, in der zweiten Spalte steht der jeweilige Tagesumsatz. Jetzt ist es ein Leichtes, daraus eine Punktewolke zu erstellen. Sie fügen ein Punktdiagramm ein, passen die Grenzen der Rubrikenachse etwas an, und schon sehen Sie die 100 Wertepaare als Punkte in der optimierten Zeichnungsfläche. Jetzt ist bereits ein gewisser Verlauf zu erkennen, die Paare häufen sich entlang einer imaginären Linie. Und genau diese Linie können Sie jetzt noch in Form der Trendlinie hinzufügen. Aktivieren Sie zusätzlich noch die Trendlinienoption BESTIMMTHEITSMASS, und schon ist die Darstellung der Analyse beendet, sie muss nur noch interpretiert werden.

	A	B
1	Anzahl Kunden	Umsatz
2	370	9.620 €
3	325	12.092 €
4	304	8.208 €
5	205	5.125 €
98	347	11.104 €
99	368	12.880 €
100	392	10.584 €
101	287	7.749 €

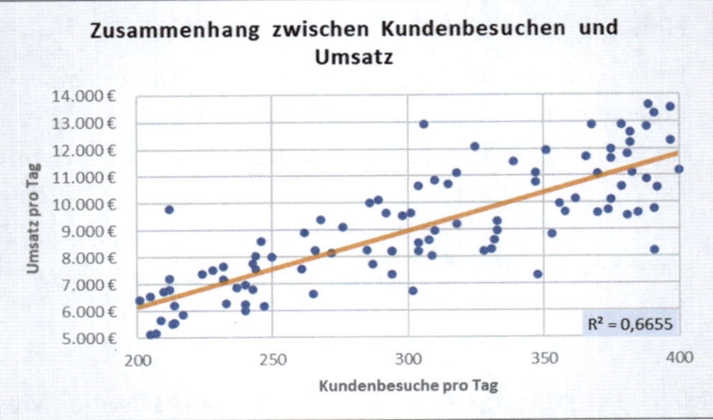

Abbildung 4.22 Zusammenhang zwischen Kundenbesuchen und Umsatz

- Typ: Punkte (XY)
- Formatvorlage: 5
- Trendlinie: ja (linear)
- Trendlinie: Stärke 2,5 Punkt
- Trendlinie: Bestimmtheitsmaß R^2 anzeigen
- Achsentitel: ja
- Rubrikenachse: Minimum 200 und Maximum 400
- Werteachse: Minimum 5.000 und Maximum 14.000
- Diagrammtitel: Schriftgröße 12, fett

Rein optisch ist der Zusammenhang im Diagramm bereits zu erkennen. Je mehr Kunden sich im Geschäft aufhalten, desto höher ist der Umsatz. Die Hypothese wäre damit mit einer gewissen hohen Wahrscheinlichkeit bestätigt. Oder anders ausgedrückt, die negativ formulierte Hypothese »Es gibt keinen Zusammenhang« wäre mit einer hohen Wahrscheinlichkeit wiederlegt. Mathematisch lässt sich die Stärke des Zusammenhangs über den sogenannten Korrelationskoeffizienten berechnen, dabei sind »x-Quer« und »y-Quer« die Mittelwerte der jeweiligen Variablen x und y.

$$Korrelationskoeffizient = \frac{\sum(x-\bar{x}) * (y-\bar{y})}{\sqrt{\sum(x-\bar{x})^2 * \sum(y-\bar{y})^2}}$$

Abbildung 4.23 Formel zur Bestimmung des Korrelationskoeffizienten

Excel stellt zur Berechnung dieses Wertes die Funktion *KORREL* bereit, Sie müssen die Formel selbstverständlich nicht nachbauen. Aus dem im Diagramm angezeigten Wert für das Bestimmtheitsmaß lässt sich der Korrelationskoeffizient auch durch die einfache Wurzelfunktion ermitteln. Der Koeffizient lautet im Beispiel also 0,816. Ein Wert zwischen 0,8, und 1 ist ein starkes Indiz für einen Zusammenhang zwischen zwei Variablen. In dem Beispiel lässt sich somit ableiten, dass der Umsatz von der Anzahl der Kunden bestimmt wird.

4.7 Flächen – Vergleich von Mengen

Ein Flächendiagramm ähnelt in einiger Hinsicht dem Liniendiagramm. Auch hier wird ein Verlauf über die Zeit oder eine andere natürliche Reihenfolge dargestellt. Die Betrachter schauen immer von links nach rechts, das Auge wandert von einer kleinen zu einer größer werdenden Rubrik. Im Gegensatz zu einem Liniendiagramm ist jedoch die Fläche unterhalb der Linie ausgefüllt. Somit wird die Aufmerksamkeit der Betrachter auf die Größe der Fläche oder die Menge gerichtet.

4.7.1 Einfaches Flächendiagramm

Da sich Flächen überschneiden können, ist ein Flächendiagramm mitunter nicht auf Anhieb zu interpretieren. An dem folgenden Beispiel in Abbildung 4.24 ist nicht sofort zu erkennen, ob die blaue Fläche von der orangefarbenen Fläche überdeckt wird oder ob sie aufgestapelt ist. Sollte der Kontext der Daten keine eindeutige Antwort geben, sollten Sie dies im Diagrammtitel oder einem Textfeld explizit erwähnen. Hier ist im Titel gesagt, dass ein Anteil in Relation zum Ganzen dargestellt ist. Die blaue Fläche stellt die gesamten Lagerkosten dar und geht deswegen bis zu horizontalen Rubrikenachse runter. Den Anteil der externen Lagerkosten stellt die orangefarbene Fläche dar, diese liegt also wirklich vor der blauen Fläche.

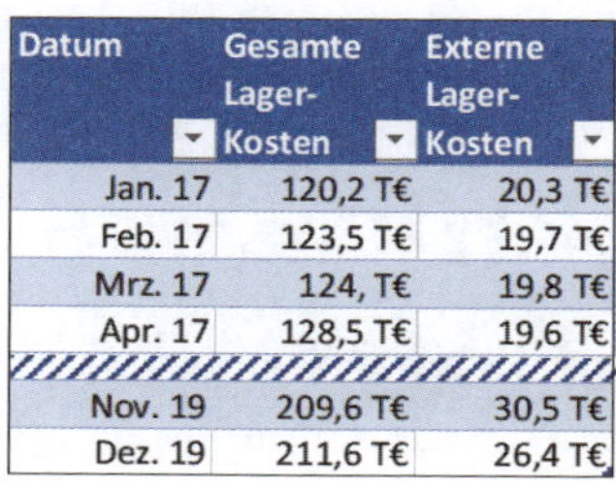

Datum	Gesamte Lager-Kosten	Externe Lager-Kosten
Jan. 17	120,2 T€	20,3 T€
Feb. 17	123,5 T€	19,7 T€
Mrz. 17	124, T€	19,8 T€
Apr. 17	128,5 T€	19,6 T€
Nov. 19	209,6 T€	30,5 T€
Dez. 19	211,6 T€	26,4 T€

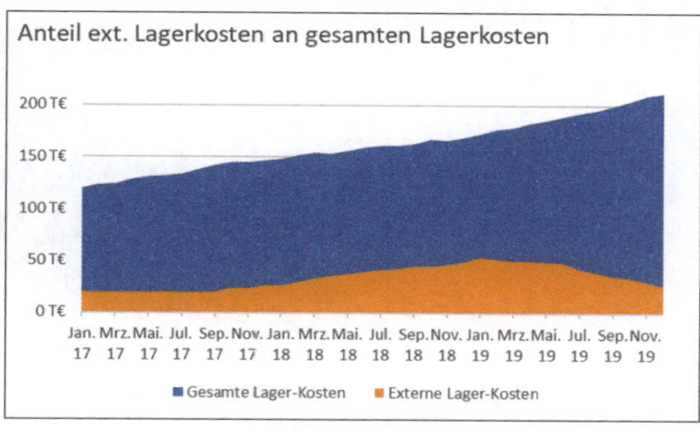

Abbildung 4.24 Vergleich der externen Lagerkosten mit den Gesamtlagerkosten

- Typ: Fläche
- Formatvorlage: 1
- Werteachse: Minimum 0 und Maximum 220.000
- Werteachse: Zahlenformat mit Quelle verknüpft

- Optionen der Rubrikenachse: Hauptstriche 50.000
- Diagrammtitel: oben links
- Legende: unten

4.7.2 Gestapelte Flächen

Wie einige andere Diagrammtypen lassen sich Flächen auch stapeln. Dann geht es nicht mehr um die Darstellung eines Anteils, sondern um das Verhältnis oder die Summe von unabhängigen Mengen. Wenn Sie z. B. die gesamten Lagerkosten und die durch Lagerung bedingten Transportkosten vergleichen und summieren möchten, lässt sich dies gut in einem gestapelten Flächendiagramm darstellen. Sie haben im Beispiel in Abbildung 4.25 zum einen die untere Fläche der Transportkosten, hier lässt sich gut der steigende Verlauf über die Zeit erkennen, jeden Monat sind die Kosten etwas höher. Abweichend vom stetigen Anstieg erkennen Sie auch eine deutliche Erhöhung zwischen September 2017 und Juli 2018. Da die Fläche der Transportkosten von der Nulllinie, also der horizontalen Achse, ausgeht, lassen sich auf der vertikalen Achse die Werte sogar ablesen. Anders bei der Fläche der Lagerkosten. Diese beginnt dort, wo die untere Fläche endet, die Nulllinie ist also variabel. Die konkreten Werte der Lagerkosten lassen sich nicht mehr ohne Weiteres auf der Werteachse ablesen. Und auch der Verlauf ist beeinflusst durch die untere Fläche. Die abrupte Erhöhung der Transportkosten sehen Sie auch in der oberen Fläche, obwohl dieser sprunghafte Anstieg bei den Lagerkosten gar nicht vorhanden ist.

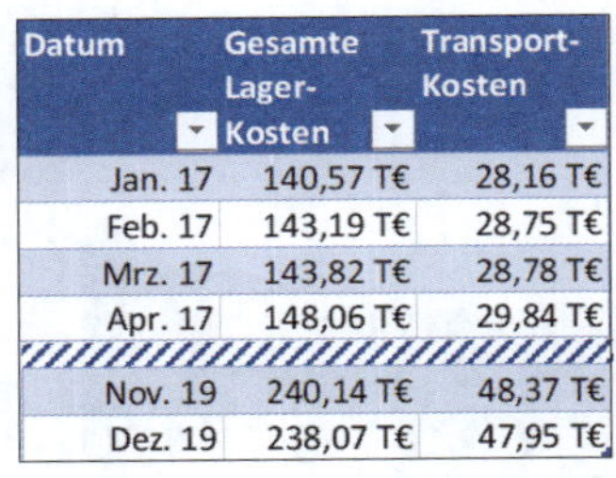

Datum	Gesamte Lager-Kosten	Transport-Kosten
Jan. 17	140,57 T€	28,16 T€
Feb. 17	143,19 T€	28,75 T€
Mrz. 17	143,82 T€	28,78 T€
Apr. 17	148,06 T€	29,84 T€
Nov. 19	240,14 T€	48,37 T€
Dez. 19	238,07 T€	47,95 T€

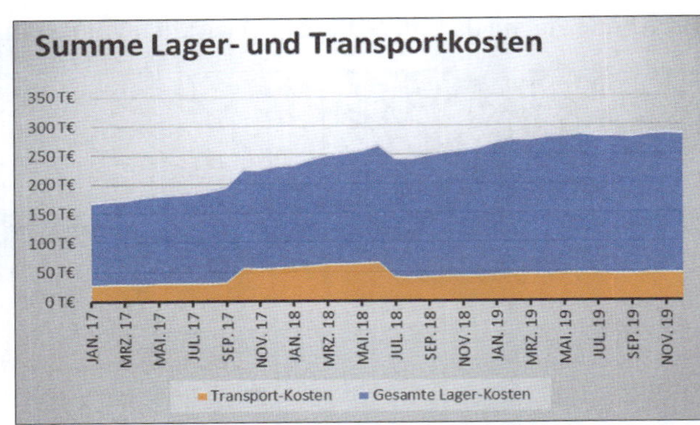

Abbildung 4.25 Vergleich der Lagerkosten mit den Transportkosten

- Typ: gestapelte Fläche
- Formatvorlage: 4
- Werteachse: Zahlenformat »0. "T"€«
- Datenreihen: 1. Transport und 2. Lager
- Diagrammtitel: oben links

Gestapelte Diagramme, und insbesondere die gestapelten Flächendiagramme, stellen sehr gut die Summe verschiedener Mengen dar. Der Rand der oberen Fläche gibt den aufsummierten Gesamtwert wieder, dieser lässt sich auch gut auf der Werteachse ablesen. Die Details der einzelnen Flächen sind nicht so gut ablesbar, hier steht das grafische Verhältnis der verschiedenen Flächen im Vordergrund.

4.7.3 Gestapelte Flächen auf 100 %

Sollen prozentuale Anteile von Mengen dargestellt werden, bieten sich hierfür die auf 100 % gestapelten Flächen an. Bei den normal gestapelten Flächen wird einfach die Summe gebildet, die Einzelwerte sind aufsummiert. Bei den 100-%-Diagrammen wird die Summe der Werte der Rubriken in 100 % umgerechnet. Der prozentuale Anteil ergibt sich entsprechend aus dem Verhältnis der Einzelwerte zur Summe. Diese Darstellungsform füllt immer die komplette Fläche aus, die von der horizontalen Rubrikenachse und der vertikalen Werteachse aufgespannt wird. Das optische Ergebnis ist ein vollständig eingefärbtes Rechteck wie in Abbildung 4.26.

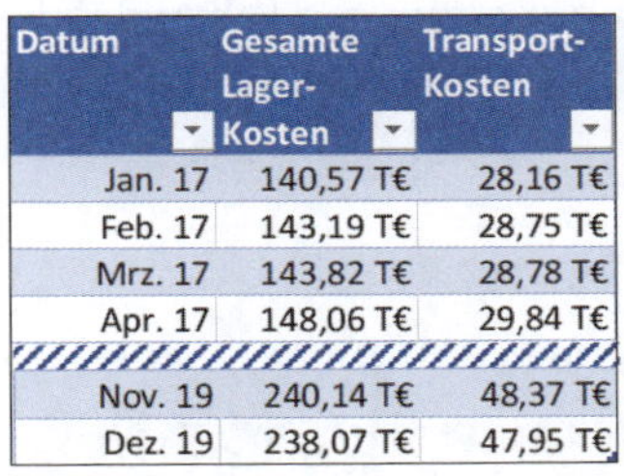

Datum	Gesamte Lager-Kosten	Transport-Kosten
Jan. 17	140,57 T€	28,16 T€
Feb. 17	143,19 T€	28,75 T€
Mrz. 17	143,82 T€	28,78 T€
Apr. 17	148,06 T€	29,84 T€
Nov. 19	240,14 T€	48,37 T€
Dez. 19	238,07 T€	47,95 T€

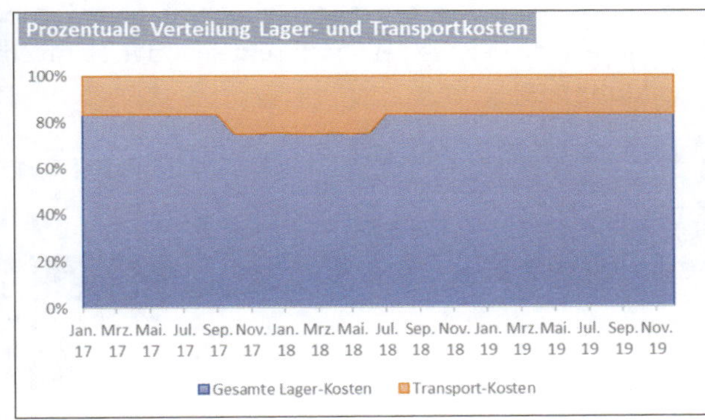

Abbildung 4.26 Prozentualer Vergleich der Lagerkosten mit den Transportkosten

- Typ: gestapelte Fläche 100 %
- Formatvorlage: 5
- Optionen der Werteachse: Einheiten der Hauptstriche 0,2
- Diagrammtitel: oben links auf blauer Fläche

In dem Beispiel mit den Lager- und den Transportkosten lässt sich sehr gut das prozentuale Verhältnis dieser beiden Mengen über die Zeit erkennen. Die Lagerkosten machen konstant etwas über 80 % aus, die Transportkosten liegen bei knapp 20 %. Nur im Zeitraum September 2017 bis Juli 2018 liegt das Verhältnis bei ca. 75 % zu 25 %.

Die Flächendiagramme in den unterschiedlichen Varianten ermöglichen also verschiedene Aussagen zu Ihren Daten. In der Normalform zeigen Sie einen Teil des

Ganzen an, in gestapelter Form ein absolutes Verhältnis bzw. die Summe und als 100-%-Stapel ein relatives Verhältnis. Die richtige Auswahl treffen Sie basierend auf den Daten bzw. der gewünschten Aussage.

4.8 Trichter – Darstellung von Reduktionen

Ein Trichterdiagramm stellt eine sehr einfache Form der Visualisierung dar. Die Werte einer absteigend sortierten Datenreihe sind dabei als zentrierte Balken dargestellt. Daraus ergibt sich optisch die Form eines Trichters.

In der Praxis wird diese Form gerne benutzt, um eine sogenannte *progressive Reduktion* zu zeigen. Dahinter verbirgt sich die Abnahme von Werten in verschiedenen Phasen eines Prozesses. Nehmen Sie z. B. vier Phasen von Kontakten, bis der Kunde endgültig ein Fahrrad in Ihrem Geschäft kauft. Von den Kunden, die Sie freundlich in dem Geschäft begrüßen, lässt sich nur ein Teil auf ein Beratungsgespräch ein. Von diesen Kunden wiederum nimmt nur ein Teil das Angebot einer Probefahrt an. Und von denen, die eine Probefahrt gemacht haben, werden nur einige ein Fahrrad kaufen. Diese Reduzierung zeigt sich sehr schön in Form eines Trichterdiagramms wie in Abbildung 4.27.

Kontaktpunkte	Anzahl / Woche
Kundenbegrüßung	287
Beratungsgespräch	192
Probefahrt	103
Vertragsabschluss	43

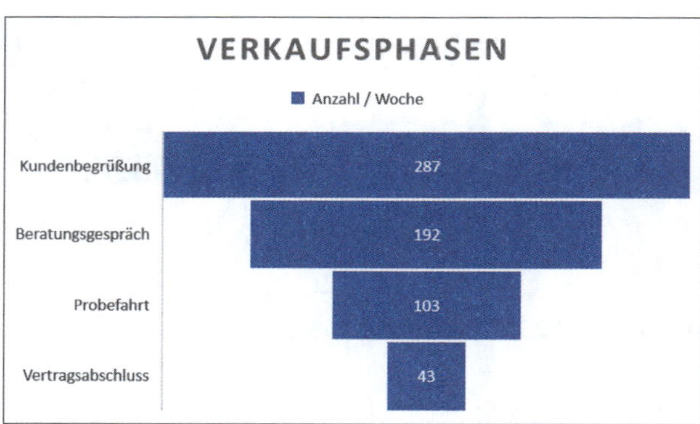

Abbildung 4.27 Stufen der Kundenkontakte bis zur Vertragsunterzeichnung

- Typ: Trichter
- Formatvorlage: 7
- Diagrammtitel: oben, zentriert
- Achsentitel: nein
- Datenbeschriftung: ja

Wie auch im Kreisdiagramm kann im Trichterdiagramm nur eine Datenreihe dargestellt werden. Insgesamt lassen sich nur wenige Einstellungen und Formatierungen vornehmen, der Trichter als sehr spezieller Anwendungsfall ist in sich recht geschlossen. Sie können jedoch auch unsortierte Daten als Trichterdiagramm darstellen, wenngleich dies nicht dem Ansatz der progressiven Reduktion entspricht, Excel lässt es zu. Das Ergebnis ist dann auch kein Trichter, Sie haben einfach unterschiedlich lange Balken mittig zentriert in unsortierter Reihenfolge angezeigt. Ob diese Variante der Darstellung in der Praxis zu einem sinnvollen Einsatz kommen kann, bleibt der Kreativität des Erstellers überlassen.

4.9 Sparklines – Miniaturdiagramme in Zellen

Seit der Version Excel 2010 gibt es die sogenannten Sparklines, das sind kleine Miniaturdiagramme in Zellen eines Tabellenblattes. Zur Auswahl stehen Balken-, Linien- und Gewinn-Verlust-Sparklines.

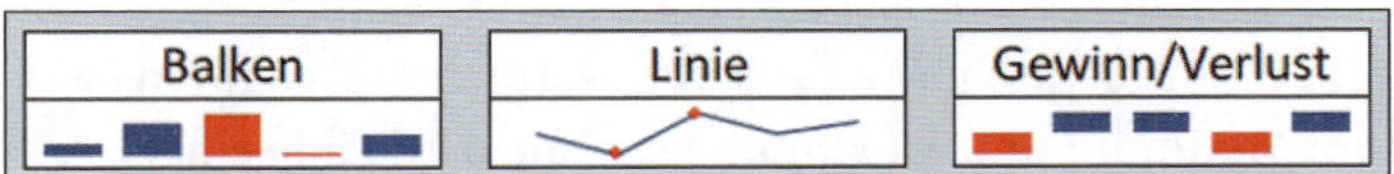

Abbildung 4.28 Die Sparkline-Typen

Anders als normale Diagramme stellen die Sparklines den Inhalt einer Zelle selbst dar, sie entsprechen also eher einer visualisierten Formel. Entsprechend kann eine Sparkline auch nur als ganze Zelle verschoben werden, es handelt sich nicht um ein eigenständiges Objekt. Und auch die Größe lässt sich nur über die Spaltenbreite und Zeilenhöhe einstellen. Eine Sparkline stellt in der Regel eine kleine Menge von Zahlen schematisch als Diagramm dar, viele Details sind nicht enthalten. Es geht darum, einen Trend dieser Zahlen zu erkennen, für eine genaue Analyse sind Sparklines nicht geeignet. Ein guter Anwendungsfall für Sparklines sind sogenannte *Dashboards*. Wenn ein schneller Überblick und die Entwicklung von Datenreihen benötigt wird, bietet sich der Einsatz der Miniaturdiagramme an.

4.9.1 Erstellen von Sparklines

Eine Sparkline ist schnell erstellt. Auf der Registerkarte EINFÜGEN finden Sie rechts neben den Diagrammen die Gruppe SPARKLINES. Hier sind drei Symbole zum Erstellen der gewünschten Sparkline zu finden. Es öffnet sich der Dialog aus Abbildung 4.29, in dem Sie den Bereich angeben, wo Ihre Daten im Tabellenblatt stehen. In der Regel besteht dieser Bereich aus zusammenhängenden Zellen in einer Zeile oder in einer Spalte. Im Feld POSITIONSBEREICH legen Sie fest, in welcher Zelle die Sparkline erstellt werden soll.

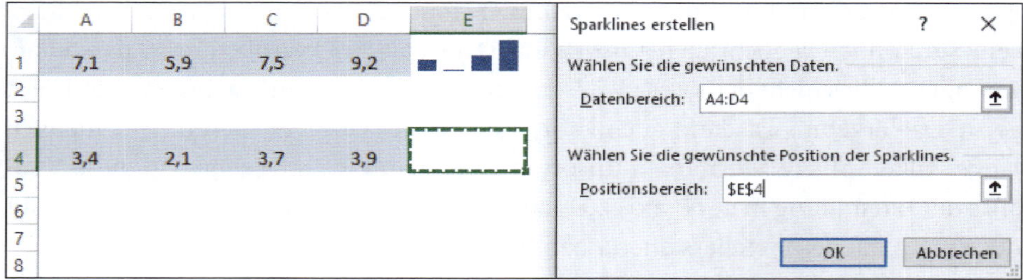

Abbildung 4.29 Auswahl des Datenbereichs und der Position

Excel geht jetzt her und bestimmt das Minimum und das Maximum der Daten. Dadurch ergibt sich die Skalierung der imaginären Werteachse. Der minimale Wert der Datenreihe wird ungeachtet der absoluten Größe als dünne Linie oder als Punkt ganz unten in der Zelle angezeigt. Der maximale Wert hingegen wird als höchste Säule bzw. als oberster Punkt dargestellt, dabei ergibt sich die Höhe der Säule bzw. die Position des Punktes nur durch die Zeilenhöhe. Alle anderen Werte Ihrer Datenreihe werden jetzt in Relation zum Minimum und Maximum als Säule bzw. Linie eingezeichnet. Etwas anders verhält sich die Darstellung von Gewinn und Verlust. Hier werden positive Werte oberhalb einer gedachten Mittellinie in der Zelle als kleine Säule angezeigt, negative Werte unterhalb dieser Mittellinie. Eine Sparkline enthält keine zusätzlichen Informationen wie Datenbeschriftungen, Achsen oder Titel. In dem Miniaturdiagramm sehen Sie nur den schematischen Verlauf zwischen dem Minimum und dem Maximum bzw. den Wechsel von positiven und negativen Werten.

Gruppieren von Sparklines

Mehrere Sparklines lassen sich in einer Gruppe zusammenfassen. Alle Formatierungen und sonstigen Einstellungen beziehen sich dann immer automatisch auf alle Sparklines dieser Gruppe. Sie können schon beim Erstellen der Sparklines solch eine Gruppe kreieren. Dafür legen Sie z. B. den Datenbereich von A1:E2 für die ersten fünf Zellen der Zeilen A und B fest, als Positionsbereich geben Sie die Zellen (absolut) $F$1:$F$2 ein.

4.9.2 Sparklines formatieren

Auch wenn einer Sparkline keine weiteren Elemente hinzugefügt werden können, stehen Ihnen trotzdem einige Formatierungsoptionen zur Verfügung, mit denen Sie Einfluss auf das Erscheinungsbild nehmen können. Sobald Sie eine Zelle mit einer Sparkline auswählen, erscheint im Hauptmenu eine neue Registerkarte SPARKLINE.

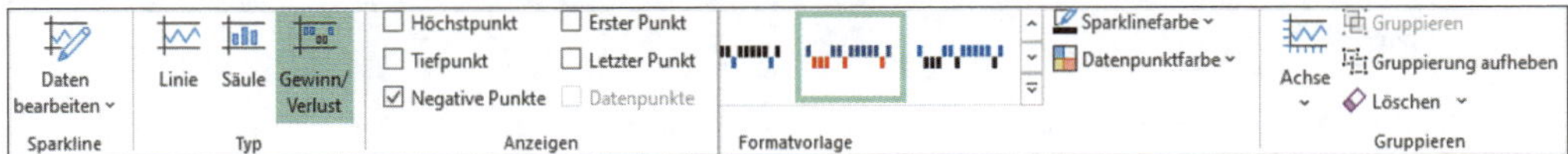

Abbildung 4.30 Registerkarte Sparkline

Aus dem Katalog der Formatvorlagen lassen sich Farbkombinationen für Säulen und Linien sowie die Extremwerte der Datenreihe auswählen. In der Gruppe Anzeigen definieren Sie generell, ob das Minimum, das Maximum oder die Anfangs- und Endwerte durch eine andere Farbe hervorgehoben werden sollen. In der Gruppe Typ legen Sie die Art der Sparkline fest, Sie können so z. B. aus einer Liniendarstellung zur Säulendarstellung wechseln. Und über Daten bearbeiten ist es möglich, den Bereich der Daten zu modifizieren, also wo Ihre Daten für eine einzelne Sparkline oder eine Gruppe von Sparklines stehen. Ganz rechts auf der Registerkarte finden Sie noch die Gruppe Gruppieren. Neben der Festlegung und Aufhebung von Sparkline-Gruppen ist hier der Menüpunkt Achse zu finden. Sie können damit Einfluss auf die Skalierung der vertikalen Werteachse nehmen und einige Einstellungen der horizontalen Rubrikenachse verändern (siehe Abbildung 4.31). Allerdings finden Sie auch hier keine Möglichkeit, Achsenwerte in der Sparkline auszugeben, die Miniaturdiagramme stellen die Daten immer nur schematisch dar.

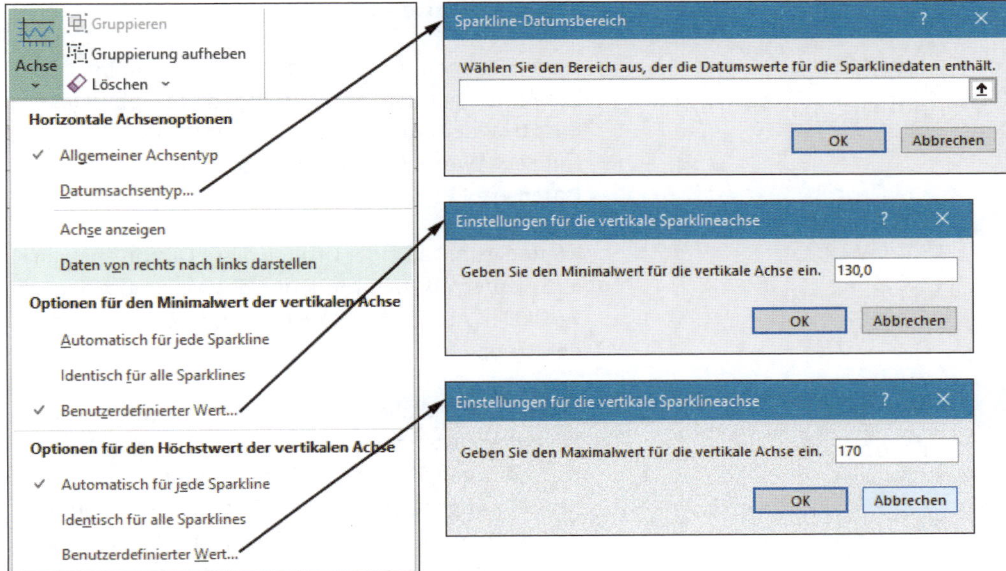

Abbildung 4.31 Achsenoptionen der Sparklines

In Tabelle 4.2 sind die Effekte der einzelnen Optionen für die Achsen von Sparklines aufgelistet.

Option	Effekt
Allgemeiner Achsentyp	Dies ist die Voreinstellung von Sparklines, Excel geht von nominalen Rubriken aus. Haben Sie die Rubrikenachse auf Datumsachsentyp umgestellt, lässt sich dies hier wieder ändern.
Datumsachsentyp	Basieren Ihre Daten auf Werten zu Datumsangaben, können Sie den Bereich festlegen, wo diese Datumsangaben stehen. Diese Option hat den Effekt, dass eine automatische Sortierung der Datumsangaben stattfindet und eventuelle Lücken automatisch ausgefüllt werden. Kommt ein und dasselbe Datum mehrmals vor, wird der zugehörige Wert aufsummiert.
Achse anzeigen	Sind in Ihren Daten für die Sparkline negative Werte enthalten, lässt sich die horizontale Achse optional anzeigen.
Daten von rechts nach links	Hiermit können Sie die Reihenfolge der Werte auf der horizontalen Achse ändern. Der letzte Wert steht zu Beginn, der erste am Ende.
Min/Max: automatisch für jede	Haben Sie mehrere Sparklines zu einer Gruppe zusammengefasst, legen Sie über diese Option fest, dass trotzdem für jede einzelne Sparkline die Skalierung der Werteachse nur mit den dazugehörigen Daten erfolgt.
Min/Max: identisch für alle	Wenn Sie im Fall einer Gruppe diese Option auswählen, werden das Minimum und das Maximum der vertikalen Achsen aus dem gesamten Datenbereich der Gruppe bestimmt.
Min/Max: benutzerdefiniert	Excel legt die Skalierung der Werteachse im Normalfall automatisch fest. Der kleinste Wert wird durch einen dünnen Strich oder einen Punkt ganz unten in der Zelle angezeigt. Möchten Sie diesen etwas anheben, können Sie den minimalen Wert selbst festlegen. Entsprechend hat die Eingabe eines maximalen Wertes den Effekt, dass die höchste Säule bzw. der höchste Punkt nicht am oberen Rand der Zelle abschließen.

Tabelle 4.2 Achseneinstellungen der Sparklines

4.9.3 Dashboard für Umsatzentwicklung

Angenommen, Sie sind an einer schematischen Darstellung der täglichen Umsatzentwicklung Ihrer Fahrradgeschäfte als wichtiger Kenngröße in verschiedenen Regionen interessiert. Diese schauen Sie sich jeden Montag an und blicken somit auf die letzte Woche. Mit Ihren Erfahrungswerten können Sie die Höhe der Säulen in Relation richtig interpretieren, der absolute Wert liegt in den Sparklines ja nicht vor. Sie wissen zum einen, dass Region Nord und West die umsatzstärksten Regionen sind und die Säulen ca. gleich hoch sein sollten. Region Ost und Süd liegen etwas darunter, Mitte bringt im Normalfall den geringsten Umsatz. Sie wissen des Weiteren, dass in einem typischen Wochenverlauf zu Beginn der Woche der Umsatz am geringsten ist und zum Wochenende hin steigt. Und genau hier stellen Sie in den Sparklines in Abbildung 4.32 eine Abweichung fest, Region Mitte hat den höchsten Wert an einem Dienstag und den geringsten an einem Freitag. Sie können den Sparklines sofort entnehmen, dass letzte Woche eine Auffälligkeit in einer Region vorliegt, und sofort reagieren, ohne sich erst die absoluten Werte anzuschauen.

	A	B	C	D	E	F	G	H	I
1	Indikator (Umsatz Tsd.€)	Montag	Dienstag	Mittwoch	Donnerstag	Freitag	Samsatg		Umsatz-Entwicklung der letzten 6 Verkaufstage
2	Region Nord	151	149	157	159	159	161		
3	Region West	153	159	162	162	163	163		
4	Region Mitte	136	146	142	138	135	141		
5	Region Ost	141	148	149	148	149	153		
6	Region Süd	148	147	152	153	154	156		

Abbildung 4.32 Dashboard des täglichen Umsatzes pro Region

- Typ: Sparklines als Säule
- Gruppierung: ja
- Datenbereich: B2:G6
- Positionsbereich: $I$2:$I$6
- Minimum/Maximum: für alle identisch
- Achsentyp: allgemein
- Höchstpunkt: anzeigen
- Tiefpunkt: anzeigen
- Erster Punkt: nicht anzeigen
- Letzter Punkt: nicht anzeigen

Kapitel 5

Varianten und Kombinationen von Diagrammen

Das Aussehen eines Diagrammtyps ist nicht starr vorgegeben. In diesem Kapitel wird gezeigt, wie Sie individuelle Varianten und ganz eigene Sichten auf Daten erstellen können.

Jeder Typ von Diagrammen kann in seiner Ausprägung und dem Erscheinungsbild auf vielfältige Art modifiziert werden. Viele Diagramme stehen in verschiedenen Varianten zur Verfügung, ein Säulendiagramm kann z. B. gruppiert oder gestapelt sein, ein Kreisdiagramm kann ein Ring oder eine dreidimensionale Scheibe sein. Die jeweilige Auswahl der Variante hängt zum einen von den Daten ab, zum anderen aber auch von Ihrer Entscheidung, wie Sie etwas darstellen möchten. Dabei ist die Änderung eines Diagramms in eine andere Variante oder sogar in einen anderen Typ jederzeit möglich. Ein anderes Mittel zur individuellen Gestaltung stellt die Farbgebung dar. Excel gibt Ihnen die Möglichkeit, Diagramme in allen erdenklichen Farbvarianten zu erstellen. Aber diese Vielfalt stellt auch gewisse Fallstricke dar, es ergeben sich unter Umständen schlecht lesbare Diagramme. Neben den unterschiedlichen Typen und deren Varianten erlaubt es Ihnen Excel, Typen zu kombinieren. So können Sie z. B. in einem Diagramm Linien mit Säulen oder Punkte mit Netzen kombinieren. Diese Funktionalität der Kombidiagramme stellt Ihnen viele neue Möglichkeiten zur Verfügung, Daten und Informationen zu visualisieren.

5.1 Farbpaletten – Ändern der Standardfarben

Die Farbgebung von Diagrammen und auch von anderen Elementen wie Formen und Piktogrammen basiert in Excel auf Farbpaletten. Diese Paletten bestehen aus einer geringen Anzahl von Farben, die automatisch zur Färbung von Flächen und Linien benutzt werden. Die Farben der mitgelieferten Paletten sind gut aufeinander abgestimmt und stellen somit ein harmonisches Gesamtbild aller grafischen Elemente sicher. Dieses Prinzip der Farbpaletten kommt ebenso in anderen Office-Programmen zum Tragen, auch in Word oder PowerPoint finden Sie die identischen Paletten vor. In jeder Datei kann es zwar nur eine aktive Palette geben, trotzdem lassen sich einzelne Elemente auch mit jeder beliebigen Farbe darstellen.

5.1.1 Farbpaletten auswählen und ändern

Die jeweils aktive Farbpalette beinhaltet zwölf Farben, vier für Schriften und deren Hintergründe, zwei für Hyperlinks und sechs sogenannte Akzentfarben. Diese Akzentfarben benutzt Excel automatisch für die farbliche Darstellung von Balken, Säulen, Segmenten etc. In der Standardeinstellung ist die Farbpalette OFFICE aktiv, Sie können jedoch über die Registerkarte SEITENLAYOUT und den Menüpunkt FARBEN eine andere Palette auswählen oder eine eigene erstellen. Wie in Abbildung 5.1 zu sehen ist, bringt Excel gut 20 Paletten mit, diese sind mit einem mehr oder weniger sprechenden Namen versehen. Wenn Sie nur mit der Maus über die jeweilige Palette fahren, werden die Änderungen sofort sichtbar. Formatierte Tabellen, Formen, Diagramme und andere eingefärbte Elemente nehmen unmittelbar neue Farben an. Ein Klick auf die Palette übernimmt dann die zwölf Farben in Ihre aktuelle Excel-Datei.

Möchten Sie Ihre eigene Palette erstellen, um beispielsweise die Farben Ihres Corporate Designs zu benutzen, lässt sich dies über die Funktion FARBEN ANPASSEN... realisieren. Hier können Sie dann für die sechs Akzentfarben Ihre eigenen Farben festlegen.

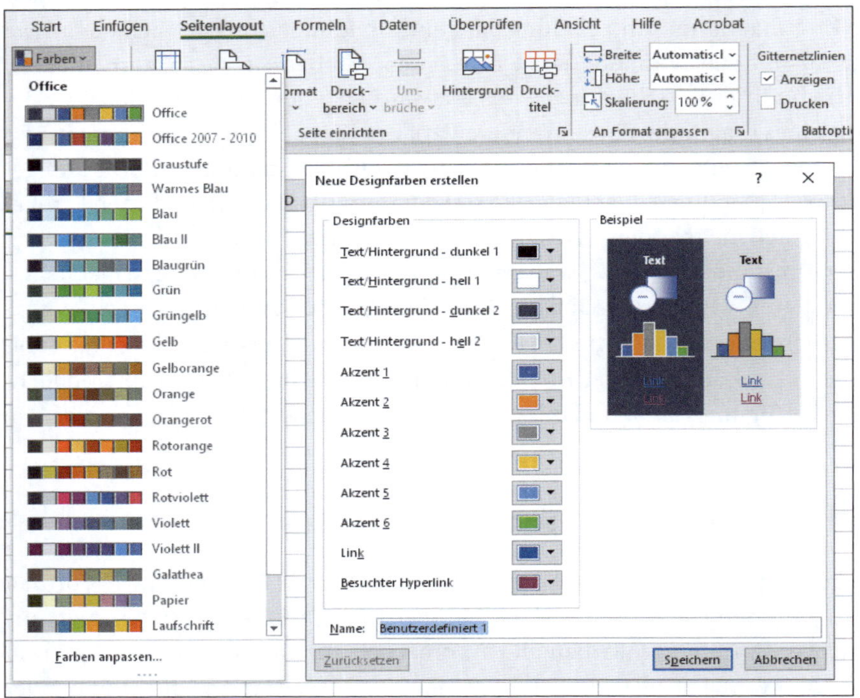

Abbildung 5.1 Übersicht der Excel-Farbpaletten und Erstellung benutzerdefinierter Paletten

Beim Festlegen eigener Akzentfarben sollten Sie darauf achten, dass diese auch in verschiedenen Helligkeitsstufen gut unterscheidbar sind. Ansonsten kann es unter Umständen passieren, dass nebeneinanderliegende Diagrammelemente plötzlich fast identisch eingefärbt sind. In Abbildung 5.2 sehen Sie ein Kreisdiagramm, dass links mit der Palette OFFICE formatiert ist, das rechte Diagramm basiert auf einer eigenen »rotlastigen« Palette. Einmal sind alle drei Segmente gut unterscheidbar, im anderen Fall sind die oberen Segmente farblich fast identisch.

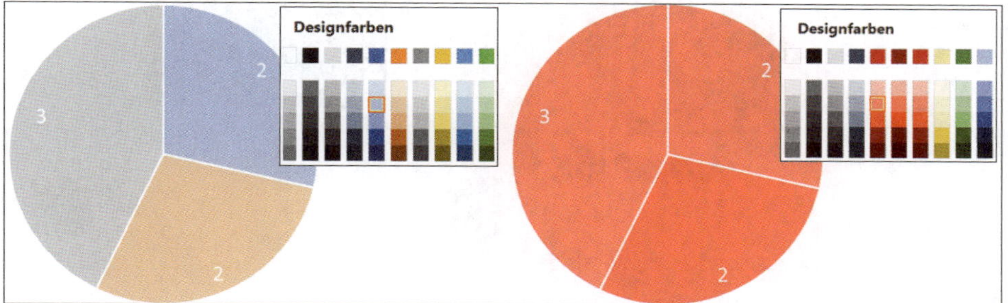

Abbildung 5.2 Eigene Palette mit ähnlichen Farben

5.1.2 Designfarben und Standardfarben

Jedes Mal, wenn Sie eine Farbformatierung vornehmen, stellt Ihnen Excel neben den Standardfarben die sogenannten Designfarben zur Auswahl bereit. Dabei ist es unerheblich, ob Sie ein Diagrammelement, eine Form oder eine Zelle einfärben wollen, das Auswahlfenster der Farben sieht immer gleich aus. Bei den Designfarben handelt es sich um die vier Schriftfarben sowie die sechs Akzentfarben der aktuellen Palette. Zu jeder dieser zehn Farben stehen fünf Helligkeitsstufen bereit, es handelt sich dabei also um Farbvarianten aus der Palette. Sehr helle Farben werden von Stufe zu Stufe dunkler, kräftige Farben gehorchen folgender Regel:

1. 80 % heller
2. 60 % heller
3. 40 % heller
4. 25 % dunkler
5. 50 % dunkler

Die zehn Standardfarben stehen an dieser Stelle immer zur Auswahl, völlig unabhängig von der aktuellen Palette. Wurde z. B. eine Säule oder ein Segment eines Diagramms mit der Füllfarbe »Rot« formatiert, bleibt diese Füllfarbe auch bei Änderung der Palette bestehen. Wurde sie hingegen mit der »Akzentfarbe 6 – Helligkeitsstufe 1« formatiert, ändert sich die Farbe entsprechend der neuen Palette.

Neben den zehn Standardfarben können Sie auch eine beliebige andere Farbe auswählen. Über die Auswahl WEITER FARBEN... finden Sie auf der Registerkarte STANDARD 127 Farben plus 14 Grautöne, auf der Registerkarte BENUTZERDEFINIERT steht Ihnen der komplette RGB-Farbraum zur Verfügung (siehe Abbildung 5.3).

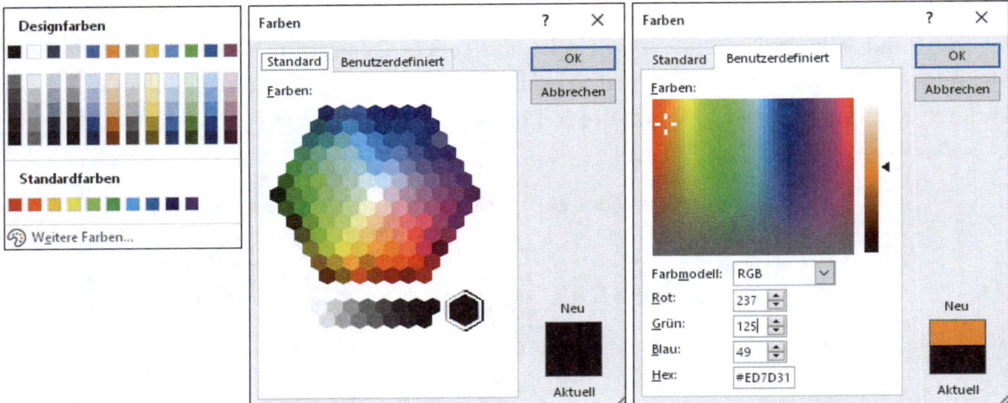

Abbildung 5.3 Designfarben und individuelle Farben

RGB-Farbraum

Die sogenannten RGB-Farben basieren auf einer Überlagerung der Farben Rot, Grün und Blau. Jede einzelne Farbe kennt 256 Ausprägungen, die durch genau 1 Byte (0–255) beschrieben sind. Es ergeben sich somit 2 hoch 24 (0–FFFFFF) Kombinationen möglicher Überlagerungen. Dies entspricht der Anzahl von 16,7 Millionen Farbtönen im RGB-Farbraum, dem heutigen Standard bei Monitoren.

5.1.3 Diagrammfarbpaletten

Speziell für die Einfärbung von Diagrammen benutzt Excel die eigens dafür vorgesehenen Diagrammfarbpaletten. Diese Paletten basieren auf der generellen Farbpalette der aktuellen Datei und stellen eine Auswahl von bunten und einfarbigen Kombinationen der Akzentfarben dar. Ein neu erstelltes Diagramm wird dabei mit der ersten bunten Diagrammpalette formatiert. Möchten Sie diese ändern, wählen Sie auf der Registerkarte DIAGRAMMENTWURF unter FARBEN ÄNDERN die gewünscht Palette aus. Die Zusammenstellung der bunten und auch der einfarbigen Diagrammpaletten besteht zum Teil aus den exakten Akzentfarben, zum Teil aber auch aus verschiedenen Helligkeitsstufen dieser Farben. Auf diese Paletten können Sie keinen Einfluss nehmen, diese erstellt Excel automatisch.

Interessant ist auch die Vorgehensweise von Excel, wenn Sie in Ihrem Diagramm mehr als sechs Datenpunkte haben. Im Beispiel in Abbildung 5.4 wird deutlich, dass die Segmente sieben bis zwölf im Fall der bunten Palette einfach dunkler dargestellt werden, die Reihenfolge der Farben jedoch eingehalten wird. Und die nächsten sechs Segmente würden heller als die sechs Farben der Palette dargestellt werden, somit ist immer eine farbliche Unterscheidung der Datenpunkte gegeben. Bei einer einfarbigen Diagrammpalette prüft Excel die Anzahl der Datenpunkte und bestimmt damit den Grad der Helligkeitsabstufungen. Änderungen der generellen Farbpalette haben auch unmittelbar Änderungen der Diagrammfarbpalette zur Folge. Es sei denn, Sie haben eine individuelle Füllfarbe für ein Segment ausgewählt, dann bleibt diese Farbe auch bei Änderungen an den Paletten erhalten.

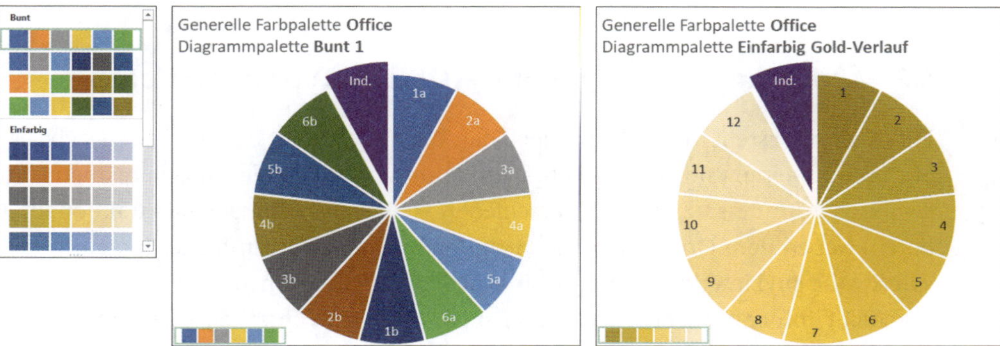

Abbildung 5.4 Verschiedene Diagrammpaletten basierend auf der generellen Palette

5.1.4 Diagramme nach PowerPoint kopieren

Vielleicht haben Sie schon mal ein Diagramm aus Excel nach PowerPoint kopiert. Wenn Sie mittels Copy & Paste das Diagramm in PowerPoint einfügen möchten, stellt Ihnen PowerPoint eine Auswahl von Einfügeoptionen bereit. Zum einen können Sie bestimmen, ob die Daten als solche weiterhin in Excel oder aber in PowerPoint gespeichert werden sollen, zum anderen legen Sie fest, ob das Quell- oder das Zieldesign verwendet werden soll. Es ist möglich, dass in Excel eine andere Farbpalette aktiv ist als in PowerPoint. Wenn Sie beispielsweise in Excel die Palette »Galathea« nutzen, können Sie über die Option URSPRÜNGLICHES DESIGN festlegen, dass die Farben dieser Palette auch in PowerPoint benutzt werden.

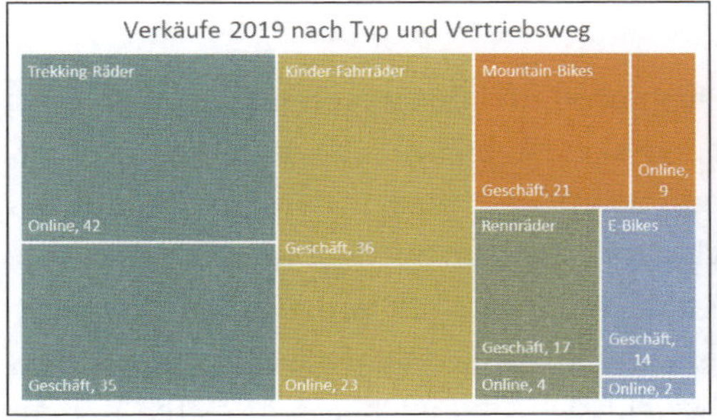

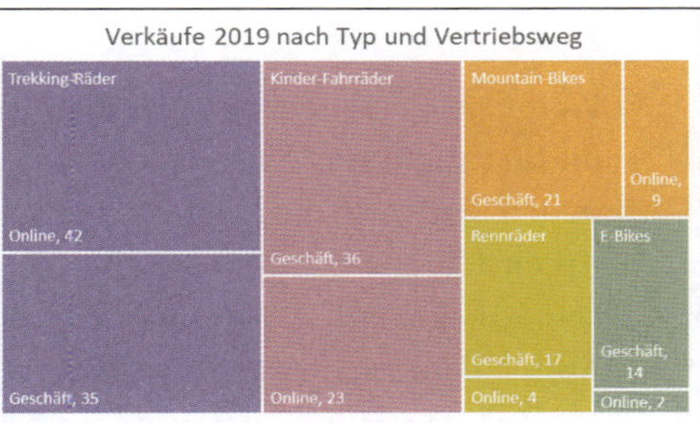

Abbildung 5.5 Verschiedene Arten des Kopierens nach PowerPoint

Das Diagramm sieht also in PowerPoint genauso aus wie in Excel. Wollen Sie hingegen erreichen, dass die Diagrammfarben in PowerPoint geändert werden, wählen Sie beim Einfügen die Option ZIELDESIGN VERWENDEN aus. Dann erfolgt eine Farbänderung, beispielsweise auf Grundlage der Palette *Papier*. Das Diagramm sieht in PowerPoint farblich anders aus als in Excel, so wie in Abbildung 5.5.

5.2 Änderung eines Diagramms – Ort und Typ neu festlegen

Ein Diagramm stellt in Excel ein Objekt dar. Wie andere Objekte auch lassen sich Diagramme kopieren und verschieben. Dafür kommen die Standardmechanismen zum Kopieren zum Einsatz, für das Verschieben stellt Excel eine eigene Funktionalität bereit. Neben dem Ort können Sie auch den Typ des Diagramms ändern, also beispielsweise ein Liniendiagramm in ein Balkendiagramm transformieren. Sie müssen also nicht immer wieder bei null anfangen, wenn Sie sich entscheiden, einen anderen Diagrammtyp benutzen zu wollen.

5.2.1 Diagramme kopieren und verschieben

Wenn Sie ein neues Diagramm einfügen, wird dieses Diagramm erst mal in dem aktuellen Arbeitsblatt angezeigt. Sie können dieses Diagramm mittels Copy & Paste innerhalb des Tabellenblattes oder auch in ein anderes Tabellenblatt kopieren. Die Kopie des Diagramms hat dabei dieselbe Datenbasis wie das Originaldiagramm. Zum Verschieben finden Sie auf der Registerkarte DIAGRAMMENTWURF ganz rechts das Symbol DIAGRAMM VERSCHIEBEN. In dem folgenden Dialogfenster können Sie festlegen, ob das Diagramm in ein neues Diagrammtabellenblatt oder in ein bestehendes Tabellenblatt verschoben werden soll (siehe Abbildung 5.6). Wichtig ist dabei, dass sich sowohl bei einer Kopie als auch bei einer Verschiebung nichts an der Datenbasis ändert, die Referenz aus dem Dialog DATEN AUSWÄHLEN bleibt immer bestehen.

Wenn Sie ein Tabellenblatt mit einem Diagramm und den zugehörigen Daten über die Blattfunktion kopieren oder verschieben (siehe Abbildung 5.7), ändert sich in dem neuen Blatt auch die Referenz des Diagrammes auf die Daten. In dem ursprünglichen Arbeitsblatt »Verkäufe April« bezieht sich das Diagramm auf die Daten in genau diesem Arbeitsblatt »Verkäufe April«. Die Kopie des Blattes mit dem Namen »Verkäufe April (2)« beinhaltet exakt dasselbe Diagramm sowie die zugrundeliegenden Daten. Das Diagramm in »Verkäufe April (2)« bezieht sich jetzt auch auf die Daten in dem neuen Blatt »Verkäufe April (2)«. Die Anpassung der Referenz übernimmt Excel beim Kopieren oder Verschieben von Blättern automatisch.

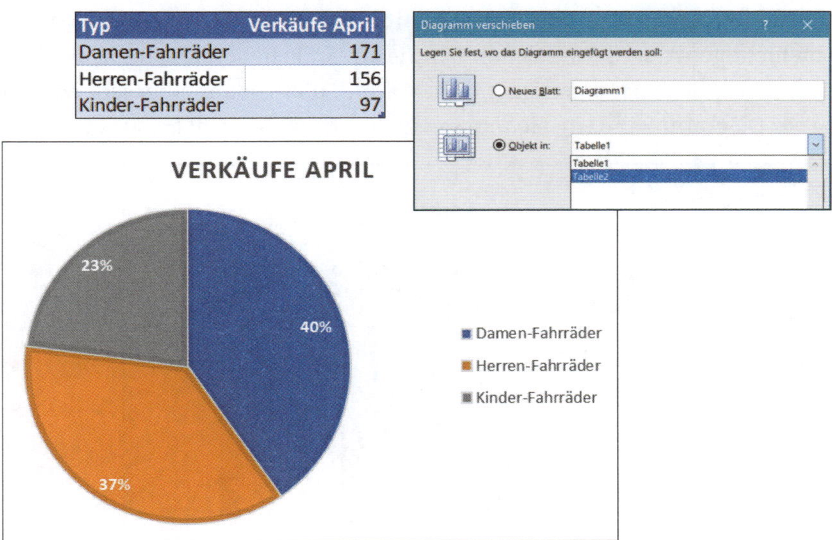

Abbildung 5.6 Dialog »Diagramm verschieben«

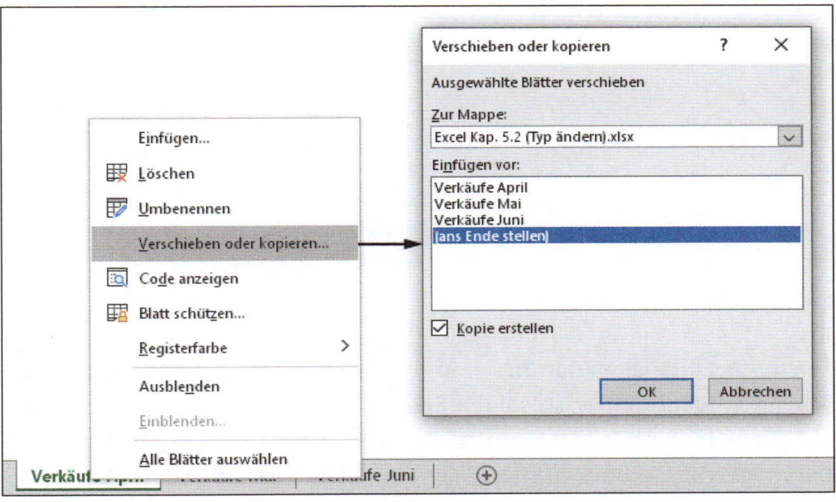

Abbildung 5.7 Blatt verschieben oder kopieren

5.2.2 Diagrammtyp ändern

Möchten Sie den Typ eines Diagramms ändern, steht dafür auf der Registerkarte DIAGRAMMENTWURF das Symbol DIAGRAMMTYP ÄNDERN zur Verfügung. Es öffnet sich das schon bekannte Dialogfenster, an dieser Stelle nicht zum Einfügen eines neuen Diagramms, sondern zum Festlegen des neuen Typs. Auch hier stellt Ihnen Excel alle Diagrammtypen zur Auswahl, die zu den Daten des Originaldiagramms passen (siehe Abbildung 5.8). Diese Funktionalität ist sehr praktisch, wenn Sie zu Beginn noch nicht genau wissen, welchen Typ Sie am Ende haben möchten. Sie können mit einem gruppierten Säulendiagramm starten, dieses dann aber jederzeit in ein gestapeltes Diagramm ändern, Sie müssen nicht immer bei null beginnen.

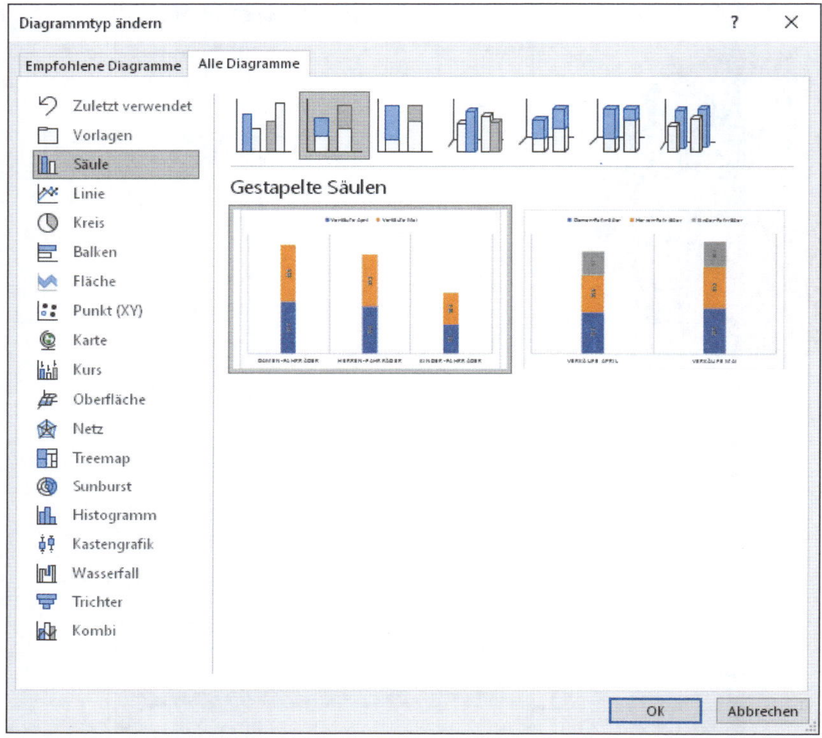

Abbildung 5.8 Diagrammtyp ändern

Haben Sie an Ihrem Originaldiagramm schon zusätzliche Elemente hinzugefügt oder Formatierungen vorgenommen, so sollten Sie diese Modifikationen nach der Umwandlung in einen anderen Typ überprüfen. Auch wenn die Änderung in den neuen Typ generell möglich ist, gibt es bei den Diagrammelementen kleine Unterschiede. Dies wird am Beispiel der Datenbeschriftung eines gruppierten und eines gestapelten Säulendiagramms deutlich. Sie können bei gruppierten Säulen die Beschriftungsoption AM ENDE AUSSERHALB wählen und diese dann in der gleichen Schriftfarbe wie die Säule selbst formatieren. Gestapelte Säulen bieten dies Option jedoch nicht, hier können die Beschriftungen nur innerhalb stehen. Bei der Änderung des Typs wählt Excel eine entsprechend mögliche Position der Beschriftung aus. Da die Schriftfarbe im Original jedoch der Säulenfarbe entsprach, haben Sie jetzt eine blaue bzw. orangefarbene Datenbeschriftung auf blauem bzw. orangefarbenem Grund. Die Beschriftung ist also vorhanden, aber nicht sichtbar (siehe Abbildung 5.9).

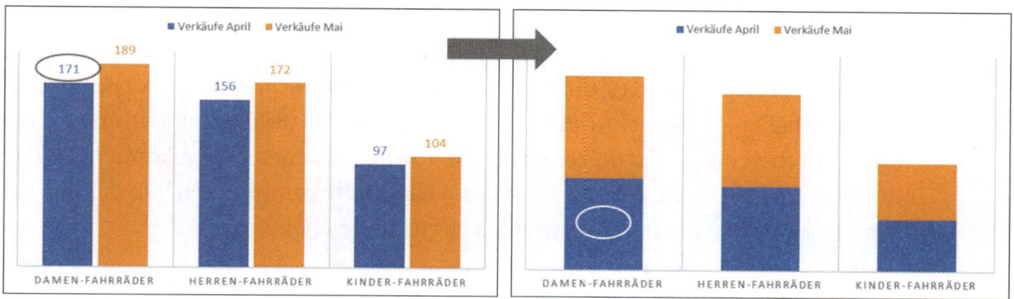

Abbildung 5.9 Ursprünglicher und neuer Diagrammtyp

5.2.3 Datenreihendiagrammtyp ändern

Ganz neue Möglichkeiten für Ihre Diagramme ergeben sich, wenn Sie einzelne Datenreihen in Form unterschiedlicher Diagrammtypen darstellen. Über diese Funktionalität können Sie beispielweise eine Datenreihe als Säule und eine andere als Linie anzeigen, so erhalten Sie ein sogenanntes Kombidiagramm. Sie erreichen dies, indem Sie eine einzelne Datenreihe eines bestehenden Diagramms markieren und über die rechte Maustaste den Menüpunkt DATENREIHEN • DIAGRAMMTYP ÄNDERN auswählen (siehe Abbildung 5.10).

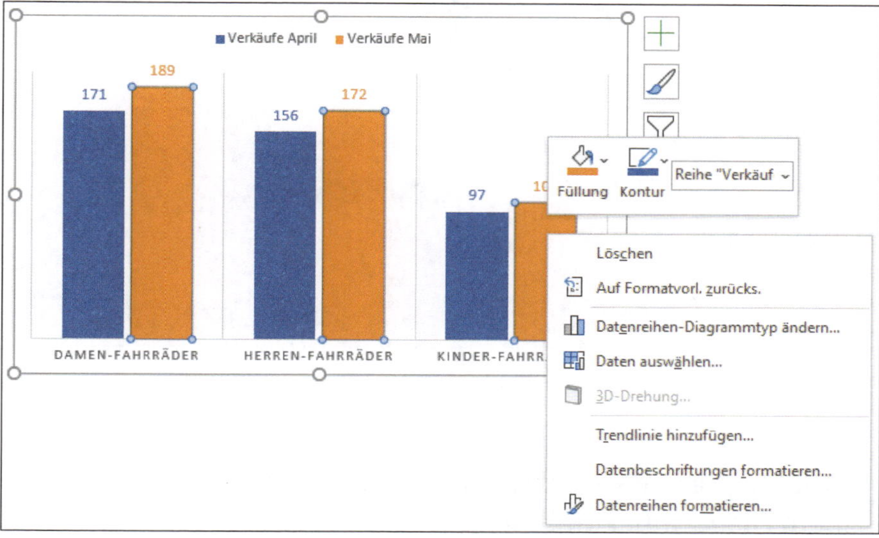

Abbildung 5.10 Datenreihendiagrammtyp ändern

In dem bekannten Dialogfenster sehen Sie wieder alle vorhandenen Diagrammtypen, hier ist jetzt der letzte Eintrag KOMBI aktiviert (siehe Abbildung 5.11). Neu an dieser Stelle ist die Auflistung aller Datenreihen mit Angabe eines Diagrammtyps und der

Option, diese Reihe auf der *sekundären Werteachse* darzustellen. Oben finden Sie die drei Standardkombinationen Säule mit Linie, Säule mit Linie auf sekundärer Achse und Fläche mit Linie, die Benutzerdefinierte Kombination erlaubt darüber hinaus beliebige weitere Kombinationen. Auch wenn viele Kombinationen möglich sind, machen einige davon keinen großen Sinn. Rein theoretisch können Sie z. B. Linien, Balken, Netze und Punkte in einem Diagramm kombinieren. Ob dieses Diagramm dann wirklich noch lesbar ist, ist recht unwahrscheinlich.

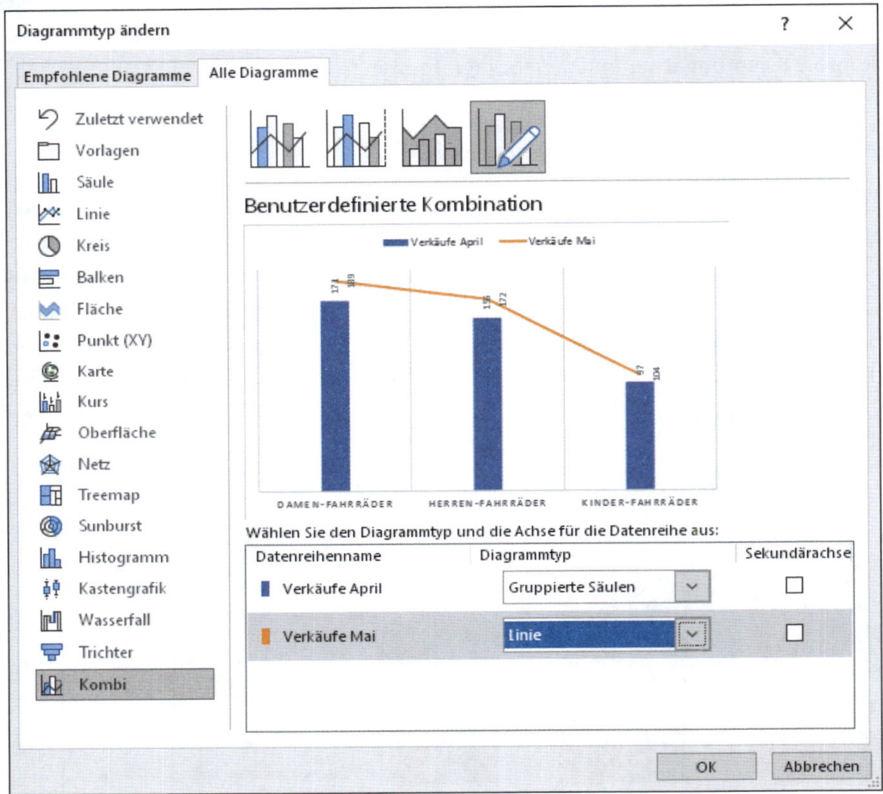

Abbildung 5.11 Vorschau des Kombidiagramms

5.3 Kombidiagramme – unterschiedliche Typen in einem Diagramm kombinieren

In Kombidiagrammen sind verschiedene Datenreihen als unterschiedliche Diagrammtypen dargestellt. Diese Kombinationen erlauben neue Sichten auf Ihre Daten. Insbesondere die Nutzung sekundärer Achsen erlaubt es, Daten unterschiedlicher Größenordnungen so zu skalieren, dass diese in einem gemeinsamen Diagramm nichts an ihrer Aussagekraft verlieren.

5.3.1 Einfaches Säulen-Linien-Diagramm

Viele Kombidiagramme bestehen aus gruppierten Säulen und einer Linie. Es lassen sich damit gut absolute und relative Werte darstellen, dabei kommt oftmals eine sekundäre Werteachse für die relativen Werte zum Einsatz. Aber auch für einen Vergleich zweier Datenreihen lässt sich ein Kombidiagramm gut als Alternative zu klassischen gruppierten Säulen nutzen. Für ein solches Kombidiagramm kommt dann keine sekundäre Achse zu Einsatz, es geht ja um den Vergleich von Werten, die in einer ähnlichen Größenordnung vorliegen. Das folgende Beispiel in Abbildung 5.12 zeigt die Anzahl von Zusammenbauten und von Inspektionen in einer Werkstatt im Jahr 2020 pro Monat an. Dabei sind die Zusammenbauten als Säule dargestellt, die Inspektionen als Linie. Die unterschiedlichen Tätigkeiten sind gut zu unterscheiden, ein direkter Vergleich ist trotzdem möglich.

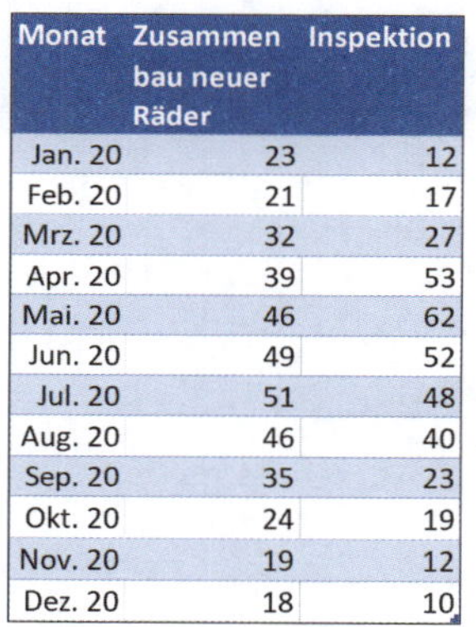

Monat	Zusammenbau neuer Räder	Inspektion
Jan. 20	23	12
Feb. 20	21	17
Mrz. 20	32	27
Apr. 20	39	53
Mai. 20	46	62
Jun. 20	49	52
Jul. 20	51	48
Aug. 20	46	40
Sep. 20	35	23
Okt. 20	24	19
Nov. 20	19	12
Dez. 20	18	10

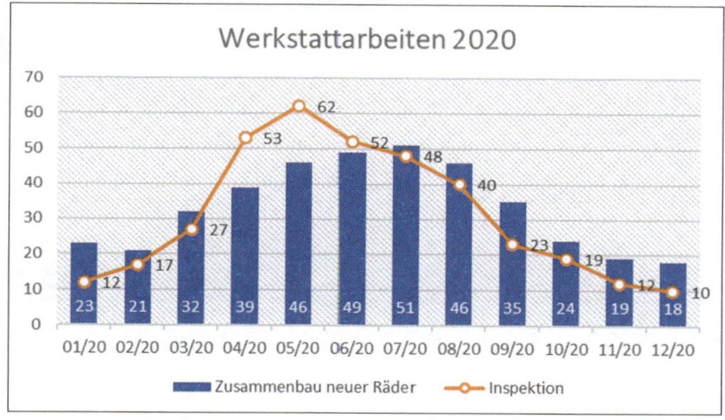

Abbildung 5.12 Werkstattarbeiten im Jahr 2020

- Typ: Kombidiagramm (Säulen und Linien)
- Formatvorlage: 5
- Abstandsbreite der Säulen: 100 %
- Datenbeschriftung der Säulen: am Anfang innerhalb, Schriftfarbe Weiß
- Datenbeschriftung der Linie: rechts
- Datenreihen »Inspektion«: Linie mit Datenpunkten
- Option der Rubrikenachse: benutzerdefiniertes Zahlenformat (MM/JJ)

Eine bewährte Methode, ein Kombidiagramm zu erstellen, besteht darin, ein Standarddiagramm einzufügen und dieses dann in ein Kombidiagramm umzuwandeln. Dies ist zwar ein zusätzlicher Arbeitsschritt, hilft Ihnen aber, bei komplexen Kombinationen den Überblick zu behalten. Im Beispiel in Abbildung 5.13 erstellen Sie ganz einfach mit Ihren Daten ein gruppiertes Säulendiagramm, markieren eine Datenreihe, rufen dann den Dialog DATENREIHEN-DIAGRAMMTYP ÄNDERN ... und wählen den Typ LINIE für die Datenreihe INSPEKTION aus.

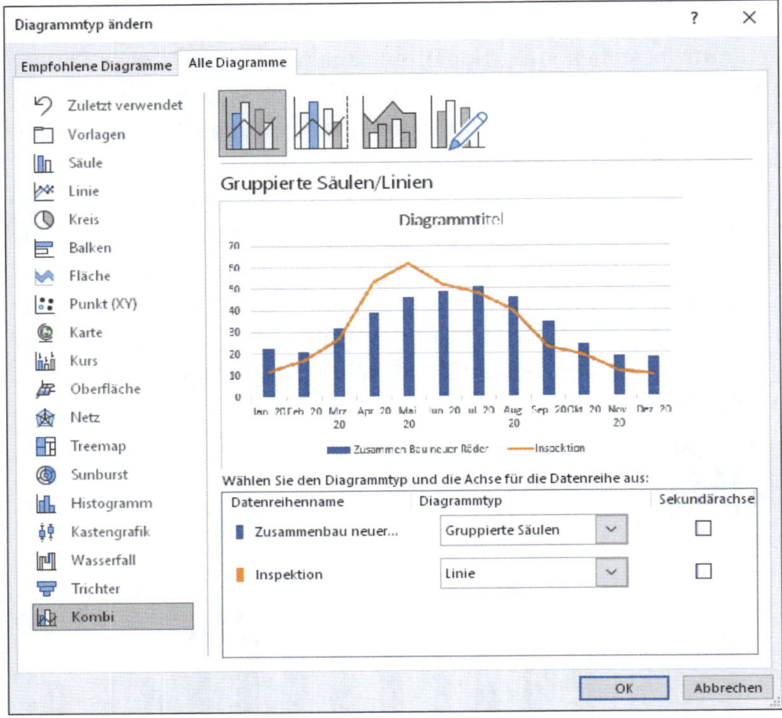

Abbildung 5.13 Typ für Kombidiagramme auswählen

5.3.2 Summe gestapelter Säulen anzeigen

Gestapelte Säulen erlauben es nicht, die Summe der einzelnen übereinanderliegenden Säulen anzugeben. Die Beschriftung mit dem Datenwert jeder einzelnen Säule ist möglich, die Summe kann jedoch nicht angegeben werden. Um dies doch zu erreichen, lässt sich ein Kombidiagramm nutzen. Dabei fügen Sie die Summe der Säulen als eigene Datenreihe hinzu und wählen für diese Datenreihe den Typ LINIE MIT DATENPUNKTEN. Die Linie selbst wird über die Optionen unsichtbar gemacht, nur die Datenpunkte bleiben bestehen (siehe Abbildung 5.14). Anschließend fügen Sie noch die Beschriftung hinzu, und der Summenwert erscheint in Ihrem gestapelten Säulendiagramm.

- Typ: Kombidiagramm (gestapelte Säulen und Linien mit Punkten)
- Formatvorlage: 8
- Datenbeschriftung: weiß, zentriert
- Datenreihen »Summe«: Linie mit Datenpunkten
- Datenreihe »Summe«: keine Linie anzeigen
- Datenreihe »Summe«: integrierte blaue Markierungspunkte, Größe 8

- Beschriftung der Datenreihe »Summe«: über, fett, schwarz
- Diagrammtitel: Schriftgröße 14 Punkt, oben zentriert
- Diagrammbereich Füllung: heller Farbverlauf, Akzentfarbe 5
- Werteachse: nein

Monat	Reg. Nord	Reg. Mitte	Reg. Süd
Q1	18	22	25
Q2	23	31	40
Q3	27	38	37
Q4	19	20	23
Summe	**87**	**111**	**125**

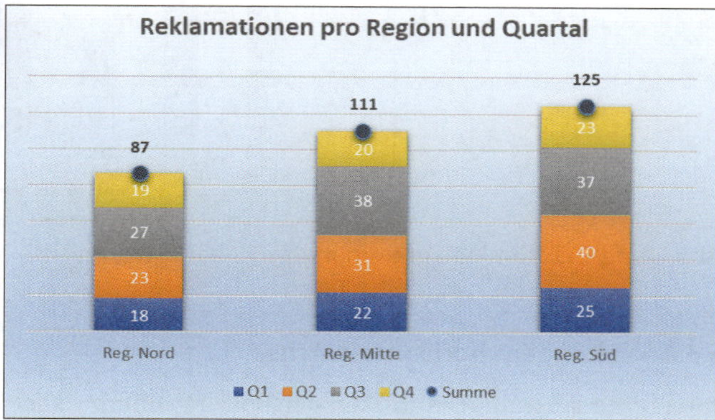

Abbildung 5.14 Kombidiagramm mit Säulen und Punkten

5.3.3 Sekundäre vertikale Achse

In vielen Fällen haben Sie in einem Kombidiagramm für die einzelnen Datenreihen Werte aus verschiedenen Größenordnungen vorliegen. Absolute Werte liegen z. B. im Tausenderbereich, prozentuale Werte hingegen zwischen null und eins. Diese Prozentwerte würden in einem gemeinsamen Diagramm gar nicht sichtbar sein, sie sind in Relation viel zu klein. Um diese trotzdem in einem Kombidiagramm sinnvoll anzuzeigen, bietet Excel eine sekundäre Werteachse an. Diese sekundäre Werteachse ist entsprechend skaliert und reicht im Fall von Prozentwerten von 0 % bis 100 %. Im Normalfall stellt Excel die sekundäre Werteachse rechts neben der Zeichnungsfläche dar, die primäre bleibt am gewohnten Ort links neben der Zeichnungsfläche.

Im folgenden Beispiel in Abbildung 5.15 ist die Anzahl unterschiedlicher Fahrradschlösser im Lager sowie deren Gesamtwert in Euro dargestellt. Ohne sekundäre Achse für den Eurobetrag würde die jeweilige Anzahl einfach auf der horizontalen Linie liegen, die Zahl 37 verschwände jedoch in Relation zu 2.718. Mit der Sekundärachse ist der Zusammenhang zwischen der Anzahl und dem Wert in Euro trotz der unterschiedlichen Größenordnung gut zu erkennen. Um eine Datenreihe auf die sekundäre Werteachse zu legen, setzen Sie ganz einfach in den Einstellungen des Kombidiagramms unter Diagrammtyp ändern... den Haken bei Sekundärachse. Es empfiehlt sich bei zwei Wertenachsen, diese mit einer Achsenbeschriftung zu versehen. Die Betrachter des Diagramms müssen ja wissen, welche Datenreihe auf welcher Achse abzulesen ist.

Schloss-typen	Anzahl	Preis	Wert
Bügel	37	73,47 €	2.718 €
Falt	32	82,63 €	2.644 €
Kabel	21	44,56 €	936 €
Ketten	46	32,42 €	1.491 €
Rahmen	19	37,96 €	721 €
Spezial	23	23,85 €	549 €

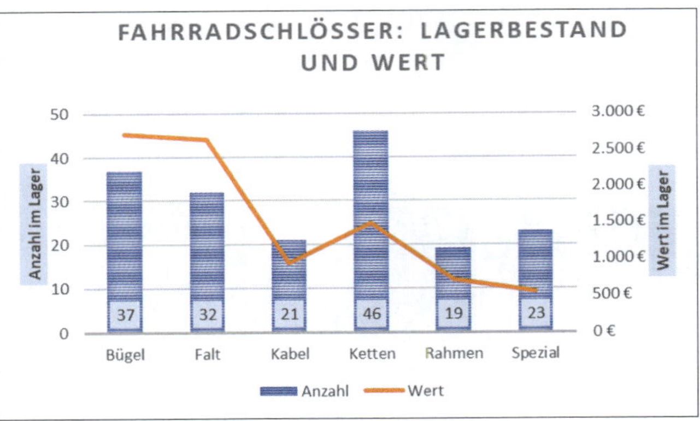

Abbildung 5.15 Kombidiagramm mit sekundärer Werteachse

5.3.4 Sekundäre horizontale Achse

Auch eine sekundäre Rubrikenachse ist in einem Excel-Diagramm möglich. Auch wenn diese Anforderung selten vorkommt, kann es Konstellationen geben, die eine zweite horizontale Achse notwendig machen. Wenn Sie beispielsweise einen Quartalswert als Säule anzeigen wollen, die jeweiligen Monatswerte aber auch noch als Linie hinzufügen möchten, ist dies über die sekundäre Rubrikenachse realisierbar.

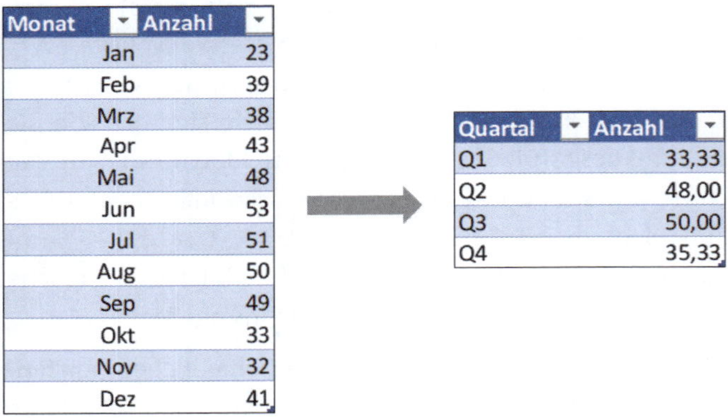

Monat	Anzahl
Jan	23
Feb	39
Mrz	38
Apr	43
Mai	48
Jun	53
Jul	51
Aug	50
Sep	49
Okt	33
Nov	32
Dez	41

Quartal	Anzahl
Q1	33,33
Q2	48,00
Q3	50,00
Q4	35,33

Abbildung 5.16 Quartalswerte aus Monatswerten ermitteln

Angenommen, Ihnen liegen nur die Monatswerte vor, dann können Sie mit der Funktion *Summenprodukt* und der Funktion *Monat* ganz elegant die Quartalswerte berechnen. Natürlich würde es bei den Beispieldaten schneller gehen, den Mittelwert pro Quartal durch einfache Addition der drei Werte des Quartals und anschließender Division durch drei zu ermitteln. Das hier vorgestellte Verfahren erlaubt es aber auch, beispielsweise aus Tageswerten eines ganzen Jahres die Summe aller Freitage zu ermitteln, manuell durchgeführt schon eine etwas aufwendigere Aufgabe. Das

Summenprodukt multipliziert Werte und bildet dann die Summe daraus. Die Idee der Berechnung ist es, die jeweiligen Werte für die Spalte »Anzahl« aller zwölf Monate mit dem Ergebnis zweier logischer Abfragen zu multiplizieren. Wenn es sich um einen Monat im ersten Quartal handelt, ergeben die logischen Abfragen *Monat>=1* und *Monat<=3* beide den Wert *Wahr* oder anders ausgedrückt die Zahl 1. Für die Monate ab April liefert die logische Abfrage *Monat>=1* zwar wieder *Wahr*, die Abfrage *Monat<=3* jedoch das Ergebnis *Falsch* bzw. den Wert 0. Für alle zwölf Monate ergeben sich somit folgende Multiplikatoren bzw. Produkte aus Tabelle 5.1.

Monat	Anzahl	Monat>=1	Monat<=3	Ergebnis
Jan	23	1	1	23
Feb	39	1	1	39
Mär	38	1	1	38
Apr	43	1	0	0
Mai	48	1	0	0
Jun	53	1	0	0
Jul	51	1	0	0
Aug	50	1	0	0
Sep	49	1	0	0
Okt	33	1	0	0
Nov	32	1	0	0
Dez	41	1	0	0

Tabelle 5.1 Ermittlung der Monatswerte eines Quartals mit dem Summenprodukt

Die Funktion Summenprodukt führt die zeilenweise Multiplikation durch und addiert dann die jeweiligen Ergebnisse. Da es um die Berechnung des Mittelwertes eines Quartals geht, wird das Gesamtergebnis dann noch durch 3 dividiert.

Anzahl	Formel
33,33	=SUMMENPRODUKT((MONAT($A$2:$A$13)>=1)*(MONAT($A$2:$A$13)<=3)*$B$2:$B$13)/3
48,00	=SUMMENPRODUKT((MONAT($A$2:$A$13)>=4)*(MONAT($A$2:$A$13)<=6)*$B$2:$B$13)/3
50,00	=SUMMENPRODUKT((MONAT($A$2:$A$13)>=7)*(MONAT($A$2:$A$13)<=9)*$B$2:$B$13)/3
35,33	=SUMMENPRODUKT((MONAT($A$2:$A$13)>=10)*(MONAT($A$2:$A$13)<=12)*$B$2:$B$13)/3

Abbildung 5.17 Formeln zu den Berechnungen der Quartalsmittelwerte

Haben Sie sich einmal mit dieser Methodik vertraut gemacht, werden sich bestimmt viele Anwendungsfälle ergeben, bei denen die Funktion *Summenprodukt* wertvolle Hilfe für Berechnungen und Analysen liefert.

Aber zurück zur sekundären Rubrikenachse. Nachdem die Quartalswerte berechnet sind, fügen Sie dafür ein einfaches Säulendiagramm ein. Anschließend fügen Sie über DATEN AUSWÄHLEN eine neue Datenreihe hinzu, die Spalte »Anzahl« aus der Monatstabelle. Sie werden jetzt vier blaue und zwölf orangefarbene Säulen sehen. Jetzt markieren Sie die Datenreihe »Monat« und rufen DATENREIHEN • DIAGRAMMTYP ÄNDERN auf, dort wählen Sie den Typ PUNKTE MIT INTERPOLIERTEN LINIEN UND DATENDARSTELLUNG aus und aktivieren die Sekundärachse (siehe Abbildung 5.18). Dies ist zwar die sekundäre Werteachse, diese wird aber temporär benötigt. Erst jetzt können Sie über DIAGRAMMENTWURF das Element SEKUNDÄRE HORIZONTALE ACHSE hinzufügen, die sekundäre vertikale Achse kann an dieser Stelle wieder entfernt werden. Ein erneuter Aufruf des Dialogs DATEN AUSWÄHLEN erlaubt es jetzt, den Beschriftungsbereich der zweiten Rubrikenachse auf die Monate Januar bis Dezember zu ändern. Zum Schluss müssen Sie noch die Achsenskalierung anpassen, sodass die Achse auch nur von Januar bis Dezember angezeigt wird und nicht von Dezember des Vorjahres bis Januar des Folgejahres.

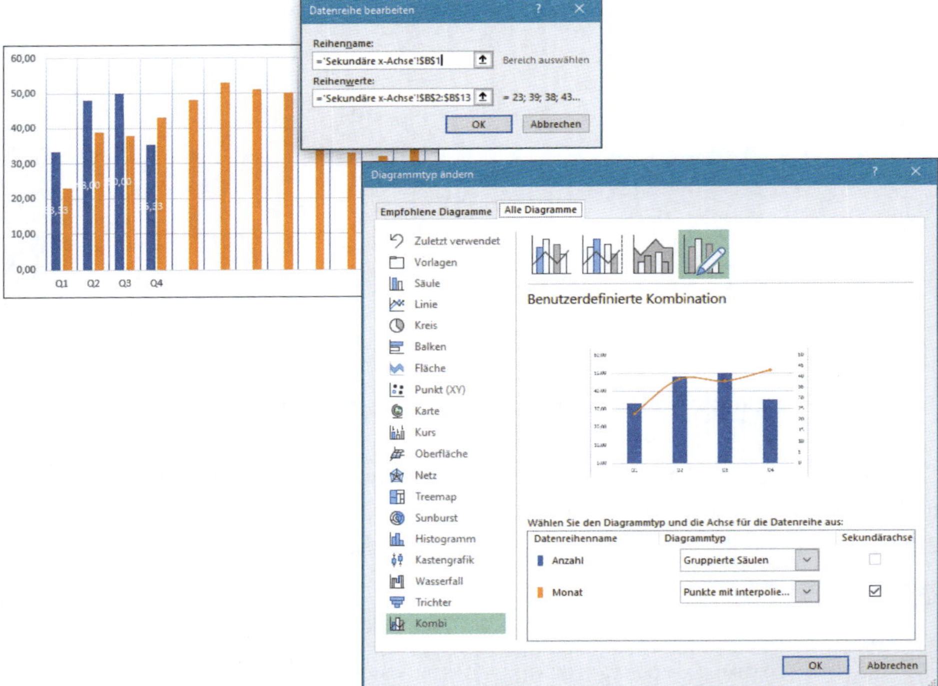

Abbildung 5.18 Entwickeln eines Kombidiagramms mit sekundärer Rubrikenachse

Es ist ein recht aufwendiges Verfahren, in Excel eine sekundäre Rubrikenachse einzufügen. Aber je nach Daten und Ihrem Ziel mit dem Diagramm kann es eine Option sein. In dem Beispiel in Abbildung 5.19 ist nicht nur der Quartalswert zu erkennen, auch die Einzelwerte der Monate und deren Streuung sind sichtbar – eine zusätzliche Information, die sich sehr gut wie hier mit der zweiten horizontalen Achse in ein Diagramm einbauen lässt.

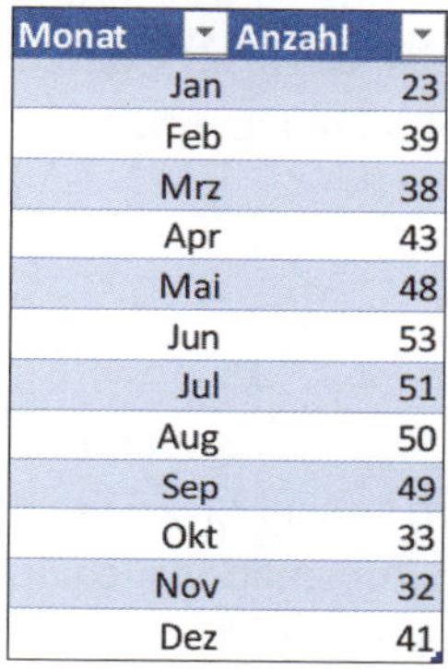

Monat	Anzahl
Jan	23
Feb	39
Mrz	38
Apr	43
Mai	48
Jun	53
Jul	51
Aug	50
Sep	49
Okt	33
Nov	32
Dez	41

Quartal	Anzahl
Q1	33,33
Q2	48,00
Q3	50,00
Q4	35,33

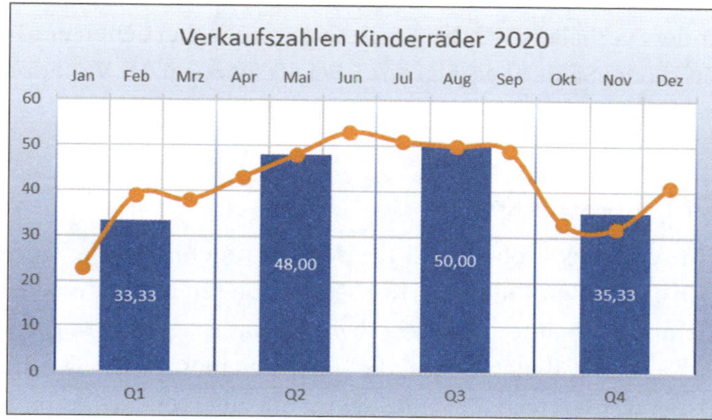

Abbildung 5.19 Sekundäre Rubrikenachse

- Typ: Kombidiagramm (Säulen und Punkte mit interpolierten Linien)
- Vorlage: 1
- Abstandsbreite der Säulen: 128 %
- Datenbeschriftung: zentriert, weiß
- Primäres vertikales Gitter: ja, Farbverlaufslinie, Linienstärke 2,25 Pt.
- Primäres horizontales Gitter: ja
- Sekundäres vertikales Gitter: ja
- Markierungspunkte: integriert Kreis 7 Pt.
- Beschriftung der Werteachse: ganzzahlig
- Diagrammtitel: zentriert, Schriftgröße 14 Pt.
- Diagrammbereich: Füllung Farbverlauf Hell Akzent1
- Zeichnungsfläche: Einfarbige Füllung Weiß

5.4 Kreisdiagramm – kleine Anteile als separaten Kreis oder Säule anzeigen

Die meisten Diagramme sind in Excel in Form unterschiedlicher Varianten vorhanden. Ein Säulendiagramm kann gruppiert oder gestapelt sein, ein Liniendiagramm kann Punkte enthalten oder geglättet sein. In vielen Fällen handelt es sich jedoch nur um eine andere Darstellungsform ohne zusätzliche Informationsgewinn. Etwas anders verhält es sich bei Kreisdiagrammen, bei denen ein Teil der Werte als eigener Kreis oder Säule angezeigt wird. Bei dieser Form der Variation entsteht eigentlich ein neuer Diagrammtyp.

5.4.1 Kreis aus Kreis

Ein typisches Problem bei Kreisdiagrammen sind die kleinen Segmente. Während sich die großen Teile eines Kreises gut ablesen und unterscheiden lassen, wird das bei kleinen Segmenten oftmals schwierig, das Diagramm verliert an Informationsgehalt. Für diesen Fall bietet Excel die Variante eines Kreisdiagramms KREIS AUS KREIS an. Dabei werden festzulegende Segmente zu einem zusammengefasst und dieses Segment wird dann als weiterer Kreis rechts neben dem eigentlichen Kreis dargestellt. Im Beispiel in Abbildung 5.20 haben Sie den Bestand von Fahrrädern im Lager von verschiedenen Herstellern. Dabei machen vier Hersteller den Großteil des Bestandes aus, die Fahrräder von vier anderen Herstellern sind in viel geringerem Umfang vorhanden. Um ein Kreis-aus-Kreis-Diagramm zu erstellen, wählen Sie einfach in der Kategorie der Kreisdiagramme das entsprechende Symbol aus.

Hersteller	Lagerbestand
A-Z Rad	21
B4Y	89
Fair-Radl	17
Jupiter	24
Kingel	102
MilkyWay	53
MyWay	10
TOP-Bike	66

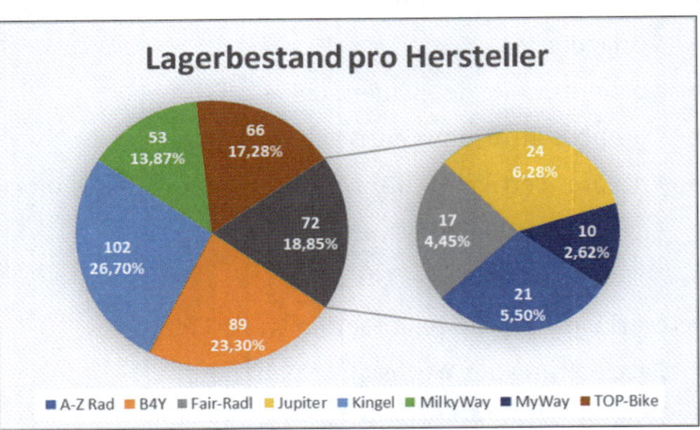

Abbildung 5.20 Lagerbestand von Fahrrädern als Kreis-aus-Kreis-Diagramm

Die Formatierung der Datenreihe erlaubt es Ihnen jetzt, die Festlegung vorzunehmen, welche Rubriken als separater Kreis dargestellt werden sollen. Neben einem absoluten Wert können Sie auch einen Prozentwert angeben. Alle Rubriken mit einem Wert kleiner als Ihre Grenze wandern in den zweiten Kreis. Des Weiteren können Sie auch über die Position festlegen, dass z. B. die ersten drei Segmente in dem zweiten Kreis sichtbar sind, unabhängig von dem eigentlichen Wert. Die vierte Option steht unter BENUTZERDEFINIERT zur Verfügung. Dabei markieren Sie mit der Maus bestimmte Segmente und legen dann fest, in welchem Kreis das jeweilige Segment angezeigt werden soll. Neben der schon bekannten Änderung der KREISEXPLOSION lassen sich an dieser Stelle noch die Größe des zweiten Kreises sowie der Abstand der beiden Kreise festlegen (siehe Abbildung 5.21).

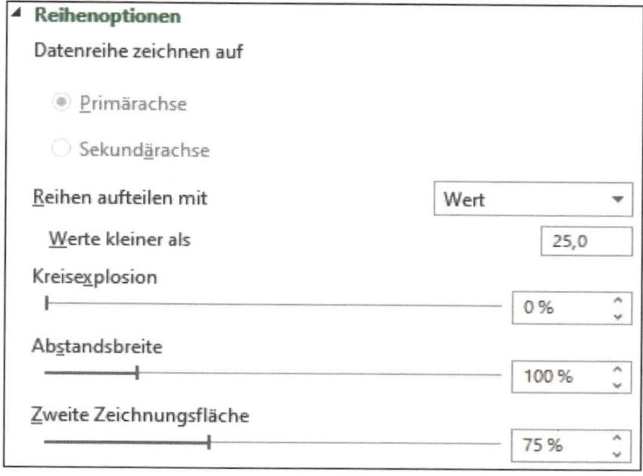

Abbildung 5.21 Einstellungen Kreis aus Kreis

5.4.2 Säule aus Kreis

Bei der Variante SÄULE AUS KREIS werden Segmente des Hauptkreises als Säule rechts neben dem Kreis dargestellt wie im Beispiel in Abbildung 5.22. Die Einstellungen und Formatierungen sind mit denen der Variante KREIS AUS KREIS identisch, es handelt sich nur um eine andere Darstellungsart.

Hersteller	Lagerbestand
A-Z Rad	21
B4Y	89
Fair-Radl	17
Jupiter	24
Kingel	102
MilkyWay	53
MyWay	10
TOP-Bike	66

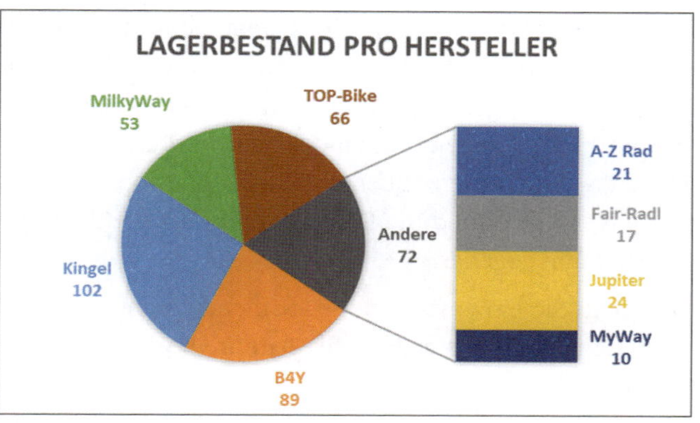

Abbildung 5.22 Lagerbestand von Fahrrädern als Säule-aus-Kreis-Diagramm

5.5 3D-Formatierungen – optische Effekt hinzufügen

Diagramme lassen sich auf vielfältige Art und Weise formatieren und ermöglichen so ein sehr individuelles Erscheinungsbild. Diagrammelemente lassen sich entfernen oder hinzufügen, Schriftarten können modifiziert werden, Farben lassen sich anpassen, verschiedene Varianten eines Typs können ausgewählt werden. Ein weiteres gestalterisches Element stellt die 3D-Formatierung dar. Einige Diagrammtypen stehen explizit in einer 3D-Variante zur Verfügung (siehe Tabelle 5.2), vielen anderen Diagrammelementen können Sie durch die 3D-Formatierung eine räumliche Tiefe geben.

Diagrammtyp	Symbol
Säule	
Kreis	
Balken	
Flächen	
Punkt	

Tabelle 5.2 Diagrammtypen mit einer optischen 3D-Variante

5.5.1 Perspektivische Ansicht von Säulen

Im Fall eines klassischen Säulendiagramms schaut der Betrachter immer von vorne auf das Diagramm, die Säulen und alle weiteren Elemente liegen auf einer Ebene. Diese Ebene steht senkrecht zum Auge der Betrachter. In einer 3D-Ansicht bewegen sich die Betrachter scheinbar in horizontaler oder vertikaler Richtung zu den Säulen, sie schauen also von rechts, links, oben oder unten auf die Säulen. Die Säulen erhalten dadurch plötzlich eine Tiefe, die *Seitenwände* und die *Oberseite* der Säulen werden dunkler dargestellt. Das bisherige zweidimensionale Gitter der Zeichnungsfläche bekommt eine *Rückwand*, eine *Seitenwand* und einen *Boden*. Dabei handelt es sich jedoch nur um einen optischen Effekt. Aus den Flächen sind Quader geworden, wie im Beispiel in Abbildung 5.23 zu sehen, ein wirklich neuer Blick auf Ihre Daten ist jedoch nicht gegeben.

Nachdem Sie ein gestapeltes 3D-Säulendiagramm eingefügt haben, können Sie jetzt mittels rechter Maustaste auf die Datenreihe den Kontextmenüpunkt 3D-DREHUNG aufrufen. Hier lassen sich die Einstellungen für die Blickwinkel in horizontaler und vertikaler Richtung festlegen. Auch die Änderung der Perspektive, der Breite und Tiefe der Säulen und der Skalierung können Sie hier vornehmen.

Typ	Verkäufe 201
Anhänger	31
City-Bikes	56
E-Bikes	23
Kinder-Räder	59
MTB	34
Rennräder	39
Spezial-Räder	21

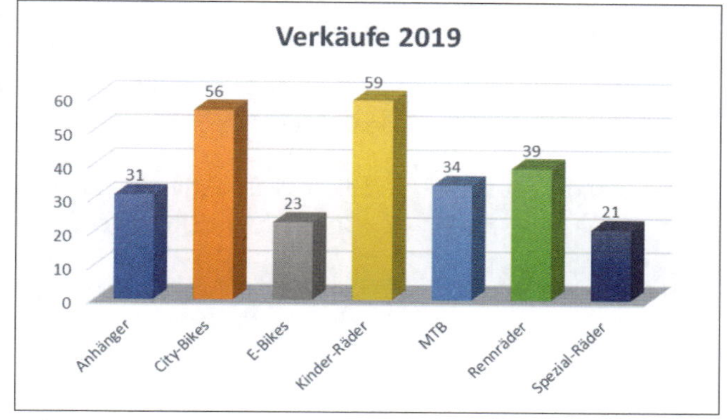

Abbildung 5.23 Säulen als Quader

Die einzelnen Einstellungen und ihre Wirkung listet Tabelle 5.3 auf. Sie werden feststellen, dass gewisse Werte für die Winkel und die Kombinationen anderer Einstellungen sehr schnell zu einer stark verzerrten Darstellung führen können. Das richtige Zusammenspiel Ihrer Einstellungen ist wichtig, um ein lesbares Diagramm zu erhalten.

Einstellung	Auswirkung
X-Drehung	Angabe des Rotationswinkels von 0° bis 360° der x-Achse um die y-Achse. Bei 90° schauen Sie von der rechten Seite auf das Diagramm, bei 180° von hinten, bei 270° von der linken Seite. Bei rechtwinkligen Achsen ist die Ansicht nur aus dem vorderen Bereich möglich, ein Blick von hinten erlaubt diese Einstellung nicht.
Y-Drehung	Rotationswinkel der y-Achse um die x-Achse von –90° bis +90°. Der Winkel 90° lässt Sie von oben auf die Säulen schauen, –90° entsprechend von unten.
Z-Drehung	Bei Diagrammen nicht anwendbar, Eingabefeld ist deaktiviert.
Perspektive	Bei nicht rechtwinkligen Achsen handelt es sich bei der 3D-Ansicht um eine Fluchtpunktperspektive. Mit dem Winkel von 0° bis 100° legen Sie fest, wie weit der Fluchtpunkt im Raum liegen soll.
Text nicht drehen	Bei Diagrammen nicht anwendbar, Eingabefeld ist deaktiviert.

Tabelle 5.3 Optionen der 3D-Drehung

Einstellung	Auswirkung
Abstand vom Boden	Bei Diagrammen nicht anwendbar, Eingabefeld ist deaktiviert.
Rechtwinklige Achsen	Ist dieses Feld aktiviert, handelt es sich um eine Parallelperspektive, alle Linien verlaufen im Raum parallel.
Auto-Skalierung	Bei aktivierter Auto-Skalierung passt Excel die Größe der Zeichnungsfläche und der Diagrammelemente automatisch an, der vorhandene Platz wird optimal genutzt.
Tiefe (% der Basis)	Damit bestimmen Sie im Fall von Säulen die Tiefe in Relation zur Breite. Die Tiefe kann zwischen 0 % und 2.000 % liegen.
Höhe (% der Basis)	Bei deaktivierter Auto-Skalierung legt dieser Wert die Höhe des Elements in Relation zur Breite fest. Die mögliche Werte liegen zwischen 0 % und 500 %.

Tabelle 5.3 Optionen der 3D-Drehung (Forts.)

Ein 3D-formatiertes Diagramm, bei dem alle Drehungen auf 0 gesetzt sind, ergibt ein ganz normales 2D-Diagramm. Säulen werden als Fläche dargestellt, die Seitenwand und der Boden sind nicht mehr sichtbar (siehe Abbildung 5.24).

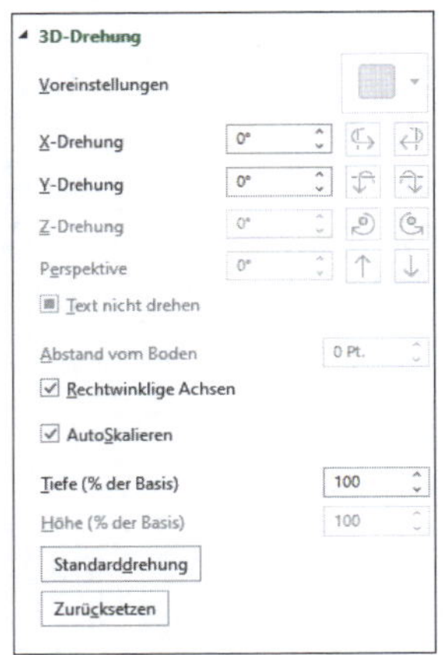

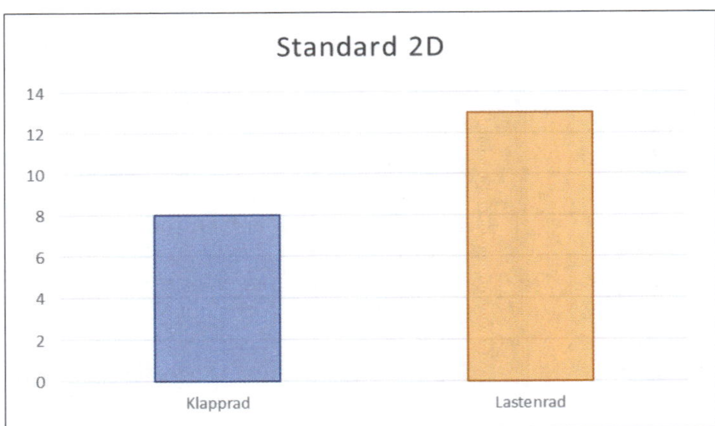

Abbildung 5.24 3D-Formatierung mit 0° Drehungswinkel

Bei neu erstellten 3D-Diagrammen wählt Excel immer die Einstellungen 20° für die X-Drehung und 15° für die Y-Drehung (siehe Abbildung 5.25). Diese Betrachtungswinkel stellen in vielen Fällen die beste Perspektive dar, die eigentlichen Inhalte des Diagramms sind so in der Regel gut zu erkennen, das Diagramm ist lesbar.

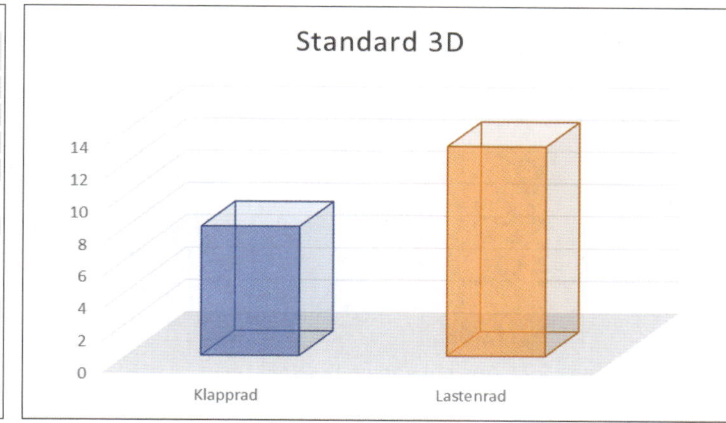

Abbildung 5.25 Standarddrehung

Wollen Sie von der linken Seite auf Ihr Diagramm schauen, geben Sie bei der X-DREHUNG beispielsweise den Winkel 220° wie im Beispiel in Abbildung 5.26 ein. Die Seitenwand ist jetzt automatisch auf der rechten Seite angeordnet, die Beschriftung steht weiterhin links mit Bezug auf die Linien der Rückwand.

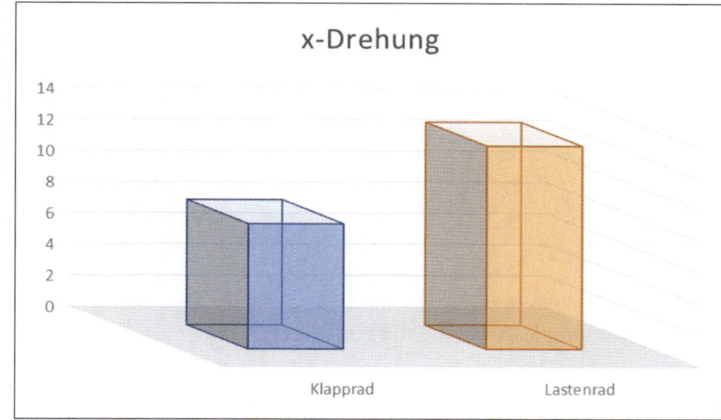

Abbildung 5.26 Ansicht von links oben

Die Änderung der Y-DREHUNG auf 50° ermöglicht Ihnen einen Blick auf das Diagramm von weiter oben (siehe Abbildung 5.27). Diese Perspektive hat den Effekt, dass die Größe der Zeichnungsfläche abnimmt, es wird mehr Platz für die Tiefe benötigt, die Gesamtbreite ist dadurch kleiner.

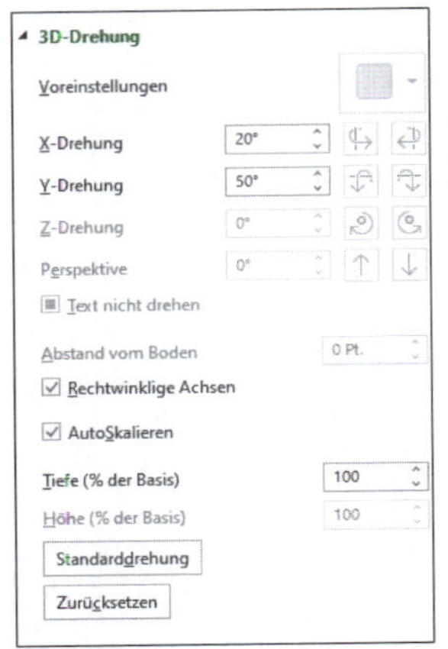

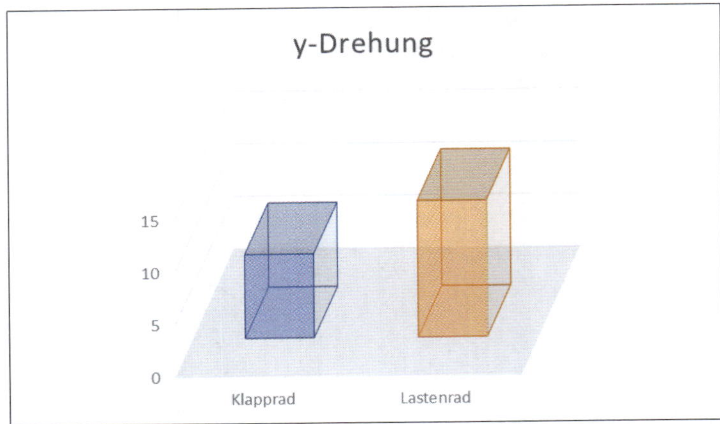

Abbildung 5.27 Ansicht von rechts weit oben

Wenn Sie die die rechtwinkligen Achsen deaktivieren, können Sie einen Fluchtpunkt in der Perspektive eingeben. In diesem Fall laufen alle Linien in einen scheinbaren Punkt im Raum zusammen wie im Beispiel in Abbildung 5.28.

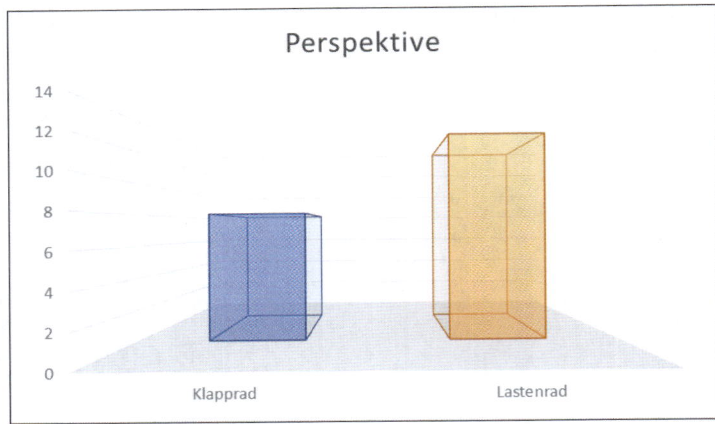

Abbildung 5.28 Perspektive mit Fluchtpunkt

5.5.2 Kreis zu einer Scheibe umwandeln

Auch bei einem Standardkreisdiagramm schauen die Betrachter frontal auf eine Fläche, alle zum Diagramm gehörenden Elemente liegen auf einer Ebene. Möchten Sie jedoch anstelle eines Kreises ein Scheibe zur Visualisierung nutzen, steht eine 3D-Variante in der Gruppe der Kreisdiagramme zur Verfügung. Diese Variante ist wie gewohnt im Dialog DIAGRAMM EINFÜGEN oder DIAGRAMM ÄNDERN zu finden ().

Hersteller	Lagerbestand
B4Y	89
Kingel	102
MilkyWay	53
Sonstige	72
TOP-Bike	66

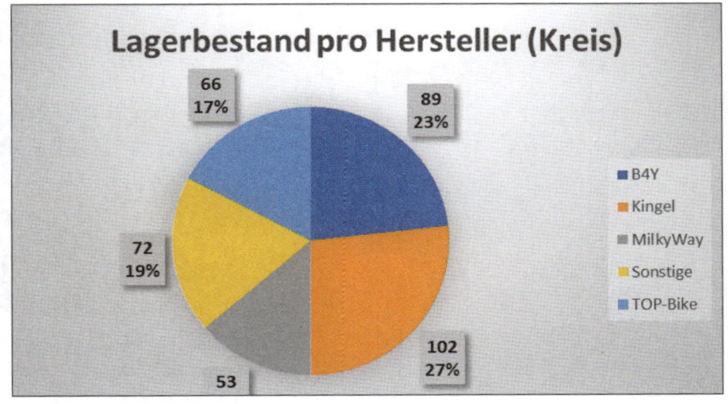

Abbildung 5.29 Standard-2D-Kreisdiagramm

Die Standardeinstellungen der 3D-Drehung eines Kreises ist für die X-DREHUNG 0°, für die Y-DREHUNG 30° und für die PERSPEKTIVE 15° (siehe Abbildung 5.30). Die X-DREHUNG einer Scheibe hat den gleichen Effekt wie die Einstellung WINKEL DES ERSTEN SEGMENTS in der Formatierung der Datenreihe. Die Änderung des Winkels bewirkt ganz einfach eine Drehung der Scheibe.

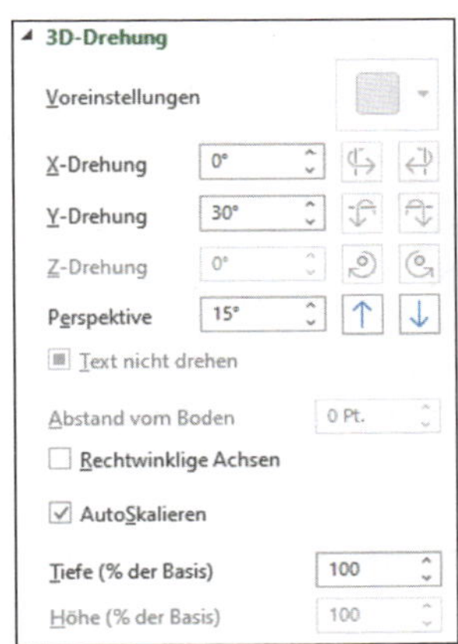

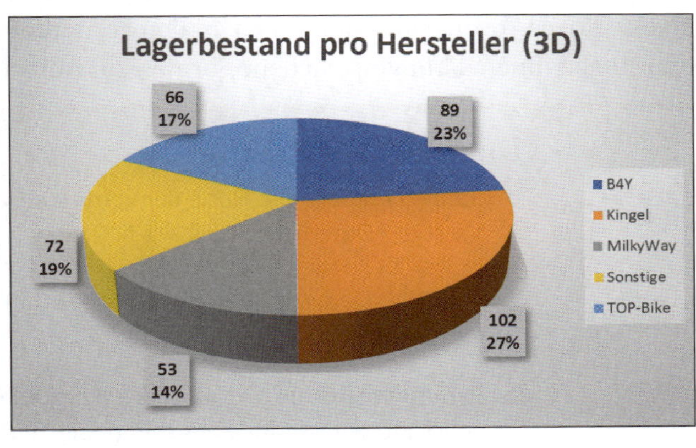

Abbildung 5.30 Kreis als 3D-Variante (Scheibe) mit Standardeinstellungen

Wollen Sie erreichen, dass die Betrachter eher flach auf die Scheibe blicken, verkleinern Sie den Wert der Y-DREHUNG wie im Beispiel in Abbildung 5.31. Soll die Scheibe dicker erscheinen, können Sie den Wert für die HÖHE vergrößern. Dafür muss vorher die Auto-Skalierung deaktiviert werden.

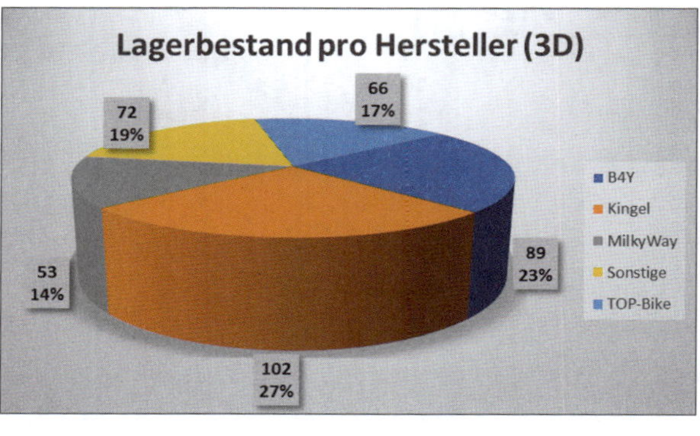

Abbildung 5.31 Kreis als 3D-Variante (Scheibe) mit angepassten Einstellungen

5.5.3 Pyramiden und Kegel als Alterative zu Säulen

In 3D-Säulendiagrammen stellen die Säulen eigentlich Quader dar, sie haben ja eine Tiefe in der 3. Dimension. Excel ermöglicht es an dieser Stelle, die Quader durch andere Körperformen auszutauschen. In den Formatierungsoptionen der Datenreihen stehen Ihnen dafür verschiedene Formen zur Auswahl (siehe Tabelle 5.4).

Symbol	Form
	Säule (Quader): Die Höhe der vorderen Fläche stellt den jeweiligen Wert der Datenreihe dar.
	Pyramide: Die Werte sind durch unterschiedlich hohe vollständige Pyramiden dargestellt.
	Pyramidenstumpf: Der höchste Wert der Datenreihe wird durch eine vollständige Pyramide angezeigt, alle anderen Werte durch einen Stumpf in Relation zur ganzen Pyramide.
	Zylinder: Die Höhe des Mantels entspricht dem Wert der Datenreihe.
	Kegel: Entsprechend der Pyramide ist jeder Wert durch einen vollständigen Kegel dargestellt.
	Kegelstumpf: Auch hier wird der höchste Wert der Datenreihe durch einen vollständigen Kegel angezeigt, alle anderen durch einen relativen Stumpf.

Tabelle 5.4 Körperformen der 3D-Säulen

Die Pyramide und der Kegel stehen in zwei Varianten zur Verfügung. Entweder wird jeder Wert der Datenreihe durch unterschiedlich hohe vollständige Körper angezeigt oder Sie entscheiden sich für gleich große Kegel oder Pyramiden, in diesem Fall wird der höchste Wert der Datenreihe durch den vollständigen Körper visualisiert, alle anderen durch einen Stumpf in Relation zum maximalen Wert (siehe Abbildung 5.32).

Typ	Verkäufe 2019
Anhänger	31
City-Bikes	56
E-Bikes	23
Kinder-Räder	59
MTB	34
Rennräder	39
Spezial-Räder	21

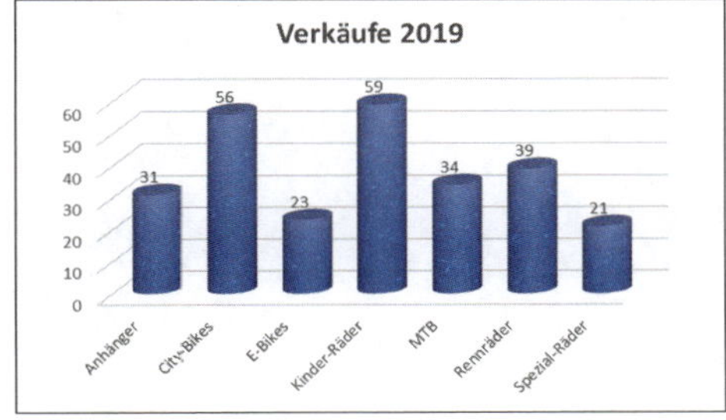

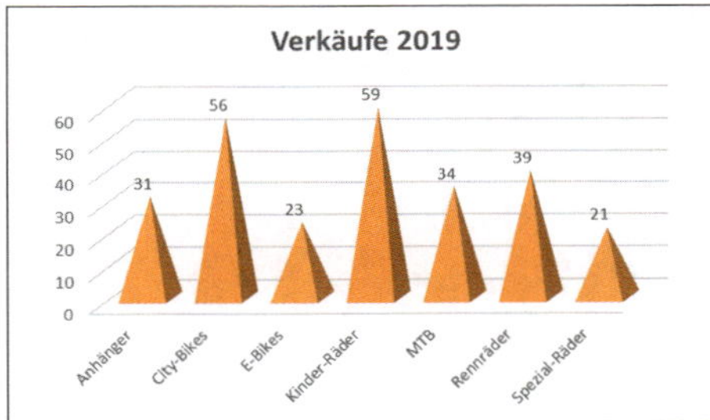

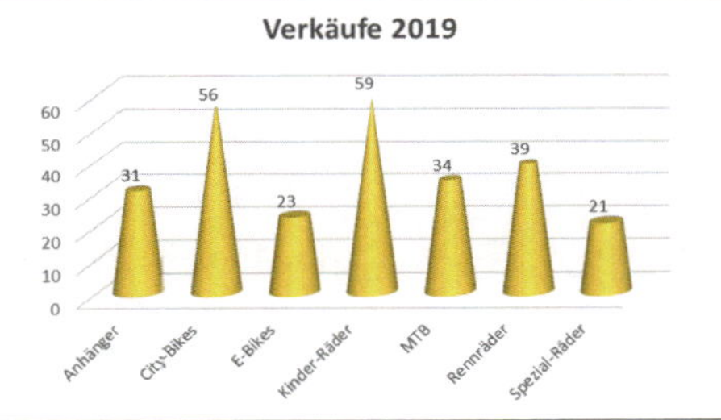

Abbildung 5.32 Verschiedene Körperformen für Säulen

Körperformen ohne 3D-Drehung

Wenn Sie die Winkel für die 3D-Drehung auf null setzen, erscheinen Kegel und Pyramiden zweidimensional. Damit ist es Ihnen möglich, in Ihrem Diagramm Werte durch eine dreieckige Fläche darzustellen.

5.5.4 3D-Formate und Schatten

Für viele grafische Elemente stellt Excel 3D-Formate bereit. Diese erlauben es, gewisse optische Tiefeneffekte hervorzurufen. Einsetzen können Sie diese 3D-Formate bei Textfeldern, Formen, Grafiken, Smart-Arts und auch bei Diagrammen. Hier lassen sich nicht nur die Flächen der Säulen, Kreise, Balken etc. mit Tiefeneffekten versehen, auch alle Beschriftungsfelder, die Zeichnungs- und Diagrammfläche, die Gitter lassen sich über die 3D-Formate ändern. Die Einstellungen der 3D-Formate sind im jeweiligen Formatierungsfenster der einzelnen Elemente in der Gruppe der EFFEKTE zu erreichen. Sowohl für die Flächen als auch für die Körper eines Diagramms stehen einige vorgefertigte Abschrägungen in den Auswahllisten bereit. Diese können Sie durch Ändern der Werte für BREITE und HÖHE Ihren Vorstellungen anpassen. Die Auswahl des Materials, wie z. B. Plastik, Metall oder Glas, beeinflusst darüber hinaus die optische Wirkung der Abschrägungen, mal erscheint eine Kante deutlicher, mal ist weniger Kontur zu erkennen (siehe Abbildung 5.33).

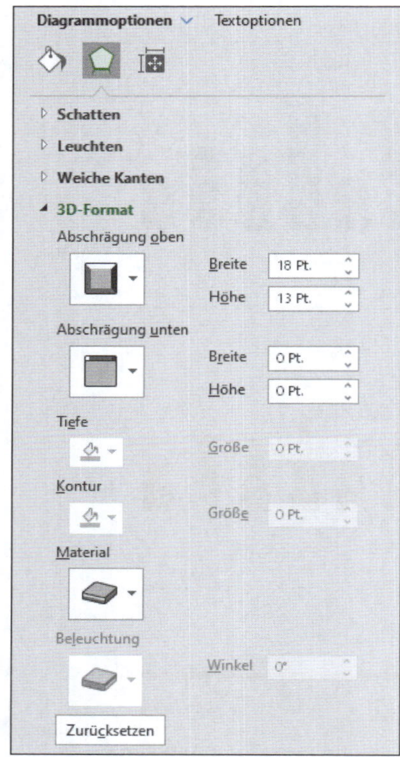

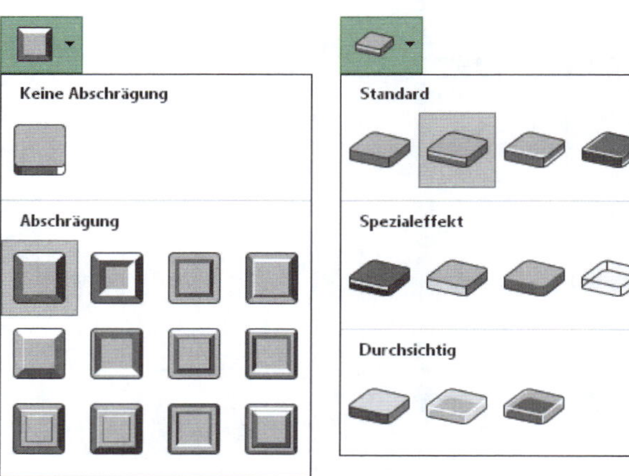

Abbildung 5.33 3D-Format Abschrägungen

Auch der Einsatz von Schatten vermittelt einen gewissen 3D-Effekt, die Betrachter sehen etwas im Raum. Excel bringt einige Voreinstellungen für innere, äußere und perspektivische Schatten mit. Jede Schattenart ist eine Kombination von Werten für TRANSPARENZ, GRÖSSE, WEICHZEICHNEN, WINKEL, ABSTAND und FARBE.

Aus all den Einstellungen für 3D-Formate und für Schatten ergeben sich schier unendlich viele Kombinationsmöglichkeiten. Hier ein zu großer Wert oder dort ein zu kleiner Winkel oder eine falsche Materialauswahl und schon verliert Ihr Diagramm an Übersichtlichkeit oder Lesbarkeit. Es bietet sich in vielen Fällen an, auf Voreinstellungen oder sogar auf Formatvorlagen zurückzugreifen, dabei handelt es sich um abgestimmte und getestete Kompositionen vieler einzelner Werte.

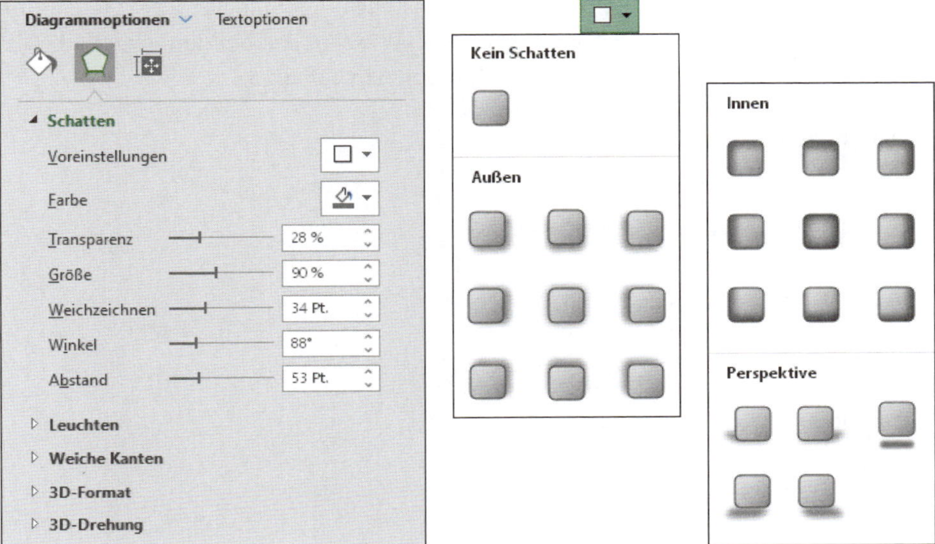

Abbildung 5.34 Voreingestellte Schatten

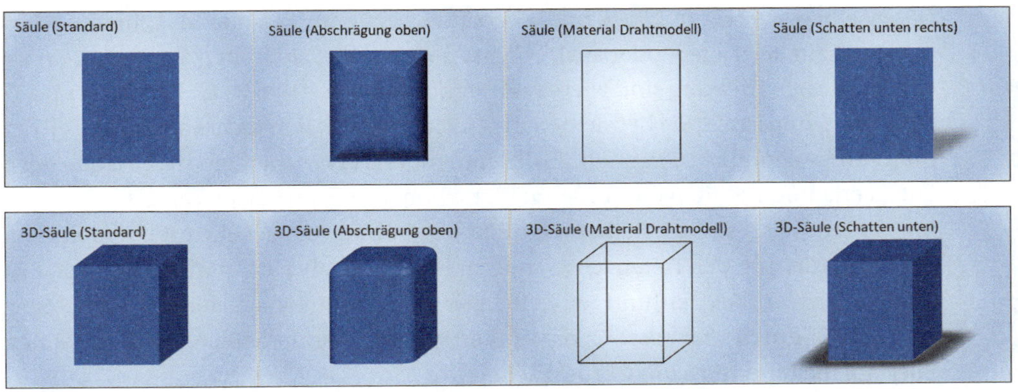

Abbildung 5.35 Verschiedene Formatierungen von 2D- und 3D-Säulen

5.6 3D-Diagramme – zusätzliche Informationen mit einer Tiefenachse

Die bisherigen 3D-Einstellungen schaffen für die Betrachter einen räumlichen Eindruck, sei es durch Varianten einiger Diagrammtypen oder mittels der 3D-Formate von Elementen eins Diagramms. Aber dabei ändert sich nichts an dem Diagramm selbst, es entsteht keine wirklich neue Sicht auf die Daten. Anders verhält es sich bei den echten 3D-Diagrammen, hier kommt eine Tiefenachse ins Spiel, auf der Datenreihen hintereinander dargestellt werden. So eine Tiefenachse ist bei stapelbaren

Typen mit Ausnahme von Balken möglich. Anstelle einer Stapelung der Dateienreihen werden diese hintereinander angeordnet. Wie sich das bei den einzelnen Diagrammtypen darstellt, sehen Sie in den Symbolen in Tabelle 5.5.

Diagrammtyp	Symbol
Säulen	
Linien	
Flächen	
Oberflächen	

Tabelle 5.5 Echte 3D-Diagramme

5.6.1 Säulen im Raum

Sehr gut einsetzen lässt sich diese 3D-Darstellung bei Säulendiagrammen. Die beiden Datenreihen »Verkäufe 2019« und »Verkäufe 2020« im Beispiel in Abbildung 5.36 sind jetzt auf der Tiefen- oder auch z-Achse aufgetragen, sie stehen also hintereinander. Für die 3D-Drehung sind wieder die Standardwerte 20° bzw. 15° für die X- und Y-Drehung eingestellt, Sie betrachten das Diagramm also von rechts oben. Ein Teil der hinteren Säulenreihe ist zwar durch die vordere verdeckt, trotzdem ist die Höhe noch gut zu erkennen. Sollten die vorderen Werte höher sein, im Beispiel also die Verkäufe im Jahr 2019, lässt sich die Reihenfolge über die Option »Umgekehrte Reihenfolge« in der Formatierung der Tiefenachse ändern. Haben Sie aber eine Mischform, ist also einmal der Wert aus der hinteren Reihe größer und einmal aus der vorderen Reihe, können Sie durch Transparenz der Füllfarbe der vorderen Säulen weiterhin einen Blick auf die hinteren Säulen ermöglichen.

Typ	Verkäufe 2019	Verkäufe 2020
Trekking-Räder	35	47
Rennräder	29	33
Mountain-Bikes	38	43
Kinder-Fahrräder	18	33
E-Bikes	9	14

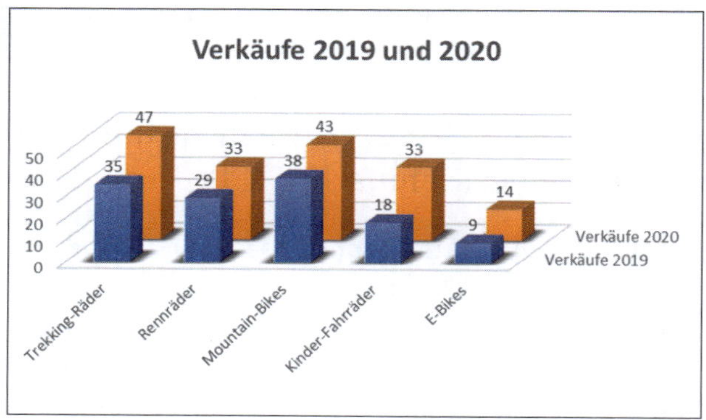

Abbildung 5.36 Verkäufe 2019 und 2020 als echtes 3D-Säulendiagramm

Übersichtlichkeit von 3D-Säulendiagrammen

Bei mehr als zwei Datenreihen und gemischten Werten kann es leicht passieren, dass die eine oder andere Säule nicht mehr sichtbar ist. Auch durch Anpassung der Drehwinkel ist es unter Umständen nicht möglich, alle Säulen anzuzeigen. In diesem Fall ist ein klassisches 2D-Diagramm dann doch vorzuziehen.

5.6.2 Bänder als Variante von Linien

Auch Linien lassen sich als echtes 3D-Diagramm darstellen. Dabei werden aus den Linien Bänder, die im dreidimensionalen Raum aufgespannt sind. Die Erstellung ist wieder denkbar simpel. Sie wählen einfach die entsprechende Variante in der Gruppe der Liniendiagramme aus, und sofort wandelt Excel Ihre Daten in Bänder um. So einfach auch die Erstellung ist, umso schwieriger ist es, eine gute Einstellung für die 3D-Drehung zu finden. Im Beispiel in Abbildung 5.37 sind vier Datenreihen in der Tiefe zu erkennen, bei der Rubrikenachse handelt es sich um eine Zeitachse auf Monatsbasis. Für die Betrachter ist es dabei nicht leicht, den entsprechenden Wert auf der vertikalen Achse zuzuordnen. Optisch erscheinen die Bänder nämlich doch übereinanderzuliegen, das Auge findet die Tiefe nicht sofort bzw. diese verschwimmt gleich wieder. Im Zweifelsfall wechseln Sie dann doch lieber zu einem 2D-Liniendiagramm, damit ist sichergestellt, dass Ihre eigentliche Aussage mit dem Diagramm vermittelt werden kann.

Monat	City-Bikes	E-Bikes	Renn-Räder	Kinder-Räder
Jan. 19	17	3	16	6
Feb. 19	18	2	17	5
Mrz. 19	22	3	15	4
Apr. 19	23	6	19	7
Mai. 19	24	8	19	11
Apr. 20	31	19	30	14
Mai. 20	34	19	30	17
Jun. 20	37	22	30	20

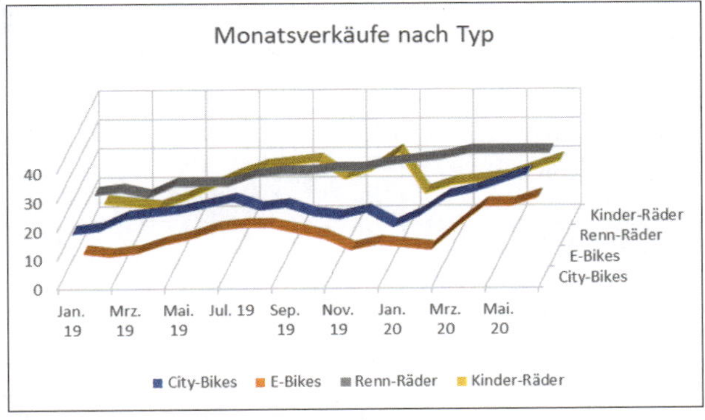

Abbildung 5.37 Verkäufe 2019 und 2020 als echtes 3D-Liniendiagramm

5.6.3 Oberflächendiagramme

Einen sehr speziellen Diagrammtyp stellen die Oberflächendiagramme dar. Diesen Typ gibt es in Excel in zwei 2D- und zwei 3D-Varianten. Sie werden jedoch sehen, dass die Einsatzszenarien für diesen Typ im geschäftlichen Umfeld recht eingeschränkt sind, sinnvolle Anwendungsfälle finden sich eher in technischen Bereichen. Dort liegen Daten oftmals so vor, dass sie sich durch Funktionen beschreiben lassen. Leichte Verschiebungen hintereinanderliegender Kurven dieser Funktionen erlauben es dann, sehr interessante 3D-Modelle als Oberflächendiagramm zu kreieren. Unterschiedliche Höhenniveaus werden dabei in verschiedenen Farben dargestellt. Zum einen können Sie ein 3D-Drahtmodell erstellen, dann sind nur die Kanten des Oberflächendiagramms sichtbar. Oder als zweite Variante lassen sich auch die Flächen anzeigen, die benachbarte Kanten aufspannen. Die beiden 2D-Varianten stellen eine Sicht von oben auf die 3D-Oberflächen dar.

Das Prinzip der Oberflächendiagramme wird an einem einfachen Datenset schnell deutlich. Sie haben im Beispiel in Abbildung 5.38 drei Datenreihen 2018–2020 und drei Rubriken Nord, Mitte und Süd, es ergeben sich also insgesamt neun Datenwerte. Wenn alle Werte in dieser Tabelle 0 lauten und Sie dann ein Oberflächendiagramm einfügen, ist das Ergebnis eine Fläche. Diese Fläche ist aufgespannt in der Ebene der horizontalen Achse und der Tiefenachse. Durch die 3D-Drehung erscheint diese eigentlich rechtwinklige Fläche leicht verzerrt, Sie schauen ja von rechts oben darauf. Ändern Sie jetzt nur den Tabellenwert »Mitte 2019« von 0 auf 1, so wird aus der Fläche eine Pyramide (siehe Abbildung 5.38). Sie können sich das so vorstellen, als würde genau in der Mitte der Fläche der Punkt auf die Höhe 1 der vertikalen Achse gezogen, alle anderen Punkte bleiben auf der Höhe 0. Die daraus resultierenden Kanten zwischen den Nachbarpunkten werden geglättet und die Flächen zwischen den Kanten gespannt. Das Ergebnis ist eine Pyramide mit quadratischer Grundfläche. Basierend auf den Einstellungen der Hauptstriche der Werteachse nimmt Excel jetzt noch eine Einfärbung vor. Im Beispiel werden alle Flächen von 0 bis 0,5 blau gefärbt, alle Flächen von 0,5 bis 1 sind orangefarben. Bei Abständen von 0,2 Einheiten auf der Werteachse würde die Pyramide mit fünf Farben dargestellt, für jedes Höhenniveau eine andere Farbe.

Region	2018	2019	2020
Nord	0	0	0
Mitte	0	1	0
Süd	0	0	0

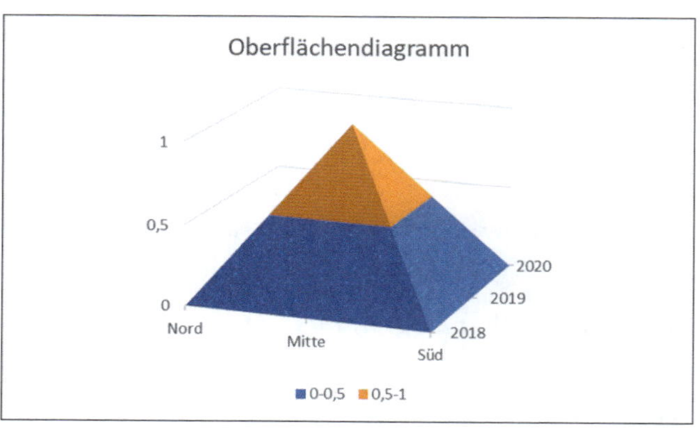

Abbildung 5.38 Pyramide als 3D-Oberflächendiagramm mit zwei Höhenniveaus

Die Daten in der Tabelle in Abbildung 5.39 lassen sich auf vielfältige Art in einem Diagramm darstellen. Ein Liniendiagramm ist genauso denkbar wie ein echtes 3D-Säulendiagramm. Und auch für ein Oberflächendiagramm sind die Daten durchaus geeignet. Die Öffnungszeiten eines Geschäfts stellen die Rubriken auf der horizontalen Achse dar, als Datenreihen haben Sie dann die sechs Wochentage, an denen Ihr Geschäft geöffnet ist. Die Zahlenwerte in der Tabelle geben die Anzahl der Kunden an, die sich zur jeweiligen Stunde eines Tages im Geschäft befunden haben. Aus diesen Daten können Sie über EINFÜGEN • DIAGRAMM • OBERFLÄCHE mit wenigen Mausklicks ein Oberflächendiagramm erstellen.

Uhrzeit	Montag	Dienstag	Mittwoch	Sonnerstag	Freitag	Samstag
08:00	5	2	6	8	1	10
09:00	12	15	9	19	7	14
10:00	14	17	20	22	23	29
11:00	21	26	28	24	25	32
12:00	37	25	41	29	39	24
13:00	33	39	43	45	46	52
14:00	28	17	44	31	16	48
15:00	29	33	38	37	36	32
16:00	37	39	48	50	51	57
17:00	39	31	35	42	30	39
18:00	33	15	21	19	19	14
19:00	26	7	13	15	16	22
20:00	6	3	5	7	2	9

Abbildung 5.39 Anzahl von Kunden pro Stunde und Wochentag

Das Ergebnis in Abbildung 5.40 sieht ein wenig nach einer Berglandschaft aus, wobei sechs unterschiedliche Höhenniveaus mit verschiedenen Farben dargestellt sind. Ab 8 Uhr steigen die Höhen (Kundenzahlen) aller Wochentage bis 13 Uhr langsam an, gehen dann teilweise bis 15 Uhr wieder zurück. Das Maximum ist bei 16 Uhr zu erkennen, bevor es dann bis 20 Uhr wieder auf sehr geringe Werte zurückgeht. Da jeder Wochentag leicht andere Werte aufzeigt, bei allen aber der generelle Verlauf derselbe ist, ergibt sich diese zerklüftete Felslandschaft mit einem Anstieg von links und einem Abstieg nach rechts.

Oberflächendiagramme im geschäftlichen Umfeld

Auch wenn diese Diagramme recht nett anzuschauen sind, sollten sie höchstens als grobe Orientierung hergenommen werden. Wirkliche Details sind schwer zu erkennen, die Betrachter können schnell überfordert sein.

In technischen Bereichen sieht es mitunter anders aus. Wenn es darum geht, Funktionen und daraus resultierende Werte als räumliches Modell darzustellen, können die Oberflächendiagramme recht hilfreich sein. Erst ein Blick in den Raum lässt manchmal Zusammenhänge erkennen, erst eine bestimmte Perspektive hilft bei der Analyse oder Interpretation.

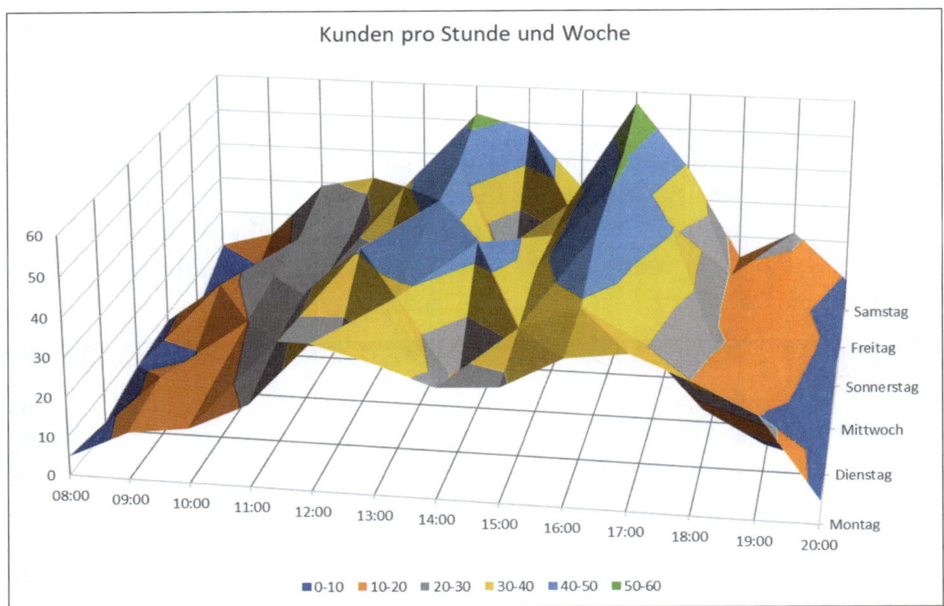

Abbildung 5.40 Kunden pro Stunde und Wochentag als 3D-Oberflächendiagramm

Folgendes Beispiel in Abbildung 5.41 (ohne Bezug zu Fahrrädern) basiert auf einer einfachen quadratischen Gleichung mit zwei Unbekannten:

$$z = (x^2 + y^2)$$

Das Ergebnis einer Kurvenschar dieser Funktion ist eine gekrümmte Fläche im Raum, ein sogenanntes *elliptisches Paraboloid*.

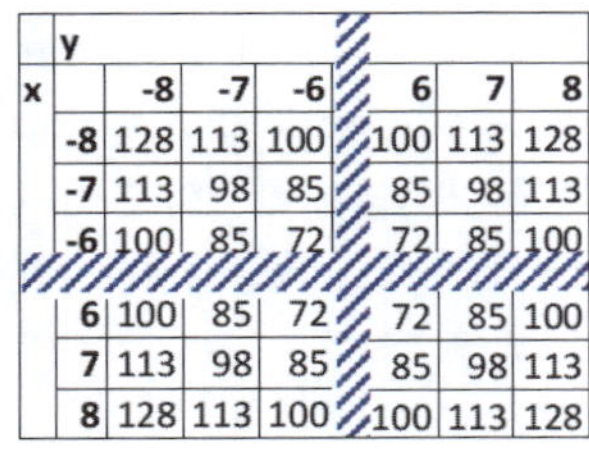

	y					
x	-8	-7	-6	6	7	8
-8	128	113	100	100	113	128
-7	113	98	85	85	98	113
-6	100	85	72	72	85	100
6	100	85	72	72	85	100
7	113	98	85	85	98	113
8	128	113	100	100	113	128

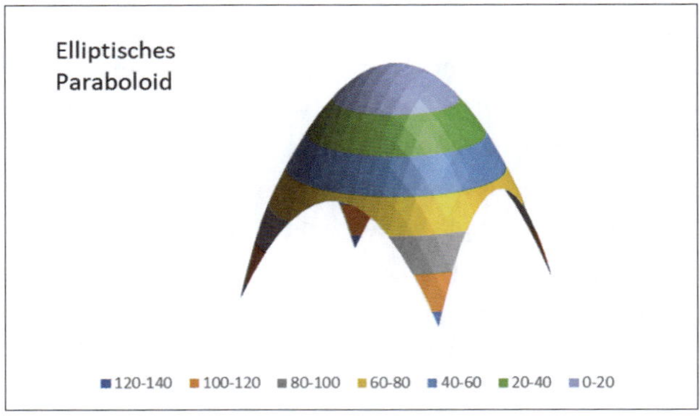

Abbildung 5.41 Elliptisches Paraboloid

Die Daten für dieses Oberflächendiagramm sind leicht erstellt. Sie schreiben in eine Zeile die ganzen Zahlen von –8 bis+8, dies sind Ihre x-Werte für die Gleichung. Die y-Werte liegen ebenfalls im Bereich von –8 bis +8 und stehen untereinander in der ersten Spalte. Sie haben jetzt eine Tabelle mit 289 Feldern, und in jedes dieser Felder muss das Ergebnis der Berechnung aus $x^2 + y^2$. Der erste Wert 128 in der Tabelle ergibt sich aus $(-8)^2 + (-8)^2$, der nächste Wert in dieser Zeile lautet 113 als Ergebnis aus $(-8)^2 + (-7)^2$. Auch in der zweiten Zeile steht zu Beginn der Wert 113, dieser ergibt sich jedoch aus $(-7)^2 + (-8)^2$. Schon hier ist die Symmetrie zu erkennen, die dann zu einer fast gleichmäßigen gekrümmten Fläche im Diagramm führt.

Bei der Berechnung der 289 Felder helfen selbstverständlich Excel-Formeln weiter. Durch geschickte Kombination aus relativer und absoluter Adressierung muss die Formel nur einmal in die erste Zelle geschrieben werden, danach kann sie in alle anderen Felder der Tabelle kopiert werden.

```
=(C$8)^2+($B9)^2
```

Die Datentabelle ist so aufgebaut, dass der in die Gleichung einzusetzende Wert für x in der Zeile 8 steht. Durch das $-Zeichen wird die Zeile fixiert, die Spalte passt sich beim Kopieren an. Der Wert für y muss allerdings über die Spalte B fixiert sein, die Zeile hingegen soll sich beim Kopieren ändern. Sind alle 289 Felder berechnet, können Sie diese markieren und ein Oberflächendiagramm einfügen. Nun müssen Sie nur noch leichte Veränderungen an der Formatierung vornehmen, und schon haben Sie ein recht hübsch anzuschauendes 3D-Diagramm erstellt.

5.7 Blasendiagramme – eine dritte Information einem Punkt hinzufügen

Im Normalfall stellt ein Diagramm für einzelne Datenpunkte zwei Informationen dar. Zum einen ist dies der Datenwert selbst, also die Zahl, die durch die Höhe einer Säule oder die Größe eines Kreissegments visualisiert wird. Zum anderen geben Sie in einem Diagramm noch die Rubrik mit, wie z. B. eine Jahreszahl oder eine Region. Nur so können die Betrachter beurteilen, was die Zahl eigentlich bedeutet. Die Blasendiagramme als Variante der Punktdiagramme erlauben es Ihnen, eine weitere Information in Ihrem Diagramm sichtbar zu machen. Sie können die Größe der Blasen verändern und so eine dritte Information integrieren.

5.7.1 Entwicklung eines Blasendiagramms

Es ist oftmals am einfachsten, ein Blasendiagramm in mehreren Schritten zu erstellen. Sie fügen zuerst ein normales Punktdiagramm ein, wandeln dieses dann um und legen anschließend die Werte für die Blasengröße fest. In dem Beispiel in Abbildung 5.42 haben Sie ein kleine Datentabelle mit einer Jahreszahl als x-Wert und der Höhe als y-Wert für das Punktdiagramm. Die Höhe fungiert hier nur als Hilfswert, sie definiert eine horizontale Linie, auf der die Punkte aufgetragen sind. Die Spalte »Betrag« wird erst später benötigt, diese Werte legen dann die Größe der Blasen fest. Nach dem Markieren der ersten beiden Spalten »Jahr« und »Höhe« lässt sich ein Punktdiagramm einfügen, das Ergebnis sind drei kleine Punkte auf einer horizontalen Linie der Höhe 1. Die Skalierung der Rubrikenachse hat Excel automatisch vorgenommen, sie liegt im Bereich von 2017,5 bis 2020,5.

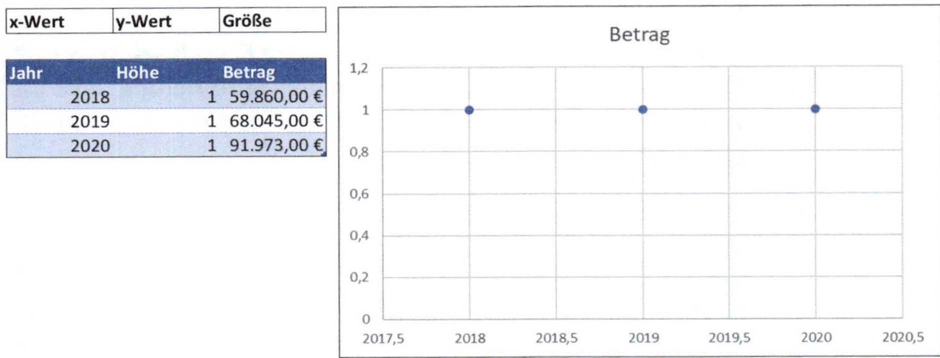

x-Wert	y-Wert	Größe
Jahr	Höhe	Betrag
2018	1	59.860,00 €
2019	1	68.045,00 €
2020	1	91.973,00 €

Abbildung 5.42 Einfaches Punktdiagramm als Basis für Blasen

Im nächsten Schritt wird das Punktdiagramm umgewandelt. Auf der Registerkarte DIAGRAMMENTWURF wählen Sie unter DIAGRAMMTYP ÄNDERN aus der Gruppe der Punktdiagramme die Variante BLASEN aus. Der Effekt dieser Änderung ist der, dass aus den Punkten identisch große Kreise bzw. Blasen geworden sind (siehe Abbildung 5.43).

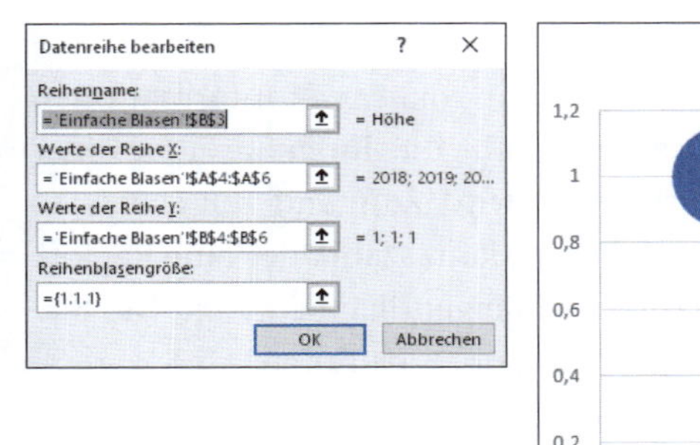

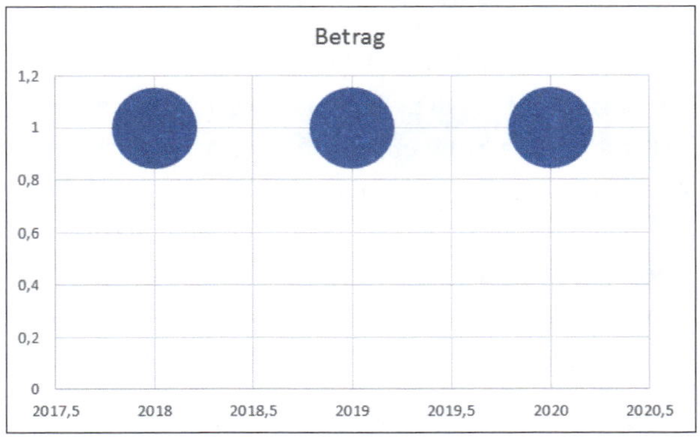

Abbildung 5.43 Umwandlung in ein Blasendiagramm

An der Position der Datenpunkte und der Skalierung der Achsen hat sich nichts geändert. Die weitere Information, nämlich die Spalte »Betrag« aus der Datentabelle als Blasengröße, können Sie jetzt über DATEN AUSWÄHLEN und DATENREIHE BEARBEITEN hinzufügen. Neben den Feldern für die x- und y-Werte steht ein weiteres Eingabefeld mit dem Namen REIHENBLASENGRÖSSE zur Verfügung. Als Standardwert trägt Excel hier erst mal die Liste {1.1.1} ein, dies ändern Sie jetzt einfach durch den Bereich $C$4:$C$6, denn dort stehen die Werte der Spalte »Betrag«.

Im Diagramm in Abbildung 5.44 sehen Sie jetzt unterschiedlich große Blasen. Im Jahr 2018 hatten Sie den geringsten Betrag, dies ist die kleinste Blase, im Jahr 2020 lag der Betrag am höchsten, die Blase für dieses Jahr ist die größte. Wenn Sie jetzt noch die Skalierung der Werteachse so anpassen, dass das Minimum bei 0,8 und das Maximum bei 1,2 liegen und die Einheit der Hauptstriche 0,2 beträgt, haben Sie Ihr Diagramm in vertikaler Richtung zentriert. Einen etwas unschönen Effekt sehen Sie auf der Rubrikenachse. Sie haben keine Werte für die Jahre 2017 und 2021, trotzdem tauchen diese auf der horizontalen Achse auf. Sie können die Skalierung zwar so anpassen, dass diese nur von 2018 bis 2020 reicht, dann wird aber auch nur ein halber Kreis für die linke und die rechte Blase angezeigt. Als Behelfslösung könnten Sie aber einfach zwei rechtwinklige Formen mit weißer Füllung und Rahmen über die Zahlen 2017 und 2021 legen, schon sind diese nicht mehr im Diagramm sichtbar.

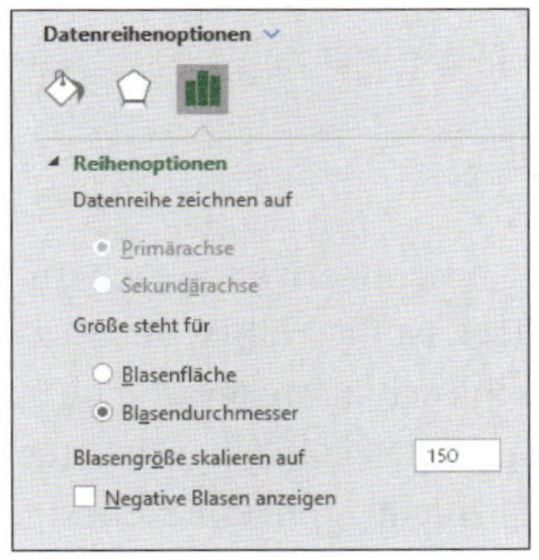

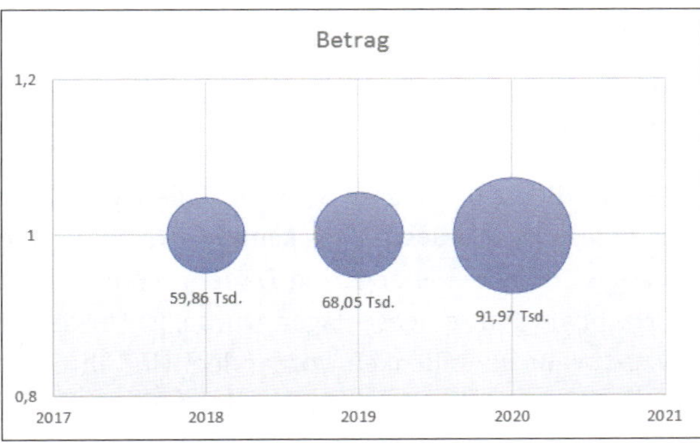

Abbildung 5.44 Formatierung eines Blasendiagramms

Generell geht Excel so vor, dass aus dem größten Wert Ihrer Datenreihe eine Blase wird, die optimal in die skalierte Zeichnungsfläche passt. Es ist völlig egal, ob dieser größte Wert 91 oder 91.000 lautet, die Größe der Blase wäre identisch. Die Größen der anderen Blasen ergeben sich jetzt aus Relation zur größten Blase. Hier können Sie festlegen, ob sich diese Relation auf die Fläche oder auf den Durchmesser beziehen soll. Im Fall der Flächenrelation hat im Beispiel die kleinste Blase die Fläche 59,86 von 91,97, also ca. 65 % der Fläche der größten Blase. Wählen Sie stattdessen die Relation der Durchmesser, ergibt sich durch den quadratischen Zusammenhang zwischen Fläche und Durchmesser eine Größe von ca. 33 % für die kleinste Blase. Der Unterschied der Datenwerte wird also deutlicher bei Wahl der Option BLASENDURCHMESSER. Sie können darüber hinaus noch die Skalierung der Größen verändern, es sind Werte bis 300 % möglich. Diese Option ist dann recht praktisch, wenn Sie doch noch

Platz auf der Zeichnungsfläche haben und diesen durch größere Blasen besser nutzen möchten.

5.7.2 Anwendungsbeispiel: Blasendiagramm einer Risikobewertung

Es gibt viele Anwendungsfälle, bei denen Informationen durch die Position in einem Raster angezeigt werden. Die Achsen sind dabei oftmals unabhängig voneinander, sie stellen ganz unterschiedliche Dimensionen dar. Eine weitere Information lässt sich in diesem Raster durch unterschiedlich große Blasen integrieren. Eine grafische Risikobewertung für Ihren Fahrradladen sei im folgenden Beispiel Ziel eines Blasendiagramms. Dafür überlegen Sie sich in einem ersten Schritt, was alles passieren und negative Auswirkungen auf Ihr Geschäft haben kann:

- Einbruch
- Brand
- Vandalismus
- Erdbeben
- Hochwasser
- EDV-Fehler

Zu jedem dieser denkbaren Schadensfälle legen Sie jetzt eine Eintrittswahrscheinlichkeit fest. Da das Geschäft in keinem Erdbebengebiet liegt, ist die Wahrscheinlichkeit eines Erdbebens eher gering. Da aber schon häufiger eine Schaufensterscheibe in der Nachbarschaft eingeschlagen wurde, ist für den Schadensfall Vandalismus eine gewisse Wahrscheinlichkeit vorhanden. Und Ihre EDV ist nicht mehr die neueste, hier hatten Sie schon mehrere Probleme in der Vergangenheit. Jetzt kommt die Frage, was diese Fälle für Ihr mittelfristiges bis langfristiges Business bedeuten. Ein Erdbeben hätte fatale Auswirkungen, Leichtbauweise würde Ihren Laden nahezu unbrauchbar machen. Ein Hochwasser würden Sie gelassener sehen, Ihre eigentliche Verkaufsfläche liegt im ersten Stock, nur der Eingangsbereich wäre betroffen. Eine schlecht abgesicherte EDV hätte durch Datenverlust oder Datendiebstahl hingegen hohe negative Auswirkungen, Sie verlören Kunden und Ihre Reputation. Und die dritte Dimension Ihre Risikobetrachtung umfasst jetzt die unmittelbaren Kosten für die einzelnen Schadensarten. Ein Brand bedeutet hohe Kosten durch zerstörte Ware. Bei einem Einbruch hingegen kann nicht viel entwendet werden, Sie haben ein gut funktionierendes Alarmsystem. Den EDV-Problemen ist ebenfalls durch eine relativ geringe Investition beizukommen, Sie müssen vielleicht nur eine neue Antivirensoftware kaufen.

Die Ergebnisse dieser Überlegungen tragen Sie jetzt in eine kleine Tabelle ein. Die Werte für die Eintrittswahrscheinlichkeiten liegen dabei zwischen 0 % und 100 %. Die Skalen für die geschäftlichen Folgen und für die unmittelbaren Kosten reichen von 1 bis 10, dies haben Sie einfach festgelegt. Ein kleiner Wert bedeutet geringe Folgen bzw. Kosten, ein hoher Wert entsprechend hohe negative Auswirkungen bzw. hohe Kosten. Aus dieser Tabelle lässt sich jetzt einfach ein Blasendiagramm erstellen, die x-Werte stehen in der Spalte »Wahrscheinlichkeit«, die y-Werte in der Spalte »Folgen für das Geschäft« und die Größe der Blasen wird durch Spalte »Kosten« festgelegt. Das Ergebnis Ihrer Bewertung zeigt das Blasendiagramm in Abbildung 5.45 sehr anschaulich.

Schaden	Wahr-schein-lichkeit	Folgen für das Geschäft	Kosten
Einbruch	30%	2	1
Brand	20%	8	5
Vandalismus	50%	4	2
Betrug	40%	3	4
Erdbeben	6%	9	8
Hochwasser	15%	3,5	5
EDV-Fehler	70%	7	1

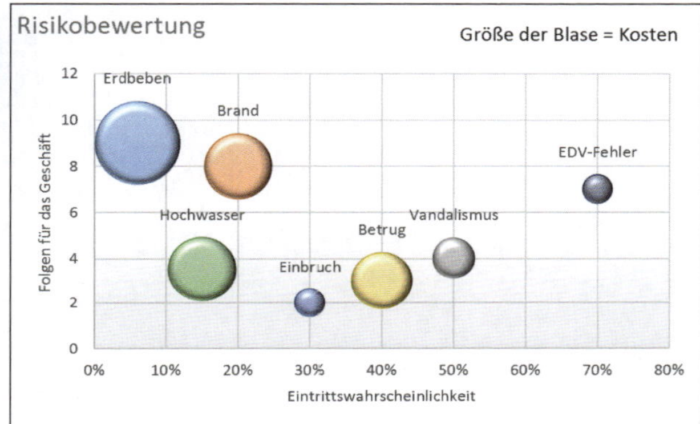

Abbildung 5.45 Risikobewertung möglicher Schadensfälle

Kapitel 6
Bedingte Formatierungen

Ganz allgemein helfen Formatierungen den Betrachtern, Informationen einfacher und schneller zu erfassen. Im einfachsten Fall kann dies ein unterstrichenes Wort in einem Text, eine farbliche Markierung einer Zahl oder ein Symbol sein.

Es müssen nicht immer Diagramme sein, um Daten anschaulich zu machen und eine Analyse durchzuführen. Eine automatische farbliche Hervorhebung von Zellen ermöglicht bereits in bestimmten Fällen, gewisse Erkenntnisse optisch aus den Daten zu gewinnen.

6.1 Prinzip der bedingten Formatierung

Die Funktionalität der *bedingten Formatierung* erlaubt das Hervorheben von Daten nach bestimmten Regeln direkt im Tabellenblatt. Excel prüft für jede Zelle des Bereichs, auf den die Regel angewendet wird, ob eine definierte Bedingung erfüllt oder nicht erfüllt ist. Ist die Bedingung erfüllt, ergibt die Prüfung also den Wert *Wahr*, wird die Zelle entsprechend der Festlegung formatiert. Dieser Bereich, in den Einstellungen bezeichnet als WIRD ANGEWENDET AUF, kann eine ganze Tabelle sein, nur aus einer einzelnen Zeile oder Spalte bestehen oder sich sogar über mehrere Blöcke erstrecken. In Abbildung 6.1 sehen Sie umrandet einige Beispiele für Zellbereiche, die bedingt formatiert wurden.

In vielen Fällen liegen Ihre Daten in Listenform vor, bestehen also aus fortlaufenden Zeilen mit entsprechenden Werten für die Spaltenüberschriften. In diesem Fall können Sie mit der *bedingten Formatierung* nur bestimmte Zeilen hervorheben. Der Regeltyp *Formel* erlaubt es, einen Wahrheitswert basierend auf einer Spalte zu ermitteln und dann die ganze Zeile oder nur Teile davon einzufärben. So ist es z. B. möglich, alle Zeilen eines bestimmten Herstellers oder einer Kategorie hervorzuheben. Die Formatierung der Listen in Abbildung 6.2 basiert auf der Prüfung, ob in Spalte B der Buchstabe »R« vorkommt. Ergibt die Prüfung den Wert *Wahr*, wird im linken Beispiel die ganze Zeile der Liste eingefärbt, rechts hingegen nur die Spalte C und D. Diese beiden Varianten ergeben sich dadurch, dass in der Formatierungsregel unterschiedliche Bereiche durch WIRD ANGEWENDET AUF definiert wurden. Die Durchsicht von formatierten Listen wird somit ungleich leichter und übersichtlicher, ohne dass Sie diese filtern oder sortieren müssen.

Abbildung 6.1 Unterschiedliche Zellbereiche mit bedingten Formatierungen

	A	B	C	D
1	Datum	Kategorie	Hersteller	Lagerbestand
2	01. Nov	Ketten	A-Z Rad	3
3	01. Nov	Schutzbleche	Fair-Radl	12
4	03. Nov	Gepäckträger	A-Z Rad	5
5	04. Nov	Ketten	MyWay	11
6	04. Nov	Rahmen	Fair-Radl	9
7	04. Nov	Ketten	MyWay	9
8	07. Nov	Räder	A-Z Rad	11
9	07. Nov	Rahmen	Fair-Radl	5
10	09. Nov	Ketten	TOP-Bike	10
11	10. Nov	Räder	MyWay	5
12	11. Nov	Rahmen	A-Z Rad	6
13	11. Nov	Beleuchtung		
14	11. Nov	Räder		

Wird angewendet auf =$A$2:$D$14

	A	B	C	D
1	Datum	Kategorie	Hersteller	Lagerbestand
2	01. Nov	Ketten	A-Z Rad	3
3	01. Nov	Schutzbleche	Fair-Radl	12
4	03. Nov	Gepäckträger	A-Z Rad	5
5	04. Nov	Ketten	MyWay	11
6	04. Nov	Rahmen	Fair-Radl	9
7	04. Nov	Ketten	MyWay	9
8	07. Nov	Räder	A-Z Rad	11
9	07. Nov	Rahmen	Fair-Radl	5
10	09. Nov	Ketten	TOP-Bike	10
11	10. Nov	Räder	MyWay	5
12	11. Nov	Rahmen	A-Z Rad	6
13	11. Nov	Beleuchtung		
14	11. Nov	Räder		

Wird angewendet auf =$C$2:$D$14

Abbildung 6.2 Zeilen einer Liste mit bedingten Formatierungen

Excel stellt eine große Anzahl vorgefertigter Regeln mit entsprechenden Formaten bereit. Mit nur wenigen Mausklicks lassen sich die größten oder kleinsten Werte eines Zellbereichs hervorheben, Datenbalken in Zellen einzeichnen oder Symbole für Werteklassen anzeigen. Sie erreichen diese Standardregeln sowie sämtliche erweiterten Einstellungen über den Menüpunkt BEDINGTE FORMATIERUNG auf der

Registerkarte START. Es empfiehlt sich, den Bereich im Tabellenblatt vorher zu markieren, so ersparen Sie sich das spätere Anpassen des Wertes WIRD ANGEWENDET AUF. Die zweite Möglichkeit, auf die Standardregeln zuzugreifen, stellt die *Schnellanalyse* dar. Dazu markieren Sie einfach den Bereich im Tabellenblatt, klicken das Symbol unten rechts an und wählen unter FORMATIERUNGEN den Typ aus.

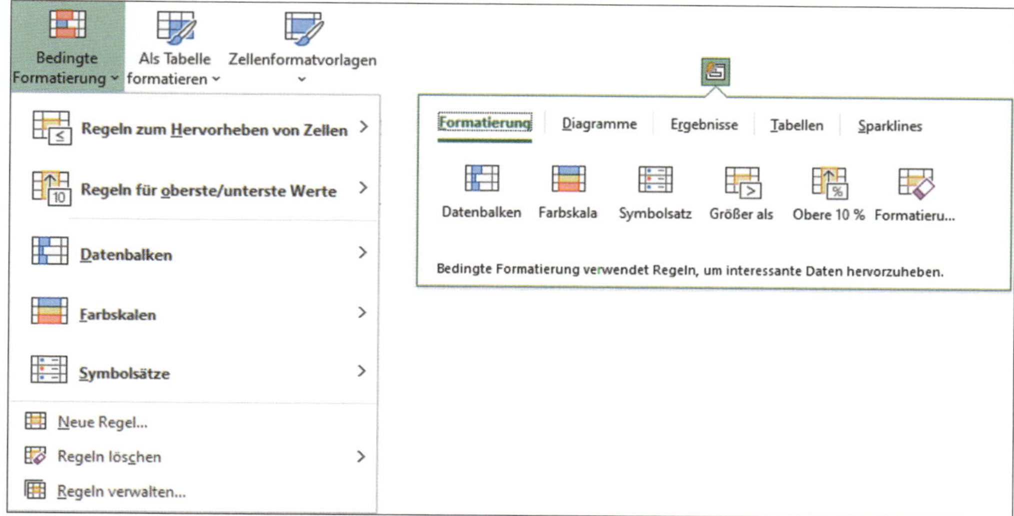

Abbildung 6.3 Bedingte Formatierung über die Registerkarte »Start« und über die Schnellanalyse

6.2 Regeltypen – alle Zellen oder nur bestimmte Zellen formatieren

Ganz generell unterscheidet Excel zwischen drei Typen von bedingten Formatierungen (siehe Abbildung 6.4). Der erste Typ formatiert immer alle Zellen in Ihrem festgelegten Bereich. Zu diesem Typ gehören z. B. die *Farbskalen*. Wenn Ihre Regel lautet, den kleinsten Wert hellgrün und den größten Wert dunkelgrün darzustellen, werden alle Zellen in einem abgestuften Grün eingefärbt, keine Zelle bleibt unformatiert. Der zweite Typ formatiert nur bestimmte Zellen, nämlich genau die, auf die eine Bedingung zutrifft. Besagt Ihre Regel, aus 50 Zellen nur die größten fünf Werte in einem Hellrot zu formatieren, bleiben die anderen 45 Zellen von einer Formatierung ausgenommen. Mit dem dritten Typ FORMEL lassen sich sehr individuelle und komplexe Regeln erstellen. Hierbei wird eine logische Prüfung in einer Formel ausgeführt. Sie können mit einer Formel z. B. ermitteln, ob ein bestimmter Text enthalten ist oder ob eine Zahl Nachkommastellen hat. Ergibt die Prüfung das Ergebnis *Wahr*, wird die Formatierung angewendet, beim Ergebnis *Falsch* bleibt die vorhandene Formatierung der Zelle bestehen.

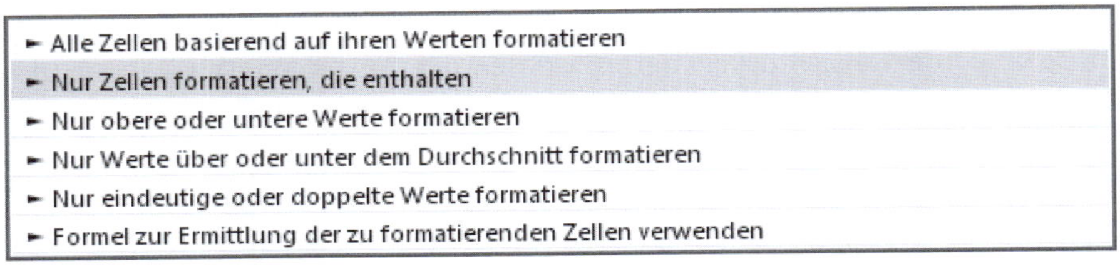

- Alle Zellen basierend auf ihren Werten formatieren
- Nur Zellen formatieren, die enthalten
- Nur obere oder untere Werte formatieren
- Nur Werte über oder unter dem Durchschnitt formatieren
- Nur eindeutige oder doppelte Werte formatieren
- Formel zur Ermittlung der zu formatierenden Zellen verwenden

Abbildung 6.4 Verschiedene Regeltypen

6.2.1 Regeln für alle Zellen

Für die Regeln, die alle Zellen formatieren, stellt Excel drei Varianten bereit. Die Zellen lassen sich zum einen basierend auf einer zwei- bzw. dreistufigen *Farbskala* einfärben. Dabei wird die Zelle mit dem niedrigsten Wert beispielsweise orange eingefärbt, die Zelle mit dem höchsten Wert gelb. Alle anderen Werte dazwischen erhalten eine Einfärbung entsprechend der Skala Orange bis Gelb. Diese Regeldefinition ist in Abbildung 6.5 zu sehen.

Eine andere Möglichkeit besteht darin, einen *Datenbalken* in jeder Zelle anzuzeigen (siehe Abbildung 6.13). Die Länge der Balken ergibt sich aus der Relation zu dem maximalen Wert des Bereichs. Dieser maximale Wert füllt die Zelle komplett aus, die Länge aller anderen Balken berechnet sich aus dem Verhältnis. Wenn z. B. Ihr Bereich nur aus zwei Zellen mit den Werten 1 und 2 besteht, ist der Balken für die Zelle mit dem Wert 2 so lang wie die Zelle breit ist. Der andere Datenbalken in der Zelle mit dem Wert 1 hat die Länge der halben Spaltenbreite.

Und die dritte Variante der Formatierung aller Zellen stellt die Kennzeichnung mit *Symbolen* dar. Die Symbole können Sie aus den Kategorien RICHTUNG, FORM, INDIKATION und BEWERTUNG auswählen. Einige Symbolsätze bestehen aus drei Symbolen, andere aus vier oder fünf Symbolen. Im Fall von drei Fähnchen als Indikation erhalten z. B. die oberen 33 % der Werte ein rotes Fähnchen, die mittleren 33 % ein gelbes und entsprechend die unteren 34 % ein grünes Fähnchen. In Abbildung 6.12 können Sie alle in Excel vorhandenen Symbole für bedingte Formatierungen sehen.

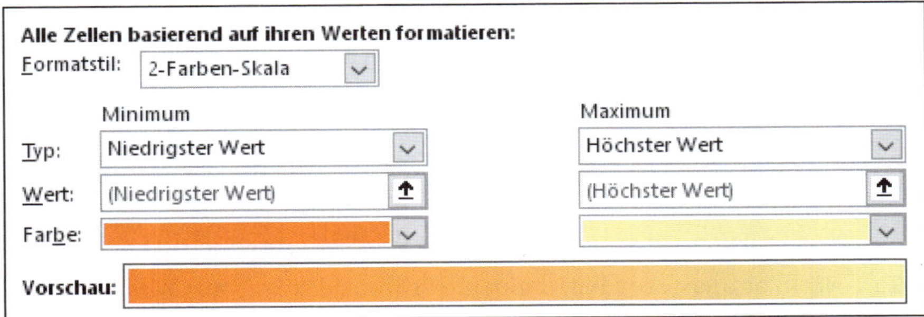

Abbildung 6.5 Regel für alle Zellen mit Formatstil »2-Farben-Skala«

6.2.2 Regeln für bestimmte Zellen

Die Regeln für die Formatierung bestimmter Zellen sind in fünf Kategorien eingeteilt. Die erste Kategorie beinhaltet den Vergleich mit einem konstanten Wert (siehe Abbildung 6.6). Beispielsweise können Sie die Regel festlegen, alle Zellen mit dem Wert 100 rot einzufärben.

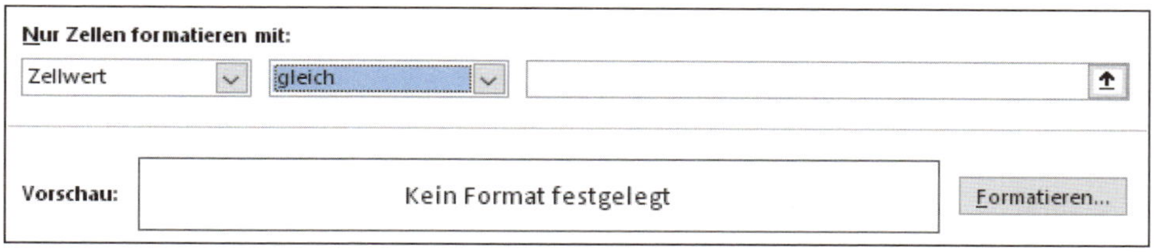

Nur Zellen formatieren mit:
Zellwert | gleich
Vorschau: Kein Format festgelegt | Formatieren...

Abbildung 6.6 Regeln basierend auf dem Vergleich von Zellwerten und Konstanten

In einer weiteren Kategorie können Sie festlegen, dass nur eine bestimmte absolute oder relative Anzahl von oberen oder unteren Werten formatiert werden sollen (siehe Abbildung 6.7).

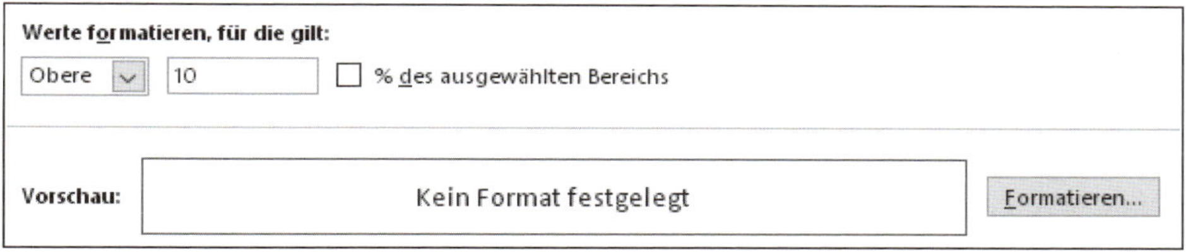

Abbildung 6.7 Regeln für obere und untere Zellwerte

Um Zellen zu formatieren, die über oder unter dem Durchschnitt liegen, stehen Regeln in einer eigenen Kategorie zur Verfügung (siehe Abbildung 6.8).

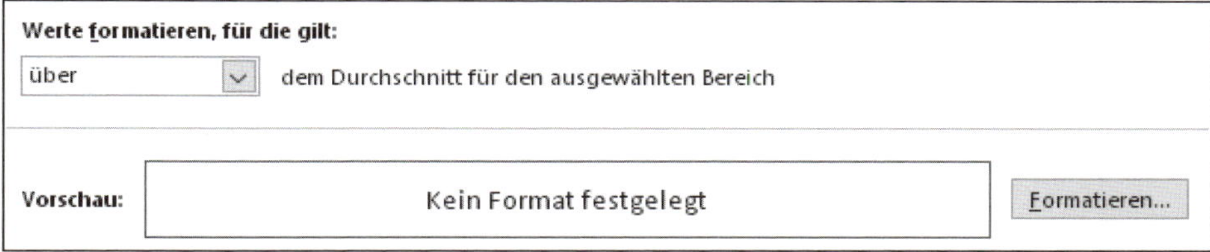

Abbildung 6.8 Regeln für Vergleich mit Durchschnittswerten

Auch doppelte oder eindeutige Werte eines Bereichs lassen sich über die bedingte Formatierung sehr schnell und einfach anzeigen (siehe Abbildung 6.9).

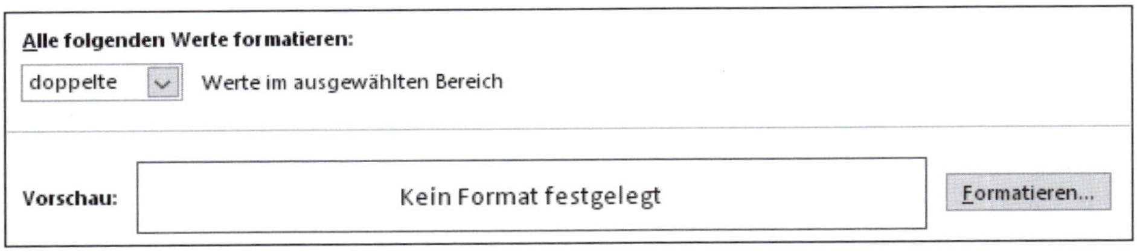

Alle folgenden Werte formatieren:
doppelte Werte im ausgewählten Bereich
Vorschau: Kein Format festgelegt
Formatieren...

Abbildung 6.9 Regeln für doppelte und eindeutige Werte

Eine Sonderform der Regeln für bestimmte Zellen stellen Regeln mit Formeln dar. Hier lassen sich beliebige Berechnungen und Funktionen definieren, die eine Aussage *Wahr* oder *Falsch* zum Ergebnis haben (siehe Abbildung 6.10). Alle Zellen, für die das Ergebnis *Wahr* lautet, werden entsprechend formatiert.

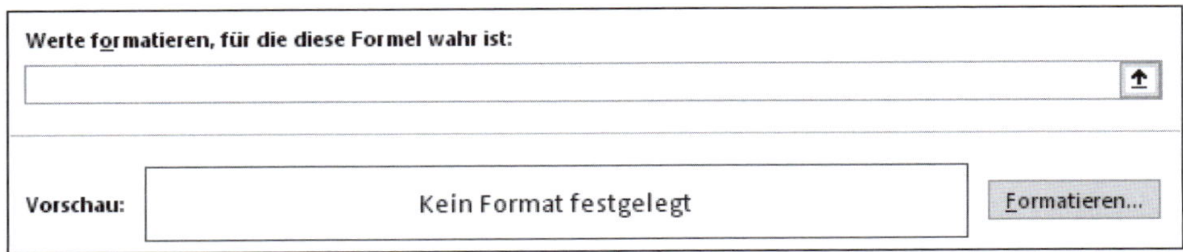

Abbildung 6.10 Regeln basierend auf Formeln

Wie in Abbildung 6.11 zu sehen ist, entsprechen die Formateinstellungen denen der manuellen Formatierung einer Zelle. Sie können das *Zahlenformat* definieren, die *Schriftart* und *Schriftgröße* festlegen oder auch einen Zellrahmen hinzufügen. Am deutlichsten ist die Einfärbung der Zelle selbst, die Farbe für AUSFÜLLEN ist also die bevorzugte Einstellung für bedingte Formate.

Abbildung 6.11 Formate für Zellen

6.3 Vorgefertigte Regeln für alle Zellen – Balken, Farben und Symbole

Excel beinhaltet eine große Anzahl vorgefertigter Regeln. Diese lassen sich mit nur wenigen Mausklicks anwenden, die Daten in dem Tabellenblatt sind sehr schnell mit der ausgewählten Formatierung gekennzeichnet. Die Regeln für die Formatierung aller Zellen sind in drei Gruppen eingeteilt:

- Datenbalken
- Farbverläufe
- Symbole

Für die Datenbalken stehen jeweils sechs Farben als ausgefüllte bzw. verlaufende Variante zur Verfügung. In der Gruppe der Farbverläufe finden Sie zwölf Varianten mit unterschiedlichen Farben für die oberen und unteren Werte. Hier ist unter anderem ein Ampelverlauf »Grün-Gelb-Rot« zu finden oder eine Abstufung von Hellrot nach Dunkelrot. Die Regeln für die Formatierung mit Symbolen beinhalten drei bis fünf ein- oder mehrfarbige Richtungssymbole. Daneben gibt es einfache Formen wie Kreise und Dreiecke sowie Indikatoren wie Fähnchen und Haken. Die letzte Kategorie in der Gruppe der Symbole beinhaltet Bewertungssymbole. Diese kennzeichnen einen Wert nicht durch die Richtung oder die Farbe, hier ist der Grad der Ausfüllung eines Symbols entscheidend (siehe Abbildung 6.12 rechts unten).

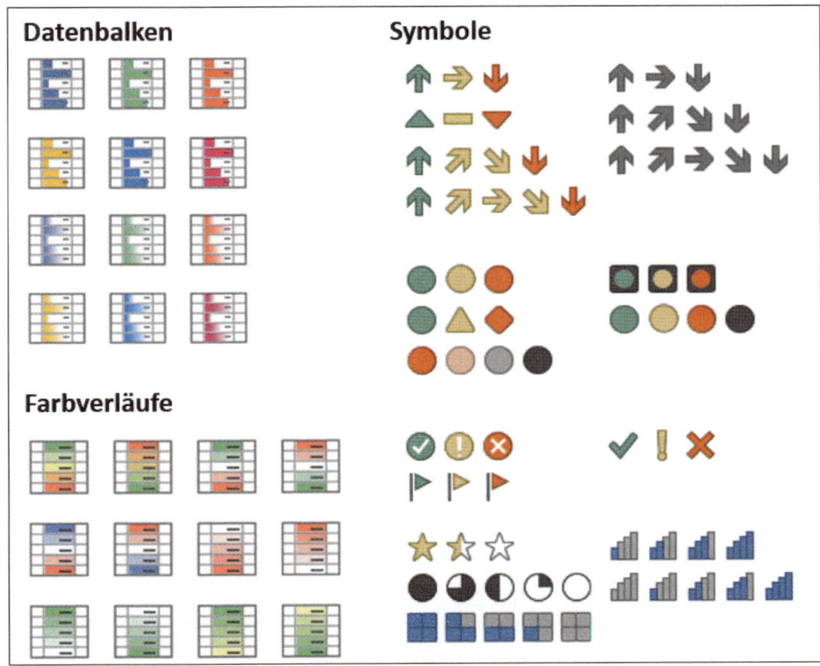

Abbildung 6.12 Vordefinierte Formatierungen für alle Zellen

Auch wenn Sie sehr schnell und einfach eine vorgefertigte Regel mit entsprechender Formatierung auswählen können, ist es trotzdem wichtig, die Regel selbst zu kennen und zu verstehen. Die Frage nach der Logik hinter den Ergebnissen ist nicht nur für Sie selbst bei der Analyse der Daten wichtig. Gerade wenn Sie die Ergebnisse weitergeben, ist zum richtigen Verständnis der Betrachter die zugrunde liegende Regel entscheidend. In den weiteren Abschnitten werden Sie sehen, welche Logik hinter den vorgefertigten Regelsätzen steckt.

6.3.1 Datenbalken

Bei den Datenbalken ist die Festlegung des Typs des minimalen und maximalen Wertes entscheidend für die Länge der Balken. In den vorgefertigten Regeln steht dieser Typ auf AUTOMATISCH. Das bedeutet, dass der Balken in der Zelle mit dem maximalen Wert die ganze Zelle ausfüllt. Die Länge aller anderen Balken ergibt sich aus der Relation zum maximalen Wert. Sollten negative Werte vorhanden sein, werden diese in der vorgefertigten Regel als roter Balken angezeigt, wie in Abbildung 6.13 unter »Wert 1« zu sehen. Die Grundlinie wandert dann als gestrichelte Linie vom linken Zellenrand nach rechts in die Zelle.

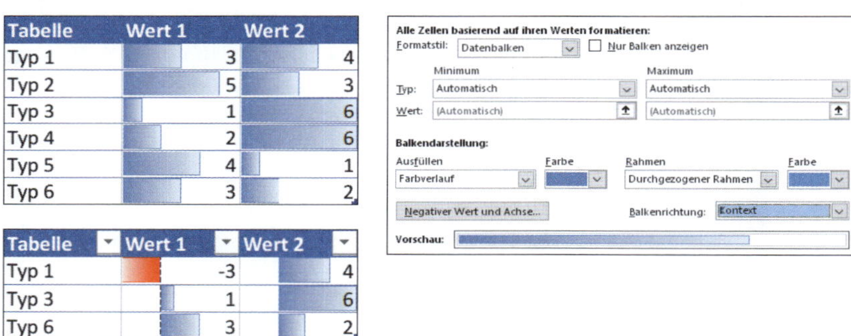

Tabelle	Wert 1	Wert 2
Typ 1	3	4
Typ 2	5	3
Typ 3	1	6
Typ 4	2	6
Typ 5	4	1
Typ 6	3	2

Tabelle	Wert 1	Wert 2
Typ 1	-3	4
Typ 3	1	6
Typ 6	3	2

Abbildung 6.13 Einstellungen für Datenbalken

6.3.2 Farbverläufe

Alle integrierten Regeln zur Formatierung als *Farbverlauf* basieren darauf, dass der niedrigste und der höchste Wert exakt mit der angegebenen Farbe formatiert wird. Alle anderen Zellen erhalten entsprechend ihres Wertes die Farbe aus dem aufgespannten Spektrum. Bei der 3-FARBEN-SKALA ist noch der Mittelpunkt angegeben, also der Wert, der die mittlere Farbe erhält. Dieser berechnet sich durch das *50-%-Quantil*. Es ist also der Wert, der genau in der Mitte der sortierten Liste aller Werte liegt. Bei einer geraden Anzahl von Werten wird dieses 50-%-Quantil durch den Mittelwert der beiden in der Mitte liegenden Werte berechnet. Dieser Umstand kann zur Folge haben, dass keine Zelle mit exakt der Farbe für den mittleren Wert formatiert wird und es keinen mittleren Wert gibt.

Tabelle	Wert 1	Wert 2
Typ 1	3	4
Typ 2	5	3
Typ 3	1	6
Typ 4	2	6
Typ 5	4	1
Typ 6	3	2

Tabelle	Wert 1	Wert 2
Typ 1	1	2
Typ 2	3	4

Alle Zellen basierend auf ihren Werten formatieren:
Formatstil: 3-Farben-Skala

	Minimum	Mittelpunkt	Maximum
Typ:	Niedrigster Wert	Quantil	Höchster Wert
Wert:	(Niedrigster Wert)	50	(Höchster Wert)
Farbe:			

Vorschau:

Abbildung 6.14 Einstellungen für Farbverläufe

6.3.3 Symbolsätze

Alle Standardregeln für die Formatierung mit *Symbolen* basieren auf einer prozentualen Einteilung. Bei drei Symbolen ergeben sich daraus die Bereiche größer gleich 67 %, kleiner 67 % und größer gleich 33 % sowie kleiner als 33 %. Bei Symbolsätzen mit vier oder fünf Symbolen ergibt sich eine entsprechende Einteilung in 25- bzw. 20-%-Schritten.

Tabelle	Wert 1	Wert 2
Typ 1	3	4
Typ 2	5	3
Typ 3	1	6
Typ 4	2	6
Typ 5	4	1
Typ 6	3	2

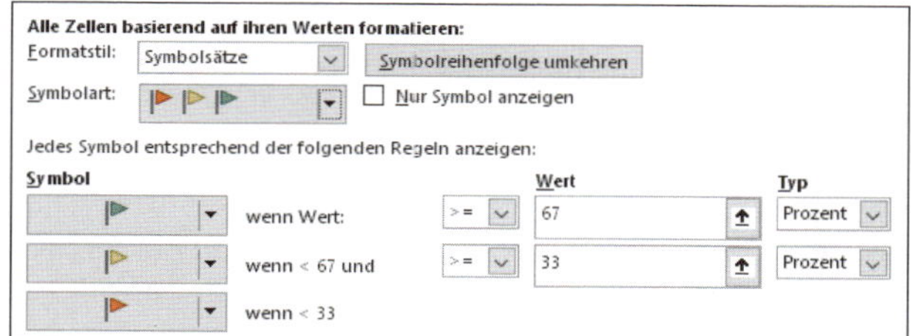

Abbildung 6.15 Einstellungen für Symbolsätze

Es stellt sich hier die Frage, was dieser Prozentwert aussagt, wie der absolute Wert in Relation zu deuten ist. Excel bildet dafür die Spannweite aller Werte des zu formatierenden Bereichs, also den kleinsten Wert subtrahiert von dem größten Wert. Diese Spannweite entspricht 100 %, der kleinste Wert liegt bei 0 %, der größte bei 100 %. Alle anderen Werte werden jetzt in Relation zur Spannweite berechnet. Vor der Division durch die Spannweite wird noch das Minimum subtrahiert, um so den Bezugspunkt auf den minimalen Wert zu legen. Für die Beispieldaten in Abbildung 6.16 ergeben sich folgende Berechnungen:

```
(1 - 1) / 5 = 0
(2 - 1) / 5 = 0,2
(3 - 1) / 5 = 0,4
(4 - 1) / 5 = 0,6
(5 - 1) / 5 = 0,8
(6 - 1) / 5 = 1
```

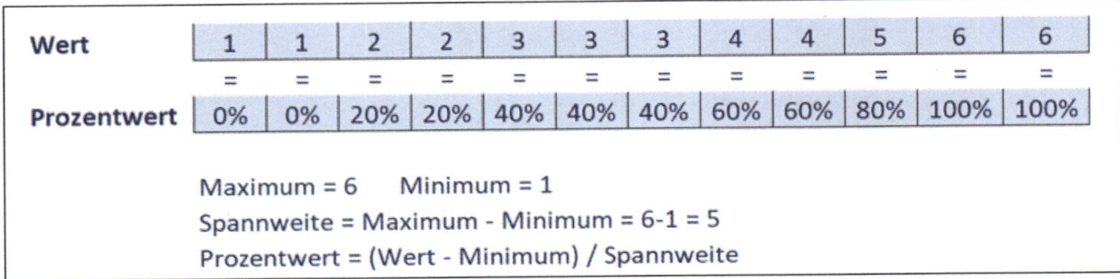

Abbildung 6.16 Berechnung der Prozentwerte bei Symbolsätzen

Sortieren und Filtern

Ein mit Symbolen formatierter Bereich lässt sich auch über die Symbole selbst sortieren und filtern (siehe Abbildung 6.17). So lassen sich z. B. nur die Zeilen anzeigen, die ein grünes Fähnchen besitzen, oder Sie können nach der Farbe der Kreissymbole sortieren. Diese Optionen finden Sie automatisch in den Filter- und Sortierfunktionen. Sobald ein Bereich mit Symbolen formatiert ist, stehen diese Kriterien zur Verfügung.

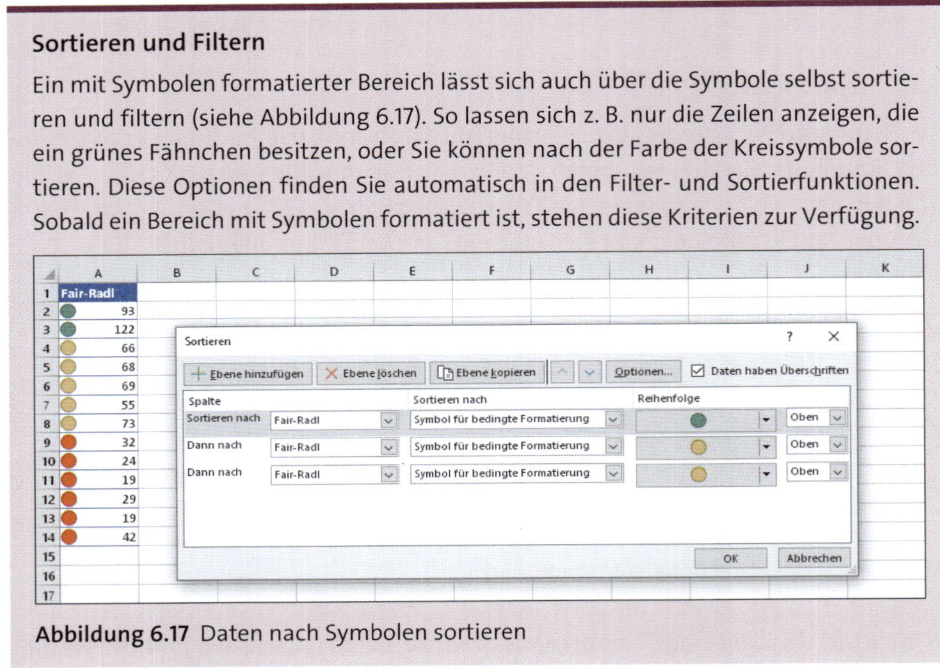

Abbildung 6.17 Daten nach Symbolen sortieren

6.3.4 Lieferscheinliste mit bedingten Formatierungen aller Zellen

Am Beispiel in Abbildung 6.18 sind die Werte aus drei Spalten einer Lieferscheinliste mit unterschiedlichen bedingten Formatierungen hervorgehoben. Es handelt sich um Regeln, die alle Zellen formatieren. Die Spalte mit Angabe der Kartonanzahl ist als Farbskala formatiert, die Zelle mit dem niedrigsten Wert (1) erhält eine weiße Füllung, die Zelle mit dem höchsten Wert (8) wird mit einem kräftigen Rot ausgefüllt. Bei der Formatierung der Spalte mit dem Warenwert kommt ein Datenbalken zum Einsatz. Der größte Wert (11.660 €) füllte die komplette Breite der Zelle aus, der kleinste Wert (5.945 €) entspricht ungefähr die Hälfte des maximalen Wertes, der Balken erstreckt sich somit über die halbe Zellbreite. In der dritten Spalte stehen nur die beiden Ziffern 0 für nicht vollständig und 1 für vollständig. Die Formatierung mit einem Symbolsatz zeigt ein grünes Fähnchen für eine vollständige Lieferung an, das rote Fähnchen signalisiert, dass etwas fehlte.

Lieferdatum	Lieferant	Menge Kartons	Warenwert	Vollständigkeit
09. Okt	MyWay	4	8.042,18 €	1
13. Okt	A-Z Rad	2	10.523,27 €	1
14. Okt	Fair-Radl	1	7.682,57 €	1
24. Okt	Jupiter	6	8.295,77 €	1
02. Nov	MyWay	2	9.003,96 €	1
12. Nov	TOP-Bike	7	7.954,55 €	1
16. Nov	Fair-Radl	8	8.884,49 €	0
21. Nov	Jupiter	3	5.945,84 €	1
23. Nov	MyWay	3	6.305,65 €	0
02. Dez	A-Z Rad	2	11.159,57 €	0
03. Dez	TOP-Bike	1	5.512,52 €	1
10. Dez	Fair-Radl	5	11.660,05 €	1
16. Dez	Fair-Radl	6	7.557,67 €	0

Abbildung 6.18 Drei Spalten einer Lieferscheinliste mit bedingten Formatierungen aller Zellen

Im *Regelmanager* in Abbildung 6.19 ist zu erkennen, auf welche Bereiche diese drei Regeln angewendet werden. Die Farbskala bezieht sich auf die Zeilen 2–14 der Spalte C, die Datenbalken auf die Zeilen 2–14 der Spalte D und der Symbolsatz entsprechend auf die Spalte E. Excel bezieht sich an dieser Stelle immer auf die absolute Adressierung. Die $-Zeichen werden automatisch hinzugefügt, nachdem Sie den jeweiligen Bereich mit der Maus markiert haben.

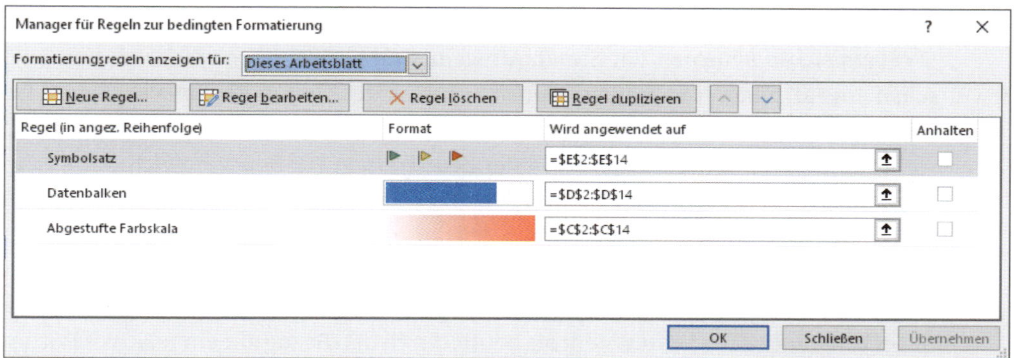

Abbildung 6.19 Übersicht der drei bedingten Formatierungen

6.4 Vorgefertigte Regeln für bestimmte Zellen – Wertevergleich

Um einzelne Zellen eines Bereichs hervorzuheben, können Sie aus vielen vorgefertigten Regeln mit unterschiedlichen Logiken auswählen. Sie können z. B. alle Zellen formatieren, deren Inhalt einem bestimmten Wert, Text oder Datum entsprechen.

Ebenso lassen sich mit wenigen Mausklicks die oberen oder unteren Werte hervorheben. Auch doppelte oder eindeutige Werte lassen sich mit Regeln zur Formatierung leicht in den Daten aufspüren.

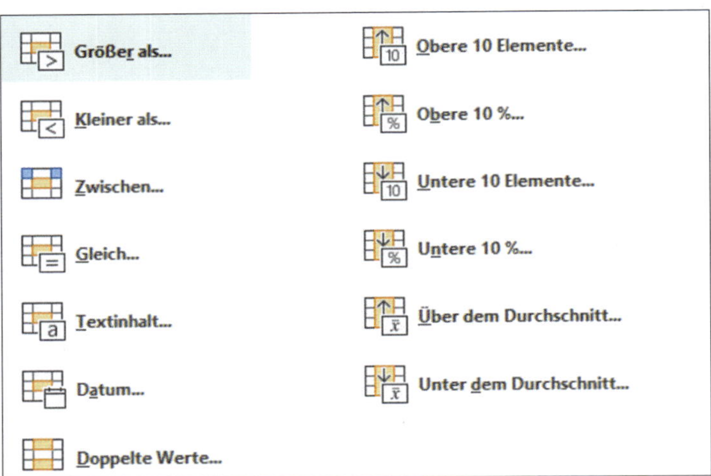

Abbildung 6.20 Vordefinierte Regeln zum Hervorheben bestimmter Zellen

6.4.1 Vergleich mit Konstanten

Viele Regeln basieren darauf, die Werte der Zellen mit einer *Konstanten* zu vergleichen. Ergibt der Vergleich den Wahrheitswert *Wahr*, erfolgt die definierte Formatierung. Ist der Vergleich negativ, lautet das Ergebnis also *Falsch*, wird nicht formatiert. Die *Vergleichsoperatoren* der Standardregeln sind *Größer*, *Kleiner*, *Gleich* und *Zwischen*. Im Fall eines Textvergleichs prüft Excel, ob der Text in der Zelle enthalten ist. Dabei handelt es sich nicht um einen exakten Vergleich, d. h., die Prüfung ergibt auch wahr, wenn noch weitere Zeichen in der Zelle stehen. Für den Vergleich mit einem Datumswert stehen die Konstanten HEUTE, MORGEN und GESTERN als Auswahl bereit. Des Weiteren können Sie noch Zeiträume wie LETZE WOCHE oder LETZTER MONAT auswählen. Das Ergebnis der Prüfung ergibt dann wahr, wenn das Datum der Zelle in diesem Zeitraum liegt. Hier ist zu bedenken, dass das Ergebnis nächste Woche unter Umständen anders aussieht als heute, durch den Bezug auf ein relatives Datum ändert sich das Ergebnis.

Bezug auf Konstanten

Alle Konstanten lassen sich auch als Referenz zu einer Zelle im Tabellenblatt angeben. Dazu klicken Sie auf den nach oben weisenden Pfeil hinter dem Eingabefeld und wählen die gewünschte Zelle mit der Konstanten aus. Damit umgehen Sie die Änderung der Regel selbst, Sie können so wesentlich schneller die Vergleichswerte anpassen.

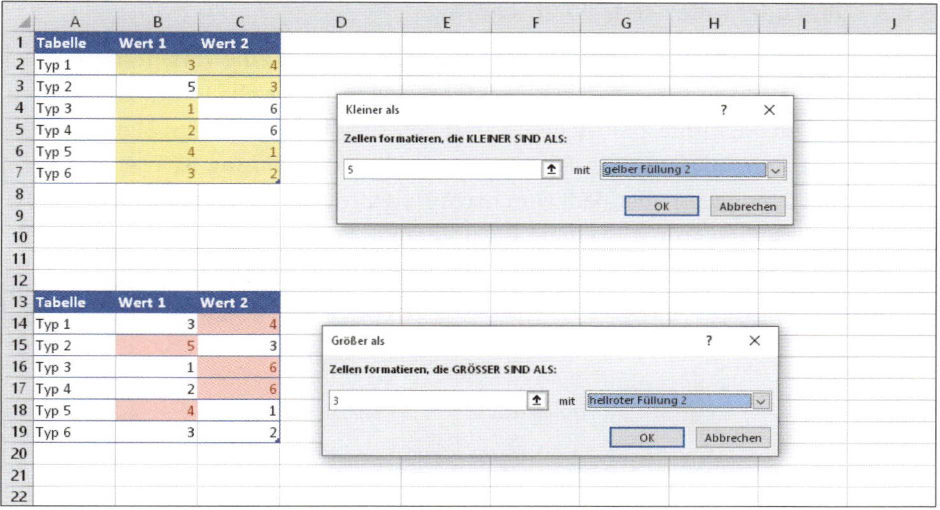

Abbildung 6.21 Vergleichsregeln mit Konstanten

6.4.2 Obere und untere Werte

Auf sehr einfache Art lassen sich die höchsten oder die niedrigsten Werte darstellen. In den beiden vorgefertigten Regeln geben Sie nur die Anzahl ein, wählen den Formatstil aus, und schon haben Sie die Extremwerte aus dem Datenbereich optisch hervorgehoben.

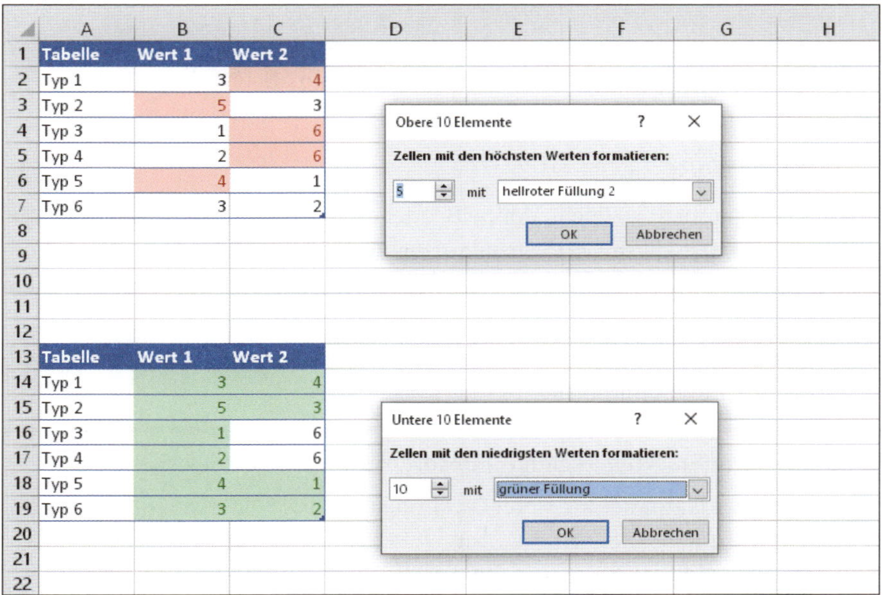

Abbildung 6.22 Höchste und niedrigste Werte formatieren

6.4.3 Über oder unter dem Durchschnitt

Auch für den Vergleich mit dem Durchschnittswert gibt es eine vorgefertigte Regel. Hier berechnet Excel das arithmetische Mittel und prüft, welche Werte im Datenbereich oberhalb oder unterhalb liegen. Alle Zellen, die dieser Bedingung entsprechen, werden mit dem ausgewählten Format dargestellt. In Abbildung 6.23 sehen Sie ein Beispiel, bei dem Zellen über dem Durchschnitt hellrot gefärbt sind. Im anderen Beispiel sind alle Zellen grün formatiert, die unter dem Durchschnitt liegen.

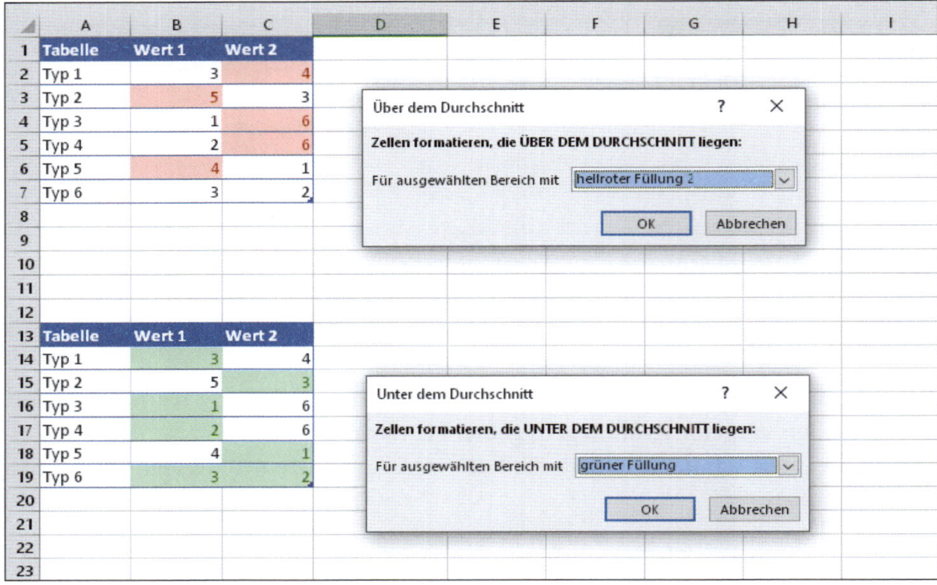

Abbildung 6.23 Werte über und unter dem Durchschnitt formatieren

6.4.4 Doppelte Werte

Es ist manchmal gar nicht so leicht, doppelte oder eindeutige Daten in einem Zellbereich zu erkennen. Um diese Doubletten aufzuspüren, lassen sich die entsprechenden Regeln zur bedingten Formatierung sehr gut einsetzen. Die Werte in den Zellen können für diesen Vergleich aus Zahlen, einem Text oder einem Datum bestehen. Das Sortieren und Filtern der Werte ist anschließend über Formatierungen wie Zellfarben oder Schriftfarben möglich.

Formate bei vordefinierten Regeln für bestimmte Zellen

Als Auswahl für die Formatierung bietet Excel Ihnen nur drei Füllfarben (Hellrot, Gelb und Grün) sowie einen roten Rahmen bzw. rote Schrift an. Über den Menüpunkt BENUTZERDEFINIERTE FORMATE können Sie jedoch jede beliebige Zell- und Schriftformatierung festlegen.

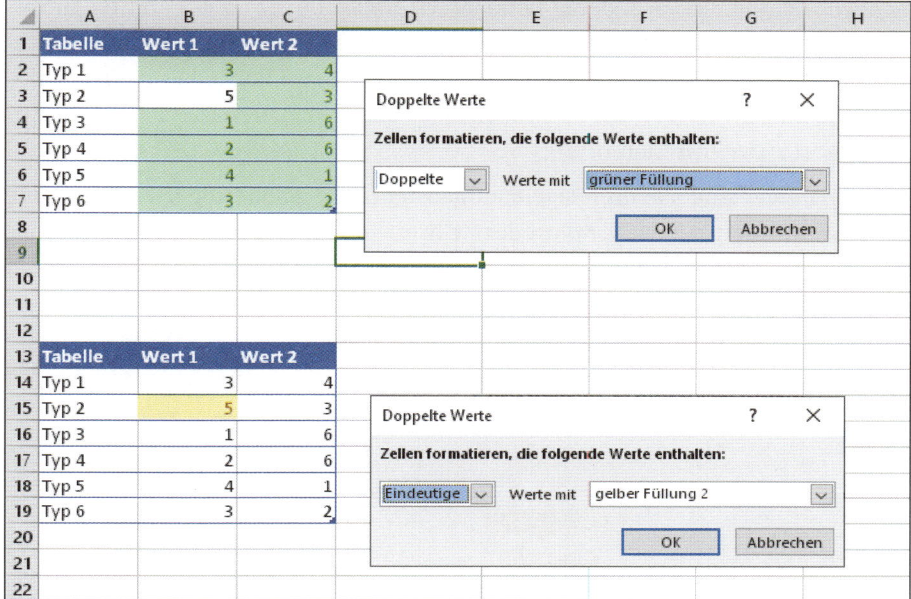

Abbildung 6.24 Vordefinierte Regeln für doppelte und eindeutige Werte

6.4.5 Lieferscheinliste mit bedingten Formatierungen einzelner Zellen

Als konkretes Beispiel kommt noch mal die schon bekannte Lieferscheinliste zum Einsatz, diesmal mit bedingter Formatierung für bestimmte Zellen. Es ist in Abbildung 6.25 sofort erkennbar, dass einige Zellen hervorgehoben sind und andere nicht. Was aber nicht sofort ersichtlich ist, sind die Regeln dahinter. Warum wurden einige Zellen formatiert und andere nicht? Hier ist es für Sie bei der Bewertung wichtig, dass Sie die Regel kennen und sich das Muster bewusst machen.

Lieferdatum	Lieferant	Menge Kartons	Warenwert	Vollständigkeit
09. Okt	MyWay	4	8.042,18 €	1
13. Okt	A-Z Rad	2	10.523,27 €	1
14. Okt	Fair-Radl	1	7.682,57 €	1
24. Okt	Jupiter	6	8.295,77 €	1
02. Nov	MyWay	2	9.003,96 €	1
12. Nov	TOP-Bike	7	7.954,55 €	1
16. Nov	Fair-Radl	8	8.884,49 €	0
21. Nov	Jupiter	3	5.945,84 €	1
23. Nov	MyWay	3	6.305,65 €	0
02. Dez	A-Z Rad	2	11.159,57 €	0
03. Dez	TOP-Bike	1	5.512,52 €	1
10. Dez	Fair-Radl	5	11.660,05 €	1
16. Dez	Fair-Radl	6	7.557,67 €	0

Abbildung 6.25 Drei Spalten einer Lieferscheinliste mit bedingten Formatierungen bestimmter Zellen

Aber noch wichtiger ist es, anderen Betrachtern der Daten die Logik dahinter zu vermitteln. Wenn Sie beispielsweise solch eine Datentabelle in eine Präsentation einfügen, sollten Sie in jedem Fall die Regel dazuschreiben. Bei einfachen und übersichtlichen Daten mag die Regel noch erkennbar sein, bei komplexeren Daten ist dies nicht immer sofort zu interpretieren.

Im *Regelmanager* sind alle drei Regeln aufgelistet (siehe Abbildung 6.26). Die grüne Zellfarbe kommt zum Einsatz, wenn der Zellwert im Bereich $C$2:$C$14 größer als drei ist. Die zweite Regel formatiert alle Zellen in der Spalte rechts daneben rot, deren Wert über dem Durchschnitt liegt. Und die dritte Regel zeigt alle Zellen der Zeilen 2–14 in der Spalte E gelb formatiert an, deren Wert 1 lautet.

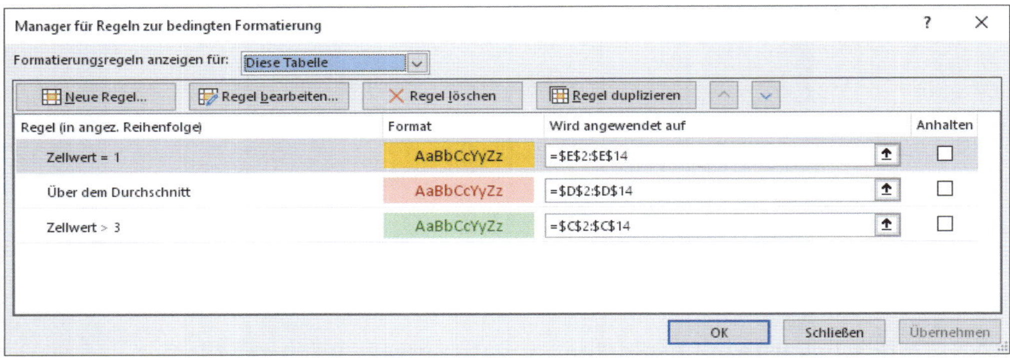

Abbildung 6.26 Übersicht der drei bedingten Formatierungen

6.5 Neue Regeln erstellen – individuelle Anpassungen der Vergleichs- und Schwellenwerte und der Formate

Für viele Anwendungsfälle sind die vorgefertigten Regeln ausreichend, viele Szenarien zum Hervorheben von Daten im Vergleich zu Konstanten oder berechneten Werten sind damit abgedeckt. Die Anwendung der Regeln und der anschließenden Formatierung ist mit wenigen Klicks erledigt. Trotzdem gibt es Situationen, in denen Sie eine sehr spezielle Regel einsetzen möchten. Um dies zu erreichen, lassen sich in Excel eigene Regeln erstellen, die eine große Anzahl von individuellen Einstellungen ermöglichen. Diese eigenen Regeln lassen sich über die Auswahl Neue Regel... im Menü Bedingte Formatierung erstellen. Sie haben hier die generelle Auswahl zwischen dem Regeltyp Alle Zellen basierend... und den Regeltypen Nur Zellen oder Werte formatieren, die... Hinter dem ersten Punkt verbergen sich die Farbskalen, die Datenbalken und die Symbole. Die anderen Regeltypen inklusive Regeln mit Formeln formatieren nur bestimmte Zellen.

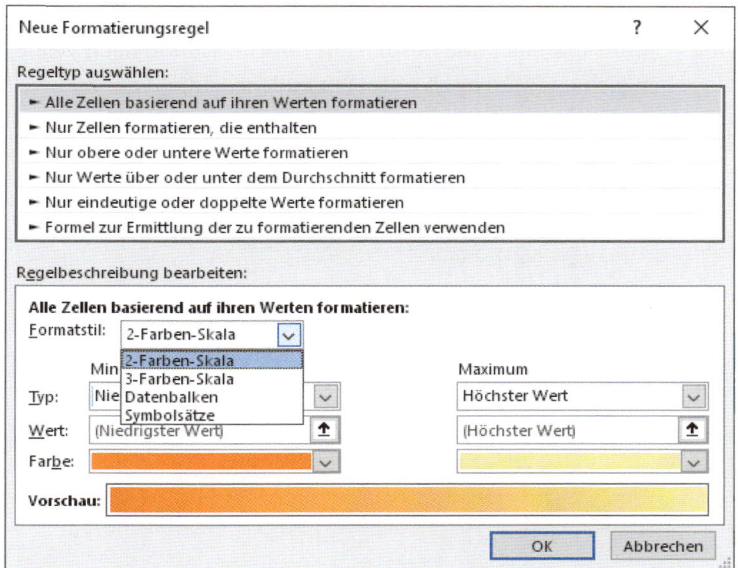

Abbildung 6.27 Neue Regel für alle Zellen erstellen

6.5.1 Neue Regeln für alle Zellen

Sie können für alle Datenbalken, Farbskalen und Symbolsätze eigene Regeln erstellen. So ist es Ihnen möglich, ganz individuelle Einstellungen vorzunehmen und Ihre Daten damit zu formatieren.

Neue Regeln für Datenbalken

Wenn Sie eine neue Datenbalkenregel definieren möchten, können Sie zum einen Einfluss auf die optische Erscheinung nehmen. So lässt sich die Farbe des Balkens und des Rahmens ändern, die Richtung des Balkens festlegen, die Anzeige von negativen Werten bestimmen oder das Ausblenden der Zahlenwerte aktivieren. Und zum anderen können Sie festlegen, für welchen Wert der linke und der rechte Rand der Zelle steht. Sie legen somit die Skalierung des (gedachten) Balkendiagramms fest. Als Berechnung für diese Ränder können Sie eine der folgenden Optionen auswählen (siehe Abbildung 6.28):

- Automatisch
- Höchster/niedrigster Wert
- Zahl
- Prozent
- Quantil
- Formel

Sie werden sehen, dass eine Veränderung des Typs für das Minimum und das Maximum Einfluss auf den Beginn und das Ende der Balken nimmt. Und je nach Festlegung in Ihrer Regel ergeben sich dadurch auch unterschiedliche Längen der Balken.

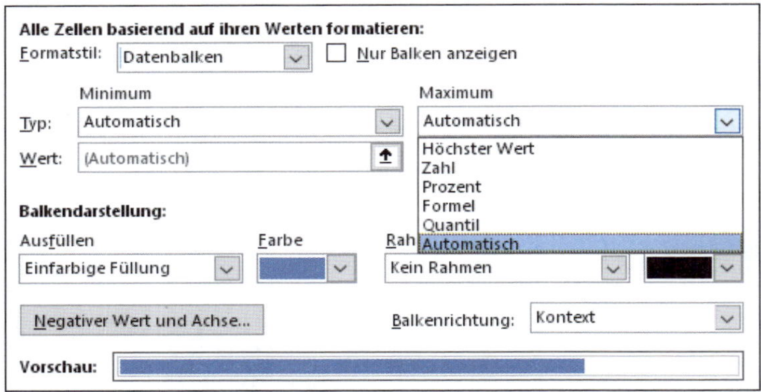

Abbildung 6.28 Neue Datenbalkenregel

Im Abbildung 6.29 sehen Sie in den Spalten »Auto.«, »Prozent«, »Wert« »Zahl« und »Quantil« jeweils zehn Zellen mit Werten von 20 bis 180. Alle Zellen sind als Balken bedingt formatiert. Der Unterschied der Spalten besteht nur darin, dass der jeweilige Typ für das Minimum und das Maximum anders festgelegt wurde, für jede Spalte ergibt sich ein anderes Bild. Bei der automatischen Festlegung stellt der linke Rand der Zelle den Wert 0 dar, der rechte Rand den maximalen Wert 180 aus Ihrer Datenreihe. Alle anderen Werte sind durch Balken dargestellt, deren Länge sich aus dieser Skalierung ergibt. Jeder Balken hat somit die Länge des entsprechenden Vielfachen von 1/180. Wählen Sie für das Minimum oder Maximum einen Prozentwert aus, so berechnet sich der Wert für den linken und den rechten Rand aus dem entsprechenden Anteil der Spannweite zuzüglich des kleinsten Wertes Ihrer Daten. Des Weiteren lassen sich feste Zahlenwerte bzw. auch der niedrigste oder höchste Werte Ihrer Datenreihe als linker bzw. rechter Rand festlegen. Die letzte Option stellt die Berechnung eines Quantils dar.

Je nach Festlegung oder Berechnung der Grenzen haben Sie eventuell Werte in Ihren Daten, die unter oder über diesen Grenzen liegen. Alle Werte kleiner als die untere Grenze werden gar nicht angezeigt, alle Werte oberhalb füllen mit dem Balken die komplette Zelle aus. Die Tatsache, dass je nach Berechnung die linken und die rechten Zellränder unterschiedliche Grenzen darstellen, hat auch zur Folge, dass die Breite der Zelle selbst einen unterschiedlichen Bereich darstellt. Im Beispiel steht für die automatische Festlegung die Breite für den Wert 180, für die Berechnung mit 20 % bzw. 80 % ergibt sich für die gesamte Breite der Zelle der Wert 96.

	Auto.	Prozent	Prozent	Wert	Zahl	Quantil
Minimum	0	10	20	Niedrigster	40	20%
Maximum	180	90	80	Höchster	170	80%
	20	20	20	20	20	20
	40	40	40	40	40	40
	50	50	50	50	50	50
	70	70	70	70	70	70
	90	90	90	90	90	90
	100	100	100	100	100	100
	120	120	120	120	120	120
	150	150	150	150	150	150
	170	170	170	170	170	170
	180	180	180	180	180	180
Bereich	180	128	96	160	130	124
Links	0	36	52	20	40	42
Rechts	180	164	148	180	170	166

Abbildung 6.29 Auswirkungen verschiedener Definitionen des Maximums und des Minimums

Ein Blick auf »echte« Balkendiagramme verdeutlicht, was die Grenzen einer bedingten Formatierung mit Balken eigentlich aussagen (siehe Abbildung 6.30). Die Grenzen sind nichts anderes als die unteren und oberen Skalierungsangaben der Werteachse, die hier durch den linken und den rechten Rand der Zelle symbolisiert sind. Bei der automatischen Festlegung der Grenzen beginnt die Werteachse bei 0 und endet bei 180. Bei der Berechnung der Grenzen mit den Prozentwerten 20 % bzw. 80 % beginnt die Werteachse bei 52 und reicht bis 148. Alles unterhalb von 52 und oberhalb von 148 wird in diesem Beispiel nicht angezeigt. Sie legen somit einen Korridor fest, in dem Sie auf Ihre Daten schauen. Dieser Korridor hat je nach Berechnung oder Festlegung nicht nur unterschiedliche Grenzen, auch der Abstand zwischen unterer und oberer Grenze variiert.

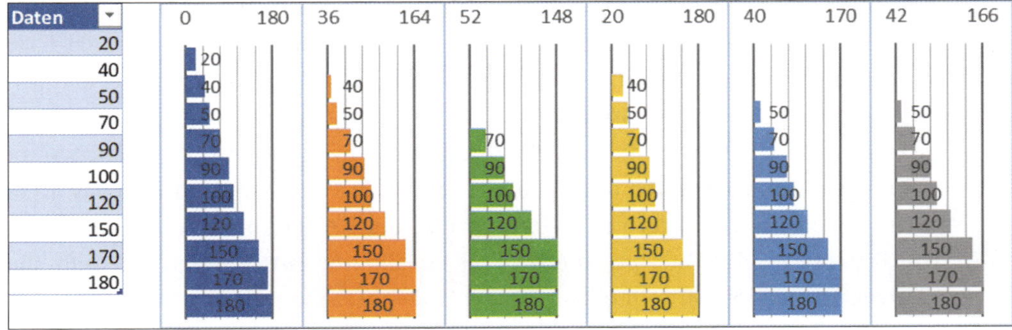

Abbildung 6.30 Vergleich von Balkendiagrammen mit Datenbalken einer bedingten Formatierung

Interpretation der Datenbalken

Je nach Festlegung der Grenzen bzw. der Skalierung ergeben sich unterschiedliche Bilder für die Betrachter. Da keines dieser Bilder einer bedingten Formatierung falsch oder weniger richtig ist als ein anderes, ist es ungemein wichtig, den Betrachtern die notwendigen Informationen zur Interpretation an die Hand zu geben. Damit die Balken im richtigen Kontext bewertet werden können, sollten Sie in jedem Fall mitteilen, wie der Korridor definiert ist, was der linke und der rechte Rand der Zelle darstellen und wie die Breite zu verstehen ist.

Neue Regeln für Farbskalen

Für die Farbskalen lassen sich die Farben für das Minimum, das Maximum und im Fall der 3-Farben-Skala noch die Farbe für den Mittelpunkt festlegen. Neben dieser rein gestalterischen Anpassung erlaubt es Excel auch, verschiedene Typen für diese drei Grenzen festzulegen. Hier stehen folgende Varianten zur Verfügung:

- Zahl
- Prozent
- Formel
- Quantil
- Niedrigster/höchster Wert (für Min. und Max.)

Ähnlich wie bei den Datenbalken ergeben sich durch Modifikation dieser Typen und Festlegung bzw. Berechnung der Werte ganz unterschiedliche Bilder Ihrer bedingten Formatierung. Ein und derselbe Wert aus Ihren Daten kann so z. B. orangefarben, gelb oder auch hellgrün formatiert sein. Mit dem Minimum bestimmen Sie, welche Werte dunkelrot formatiert werden sollen und ab wann es in den orangefarbenen Bereich übergehen soll. Ebenso verhält es sich auf der anderen Seite der Skala: Welche Werte sind dunkelgrün und welche sind noch hellgrün? Der Mittelpunkt lässt sich so verschieben, dass gelbe Werte näher am roten Minimum oder näher am grünen Maximum liegen. Im Normalfall stellen der niedrigste und der höchste Wert aus Ihren Daten die Extreme dar. Die Zelle mit dem niedrigsten Wert ist rot formatiert, die mit dem höchsten Wert hat die Füllfarbe Grün. Den Mittelpunkt markiert das 50-%-Quantil, also der Wert, der genau in der Mitte der sortierten Datenliste liegt. Alle Werte kleiner als der Mittelpunkt erhalten eine Füllfarbe zwischen Rot und Gelb, alle Werte größer als der Mittelpunkt entsprechend eine Farbe zwischen Gelb und Grün. Anstelle dieser automatischen Festlegung können Sie auch feste Zahlenwerte eingeben oder diese über einen Prozent- oder Quantilswert berechnen. Die Prozentwerte beziehen sich wiederum auf die Spannweite Ihrer Daten. Um den konkreten Wert zu erhalten, müssen Sie zu dem prozentualen Wert noch das Minimum addieren, um so den Skalenbeginn entsprechend anzuheben:

Minimum bei 30 % = 0,3 * (Max. – Min.) + Min.

Minimum bei 30 % = 0,3 * (200 – 20) + 20

Minimum bei 30 % = 74

Die Berechnung über ein Quantil ermittelt die Werte für die Farbgrenzen entsprechend der Logik, den x-ten Wert aus Ihrer nach Größe sortierten Datenliste zu wählen. Excel benutzt zur Berechnung die interne Funktion *Quantil.Exkl*. Sollte eine eigene Berechnung für das Minimum, das Maximum oder den Mittelpunkt notwendig sein, können Sie auch eine Formel an dieser Stelle eingeben.

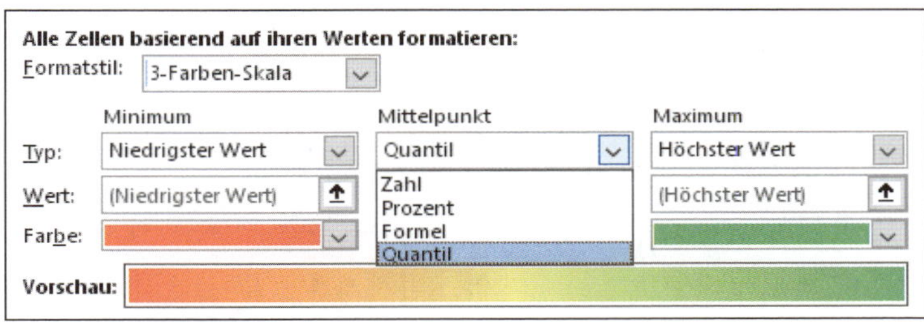

Abbildung 6.31 Neue Farbskalaregel

In der Tabelle in Abbildung 6.32 ist fünfmal die bedingte Formatierung mit eine dreistufigen Farbskala auf dieselbe Datenreihe 20...200 angewendet worden. Der Unterschied besteht darin, dass jeweils eine andere Festlegung des Minimums, des Maximums und des Mittelpunktes erfolgt ist. In der ersten Spalte stellt der kleinste Wert 20 das Minimum dar, diese Zelle ist dunkelrot formatiert. Die 200 ist der größte Wert, diese Zelle ist entsprechend grün ausgefüllt. Der Median oder das 50-%-Quantil ist die 100, dieser Wert liegt genau in der Mitte, es gibt fünf kleinere und fünf größere Werte. Diese Zelle wird also durch die Regel gelb formatiert. Das Bild sieht in der zweiten Spalte schon etwas anders aus. Hier sind das Minimum bzw. Maximum mit der Zahl 40 bzw. 170 angegeben, die Mitte liegt bei der Zahl 70. Diese Festlegung bewirkt, dass die Zellen aller Werte kleiner gleich 40 rot ausgefüllt werden, alle Zellen mit Werten größer gleich 170 sind grün ausgefüllt. Es verbleibt nur ein einziger Wert zwischen Rot und Gelb, die Zelle mit der 50 ist somit orange gefärbt. Im Spektrum zwischen Gelb und Grün liegen vier Werte, diese Zellen erhalten jetzt entsprechend ihrer Größe eine hellgrüne Färbung. Nach dem gleichen Muster ergeben sich Verschiebungen in den weiteren Spalten. Die Berechnung des Minimums mittels 30 % hat z. B. zur Folge, dass vier Werte kleiner sind als das Minimum. Alle Zellen mit Werten kleiner gleich 74 sind also rot formatiert. Im Beispiel der Spalte 3 ist der Mittelpunkt über die 50-%-Angabe berechnet und liegt demnach bei 110. Dieser Wert ist in den Daten jedoch nicht enthalten. Dies hat zur Folge, dass keine Zelle mit dem reinen Gelb formatiert ist. Die Zelle mit der nächstkleineren Zahl 100 hat noch einen gewissen orangefarbenen Anteil, die nächsthöhere Zelle 120 geht bereits leicht ins Grüne über.

Einstellung	Auto.	Zahl	Prozent	Prozent	Quantil
Minimum	Niedrigster	40	0	30	20%
Mittelpunkt	Median (50%)	70	50	40	50%
Maximum	Höchster	170	90	100	80%
	20	20	20	20	20
	40	40	40	40	40
	50	50	50	50	50
	70	70	70	70	70
	90	90	90	90	90
	100	100	100	100	100
	120	120	120	120	120
	150	150	150	150	150
	170	170	170	170	170
	180	180	180	180	180
	200	200	200	200	200
Oben (Rot)	20	40	20	74	44
Mitte (Gelb)	100	70	110	92	100
Unten (Grün)	200	170	182	200	176

Abbildung 6.32 Farbskalen mit unterschiedlichen Grenzwerten

Wenn Sie sich nur die Farbskalen ohne Werte anschauen, erkennen Sie die Auswirkungen der Änderungen des Minimums, des Maximums und des Mittelpunktes recht gut. Mal wird der rote Bereich größer, mal der grüne. Oder der gelbe Mittelpunkt verschiebt sich nach oben oder unten, orangefarbene und hellgrüne Bereiche variieren. Excel wählt die Zellfarbe bei der bedingten Formatierung basierend auf der resultierenden Skala aus. Die genaue Farbe aus dem orangefarbenen und hellgrünen Bereich wird dabei durch den Wert der Zelle selbst bestimmt.

20	Rot	Rot	Rot	Rot	Rot
40	Orange	Rot	Orange	Rot	Rot
50	Orange	Orange	Orange	Rot	Orange
70	Orange	Gelb	Orange	Rot	Orange
90	Orange	Gelb-Grün	Orange	Orange	Orange
100	Gelb	Gelb-Grün	Orange	Gelb-Grün	Gelb
120	Gelb-Grün	Gelb-Grün	Gelb-Grün	Gelb-Grün	Gelb-Grün
150	Gelb-Grün	Gelb-Grün	Gelb-Grün	Gelb-Grün	Gelb-Grün
170	Gelb-Grün	Grün	Gelb-Grün	Gelb-Grün	Gelb-Grün
180	Gelb-Grün	Grün	Gelb-Grün	Gelb-Grün	Grün
200	Grün	Grün	Grün	Grün	Grün

Abbildung 6.33 Position der Grenzwerte

Interpretation der Farbskalen

Auch die Formatierung mit Farbskalen bergen ein Potenzial für Fehlinterpretationen. Wenn Sie die Betrachter im Unklaren lassen, wie die Skala aufgebaut ist und wie sich das Minimum, das Maximum und der Mittelpunkt berechnen, kann leicht ein falsches Bild entstehen. Das menschliche Auge nimmt so eine Skala erst mal linear auf, d. h., die Abstände zwischen Rot und Gelb entsprechen den Abständen zwischen Gelb und Grün. Wenn Sie diese verändern und das Gelb viel näher am Rot liegt als an Grün, sollten Sie dies in der Visualisierung mitteilen.

Neue Regeln für Symbolsätze

Auch die dritte Variante zur bedingten Formatierung aller Zellen eines Bereichs erlaubt es Ihnen, diverse Einstellungen vorzunehmen. Sie können die Symbolart auswählen, also festlegen, ob farbige Kreise, Pfeile, Fähnchen etc. angezeigt werden sollen. Die Reihenfolge der Symbole lässt sich umkehren und bei Bedarf können die eigentlichen Werte ausgeblendet werden, es erscheinen nur die Symbole als Formatierungen in der Zelle. Es ist sogar möglich, die einzelnen Symbole zu kombinieren. So ist es z. B. machbar, die oberen 50 % der Werte mit einem roten Kreis zu versehen und die unteren 50 % mit einem grünen Fähnchen. Und genauso wie bei Datenbalken und Farbskalen können Sie auch bei Symbolsätzen festlegen, wie die Grenzen der Symbole ermittelt werden sollen. Zur Auswahl stehen hier vier Typen (siehe Abbildung 6.34):

- Zahl
- Prozent
- Formel
- Quantil

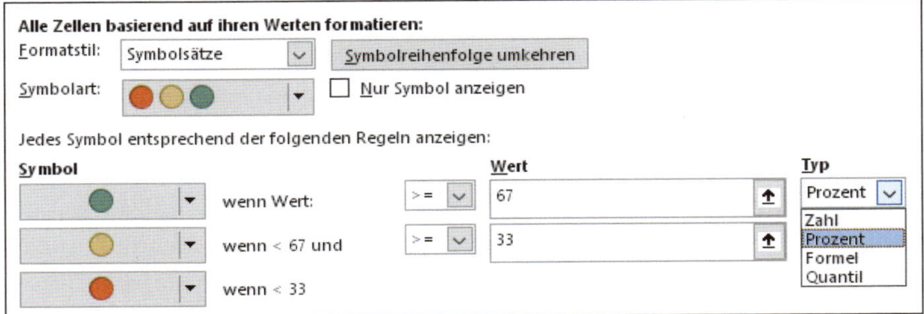

Abbildung 6.34 Neue Symbolsatzregel mit drei Symbolen

Je nach Symbolart ergeben sich drei, vier oder fünf Bereiche. Diese sind durch die logische Abfrage »größer gleich« bzw. »größer« und »kleiner« bzw. »kleiner gleich« definiert. Ergibt der Vergleich eines Wertes aus Ihren Daten das Ergebnis *Wahr*, liegt die Zahl also in diesem Bereich, erfolgt die Formatierung der Zelle mit dem entsprechenden Symbol.

Legen Sie als Typ des Vergleichswertes eine Zahl fest, so wird jede Zelle mit genau dieser Zahl verglichen. Wählen Sie als Typ PROZENT aus, so berechnet Excel den konkreten Vergleichswert auch hier in Bezug auf die Spannweite Ihrer Daten plus das Minimum aus den Daten. Bei dem Typ QUANTIL berechnet Excel den Vergleichswert als x-ten Wert aus der Datenreihe entsprechend der Funktion *Quantil.Exkl*. Sollten sonstige Berechnungen zur Festlegung des Vergleichswertes notwendig sein, können Sie über den Typ FORMEL eigene Berechnungsvorschriften eingeben.

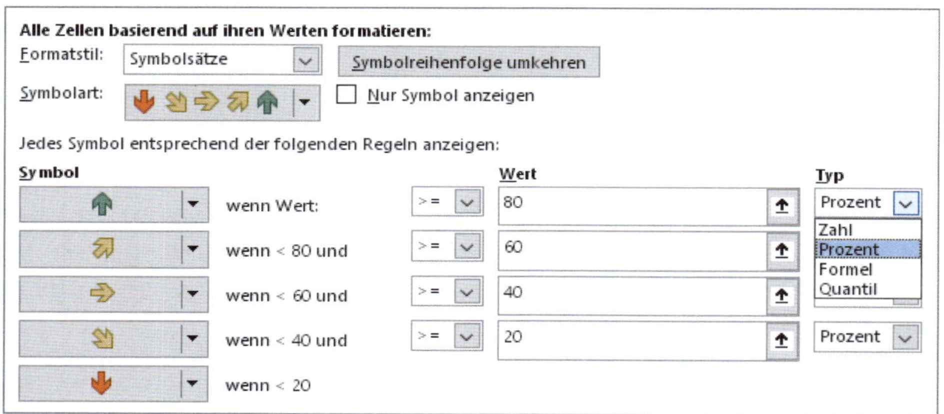

Abbildung 6.35 Neue Symbolsatzregel mit fünf Symbolen

Beispiel für eine neue Regel mit Symbolen

In einem konkreten Beispiel sehen Sie in Abbildung 6.36 die Einsatzmöglichkeiten eigener neuer Regeln. Die Standardregel SYMBOLSATZ setzt die Grenzen für die Vergleichswerte bei 67 % bzw. 33 %. Sie möchten jedoch in Ihrer Datentabelle alle Werte größer gleich 100 mit einem grünen Kreis versehen und alle Werte kleiner 50 mit einem roten Kreis. Die Werte dazwischen sollen mit einem gelben Kreis symbolisiert werden. Dazu markieren Sie den Bereich mit den Daten und legen so fest, auf was die Regel angewendet werden soll. Anschließend wählen Sie aus dem Menü BEDINGTE FORMATIERUNG den Punkt NEUE REGEL ... Als Regeltyp nehmen Sie ALLE ZELLEN BASIEREND AUF IHREN WERTEN FORMATIEREN sowie den Formatstil SYMBOLSÄTZE. Jetzt ändern Sie noch den Typ von PROZENT auf ZAHL und geben 100 bzw. 50 ein. Und schon haben Sie in der monatlichen Verkaufsübersicht einen Blick auf die kritischen kleinen Werte (< 50) sowie auf die hohen Werte (>= 100) pro Lieferant und Rubrik.

Rubrik	A-Z Rad	B4Y	Fair-Radl	Jupiter	MyWay	TOP-Bike
Rahmen	87	88	32	18	80	59
Gabel	98	109	66	71	111	102
Räder	80	70	24	112	84	106
Sattel	37	46	19	67	110	108
Tretlager	109	20	93	27	67	46
Ketten	63	72	29	98	68	37
Bremsen	79					
Klingel	102					
Beleuchtung	66					
Gangschaltur	99					
Schutzbleche	55					
Gepäckträger	34					
Ständer	94					

Alle Zellen basierend auf ihren Werten formatieren:
Formatstil: Symbolsätze — Symbolreihenfolge umkehren
Symbolart: — Nur Symbol anzeigen
Jedes Symbol entsprechend der folgenden Regeln anzeigen:

Symbol			Wert	Typ
	wenn Wert:	>=	100	Zahl
	wenn < 100 und	>=	50	Zahl
	wenn < 50			

Abbildung 6.36 Beispiel für eine neue Symbolsatzregel

6.5.2 Neue Regeln für bestimmte Zellen

Neue Regeln für einen Bereich, in dem Sie nur bestimmte Zellen formatieren möchten, basierend auf einem ganz einfachen logischen Vergleich. Ist die Bedingung erfüllt, ergibt der Vergleich also den Wert *Wahr*, erfolgt die Formatierung. Ist der Vergleich negativ und das Ergebnis lautet *Falsch*, wird nichts gemacht.

Nur Zellen formatieren, die enthalten

Mit diesem Regeltyp können Sie ganz unterschiedliche Inhalte in Ihren Daten mit einer Konstanten vergleichen. Je nach Art der Daten legen Sie entsprechende Vergleichswerte fest (siehe Abbildung 6.37):

- Zellwert
- Bestimmter Text
- Datum
- Leerzeichen
- Fehler
- Kein Fehler

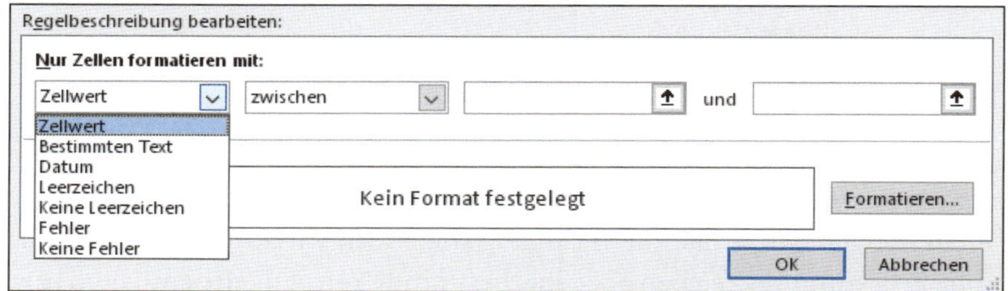

Abbildung 6.37 Neue Regeln für die Formatierung bestimmter Zellen erstellen

Bei dem Zellwertvergleich kann z. B. geprüft werden, ob die Zahlen wie in Abbildung 6.38 in Ihrem Datenbereich zwischen zwei Werten liegen, ob sie größer oder kleiner als ein Vergleichswert sind oder einem Wert entsprechen oder nicht entsprechen. Sie können den jeweiligen Vergleichswert eingeben oder auch auf eine Zelle referenzieren. Dazu tragen Sie z. B. den absoluten Bezug »$A$1« in das Feld ein oder klicken einfach im Tabellenblatt auf diese Zelle. Excel setzt dann noch selbstständig ein Gleichheitszeichen vor die eingegebene Zahl bzw. vor den Bezug. Etwas Vorsicht ist geboten, sollten in Ihrem Bereich nicht nur Zahlen stehen, sondern auch Texte. Die Vergleichstypen »ungleich« und eventuell auch »größer« und »größer gleich« liefern nämlich auch dann das Ergebnis *Wahr*, und die Zelle wird formatiert.

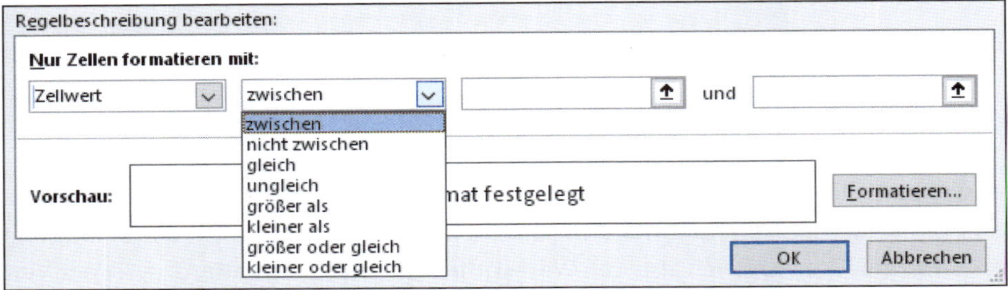

Abbildung 6.38 Neue Zellwertregel

Eine andere Variante des Vergleichs stellt die Prüfung auf ein Datum dar (siehe Abbildung 6.39). Hierfür kennt Excel einige Datumsbereiche wie Gestern, In den letzten 7 Tagen oder nächster Monat. Ein festes Datum lässt sich hier nicht angeben, dazu müssen Sie auf den Regeltyp Formel zurückgreifen.

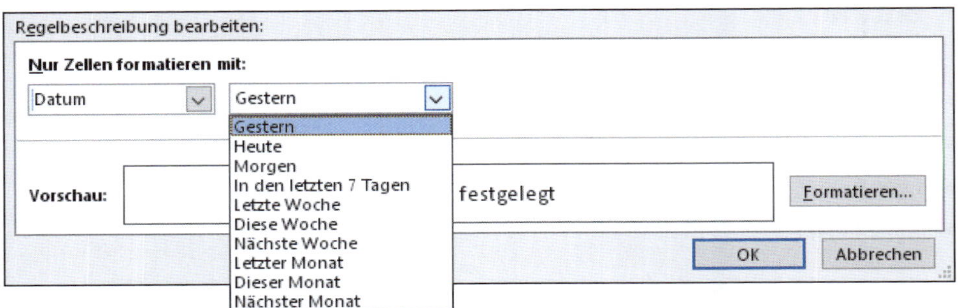

Abbildung 6.39 Neue Datumsregel

In einigen Fällen haben Sie keine Zahlen für den Vergleich in Ihren Daten vorliegen. Aber auch für Texte lassen sich Vergleiche anstellen, die Wahr oder Falsch ergeben. Sie sehen in Abbildung 6.40 die zur Verfügung stehenden Varianten. So können Sie prüfen, ob ein bestimmtes Zeichen oder eine bestimmte Zeichenkette enthalten bzw.

nicht enthalten ist. Dabei spielt es keine Rolle, ob vor oder nach dem Text in Ihren Daten noch weitere Zeichen stehen. Beim Vergleich auf beginnend und endend wird hingegen geprüft, ob die zu vergleichenden Zeichen am Anfang oder am Ende stehen. Generell unterscheidet Excel bei Textvergleichen nicht zwischen Groß- und Kleinschreibung.

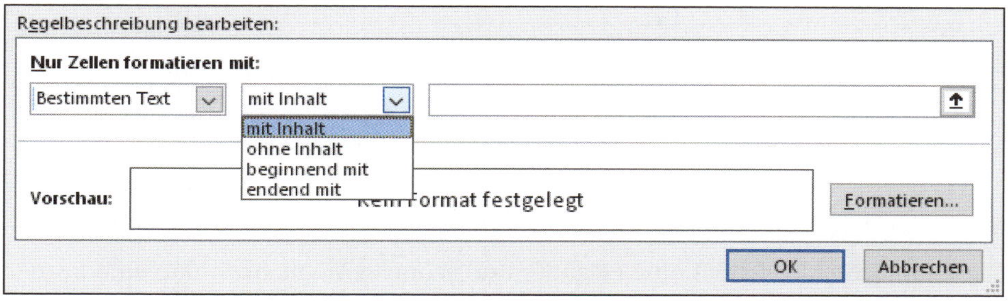

Abbildung 6.40 Neue Textregel

Nur obere oder untere Werte formatieren

Für die weiteren Regeln zur Formatierung bestimmter Zellen fallen die Einstellungen nicht so umfangreich aus. Bei den oberen und unteren Werten können Sie eine feste Anzahl oder einen Prozentwert für die zu formatierenden Zellen angeben. Besteht Ihr Bereich für diese Regel z. B. aus 200 Zellen und Sie geben als Prozentwert 10 ein, so werden die 20 Zellen mit den größten Werten formatiert. Für den Fall, dass der kleinste dieser 20 Werte zweimal vorkommt, so wird auch dieser formatiert, Sie erhalten dann also 21 formatierte Zellen.

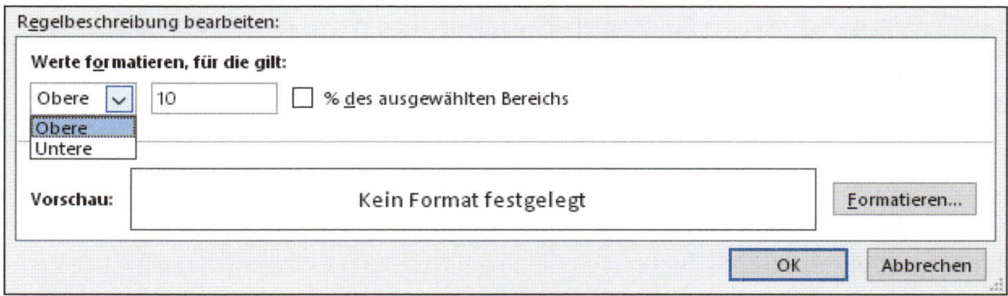

Abbildung 6.41 Neue Regel für obere und untere Werte

Nur Werte über oder unter dem Durchschnitt formatieren

Dieser Regeltyp erlaubt das Hervorheben von Zellen, deren Wert über oder unter dem arithmetischen Mittel liegen. Sie können hier anstelle des Durchschnitts auch ein oder mehrere Standardabweichungen eingeben. Dann werden alle Zellen formatiert, deren Wert über oder unter diesem statistischen Maß für die Streuung liegen.

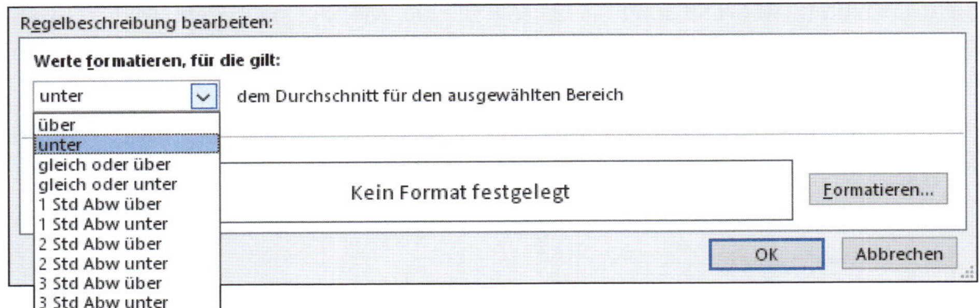

Abbildung 6.42 Neue Regel für Vergleiche mit Durchschnittswerten

Nur eindeutige oder doppelte Werte formatieren

Diese einfache Regel stellt eine elegante und schnelle Möglichkeit dar, eine immer wieder auftretende Fragestellung zu beantworten: Wo sind die doppelten und eindeutigen Werte in den Daten? Nachdem Sie diese durch die Anwendung der Regel identifiziert haben, lassen sich die Daten anschließend nach Farben sortieren.

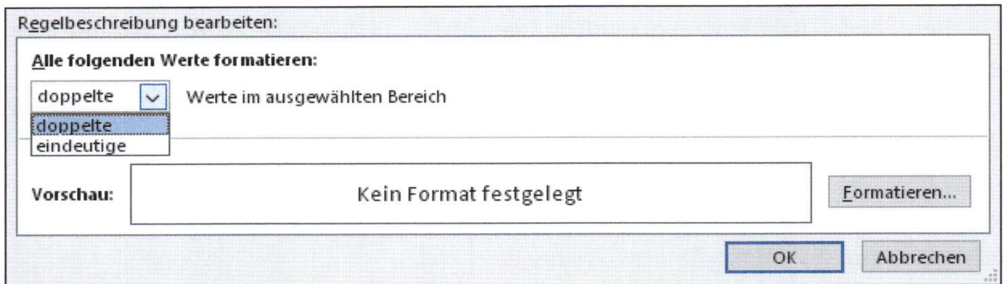

Abbildung 6.43 Neue Regel für doppelte oder eindeutige Werte

Beispiel für eine neue Regel für bestimmte Zellen

Aus den schon bekannten Daten von verkauften Einheiten pro Hersteller und Rubrik wollen Sie die Extreme anzeigen. Alle Werte kleiner gleich 20 und größer gleich 110 sollen zum einen gelb markiert werden, zum anderen soll noch das Wort »Extrem:« davor erscheinen. Hierfür bietet sich die Regel NUR ZELLEN FORMATIEREN, DIE ENTHALTEN an. Sie können hier als Vergleichstyp ZELLWERT wählen und das Kriterium NICHT ZWISCHEN angeben. Die Grenzwerte lauten entsprechend 20 und 110. Für alle Zellen mit einem Wert kleiner als 20 und größer als 110 ergibt die logische Prüfung das Ergebnis *Wahr*, die anderen Zellen liefern den Wahrheitswert *Falsch* zurück (siehe Abbildung 6.44). Die gelbe Farbe ergibt sich durch die Festlegung der Füllfarbe, das Wort »Extrem« vor der Zahl ist über das benutzerdefinierte Zahlenformat namens »"Extrem:" 0« zu erreichen.

Rubrik	A-Z Rad	B4Y	Fair-Radl	Jupiter	MyWay	TOP-Bike
Rahmen	87	88	32	Extrem: 18	80	59
Gabel	98	109	66	71	Extrem: 111	102
Räder	80	70	24	Extrem: 112	84	106
Sattel	37	46	Extrem: 19	67	110	108
Tretlager	109	20	93	27	67	46
Ketten	63	72	29	98	68	37
Bremsen	79	104	68	Extrem: 120	42	46
Klingel	102	Extrem: 18	69	21	Extrem: 17	98
Beleuchtung	66	33	55	90	Extrem: 120	49
Gangschaltur	99	65	Extrem: 19	Extrem: 112	67	93
Schutzbleche	55	92	42	Extrem: 123	Extrem: 117	68
Gepäckträger	34	86	Extrem: 122	Extrem: 18	51	Extrem: 115
Ständer	94	37	73	87	Extrem: 113	55

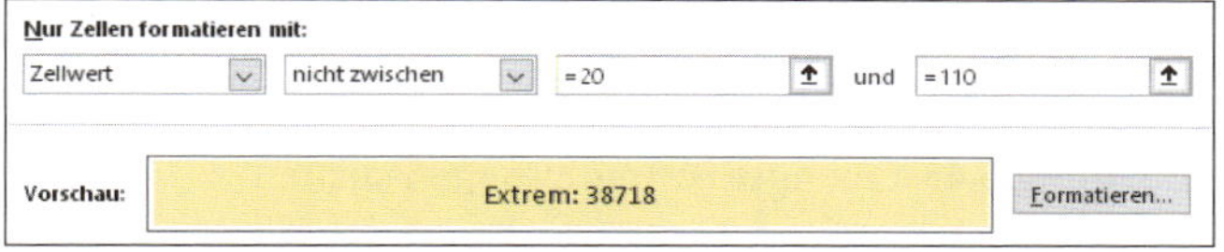

Abbildung 6.44 Beispiel für eine neue Zellwertregel

6.6 Regeln verwalten – bedingte Formate auffinden und Gültigkeitsbereiche modifizieren

Bedingte Formatierungen bestehen aus einer Kombination von logischen Vergleichen und Formatvorschriften. Diese Kombinationen sind immer an den Zellbereich gebunden, den Sie als WIRD ANGEWENDET AUF festlegen. Eine bedingte Formatierung hat keinen Namen, über den sich diese ansprechen lässt, das Auswählen erfolgt immer über den Zellbereich.

6.6.1 Bedingte Formatierungen suchen

Um eine bedingte Formatierung aufzuspüren, können Sie die Suchfunktion in Excel benutzen. Auf der Registerkarte START ist im Suchmenü ein entsprechender Punkt vorhanden. Als Ergebnis markiert Excel alle Zellbereiche im aktuellen Tabellenblatt, auf die eine bedingte Formatierung angewendet wird. Dies ist eine rein optische Anzeige, Sie sehen, wo eine bedingte Formatierung zugrunde liegt. An dieser Stelle ist jedoch weder eine Änderung der Regel noch ein Anpassen des Formats möglich.

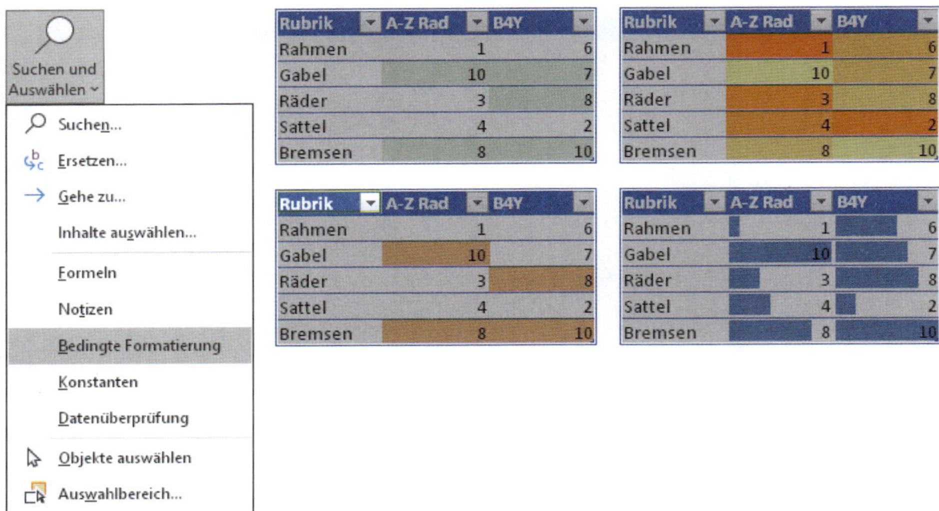

Abbildung 6.45 Bedingte Formatierungen suchen

6.6.2 Regelmanager

Um Ihre bedingten Formatierungen zu modifizieren, steht Ihnen der sogenannte *Regelmanager* zur Verfügung. Diese Funktionalität ist in Abbildung 6.46 zu sehen.

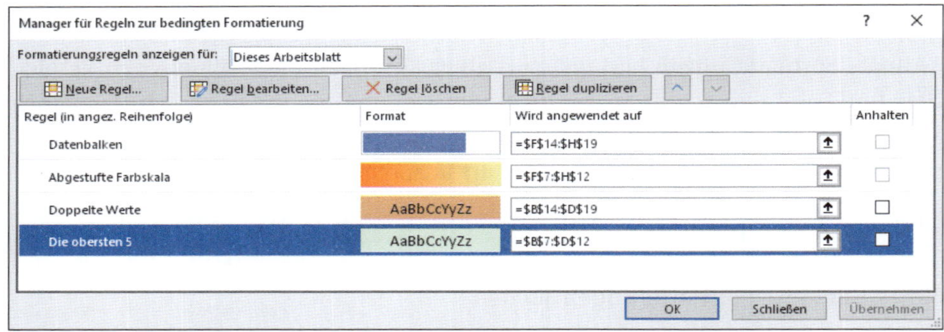

Abbildung 6.46 Manager für Regeln zur bedingten Formatierung

Gestartet wird der Regelmanager im Menü der bedingten Formatierungen unter dem Menüpunkt Regeln verwalten . Sie können im Regelmanager angeben, welche Regeln aufgelistet werden sollen. Dies können die aktuelle Markierung bzw. Auswahl sein, die aktuelle Tabelle, das ganze Tabellenblatt oder auch Tabellen oder Bereiche in anderen Blättern. Es werden dann alle Regeln mit Angabe des Typs, des Formats und des Anwendungsbereichs aufgelistet. Sie können hier neue Regeln erstellen oder auch Regeln löschen. Der Punkt Regel bearbeiten erlaubt es Ihnen, den

Regeltyp zu ändern, die logischen Bedingungen zu modifizieren sowie das Format anzupassen. Um den Bereich zu ändern, auf den die Regel angewendet wird, geben Sie einfach einen neuen Bereich in der Auflistung des Regelmanagers ein oder wählen diesen mit der Maus aus.

6.6.3 Mehrere Regeln festlegen – Überlagerung von bedingten Formatierungen

Es ist möglich, für ein und denselben Bereich mehrere Regeln für bedingte Formatierungen festzulegen. Wie im Beispiel in Abbildung 6.47 können Sie einen Symbolsatz mit Datenbalken kombinieren oder die Zellen mit den fünf kleinsten Werten rot formatieren und die Zellen mit den fünf größten Werten grün ausfüllen. Die Vorgehensweise zum Hinzufügen einer weiteren Regel entspricht der bekannten Methodik. Zuerst markieren Sie den Zellbereich, und dann erstellen Sie eine neue Regel. Jede Regel ist dann im Regelmanager aufgelistet, die zuletzt hinzugefügten stehen in der Auflistung unten.

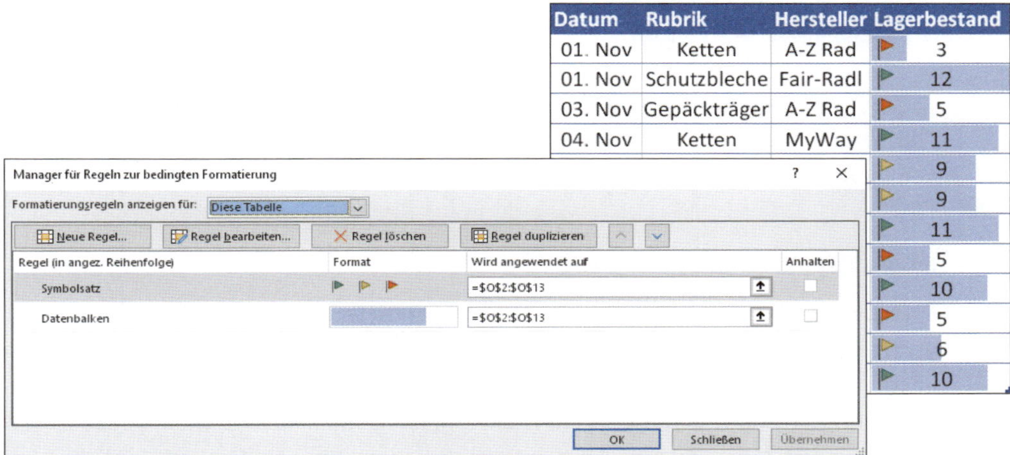

Abbildung 6.47 Überlagerung von Datenbalken und Symbolen

Eine Besonderheit von Regelkombinationen besteht darin, dass je nach logischer Abfrage für ein und dieselbe Zelle mehrere Regeln das Ergebnis *Wahr* liefern können. Da aber eine Zelle beispielsweise nur grün oder gelb ausgefüllt werden kann, muss Excel eine Priorisierung vornehmen. Hier kommt die Reihenfolge der Auflistung im Regelmanager zum Tragen. Die weiter oben stehende Regel wird in solchen Fällen angewendet, die Priorisierung ergibt sich also aus der Reihenfolge. Um diese zu ändern, können Sie im Regelmanager mit den beiden kleinen Pfeilsymbolen ^ und ˅ eine Regel nach oben oder nach unten verschieben.

Im Beispiel in Abbildung 6.48 sind zwei Regeln für den Zellbereich $D$2:$D$13 festgelegt. Eine Regel besagt, alle Zellen gelb zu färben, sollte der Zellwert größer als 8 lauten. Die andere Regel legt fest, dass alle Zellen grün zu formatieren sind, sollte der Wert kleiner als 10 sein. Für den Zellwert 9 geben beide logischen Abfragen den Wert *Wahr* zurück, die 9 ist sowohl größer als 8 als auch kleiner als 10. Da jedoch die Regel zur gelben Formatierung im Regelmanager an erster Stelle steht, erfolgt die Färbung dieser Zellen entsprechend der Priorisierung in der Farbe Gelb.

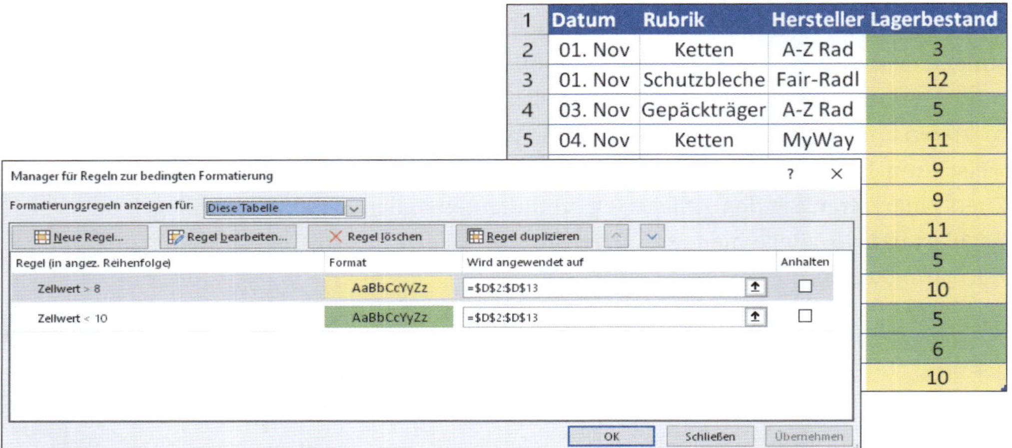

Abbildung 6.48 Überlagerung zweier Zellwertregeln

6.6.4 Regeln anhalten

Bei allen Regeln, die nur bestimmte Zellen formatieren, finden Sie im Regelmanager noch einen Schalter ANHALTEN (siehe Abbildung 6.49). Hier liegt die Vermutung nahe, dass damit die Anwendung genau dieser Regel und der entsprechenden Formatierung gestoppt werden kann. Dies ist jedoch nicht der Fall, der Effekt ist ein etwas anderer. Deutlicher wird die Auswirkung, wenn Sie sich die ursprüngliche englische Bezeichnung dafür anschauen, dort heißt dieser Schalter *Stop if True*.

Die Aktivierung des Schalters stoppt also alle folgenden Regeln, sollte der logische Vergleich der Zelle *Wahr* ergeben. Für genau diese Zelle erfolgt dann keine weitere Anwendung von Regeln, die im Regelmanager weiter unten noch folgen. In der Praxis ergeben sich in aktuellen Excel-Versionen wenig Einsatzszenarien. Diese Funktion ist aus Gründen der Kompatibilität mit älteren Versionen weiterhin vorhanden, kann aber auch mit entsprechenden Einstellungen der Formate anders realisiert werden.

Im Beispiel in Abbildung 6.49 wollen Sie nur die Zahlen mit einem grünen Kreis markieren, die größer gleich 90 sind. Dazu legen Sie zwei Regeln für denselben Zellbereich fest. Die erste Regel prüft, ob die Zellwerte kleiner als 90 sind. Das Besondere ist dabei, dass kein Format festgelegt wurde, lediglich der Schalter ANHALTEN ist aktiviert. Das heißt, für alle Zellen, deren Wert kleiner als 90 ist, wird nichts formatiert, und auch die Symbolsatzregel wird übersprungen. Für alle Zellen, deren Wert größer gleich 90 ist, kommt die zweite Regel zum Einsatz. Diese Symbolsatzregel ist so definiert, dass der grüne Kreis für Werte größer gleich 90 angezeigt werden soll. Die Bedingungen für den gelben oder den roten Kreis werden niemals wahr sein, die erste Regel hält ja bereits an, sollten diese Bedingungen erfüllt sein.

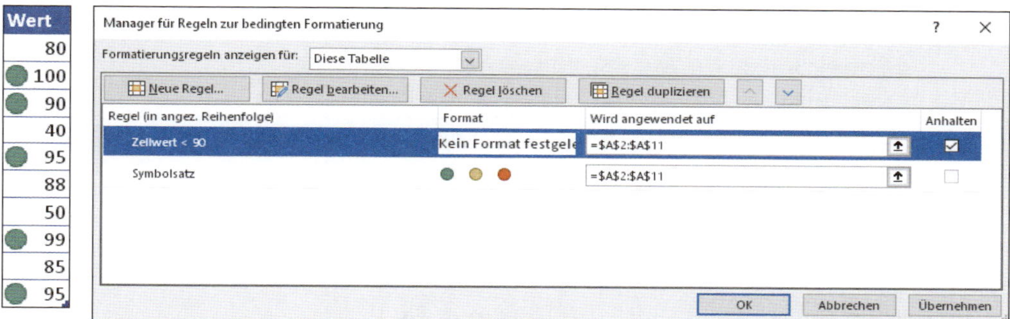

Abbildung 6.49 Auswirkungen des Schalters »Anhalten«

Alternativen zum Anhalten

Um den im Beispiel beschriebenen Effekt zu erreichen und keine gelben und roten Kreise anzuzeigen, können Sie in der Formatdefinition KEIN ZELLENSYMBOL auswählen. Sie erstellen somit einen benutzerdefinierten Symbolsatz bestehend aus einem grünen Kreis und zwei leeren Symbolen.

6.6.5 Regeln löschen

Alle über Regeln definierten Formatierungen in Ihrer Excel-Datei lassen sich selbstverständlich auch wieder löschen. Im Menü BEDINGTE FORMATIERUNGEN auf der Registerkarte START finden Sie den entsprechenden Eintrag . Ebenso finden Sie diese Löschfunktion in der Schnellanalyse sowie im Regelmanager. Sie können festlegen, ob alle Regeln im aktuellen Tabellenblatt, in der aktuellen Tabelle oder in den markierten Zellen gelöscht werden sollen. Sämtliche Daten bleiben unverändert bestehen, nur die Symbole, Datenbalken und sonstigen Zellformatierungen werden entfernt.

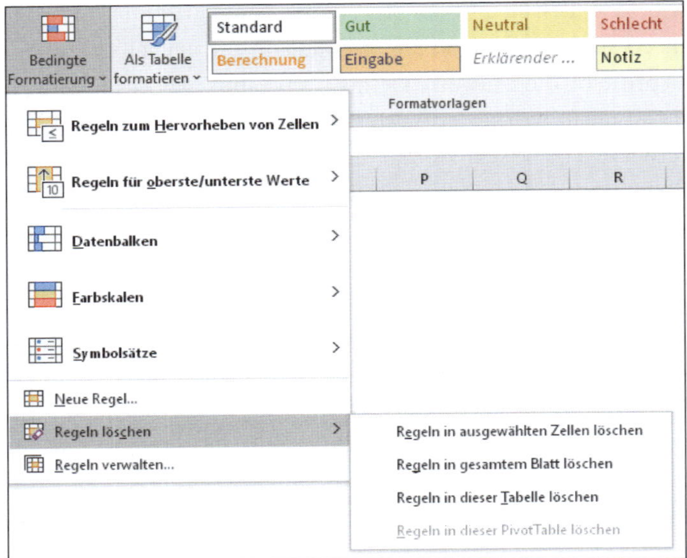

Abbildung 6.50 Regeln zur bedingten Formatierung löschen

6.7 Formeln in Regeln – eigene Berechnungen für logische Vergleiche nutzen

Die bisherigen Regeltypen basieren auf einem Vergleich aller Zellen des festgelegten Bereichs mit einem festen oder berechneten Wert. So wird z. B. bei einem Zellwertvergleich geprüft, ob der Wert der Zelle größer einer Konstanten ist, oder bei Symbolsätzen verglichen, ob der Zellwert im oberen 25-%-Quantil liegt. Wenn Sie jedoch nicht einfach den jeweiligen Zellwert als Vergleichswert hernehmen möchten, sondern diesen vorher berechnen wollen, steht Ihnen mit dem Regeltyp *Formel* ein vielseitiges Werkzeug zur Verfügung. Das Prinzip dieses Typs besteht aus einer zeilenweisen Betrachtung des von Ihnen festgelegten Bereichs und bietet sich deswegen für Daten in Listenform an. Excel wendet die Formel immer für jede einzelne Zeile an. Das Ergebnis dieser Formel wird pro Zeile mit einem konstanten oder variablen Wert verglichen. Ist das Ergebnis positiv, ist die Bedingung also erfüllt und liefert *Wahr* zurück, wird die komplette Zeile des Zellbereichs formatiert. Typischerweise werden für jede Zeile Werte in die Formel eingesetzt, die sich in den Spalten Ihres festgelegten Bereichs befinden. Es ist aber auch möglich, Werte aus anderen Spalten als Formelparameter zu benutzen. Die Syntax für die Formel in der Regeldefinition entspricht der normalen Formelsyntax in einem Tabellenblatt. Sie beginnt mit einem Gleichheitszeichen, gefolgt von einer Berechnungsvorschrift. Dann werden ein logischer Vergleichsoperator sowie eine Konstante oder ein weiterer berechneter Wert benötigt. Beispiele für den Regeltyp FORMEL finden Sie in Tabelle 6.1.

Formel	Erläuterung
=$A1=$B1	Die Formel prüft für jede Zeile, ob der Wert in Spalte A dem Wert in Spalte B entspricht.
=$A1*$B2>100	Das Ergebnis lautet *Wahr*, wenn das Produkt aus Spalte A und Spalte B einer jeden Zeile größer als die Zahl 100 ist.
=Summe($A1:$D1)<=$F$7	Die Summen der Spalten A bis D werden dahingehend geprüft, ob sie kleiner gleich dem Wert in der Zelle $F$7 sind.
=Wurzel($A1^2+$B1^2)=$C1	Wenn die Wurzel der Quadratsumme aus A und B dem Wert in C entspricht, liefert die Formel den Wert *Wahr*.
=Mittelwert($A1:$E1) < >Mittelwert ($F1:$J1)	Mit dieser Formel erfolgt die Prüfung, ob die Mittelwerte der Spalten A:D und F:J für jede einzelne Zeile ungleich sind.
=Oder($A1>=110;$A1<=20)	Wenn der Wert in Spalte A größer gleich 110 ist oder kleiner gleich 20, ergibt die Formelauswertung *Wahr*.

Tabelle 6.1 Beispiele für den Regeltyp »Formel«

Die Kombination aus absoluter und relativer Adressierung ist an dieser Stelle wichtig. Die Spalten werden absolut angesprochen, die Zeilen hingegen relativ. Im Hintergrund kopiert Excel nämlich die Formel »unsichtbar« in jede Zeile Ihres Zellbereichs und passt dabei die Zeilennummer an. Genau die gleiche Methode kommt auch zum Einsatz, wenn Sie eine Formel im Tabellenblatt nach unten ziehen, auch dann erhöht Excel den Zeilenzähler immer um 1 pro Zeile. Die Spalte hingegen ändert sich nicht, für jede Zeile wird zur Formelberechnung der Wert derselben Spalte benutzt.

6.7.1 Zeilen in Abhängigkeit von zwei Werten formatieren

Im Beispiel in Abbildung 6.51 haben Sie eine Liste mit vier Spalten vorliegen. Neben dem Datum beinhaltet die Liste noch eine Produktrubrik, einen Hersteller und den Lagerbestand. Sie möchten jetzt zum einen eine Auswahl der Rubrik und des Herstellers über eine Dropdown-Liste treffen und zum anderen dann die Zeilen Ihrer Datenliste gelb ausfüllen, in denen genau diese beiden Werte vorkommen. Eine Dropdown-Liste für die Rubrik bzw. den Hersteller ist schnell erstellt. Für die Zelle G1 definieren Sie auf der Registerkarte Daten eine Datenüberprüfung. Als Typ wählen Sie Liste und als Quelle geben Sie die unterschiedlichen Hersteller durch Semikolon getrennt ein. Auf die gleiche Methode können Sie die Auswahl der Rubrik in Zelle I1 als Dropdown-Liste realisieren.

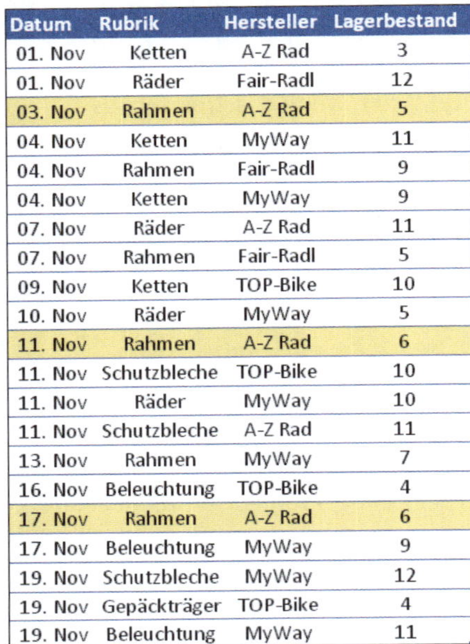

Datum	Rubrik	Hersteller	Lagerbestand
01. Nov	Ketten	A-Z Rad	3
01. Nov	Räder	Fair-Radl	12
03. Nov	Rahmen	A-Z Rad	5
04. Nov	Ketten	MyWay	11
04. Nov	Rahmen	Fair-Radl	9
04. Nov	Ketten	MyWay	9
07. Nov	Räder	A-Z Rad	11
07. Nov	Rahmen	Fair-Radl	5
09. Nov	Ketten	TOP-Bike	10
10. Nov	Räder	MyWay	5
11. Nov	Rahmen	A-Z Rad	6
11. Nov	Schutzbleche	TOP-Bike	10
11. Nov	Räder	MyWay	10
11. Nov	Schutzbleche	A-Z Rad	11
13. Nov	Rahmen	MyWay	7
16. Nov	Beleuchtung	TOP-Bike	4
17. Nov	Rahmen	A-Z Rad	6
17. Nov	Beleuchtung	MyWay	9
19. Nov	Schutzbleche	MyWay	12
19. Nov	Gepäckträger	TOP-Bike	4
19. Nov	Beleuchtung	MyWay	11

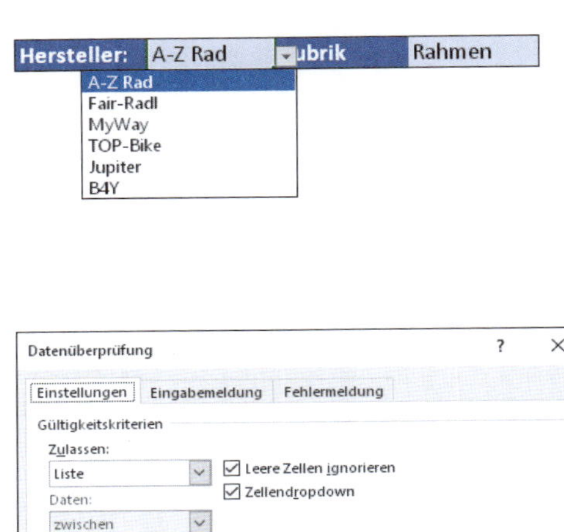

Abbildung 6.51 Auswahl und entsprechende Zeilenformatierung in einer Liste

Der nächste Schritt ist die Erstellung einer neuen Regel für die bedingte Formatierung, zu sehen in Abbildung 6.52. Dazu markieren Sie den Bereich A2:D22 und legen dafür eine neue Regel vom Typ FORMEL ZUR ERMITTLUNG DER ZU FORMATIERENDEN ZELLEN fest. Die Formel basiert auf einer Und-Funktion. Diese Funktion liefert das Ergebnis *Wahr*, wenn alle durch ein Semikolon getrennten Teile *Wahr* lauten. Der erste Teil $C2=$G$1 prüft für jede Zeile im Bereich A2:D22, ob der Wert in der dritten Spalte (Hersteller) gleich dem ausgewählten Hersteller in Zelle $G$1 ist. Der zweite Parameter der Funktion *Und* vergleicht entsprechend die Rubrik in Spalte B mit der Auswahl der Rubrik in Zelle $I$1. In der Datenliste werden sofort die drei Zeilen gelb hervorgehoben, die als Rubrik »Rahmen« und als Hersteller »A-Z Rad« beinhalten.

Formeleingabe

Die Eingabe von Formeln ist an dieser Stelle leider nicht sehr komfortabel. Sie müssen den Formeltext sehr genau eingeben, eine Syntaxprüfung ist genauso wenig vorhanden wie der Formelassistent. Auch das Editieren kann ungewünschte Effekte haben. Sobald Sie mit den Pfeiltasten in der Formel arbeiten, werden unter Umständen Zelladressen aus dem Arbeitsblatt eingefügt. Es empfiehlt sich, den Cursor mit der Maus innerhalb der Formel zu platzieren.

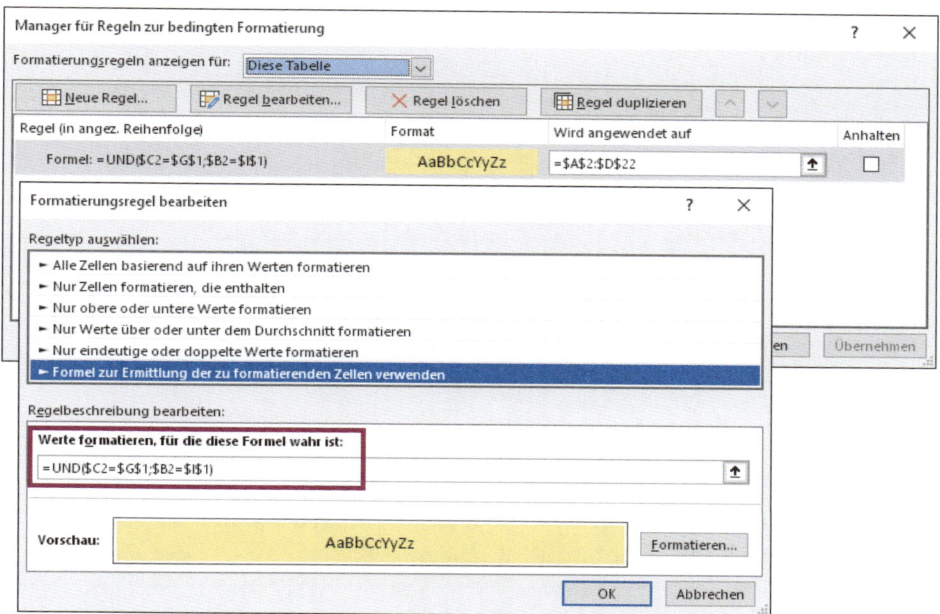

Abbildung 6.52 Formel zur Bestimmung des Wahrheitswertes (Und)

6.7.2 Zeilen bestimmter Wochentage hervorheben

Das nächste Beispiel in Abbildung 6.53 basiert ebenfalls auf einer in Zelle $G$1 getroffenen Auswahl. Hier sind die Wochentage Montag bis Samstag in einer Liste mit einer *Datenüberprüfung* hinterlegt. Die Idee ist jetzt, in der Datentabelle die Zeilen blau hervorzuheben, bei denen das Datum dem ausgewählten Wochentag entspricht. Sie sehen, dass der Wochentag nicht explizit in den Daten vorhanden ist. Der Wochentag lässt sich jedoch mit einer entsprechenden Funktion aus dem Datum ermitteln. Und genau diese Funktion kommt in der Formel der bedingten Formatierung zum Einsatz.

Die Funktion *Wochentag* wandelt den Wochentag eines gegebenen Datums in eine Zahl um. In der Standardform liefert diese Funktion für ein Datum, das auf einen Sonntag fällt, die Zahl 1 zurück. Entsprechend lautet das Ergebnis für einen Montag 2, einen Dienstag 3 etc. Um jetzt aus dieser Zahl den Namen des Wochentages zu ermitteln, benötigen Sie noch die Funktion *Text*. Mit Angabe des Formats *TTTT* wandelt diese Funktion Zahlen von 1 bis 7 in die ausgeschriebenen Namen der Wochentage um. So ist ein Vergleich mit der Auswahl in der Zelle $G$1 möglich. Beide Funktionen geschachtelt und als Formel in die Regel der bedingten Formatierung eingegeben (siehe Abbildung 6.54), hebt genau die Zeilen hervor, für die der logische Vergleich *Wahr* ergibt. Die Daten 3.11., 10.11. und 17.11.2020 fallen auf einen Dienstag und entsprechen somit der Auswahl in der Dropdown Liste.

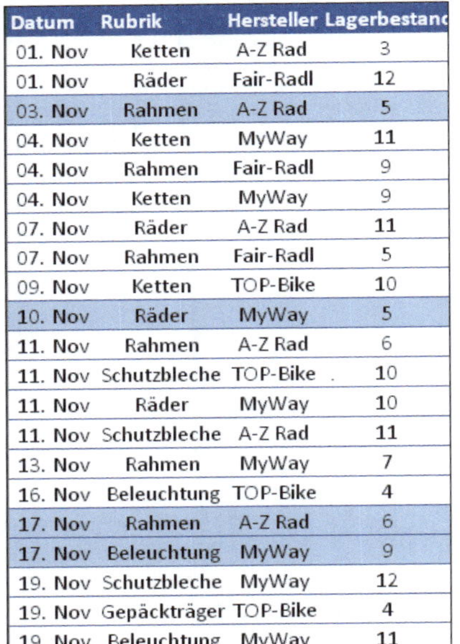

Datum	Rubrik	Hersteller	Lagerbestand
01. Nov	Ketten	A-Z Rad	3
01. Nov	Räder	Fair-Radl	12
03. Nov	Rahmen	A-Z Rad	5
04. Nov	Ketten	MyWay	11
04. Nov	Rahmen	Fair-Radl	9
04. Nov	Ketten	MyWay	9
07. Nov	Räder	A-Z Rad	11
07. Nov	Rahmen	Fair-Radl	5
09. Nov	Ketten	TOP-Bike	10
10. Nov	Räder	MyWay	5
11. Nov	Rahmen	A-Z Rad	6
11. Nov	Schutzbleche	TOP-Bike	10
11. Nov	Räder	MyWay	10
11. Nov	Schutzbleche	A-Z Rad	11
13. Nov	Rahmen	MyWay	7
16. Nov	Beleuchtung	TOP-Bike	4
17. Nov	Rahmen	A-Z Rad	6
17. Nov	Beleuchtung	MyWay	9
19. Nov	Schutzbleche	MyWay	12
19. Nov	Gepäckträger	TOP-Bike	4
19. Nov	Beleuchtung	MyWay	11

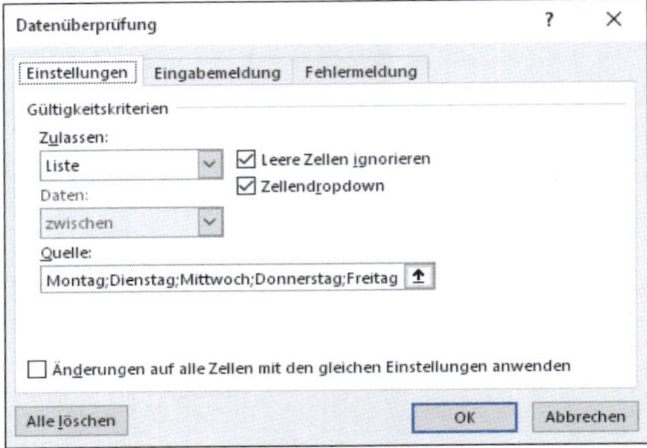

Abbildung 6.53 Auswahl eines Wochentages und Zeilenformatierung basierend auf dem Datum

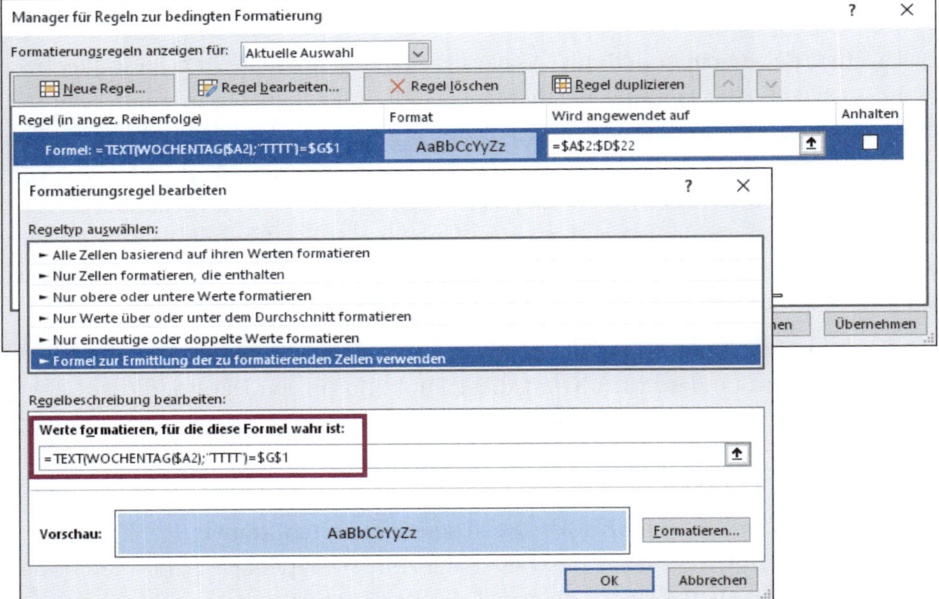

Abbildung 6.54 Formel zur Bestimmung des Wahrheitswertes mit Text und Wochentag

6.7.3 Positive und negative Steigungen von Trendlinien anzeigen

Sie haben für einige Artikel die Verkaufszahlen pro Quartal vorliegen. Ziel ist es jetzt, alle Zeilen grün zu färben, für die sich aus den jeweiligen vier Quartalszahlen eine positive bzw. neutrale Tendenz ergibt. Entsprechend sollen alle Zeilen rot formatiert werden, bei denen die Tendenz negativ ist. Eine solche Tabelle sehen Sie in Abbildung 6.55. Die Frage nach der positiven oder negativen Richtung lässt sich mit der *Steigung* der *Trendlinie* beantworten. Wenn Sie z. B. aus den vier Werten der Datenreihe »Räder« ein Liniendiagramm erstellen und dort eine lineare Trendlinie einzeichnen, erkennen Sie, dass die gepunktete Linie von links nach rechts ansteigt. Die Steigung ist also positiv. Wenn Sie jetzt noch die Formel für die lineare Trendlinie im Diagramm anzeigen, wird im ersten Term auch der numerische Wert der Steigung 3,1 ausgewiesen. Für die Datenreihe »Ketten« fällt die Trendlinie von links nach rechts, die Steigung ist negativ und hat den Wert –3,8.

Mit der Funktion *Steigung* lässt sich diese Steigung einer *linearen Trendlinie* oder auch Regressionsgraden unabhängig von einem Diagramm berechnen. Die Funktion benötigt zwei Parameter in Form eines Zellbereichs. Der erste Bereich beinhaltet die y-Werte, der zweite Bereich die x-Werte. Für die Zeile »Räder« lautet der Bereich der y-Werte B7:E7, die x-Werte stehen im Bereich B1:E1. Mathematisch verbirgt sich hinter dieser Excel-Funktion der Quotient aus Summen von Produkten der Mittelwertsabweichungen.

$$\text{Steigung} = \frac{\sum(x - \bar{x}) \cdot (y - \bar{y})}{\sum(x - \bar{x})^2}$$

Artikel\Quartal	1	2	3	4
Beleuchtung	108	119	89	101
Bremsen	65	67	70	68
Gangschaltung	49	38	31	22
Gepäckträger	15	23	31	27
Ketten	36	49	11	28
Räder	84	69	97	85
Rahmen	38	45	43	47
Sattel	40	50	44	39
Schläuche	122	132	102	129
Schutzbleche	43	41	52	56

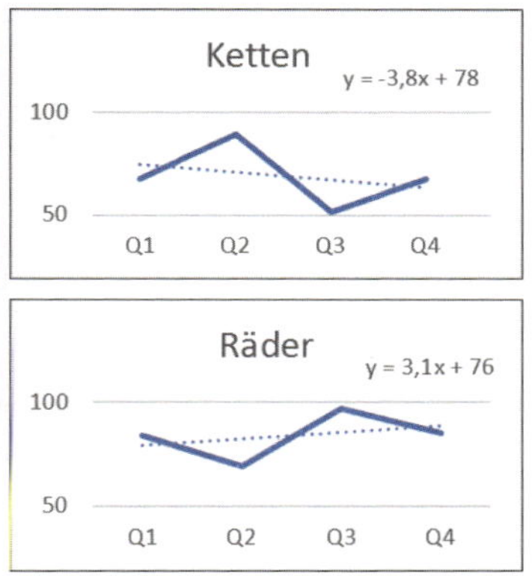

Abbildung 6.55 Anzeige des positiven und negativen Trends von Verkaufszahlen

Die Funktion *Steigung* wird jetzt in der Regel zur formatierten Bedingung eingegeben. Es kommt noch eine Besonderheit der Tabellenüberschriften hinzu. Haben Sie wie im Beispiel eine Liste als Tabelle formatiert, handelt es sich bei den Überschriften immer um Texte. Auch wenn dort Zahlen stehen, lässt sich nicht immer mit diesen rechnen. Der Einsatz einer weiteren Funktion löst dieses Problem. Mit der Funktion

Zahlenwert wird dieser Text in eine Zahl umgewandelt und kann in der Funktion *Steigung* als Bereich der x-Werte benutzt werden. Sie fragen in der Formel in Abbildung 6.56 also ab, ob die Steigung der vier Quartalswerte einer jeden Zeile größer oder gleich null ist. Ist dies der Fall, so lautet das Ergebnis der Formel *Wahr*, die Zeile wird grün formatiert. Die zweite Regel für dieselbe Tabelle prüft, ob die Steigung kleiner als null ist. Ist das Ergebnis *Wahr*, ist die Steigung negativ, die Zeile wird mit der Farbe Rot ausgefüllt. Die Adressierung der Zeilen ist entsprechend der Notation für Formeln in bedingten Formatierungen relativ, die der Spalten hingegen absolut. Die x-Werte zur Berechnung der Steigungen stehen für alle Zeilen im Bereich $B$1:$E$1, diese sind also absolut adressiert.

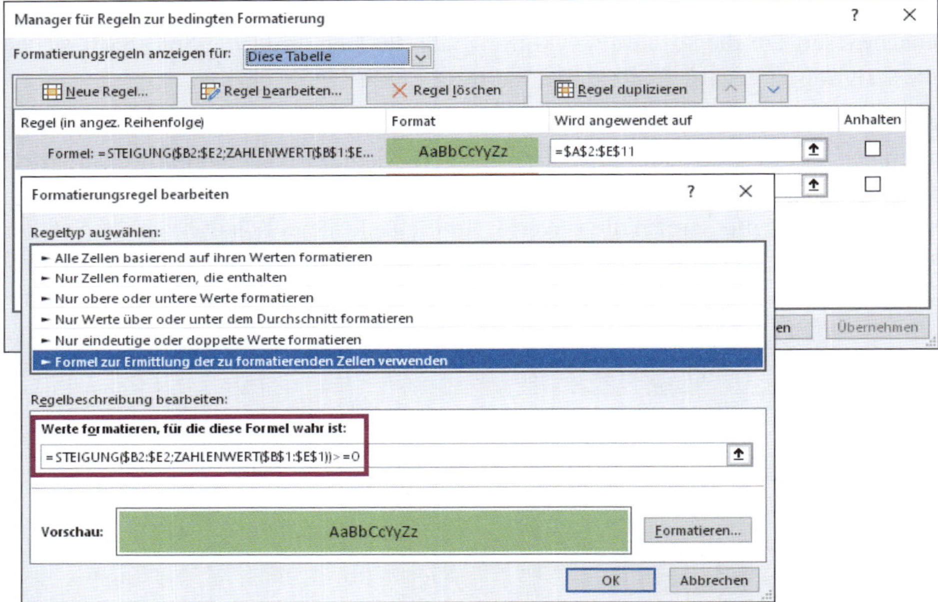

Abbildung 6.56 Formel zur Bestimmung des Wahrheitswertes mit Steigung und Zahlenwert

Vereinfachung durch Hilfsspalten

Gerade bei längeren Formeln gestaltet sich die Eingabe mitunter schwierig und fehleranfällig. Um zeitaufwendige Eingaben und Tests zu vermeiden, können Sie die Berechnung auch in einer Hilfsspalte in Ihren Daten durchführen. Die Formel für die Regel selbst besteht dann nur noch aus einem Vergleich auf größer oder kleiner mit dem Ergebnis der Berechnung im Tabellenblatt. Im Beispiel könnte so die Formel zur Berechnung der Steigung in Spalte F stehen, die Formel in der Regel selbst lautet dann =$F2>=0. Wenn Sie dann noch die Spalte F ausblenden, haben Sie dasselbe Ergebnis vorliegen, grün und rot gefärbte Zeilen für den Trend der Verkaufszahlen.

Kapitel 7
Spezielle Diagramme

Neben den Standarddiagrammen bietet Excel noch eine Reihe sehr spezieller Diagrammtypen an. Während die Standarddiagramme in ihrer Anwendung sehr universell einsetzbar sind, lassen sich mit den speziellen Typen nur ganz bestimmte Sichten auf Daten erstellen.

Spezielle Diagramme erlauben einen sehr spezifischen Blick auf Daten, der mit einem Kreis- oder Säulendiagramm nicht realisierbar wäre. Für diese Diagramme müssen deshalb die Daten in einer entsprechend spezifischen Form vorliegen. Für eine Kartendarstellung benötigen Sie geografische Daten, für ein Pareto-Diagramm müssen Daten einer Verteilung vorhanden sein usw.

7.1 Wasserfalldiagramme – positive und negative Veränderungen als Säulen darstellen

Ein Wasserfalldiagramm bietet eine gute Möglichkeit, Veränderungen darzustellen. Wenn Sie z. B. die monatlichen positiven und negativen Salden eines Jahres darstellen möchten, ist das Wasserfalldiagramm eine gute Wahl. In vielen Fällen wird mit einem Wasserfalldiagramm eine Veränderung über die Zeit visualisiert, es sind aber auch nominale Rubriken möglich, also Rubriken auf der horizontalen Achse ohne natürliche Reihenfolge. Ein Wasserfalldiagramm ist in der Regel sehr leicht zu lesen, die Betrachter erkennen, ohne viel interpretieren zu müssen, sehr schnell die Kernaussage.

7.1.1 Prinzip eines Wasserfalldiagramms

In einem Wasserfalldiagramm lassen sich positive und negative Veränderungen zur jeweils vorherigen Rubrik als Säule darstellen. In vielen Fällen haben Sie einen Startwert als erste Rubrik vorliegen, im abstrakten Beispiel in Abbildung 7.1 ist dies der erste Tag mit dem Wert 3. Am zweiten Tag kommt der Wert 3 hinzu, es handelt sich also um eine positive Veränderung. Im Diagramm ist dafür eine Säule der Höhe 3 zu sehen, die Grundlinie dieser Säule ist der obere Rand der vorherigen Säule. Als Nächstes liegt eine negative Veränderung vor, der Wert des dritten Tages lautet –1. Die

Grundlinie dieser Säule ergibt sich aus der absoluten Höhe der vorherigen Säule, also dem Wert 6, abzüglich des Betrags der negativen Veränderung. Sie beginnt also bei 5 und hat die Höhe 1. Es folgt wieder eine positive Veränderung, der Wert des vierten Tages beträgt 2. Da die vorherige Säule eine negative Veränderung darstellte, hat die Säule für den vierten Tag dieselbe Grundlinie wie die vorherige Säule, die Höhe beträgt 2. Am fünften Tag wird die Summe aus dem Startwert sowie den drei Veränderungen gebildet, das Ergebnis lautet 7. Diese Summensäule steht wie der Startwert auch auf der horizontalen Achse.

Alle diese Berechnungen übernimmt Excel in einem Wasserfalldiagramm automatisch. Sie müssen nur dafür Sorge tragen, dass die Daten als positive oder negative Veränderung vorliegen. Für den Fall, dass Sie eine der Säulen als Summe festlegen möchten, müssen Sie jedoch diesen Wert in den Daten selbst berechnen. Im Beispiel in Abbildung 7.1 können Sie einfach die Summenfunktion =Summe(B2:B5) zur Berechnung des Wertes am fünften Tag nutzen. Die Definition als Summensäule erfolgt über die Datenpunktformatierung.

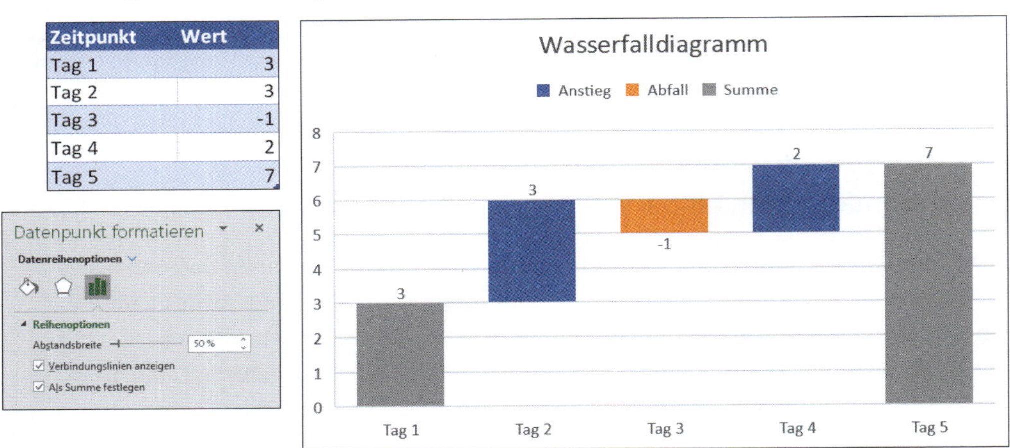

Zeitpunkt	Wert
Tag 1	3
Tag 2	3
Tag 3	-1
Tag 4	2
Tag 5	7

Abbildung 7.1 Wasserfalldiagramm

7.1.2 Monatliche Salden als Wasserfalldiagramm

Ein sehr verbreiteter Einsatz von Wasserfalldiagrammen stellt die Ansicht von Salden über die Zeit dar. Hier haben Sie oftmals den Fall, dass in einem Zeitraum die Einnahmen überwiegen, in einem anderen Zeitraum hingegen die Ausgaben. Diese monatlichen Veränderungen bezogen auf einen Startwert lassen sich dann sehr gut über das ganze Jahr in einem Wasserfalldiagramm darstellen. Im Beispiel in Abbildung 7.2 beginnen Sie mit einem Guthaben von 113.000 € am Jahresende des Vorjahres. In der Datentabelle stehen die jeweiligen Soll- und Habenwerte nach den Monatsabschlüssen. Zum Jahresbeginn mussten Sie in Ihr Geschäft investieren, die Veränderung ist negativ. Im Sommer hingegen liefen die Fahrradverkäufe sehr gut, am Monatsende hatten Sie mehr auf dem Konto als im vorherigen Monat. Der Endwert ergibt sich aus der Summe des Startwertes und den zwölf Monatswerten. Haben Sie solch eine Tabelle vorliegen, braucht es nur wenige Mausklicks, und Sie haben eine leicht verständliche Darstellung Ihrer Saldenentwicklung erstellt.

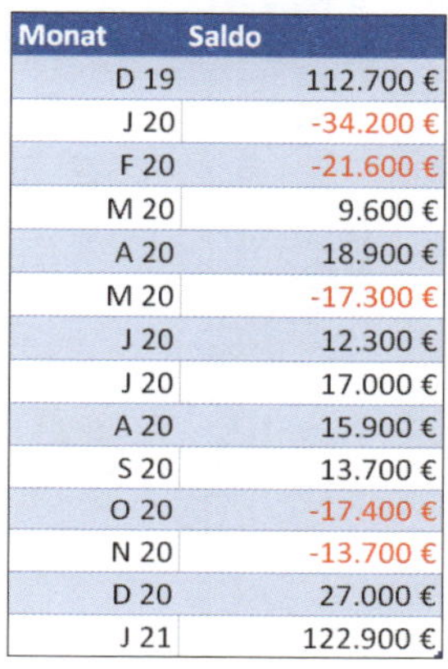

Monat	Saldo
D 19	112.700 €
J 20	-34.200 €
F 20	-21.600 €
M 20	9.600 €
A 20	18.900 €
M 20	-17.300 €
J 20	12.300 €
J 20	17.000 €
A 20	15.900 €
S 20	13.700 €
O 20	-17.400 €
N 20	-13.700 €
D 20	27.000 €
J 21	122.900 €

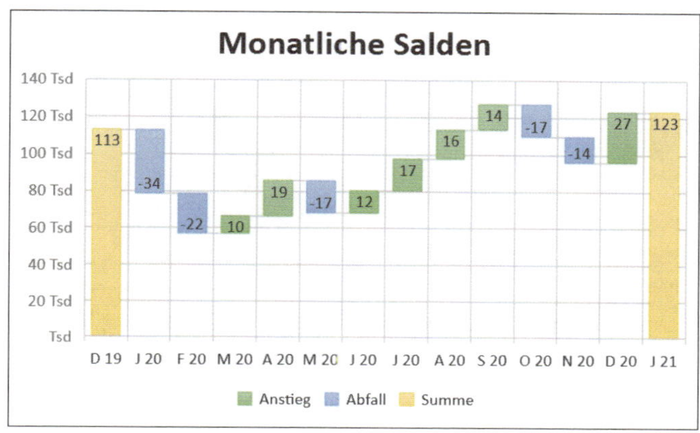

Endbetrag	Formel
122.900 €	=SUMME(B2:B14)

Abbildung 7.2 Monatliche Salden einer Geschäftsstelle

- Typ: Wasserfalldiagramm
- Formatvorlage: 4
- Abstandsbreite der Säulen: 50 %
- Diagramm Farbpalette: Nr. 5, bunt
- Zahlenformat der Beschriftung: #.
- Zahlenformat der Werteachse: #. "Tsd."
- Vertikale Gitternetzlinien anzeigen: ja
- Verbindungslinien anzeigen: ja
- Hauptstriche auf der horizontalen Achse: außen

7.1.3 Jährliche Einnahmen und Ausgaben nach Kategorie

Wasserfalldiagramme bieten sich bei Veränderungen über die Zeit an, bei der Rubrikenachse handelt es sich dann also um eine Zeitachse. Es sind aber auch Szenarien darstellbar, bei denen die Rubriken als Text vorliegen, die Rubrikenachse also eine nominale Achse ist. Im Beispiel in Abbildung 7.3 sehen Sie im linken Teil alle Einnahmen des Jahres 2020 aus verschiedenen Kategorien als positive Veränderungssäulen. Dann folgt die Summe dieser Einnahmen, die in der Tabelle entsprechend berechnet wurde. Im rechten Teil sind die Ausgaben des Jahres 2020 dargestellt, jede Ausgabenkategorie ist eine negative Veränderungssäule. Bei der letzten Säule handelt es sich wieder um eine Summe, alle Einnahmen minus alle Ausgaben. Diese letzte Summensäule stellt also Ihren Gewinn im Jahr 2020 dar.

Einnahmen/Ausgabe	Betrag
Fahrräder	550.800 €
Zubehör	154.500 €
Reparaturen	112.900 €
Inspektionen	64.200 €
Einnahmen	882.400 €
Einkäufe	-289.799 €
Gehalt	-280.000 €
Miete	-124.000 €
Sonstiges	-90.600 €
Gewinn	98.001 €

Einnahmen	Formel
882.400 €	=SUMME(B2:B5)

Gewinn	Formel
98.001 €	=SUMME(B6:B10)

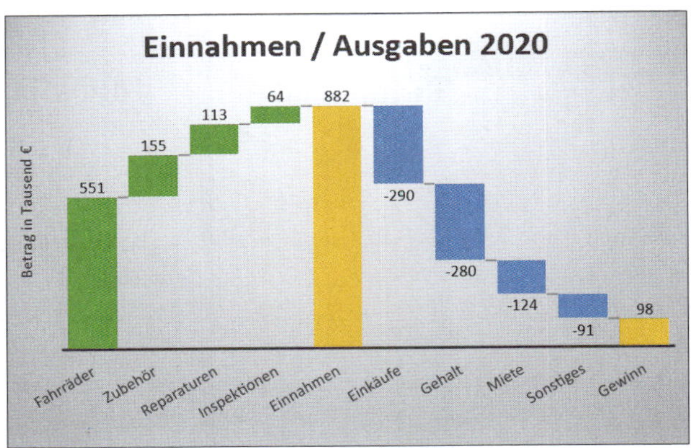

Abbildung 7.3 Einnahmen und Ausgaben im Jahr 2020

- Typ: Wasserfalldiagramm
- Formatvorlage: 3
- Abstandsbreite der Säulen: 23 %
- Diagramm Farbpalette: Nr. 5, bunt
- Zahlenformat der Beschriftung: #.
- Verbindungslinien anzeigen: ja
- Vertikales Gitter anzeigen: nein
- Legende: nein
- Vertikaler Achsentitel: ja

7.2 Statistische Diagramme

In sehr vielen Fällen handelt es sich bei Daten für ein Diagramm um die Ergebnisse aus Messungen. Diese Messungen können auf unterschiedliche Arten erfolgen, eine einfache *Strichliste* beim Zählen kann genauso Grundlage für die Visualisierung sein wie eine hochkomplexe maschinelle Messvorrichtung mit Tausenden von Messgrößen. In einem Diagramm geht es darum, diese Ergebnisse anschaulich zu machen, den Betrachtern ein Bild der Messresultate zu vermitteln. In der Statistik sind viele Verfahren und Methoden vorhanden, die eine Aussage über die Verteilung von Messergebnissen erlauben. Und auch in Excel gibt es Diagrammtypen, mit denen sich solche Verteilungen darstellen lassen. Zum einen erlauben die *Kastengrafiken*, auch

Boxplots genannt, wichtige Lageparameter einer Verteilung zu visualisieren. Zum anderen kann mithilfe von *Histogrammen* eine Einteilung von Messergebnissen in Klassen erfolgen und die Häufigkeit bestimmt werden.

7.2.1 Kastengrafik – eine statistische Verteilung als Kasten visualisieren

Ein sehr verbreitetes Maß für eine aggregierte Aussage einer Messung ist der *Mittelwert* oder genauer der *arithmetische Mittelwert*. Dabei werden alle Einzelwerte der Messung summiert und anschließend durch die Anzahl der Werte dividiert. Das daraus resultierende Ergebnis gibt jedoch nur bedingt Aufschluss über die Messreihe. Zu *Spannweiten* und *Extremwerten* macht der Mittelwert keine Aussage, die *Verteilung* der Messwerte ist nicht erkennbar. Aber mit nur vier weiteren Parametern sind Sie in der Lage, die Verteilung gut zu erfassen. Um diese Lageparameter einer Verteilung zu ermitteln, sortieren Sie Ihre Messergebnisse einfach der Größe nach aufsteigend. Anschließend schauen Sie in dieser Liste nach fünf Positionen und deren dazugehörigen Werten. Welche fünf Lageparameter Sie dafür nutzen können, lesen Sie in Tabelle 7.1.

Lageparamter	Beschreibung
Minimum	Der kleinste Messwert befindet sich an Position 1 der sortierten Liste.
25-%-Quartil	Bezeichnet den Wert, dessen Position in der Mitte zwischen dem Minimum und dem Median liegt. Ist die Anzahl von Werten zwischen Minimum und Median gerade, so ergibt sich das 25-%-Quartil aus dem Mittelwert der beiden in der Mitte liegenden Werte. Die Quartilsberechnung kennt zwei Varianten, mit oder ohne Einbeziehung des Medians.
Median	Bezeichnet den Wert, der genau in der Mitte der Liste liegt. Bei einer geraden Anzahl von Messwerten gibt es keine Mitte, dann wird der Median als Mittelwert der beiden mittleren Werte berechnet.
75-%-Quartil	Das ist der Wert, dessen Position in der Mitte zwischen dem Median und dem Maximum liegt. Ist die Anzahl von Werten zwischen Median und Maximum gerade, so ergibt sich das 75-%-Quartil aus dem Mittelwert der beiden in der Mitte liegenden Werte. Die Quartilsberechnung kennt zwei Varianten, mit oder ohne Einbeziehung des Medians.
Maximum	Der größte Messwert befindet sich an der letzten Position der sortierten Liste.

Tabelle 7.1 Definition der Lageparameter

Mittelwert vs. Median

In der Statistik gibt es mehrere Methoden, den mittleren Wert einer Messreihe zu ermitteln, unter anderem den Median und den Mittelwert. Die Entscheidung, welche Methode die bessere Wahl ist, hängt von Ihren Daten ab. Zum einen müssen Sie berücksichtigen, ob es sich um diskrete (abzählbare) oder stetige (unendliche) Daten handelt. Bei diskreten Daten, die auf einer eher willkürlichen Einteilung beruhen, passt der Mittelwert oder auch Durchschnitt oftmals nicht. Hier ist der Median vorzuziehen. Ein populäres Beispiel dafür sind die Schulnoten von 1–6, diese sollten mit dem Median berechnet werden. Zum anderen sollten Sie schauen, ob es extreme Ausreißer in Ihren Daten gibt. Gegen solche Ausreißer ist der Median robuster als der Mittelwert, extreme Werte beeinflussen den Mittelwert ungleich stärker als den Median.

Im Beispiel in Abbildung 7.4 besteht eine Messreihe aus elf Messungen. Die Werte sind der Größe nach sortiert und ihre Position dann von 1 bis 11 durchnummeriert. Die Lageparameter sind unmittelbar zu erkennen. Der mittlere Wert steht an Position 6, es gibt fünf Messwerte davor und fünf Messwerte danach, der Median lautet also 17. Genauso leicht ist das 25-%- und das 75-%-Quartil abzulesen. Das 25-%-Quartil liegt in der Mitte der ersten fünf Messungen, also an Position 3. Der Wert lautet somit 11. Entsprechend ergibt sich die Position 9 als Mitte der oberen fünf Messungen, der Wert für das 75-%-Quartil lautet 34. Bei dieser Erläuterung wurde der Median selbst nicht in die Berechnung der Quartile inkludiert.

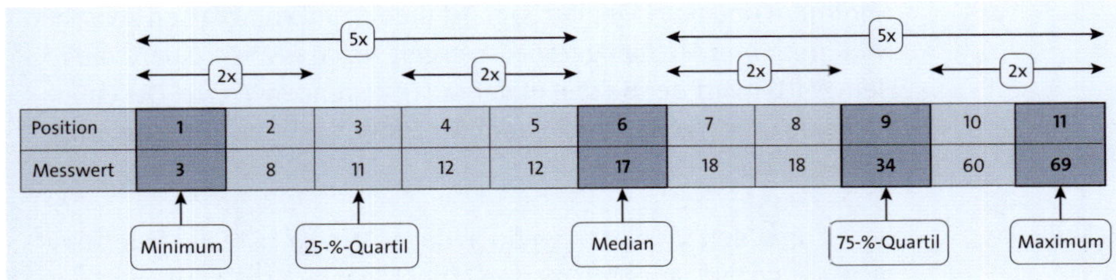

Abbildung 7.4 Die Lageparameter einer Kastengrafik

Berechnungen der Lageparameter

Excel bietet selbstverständlich Funktionen an, um diese Parameter zu berechnen. Dazu müssen die Messwerte weder sortiert noch durchnummeriert sein. Mit den Funktionen *Min*, *Max* und *Median* lassen sich der kleinste, der größte und der mittlere Wert der Messreihe ermitteln. Alle drei Funktionen benötigen als Parameter nur den Bereich, in dem die Messwerte stehen. Im Beispiel in Abbildung 7.5 bzw. Abbildung 7.6 lautet dieser B2:B12. Für die Quartilsberechnungen kommt entweder die Funktion *Quartil.Exkl* oder *Quartil.Inkl* zum Einsatz. Der Unterschied besteht darin, ob die Position des Medians in die Berechnung der *Quartile* einbezogen wird (INKL) oder nicht (EXKL). Im Beispiel bedeutet das, entweder die Mitte der Positionen 1 bis 5 für das 25-%-Quartil zu ermitteln, dann ist der Median exkludiert, oder aber die Mitte zwischen Position 1 bis 6 zu bestimmen, dann ist der Median inkludiert. Auch wenn Excel sowohl für die Berechnung der Quartile als auch bei den Kastengrafiken beide Varianten ermöglicht, ist in der Praxis die Berechnung ohne die Position des Medians wesentlich verbreiteter. Beide Quartilsberechnungen benötigen als Funktionsparameter den Bereich mit den Daten sowie eine »1« für das 25-%-Quartil oder eine »3« für das 75-%-Quartil.

Des Weiteren lassen sich aus den fünf Lageparametern noch einige Abstände berechnen. Die Differenz zwischen dem 25-%-Quartil und dem 75-%-Quartil lautet 23, es ist der sogenannte Quartilsabstand. Für die Bestimmung von Ausreißern ist noch das 1,5-Fache des Quartilsabstandes wichtig, damit wird die obere und die untere Grenze für reguläre Werte in einer Kastengrafik berechnet. Alles oberhalb oder unterhalb der Grenzen sind Ausreißer.

	A	B	C	D	E	F	G
1	Messung	Wert		**Lageparameter**	**Wert**		**Formel**
2	1	3		Minimum	3		=MIN(B2:B12)
3	2	8		25-%-Quartil	11		=QUARTILE.EXKL(B2:B12;1)
4	3	11		Median	17		=MEDIAN(B2:B12)
5	4	12		75-%-Quartil	34		=QUARTILE.EXKL(B2:B12;3)
6	5	12		Maximum	69		=MAX(B2:B12)
7	6	17					
8	7	18		**Abstände**	**Wert**		**Formel**
9	8	18		Quartilsabstand	23		=E5-E3
10	9	34		1,5 * Quartilsabstand	34,5		=1,5*E9
11	10	60		Untere Grenze	-23,5		=E3-E10
12	11	69		Obere Grenze	68,5		=E5+E10

Abbildung 7.5 Berechnungen ohne Einbeziehung des Medians

	A	B	C	D	E	F	G
16	Messung	Wert		**Lageparameter**	**Wert**		**Formel**
17	1	3		Minimum	3		=MIN(B17:B27)
18	2	8		25-%-Quartil	11,5		=QUARTILE.INKL(B17:B27;1)
19	3	11		Median	17		=MEDIAN(B17:B27)
20	4	12		75-%-Quartil	26		=QUARTILE.INKL(B17:B27;3)
21	5	12		Maximum	69		=MAX(B17:B27)
22	6	17					
23	7	18		**Abstände**	**Wert**		**Formel**
24	8	18		Quartilsabstand	14,5		=E20-E18
25	9	34		1,5 * Quartilsabstand	21,75		=1,5*E24
26	10	60		Untere Grenze	-10,25		=E18-E25
27	11	69		Obere Grenze	47,75		=E20+E25

Abbildung 7.6 Berechnungen mit Einbeziehung des Medians

Interpretation einer Kastengrafik

Alle diese Überlegungen und Berechnungen lassen sich jetzt sehr schnell als Kastengrafik visualisieren (siehe Abbildung 7.7 und Abbildung 7.8). Dieser Diagrammtyp besteht aus einem Rechteck, dessen obere und untere Kante die beiden Quartile darstellen. In diesem Rechteck ist als horizontale Linie der Median eingezeichnet, optional kann der Mittelwert angezeigt werden. Die Höhe des Rechtecks stellt den *Interquartilsabstand* dar. Die Abstände zwischen den Quartilen und dem Maximum bzw. dem Minimum sind in einer Kastengrafik als senkrechte Striche dargestellt, oftmals als *Whisker* bezeichnet. Das Maximum und das Minimum selbst sind noch mit einer kurzen horizontalen Linie symbolisiert. Wenn Sie *Ausreißer* anzeigen wollen, sind diese als Punkte unterhalb oder oberhalb des Minimums bzw. Maximums dargestellt.

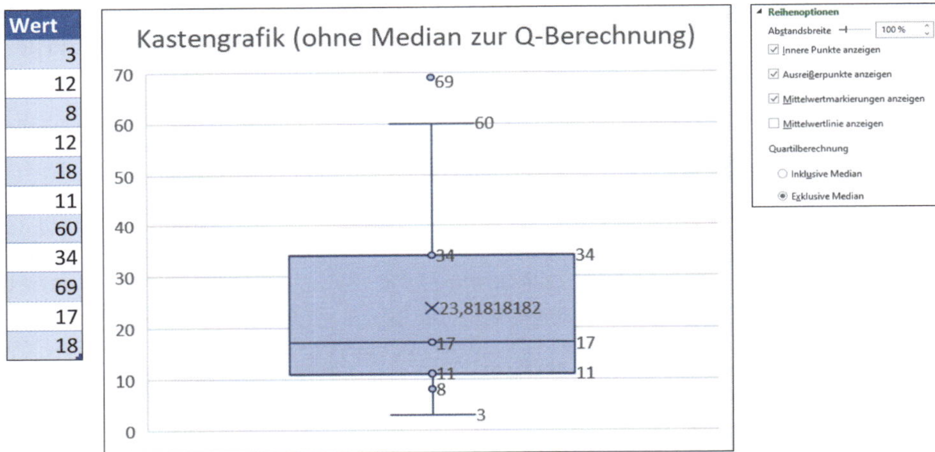

Abbildung 7.7 Kastengrafik ohne Einbeziehung des Medians

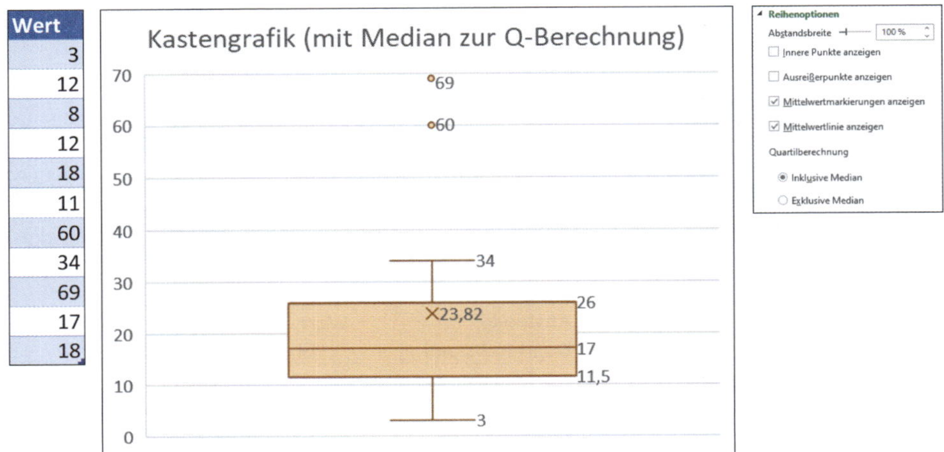

Abbildung 7.8 Kastengrafik mit Einbeziehung des Medians

Das Diagramm gibt Ihnen mit nur fünf Lageparametern Aufschluss über die Verteilung Ihrer Messreihe. Es ist leicht zu erkennen, dass 50 % aller Messwerte zwischen 3 und 17 liegen, die *Spannweite* zwischen dem Minimum und dem Median ist recht gering. Die anderen 50 % zwischen dem Median und dem Maximum liegen im Bereich von 17 bis 69, die Spannweite ist ungleich größer. Bei der Verteilung liegt also eine *rechtsseitige Schiefe* vor. Sie sehen die *Extremwerte* in Form von Ausreißern, diese können Sie jetzt bei einer weiterführenden Analyse Ihrer Daten separat betrachten. Und durch Hinzufügen des *arithmetischen Mittelwertes* in die Kastengrafik ist auch der direkte Vergleich dieser beiden Lageparameter möglich.

Kundenverweildauer pro Region als Kastengrafik

In einem konkreten Beispiel (siehe Abbildung 7.9) haben Sie drei Messreihen vorliegen. Es wurde in den Regionen Nord, Mitte und Süd ermittelt, wie lange sich Kunden in den jeweiligen Fahrradgeschäften aufgehalten haben. Der Umfang der Stichproben beträgt 100, das Merkmal »Verweildauer« liegt in ganzen Minuten vor. Drei nebeneinanderliegende Kastengrafiken erlauben es Ihnen jetzt, die Verteilung unmittelbar zu vergleichen. Ein reiner Vergleich der Mittelwerte hätte ergeben, dass Region Nord und Süd dieselbe Verweildauer der Kunden haben. Die Kastengrafik zeigt jedoch, dass sich 50 % der Kunden in Region Nord zwischen 16 und 23,75 Minuten im Geschäft aufhalten, in Region Süd liegt die Spanne für 50 % der Kunden zwischen 13 und 27 Minuten. Der Vergleich zwischen Region Nord und Mitte macht deutlich, dass der *Interquartilsabstand* in etwa gleich groß ist, Region Nord aber viele Ausreißer nach oben hat, Region Mitte hingegen viele Ausreißer nach unten. Mit diesen Ergebnissen aus den Messungen können Sie jetzt steuernd eingreifen. Je nach Zielsetzung würden Sie z. B. Maßnahmen ergreifen, um die Verweildauer zu erhöhen, gleichzeitig aber Ausreißer nach unten zu minimieren. Oder Sie leiten ab, dass der Interquartilsabstand möglichst groß sein soll. Die Maßnahmen und die Ziele richten sich nach Ihrer Strategie, die Kastengrafik vermittelt Ihnen nur ein Bild.

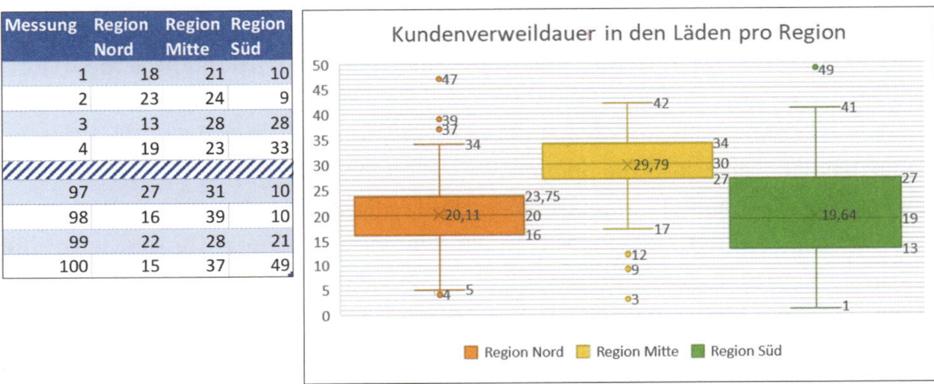

Messung	Region Nord	Region Mitte	Region Süd
1	18	21	10
2	23	24	9
3	13	28	28
4	19	23	33
97	27	31	10
98	16	39	10
99	22	28	21
100	15	37	49

Abbildung 7.9 Vergleich der Verweildauer von Kunden

- Typ: Kastengrafik
- Formatvorlage: 1
- Legende: unten
- Datenbeschriftung: rechts
- Inneren Punkt anzeigen: nein
- Ausreißerpunkte anzeigen: ja
- Quartilsberechnung: exklusive des Medians
- Skala der Werteachse: max. 50
- Horizontale Hilfsgitterlinien: ja
- Abstandsbreite der Kästen: 5 %

7.2.2 Histogramme – Werte nach Häufigkeiten in Klassen einteilen

Eine andere Variante zur Darstellung einer *Verteilung* ermöglicht der Diagrammtyp *Histogramm*. Das Prinzip besteht darin, Messwerte in Klassen einzuteilen und die jeweiligen *Häufigkeiten* als Säule anzuzeigen. Die Anzahl der Säulen und die daraus resultierende *Intervallbreite* einer Klasse können Sie bei Histogrammen selbst steuern. Dieser Wert sollte jedoch je nach Anzahl von Messwerten im Bereich von 6–12 liegen. Excel übernimmt bei der Erstellung eines Histogramms viele Berechnungen und Einstellungen automatisch, Sie müssen wie gewohnt nur die Daten markieren und ein Histogramm einfügen. Zum Verständnis ist es jedoch hilfreich, sich einmal genauer anzuschauen, wie Excel dabei vorgeht.

Als Beispiel sollen noch mal Messwerte Ihrer automatischen Luftpumpe dienen. Nach jedem Pumpvorgang erlaubt es dieses Gerät, den Druck in Bar auf vier Stellen genau auf einem USB-Stick zu speichern. Sie haben jetzt eine Stichprobe von 200 Messungen vorliegen und wollen diese dahingehend analysieren, wie gut der vom Hersteller zugesagte Toleranzbereich eingehalten wird. Die Luftpumpe war auf 4 bar eingestellt, Sie erwarten also eine Häufung beim Wert 4. Der *arithmetische Mittelwert* macht keine Aussage über die Verteilung, hier gibt ein Histogramm mehr Aufschluss. Die Vorgehensweise ist die, dass Sie zuerst den minimalen und den maximalen Wert Ihrer Messreihe mit den Funktionen *Min* und *Max* ermitteln. Die Differenz dieser beiden Werte, also die *Spannweite*, teilen Sie dann durch Ihre gewünschte Anzahl von Klassen, im Beispiel ist das 9. Das Ergebnis daraus ergibt die Breite oder auch das Intervall der Klassen. Mit diesen Ergebnissen können Sie jetzt leicht die Grenzen eines jeden Intervalls berechnen. In der Tabelle in Abbildung 7.10 sehen Sie in den Spalten H und I die Werte für die Grenzen, berechnet aus dem Minimum plus einem entsprechenden Vielfachen des Intervalls. Die Nummerierung der Intervalle in Spalte G beginnt bei 0, dies sind nur Hilfswerte für den richtigen Faktor in der Formel pro Zeile.

Messung	Luftdruck in bar
1	2,5218
2	4,0599
3	4,4748
4	2,8679
5	4,0368
6	4,4960
7	4,1729
⋮	
194	3,2692
195	3,6993
196	2,9811
197	3,5595
198	4,1832
199	3,7987
200	4,3200

Parameter	Wert	Formel
Maximum	5,2953	=MAX(B:B)
Minimum	2,4847	=MIN(B:B)
Spannweite	2,8106	=MAX(B:B)-MIN(B:B)
Anzahl Inter	9	
Intervall	0,3123	=E4/E5

Intervall	Von	Bis	Formel (Von)	Formel (Bis)
0	2,4847	2,7970	=$E$3+G25*$E$6	=H25+$E$6
1	2,7970	3,1093	=$E$3+G26*$E$6	=H26+$E$6
2	3,1093	3,4216	=$E$3+G27*$E$6	=H27+$E$6
3	3,4216	3,7338	=$E$3+G28*$E$6	=H28+$E$6
4	3,7338	4,0461	=$E$3+G29*$E$6	=H29+$E$6
5	4,0461	4,3584	=$E$3+G30*$E$6	=H30+$E$6
6	4,3584	4,6707	=$E$3+G31*$E$6	=H31+$E$6
7	4,6707	4,9830	=$E$3+G32*$E$6	=H32+$E$6
8	4,9830	5,2953	=$E$3+G33*$E$6	=H33+$E$6

Abbildung 7.10 Berechnungen der Klassengrenzen

Im zweiten Schritt geht es darum, die Anzahl von Messwerten pro Klasse oder Intervall zu ermitteln. Dafür stehen verschiedene Verfahren bereit, Sie können dies mit der Funktion *Zählenwenns* oder mit der Matrixfunktion *Häufigkeit* machen. Die erste Funktion erlaubt das Zählen mit mehreren Bedingungen. Sie zählen in Zeile 36 alle Werte aus Spalte B, die kleiner oder gleich der oberen Grenze des ersten Intervalls sind. Anschließend zählen Sie für die sieben inneren Intervalle alle Werte, die größer als die untere Intervallgrenze und kleiner gleich der oberen Grenze sind. Für das letzte Intervall benötigen Sie noch die Anzahl der Werte, die größer als die untere Intervallgrenze sind. Die Vergleichsoperatoren in der Funktion *Zählenwenns* müssen als Zeichenkette angegeben werden, sie sind also in doppelte Anführungszeichen zu setzen. Mit dem Verkettungsoperator »&« geben Sie noch den Vergleichswert selbst in der Funktion an.

Die zweite Möglichkeit zur Berechnung der Häufigkeit stellt die gleichnamige Funktion *Häufigkeit* dar. Dabei handelt es sich um eine *Matrixfunktion*, d. h., das Ergebnis dieser Funktion besteht aus mehreren Werten. Dazu markieren Sie zuerst den Bereich, in dem die Einzelergebnisse stehen sollen, im Beispiel H47:H55. Anschließend geben Sie in der Excel-Bearbeitungsleiste die Formel ein, dabei bekommt die Funktion zwei Parameter übergeben, zum einen den Datenbereich B:B und zum anderen den Bereich, in dem die oberen Grenzen liegen, also I25:I32. Die letzte obere Grenze ist nicht anzugeben, die Funktion zählt einfach alle Werte, die größer oder gleich der vorherigen Obergrenze sind. Ganz wichtig an dieser Stelle ist die Art, wie Sie die Bearbeitungszeile abschließen. Normalerweise würden Sie einfach die ↵-Taste drücken. Um jedoch eine Matrixformel abzuschließen, muss die Tastenkombination [Strg] + [⇧] + [↵]-Taste gedrückt werden. Excel schreibt in alle vorher markierten Zellen die scheinbar selbe Formel und setzt diese in geschweifte Klammern. Durch die Klammern ist immer erkennbar, dass es sich um Matrixformeln handelt. Auch wenn in allen neun Zellen der Ergebnismatrix identische Formeln stehen, geht Excel her und setzt für jede Formel andere Grenzen ein. Die Logik der verwendeten Vergleichsoperatoren entspricht dabei exakt den Vergleichen, wie sie in der Berechnung mit *Zählenwenns* verwendet wurde. Somit kommen auch beide Verfahren zu identischen Ergebnissen (siehe Abbildung 7.11).

	H	I
35	**Zählenwenns**	**Formel**
36	2	=ZÄHLENWENNS(B:B;"<="&I25)
37	7	=ZÄHLENWENNS(B:B;">"&H26;B:B;"<="&I26)
38	22	=ZÄHLENWENNS(B:B;">"&H27;B:B;"<="&I27)
39	39	=ZÄHLENWENNS(B:B;">"&H28;B:B;"<="&I28)
40	53	=ZÄHLENWENNS(B:B;">"&H29;B:B;"<="&I29)
41	43	=ZÄHLENWENNS(B:B;">"&H30;B:B;"<="&I30)
42	22	=ZÄHLENWENNS(B:B;">"&H31;B:B;"<="&I31)
43	10	=ZÄHLENWENNS(B:B;">"&H32;B:B;"<="&I32)
44	2	=ZÄHLENWENNS(B:B;">"&H33)

	H	I
46	**Häufigkeit**	**Formel**
47	2	{=HÄUFIGKEIT(B:B;I25:I32)}
48	7	{=HÄUFIGKEIT(B:B;I25:I32)}
49	22	{=HÄUFIGKEIT(B:B;I25:I32)}
50	39	{=HÄUFIGKEIT(B:B;I25:I32)}
51	53	{=HÄUFIGKEIT(B:B;I25:I32)}
52	43	{=HÄUFIGKEIT(B:B;I25:I32)}
53	22	{=HÄUFIGKEIT(B:B;I25:I32)}
54	10	{=HÄUFIGKEIT(B:B;I25:I32)}
55	2	{=HÄUFIGKEIT(B:B;I25:I32)}

Abbildung 7.11 Ermitteln der Häufigkeiten pro Klasse

Sie könnten jetzt ein Säulendiagramm erstellen, bei dem die Rubriken aus den Intervallen bestehen und als Wert die Häufigkeit dargestellt ist. Genau diese Aufgabe übernimmt auch ein *Histogramm*, ohne dass Sie alle die Berechnungen vorher selbst durchführen müssen. Sie markieren die Messdaten in B2:B201 und fügen ein Histogramm ein. Excel bestimmt dabei automatisch eine Anzahl von Klassen und die entsprechende Breite, beide Werte lassen sich später anpassen. Typisch für ein Histogramm sind die sehr dicht nebeneinanderliegenden Säulen.

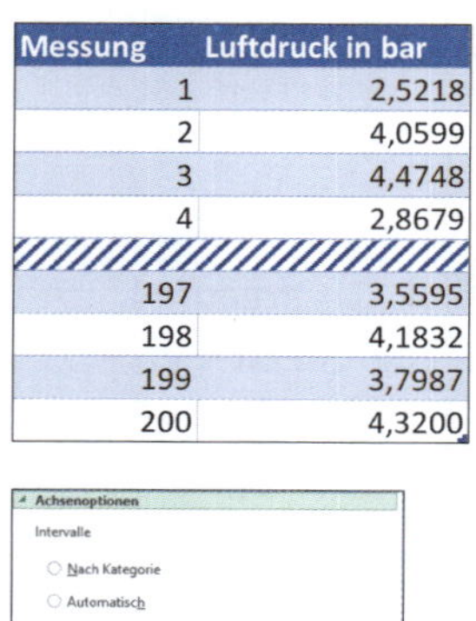

Messung	Luftdruck in bar
1	2,5218
2	4,0599
3	4,4748
4	2,8679
197	3,5595
198	4,1832
199	3,7987
200	4,3200

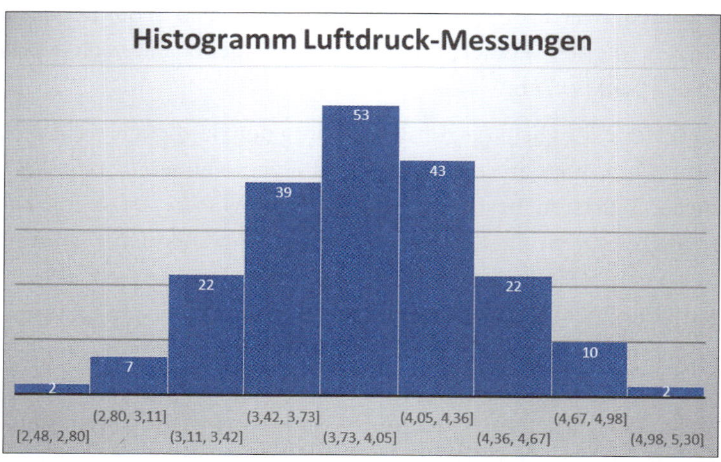

Abbildung 7.12 Verteilung von 200 Luftdruckmessungen in neun Klassen

Messung	Luftdruck in bar
1	2,5218
2	4,0599
3	4,4748
4	2,8679
197	3,5595
198	4,1832
199	3,7987
200	4,3200

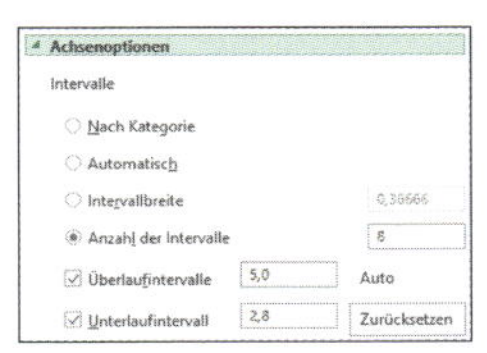

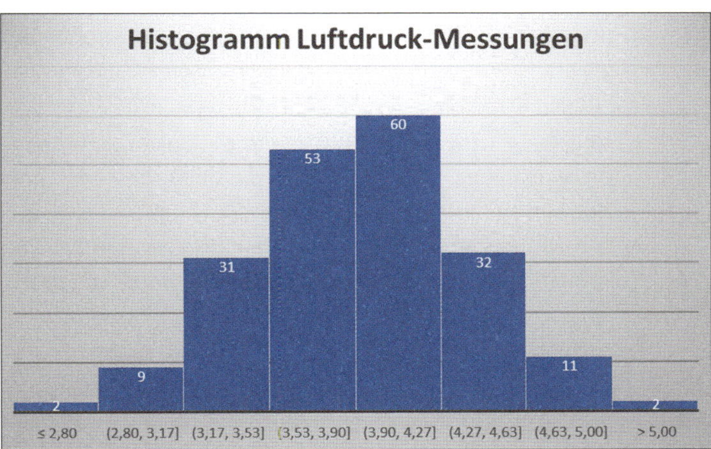

Abbildung 7.13 Verteilung von 200 Luftdruckmessungen in acht Klassen mit Über- und Unterlauf

Auch wenn die beiden Histogramme in Abbildung 7.12 und Abbildung 7.13 etwas unterschiedlich aussehen, einmal sind acht und einmal neun Klassen definiert, geben sie doch den gleichen Aufschluss über die Verteilung der Messdaten. Die weitaus größte Anzahl der Messungen der Luftpumpe liegt im Bereich zwischen 3,73 und 4,05 bzw. zwischen 3,9 und 4,27. Das überrascht nicht, Sie haben ja einen Pumpenwert von 4 bar eigestellt. Da jeder Vorgang mit der Luftpumpe und der anschließenden Messung natürlichen Schwankungen unterliegt, haben Sie in den Klassen rechts und links auch Messwerte in Ihrer Stichprobe. Je weiter die Klassen jedoch von dem Sollwert von 4 bar entfernt sind, desto seltener fällt ein Messwert in diese Klassen. Ganz am Rand haben Sie nur noch wenige Ausreißer, die kleiner als 2,8 bar bzw. größer als 5 bar sind.

Normalverteilung und Glockenkurve

In der Natur und in der Technik gehorchen viele Messungen der Normalverteilung, auch Gauß-Verteilung genannt. Diese nach dem großen Mathematiker Carl Friedrich Gauß (1777–1855) benannte Verteilung der Dichte einer *Zufallsvariablen* lässt sich als *Glockenkurve* darstellen. Die Kurve hat einen maximalen Wert, flacht dann links und rechts erst langsam, dann stark ab, um sich schließlich wieder langsam der Nulllinie anzunähern. Diese »Glocke« muss nicht symmetrisch sein, eine Seite kann steiler abfallen als die andere, die Verteilung hat dann unterschiedliche *Schiefen*. Die Glockenkurve sagt etwas über die Wahrscheinlichkeit aus, wo ein weiterer Messwert einer bereits durchgeführten Messreihe liegt. Die höchste Wahrscheinlichkeit besteht darin, dass der Wert dem Mittelwert entspricht. Je weiter die Kurve vom Mittelwert entfernt ist, desto weniger wahrscheinlich ist es, einen bestimmten Wert zu messen. Eine Glockenkurve kann sehr breit gezogen sein, dann ist die Wahrscheinlichkeit geringer, einen Wert nahe dem Mittelwert zu messen. Oder die Glocke ist hoch und schmal, dann werden mit einer gewissen hohen Wahrscheinlichkeit weitere Messungen in der Nähe des Mittelwertes liegen, die *Standardabweichung* ist gering.

Über ein Histogramm lässt sich in Gedanken (oder bei Bedarf auch real) eine Glockenkurve legen. Sie sehen jetzt, dass Ihre Messungen und die Abweichungen einer *Normalverteilung* genügen. Wenn Sie dann noch weitere Parameter der Verteilung wie Mittelwert, Varianz bzw. Standardabweichung, Extremwerte etc. berechnen, können Sie sehr gut die Qualität der automatischen Luftpumpe beurteilen.

7.2.3 Pareto-Diagramm – Visualisierung der 80-20-Regel

In einem Histogramm sind auf der horizontalen Achse die Klassen nach Größe aufsteigend als Rubriken aufgetragen. Die Klasse mit den kleinsten Intervallgrenzen steht ganz links, die Klasse mit den größten Grenzen ganz rechts. Als Variante eines solchen Histogramms stellt Excel eine leicht modifizierte Form bereit. In dem sogenannten *Pareto-Diagramm* werden die Klassen nach der Häufigkeit von Messwerten innerhalb der Klassen sortiert. Das heißt, die Klasse mit den meisten Werten steht ganz links, entsprechend ist die ganz rechte Rubrik auf der horizontalen Achse die Klasse mit den wenigsten Werten. Die Berechnung und die Zählweise entspricht dabei exakt der beschriebenen Methode der Histogramme, nur die Reihenfolge der Säulen ist eine andere. Zusätzlich ist in einem Pareto-Diagramm eine Linie mit Prozentangaben auf der *sekundären Werteachse* eingezeichnet, die sogenannte *Pareto-Linie*. Dabei handelt es sich um die prozentual *aufsummierten Häufigkeiten*. Die linke Säule mit den 53 Messwerten macht ca. 25 % der insgesamt 200 Messungen aus, dieser Wert lässt sich auf der sekundären Achse ablesen. Die nächste Säule im Intervall 4,05 bis 4,36 stellt die Häufigkeit 43 dar. Die Summe aus den ersten beiden Säulen beträgt also 96 (54 + 43), was 48 % der gesamten Messwerte ausmacht. Nach dieser Methodik steigt die Pareto-Linie immer weiter an, es wird der prozentuale Wert der Häufigkeiten einer Säule addiert. Der Zuwachs von Säule zu Säule fällt immer geringer aus, die Häufigkeiten nehmen nach rechts schließlich ab. Bei der letzten rechten Säule ist dann der Wert 100 % erreicht, alle relativen Häufigkeiten sind aufsummiert.

Diese Art der Darstellung (siehe Abbildung 7.14) erlaubt es Ihnen zu sagen, in welchen Klassen z. B. 70 % der Messwerte liegen. Sie schauen auf der sekundären Werteachse nach dem Wert 70 %, nehmen den entsprechenden Punkt auf der Pareto-Linie und fällen von dort das Lot auf die Rubrikenachse. Sie erkennen so, dass in den ersten drei Klassen ca. 70 % der Messwerte liegen, in den anderen sechs Klassen liegen die verbleibenden Werte. Leider ist es nicht möglich, die Pareto-Linie zu beschriften, die Prozentangaben lassen sich nicht unmittelbar der Linie hinzufügen.

Messung	Luftdruck in bar
1	2,5218
2	4,0599
3	4,4748
4	2,8679
…	…
197	3,5595
198	4,1832
199	3,7987
200	4,3200

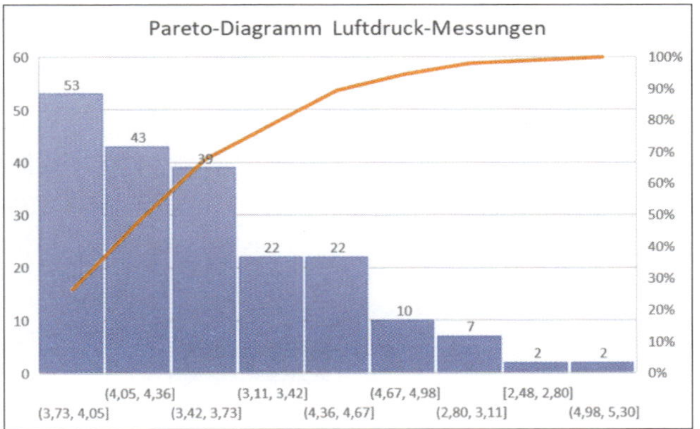

Abbildung 7.14 Sortierte Häufigkeiten von 200 Messungen mit kumulierter Pareto-Linie

Das Pareto-Prinzip

Der italienische Soziologe Vilfredo Pareto (1848–1923) hat bei seinen Studien ein interessantes Phänomen entdeckt. Er hat in der Soziologie, aber auch in der Natur selbst, festgestellt, dass oftmals ein Verhältnis zwischen Aufwand und Ergebnis im Verhältnis 80 zu 20 vorliegt. Um beispielsweise eine aufwendige Arbeit zu 80 % abzuschließen, sind nur 20 % der Ressourcen wie Zeit, Budget, Arbeitskraft notwendig. Für die verbleibenden 20 % müssen hingegen 80 % der Ressourcen bereitgestellt werden. Dieses Prinzip lässt sich selbstverständlich nicht auf alle Tätigkeiten und Projekte anwenden, trotzdem hilft es oftmals, Ressourcen und Ergebnisse zu planen bzw. zu verdeutlichen. Das Pareto-Diagramm stellt ein gutes Werkzeug dar, dieses Prinzip zu visualisieren.

7.3 Hierarchische Diagramme

Oftmals liegen Daten in Form von Hierarchien vor. Es gibt also auf verschiedenen Ebenen Gruppen und Untergruppen, in denen Daten eingeteilt sind. Solche Daten in einem klassischen Diagramm zu visualisieren und dabei die *Hierarchieebenen* aufzuzeigen, ist mitunter gar nicht so einfach. Excel stellt aber genau für diese Anforderung zwei Diagrammtypen bereit, die sogenannten *Treemaps* und die *Sunburst-Diagramme*. Die Treemaps werden manchmal auch als *Kacheldiagramm* bezeichnet, die Sunburst-Diagramme lassen sich als »Sonnenstrahlen-Diagramm« übersetzen.

7.3.1 Treemap – Verhältnisse als rechteckige Flächen darstellen

Der Aufbau einer Hierarchie mit zwei Ebenen soll an diesem theoretischen Beispiel verdeutlicht werden (siehe Abbildung 7.15). Diese *Baumdarstellung* zeigt die Gesamtheit an, die auf der ersten Ebene in drei Anteile A bis C verzweigt ist. Jeder dieser Anteile ist wiederum in weitere Anteile auf Ebene 2 verzweigt. Der Anteil A ist verzweigt in A-1 bis A-3, Anteil B in zwei Zweige B-1 und B-2, Anteil C wiederum ist dreimal verzweigt in C-1 bis C-3. Jedem Anteil auf der Ebene 2 sind jetzt die Daten zugeordnet, im Beispiel zufällige Zahlen von 1 bis 4. Die Summe dieser Daten beträgt 20. Davon entfallen 9 auf den blauen Zweig, also auf den Anteil A. Der Anteil B als orangefarbener Zweig beinhaltet als Summe 4 und der Anteil C als letzter grauer Zweig die Summe 7.

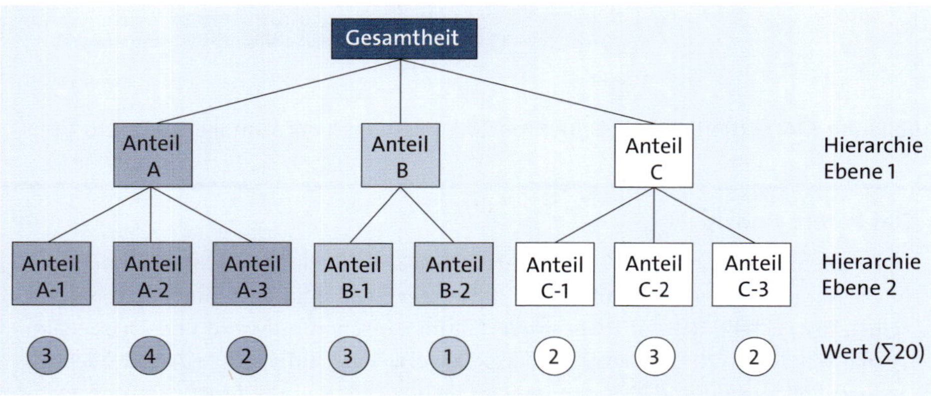

Abbildung 7.15 Veranschaulichung einer Hierarchie mit zwei Ebenen

Diese Daten sind jetzt in einer Tabelle in der Form aufbereitet, dass in der ersten Spalte die Bezeichnungen für die Anteile der ersten Hierarchieebene stehen. Es sind drei Zeilen mit »Anteil 1« vorhanden, es gibt ja genau drei Werte in diesem Zweig. Entsprechend ist »Anteil 2« mit zwei Zeilen vertreten, »Anteil 3« wiederum mit drei Zeilen. In der zweiten Spalte stehen die Bezeichnungen der 2. Ebene, »Anteil A-1« bis »Anteil C-3«, daneben befindet sich in der dritten Spalte der dazugehörige Wert. Jetzt müssen Sie nur noch die Daten markieren und eine *Treemap* einfügen, schon sehen Sie die Hierarchie als Diagramm visualisiert (siehe Abbildung 7.16).

Das Ergebnis ist eine dreigeteilte rechteckige Fläche, jede dieser einzelnen Flächen stellt einen Hauptzweig in dem Hierarchiebaum dar. Die Gesamtfläche des Diagramms ergibt dabei die Summe aller Einzelwerte. Die addierten Werte ergeben 20, dieser Wert steht also für 100 % der Diagrammfläche. Auf den blauen »Anteil A« entfallen davon 9/20 oder 45 %. Der »Anteil B« steuert 4/20 oder 20 % bei, die verbleibenden 7/20 bzw. 35 % kommen vom »Anteil C«. Jede dieser Flächen ist dann wiederum unterteilt in die entsprechenden Anteile der zweiten Hierarchieebene. Die Fläche von »Anteil A-1« hat die Größe 3/20 oder 15 % der Gesamtfläche, die von »Anteil C-3« nimmt 2/20 bzw. 10 % ein. Die Anordnung der Haupt- und der Teilflächen nimmt Excel automatisch vor Die jeweils größten Flächen sind tendenziell links oben angeordnet, nach rechts unten werden sie kleiner. Auf die Anordnung der Flächen können

Sie deswegen auch keinen direkten Einfluss nehmen, hier greifen interne Automatismen zur Bestimmung der Höhen-Breiten-Verhältnisse der Flächen. Sie können lediglich die Größe und die Seitenverhältnisse des Diagramms selbst ändern. Sie sehen dann sofort eine Neuanordnung der Einzelflächen anhand der Regel, dass große (Teil-)Flächen links oben stehen, kleine (Teil-)Flächen immer rechts unten.

1. Ebene	2. Ebene	Wert
Anteil A	Anteil A-1	3
Anteil A	Anteil A-2	4
Anteil A	Anteil A-3	2
Anteil B	Anteil B-1	3
Anteil B	Anteil B-2	1
Anteil C	Anteil C-1	2
Anteil C	Anteil C-2	3
Anteil C	Anteil C-3	2

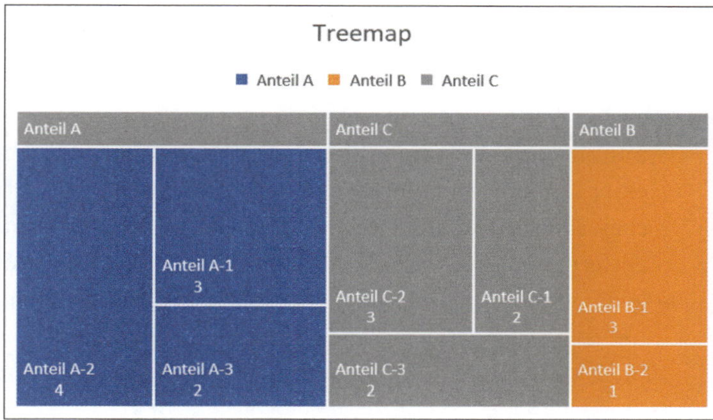

Abbildung 7.16 Prinzip einer Treemap

In dem Beispiel in Abbildung 7.17 haben Sie aus fünf Teilekategorien als obere Hierarchieebene die Anzahl von Teiletypen im Lager aufgeführt. Diese Typen sind einer Kategorie zugeordnet, sodass der Teiletyp die zweite Hierarchieebene darstellt. Aus so angeordneten Daten können Sie mit wenigen Klicks eine Treemap einfügen.

Teilekategorie	Teiletyp	Anzahl
Antrieb-Schaltung	Zahnkranz	25
Antrieb-Schaltung	Pedale	14
Antrieb-Schaltung	Pedalzubehör	25
Reifen und Schläuche	Flickzeug	21
Reifen und Schläuche	Reifen	14
Reifen und Schläuche	Reifen & Schläuche (Kombi)	23
Reifen und Schläuche	Schläuche	17
Bremsen	Bremsen	48
Bremsen	Bremsen-Zubehör	46
Lenker und Griffe	Lenker	23
Lenker und Griffe	Griffe	15
Lenker und Griffe	Lenker-Zubehör	15
Lenker und Griffe	Vorbau	23
Sättel	Sättel	11
Sättel	Sättel & Sattelstützen (Kombi)	13
Sättel	Sattelstütze	47
Sättel	Sattel-Zubehör	27

Abbildung 7.17 Lagerbestand von Teiletypen verschiedener Kategorien

Die Kategorie »Sättel« stellt den größten Anteil des Lagerbestandes dar, diese Fläche ist also ganz links in der Treemap in Abbildung 7.18 zu sehen. Innerhalb dieser Kategorie ist der Wert für Sattelstützen der höchste, die Fläche dafür ist ganz oben angeordnet. »Antriebstechnik« ist in Summe die kleinste Kategorie, sie steht also ganz rechts. Innerhalb dieser Kategorie hat der Typ »Pedale« den kleinsten Wert, die Fläche dafür ist ganz unten angeordnet. Je nach Anzahl von Zweigen der ersten und zweiten Ebene eines Hierarchiebaumes und den dazugehörigen Werten kann es vorkommen, dass Hauptflächen auch untereinanderstehen. Im Beispiel steht die Kategorie »Reifen und Schläuche« unterhalb der Kategorie »Lenker und Griffe«. Excel nimmt diese Anordnung immer automatisch vor. Somit sind auch die Optionen einer Treemap sehr eingeschränkt. Sie können nur die Datenbeschriftung der Teilflächen sowie sogenannte *Banner* als Beschriftung der Hauptflächen hinzufügen oder entfernen. Wegen des oftmals eingeschränkten Platzes für die Beschriftung kann es leider vorkommen, dass nur Fragmente des Textes zu lesen sind.

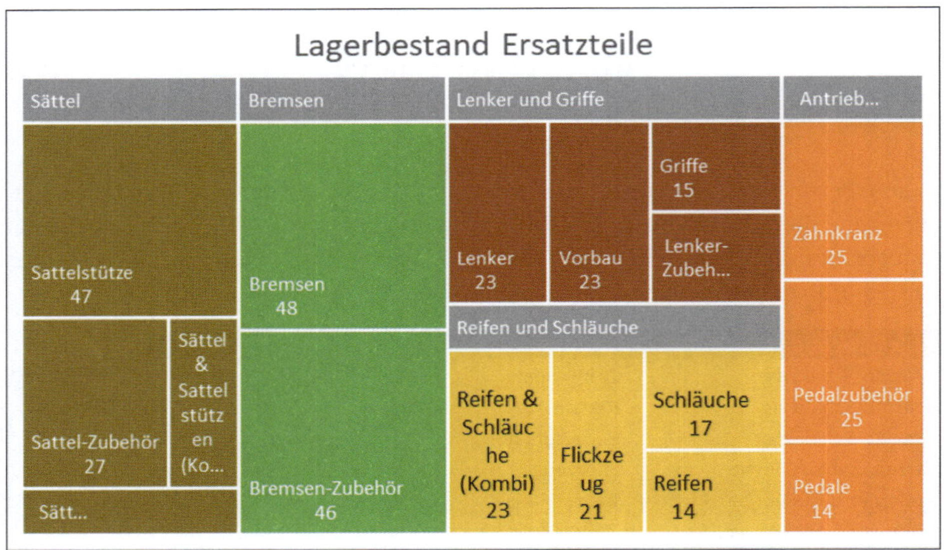

Abbildung 7.18 Visualisierung der Anzahl von Teiletypen verschiedener Kategorien

7.3.2 Sunburst – Proportionen hierarchischer Daten als Teile von Ringen anzeigen

Viele Hierarchien bestehen aus mehr als zwei Ebenen, hier stoßen die Treemaps schon an ihre Grenzen. Um aber auch solche Hierarchien darzustellen zu können, stellt Excel den Diagrammtyp *Sunburst* bereit. Dabei sind die Ebenen einer Hierarchie in Form von Ringen dargestellt. Der innere Ring zeigt die erste Ebene an, für jede weitere Ebene kommt ein Ring hinzu. In Hierarchien kann es durchaus vorkommen, dass einige Zweige wie in Abbildung 7.19 eine tiefere Verästelung besitzen als andere.

Das heißt, der Endpunkt in Form eines Datenwertes kann bei einem Zweig schon auf Ebene zwei vorliegen, bei einem anderen Zweig sind die Werte erste auf Ebene drei zugeordnet. In dem abstrakten Beispiel sehen Sie einen Baum mit drei Ebenen. Auf der zweiten Ebene erkennen Sie, dass die Anteile A-2, A-3, B-2, C-1 und C-3 einen Werte haben, diese Zweige enden hier. A-1, B-1 und C-2 verzweigen an diese Stelle nochmals, die Werte liegen erste in Ebene drei vor.

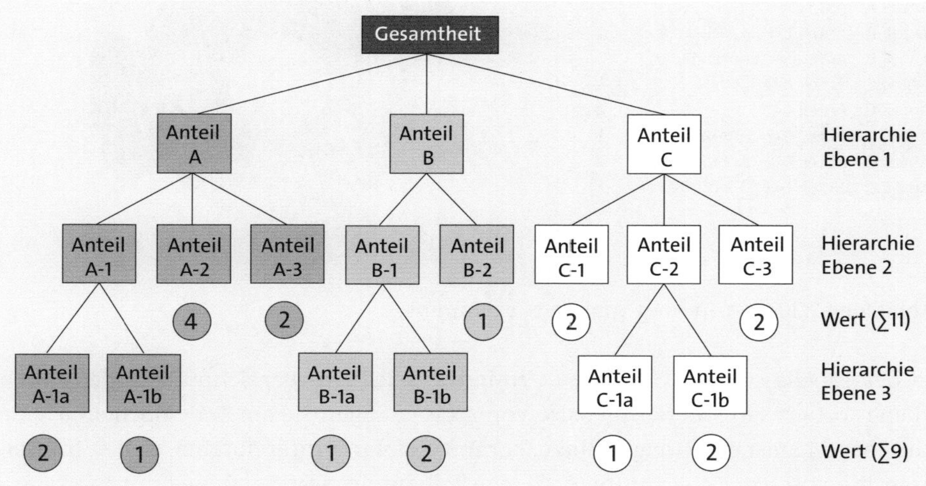

Abbildung 7.19 Hierarchie mit drei Ebenen

In Tabellenform sind die Daten wieder entsprechend angeordnet (siehe Tabelle in Abbildung 7.20). Die drei ersten Spalten enthalten die Bezeichnungen der Ebenen, in der vierten Spalte steht der Datenwert. Ist für die Ebene 3 kein Wert vorhanden, bleibt diese Zelle leer. Die Summe für Ebene 2 beträgt 11, alle Werte der Ebene 3 aufsummiert ergeben 9. Basierend auf dieser Tabelle können Sie jetzt wie gewohnt ein Diagramm einfügen, als Typ wählen Sie Sunburst. Am Ergebnis ist gut zu erkennen, warum dieser Diagrammtyp so heißt. Durch die unterschiedlich ausgeprägten Segmente der äußeren Ringe ergibt sich ein Bild von Strahlen aus dem Zentrum heraus, es erinnert ein wenig an Sonnenstrahlen.

In einem Sunburst-Diagramm sind die Datenwerte in das Verhältnis zu den 360° eines vollständigen Ringes gesetzt. Die Summe aller Werte der ersten Ebene von »Anteil A« beträgt 9. Dies entspricht 45 % der Summe aller Werte, umgerechnet in 360° ergibt sich ein Winkel von 162°. Der »Anteil B« macht 4 von 20 aus, es ergeben sich also 20 % von 360°, der Winkel dieses Segments beträgt 72°. Entsprechend ergibt sich der Winkel 126° für den »Anteil C«. Nach derselben Logik lassen sich jetzt die Winkel der äußeren Segmente berechnen. Die 162° von »Anteil A« teilen sich in der zweiten Ebene auf in 3/20, 4/20 und 2/20. Die Umrechnung in Winkel ergibt somit 54° für A-1, 72° für A-2 und 36° für A-3. In der 3. Ebene verzweigt sich nur noch A-1, es ergeben sich dafür zwei Segmente der Größe 2/20 und 1/10, der Winkel für A-1a beträgt somit 36° und für A-1b 18°. Die Umrechnungen des abstrakten Beispiels sind in Abbildung 7.21 dargestellt.

1. Ebene	2. Ebene	3. Ebene	Wert
Anteil A	Anteil A-1	Anteil A-1a	2
Anteil A	Anteil A-1	Anteil A-1b	1
Anteil A	Anteil A-2		4
Anteil A	Anteil A-3		2
Anteil B	Anteil B-1	Anteil B-1a	1
Anteil B	Anteil B-1	Anteil B-1b	2
Anteil B	Anteil B-2		1
Anteil C	Anteil C-1		2
Anteil C	Anteil C-2	Anteil C-1a	1
Anteil C	Anteil C-2	Anteil C-1b	2
Anteil C	Anteil C-3		2

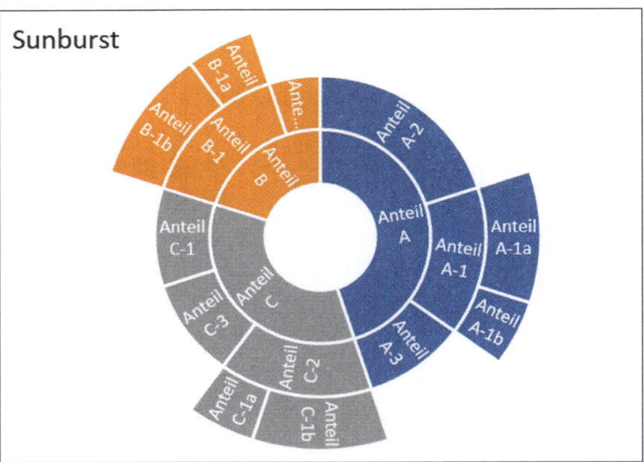

Abbildung 7.20 Prinzip eines Sunburst-Diagramms

In der Tabelle sollten Ihre Daten zumindest nach den Bezeichnungen der ersten Ebene sortiert sein, im Beispiel also von A bis C. Fügen Sie am Ende noch eine Zeile zur Ebene 1 aus dem Zweig A hinzu, kommt Excel mitunter durcheinander. Im Diagramm selbst legt Excel automatisch eine Reihenfolge fest. Bei 0° beginnt das größte Segment der ersten Ebene, alle weiteren folgen im Uhrzeigersinn der Größe nach absteigend. Genauso verhält es sich bei den äußeren Ringen, das größte Segment wird zuerst gezeichnet, die kleineren folgen im Uhrzeigersinn.

1.	2.	3.	Wert	1. Winkel	2. Winkel	3. Winkel
A	A-1	A-1a	2	162	54	36
A	A-1	A-1b	1			18
A	A-2		4		72	72
A	A-3		2		36	36
B	B-1	B-1a	1	72	54	18
B	B-1	B-1b	2			36
B	B-2		1		18	18
C	C-1		2	126	36	36
C	C-2	C-1a	1		54	18
C	C-2	C-1b	2			36
C	C-3		2		36	36
Ergebnis			20	360	360	360

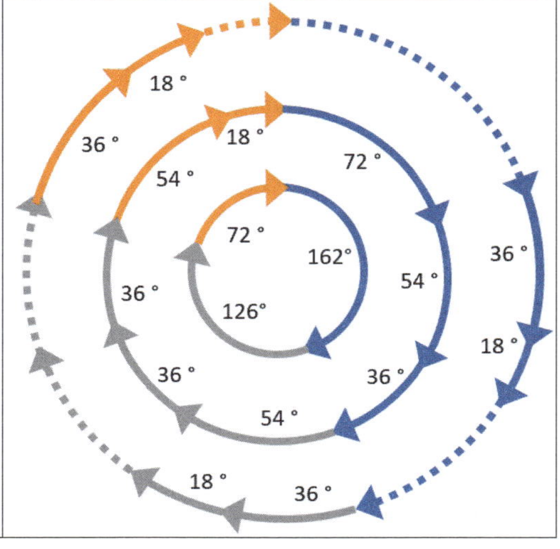

Abbildung 7.21 Umrechnung der Werte pro Hierarchieebene in Winkel

Mit den konkreten Daten aus der Beispieltabelle in Abbildung 7.22 wollen Sie wieder Lagerbestände einzelner Produkte darstellen. Die Produkte gehören einer Kategorie an, diese Kategorien sind in einer übergeordneten Gruppe zusammengefasst. Sie haben also drei Hierarchieebenen, einige Zweige des Hierarchiebaumes enden jedoch schon auf der zweiten Ebene. In der Gruppe »Bekleidung« sind »Hosen« und »Jacken« nicht näher spezifiziert, das Produkt selbst steht also schon auf der Ebene »Kategorie«. Die in einer Inventur erfassten Bestandsdaten stehen in der vierten Spalte und bilden die Basis für das Sunburst-Diagramm in Abbildung 7.23.

Gruppe	Kategorie	Produkt	Bestand
Bekleidung	Hosen		27
Bekleidung	Jacken		31
Bekleidung	Schuhe	MTB	12
Bekleidung	Schuhe	Rennrad	39
Bekleidung	Schuhe	Trekking	47
Bekleidung	Shirts	Kurzarm	33
Bekleidung	Shirts	Langarm	20
Bekleidung	Shirts	Spezial	25
Schutz	Handschuhe		31
Schutz	Hosen	Regen	33
Schutz	Jacken	Regen	41
Schutz	Jacken	Thermo	49
Schutz	Jacken	Wind	22
Schutz	Schuhe	Überschuhe	48
Sicherheit	Brillen		49
Sicherheit	Helme	Standard	41
Sicherheit	Helme	Zubehör	10
Sicherheit	Helme	Kinder	44
Sicherheit	Helme	Rennrad	33
Sicherheit	Westen		25

Abbildung 7.22 Lagerbestand von Produkten je Kategorie und Gruppe

Aussagekraft der Hierarchiediagramme

Mit Treemaps und Sunburst-Diagrammen lassen sich Hierarchien in einer optisch recht ansprechenden Art darstellen. Trotzdem sollten Sie immer bedenken, dass es eine sehr plakative Darstellung ist, die den Betrachtern auch einiges abverlangen kann. Die Informationen sind nicht leicht zu erfassen, dass Prinzip nicht sofort erkennbar. Es kommt hinzu, dass wegen des eingeschränkten Platzes Datenbeschriftungen manchmal abgeschnitten werden oder die Datenwerte gar nicht angezeigt werden können. Die Betrachter können dann nur die Größe von Rechtecken oder Segmenten optisch vergleichen, bei kleinen Unterschieden der Werte eine nicht ganz so leichte Aufgabe. Sie sollten also den Einsatz der Hierarchiediagramme gut planen und den Betrachtern alle notwendigen Informationen zum Verständnis und zur Interpretation mitgeben. Hier können Optimierungen an der Größe der Diagramme oder der Schrift genauso helfen wie zusätzliche Textfelder mit erklärendem Text.

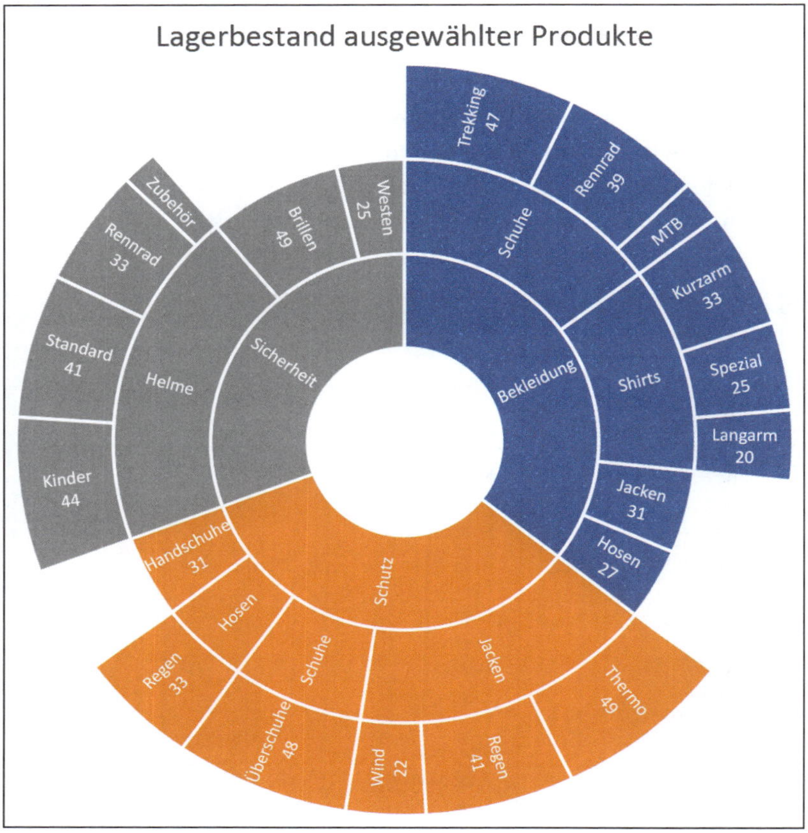

Abbildung 7.23 Visualisierung des Lagerbestandes von Produkten je Kategorie und Gruppe

7.4 Kursdiagramme – charakteristische Werte eines Finanzprodukts an der Börse

Die *Kursdiagramme* gehören mit Sicherheit zu den Excel-Diagrammen, die am seltensten zum Einsatz kommen. Das liegt zum einen an dem sehr speziellen Einsatzgebiet, es geht um Aktien und Wertpapiere. Zum anderen dürften genau die Anwender, die in diesem Umfeld tätig sind, andere Hilfsmittel zur Visualisierung der Daten besitzen. Trotzdem kann der Bedarf in Excel vorhanden sein, dafür stehen dann die Kursdiagramme zur Verfügung.

7.4.1 Datenbasis für Kursdiagramme

Um in Excel die Entwicklung von Aktien oder Wertpapieren darzustellen, müssen die Daten in einer sehr festgeschriebenen Form vorliegen. Neben einem Datum in der ersten Spalte sind dies je nach Variante des Diagramms drei bis fünf *Währungsdaten*, ähnlich dem Beispiel in Abbildung 7.24. Die Bedeutung der einzelnen Kategorien erläutert Tabelle 7.2.

Datum	Volumen	Eröffnung	Höchst	Tiefst	Schluss
01.09.2020	20.000	110 €	130 €	95 €	120 €
02.09.2020	21.000	120 €	135 €	105 €	115 €

Abbildung 7.24 Daten für Kursdiagramme

Name	Bedeutung
Volumen	die Menge oder der Betrag aller an einem Tag gehandelten Aktien oder Wertpapiere
Eröffnung	der Wert, mit dem die Aktie in den Handelstag gestartet ist
Höchst	der höchste Stand im Laufe eines Handelstages
Tiefst	der tiefste Stand im Laufe eines Handelstages
Schluss	der Wert, den die Aktie am Ende des Handelstages hatte

Tabelle 7.2 Bedeutung der Daten für Kursdiagramme

7.4.2 Kenngrößen darstellen

Die vier Varianten der Kursdiagramme sind beispielhaft für die beiden Tage 01.09.2020 und 20.09.2020 dargestellt. Generell handelt es bei diesen Diagrammen um recht spartanische Diagramme. Sie bestehen in der Grundform aus einfachen vertikalen Linien, schmucklosen Markierungspunkten und rechteckigen Flächen. Diese Form ist aber durchaus verbreitet, in der Fachwelt sind diese Diagramme sofort zu lesen. Theoretisch könnten Sie die Kursdiagramme auch selbst als Kombidiagramm aus Punkten, Linien und Abweichungsbalken erstellen, es geht mit den vorhandenen Kursdiagrammen aber ungleich schneller. In den Beispielen in Abbildung 7.25 bis Abbildung 7.28 sehen Sie links die Standardform, im rechten Diagramm sind die Elemente zwecks Verdeutlichung optisch hervorgehoben.

Höchst-, Tiefst- und Schlusskurs

Diese Variante stellt die *Spannweite* zwischen dem tiefsten und dem höchsten Wert eines Handelstages dar. Diese beiden Punkte sind mit einer vertikalen Linie verbunden. Der *Schlusskurs* liegt zwischen den beiden Werten und ist als dritte Größe in dem Diagramm dargestellt.

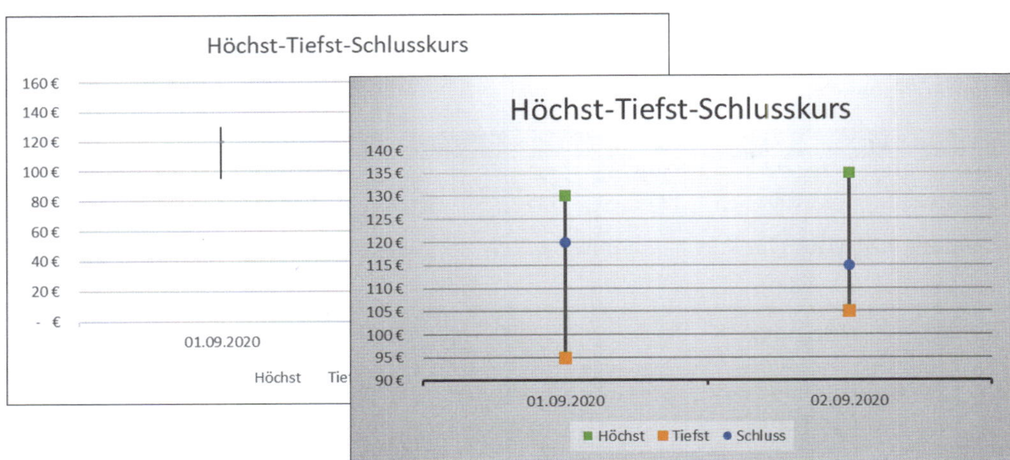

Abbildung 7.25 Höchst-, Tiefst- und Schlusskursdiagramm

Eröffnungs-, Höchst-, Tiefst- und Schlusskurs

In dieser Variante ist zusätzlich der *Eröffnungskurs* vorhanden. Die Spannweite zwischen *Tiefst-* und *Höchststand* stellt wieder die vertikale Linie dar. Der Unterschied zwischen Eröffnungs- und Schluss-Kurs ist in Form eines Kastens zu erkennen (siehe Abbildung 7.26). Ist der Schlusskurs höher als die Eröffnung, dann ist der Kasten weiß. Verlief der Handelstag hingegen negativ, ist also der Schlusskurs niedriger als der Eröffnungskurs, ist der Kasten blau.

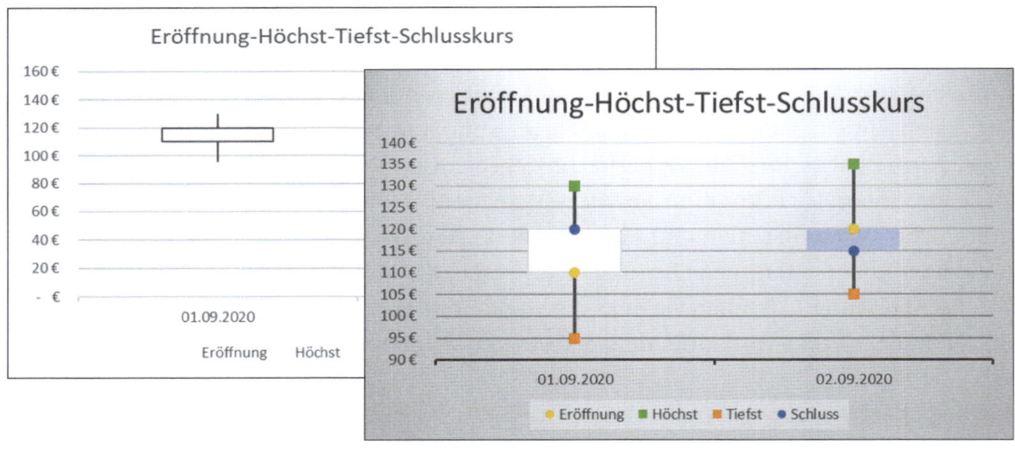

Abbildung 7.26 Eröffnungs-, Höchst-, Tiefst- und Schlusskursdiagramm

Volumen, Höchst-, Tiefst- und Schlusskurs

Zusätzlich lässt sich das Handelsvolumen in einem Kursdiagramm anzeigen. Das Volumen wird als Säule dargestellt, die Werte sind auf der primären vertikalen Achse aufgetragen. Die Daten für die Tiefst-, Höchst- und Schlusskurse sind dann auf der sekundären Werteachse abzulesen. Wegen der oftmals sehr unterschiedlichen Größenordnungen von Kursen und Volumen ist der Einsatz der sekundären Werteachse in diesem Kursdiagramm unumgänglich.

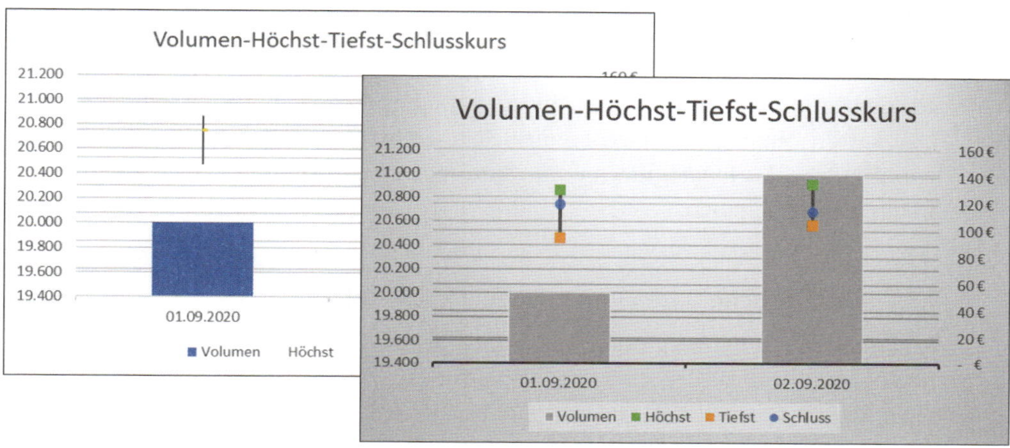

Abbildung 7.27 Volumen-, Höchst-, Tiefst- und Schlusskursdiagramm

Volumen, Eröffnungs-, Höchst-, Tiefst- und Schlusskurs

Die letzte Variante der Kursdiagramme bringt alle *Kenngrößen* des Handelstages zusammen. Neben den Eröffnungs-/Schlusskursen und den Höchst-/Tiefstwerten sind in diesem Diagramm auch die Volumen integriert (siehe Abbildung 7.28). Der Aufbau entspricht dem der anderen Varianten, es kommen dieselben Elemente zum Einsatz. Auch hier sind alle Informationen als Kombination aus vertikalen Linien, Kästen und Säulen dargestellt.

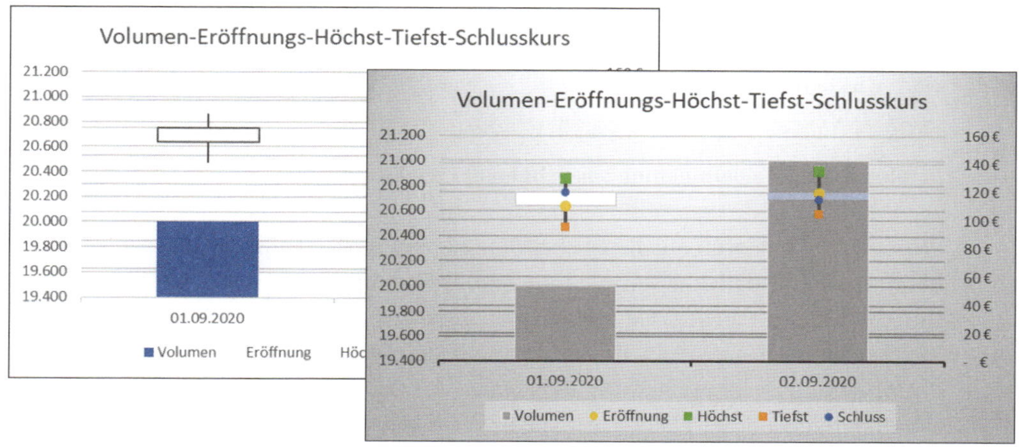

Abbildung 7.28 Volumen-, Eröffnungs-, Höchst-, Tiefst- und Schlusskursdiagramm

7.5 Flächenkartogramme – geografische Daten visualisieren

Flächenkartogramme sind Landkarten, auf denen ein Gebiet bzw. eine Fläche hervorgehoben ist. Die Gebiete können Kontinente, Länder, Bundesländer oder Postleitzahlenbereiche sein. Je nach zugeordnetem Wert lassen sich die Flächen in verschiedenen Farben einzeichnen, so lassen sich Gebiete auf einer Landkarte sehr gut vergleichen. Diese Form der Visualisierung hat einen großen Vorteil, die Betrachter können in der Regel sehr leicht die Aussage der Darstellung erfassen, jeder kann Landkarten ohne größere Probleme lesen. Selbstverständlich sind Flächenkartogramme bzw. *Kartendiagramme* nur dann einsetzbar, wenn Sie auch geografische Daten vorliegen haben.

7.5.1 Geografische Daten und Formen der Darstellung

Laut der *Excel-Hilfe* benötigen Kartendiagramme geografische Daten wie Länder, Regionen, Bundesländer, Kantone, Verwaltungsbezirke oder Postleitzahlen. Aus solchen Angaben lassen sich geografische Flächen auf einer Landkarte bestimmen. In der Praxis hat sich gezeigt, dass Länder, Bundesländer und Postleitzahlen sehr gut von Excel als Flächen identifiziert werden können, die Erkennung von Verwaltungsbezirken funktioniert ungleich seltener.

Um Flächenkartogramme überhaupt erstellen zu können, benötigen Sie eine aktive Internetverbindung. Excel ermittelt nämlich durch eine Onlineabfrage bei dem Such- bzw. Kartendienst *Bing* die notwendigen Informationen. Hier zeigt sich eine gewisse Problematik, je nach Schreibweise findet Bing Informationen zu Ihren Geodaten oder eben nicht. Sie werden im Fehlerfall dann nur über die recht vage Meldung in Abbildung 7.29 darauf hingewiesen, dass etwas nicht gefunden wurde. Zum Beispiel wird »Vereinigtes Königreich« erkannt, »Vereinigtes Königreich von Großbritannien« hingegen ergibt einen Fehler. Es empfiehlt sich bei Fehlern verschiedene Schreibweisen auszuprobieren, auf eventuelle Bindestriche zu achten oder Umlaute auch wirklich als solche zu benutzen.

ⓘ Wir haben 89 % der Orte aus Ihren Daten mit hoher Vertrauenswürdigkeit gezeichnet.

Abbildung 7.29 Fehlermeldung bei nicht erkannten Daten

Wurden die Geodaten aus Ihrer Excel-Tabelle bei Bing erkannt, haben Sie verschiedene Auswahlmöglichkeiten bei den Datenreihenoptionen, den Kartenbereich für Ihre Gebiete festzulegen. Sie können z. B. sagen, dass Ihr Gebiet auf der kompletten Weltkarte gezeigt werden soll oder in einem kleineren Ausschnitt der Weltkarte. Die Entscheidung richtet sich in der Regel nach der Größe Ihres Gebiets. Einen Postleitzahlenbereich auf der Weltkarte anzuzeigen, macht keinen Sinn, diese Fläche ist verschwindend klein. Oftmals bietet sich die Option Nur Regionen mit Daten an, dann sehen Sie nur den Ausschnitt mit Ihren Gebieten.

Ein wichtiges methodisches Mittel bei Kartendiagrammen ist die Einfärbung der Flächen. Die Farbe stellt den eigentlichen Wert dar, den Sie im Diagramm visualisieren wollen. Dies kann die Zahl von Einwohnern sein, das Brutto-Inlands-Produkt oder die Anzahl von Kunden. Für die Färbung der Flächen in einer Landkarte stehen Ihnen zwei Varianten zu Verfügung, ein zweifarbiger oder ein dreifarbiger *Farbverlauf*. Hier können Sie aber nicht nur die Farben selbst festlegen, auch die Bedeutung der zwei bzw. drei Farbpunkte lässt sich definieren. Neben der Skala NIEDRIGSTER WERT bis HÖCHSTER WERT können Sie auch eigene absolute und relative Grenzen bestimmen.

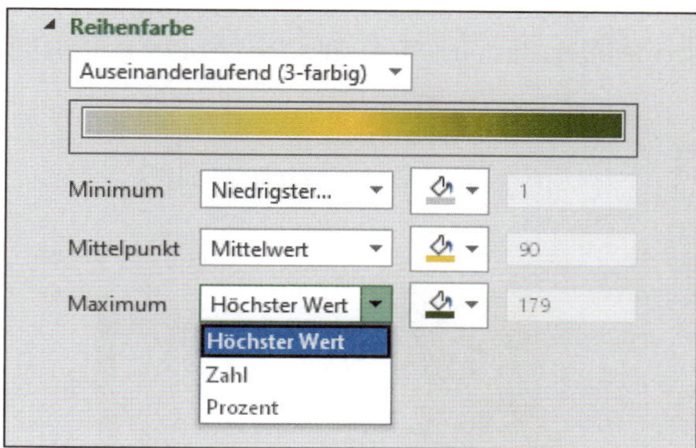

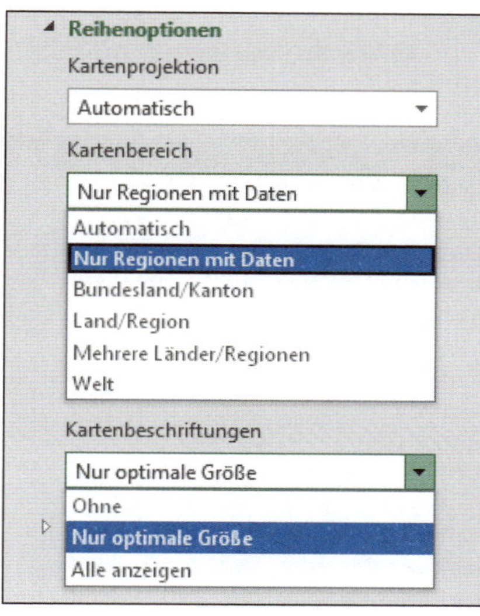

Abbildung 7.30 Optionen für Kartendiagramme

Datenschnitt bei Flächenkartogrammen

Liegen die Daten für ein Flächenkartogramm in einer formatierten Tabelle vor, lässt sich für diese ja eine Datenschnitt einfügen. Darüber können Sie sehr einfach Gebiete auf Ihrer Karte interaktive aus- und einblenden. Haben Sie als Kartenbereich NUR DATEN MIT REGIONEN eingestellt, können Sie so in einzelne Gebiete hineinzoomen, eine eventuell zu kleine Beschriftung wird dann sichtbar.

7.5.2 Postleitzahlengebiete einer Stadt

In dem konkreten Beispiel in Abbildung 7.31 soll die Anzahl von Kunden aus verschiedenen *Postleitzahlengebieten* der Stadt Düsseldorf auf einer Karte angezeigt werden. Die Daten wurden durch eine einfache Abfrage der Postleitzahl an der Kasse ermittelt und anschließend über den Zeitraum einer Woche addiert. Das Ergebnis steht in einer Tabelle, wobei die Spalten »Bundesland« und »Stadt« gar nicht notwendig wären. Das Bundesland stellt kein Sortier- oder Filterkriterium dar, alle Postleitzahlen von Düsseldorf liegen in Nordrhein-Westfalen. Und »Stadt« ist kein Datum, aus dem Excel eine geografische Fläche ableiten kann. Als Reihenfarbe wurde der dreifarbige Verlauf gewählt. Der Verlauf reicht vom kleinsten Wert mit einem hellen Grau über den Mittelwert mit der Farbe Gelb bis hin zu dem größten Wert mit einem dunklen Grün. Sie erkennen auf der Karte von Düsseldorf jetzt sofort, dass die meisten Kunden aus dem Innenstadtbereich kommen. Relativ viele Kunden wohnen im Nordwesten von Düsseldorf, aus dem Südosten finden sehr wenig Kunden den Weg in Ihr Geschäft. Wenn Sie jetzt eine neue lokale Werbekampagne starten wollen, gibt Ihnen dieses Diagramm Aufschluss darüber, dass im Südosten ein großes Potenzial für neue Kunden liegt.

Bundesland	PLZ	Stadt	Kunden
Nordrhein-Westfalen	40210	Düsseldorf	157
Nordrhein-Westfalen	40211	Düsseldorf	99
Nordrhein-Westfalen	40212	Düsseldorf	113
Nordrhein-Westfalen	40213	Düsseldorf	121
Nordrhein-Westfalen	40215	Düsseldorf	158
Nordrhein-Westfalen	40217	Düsseldorf	163
Nordrhein-Westfalen	40219	Düsseldorf	96
Nordrhein-Westfalen	40221	Düsseldorf	77
Nordrhein-Westfalen	40599	Düsseldorf	1
Nordrhein-Westfalen	40625	Düsseldorf	12
Nordrhein-Westfalen	40627	Düsseldorf	19
Nordrhein-Westfalen	40629	Düsseldorf	22
Nordrhein-Westfalen	40721	Düsseldorf	1

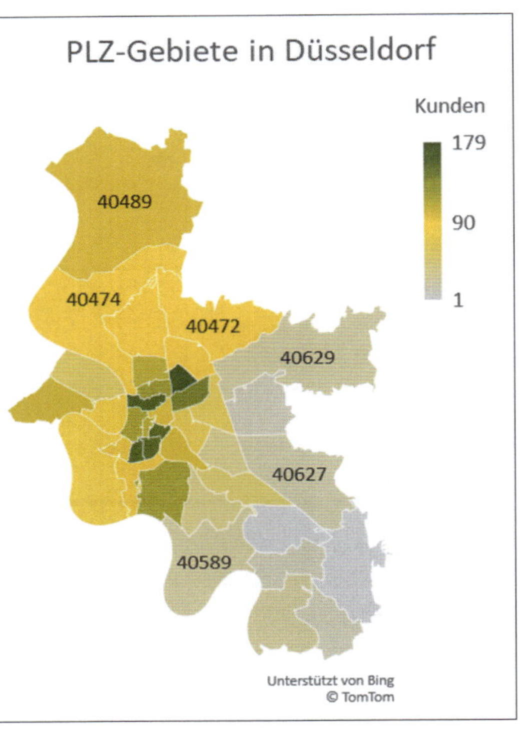

Abbildung 7.31 Kundenbesuche pro Postleitzahlengebiet in Düsseldorf

7.5.3 Bundesländer Deutschlands

In einem anderen Beispiel (siehe Abbildung 7.32) wollen Sie sich ein Bild verschaffen, in welche Bundesländer die Fahrräder Ihres Onlineshops verschickt wurden. Die Datentabelle ist denkbar einfach aufgebaut, auch hier wäre die erste Spalte gar nicht nötig. Das Bundesland ist eindeutig, Bing findet die Daten auch ohne Angabe des

Landes. Aber generell hat es sich bewährt, lieber eine Information in Form einer höheren Hierarchieebene zu viel anzugeben als zu wenig. Das Ergebnis dieser Karte zeigt Deutschland mit den unterschiedlich gefärbten Bundesländern. Die Optionen sind so gewählt, dass ein zweifarbiger sequenzieller Farbverlauf die Verkaufswerte anzeigt. Die Skala beginnt beim niedrigsten Wert mit einem blassen Grün und endet beim höchsten Verkaufswert mit einem kräftigen Dunkelgrün.

Land	Bundesland	Nov 20
Deutschland	Baden-Württemberg	15
Deutschland	Bayern	19
Deutschland	Berlin	11
Deutschland	Brandenburg	9
Deutschland	Bremen	7
Deutschland	Hamburg	11
Deutschland	Hessen	9
Deutschland	Mecklenburg-Vorpommern	7
Deutschland	Niedersachsen	5
Deutschland	Nordrhein-Westfalen	22
Deutschland	Rheinland-Pfalz	7
Deutschland	Saarland	3
Deutschland	Sachsen	8
Deutschland	Sachsen-Anhalt	6
Deutschland	Schleswig-Holstein	8
Deutschland	Thüringen	5

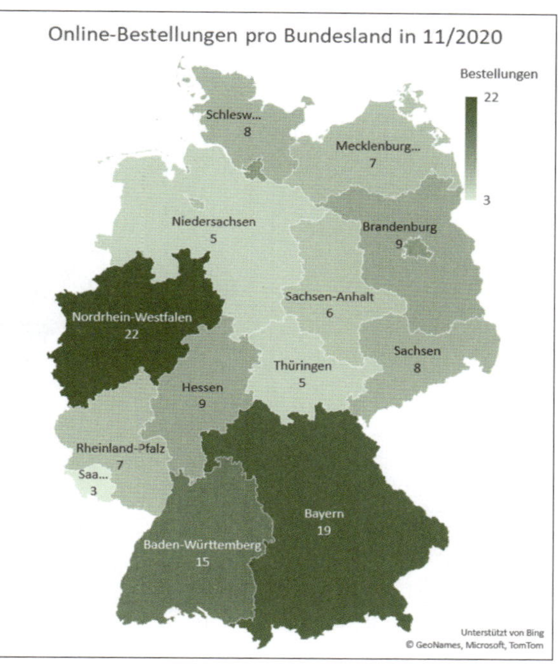

Abbildung 7.32 Anzahl von Onlinebestellungen pro Bundesland in 11/2020

7.5.4 Ausgewählte Länder in Europa

Sie überlegen, Ihren Fahrrad-Onlinehandel über die Grenzen hinweg nach Europa auszuweiten (siehe Abbildung 7.33). Um sich ein Bild über den eventuell zukünftigen Markt zu verschaffen, haben Sie die Einwohnerzahlen der deutschen Nachbarstaaten ermittelt. Diese lassen sich ganz einfach in einem Kartendiagramm visualisieren. Sie erkennen darin nicht nur die Staaten und die Einwohnerzahl über den grünen Farbverlauf, eine solche Kartendarstellung vermittelt Ihnen auch optisch einen Eindruck der Entfernungen und Größen. Auch hier erkennen die Betrachter unmittelbar sämtliche relevanten Informationen, ein Flächenkartogramm ist sehr leicht zu lesen.

Kontinent	Land	Einwohner
Europa	Belgien	11,43
Europa	Dänemark	5,73
Europa	Frankreich	64,98
Europa	Niederlande	17,04
Europa	Österreich	8,82
Europa	Polen	38,17
Europa	Schweiz	8,48
Europa	Tschechien	10,62

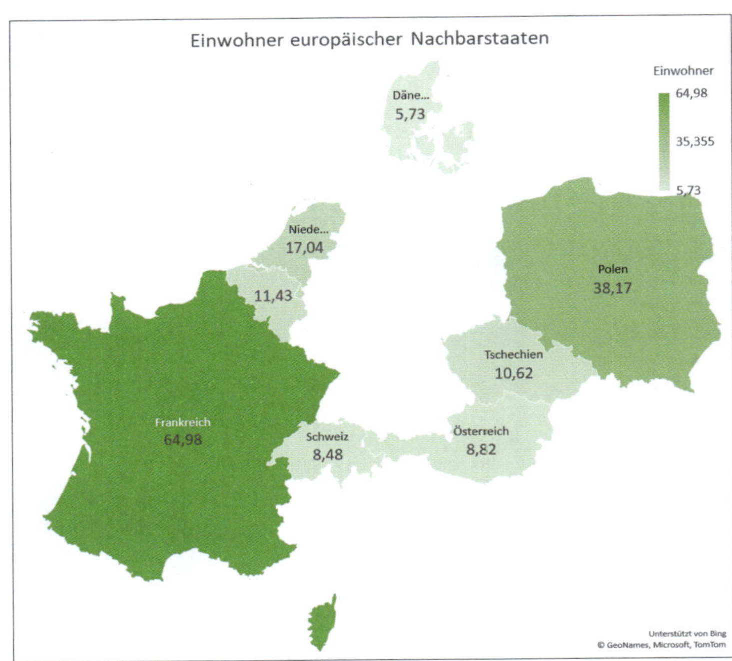

Abbildung 7.33 Einwohnerzahl europäischer Nachbarstaaten

7.6 3D-Karten

Excel stellt für die Visualisierung von Geoinformationen ein weiteres Werkzeug in Form eines Add-ins bereit. Mit den 3D-Karten können Sie nicht nur Flächen auf einer Landkarte einfärben, diese Karten erlauben die Darstellung von beliebigen Punkten auf einer dreidimensionalen Straßen- oder auch Satellitenkarte. Sie können Gebiete und Punkte mit mehreren Werten versehen und diese in unterschiedlicher Form sichtbar machen. Es lassen sich animierte Darstellungen ähnlich einer PowerPoint-Präsentation kreieren. Bei Bedarf können Sie eine Abfolge von Präsentationen sogar als Videodatei exportieren.

7.6.1 Datenbasis für 3D-Karten

Bei den Kartendiagrammen müssen Geoinformationen in Form von Staaten, Bundesländern oder Postleitzahlen vorliegen. Das Spektrum der möglichen Geodaten bei den 3D-Karten ist ungleich höher. Sie können zusätzlich Städte, Bezirke, Regionen angeben. Straßennamen sind genauso möglich wie Längen- und Breitengrade, selbst benutzerdefinierte Regionen kann das Add-in verarbeiten. Eine grundlegende Voraussetzung ist wiederum eine Internetverbindung, auch bei den 3D-Karten fragte Excel sämtliche Informationen bei dem Kartendienst Bing ab.

In den folgenden Erläuterungen zu den 3D-Karten werden die Beispieldaten aus Abbildung 7.34 benutzt. Es liegen für sieben Geschäfte die Adressen ohne Hausnummer vor. Zusätzlich ist das Eröffnungsdatum des Geschäfts in der Tabelle vermerkt sowie die Verkaufsfläche in Quadratmetern angegeben.

Land	Stadt	PLZ	Straße	Eröffnung	Verkaufsfläche [qm]
Deutschland	Frankfurt	60329	Gutleutstraße	01.03.2015	300
Deutschland	Nürnberg	90439	Gustav-Adolf-Straße	15.07.2015	620
Deutschland	Bochum	44869	Holunderweg	01.03.2016	180
Deutschland	Hannover	30625	Karl-Wiechert-Allee	15.04.2017	540
Deutschland	Bremen	28215	Regensburger Straße	01.12.2018	350
Deutschland	München	80637	Klugstraße	01.06.2019	250
Deutschland	Magdeburg	39114	Breitscheidstraße	01.07.2020	420

Abbildung 7.34 Beispieldaten für 3D-Karten

7.6.2 Excel-Add-in zur 3D-Kartendarstellung

Bevor Sie das Add-in zur 3D-Kartendarstellung nutzen können, muss dieses unter Umständen noch aktiviert werden. Über die Excel-Optionen im Bereich ADD-INS gelangen Sie zur Verwaltung der COM-ADD-INS. Sofern noch nicht geschehen, aktivieren Sie hier MICROSOFT POWER MAP FÜR EXCEL (siehe Abbildung 7.35).

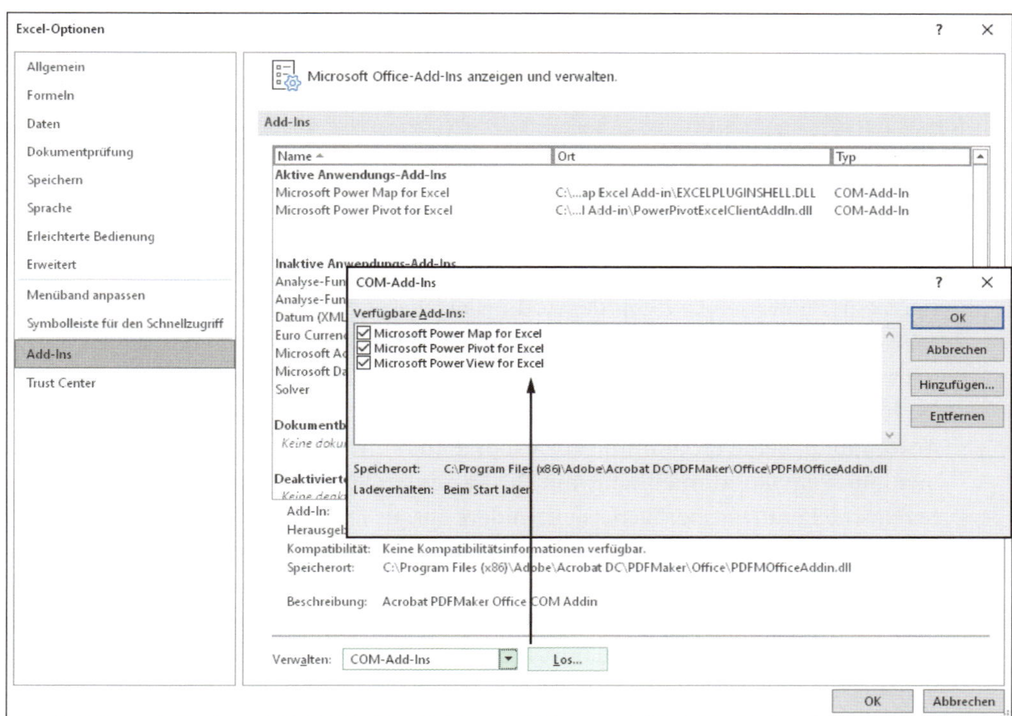

Abbildung 7.35 Add-in »Power Map« aktivieren

Nach der Aktivierung steht Ihnen auf der Registerkarte EINFÜGEN das Symbol 3D-KARTE zur Verfügung. Haben Sie bereits eine 3D-Karte in der aktuellen Datei integriert, so können Sie dieser 3D-Karte weitere Daten hinzufügen. Um eine bestehende 3D-Karte zu öffnen, wählen Sie die entsprechende *Tour* aus. Unter einer Tour ist dabei eine Sammlung von 3D-Karten mit verschiedenen Ansichten Ihrer Daten zu verstehen. Um eine neue 3D-Karte bzw. eine neue Tour zu erstellen, klicken Sie auf das Pluszeichen.

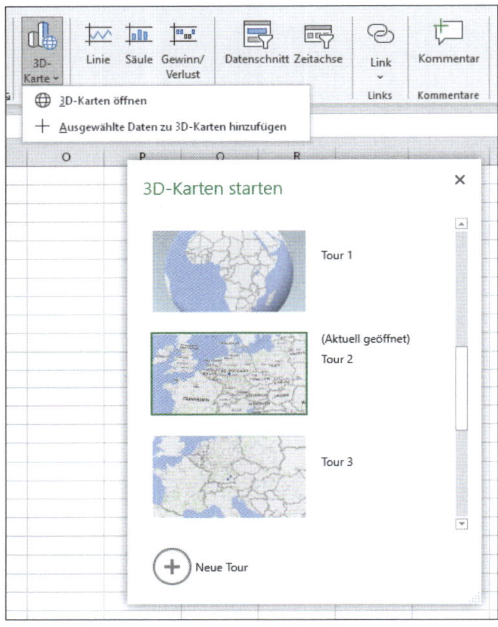

Abbildung 7.36 Starten des 3D-Karten-Add-ins

Nach einer gewissen Ladezeit des Add-ins erscheint ein neues Fenster auf dem Bildschirm (siehe Abbildung 7.37). Dabei handelt es sich nicht um ein einfaches Dialog- oder Auswahlfenster, es handelt sich vielmehr um eine komplett neue Anwendung. Sie haben in gewisser Hinsicht Excel verlassen und befinden sich in der 3D-Karten-Anwendung. Beide Programme korrespondieren im Hintergrund, sämtliche Funktionalitäten im Zusammenhang mit 3D-Karten stellt jedoch die neue Anwendung bereit. Die Benutzeroberfläche sieht anders aus als Excel, die Einträge auf der Registerkarte START sind neu, die Aufteilung der Arbeitsfläche ist anders, es ist kein Arbeitsblatt mit Zellen mehr vorhanden. Sie sehen unterhalb der neuen Menüpunkte der Registerkarte START einen dreigeteilten Arbeitsbereich. Im mittleren größten Teil ist eine Landkarte mit Navigationsschaltern dargestellt, hier erfolgt die Visualisierung Ihrer Daten. Links sind sogenannte *Szenen* aufgelistet, rechts befindet sich der Schichtbereich. Hier legen Sie die Zuordnung Ihrer Daten zu Bereichen auf der Landkarte fest und definieren die Art der Visualisierung.

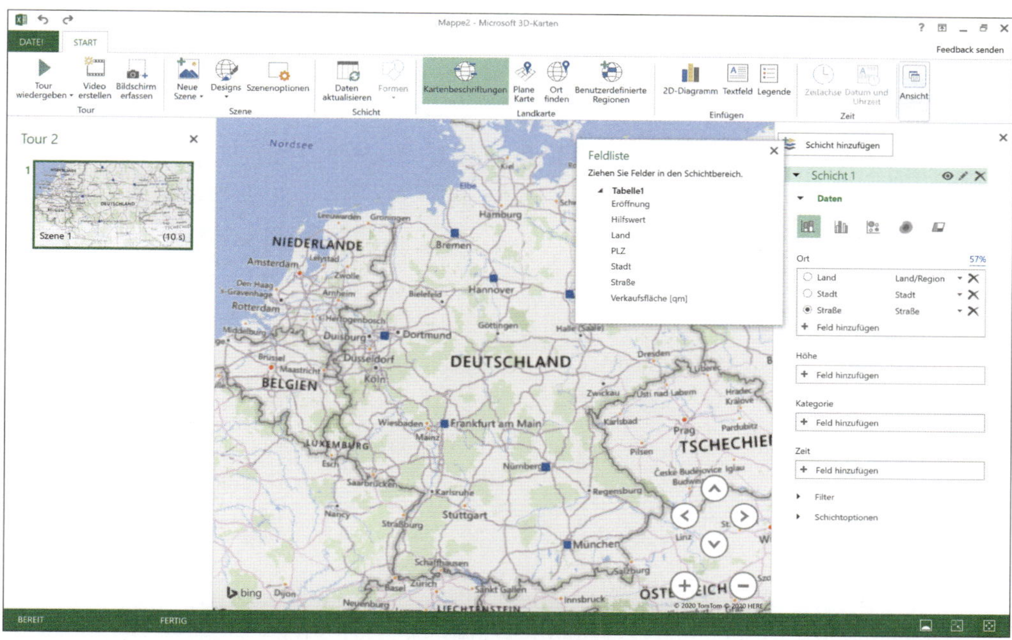

Abbildung 7.37 Aufbau und Handhabung des 3D-Karten-Add-ins

7.6.3 Schichten definieren

Beim ersten Start einer neuen Tour erscheint automatisch die Feldliste im Schichtbereich. In der Feldliste sind alle Spalten der Datentabelle aus der Excel-Datei aufgeführt. Das Add-in übernimmt schon so weit wie möglich eine Zuordnung der Tabellenfelder in den Ortsbereich. Die Spalten »Stadt« und »Straße« werden aus der Beispieltabelle (siehe Abbildung 7.34) als STADT und STRASSE deklariert. Die Spaltenüberschrift für die Postleitzahlen lautet in der Excel-Tabelle jedoch »PLZ«, diese wird nicht automatisch erkannt. Um diese jedoch auch als Ortsangabe in dieser Schicht festzulegen, ziehen Sie das Feld »PLZ« einfach in den Bereich ORT und deklarieren dieses Feld als POSTLEITZAHL.

Neben den Orten müssen Sie jetzt noch festlegen, welcher Wert auf der Landkarte an genau diesen Orten angezeigt werden soll. Um z. B. die Verkaufsfläche der sieben Städte durch *Säulen* oder *Blasen* darzustellen, ziehen Sie das Feld »Verkaufsfläche (qm)« in den Bereich WERT (siehe Abbildung 7.38). In den Beispieldaten befindet sich sogar eine Zeitangabe, in der Spalte »Eröffnungsdatum« ist angegeben, seit wann dieses Geschäft besteht. Dieses Feld können Sie in den Bereich ZEIT ziehen. Es ist auch möglich, mehrere Schichten zu definieren. In einer Schicht haben Sie dann z. B. den Blick auf die Straßen und das Eröffnungsdatum, in einer anderen Schicht wählen Sie als Ortsangabe die Postleitzahl und die Verkaufsfläche. Die Schichten lassen sich je nach Bedarf in den verschiedenen Szenen einer Tour ein- und ausblenden.

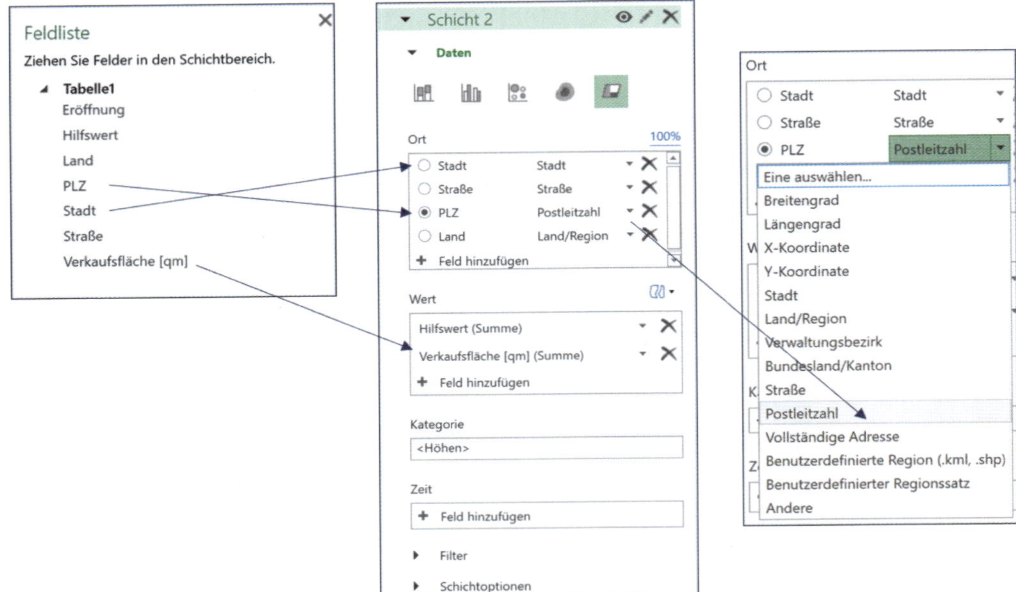

Abbildung 7.38 Zuordnung der Daten zu Feldern einer Schicht

Alle Einstellungen der Schichten sind sofort auf der Landkarte in Abbildung 7.37 im mittleren Bereich zu erkennen. Auf der Deutschlandkarte sehen Sie zu Beginn sieben kleine Quadrate, die ganz genau den Ort basierend auf der Postleitzahl anzeigen. Sie können jetzt mit den Navigationsschaltern oder mit der Maus die Karte verschieben, den Zoom verändern, die Blickrichtung und den Neigungswinkel nach Belieben modifizieren. Quasi in Echtzeit nehmen Sie verschiedene Sichten auf die Karte und Ihre Daten ein. Sie können sich auf wenige Meter genau den Holunderweg in Bochum auf der Karte anschauen. Und genau dort ist eine Säule in die Karte eingezeichnet, die die Verkaufsfläche symbolisiert.

7.6.4 Erstellung einer Tour

Eine *Tour* besteht aus einer oder mehrerer *Szenen*. Eine Szene stellt den Blick auf eine Karte und deren Daten dar. Eine Szene ist kein starres Bild, sie kann auch durchaus Animationen enthalten. Über die Zeitskala lassen sich z. B. basierend auf dem Eröffnungsdatum nach und nach die Orte in der Karte einblenden. In einer nächsten Szene können Sie die Verkaufsfläche in den Vordergrund rücken. Der Übergang von einer Szene zur anderen kann individuell gestaltet werden. ÜBERFLIEGEN bewirkt z. B., dass ganz weit aus der Karte herausgezoomt wird, Sie sehen den kompletten Globus (siehe Abbildung 7.39). Anschließend wird wieder hineingezoomt, eine neue Darstellung der Karte durch eine andere Schicht wird sichtbar.

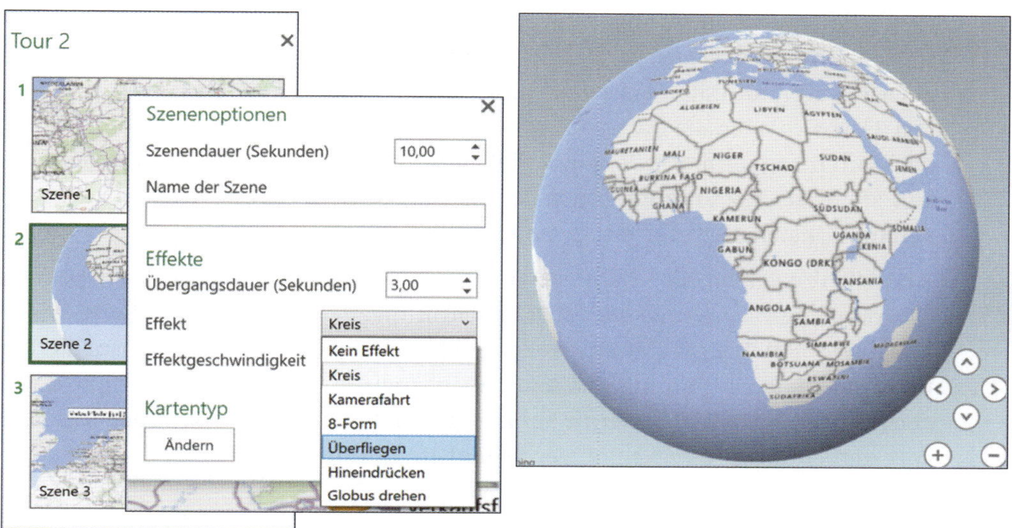

Abbildung 7.39 Szenen einer Tour erstellen

7.6.5 Darstellung von Werten

In einer 3D-Karte wird zum einen der Ort durch die Geoinformation in Ihren Daten hervorgehoben, zum anderen wird ein Wert in Ihren Daten diesem Ort zugeordnet und angezeigt. Hierfür stehen verschiedene Darstellungsformen bereit (siehe Abbildung 7.40).

Abbildung 7.40 Darstellungsvarianten und Optionen

Neben *gestapelten* und *gruppierten Säulen* können Sie die Werte als *Blasen* oder als sogenannte *Wärmebilder* darstellen. Letzteres sind Flächen, die durch Größe und einen Farbverlauf Daten anzeigen. Für Geoinformationen, die ein Gebiet beschreiben, lässt sich auch die Darstellungsform *Region* auswählen. Dabei werden wie bei den Kartendiagrammen z. B. Bundesländer oder Postleitzahlengebiete hervorgehoben. Für diese Diagrammformen in der Landkarte stehen viele der bekannten Optionen und Einstellungen für Farben und Größen zur Verfügung.

Zusätzlich zu Säulen oder Blasen an einem bestimmten Ort in der 3D-Karte können Sie komplette Diagramme oder auch Beschriftungen in die Karte integrieren (siehe Abbildung 7.41). Die Diagramme stellen die Werte nochmals in einer konsolidierten Form dar, diese Diagramme sind dann unabhängig vom Zoomfaktor der Karte. Mit den Anmerkungen lassen sich die konkreten Werte der Säulen, Blasen oder Regionen anzeigen, sie entsprechen somit den Datenbeschriftungen.

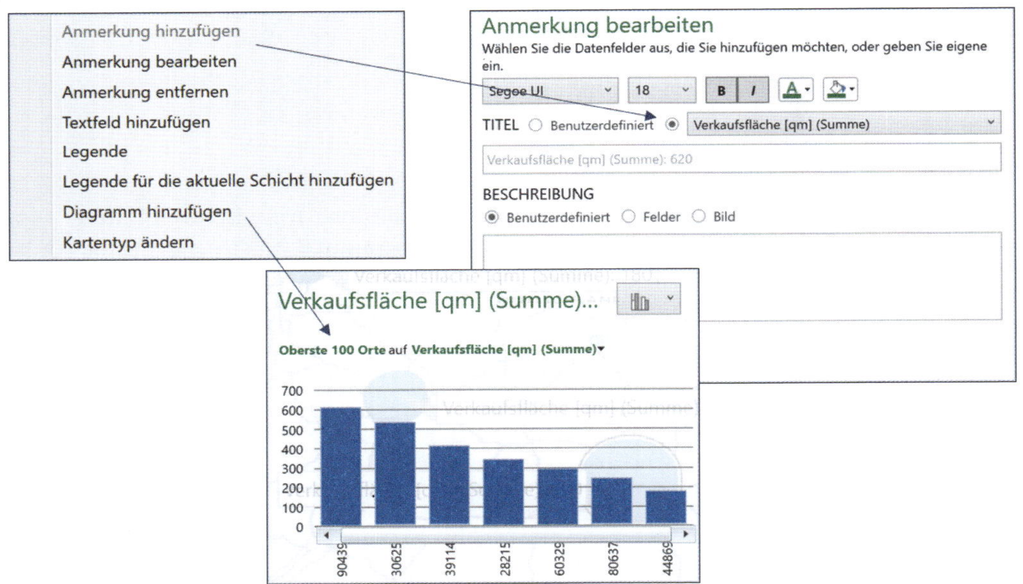

Abbildung 7.41 Zusatzinformationen auf einer Karte

7.6.6 Beispiele für 3D-Karten

Die 3D-Karten lassen sich in ganz unterschiedlicher Form anzeigen. Sie können beliebig hinein- oder herauszoomen, den Neigungswinkel modifizieren, die Blickrichtung ändern. Es stehen Ihnen zusätzliche mehrere Designs zur Auswahl, damit können Sie verschiedenen Farbmodi der Karten bestimmen. Bei Bedarf erlaubt der Menüpunkt KARTENBESCHRIFTUNGEN das Hinzufügen oder Entfernen der geografischen Informationen der Landkarte. Um aus der 3D-Karte eine ganz klassische 2D-Karte zu machen, nutzen Sie den Menüpunkt PLANE KARTE.

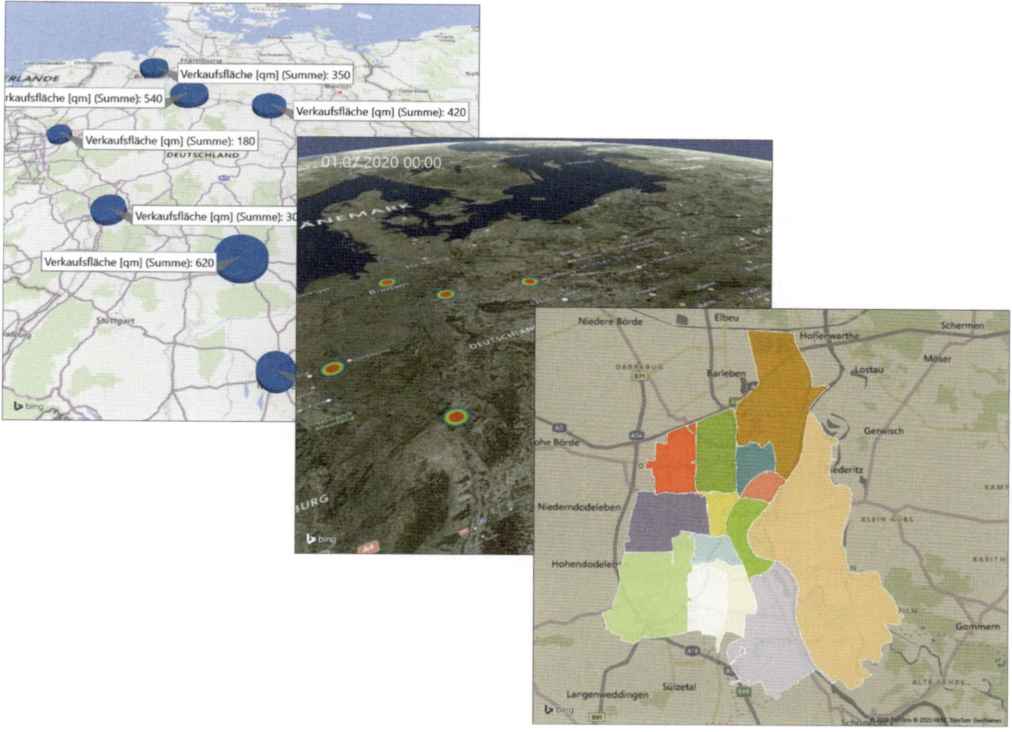

Abbildung 7.42 Beispiele für 3D-Karten

7.6.7 Video erstellen

In vielen Fällen kreieren Sie die 3D-Karten auf einer explorativen Basis. Das heißt, Sie probieren *Perspektiven* und *Zoomfaktoren* aus, testen verschiedene Kartendesigns, variieren die Szenen einer Tour. Sind Sie mit einer Ansicht zufrieden, lässt sich ein einzelnes Bild über BILDSCHIRM ERFASSEN in die Zwischenablage kopieren und beispielsweise in eine PowerPoint-Präsentation einfügen. Das Add-in für 3D-Karten erlaubt darüber hinaus auch den Export in eigenständige Videodateien (siehe Abbildung 7.43). Die Touren mit den Szenen und deren animierte Übergänge stellen ja schon eine Abfolge von vielen Bildern dar. Innerhalb des Add-ins lässt sich eine Tour abspielen. Um diese Tour auch anderen zugänglich zu machen oder in eine Präsentation zu integrieren, können Sie die Tour im Videoformat *MP4* abspeichern. Dabei stehen drei Auflösungen bereit, je nach Verwendungszweck können Sie zwischen 360 p, 720 p und 1080 p wählen. Sie sollten bei der Auswahl jedoch bedenken, dass ein Video für HD-Anzeigen mit 1.920 × 1.080 Bildpunkten schon einige Megabyte groß werden kann.

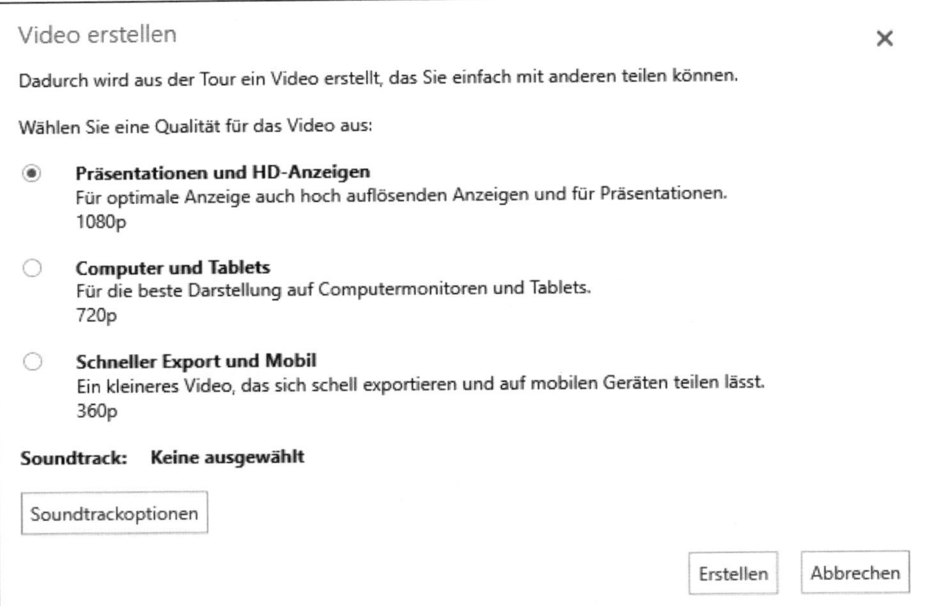

Abbildung 7.43 Einstellungen für einen Export als Video

Kapitel 8
Pivot-Tabellen und -Diagramme

Es gibt viele Möglichkeiten, Daten in Excel zu analysieren und durch Aggregationen neue Erkenntnisse zu erlangen. Ein sehr mächtiges Analysewerkzeug bietet Ihnen Excel mit Pivot-Tabellen bzw. Pivot-Diagrammen.

Bei Pivot-Analysen werden Funktionalitäten wie Filter und Gruppenbildung mit beliebigen Berechnungen kombiniert und in einem Rahmen zusammengefasst. In diesem Kapitel erfahren Sie, wie sich auf einfache Art und Weise unterschiedliche Sichten auf Ihre Daten erstellen lassen, ohne dass die Ursprungsdaten dabei verändert werden.

8.1 Daten für Pivot-Analysen

Die englische bzw. französische Bezeichnung *Pivot* bedeutet Dreh- oder Angelpunkt. Auch wenn der Name Pivot selbst patentiert ist, stellt die Bezeichnung doch ein allgemeingültiges Konzept dar. In Listenform vorliegende Daten werden dabei in Zeilen und Spalten zusammengefasst. In den jeweiligen Zellen (*Drehpunkten*) dieser neuen Tabelle erfolgt dann die gewünschte Berechnung. Sie legen die Struktur einer Pivot-Tabelle fest, entscheiden, aus welcher Zeilen- und Spaltenbeschriftungen sie besteht und welche Berechnungen stattfinden. Die Grundlage ist dabei Ihre Datenliste, die Überschriften der Datenspalten können Sie in die Felder der Pivot-Tabelle übernehmen. Die Handhabung in Excel ist sehr flexibel und unterstützt Sie dabei, Dinge einfach auszuprobieren. In den seltensten Fällen steht zu Beginn fest, wie das Ergebnis konkret aussehen wird. Das Konzept beruht ein Stück weit darauf, mit den Daten *zu spielen*. Alle Pivot-Tabellen können dafür auch als Pivot-Diagramm angezeigt werden. Diese flexible Visualisierung führt Sie dann zu den gewünschten Aussagen oder sogar zu ganz neuen Erkenntnissen.

8.1.1 Fragen zu Daten – Antworten mit Pivot

In der Datenliste in Abbildung 8.1 sind die etwa 50 Beleuchtungsartikel Ihres Zubehörsortiments aufgeführt. Neben Artikelnummern enthält die Liste unter anderem

Typ, Hersteller, Lagerplatz, Bestand und Preis. Ein Blick auf diese Liste wirft sofort viele Fragen auf, deren Antworten sich unmöglich auf Anhieb ablesen lassen:

- Wie viele Hersteller haben Sie im Sortiment?
- Wie ist das prozentuale Verhältnis zwischen Artikeln mit Akkus und Dynamos?
- Wie hoch ist der Lagerbestand mit Artikeln des Herstellers »Lerch«?
- Wie viele Artikel liegen auf Lagerplatz 55, deren Preis höher als 50 € ist?
- Gibt es mehr Topseller aus dem Bereich »Beleuchtungs-Set« oder aus dem Bereich »Vorderlicht«?

Diese Beispielfragen ließen sich beliebig fortsetzen. Ihre Antworten lassen sich alle mit Pivot-Tabellen finden.

Artikelnummer	Typ	Hersteller	Lux	Akku/Dynamo	Lagerplatz	Topseller	Aktueller Preis	Lagerbestand
11498	Rücklicht	Lerch	3	Akku	53	Nein	16,75 €	15
12565	Vorderlicht	Lerch	40	Dynamo	56	Ja	31,97 €	8
14943	Vorderlicht	Cyri8	25	Dynamo	51	Nein	9,93 €	12
16395	Vorderlicht	Astur	100	Akku	54	Nein	146,90 €	21
17527	Vorderlicht	Lumin	30	Akku	50	Ja	21,93 €	18
19018	Vorderlicht	Lerch	150	Dynamo	53	Nein	196,94 €	11
19188	Vorderlicht	Trozu	60	Dynamo	55	Nein	62,89 €	6
87318	Rücklicht	Lerch	5	Akku	51	Nein	19,98 €	7
87643	Rücklicht	Contra	5	Dynamo	50	Nein	6,96 €	19
89797	Vorderlicht	Lerch	50	Akku	67	Nein	61,98 €	13
90481	Set	Cyri8	30	Dynamo	61	Nein	41,92 €	11
92442	Rücklicht	Trozu	2	Akku	52	Nein	23,95 €	7

Abbildung 8.1 Datenliste mit Beleuchtungsartikeln

Auch in der nächsten Datenliste in Abbildung 8.2 drängen sich förmlich Fragen auf. Eine Besonderheit stellt die Datumsangabe dar. Für zwei Jahre sind pro Tag die Verkäufe sowie die Umsätze aus verschiedenen Kategorien aufgeführt. Und auch hier springen Fragestellungen ins Auge:

- Wurden mehr Damenräder im Jahr 2019 oder im Jahr 2020 verkauft?
- Lag der Umsatz im zweiten Quartal des Jahres 2020 höher oder niedriger als im ersten?
- Wie viele Fahrräder wurden insgesamt im September 2019 verkauft?

Auch zur Beantwortung von Fragen mit einem zeitlichen Bezug stellen die Pivot-Tabellen ein sehr umfangreiches Werkzeug dar. Insbesondere die automatische Erweiterung von Datumsfeldern bietet hervorragende Gruppierungsvarianten für Zeitspannen.

Datum	Anzahl Damen-räder	Wert Damen-räder	Anzahl Herren-räder	Wert Herren-räder	Anzahl Kinder-räder	Wert Kinder-räder	Anzahl Zubehör	Wert Zubehör
01.01.2019	3	1.386,49 €	1	395,86 €	2	1.221,05 €	31	1.623,48 €
02.01.2019	2	1.126,99 €	3	1.094,33 €	4	1.205,91 €	49	3.228,84 €
03.01.2019	0	- €	1	486,04 €	3	1.623,92 €	34	1.165,16 €
04.01.2019	2	1.331,50 €	4	2.504,00 €	2	756,72 €	22	1.262,38 €
27.12.2020	3	1.518,85 €	4	1.414,68 €	0	- €	48	2.310,75 €
28.12.2020	4	2.049,37 €	3	1.196,26 €	2	1.048,03 €	31	2.479,41 €
29.12.2020	3	1.902,26 €	1	680,01 €	4	1.392,83 €	41	1.705,80 €
30.12.2020	0	- €	3	1.785,89 €	2	1.142,34 €	39	2.365,48 €
31.12.2020	3	1.758,09 €	3	1.902,12 €	0	- €	31	2.309,53 €

Abbildung 8.2 Datenliste der Onlineverkäufe 2019 bis 2020

8.1.2 Struktur der Daten – Liste als Grundlage für Pivot-Tabellen

Generell lassen sich aus beliebig angeordneten und strukturierten Daten Pivot-Tabellen erstellen. Um jedoch effektiv die Erkenntnisse aus Ihren Daten zu gewinnen, sollten diese in Form einer Liste vorliegen. Eine *Datenliste* besteht aus einer Zeile mit Überschriften, in allen folgenden Zeilen stehen die eigentlichen Werte. Handelt es sich um Textwerte, werden diese in der Pivot-Tabelle in der Regel zum Zählen benutzt, mit den Zahlenwerten einer Spalte wird hingegen gerechnet. Die Zahlenwerte sollten dabei plausibel und konsistent sein. Extreme *Ausreißer* oder auch *Fehlerwerte* beeinflussen Berechnungen in der Pivot-Tabelle, unterschiedliche Größenordnungen verfälschen eventuell die Ergebnisse, nicht einheitlich formatierte Daten einer Spalte führen unter Umständen zu unerwünschten Effekten. Ein Datum kann z. B. in der Liste augenscheinlich als Datum lesbar sein, obwohl es als Text formatiert ist. In Berechnungen und somit auch in Pivot-Tabellen führt dies zu offensichtlichen oder gar zu versteckten Fehlern. Auch leere Felder oder leere Zeilen in der Datenliste gilt es, so weit wie möglich zu vermeiden. Diese können Berechnungen, wie etwa einen Durchschnitt, unbemerkt verfälschen.

Wie die Daten in Ihrer Liste formatiert sind, spielt für Pivot-Tabellen keine Rolle. Natürlich sollten eine Zahl als Zahl und ein Datum als Datum formatiert sein. Es ist jedoch unerheblich, ob eine Zahl zwei Nachkommastellen hat oder ein Datum in Kurzform angezeigt wird. In die Pivot-Tabellen werden die Rohdaten übernommen, die später dort formatiert werden können. Vorteile bieten jedoch Datenlisten, die als *formatierte Tabelle* vorliegen. Wenn diese die Datenquelle einer Pivot-Tabelle ist, werden bei Aktualisierung der Pivot-Tabelle automatisch neue Zeilen oder Spalten aus der Datenliste aufgenommen. Eine manuelle Anpassung durch Änderungen des Bezugs ist dann nicht notwendig.

8.2 Erstellen einer Pivot-Tabelle – Daten aggregieren

Ganz grundsätzlich lässt sich eine Pivot-Tabelle als Aggregation einer Datenliste bezeichnen. Für jede einzelne Zelle dieser Tabelle wird ein Wert berechnet, dort sind somit die Antworten auf Ihre Fragen zu finden. Excel erlaubt neben der rein tabellarischen Darstellung der Aggregation auch eine Visualisierung der Daten in Form von Diagrammen. Die Pivot-Tabelle stellt hier den Datenbereich des Diagramms dar.

8.2.1 Tabellenfelder hinzufügen – verschiedene Sichten auf Daten erzeugen

Die Erstellung einer Pivot-Tabelle oder auch eines Pivot-Diagramms ist denkbar einfach. Auf der Registerkarte EINFÜGEN finden Sie links in der Gruppe TABELLEN das Symbol zum Einfügen einer Pivot-Tabelle. Weiter rechts in der Gruppe DIAGRAMME fügen Sie mit dem Symbol ein Pivot-Diagramm ein. Da jedem Pivot-Diagramm eine Pivot-Tabelle zugrunde liegt, können Sie auch immer den Weg gehen, zuerst die Tabelle zu erstellen und später auf der Registerkarte PIVOTTABLE-ANALYSE dieser Pivot-Tabelle ein Diagramm hinzuzufügen. Als Tabelle oder Bereich ist die Datenliste zu verstehen, die analysiert werden soll. Im Fall einer *formatierten Tabelle* steht hier der Name der Datenliste, ansonsten der Zellbereich mit absoluten Adressangaben (z. B. $A$1:$E$50). In Abbildung 8.3 sehen Sie die beiden Dialoge zum Erstellen einer Pivot-Tabelle und eines Pivot-Diagramms. Sie sollten diese zwecks einfacher Handhabung in einem neuen Arbeitsblatt platzieren. So haben Sie eine Trennung zwischen Daten und der Analyse, und es kann nicht zu Überschneidungen der Zellbereich kommen.

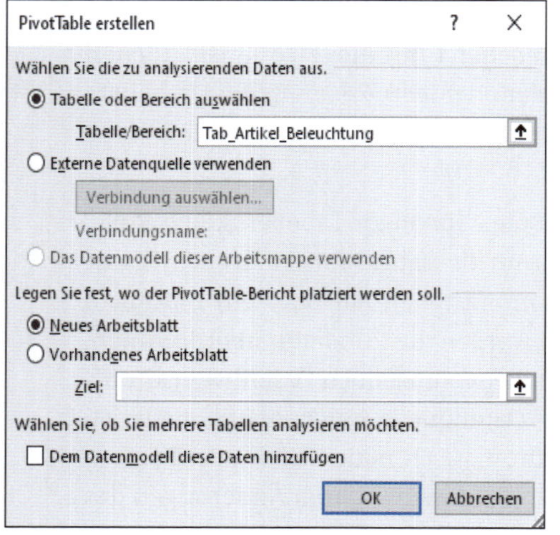

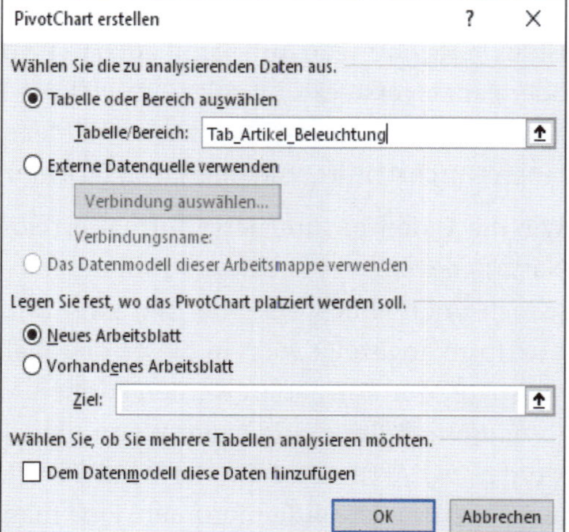

Abbildung 8.3 Pivot-Tabelle und Pivot-Diagramm einfügen

Eine neu erstellte Pivot-Tabelle ist erst einmal leer. Auf der linken Seite in Abbildung 8.4 ist ein Platzhalter zu sehen, rechts stehen die Felder und die vier Bereiche: ZEILEN, SPALTEN, WERTE und FILTER. Die Felder entsprechen den Spaltenüberschriften Ihrer Datenliste, die Sie jetzt einfach mit der Maus in die vier Bereiche ziehen können. Sobald ein Feld in einem Bereich steht, wird aus dem Platzhalter eine Tabelle – die Analyse hat begonnen.

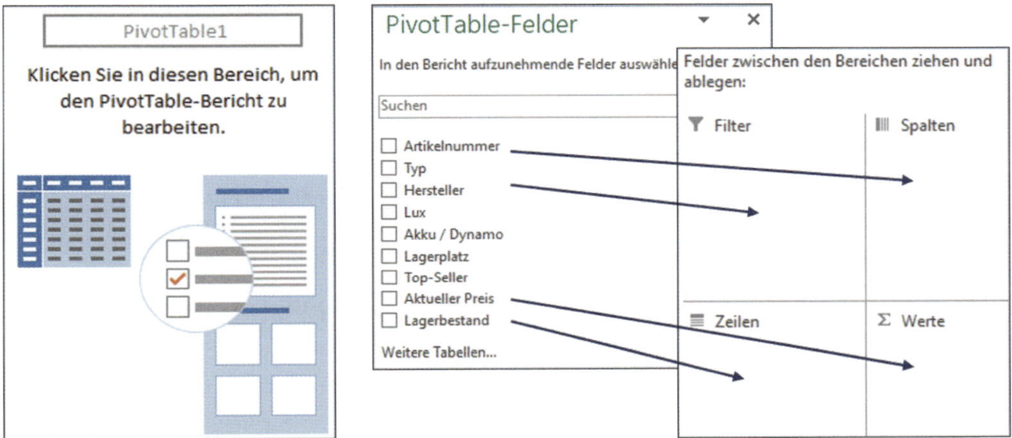

Abbildung 8.4 Neu erstellte Pivot-Tabelle

In dem folgenden Beispiel stellt die Datenliste »Beleuchtungsartikel« (siehe Abbildung 8.1) die Quelle einer Pivot-Tabelle dar. Dabei ist der »Lagerplatz« im Bereich ZEILEN und der »Typ« im Bereich SPALTEN abgelegt. Die Berechnung steht immer im Bereich WERT und besteht hier aus der Anzahl von Artikelnummern. Das Ergebnis ist die *Kreuztabelle* in Abbildung 8.5, bestehend aus den eindeutigen, untereinander aufgelisteten Lagerplätzen und den eindeutigen, nebeneinanderstehenden Typen. Eindeutig heißt, dass jeder in der Datenliste vorhandene »Lagerplatz« bzw. Beleuchtungstyp aufgeführt wird, ganz unabhängig davon, wie oft er in der Datenliste steht. Jedes Feld dieser Kreuztabelle berechnet Excel durch die im Bereich WERTE festgelegte Formel, in diesem Fall durch die Funktion *Anzahl* der Artikelnummern. Sie sehen in der Pivot-Tabelle jetzt, dass für den »Lagerplatz 50« genau eine Artikelnummer für »Rücklicht« gezählt wurde, auf »Lagerplatz 59« sind es drei Artikelnummern des Typs »Vorderlicht«. Diese Pivot-Tabelle sagt nichts darüber aus, wie viele Artikel pro Typ auf den Lagerplätzen liegen, die Anzahl besagt nur, wie viele unterschiedliche Artikelnummern dort zu finden sind.

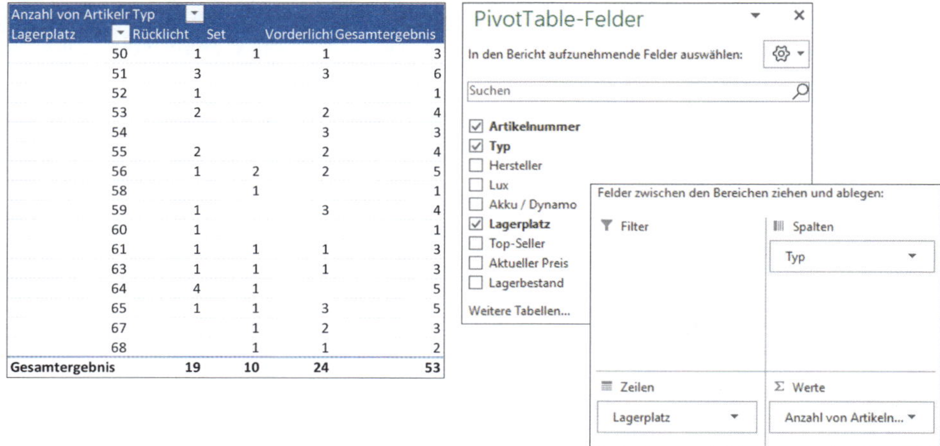

Anzahl von Artikelr Typ				
Lagerplatz	Rücklicht	Set	Vorderlicht	Gesamtergebnis
50	1	1	1	3
51	3		3	6
52	1			1
53	2		2	4
54			3	3
55	2		2	4
56	1	2	2	5
58		1		1
59	1		3	4
60	1			1
61	1	1	1	3
63	1	1	1	3
64	4	1		5
65	1	1	3	5
67		1	2	3
68		1	1	2
Gesamtergebnis	19	10	24	53

Abbildung 8.5 Artikelnummern pro Lagerplatz und Typ als Kreuztabelle

Wertberechnung mit Anzahl

Wenn Sie nur ermitteln wollen, wie oft die eindeutigen Werte in einer Spalte Ihrer Datenliste jeweils vorkommen, wählen Sie die Berechnung *Anzahl*. Es spielt dabei keine Rolle, welches Tabellenfeld Sie in dem Bereich WERTE ablegen, es handelt sich nur um eine Hilfsgröße zum Zählen. Im Beispiel hätte auch »Lagerbestand« oder »Topseller« stehen können, das Ergebnis wäre identisch.

In einer Pivot-Tabelle können auch mehrere Felder in den vier Bereichen abgelegt sein. Excel erstellt dann für Zeilen und Spalten eine Gruppierung. Die jeweils übergeordneten Felder bestimmen den Namen der Gruppe, die untergeordneten Felder sind die Gruppenmitglieder. In Abbildung 8.6 ist im Bereich ZEILEN das erste Tabellenfeld der »Hersteller«, diese werden untereinander in der Pivot-Tabelle aufgeführt und stellen die Gruppen dar. Für jeden dieser Hersteller sind dann alle Beleuchtungstypen aufgeführt, die in dieser Gruppe vorkommen. Die Berechnung im Bereich WERTE ist wieder durch die Funktion *Anzahl* festgelegt, es wird also einfach gezählt. Sie sehen in Abbildung 8.6 untereinander aufgelistet, wie viele unterschiedliche Artikel pro Hersteller und Typ im Sortiment sind. Von »Astur« haben Sie z. B. zwei Rücklichter, drei Vorderlichter und kein Set.

Werte in Spalten

Im Beispiel in Abbildung 8.6 ist der Bereich SPALTEN vermeintlich leer, obwohl in der Pivot-Tabelle die Spalte »Anzahl der Artikelnummer« vorhanden ist. Bei nur einer Wertberechnung wird dieser automatisch zur Spaltenüberschrift, ohne dass dieser explizit im Bereich SPALTEN aufgeführt ist. Haben Sie mehrere Berechnungen im Bereich WERTE, so zeigt Excel den Eintrag WERTE im Spaltenbereich an.

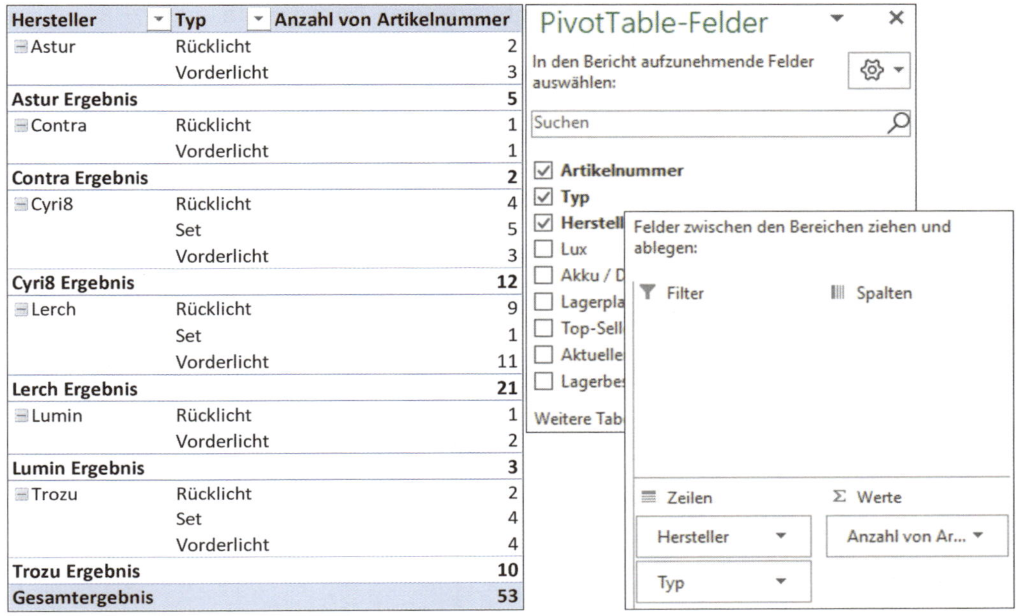

Hersteller	Typ	Anzahl von Artikelnummer
Astur	Rücklicht	2
	Vorderlicht	3
Astur Ergebnis		**5**
Contra	Rücklicht	1
	Vorderlicht	1
Contra Ergebnis		**2**
Cyri8	Rücklicht	4
	Set	5
	Vorderlicht	3
Cyri8 Ergebnis		**12**
Lerch	Rücklicht	9
	Set	1
	Vorderlicht	11
Lerch Ergebnis		**21**
Lumin	Rücklicht	1
	Vorderlicht	2
Lumin Ergebnis		**3**
Trozu	Rücklicht	2
	Set	4
	Vorderlicht	4
Trozu Ergebnis		**10**
Gesamtergebnis		**53**

Abbildung 8.6 Artikelnummern pro Hersteller als Gruppe mit untergeordneten Beleuchtungstypen

Sobald Sie eine Pivot-Tabelle eingefügt haben und eine Zelle in dieser Tabelle aktivieren, stellt Ihnen Excel zwei neue *Registerkarten* zur Verfügung: PIVOTTABLE-ANALYSE und ENTWURF. Hier sind zahlreiche Funktionalitäten zu finden, um die Pivot-Tabelle Ihren Vorstellungen anzupassen, weitere Details zur Analyse zu aktivieren oder auch ein Pivot-Diagramm einzufügen.

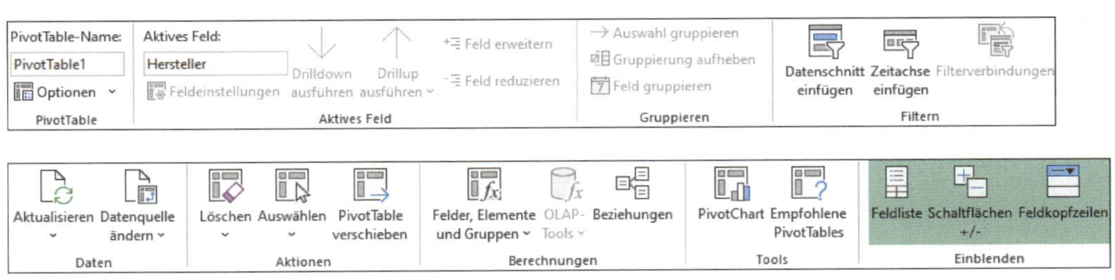

Abbildung 8.7 Registerkarte »PivotTable-Analyse«

Abbildung 8.8 Registerkarte »Entwurf«

8.2.2 Layout und Formate von Pivot-Tabellen – Anzeige von Ergebnissen festlegen

Pivot-Tabellen und Pivot-Diagramme stellen Ihnen umfangreiche Optionen zur Gestaltung bereit. Sie können z. B. festlegen, ob Gesamt- oder Teilergebnisse angezeigt werden sollen. Sie können über das *Berichtslayout* die Art der Gliederung bestimmen und aus vorgefertigten farbigen *Formatvorlagen* auswählen.

Gesamtergebnisse

Die Einzelergebnisse in den Zellen einer Pivot-Tabelle werden durch die Berechnungsvorschrift im Bereich WERTE ermittelt. Neben diesen Einzelergebnissen können Sie auch angeben, ob *Gesamtergebnisse* für Zeilen und Spalten in der Tabelle angezeigt werden sollen. Auf der Registerkarte ENTWURF finden Sie die verschiedenen Einstellungen in der Gruppe LAYOUT:

- FÜR ZEILEN UND SPALTEN DEAKTIVIERT
- FÜR ZEILEN UND SPALTEN AKTIVIERT
- NUR FÜR ZEILEN AKTIVIERT
- NUR FÜR SPALTEN AKTIVIERT

Teilergebnisse

Die *Teilergebnisse* kommen zum Tragen, wenn Sie mehrere Felder in Bereich ZEILEN oder SPALTEN haben. Durch diese Struktur entstehen Gruppen, deren Teilergebnisse in der Pivot-Tabelle angezeigt werden können. So lässt sich z. B. zusätzlich darstellen, wie viele Beleuchtungsartikel vom Hersteller Astur insgesamt vorhanden sind, also die Summe aus Rück- und Vorderlichtern und den Sets:

- NICHT ANZEIGEN
- ALLE IN DER GRUPPE UNTEN ANZEIGEN
- ALLE IN DER GRUPPE OBEN ANZEIGEN

Berichtslayout

Mit dem Berichtslayout legen Sie fest, wie die Pivot-Tabelle ganz generell aufgebaut sein soll. Diese Einstellungen bestimmen, ob Zellen eingerückt werden, ob leere Zellen zur besseren Übersicht eingefügt sind oder ob sich Namen wiederholen:

- IN KURZFORM ANZEIGEN
- IM GLIEDERUNGSFORMAT ANZEIGEN
- IM TABELLENFORMAT ANZEIGEN
- ALLE ELEMENTNAMEN WIEDERHOLEN

Leere Zellen

Auch diese Einstellung bezieht sich auf die Lesbarkeit der Pivot-Tabelle. Wenn in Ihrer Tabelle mehrere Gruppen vorhanden sind, lassen sich nach jeder Gruppe Leerzeilen einblenden:

- Leerzeile nach jedem Element anzeigen
- Leerzeile nach jedem Element entfernen

Formatvorlagen

Ähnlich wie bei den *formatierten Tabellen* stellt Ihnen Excel auch einige vorgefertigte Formatvorlagen für Pivot-Tabellen auf der Registerkarte Entwurf zur Verfügung (siehe Abbildung 8.9). Diese bestehen aus farblich abgestimmten Formatierungen für Überschriften, Teilergebnisse und Gesamtergebnisse. Deren Einsatz kann die Lesbarkeit von Pivot-Tabellen deutlich erhöhen.

Abbildung 8.9 Formatvorlagen für Pivot-Tabellen

> **Zellformatierungen**
>
> Während der Analyse sind Pivot-Tabellen ein recht dynamisches Konstrukt. Sie verschieben als Ersteller zu Beginn Felder, fügen neue hinzu, ändern die Berechnung und setzen Filter ein. Dadurch werden eigene Zellformatierungen wie Zahlenformate und Schrifttypen oder auch Spaltenbreiten sehr schnell wieder hinfällig. Es empfiehlt sich, die Analyse ohne weitreichende Zellformatierungen durchzuführen und diese erst einzusetzen, wenn die Pivot-Tabelle fertig ist.

8.2.3 Feldeinstellungen und Optionen – Feinjustierung von Pivot-Tabellen

Wenn Sie Ihre Pivot-Tabelle so aufgebaut haben, dass eine Gruppierung vorhanden ist, können Sie eine oder mehrere Berechnungen für Teilergebnisse festlegen. Für jede Gruppe lassen sich so zusätzliche Informationen ausgeben, die einen Vergleich der Gruppen untereinander ermöglichen (siehe Abbildung 8.10). Besteht Ihre Tabelle beispielsweise aus der Gruppe »Hersteller« und dem untergeordneten Feld »Lagerplatz«, berechnet die Vorschrift »Summe Lagerplatz« die Anzahl der Artikel pro Hersteller und Lagerplatz. Als Teilergebnis gibt Excel jetzt für jeden Hersteller die Summe aller Lagerbestände aus. Um die Berechnungsvorschrift zu ändern oder sogar weiter hinzuzufügen, lassen sich Änderungen in den FELDEINSTELLUNGEN vornehmen.

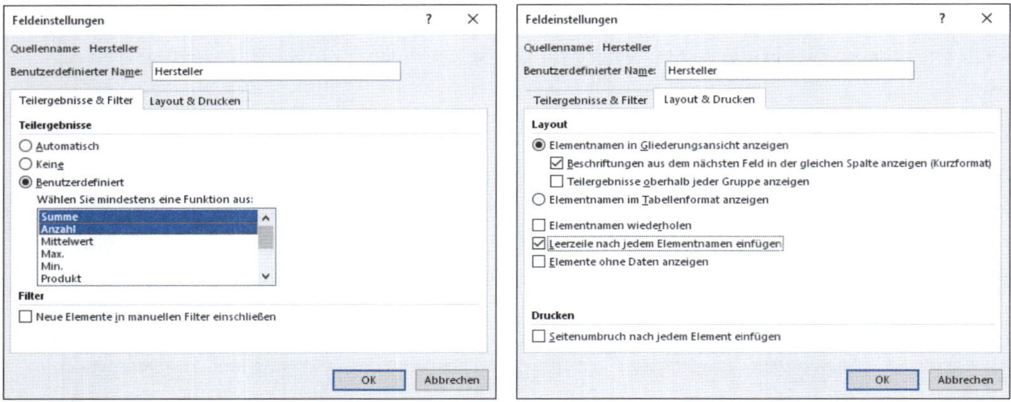

Abbildung 8.10 Feldeinstellungen

Im Beispiel in Abbildung 8.11 ist neben der Summe für jede Gruppe der Hersteller noch die Anzahl angegeben. Um dies zu erreichen, treffen Sie einfach die entsprechende Mehrfachauswahl bei der benutzerdefinierten Berechnung der Teilergebnisse. In Abbildung 8.11 sehen Sie jetzt, dass sich hinter den vier Lagerplätzen des Herstellers Astur fünf Artikel verbergen. Sie bekommen nur vier Zeilen mit Lagerplätzen angezeigt, die Zählung der eindeutigen Artikelnummern hat jedoch ergeben, dass fünf verschiedene Artikel vorhanden sind. Das heißt auf einem der Lagerplätze liegen in Ihrem Lager zwei unterschiedliche Artikel dieses Herstellers. Weitere Feldeinstellungen betreffen das Layout und das Verhalten beim Drucken. Die Layouteinstellungen lassen sich jedoch genauso auf der Registerkarte ENTWURF der Pivot-Tabelle im *Berichtslayout* vornehmen, hier handelt es sich nur um einen anderen Weg zum selben Ziel.

Tabellarische Ansicht der Teil- und Einzelergebnisse

Um die Ursprungsdaten eines berechneten Wertes zu sehen, können Sie einfach auf das Feld in der Pivot-Tabelle doppelklicken. Excel erstellt dann ein neues Arbeitsblatt mit genau den Zeilen, die basierend auf der Gruppierung und der Filter in die Berechnung einbezogen wurden. Auch hier kopiert Excel die Daten in das neue Arbeitsblatt, Ihre ursprüngliche Datenliste wird nicht verändert.

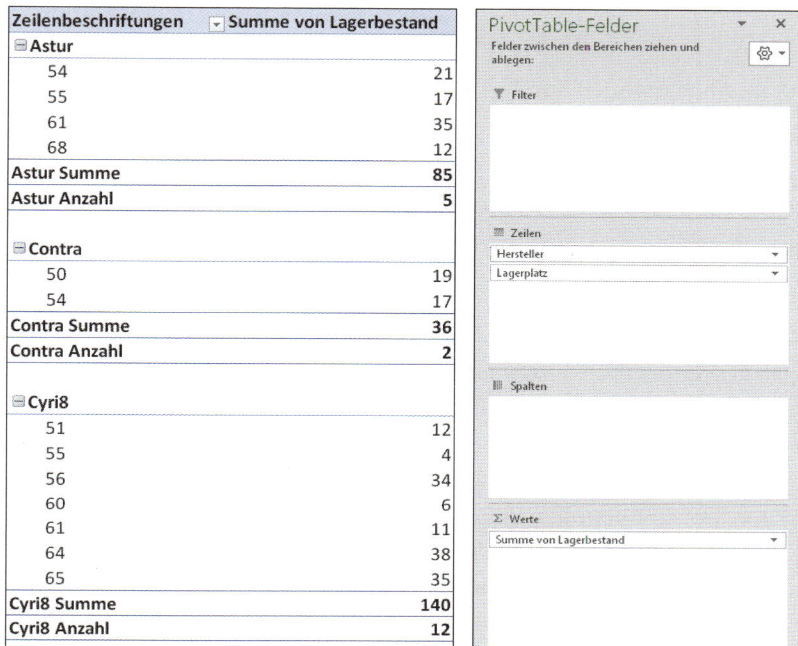

Zeilenbeschriftungen	Summe von Lagerbestand
⊟ Astur	
54	21
55	17
61	35
68	12
Astur Summe	**85**
Astur Anzahl	**5**
⊟ Contra	
50	19
54	17
Contra Summe	**36**
Contra Anzahl	**2**
⊟ Cyri8	
51	12
55	4
56	34
60	6
61	11
64	38
65	35
Cyri8 Summe	**140**
Cyri8 Anzahl	**12**

Abbildung 8.11 Zusätzliche Berechnung für Teilergebnisse

Die Optionen zur Pivot-Tabelle auf der Registerkarte PIVOTTABLE-ANALYSE fallen recht umfangreich aus (siehe Abbildung 8.12). Einige davon sind in der Praxis von untergeordneter Bedeutung, andere durchaus elementar, so z. B. die Aktualisierung der Spaltenbreite, die Excel immer automatisch durchführt, sobald die Pivot-Tabelle geändert wurde.

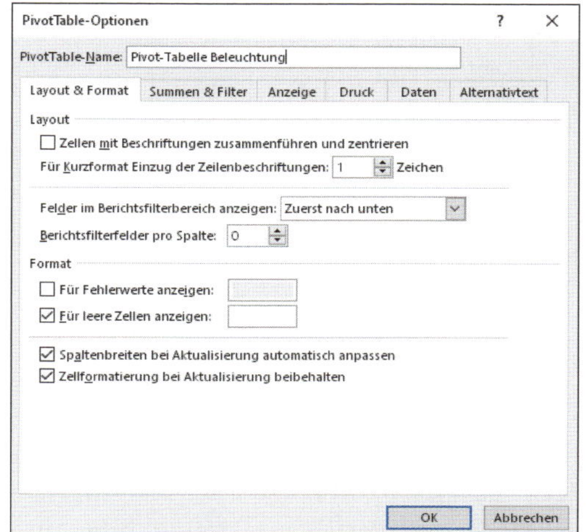

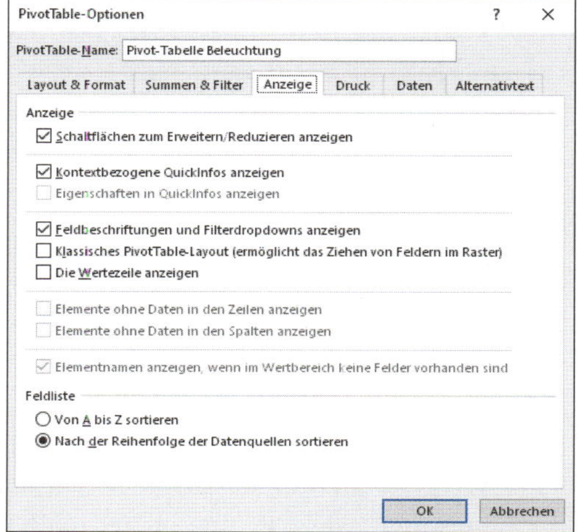

Abbildung 8.12 Optionen zur Pivot-Tabelle

Wenn Sie dies nicht wünschen, können Sie diesen Automatismus in den Optionen ausschalten (Haken entfernen bei Spaltenbreiten bei Aktualisierung automatisch anpassen). Auch manuell durchgeführte Formatierungen überschreibt Excel bei Änderungen an der Pivot-Tabelle eigenmächtig. Möchten Sie dies unterbinden, aktivieren Sie Zellformatierung bei Aktualisierung beibehalten.

8.2.4 Wertfeldeinstellungen – Art der Berechnung definieren

Die *Feldeinstellungen* beziehen sich auf die Felder einer Pivot-Tabelle, die der Selektion und der Gruppierung dienen, also auf die Felder, die in dem Bereich Zeilen oder Spalten festgelegt wurden. Die *Wertfeldeinstellungen* betreffen hingegen die Felder im Bereich Werte (siehe Abbildung 8.13). Hier können Sie bestimmen, wie Ihre Daten zusammengefasst werden sollen. Neben der *Summe* und der *Anzahl* finden Sie hier weitere Funktionen wie das *Produkt* und einige statistische Berechnungsvorschriften. Wenn Sie z. B. ermitteln wollen, wie hoch der Durchschnittswert aller Artikel jedes einzelnen Herstellers ist, legen Sie das Feld »Hersteller« in den Bereich Zeilen. Als Berechnung nutzen Sie anschließend die Funktion *Mittelwert* aus den Wertfeldeinstellungen für den Preis. Excel ermittelt jetzt alle Preise jedes Herstellers und dividiert durch ihre Anzahl. Die Einstellungen für die Wertfelder lassen sich über verschiedene Wege erreichen. Einer besteht darin, mit der rechten Maustaste in der Wertespalte der Pivot-Tabelle den Eintrag Werte zusammenfassen auszuwählen, es erscheint die Auswahl der möglichen Funktionen.

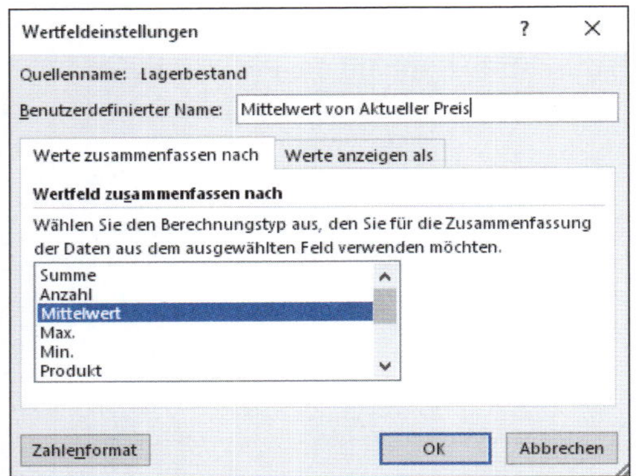

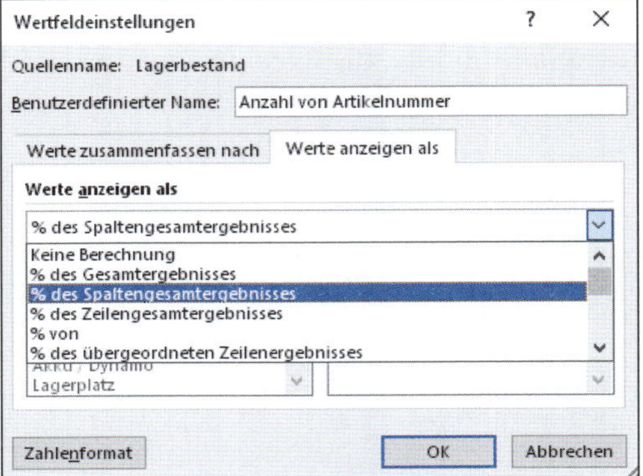

Abbildung 8.13 Wertfeldeinstellungen

Eine weitere Wertfeldeinstellung betrifft die Art der Anzeige. Im Normalfall wird der absolute Wert einer Berechnung angezeigt. Sie haben aber auch die Möglichkeit, Werte in Relation darzustellen. Hier bietet Excel eine recht lange Liste von Anzeigeoptionen, wie z. B. eine prozentuale Darstellung des Wertes zum Zeilen- oder zum Spaltenergebnis. Im Beispiel der Beleuchtungsartikel pro Hersteller (siehe Abbildung

8.1) lässt sich die jeweilige Anzahl der Artikel mit der Summe des Lagerbestandes ermitteln. Um den prozentualen Wert in Relation zum Gesamtlagerbestand anzuzeigen, wählen Sie wie in Abbildung 8.13 einfach % DES SPALTENGESAMTERGEBNISSES als Anzeigeoption aus.

In Abbildung 8.14 sehen Sie, dass rechts in der Pivot-Tabelle statt der absoluten Zahl 85 des Herstellers Astur jetzt 13,96 % stehen, die 36 Artikel von Contra machen 5,91 % der insgesamt 609 vorhandenen Artikel aus. Ohne dass Sie in Ihren Ursprungsdaten irgendwelche Änderungen durchführen müssen, können Sie ganz einfach über die Wertfeldeinstellungen diese Berechnung definieren.

Zeilenbeschriftungen	Summe von Lagerbestand
Astur	85
Contra	36
Cyri8	140
Lerch	216
Lumin	35
Trozu	97
Gesamtergebnis	**609**

Zeilenbeschriftungen	Summe von Lagerbestand
Astur	13,96%
Contra	5,91%
Cyri8	22,99%
Lerch	35,47%
Lumin	5,75%
Trozu	15,93%
Gesamtergebnis	**100,00%**

Abbildung 8.14 Wertfeldeinstellung »% des Spaltengesamtergebnisses«

8.2.5 Änderungen der Datenbasis – Daten aktualisieren

In der Datenquelle Ihrer Pivot-Tabelle ergeben sich mitunter Änderungen an den Daten. Sie modifizieren beispielsweise manuell Werte oder berechnen diese mit einer neuen Formel. Es gibt in den Optionen zwar die Einstellung, beim erneuten Öffnen der Datei die Pivot-Tabelle zu aktualisieren, Sie können diesen Vorgang aber auch jederzeit selbst anstoßen. Dazu können Sie entweder einfach AKTUALISIEREN starten, dann werden die Daten der aktiven Pivot-Tabelle sowie aller Tabellen mit derselben Datenquelle neu eingelesen. Der Punkt ALLE AKTUALISIEREN betrifft hingegen alle Datenquellen sämtlicher Pivot-Tabellen in Ihrer Excel-Datei.

Wenn Sie in Ihrer Datenquelle neue Zeilen und Spalten hinzufügen bzw. löschen, ändert sich ja auch der Zellbereich der Quelle. Haben Sie als Datenquelle eine *formatierte Tabelle*, übernimmt Excel automatisch die Anpassung, Sie müssen nichts weiter tun. Haben Sie hingegen die Datenquelle mit einer Zelladressierung (z. B. $A1:$D50) festgelegt, müssen Sie diese entsprechend anpassen.

Löschen oder Ändern von Spalten einer Datenquelle

Wenn Sie Spalten, die Sie in der Pivot-Tabelle als Feld benutzen, aus der Datenquelle löschen oder ihre Namen ändern, führt die Aktualisierung zur Fehlermeldung *ungültiger Feldname*. In diesem Fall müssen Sie die nicht mehr vorhandenen Felder aus Ihrer Pivot-Tabelle löschen.

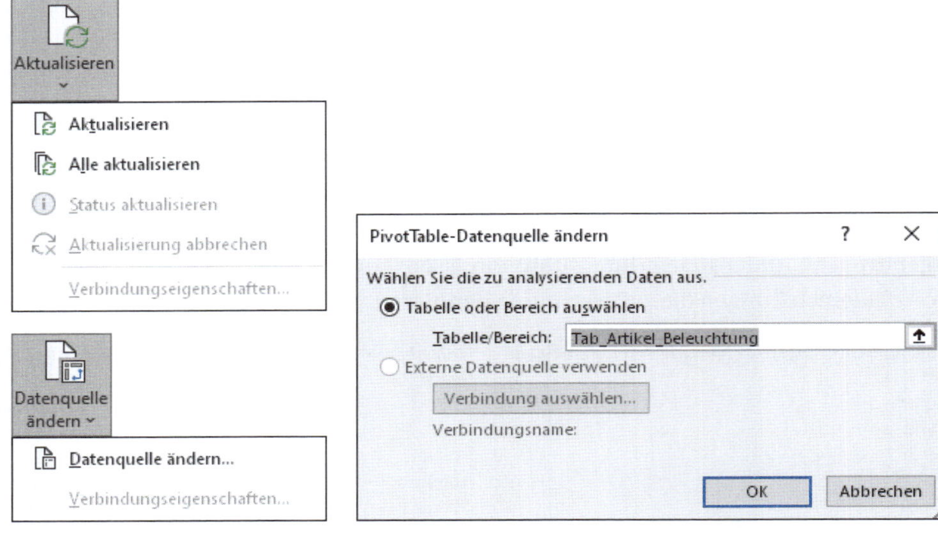

Abbildung 8.15 Datenquelle aktualisieren

8.3 Pivot-Diagramm – Visualisierung einer Pivot-Tabelle

Pivot-Diagramme stellen im eigentlichen Sinn keinen Diagrammtyp dar, es handelt sich also nicht um eine neue Darstellungsform. Die Besonderheit der Pivot-Diagramme besteht darin, dass der Datenbereich des Diagramms aus einer Pivot-Tabelle besteht. Sämtliche Änderungen an der Tabelle wirken sich unmittelbar auf das Diagramm aus, somit ist ein Pivot-Diagramm eine gute visuelle Unterstützung der Datenanalyse einer Pivot-Tabelle.

8.3.1 Einfügen eines Diagramms – Pivot-Tabelle als Datenquelle

Es macht keinen Unterschied, ob Sie zuerst eine Pivot-Tabelle anlegen und dann ein Pivot-Diagramm über die Registerkarte PIVOTTABLE-ANALYSE einfügen oder ob Sie gleich eine Pivot-Diagramm aus der Gruppe der Diagramme erstellen. Auch in diesem Fall fügt Excel erst mal eine leere Pivot-Tabelle ein, in der Sie Ihre Datenfelder platzieren können. In Abbildung 8.16 sehen Sie wieder eine Pivot-Tabelle mit den Beleuchtungsartikeln als Datenquelle. Pro Hersteller wurden die Summen der Lagerbestände pro Typ als Kreuztabelle ermittelt. Als Filter sind noch die beiden Felder »Lagerplatz« und die Beleuchtungsstärke »Lux« definiert.

Lux	(Alle)			
Lagerplatz	(Alle)			
Summe von Lagerbe	**Spaltenbeschri**			
Zeilenbeschriftun	**Rücklicht**	**Set**	**Vorderlicht**	**Gesamtergebnis**
Astur	35		50	85
Contra	19		17	36
Cyri8	36	61	43	140
Lerch	83	20	113	216
Lumin	14		21	35
Trozu	26	48	23	97
Gesamtergebnis	**213**	**129**	**267**	**609**

Filter: Lux, Lagerplatz
Spalten: Type
Zeilen: Hersteller
Werte: Summe von Lagerb...

Abbildung 8.16 Summe der Lagerbestände pro Hersteller und Typ

8

Wenn Sie jetzt ein Pivot-Diagramm einfügen, fragt Excel im gewohnten Auswahlfenster nach dem Diagrammtyp. Für die Daten bietet sich ein *gestapeltes Säulendiagramm* an, *Rubriken* sind die Hersteller, *Datenreihen* die drei Typen »Vorderlicht«, »Rücklicht« und »Set«. Sie sehen die bekannten Standardelemente eines Diagramms in Abbildung 8.17.

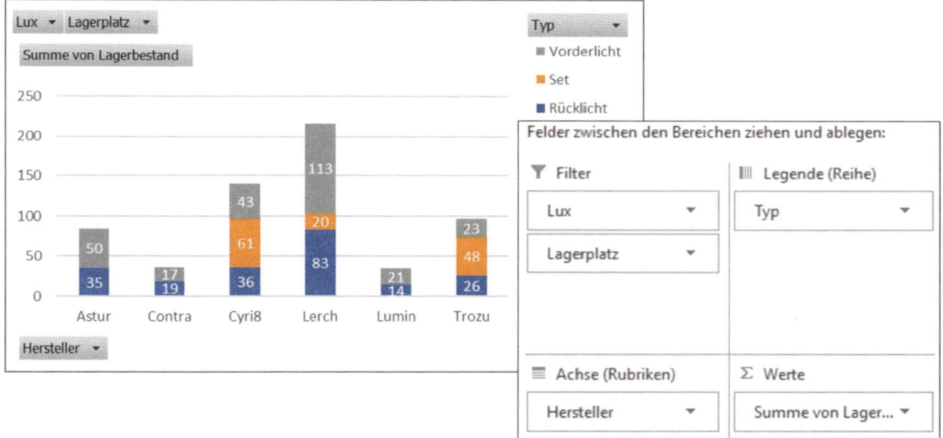

Abbildung 8.17 Gestapelte Säulen als Pivot-Diagramm

Auf der Zeichnungsfläche mit den Hauptgitternetzlinien stehen die Säulen, die Rubriken sind auf der horizontalen Achse aufgetragen, die vertikale Werteachse ist links eingezeichnet. Zusätzlich werden alle Felder der Pivot-Tabelle im Diagramm als kleine graue Flächen dargestellt. Der Pfeil nach unten lässt erkennen, dass es sich um Auswahllisten handelt. Hier stellt Ihnen Excel eine Filtermöglichkeit direkt im Diagramm bereit, so können Sie sich z. B. nur die Datenreihen »Vorderlicht« und »Rücklicht« anzeigen lassen, die Reihe »Set« wird ausgeblendet. Das Feld im Bereich der WERTE stellt keinen Filter dar, es dient an dieser Stelle als weitere Überschrift des Diagramms. Es spielt keine Rolle, ob die Pivot-Tabelle oder das Pivot-Diagramm aktiviert ist, es wird dasselbe Fenster der Tabellenfelder angezeigt. Änderungen beziehen sich sowohl auf die Tabelle als auch auf das Diagramm. Einen kleinen optischen Unterschied gibt es dennoch. Bei aktivierter Tabelle heißen die Bereiche ZEILEN und SPALTEN, ist das Diagramm aktiviert, ändert Excel die Bezeichnungen in ACHSE (RUBRIKEN) bzw. LEGENDE (REIHE). Daran ist zu erkennen, welche Felder im Diagramm als Rubriken dienen und welche Felder die Datenreihe darstellen.

Wenn Sie aus der Pivot-Tabelle statt einer Kreuztabelle eine gruppierte Listenansicht erstellen möchten, müssen Sie ja einfach das Feld »Typ« aus dem Spaltenbereich in den Zeilenbereich ziehen (siehe Abbildung 8.18). Sie sehen jetzt untereinander die Gruppen der Hersteller und eingerückt für jeden Hersteller den Beleuchtungsartikeltyp. In der Spalte »Summe von Lagerbestand« steht der entsprechend berechnete Wert als Einzel- und auch als Teilergebnis der Gruppe.

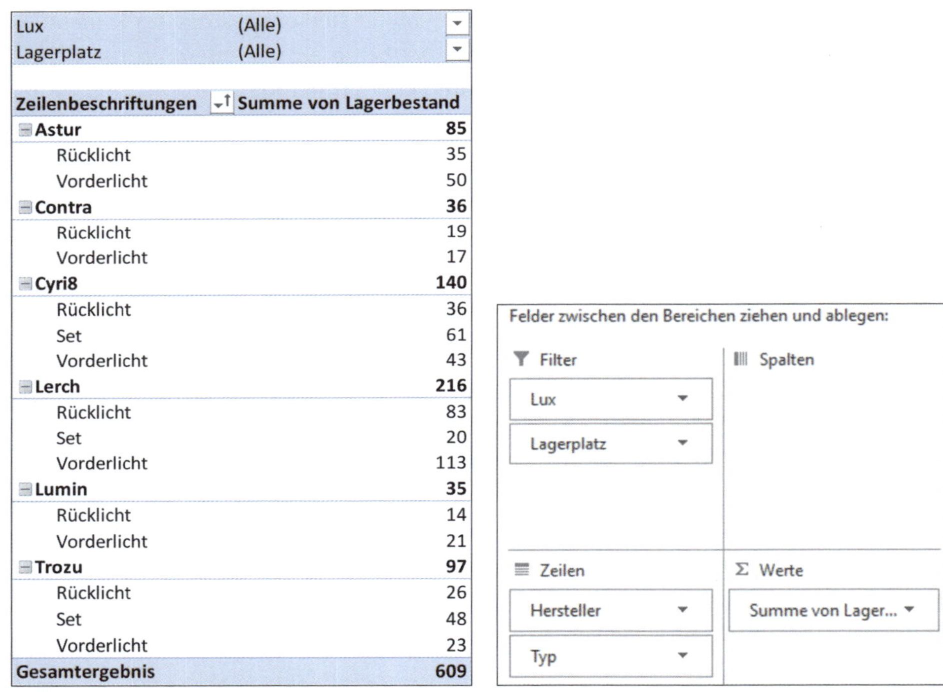

Lux	(Alle)
Lagerplatz	(Alle)

Zeilenbeschriftungen	Summe von Lagerbestand
Astur	**85**
Rücklicht	35
Vorderlicht	50
Contra	**36**
Rücklicht	19
Vorderlicht	17
Cyri8	**140**
Rücklicht	36
Set	61
Vorderlicht	43
Lerch	**216**
Rücklicht	83
Set	20
Vorderlicht	113
Lumin	**35**
Rücklicht	14
Vorderlicht	21
Trozu	**97**
Rücklicht	26
Set	48
Vorderlicht	23
Gesamtergebnis	**609**

Abbildung 8.18 Summe der Lagerbestände pro Hersteller und Typ als gruppierte Liste

Interessant ist, wie sich das korrespondierende Diagramm dieser Pivot-Tabelle verändert. Die *Rubriken* bestehen jetzt aus Gruppen mit untergeordneten Elementen, die einzige Datenreihe ist die Summe der Lagerbestände. Excel bildet diese gruppierten Rubriken in der Form ab, dass die Hersteller als Hauptrubrik auf der horizontalen Achse aufgetragen sind, die jeweiligen Artikeltypen stellen die Unterrubriken dar. Für jede dieser untergeordneten Rubriken wird im Diagramm eine Säule zur Darstellung des Wertes angezeigt. Aus dem ursprünglich gestapelten Säulendiagramm wurde nach Änderung der Pivot-Tabelle ein *gruppiertes Diagramm*.

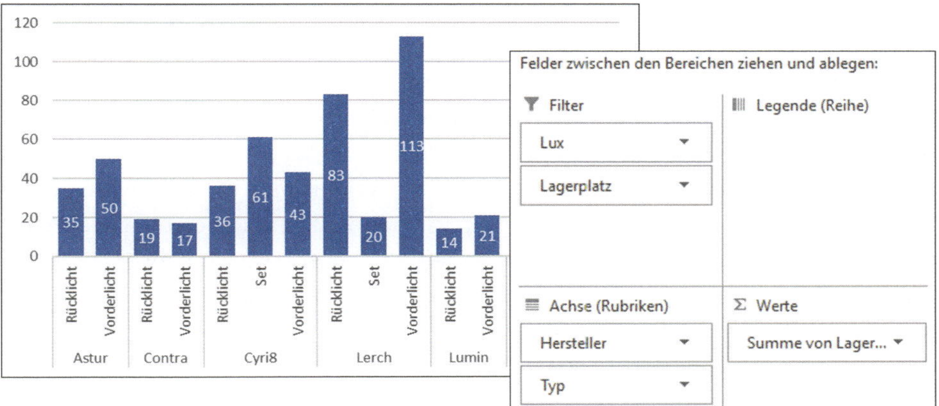

Abbildung 8.19 Gruppierte Säulen als Pivot-Diagramm

Teil- und Gesamtergebnisse in Diagrammen

Auch wenn Sie in Pivot-Tabellen Teil- oder Gesamtergebnisse für Spalten oder Zeilen eingeblendet haben, werden diese im Pivot-Diagramm nicht als eigenständige Datenreihe oder Rubrik berücksichtigt. Es handelt sich bei den Teil- und Gesamtergebnissen um zusammengefasste Werte, die nicht im Diagramm stehen dürfen, sonst würde sich die eigentliche Datenbasis verändern.

8.3.2 Erscheinungsbild eines Pivot-Diagramms – Schaltflächen ausblenden, Typ und Formatierung ändern

Ein Pivot-Diagramm unterscheidet sich optisch von einem »normalen« Diagramm, indem die Auswahllisten zum Filtern der Daten in Form kleiner grauer Flächen eingeblendet sind. Da diese häufig nicht notwendig sind und nur Platz im Diagrammbereich einnehmen, lassen sie sich einzeln oder alle auf einmal ausblenden (siehe Abbildung 8.20). Diese Option finden Sie im Kontextmenü nach einem Klick der rechten Maustaste. Um die Schaltflächen wieder einzublenden, finden Sie auf der Registerkarte PIVOTTABLE-ANALYSE das entsprechende Symbol .

Sämtliche Einstellungen und Formatierungen von Diagrammen lassen sich auch auf Pivot-Diagramme anwenden. Excel unterscheidet hier nicht, Sie finden für Pivot-Diagramme dieselben Elemente eines normalen Diagramms, die Art der Formatierung oder Farbgebung ist identisch, die Umwandlung von einem Diagrammtyp in einen anderen Typ funktioniert genauso. Da sich während Ihrer Datenanalyse jedoch die Datenbasis, also die Pivot-Tabelle, sehr dynamisch ändern kann, ergeben sich manchmal kleine »Fallstricke« bei der Darstellung als Diagramm. Eine einfache Pivot-Tabelle zählt im Beispiel in Abbildung 8.20 die Lagerbestände aller akku- und aller dynamobetriebenen Beleuchtungen zusammen. Das Ergebnis ist als Kreisdiagramm dargestellt, die insgesamt 609 Artikel teilen sich in 215 Dynamos und 394 Akkus auf. Sie können dieses Diagramm selbstverständlich auch in einen 3D-Kreis umwandeln. Und Sie können wie in Abbildung 8.21 auch den Hersteller als LEGENDE (REIHE) definieren, somit also mehrere Datenreihen festlegen. Aber genau dies ist in einem Kreisdiagramm nicht möglich, dieser Typ erlaubt nur die Darstellung einer Datenreihe. Darum nimmt Excel in diesem Fall nur die Werte der ersten Datenreihe, also des Herstellers Astur, während alle anderen unberücksichtigt bleiben. Da keine Überschrift oder ein sonstiger Hinweis im Diagramm steht, dass es sich ausschließlich um die Werte von Astur handelt, kann das Kreisdiagramm leicht fehlinterpretiert werden. Hier ist Vorsicht geboten.

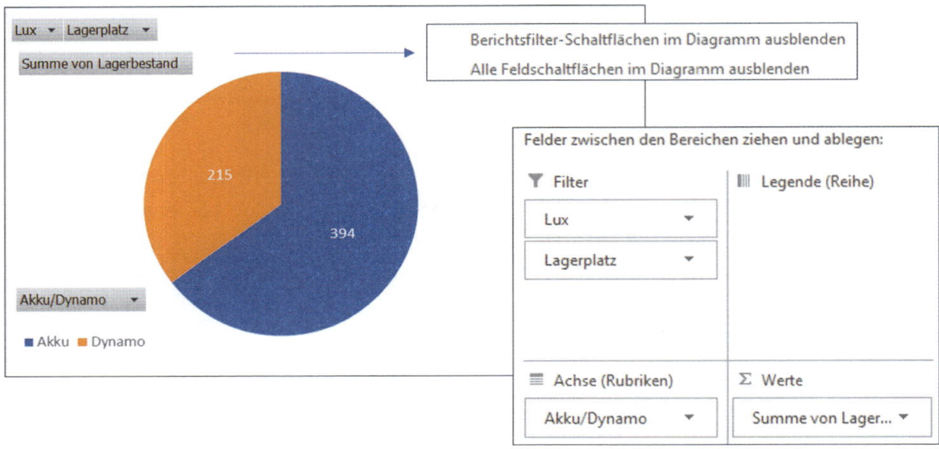

Abbildung 8.20 Pivot-Kreisdiagramm »Akku/Dynamo« mit Schaltflächen

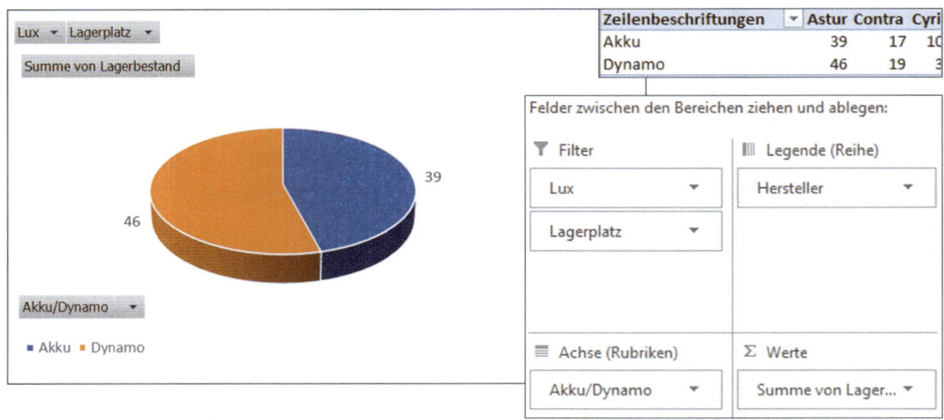

Abbildung 8.21 3D-Pivot-Kreisdiagramm »Akku/Dynamo« eines Herstellers

Nutzung des Standarddiagramms Säulen

Wenn Sie im Zuge der Analyse noch viele Änderungen an der Pivot-Tabelle vornehmen, empfiehlt es sich, den sehr vielseitigen Diagrammtyp *Säule* zu nutzen. Dieser Typ passt für viele Arten von Datenstrukturen. Die meisten anderen Typen setzen einen bestimmten Aufbau der Datenlisten voraus. Am Ende Ihrer Analyse lässt sich dann ganz gezielt ein passender Diagrammtyp auswählen. Auch was die Formatierung der Diagramme angeht, sind Änderungen zu Beginn Ihrer Analyse oftmals vergebens. Die Anordnung der Daten Ihrer Pivot-Tabelle ändert sich und somit ändert sich unter Umständen auch das Diagramm. Die bereits durchgeführten Einstellungen und Formatierungen sind dann plötzlich hinfällig. Deswegen sollten diese Arbeiten sowie der letzte Feinschliff erst am Ende der Analyse erfolgen.

8.3.3 Blick auf die Daten modifizieren – Einsatz von Filtern

Eine grundlegende Funktionalität von Pivot-Tabellen und somit auch von Pivot-Diagrammen stellen die *Filter* dar. Über die Anordnung der Tabellenfelder in den Bereichen ZEILEN und SPALTEN legen Sie die Struktur der Pivot-Tabelle fest, im Bereich WERTE ist die Art der Berechnung definiert und im Bereich FILTER können Sie darüber hinaus noch die Felder angeben, die Ihnen als Filter angezeigt werden sollen. In einer Pivot-Tabelle sind diese Filter oberhalb der eigentlichen Datentabelle angeordnet, in einem Pivot-Diagramm sind die Filter als graue Schaltfläche oben links platziert. Über die entsprechenden Dropdown-Listen lassen sich ganz gezielt die Werte anzeigen, die von Interesse sind. Im Fall von mehreren Filtern greift immer eine *Und-Verknüpfung*. Im Beispiel in Abbildung 8.22 sind wieder die Lagerbestände der Beleuchtungsartikel aller Hersteller angezeigt, diesmal jedoch nur die mit den Beleuchtungsstärken 50, 60 und 70 Lux auf den Lagerplätzen 60 bis 69.

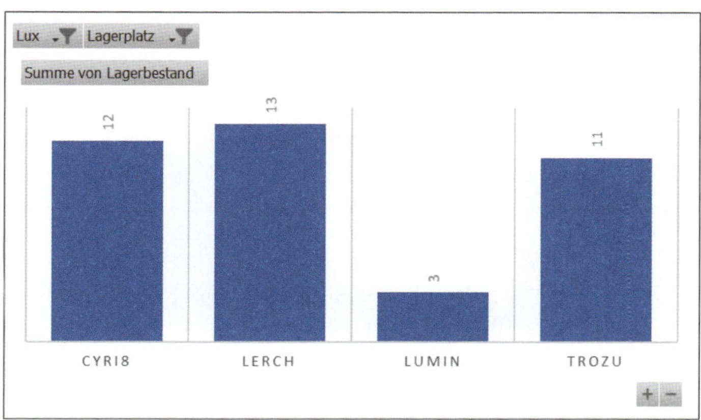

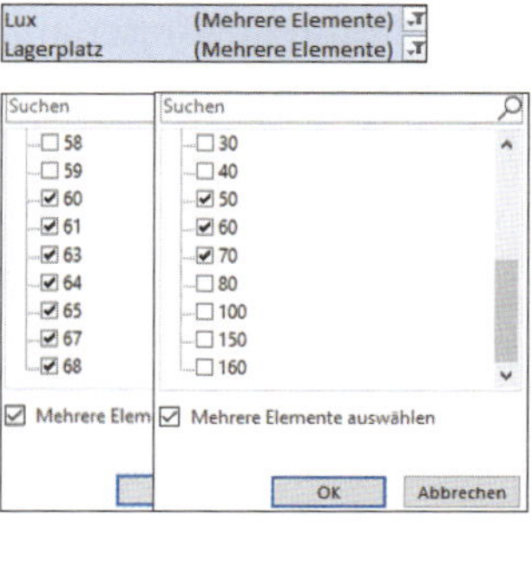

Abbildung 8.22 Pivot-Diagramm mit Feldfiltern

Neben diesen reinen *Feldfiltern* können Sie auch über die Beschriftungen der Zeilen und Spalten sowie über die Werte selbst filtern. Während über die Felder im Bereich FILTER nur angegeben werden kann, ob ein Eintrag angezeigt werden soll oder nicht, erlauben die Beschriftungs- und Wertefilter den Einsatz wesentlich umfangreicherer Kriterien (siehe Abbildung 8.23). Für die Beschriftungen, also die Felder in den Bereichen ZEILEN und SPALTEN Ihrer Pivot-Tabelle, lassen sich zahlreiche Textfilter einsetzen. Beispielsweise können Sie festlegen, ob eine Beschriftung mit einem bestimmten Buchstaben beginnt oder endet oder ob eine Folge von Zeichen enthalten sein soll. Die WERTEFILTER lassen typische Zahlenvergleiche, wie z. B. die Prüfung auf *größer* oder *kleiner*, zu.

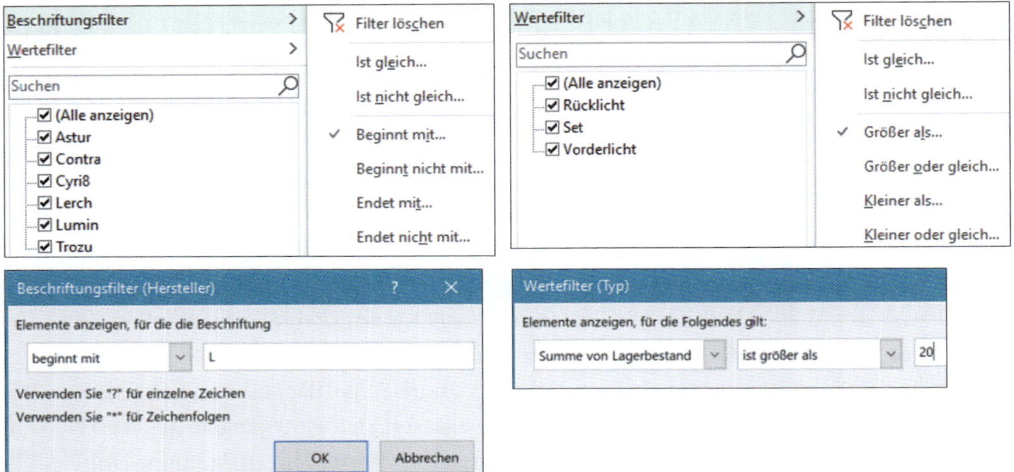

Abbildung 8.23 Beschriftungsfilter »Hersteller« und Wertefilter »Summe Lagerbestand«

Die Festlegung, nur die Hersteller mit dem ersten Buchstaben »L« und nur die Lagerbestände größer als 20 anzuzeigen, führt zu dem Diagramm in Abbildung 8.24. Sie sehen darin nur drei Säulen, alle anderen wurden herausgefiltert. Ganz gleich, ob Sie die Filter im Diagramm in Form der grauen Schaltflächen oder in der Tabelle mit den Symbolen bei den Überschriften einsetzen, beide Fälle filtern die Daten sowohl in der Pivot-Tabelle als auch im Pivot-Diagramm.

Filtersymbol

Sobald die Daten über ein Feld oder eine Beschriftung gefiltert sind, erscheint rechts neben dem Namen ein kleines Filtersymbol, ein Zeichen für Sie, dass hier ein Filter angewendet wurde. Im Fall eines Wertefilters wird dieses Symbol leider nicht angezeigt, hier müssen Sie sich selbst im Klaren sein, dass Sie einen Filter eingeschaltet haben.

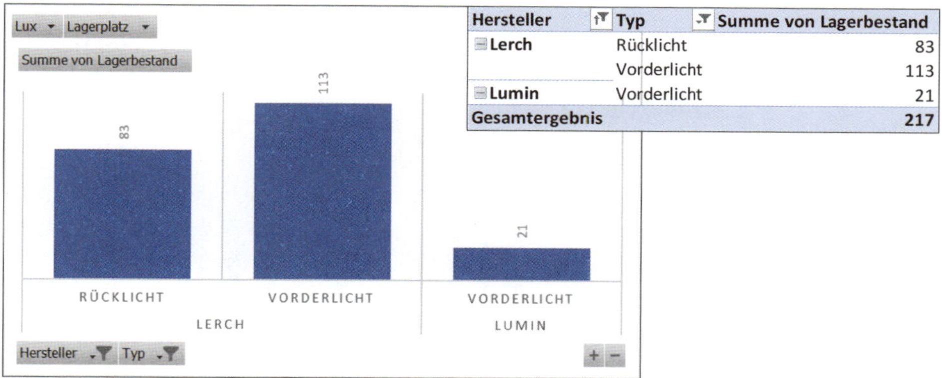

Hersteller	Typ	Summe von Lagerbestand
Lerch	Rücklicht	83
	Vorderlicht	113
Lumin	Vorderlicht	21
Gesamtergebnis		**217**

Abbildung 8.24 Pivot-Diagramm mit Beschriftungs- und Wertefiltern

8.4 Datenanalyse

Pivot-Tabellen und Pivot-Diagramme erlauben es, verschiedene Sichten auf Daten zu erstellen. Diese Art der Analyse besteht aus Aggregationen, Gruppierungen, Berechnungsvorschriften und Filtern. Für diese Funktionalitäten stellt Excel eine Vielzahl an Einstellungen zur Verfügung, die einen sehr detaillierten Einblick in Ihre Daten ermöglichen, ohne dass Sie an den Quelldaten Veränderungen vornehmen müssen. Auf den folgenden Seiten finden Sie einige Beispiele, was sich mit den Daten »Beleuchtungsartikel« (siehe Abbildung 8.1) und »Onlineverkäufe« (siehe Abbildung 8.2) alles machen lässt.

8.4.1 Erweitertes Gruppieren von Daten – neue Gruppe festlegen

Sobald Sie in einer Pivot-Tabelle ein Feld in den Bereich ZEILEN oder SPALTEN ziehen, haben Sie im Prinzip schon eine Gruppe erstellt. In dieser Gruppe können Werte direkt berechnet oder weitere Untergruppen hinzugefügt werden. In Abbildung 8.25 sehen Sie eine Pivot-Tabelle bzw. ein Pivot-Diagramm, bei dem der »Lagerplatz« die Zeilen darstellt, als berechneter Wert ist die Summe der Bestände auf den jeweiligen Plätzen definiert. Sie haben somit schon eine Gruppierung nach Lagerplätzen vorliegen, der Lagerbestand pro Gruppe (Lagerplatz) ist unabhängig von anderen Feldern wie Hersteller oder Beleuchtungsstärke.

Excel ermöglicht es Ihnen, auch eigene Gruppen zu definieren. Dies kann dann interessant sein, wenn Ihnen die Gruppe über ein vorhandenes Feld zu granular ist. Im Fall der Lagerplätze möchten Sie z. B. bestimmte Lagerplätze zusammenfassen und daraus eigene Gruppen bilden (siehe Abbildung 8.25). Ein Grund dafür könnte sein, dass sich Lagerplätze in verschiedenen Räumen befinden und Sie an der Summe der Bestände pro Raum interessiert sind.

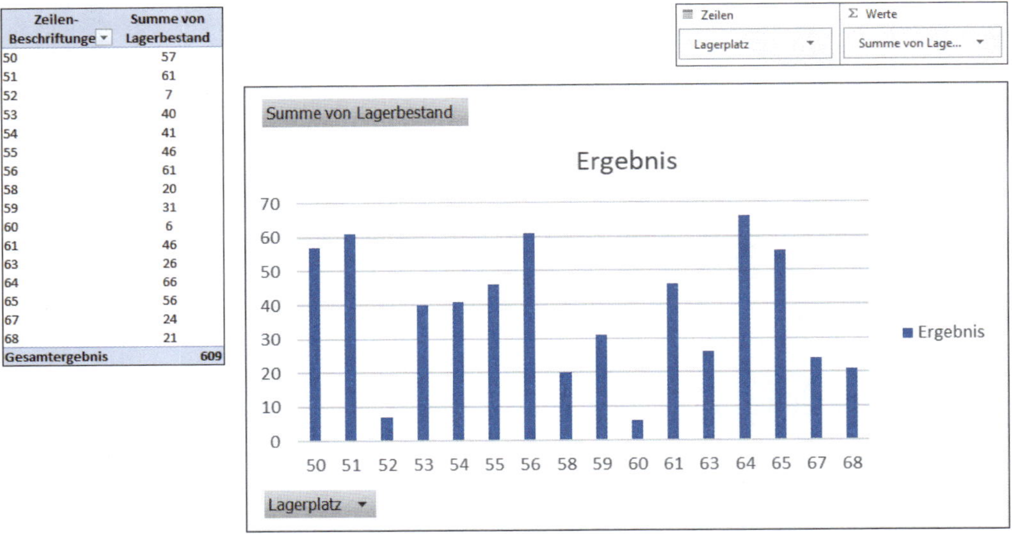

Zeilen-Beschriftungen	Summe von Lagerbestand
50	57
51	61
52	7
53	40
54	41
55	46
56	61
58	20
59	31
60	6
61	46
63	26
64	66
65	56
67	24
68	21
Gesamtergebnis	609

Abbildung 8.25 Lagerplätze mit Summe des Lagerbestandes

Die neuen Gruppen können Sie auf der Registerkarte PIVOTTABLE-ANALYSE mit dem Menüpunkt GRUPPIEREN definieren. Handelt es sich wie im Fall des Lagerplatzes um ein numerisches Feld, schlägt Ihnen Excel gleich einen Start- und einen Endwert sowie die Schrittweite vor (siehe Abbildung 8.26). Diese Werte können Sie beliebig ändern. Wollen Sie z. B. Intervalle von fünf Schritten zusammenfassen, geben Sie die Zahl im Eingabefeld NACH ein.

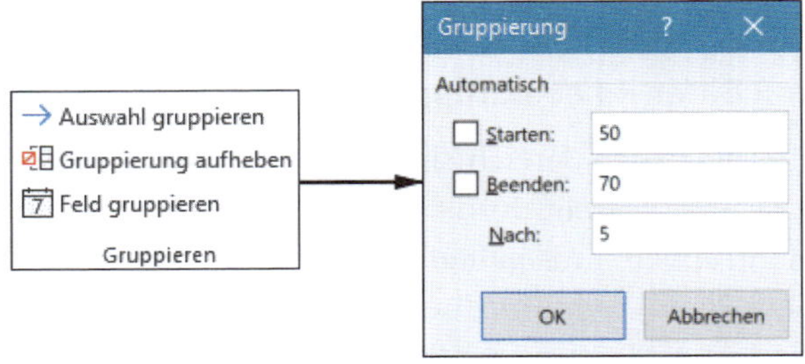

Abbildung 8.26 Neue Gruppe, basierend auf ganzen Zahlen

Sie sehen in Abbildung 8.27 unmittelbar die Ergebnisse in der Pivot-Tabelle und im Pivot-Diagramm. Es gibt nur noch vier Zeilen und somit auch nur vier Säulen, die Beschriftung wurde automatisch in die Namen der neuen Intervalle geändert.

Sie können die vorhandenen Beschriftungselemente einer Pivot-Tabelle auch ganz gezielt zu neuen Gruppen zusammenfassen. Dazu markieren Sie in der Pivot-Tabelle die zu gruppierenden Elemente und wählen wieder den Punkt AUSWAHL GRUPPIEREN auf der Registerkarte PIVOTTABLE-ANALYSE.

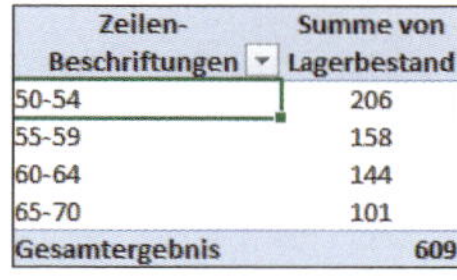

Zeilen-Beschriftungen	Summe von Lagerbestand
50-54	206
55-59	158
60-64	144
65-70	101
Gesamtergebnis	609

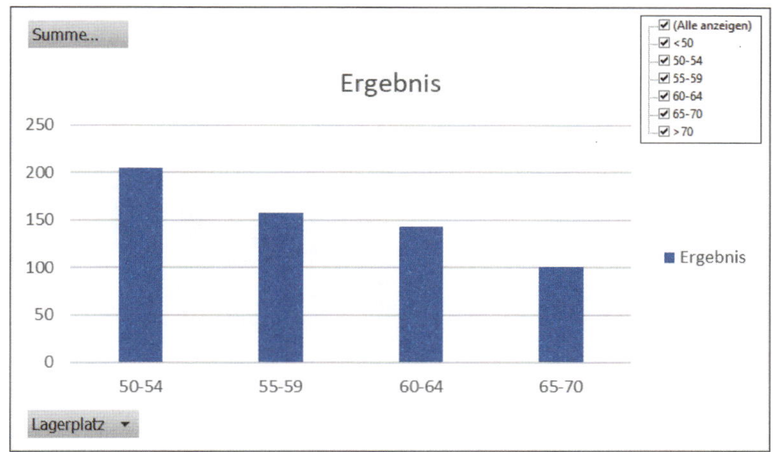

Abbildung 8.27 Pivot-Tabelle und Pivot-Diagramm mit neuen numerischen Gruppen

Die neu entstandene Gruppe erhält automatisch den Namen »Gruppe« mit einer fortlaufenden Zahl. Diesen Namen können Sie beliebig verändern, so z. B. in »Europa« für die Gruppe der europäischen Hersteller (siehe Abbildung 8.28). Auf die gleiche Art können Sie jetzt die verbleibenden asiatischen Hersteller zur Gruppe »Asien« zusammenfassen. Bei manueller Gruppenbildung über eine Auswahl erstellt Excel einen neuen Eintrag in der Liste der Tabellenfelder. Dieser wird automatisch mit dem Namen des zugrunde liegenden Feldes und einer Nummer versehen, kann aber von Ihnen über die *Feldeinstellungen* beispielsweise zu »Kontinent« modifiziert werden.

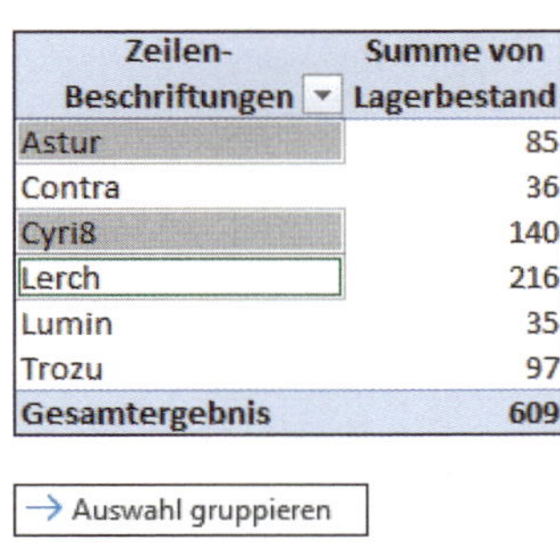

Zeilen-Beschriftungen	Summe von Lagerbestand
Astur	85
Contra	36
Cyriß	140
Lerch	216
Lumin	35
Trozu	97
Gesamtergebnis	609

→ Auswahl gruppieren

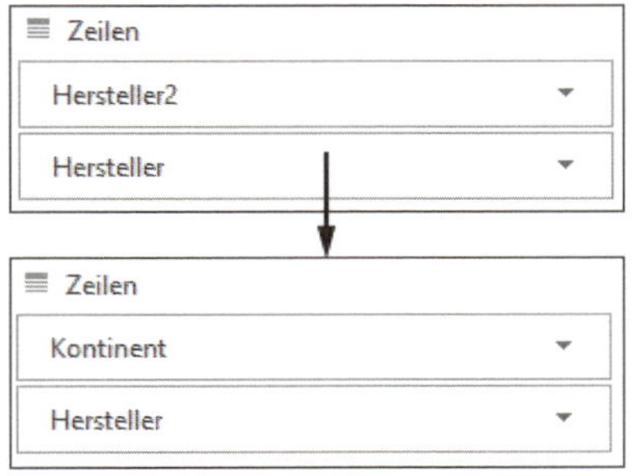

Abbildung 8.28 Bildung neuer Gruppen über eine Auswahl

In der Pivot-Tabelle und dem Pivot-Diagramm in Abbildung 8.29 sehen Sie jetzt die bekannte Struktur für übergeordnete Gruppen. In der Tabelle sind für die beiden Gruppen »Europa« und »Asien« die enthaltenen Untergruppen eingerückt. Im Diagramm sind die Kontinente auf der Rubrikenachse aufgetragen und der Wert »Summe von Lagerbestand« für die jeweiligen Hersteller aus den beiden Kontinenten als Säule dargestellt.

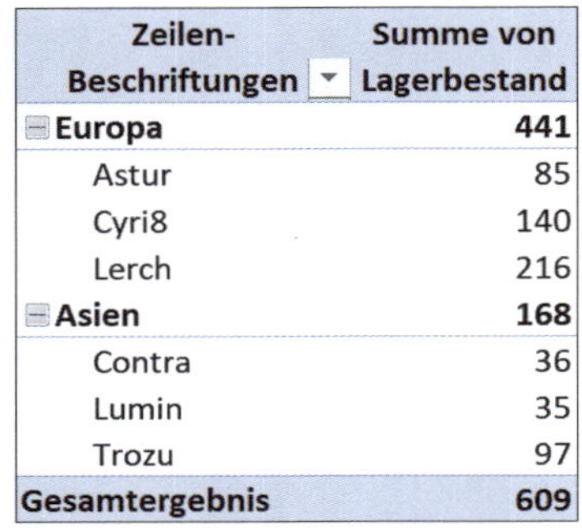

Zeilen-Beschriftungen	Summe von Lagerbestand
⊟ Europa	**441**
Astur	85
Cyri8	140
Lerch	216
⊟ Asien	**168**
Contra	36
Lumin	35
Trozu	97
Gesamtergebnis	**609**

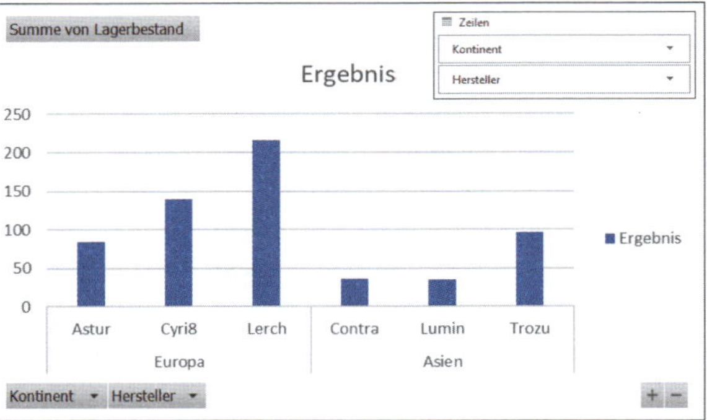

Abbildung 8.29 Pivot-Tabelle und Pivot-Diagramm mit neuen manuell erstellten Gruppen

8.4.2 Datumswerte gruppieren – automatische Erweiterung der Feldliste

Eine Besonderheit stellen die Datenquellen einer Pivot-Tabelle dar, wenn diese Zeit- oder Datumsfelder enthalten. Hier erstellt Excel automatisch neue Gruppen und fügt diese als Felder in die Liste der verfügbaren Tabellenfelder ein. Im Beispiel in Abbildung 8.30 liegen die täglichen Onlineverkaufszahlen von verschiedenen Fahrradmodellen der letzten zwei Jahre vor. Sobald Sie das Datumsfeld mit den Tagesdaten in den Bereich der Zeilen oder Spalten ziehen, tauchen automatisch die Felder MONATE, QUARTALE und JAHRE in der Liste der Felder auf. Mit diesen können Sie jetzt in gewohnter Weise arbeiten und Aussagen über Zeiträume treffen.

Datum	Anzahl Damenräder	Anzahl Herrenräder	Anzahl Kinderräder
28.12.2019	3	3	4
29.12.2019	3	0	3
30.12.2019	3	4	
31.12.2019	2	3	
01.01.2020	4	4	
02.01.2020	0	3	
03.01.2020	3	2	

Zeilen	Σ Werte
Jahre	Anzahl-Damenräder
Quartale	Anzahl-Herrenräder
Monate	Anzahl-Kinderräder

Abbildung 8.30 Die täglichen Verkaufszahlen nach Modellen und automatisch erstellte Gruppen

Sobald Sie Gruppen und Untergruppen in einer Pivot-Tabelle bzw. in einem Pivot-Diagramm haben, können Sie diese Felder erweitern oder reduzieren. Dazu dienen unter anderem die Plus- und Minuszeichen vor der Beschriftung in einer Tabelle, im Diagramm sind diese beiden Schaltflächen unten rechts zu finden (siehe Abbildung 8.31). Die drei Felder »Damenräder«, »Herrenräder« und »Kinderräder« befinden sich im Bereich der Spalten, stellen also die Datenreihen im *gruppierten Säulendiagramm* dar. Die beiden Jahresangaben sind im Diagramm die *Rubriken* auf der horizontalen Achse.

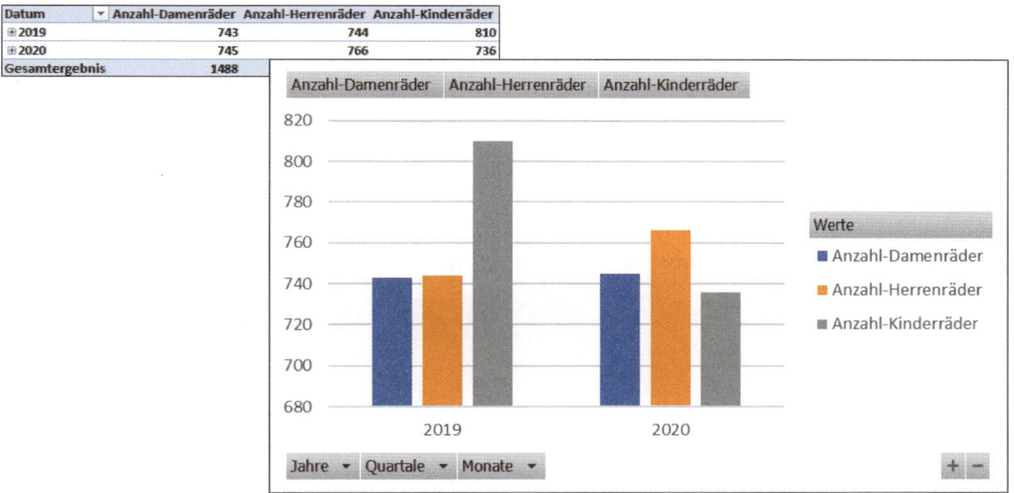

Datum	Anzahl-Damenräder	Anzahl-Herrenräder	Anzahl-Kinderräder
⊞2019	743	744	810
⊞2020	745	766	736
Gesamtergebnis	1488		

Abbildung 8.31 Pivot-Tabelle und Pivot-Diagramm-Symbole für die Erweiterung

Ein Klick auf das Pluszeichen im Diagramm erweitert alle Gruppen auf der Rubrikenachse. Aus den Jahren werden Jahre mit Quartalen, ein weiterer Klick erweitert die Quartale um die Monate. Die Erweiterungszeichen in der Tabelle selbst erlauben es Ihnen sogar, nur eine einzelne Gruppe zu erweitern. In Abbildung 8.32 sehen Sie, dass für das Jahr 2020 die Gesamtzahl der verkauften Fahrräder pro Datenreihen als Säule dargestellt ist. Für das Jahr 2019 sind die Verkaufszahlen auf Quartale runtergebrochen, das erste Quartal sogar auf die Monate.

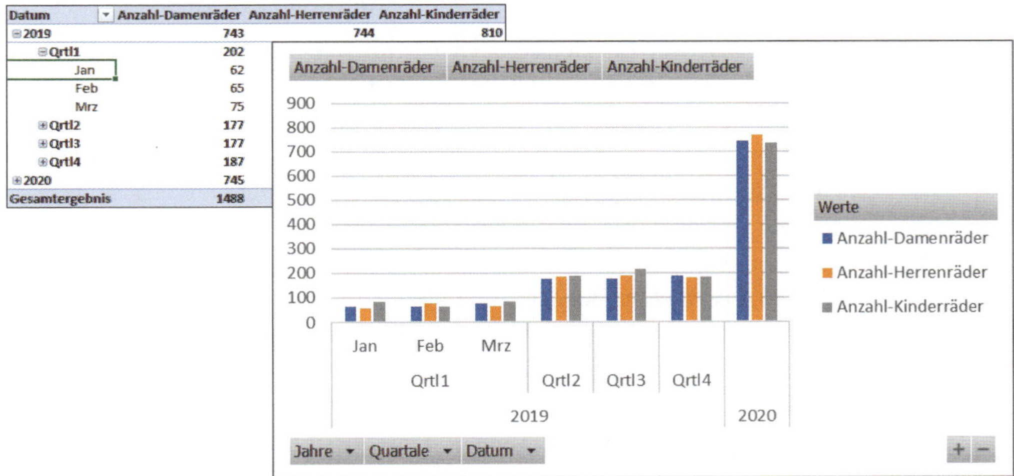

Datum	Anzahl-Damenräder	Anzahl-Herrenräder	Anzahl-Kinderräder
⊟2019	743	744	810
⊟Qrtl1	202		
Jan	62		
Feb	65		
Mrz	75		
⊞Qrtl2	177		
⊞Qrtl3	177		
⊞Qrtl4	187		
⊞2020	745		
Gesamtergebnis	1488		

Abbildung 8.32 Unterschiedlich erweiterte Gruppen einer Pivot-Tabelle bzw. eines Pivot-Diagramms

Auch wenn Excel einige *Datumsgruppen* basierend auf der Datenquelle automatisch erstellt, können Sie diese auch selbst festlegen bzw. entfernen (siehe Abbildung 8.33). Auf der Registerkarte PIVOTTABLE-ANALYSE finden Sie dafür den Punkt FELD GRUPPIEREN. Wenn Sie beispielsweise die Gruppierung nach Jahren nicht benötigen, können Sie diesen Eintrag einfach deaktivieren. Sie sehen hier auch, dass eine Gruppierung auf Stunden und Minuten möglich ist. Enthalten Ihre Daten Stundenwerte, so lassen sich diese zu Tagen zusammenfassen. Enthalten die Daten Minutenwerte, können Sie daraus Aggregate in der Gruppe Stunden erstellen.

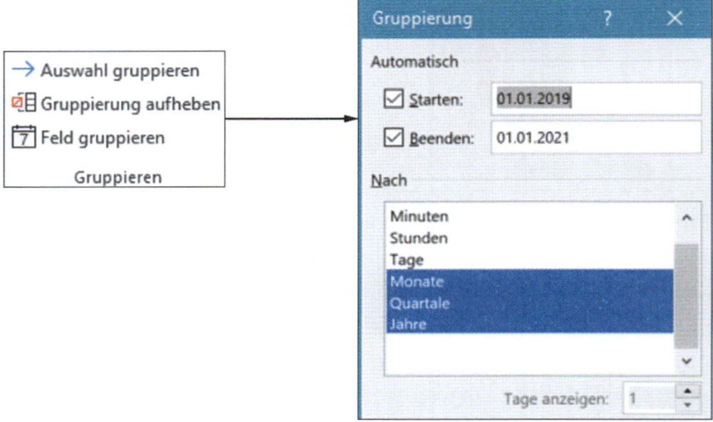

Abbildung 8.33 Datums- und Zeitgruppen

8.4.3 Interaktives Filtern von Daten – Datenschnitt und Zeitachsen

Excel stellt sowohl in Pivot-Tabellen als auch in Pivot-Diagrammen Schaltflächen und entsprechende Auswahllisten zum Filtern der Daten zur Verfügung. Eine weitere recht komfortable Filterfunktion bieten die sogenannten *Datenschnitte*. Dabei handelt es sich um zusätzliche Fenster, die immer sichtbar sind. Mit ihrer Hilfe lassen sich schnell neue Filter setzen oder entfernen. Es ist nicht notwendig, eine Auswahlliste zu öffnen und nach Einträgen zu suchen. Die Schalter der Datenschnitte lassen sich zum Ein- oder Ausblenden interaktiv betätigen. Einen neuen Datenschnitt fügen Sie über die Registerkarte PIVOTTABLE-ANALYSE ein. Sie müssen zu Beginn angeben, auf welches Feld aus Ihrer Feldliste sich der neue *Datenschnitt* bezieht. Alle eindeutigen Einträge in diesem Feld werden als Schaltfläche im Fenster des Datenschnitts angezeigt. Die Auswahl, ob ein Eintrag angezeigt oder herausgefiltert wird, erfolgt durch einen Mausklick auf die Schaltfläche. Mehrere Einträge lassen sich mithilfe der Steuerungstaste [Strg] auswählen. Aktive Einträge werden durch die Farbe des Datenschnitts angezeigt, die inaktiven Einträge sind grau eingefärbt. Sie können auch mehrere Datenschnitte auf eine Tabelle oder ein Diagramm anwenden, in diesem Fall kommt eine *Und-Verknüpfung* zum Tragen. In Abbildung 8.34 sehen Sie ein Beispiel, bei dem drei Hersteller ausgewählt sind, die Schaltflächen im Datenschnitt also aktiviert wurden. Im Datenschnitt des Beleuchtungstyps sind die Vorder- und Rücklichter ausgewählt, das »Set« ist deaktiviert. Im Diagramm greifen diese Filter unmittelbar, es beinhaltet jetzt drei Rubriken (Hersteller) mit jeweils zwei Datenreihen (Typ). Die Höhe der Säulen stellt die Anzahl der jeweiligen Artikelnummern dar.

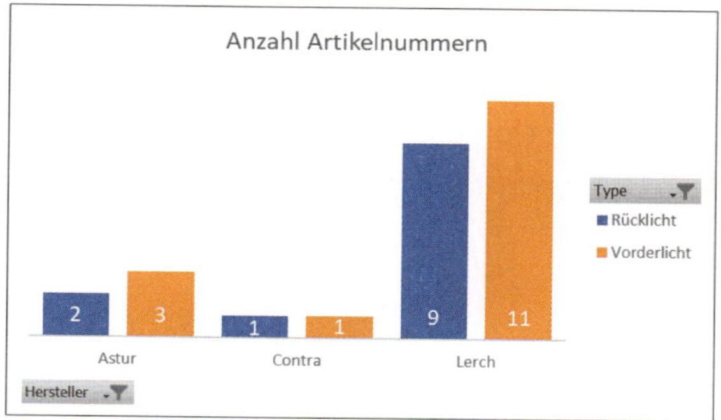

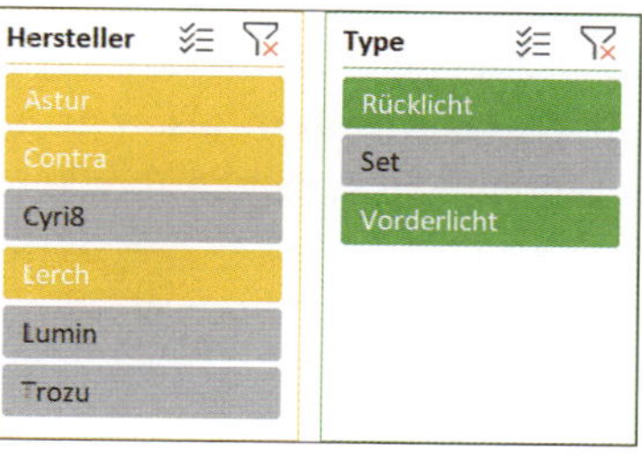

Abbildung 8.34 Artikelnummern mit Datenschnitten gefiltert

Sobald ein Datenschnittfenster aktiv ist, stellt Excel dafür die Registerkarte DATENSCHNITT bereit. Über diese Registerkarte können Sie Einstellungen vornehmen, wie beispielsweise die Anordnung der Schaltflächen in Spalten bestimmen oder die Größe und Farbgebung des Datenschnittfensters festlegen. Eine Besonderheit bei den Farben einzelner Schaltflächen tritt ein, wenn sich Filter gegenseitig ausschließen. Wenn Sie wie in Abbildung 8.35 den Hersteller »Lumin« und zusätzlich alle drei Beleuchtungstypen auswählen, von diesem Hersteller aber kein Typ »Set« in Ihrem Sortiment ist, färbt Excel diese Schaltfläche in einem hellen Farbton. In der Pivot-Tabelle wird das Element »Set« in den Spalten nicht angezeigt, entsprechend gibt es auch keine Säule im Pivot-Diagramm.

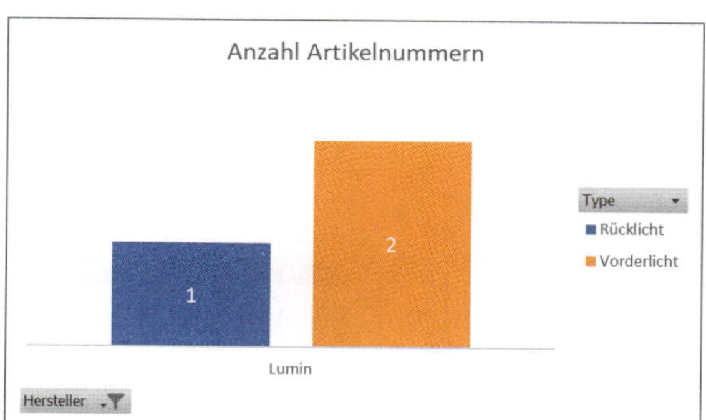

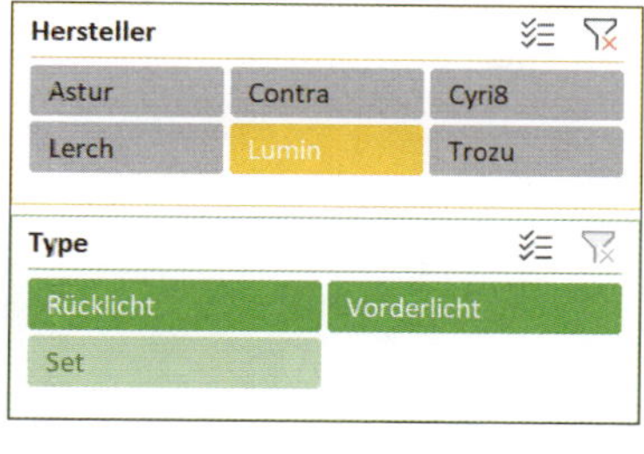

Abbildung 8.35 Ausschließende Filter im Datenschnitt

Bei der Auswahl der Felder für einen Datenschnitt wird eine Art nicht angeboten, die Datums- bzw. Zeitfelder. Für Felder mit diesen Daten gibt es eine modifizierte Form des Datenschnitts, die *Zeitachsen* . Das Prinzip ist das gleiche, d. h., Sie bekommen in einem kleinen Fenster die Möglichkeit, Daten zu selektieren und somit andere auszuschließen (siehe Abbildung 8.36). Die Auswahl erfolgt in Form eines Schiebereglers, mit dem Sie die gewünschte Zeitspanne festlegen können. Dabei kommt der Granularität eine besondere Bedeutung zu. Je nach Daten können Sie hier JAHRE, QUARTALE, MONATE oder TAGE einstellen. Legen Sie Jahre fest, erhalten Sie eine jahresbezogene Skala. Sie können zwar weiterhin über das Pluszeichen im Diagramm die Daten erweitern, also z. B. die Jahre in Quartale aufteilen, der Filter der Zeitachse erlaubt an dieser Stelle aber keine Auswahl auf Quartalsebene.

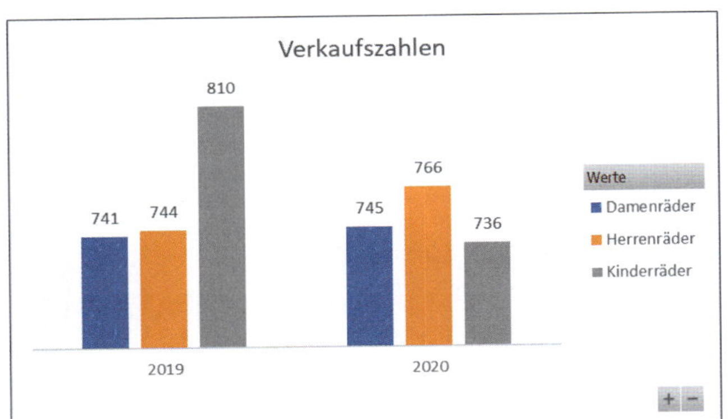

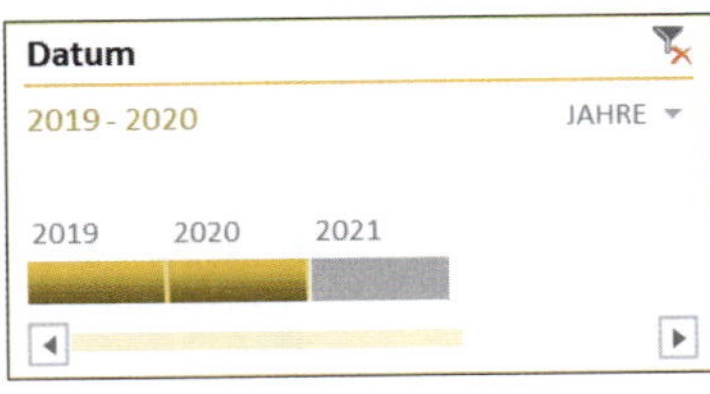

Abbildung 8.36 Zeitachse auf Jahresebene

Möchten Sie wie in Abbildung 8.37 die Monatswerte mithilfe des Schiebereglers auswählen, müssen Sie die Granularität in MONATE ändern. Jetzt ist es z. B. möglich, die Verkaufszahlen pro Radkategorie von Mai bis August 2019 herauszufiltern. Im Diagramm werden auf der Rubrikenachse neben den Monaten noch die entsprechenden Quartale sowie das Jahr angezeigt. Bei Zeitachsen lassen sich nur zusammenhängende Zeiträume auswählen, der März ließe sich im Beispiel nicht ohne den April in den Filter aufnehmen.

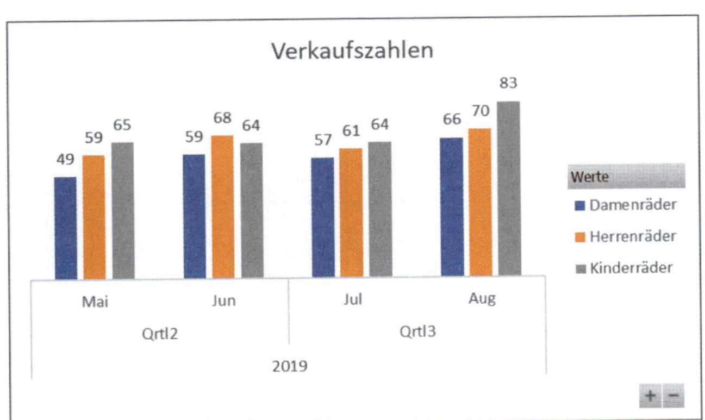

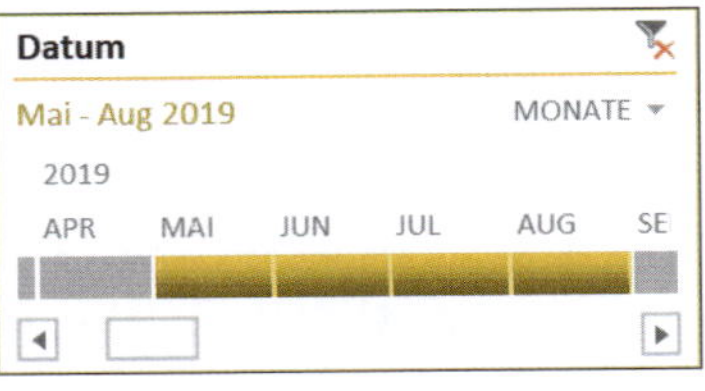

Abbildung 8.37 Zeitachse auf Monatsebene

Ein *Datenschnitt* und auch eine *Zeitachse* können auf mehrere Pivot-Tabellen bzw. Pivot-Diagramme angewendet werden (siehe Abbildung 8.38). Dazu finden Sie auf der Registerkarte DATENSCHNITT bzw. ZEITACHSE den Menüpunkt BERICHTSVERBINDUNGEN. Dort werden Ihnen alle Pivot-Tabellen angeboten, auf die der Datenschnitt bzw. die Zeitachse angewendet werden kann, also in denen die richtigen Felder zum Filtern vorhanden sind. Diese Funktionalität lässt sich gut einsetzen, wenn Sie mehrere Sichten auf Ihre Daten in Form unterschiedlicher Pivot-Tabellen in jeweils eigenen Tabellenblättern erstellt haben. Sie können jetzt wiederum in einem eigenen Tabellenblatt Ihre Datenschnitte und Zeitachsen einfügen und diese mit allen relevanten Pivot-Tabellen bzw. Pivot-Diagrammen verbinden. Eine Änderung an einem Filter wirkt sich automatisch auf alle verbundenen Tabellen und Diagramme aus.

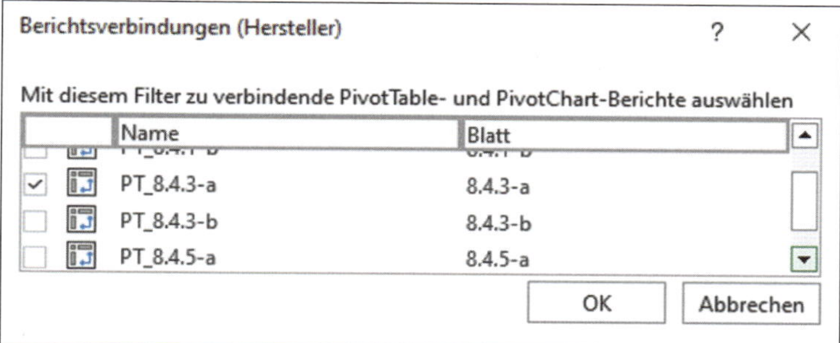

Abbildung 8.38 Berichtsverbindungen von Datenschnitten zu mehreren Pivot-Tabellen und Pivot-Diagrammen

Filter und Datenschnitte löschen

Das durchgestrichene Filtersymbol löscht alle Filter in Datenschnitten und Zeitachsen. Löschen bedeutet, dass alle Schaltflächen aktiviert werden bzw. die komplette Zeitspanne eingestellt wird, jede Selektion wird also aufgehoben. Um einen Datenschnitt oder eine Zeitachse komplett zu entfernen, können Sie die entsprechenden Fenster markieren und die Taste `Entf` drücken.

8.4.4 Feldliste erweitern – neue Berechnungen hinzufügen

Die *Feldliste* einer neuen Pivot-Tabelle ergibt sich aus den Namen der Spalten Ihrer Datenquelle. Zusätzliche Felder in dieser Liste können Sie selbst über die Definition von Gruppen erstellen. Darüber hinaus lassen sich auch *berechnete Felder* hinzufügen, bei denen Sie über eine Formel auf bestehende Felder zugreifen können. Ein neues *berechnetes Feld* wird über die Registerkarte PIVOTTABLE-ANALYSE erstellt, dort finden Sie in der Gruppe BERECHNUNGEN die Funktionalität FELDER, ELEMENTE UND GRUPPEN.

In Abbildung 8.39 sehen Sie, dass eine neues Feld »Gesamtanzahl« definiert wurde. Die Formel darin ist denkbar einfach, es wird nur die jeweilige Anzahl der Räder aus den drei Kategorien »Damen«, »Herren« und »Kinder« aufsummiert. Sie können dafür natürlich auch eine zusätzliche Spalte in Ihren Ursprungsdaten erstellen und dort die Formel eintragen. Mit einem berechneten Feld in einer Pivot-Tabelle können Sie diese Modifikation an den Daten jedoch umgehen. Und für den Fall, dass es sich bei Ihren Daten um eine externe Quelle handelt oder Sie die Berechtigung zum Ändern nicht haben, stellt ein berechnetes Feld dann die einzige Möglichkeit dar, die »Gesamtanzahl« zur ermitteln.

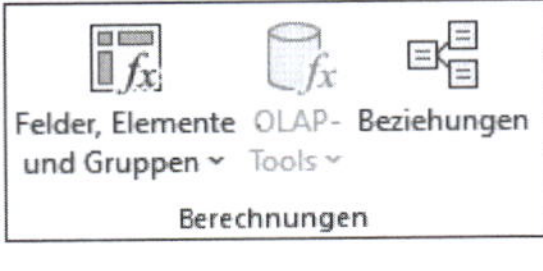

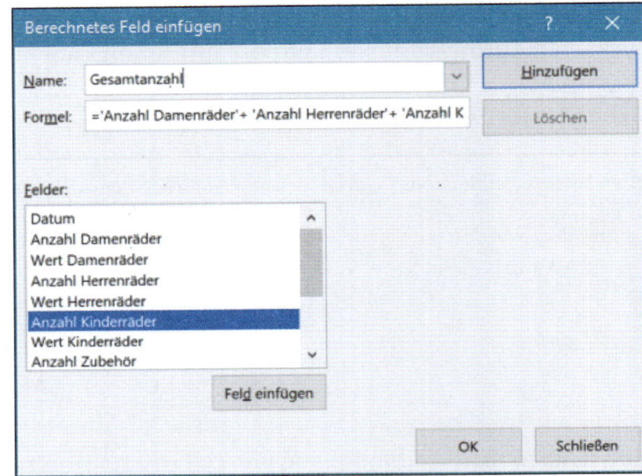

Abbildung 8.39 Berechnetes Feld einfügen

Eine Darstellung der Verkaufszahlen aller Räder auf Quartalsebene in einem *Säulendiagramm* ist jetzt sehr einfach möglich (siehe Abbildung 8.40).

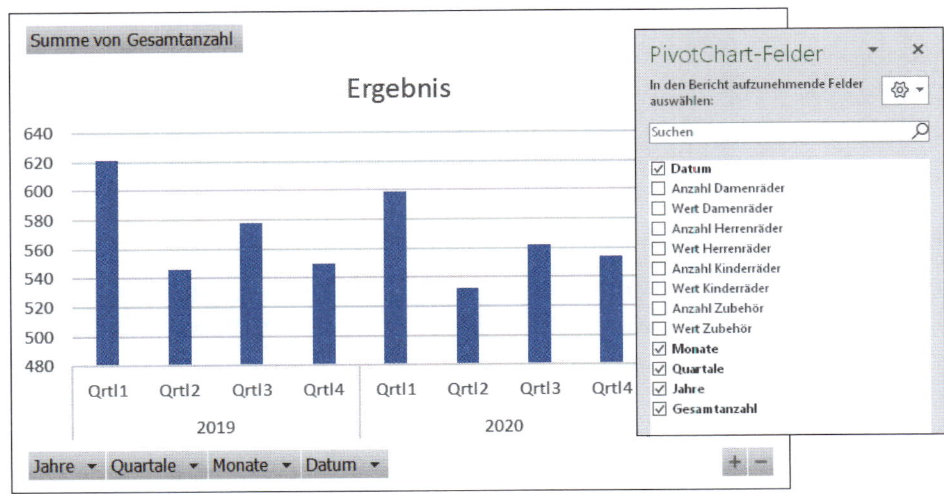

Abbildung 8.40 Säulendiagramm mit der Gesamtanzahl pro Quartal

Ziehen Sie einfach das neue Feld »Gesamtanzahl« als Summe in den Bereich WERTE und die Datumsfelder in den Bereich ZEILEN. Durch entsprechende Erweiterung auf Quartale mit der Schaltfläche [+ −] erhalten Sie die Säulen mit den Werten der »Gesamtanzahl«.

Eingabe von Formeln

Die Eingabe von Formeln zur Berechnung neuer Felder ist an dieser Stelle nicht sehr komfortabel. Es steht kein Assistent zur Verfügung, eine Syntaxprüfung ist nicht vorhanden. Für komplexere Formeln kann dies recht fehleranfällig sein. Sie können aber Ihre Formel einfach in einem Excel-Tabellenblatt erstellen und diese dann in das Eingabefeld kopieren. Sie müssen dann nur noch die Variablen in der Formel durch die gewünschten Felder ersetzen.

8.4.5 Wertfeldeinstellungen anpassen – prozentuale Darstellung im Diagramm

Bei den *Wertfeldeinstellungen* legen Sie zum einen fest, wie Werte zusammengefasst werden sollen, also nach welcher Vorschrift sie berechnet werden. Zum anderen können Sie bestimmen, wie diese angezeigt werden sollen. Mit Anzeige ist bei den Wertfeldeinstellungen kein Format gemeint, es geht hier um die relative Anzeige berechneter Werte. Im Normalfall ist das Ergebnis ein absoluter Wert, wie z. B. die *Summe*, der *Mittelwert* oder die *Varianz*. Mit der *Anzeige* als relativem Wert setzen Sie ein Ergebnis in das Verhältnis zu anderen Werten, wie beispielsweise zum Gesamt- oder Teilergebnis. Ohne eine berechnete Anzeige (siehe Abbildung 8.41) ergibt die Anzahl der Beleuchtungsartikel pro Hersteller aufgeteilt nach Akkus und Dynamos den absoluten Wert in der Pivot-Tabelle und im Pivot-Diagramm.

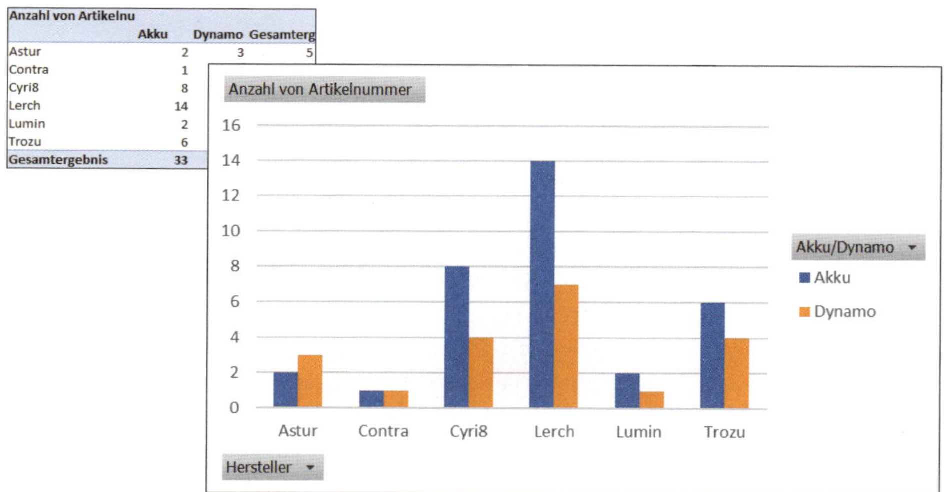

Anzahl von Artikelnu			
	Akku	Dynamo	Gesamterg
Astur	2	3	5
Contra	1		
Cyri8	8		
Lerch	14		
Lumin	2		
Trozu	6		
Gesamtergebnis	33		

Abbildung 8.41 Wertfeldeinstellungen ohne berechnete Anzeige

Wenn Sie jedoch wie in Abbildung 8.42 das prozentuale Verhältnis der beiden Typen pro Hersteller sehen wollen, müssen Sie nur die *Wertfeldeinstellung* WERTE ANZEIGEN ALS auf % DES ZEILENGESAMTERGEBNISSES ändern.

Für den Hersteller »Astur« befinden sich zwei Akku- und drei Dynamobeleuchtungen im Sortiment. Die Summe 5 entspricht 100 % des Zeilengesamtergebnisses, die zwei Akkus machen davon 40 % und die drei Dynamos 60 % aus. Alle diese Berechnungen übernimmt Excel automatisch, die Anzeige in der Tabelle und im Diagramm wird angepasst.

Ohne Ihre Datenquelle zu verändern oder zusätzliche Felder mit Formeln einzufügen, lassen sich über geänderte Anzeigen der *Wertfelder* viele neue Sichten auf die Daten realisieren.

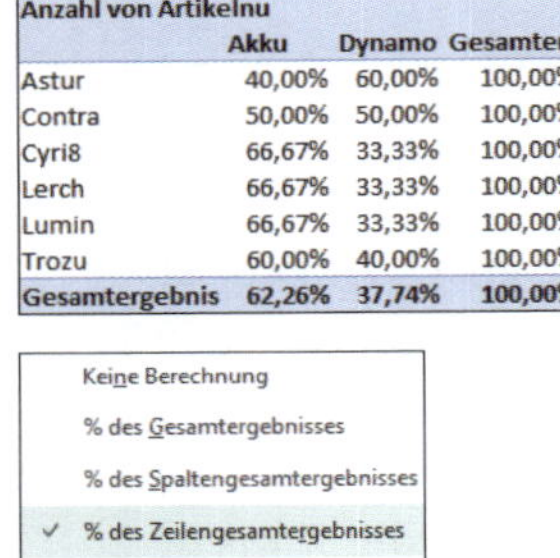

Anzahl von Artikelnu	Akku	Dynamo	Gesamterg
Astur	40,00%	60,00%	100,00%
Contra	50,00%	50,00%	100,00%
Cyri8	66,67%	33,33%	100,00%
Lerch	66,67%	33,33%	100,00%
Lumin	66,67%	33,33%	100,00%
Trozu	60,00%	40,00%	100,00%
Gesamtergebnis	62,26%	37,74%	100,00%

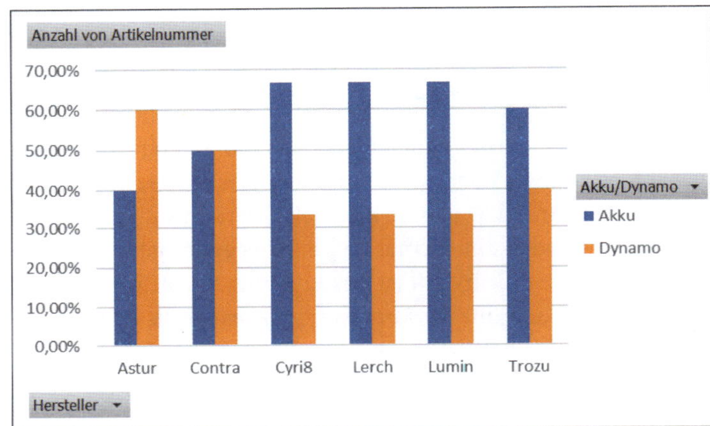

Abbildung 8.42 Wertfeldeinstellungen mit berechneter Anzeige »% des Zeilengesamtergebnisses«

Weiterverarbeitung von Daten aus Pivot-Tabellen

Es gibt Szenarien, in denen die Auswertung mithilfe einer Pivot-Tabelle und die Visualisierung mit einem Pivot-Diagramm ausreichend sind. Es kann aber auch vorkommen, dass Sie noch weiterführende Analysen durchführen müssen oder sich eine statische Datenbasis für die Formatierung des Diagramms wünschen. In diesem Fall ist es ein pragmatischer Ansatz, die Daten der Tabelle ohne Teil- und Gesamtergebnisse in ein neues Datenblatt zu kopieren und dort mit der Bearbeitung fortzufahren. Sie verlieren so zwar den Bezug zu den Daten, sind aber nicht mehr von Veränderungen der Tabellenstruktur betroffen. Wollen Sie den Bezug trotzdem beibehalten, können Sie mit der Excel-Funktion *Pivotdatenzuordnung* arbeiten. Statt des einfachen Kopierens der Daten lässt sich mit dieser Funktion auf Felder einer

Pivot-Tabelle referenzieren. Allerdings ist die Funktion *Pivotdatenzuordnung* recht sperrig und reagiert teilweise auch auf Strukturänderungen der Pivot-Tabelle. Ein neuer Filter oder ein neues Feld kann das Ergebnis der Funktion unerwünscht ändern.

Kapitel 9
Individuelle Diagramme

Mit den Standard- und den erweiterten Diagrammen lassen sich bereits viele Ideen einer Datenvisualisierung realisieren. Die umfangreichen Optionen und Formateinstellungen ermöglichen eine unendliche Vielfalt an Darstellungsvarianten. Darüber hinaus können Sie durch Kombination der unterschiedlichen Typen und eine geschickte Anordnung der Daten Diagramme erzeugen, die weit über die Standards hinausgehen.

Excel gibt Ihnen Möglichkeiten an die Hand, ganz individuelle Darstellungen zu kreieren, die erst auf den zweiten Blick als Excel-Diagramm zu erkennen sind. Diese individuellen Diagramme lassen sich in der Regel nicht mit drei oder vier Mausklicks realisieren, hier ist etwas mehr Aufwand notwendig. Wenn Sie aber an prägnanten und plakativen Visualisierungen interessiert sind, lohnt sich dieser Mehraufwand. Insbesondere die Übernahme solcher Diagramme in Präsentationen erlaubt es Ihnen, ganz neue Perspektiven zu vermitteln.

9.1 Veränderungsdiagramme – prozentuale Änderung zweier Werte visualisieren

Die Visualisierung zweier Zahlen in Form von Säulen lässt sich in der einfachen Form mit wenigen Klicks erledigen. Die Säulen sind dann noch mit einer Beschriftung zu versehen, die Formatierung ist anzupassen, und schon ist das Diagramm fertig. Wenn Sie so ein Diagramm und die prozentuale Änderung der Werte jedoch wie in Abbildung 9.1 sehr plakativ darstellen wollen, macht sich der Einsatz einer *Veränderungslinie* sehr gut. Dabei wird mit einem Pfeil von einer Säule zur nächsten angezeigt, um wie viel Prozent ein Wert gestiegen oder gesunken ist. Ein Beispiel dafür kann die Umsatzentwicklung von einem Jahr zum nächsten sein. Diese Art der Darstellung bietet sich unter anderem dann an, wenn Sie das Diagramm in eine Präsentation integrieren wollen. Alle relevanten Informationen können so in einem Bild vermittelt werden.

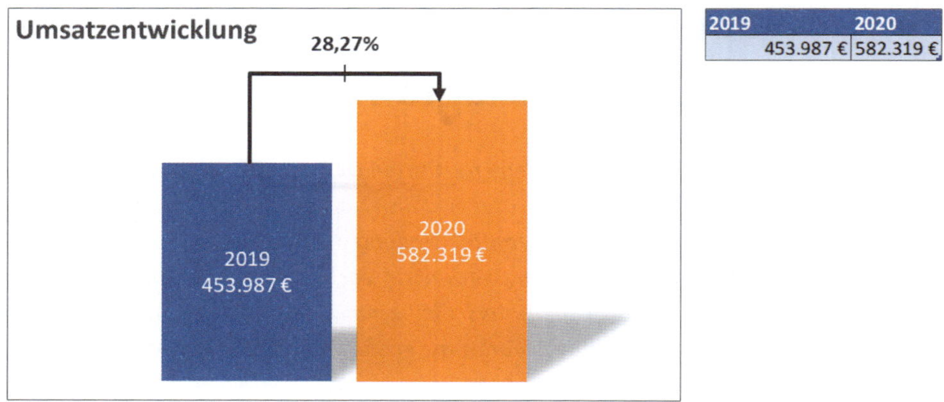

Abbildung 9.1 Säulendiagramm mit einer Veränderungslinie

Diese Form eines Diagramms gibt es jedoch nicht vorgefertigt in Excel. Auch wenn ein *Wasserfalldiagramm* in diese Richtung geht, lässt sich damit diese Darstellung nicht realisieren. Ein *Kombidiagramm* erlaubt es aber, unterschiedliche Diagrammtypen für die Datenreihen zu wählen. Und genau diese Funktionalität können Sie nutzen, um eine Veränderungslinie auf Säulen zu platzieren.

Im ersten Schritt erstellen Sie aus zwei *Datenreihen* ein gruppiertes Säulendiagramm (siehe Abbildung 9.2). Die erste Reihe besteht nur aus dem Wert für »2019«, die zweite Reihe aus dem Wert für »2020«. Da keine Rubrik angegeben wurde, vergibt Excel hier einfach als horizontale Achsenbeschriftung die »1«. Ganz generell zählt Excel nämlich die Rubriken ohne explizite Angabe einfach von 1 beginnend hoch. Diese »1« in der Mitte der beiden Datenreihen gibt den Anhaltspunkt, wo die Veränderungslinie bzw. auch die Beschriftung zu platzieren ist.

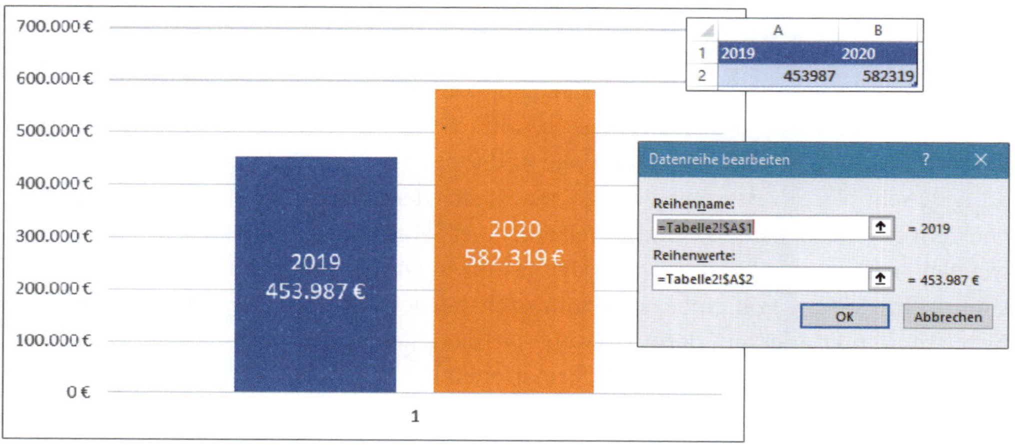

Abbildung 9.2 Einfaches Säulendiagramm mit zwei Datenreihen

Die Linie zur Anzeige der Veränderung besteht aus vier verbundenen Punkten (siehe Abbildung 9.3). Die Angaben der *x-Werte* dieser Punkte, also die horizontale Platzierung in einem Gitter, ergibt sich aus dem Wissen, dass die eine Säule links von der »1« liegt und die andere rechts von der »1«. Genau in der Mitte zwischen den Säulen liegt schließlich der Achsenwert »1«. Wo jetzt genau die Mitte der beiden Säulen liegt, lässt sich nicht so ohne Weiteres sagen. Dies ist abhängig von der Abstandsbreite der Säulen, der Größe der Zeichnungsfläche und der Skalierung der Achse. Durch Ausprobieren kommen Sie aber schnell zu dem Ergebnis, das bei dem Säulendiagramm in Abbildung 9.2 die Mitte der linken Säule ungefähr bei 0,85 liegt und die Mitte der rechten Säule bei 1,15. Die *y-Werte* ergeben sich durch die Höhe der Säulen selbst. Der erste und der vierte Punkt liegen genau auf der Höhe der Säulen, Punkt zwei und drei liegen hingegen etwas höher. Diese Differenz lässt sich z. B. so festlegen, dass der y-Wert dieser beiden Punkte 10 % höher sein soll als die höchste Säule. Mit einer einfachen Formel in den Zellen C6 und C7 wird dieser Wert berechnet: 9

```
=MAX(A2:B2)+0,1*MAX(A2:B2)
```

Im Fall der Tabellenadressierung lautet die Formel entsprechend:

```
=MAX(Tab_Umsatz[2019];Tab_Umsatz[2020])+0,1*(MAX(Tab_Umsatz))
```

Diese *Punktkoordinaten* der Linien stehen in einer eigenen kleinen Tabelle, die x-Werte in B5:B8, die y-Werte in C5:C8. Sie stellen die Werte für den zweiten Teil des Kombidiagramms dar.

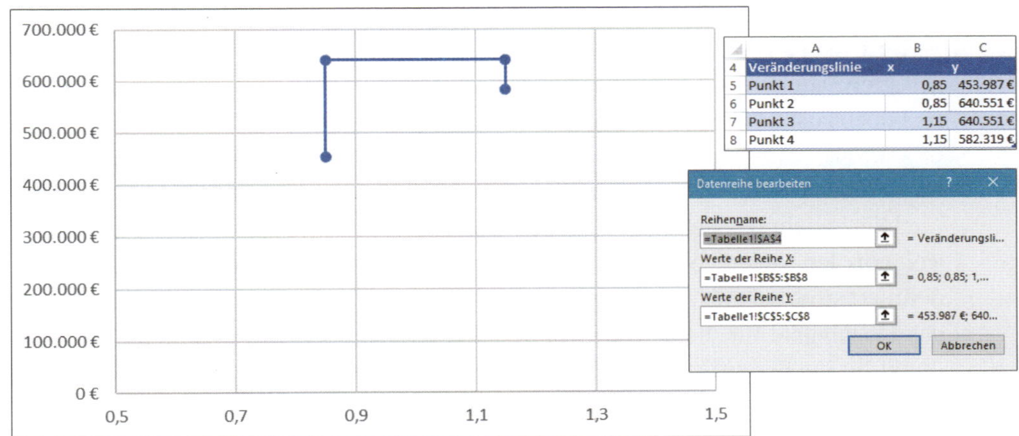

Abbildung 9.3 Verbundene Punkte als Grundlage der Veränderungslinie

Die prozentuale Veränderung ist im Diagramm als Beschriftung eines einzelnen Punktes angegeben (siehe Abbildung 9.4). Der x-Wert des Punktes lautet 1, die Beschriftung soll in der Mitte der beiden Säulen stehen. Der y-Wert entspricht der Höhe der beiden oberen Punkte der Verbindungslinie. Die Beschriftung selbst, also die prozentuale Veränderung, lässt sich leicht berechnen:

```
=B2/A2-1
```

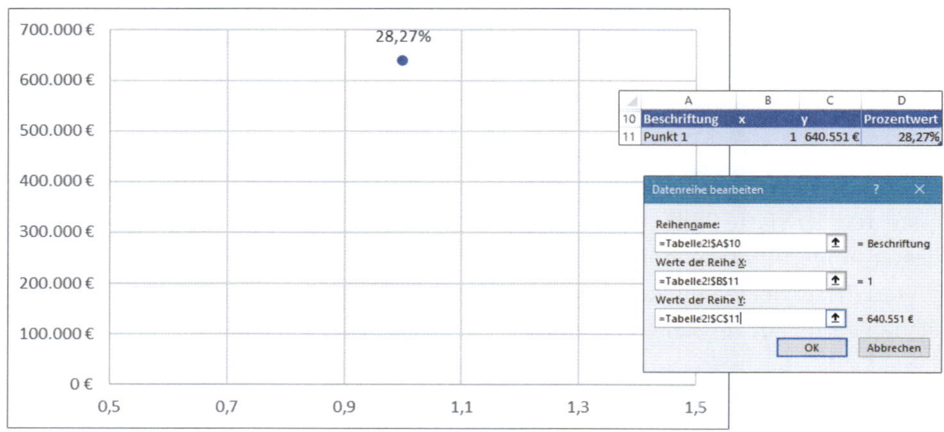

Abbildung 9.4 Datenreihe, bestehend aus einem Punkt für die Beschriftung

Eine kleine Herausforderung ergibt sich jetzt bei der Kombination dieser drei Diagramme in einem einzigen Diagramm. Wenn Sie zu Beginn das Säulendiagramm erstellt haben und anschließend die Datenreihe mit den vier Punkten hinzufügen wollen, stellt Ihnen Excel im Dialog DATENREIHE BEARBEITEN leider nur ein Eingabefeld für die Werte bereit, also für die y-Koordinaten der Punkte. Ein Feld für die x-Werte fehlt an dieser Stelle noch. Das Ergebnis sieht nach der Bestätigung der hinzugefügten Datenreihe deswegen nicht so aus wie erwartet, Excel zeichnet nämlich erst mal noch zusätzliche Säulen statt der Punkte ein. Sie müssen jetzt in den Dialog DIAGRAMMTYP ÄNDERN wechseln und dort das *Kombidiagramm* auswählen und für die Datenreihe »Veränderungslinie« den Typ PUNKTE MIT GERADEN LINIEN festlegen. Auch jetzt sieht das Ergebnis noch etwas anders aus, als gewünscht, die Punkte sind weit von den Säulen entfernt. Das liegt daran, dass die x-Werte der Punkte noch nicht definiert sind. Sie müssen also erneut die Datenreihe bearbeiten. Hier finden Sie jetzt das Eingabefeld für die x-Werte vor. Als dritte Datenreihe fügen Sie jetzt noch den Punkt für die Beschriftung ein, und schon ist in Abbildung 9.5 das Veränderungsdiagramm in der Grundform zu erkennen.

Reihenfolge in Kombidiagrammen

Mehrere Datenreihen in Form unterschiedlicher Typen in einem Diagramm führen bei der Erstellung manchmal zu unerwarteten Effekten. Deswegen kann es unter Umständen nötig sein, mehrmals die Datenreihen zu bearbeiten oder auch die Typen des Kombidiagramms zu ändern. Hier ist immer entscheidend, welcher Typ als Letztes hinzugefügt wurde, diesen Typ schlägt Excel nämlich dann wieder vor. Lassen Sie sich von einem vermeintlichen Eigenleben der Kombidiagramme nicht irritieren, im Zweifelsfall rufen Sie einfach erneut die entsprechenden Dialoge auf.

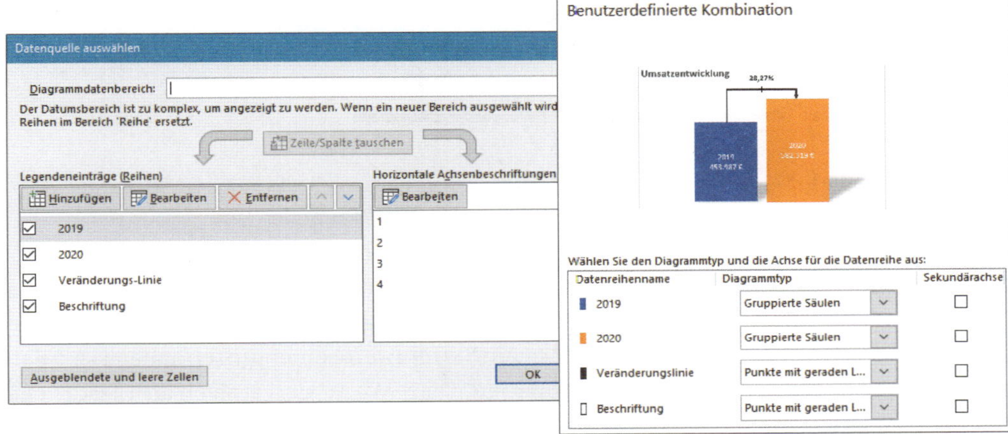

Abbildung 9.5 Datenreihen und Diagrammtypen des Veränderungsdiagramms

Um das Veränderungsdiagramm fertigzustellen, sind jetzt nur noch die Markierungspunkte der Linie in KEINE zu ändern und der Abschluss der letzten Teillinie mit einem Pfeil zu versehen. Der einzelne Punkt erhält noch die Beschriftung WERT AUS ZELLEN mit Referenz auf den Prozentwert und einem Kreuz als Markierungssymbol. Einmal aufgebaut, lässt sich dieses Diagramm nur durch Modifikation der beiden Umsatzwerte beliebig variieren.

9.2 Punktposition – Prozentwert auf einer Linie positionieren

Es gibt Datenszenarien, in denen Ihnen nur sehr vereinzelte Werte als Basis für ein Diagramm vorliegen. Ein Beispiel dafür könnte das Ergebnis einer Kundenumfrage nach der Zufriedenheit in verschiedenen Kategorien sein. Sie haben hier nur vier Prozentwerte, die besagen, wie hoch die Zufriedenheit beim Besuch in einem Ihrer Läden war. Selbstverständlich lassen sich diese vier Werte auch als Säulen, Balken oder Ringe anzeigen. Eine andere Variante besteht darin, auf einer horizontalen Linie wie in Abbildung 9.6 den Punkt hervorzuheben, der den Wert visualisiert. Es ist somit die Momentaufnahme eines Schiebereglers. Den Betrachtern erschließt sich sofort die Skalierung von 0 % bis 100 %, ohne dass diese explizit angegeben ist. Die Position der Punkte erlaubt unmittelbaren Aufschluss über den Wert, ein Vergleich der Kategorien ist leicht möglich.

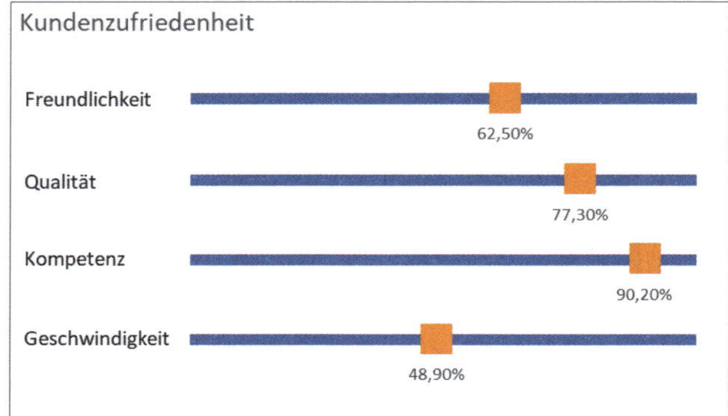

Abbildung 9.6 Positionierung von Punkten auf einer horizontalen Linie

Um solch ein Diagramm aufzubauen, ist in einem ersten Schritt die horizontale Linie notwendig. Diese ist als Verbindung zweier Punkte eines Punktdiagramms realisiert. Die x-Werte der Punkte stellen die beiden Extremwerte einer prozentualen Skala dar, also die 0 und die 1 als Prozent formatiert. Die y-Werte sind einfach als 1 festgelegt. Als weitere Datenreihe kommt jetzt der Punkt hinzu. Der y-Wert des Punktes lautet ebenfalls 1, er soll sich ja auf derselben Höhe befinden wie die Linie. Der x-Wert ist der prozentuale Wert der Zufriedenheit, im Beispiel also 62,5 %. Das Ergebnis ist, wie in Abbildung 9.7 zu sehen, eine Linie mit einem Punkt in einem Gitter, skaliert von 0 bis 120 % horizontal und von 0 bis 1,2 vertikal. In der endgültigen Darstellung sind die Achsen und die Gitternetzlinien nicht notwendig, Excel zeichnet diese jedoch bei jedem neuen Diagramm ein.

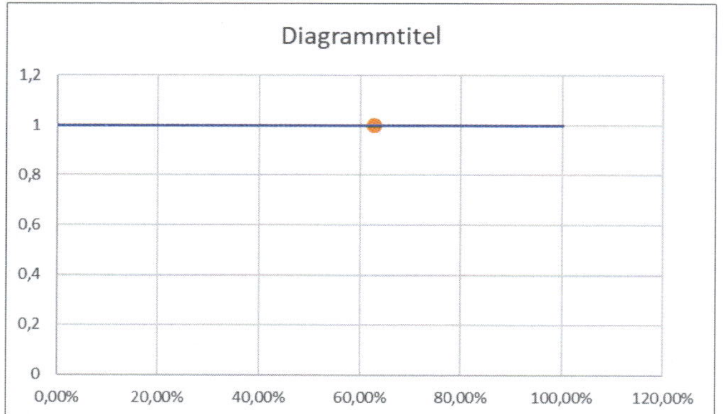

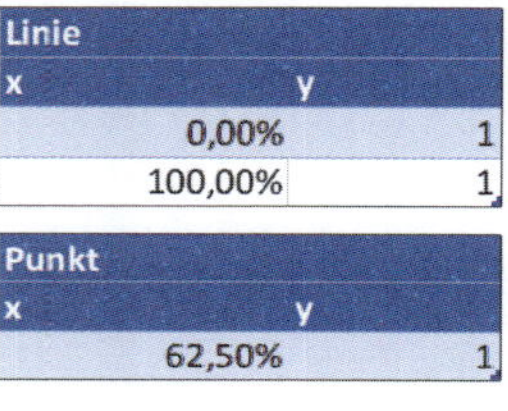

Linie	
x	y
0,00%	1
100,00%	1

Punkt	
x	y
62,50%	1

Abbildung 9.7 Horizontale Linie von 0 % bis 100 % mit Punkt bei 62,5 %

Um für mehrere Kategorien die horizontalen Linien zu zeichnen, wurde ein kleiner Trick angewendet. Es handelt sich bei dem Beispiel mit vier Linien um acht verbundene Punkte mit entsprechenden x- und y-Werten für die Platzierung im Raster. Stünden die Koordinaten aller Punkte untereinander, wäre jeder Punkt mit seinem

Nachfolger verbunden. Das heißt, es würde auch eine diagonale Linie zwischen dem rechten Punkt der unteren Linie und dem linken Punkt der nächsthöheren Linie gezogen. Um dies zu vermeiden, ist in der Datentabelle in Abbildung 9.8 zwischen zwei Punkten immer eine Leerzeile vorhanden. Für Excel bedeutet dies, dass der Folgepunkt nicht vorhanden ist, es kann keine Verbindung hergestellt werden. Mit dieser Methode erhalten Sie scheinbar vier unabhängige Linien. Bei den Punkten auf den Linien ist dies nicht notwendig, hier handelt es sich ja um den Typ Punktdiagramm ohne Verbindungslinie.

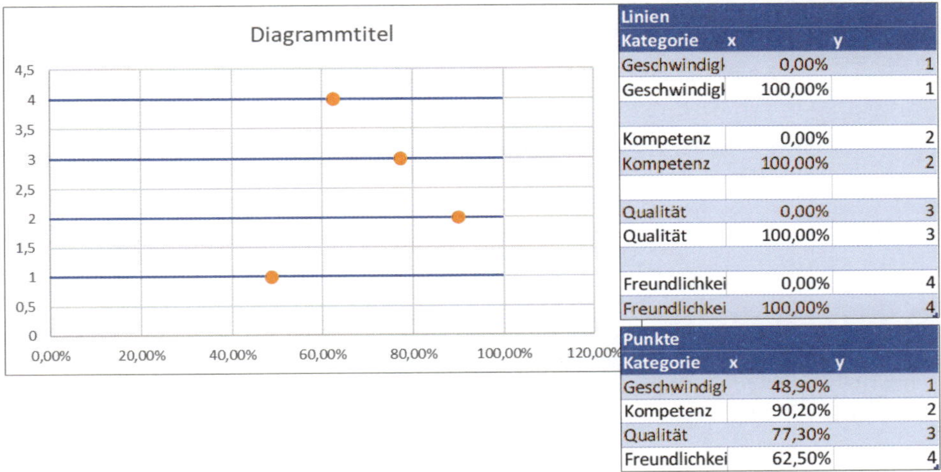

Linien		
Kategorie	x	y
Geschwindigl	0,00%	1
Geschwindigl	100,00%	1
Kompetenz	0,00%	2
Kompetenz	100,00%	2
Qualität	0,00%	3
Qualität	100,00%	3
Freundlichkei	0,00%	4
Freundlichkei	100,00%	4

Punkte		
Kategorie	x	y
Geschwindigl	48,90%	1
Kompetenz	90,20%	2
Qualität	77,30%	3
Freundlichkei	62,50%	4

Abbildung 9.8 Vier unabhängige Linien, basierend auf einer Datenreihe

Um die gewünschte Darstellung zu erhalten, muss noch die horizontale Rubrikenachse auf 100 % skaliert werden. Jetzt können Sie beide Achsen sowie die Gitternetzlinien entfernen.

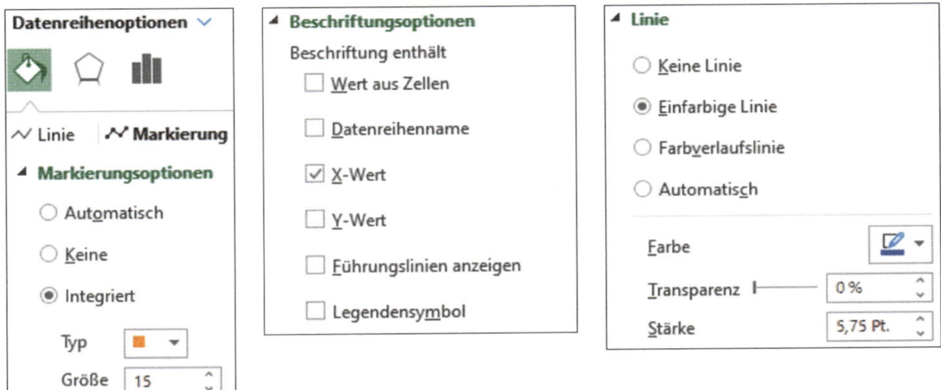

Abbildung 9.9 Formatierungen der Markierung und der Linie eines Schiebereglers

Eine Anpassung der Markierung und die Erhöhung der Strichstärke zeigen das Diagramm als Schieberegler an. Die Datenbeschriftung in Form des x-Wertes der vier Punkte gibt Auskunft über den jeweiligen Prozentwert der Kategorien. Ihre Namen sind im Diagramm als Textfeld rechts neben der Zeichnungsfläche angegeben.

Wie in Abbildung 9.10 zu sehen ist, lassen sich die Anfangs- und Endpunkte der Linien sowie der Wertepunkt mit beliebigen Symbolen unterschiedlicher Größe versehen. Auch die Linie kann in Form und Stärke sehr variabel formatiert werden. So können Sie ganz individuelle Arten der Positionierung eines Punktes auf einer Linie realisieren.

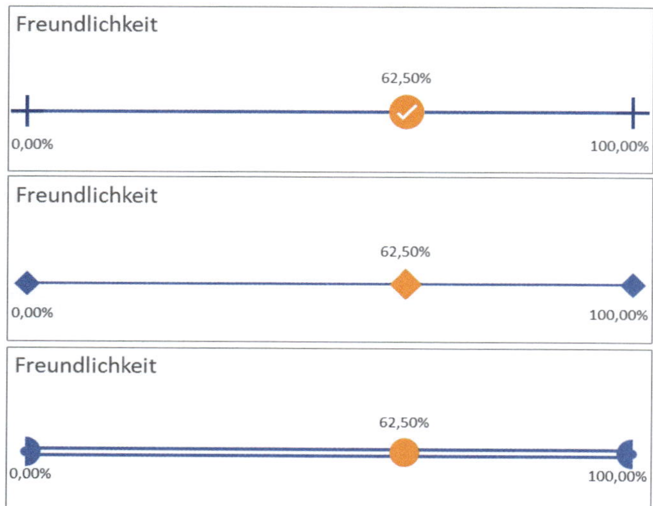

Abbildung 9.10 Unterschiedliche Varianten der Punktposition durch Formatierung der Punkte und Linien

9.3 Statusanzeige – einen Wert auf einer Grün-Gelb-Rot-Skala anzeigen

Farbverläufe können nicht nur als optische Effekte eingesetzt werden, auch die Ausprägung und Bedeutung einer Skala lässt sich damit gut ausdrücken. Insbesondere die *Farbskala Grün-Gelb-Rot* ist für jeden Betrachter leicht zu verstehen. Diese Tatsache lässt sich gut in Diagrammen zur Anzeige eines Status verwenden. So lassen sich sehr anschaulich Werte visualisieren, die Betrachter sofort einordnen können, Grün bedeutet *gut* und Rot bedeutet *schlecht*. Im Beispiel in Abbildung 9.11 sind auf so einer Ampelskala die Ergebnisse einer Messreihe aufgezeigt. Dabei handelt es sich um automatische Luftpumpen unterschiedlicher Hersteller und die jeweiligen durchschnittlichen Abweichungen von einem Sollwert. Eingestellt ist immer ein Reifendruck von 3,5 bar. *Stichproben* haben jedoch ergeben, dass Pumpen einiger Hersteller deutlich mehr, andere deutlich weniger an Druck erzeugen. Die Ergebnisse sind auf einer *Statusanzeige* mit Farbverlauf dargestellt.

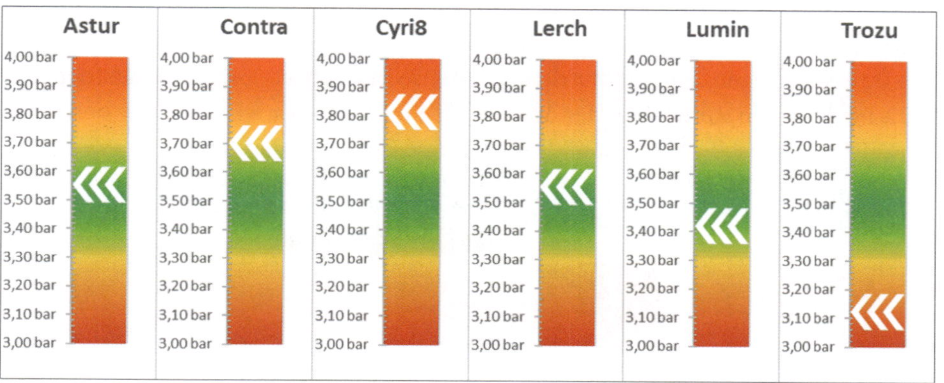

Abbildung 9.11 Messergebnisse auf einer Rot-Gelb-Grün-Gelb-Rot-Skala

Diese Darstellung lässt sich in Excel auch wieder mit einem Punktdiagramm realisieren. Die Datentabelle besteht im vereinfachten Beispiel nur aus dem Namen des Herstellers und dem y-Wert (siehe Abbildung 9.12). Sie haben somit nur eine Zahl in Ihrer Datentabelle, das durchschnittliche Ergebnis der Stichproben einer Kontrollmessung des Herstellers »Astur«. Der x-Wert 1 hätte auch in der Datentabelle stehen können, wurde hier jedoch als *Konstante* bei der Bearbeitung der Datenreihe direkt eingegeben. Sie können in das Eingabefeld einfach die Zahl 1 schreiben, Excel generiert daraus eine Liste mit nur einem Eintrag in der Schreibweise *={1}*. Da für dieses Punktdiagramm der unerheblich ist und nur als »Dummy« fungiert, ist die Eingabe als Konstante eine Alternative zur Referenz in die Datentabelle. Das Ergebnis des einfachen Punktdiagramms ist ein einzelner blauer Punkt im Raster 0 bis 1,2 horizontal und 0 bis 4 vertikal.

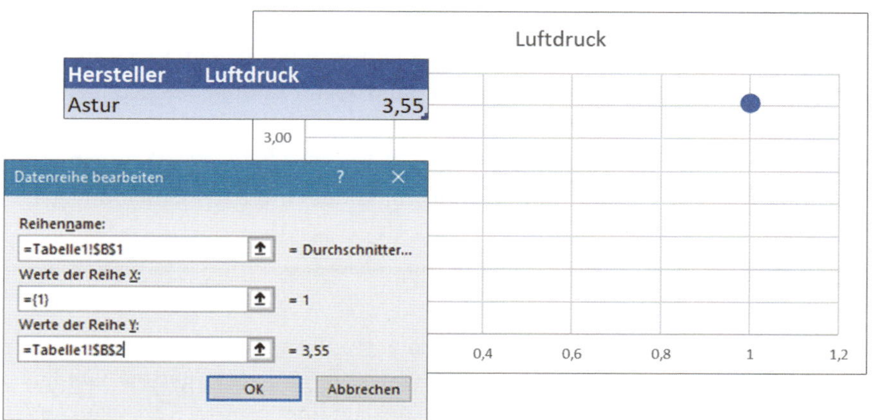

Abbildung 9.12 Ein einzelner Punkt als Basis für die Statusanzeige

Jetzt sind nur noch einige Formatierungen notwendig, um aus dem Punkt eine Statusanzeige auf einer Rot-Grün-Rot-Skala zu erstellen. Zu Beginn verkleinern Sie die Diagrammfläche horizontal, damit wird auch aus der Zeichnungsfläche eine Art Säule. Die vertikale Achse skalieren Sie von 3 bis 4, innerhalb dieses Bereichs liegen alle Ihre Messungen. Die Hauptstriche der Achse liegen bei 0,1 und die Teilstriche bei 0,02, beide Typen werden auf der Achse außen bzw. innen angezeigt. Jetzt bekommt die Zeichnungsfläche wie in Abbildung 9.13 eine Farbverlaufsfüllung.

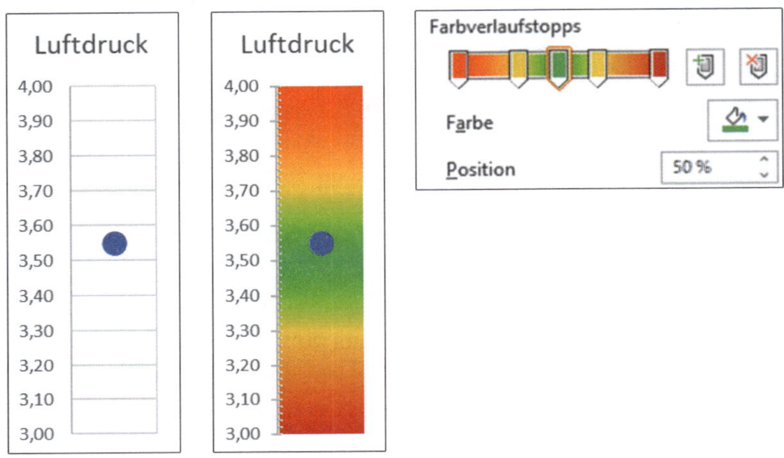

Abbildung 9.13 Formatierung des Farbverlaufs der Zeichnungsfläche

Der Sollwert 3,5 bar erhält die Farbe Grün, Sie setzen also einen grünen Verlaufsstopp in der Mitte genau bei 50 %. Bei einer positiven oder negativen Abweichung von 0,2 geht die Skala in einen gelben Bereich über. Alle Messwerte kleiner 3,2 bar und größer als 3,8 bar stellen schon einen kritischen Bereich dar, die Skala wird ab hier rot eingefärbt.

Jetzt ist nur noch der Pfeil anstelle des blauen Punktes anzuzeigen. Wenn Sie als Markierungssymbol das integrierte Quadrat mit Füllung auswählen, können Sie anschließend als Füllung ein Bild einfügen (siehe Abbildung 9.14). In der Sammlung der *Piktogramme* oder in frei verfügbaren Onlinegrafiken sind zahlreiche nach links weisende Pfeile zu finden. So einen Pfeil können Sie in die Zwischenablage kopieren und dann als *Bildquelle* auswählen. Unter Umständen kann hier noch eine Feinjustierung nötig sein, die Größe des Markierungssymbols muss der Größe der Grafik angepasst werden.

Mehrfache Anzeige der vertikalen Achse

Es ist nicht möglich, die vertikale Achse mehrfach in einem Diagramm anzuzeigen. Sollen aber mehrere Säulen nebeneinander zwecks Vergleichs dargestellt werden und jede soll die Skala beinhalten, müssen Sie das Diagramm mehrfach erstellen und direkt nebeneinander platzieren.

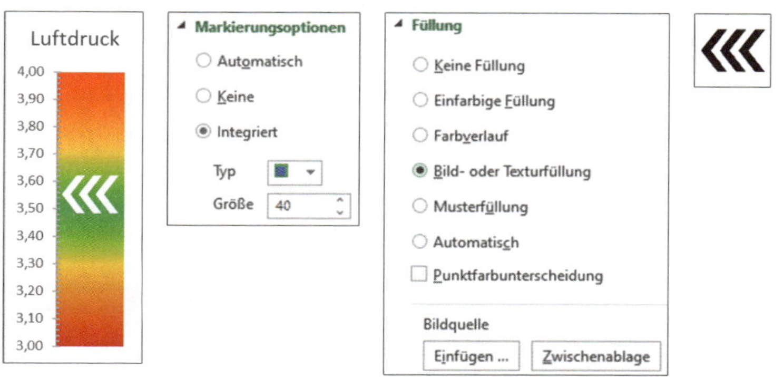

Abbildung 9.14 Rot-Gelb-Grün-Gelb-Rot-Skala mit Grafik als Markierung

9.4 Tachometer – Wertungen mittels Ring- und Punktdiagramm darstellen

Ein *Tachometer* ist im ursprünglichen Sinn eine Anzeige für Geschwindigkeiten. Diese Art der Darstellung lässt sich aber auch auf andere Messgrößen übertragen. Bei einem Tachometer zeigt ein Pfeil auf einer *halbrunden Skala* einen beliebigen Wert an. Dieser Wert kann neutral sein oder mittels einer Farbskala eine Bedeutung bekommen. Sie können z. B. mit einem Tachometer anzeigen, wie viel Prozent Ihrer Kunden die Serviceleistung der kostenlosen Inspektion im vergangenen Jahr in Anspruch genommen haben. Bis zu einem bestimmten Anteil ist dies gut für Sie, es hat etwas mit Kundenbindung zu tun. Wenn jedoch zu viele Kunden diesen Service in Anspruch nehmen, kippt das Verhältnis zwischen positiven Effekten der Kundenbindung und Ihrem Aufwand, Sie müssen schließlich die Arbeitszeit Ihrer Techniker einbeziehen. Eine genaue Kalkulation hat ergeben, dass bis 40 % die positiven Effekte überwiegen, zwischen 40 % und 60 % ist diese Serviceleistung ausgewogen, über 60 % ist es ein Verlustgeschäft für Sie. Die Darstellung Ihrer Daten wie in Abbildung 9.15 in Form eines Tachometers lässt sich in Excel mit einem *Kombidiagramm* bestehend aus verbundenen Punkten und einem Ring realisieren.

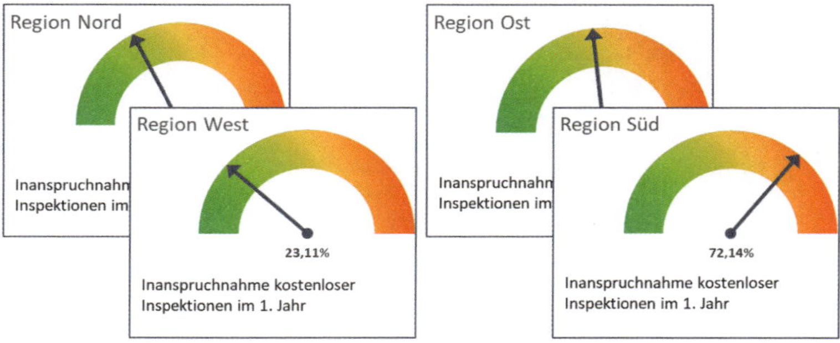

Abbildung 9.15 Tachometer zur Anzeige der Inanspruchnahme kostenloser Inspektionen

Die Datentabelle für den ersten Teil des Tachometers besteht aus vier Zahlen, den *x*- und *y-Werten* zweier Punkte. Ein Punkt liegt im Ursprung des *Koordinatensystems*, der andere Punkt liegt irgendwo im zweiten Quadranten (siehe Abbildung 9.16). Wie sich die Koordinaten des zweiten Punktes im Zusammenhang mit der Prozentangabe berechnen, wird in Abbildung 9.20 gezeigt. Zu Beginn seien es erst mal Konstanten, die der Erstellung des Diagramms dienen. Das Ergebnis des verbundenen Liniendiagramms ist eine einfache gerade Linie zwischen den beiden Punkten.

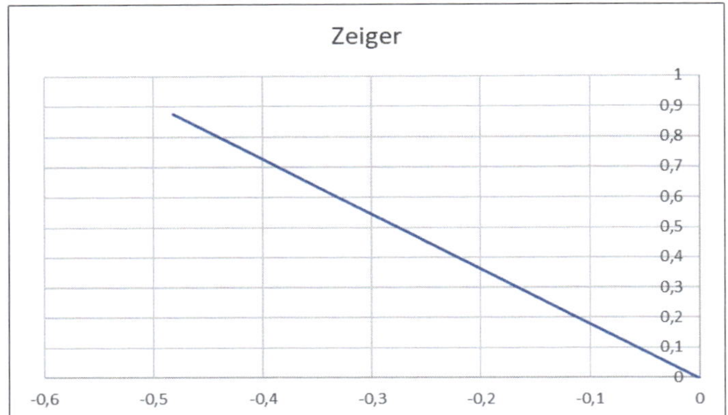

Name	Region Nord
Inspektionen	34,00%
Punkt 1 (x)	0
Punkt 2 (x)	-0,4818
Punkt 1 (y)	0
Punkt 2 (y)	0,8763

Abbildung 9.16 Gerade Linie als Zeiger des Tachometers

Im zweiten Schritt fügen Sie eine weitere *Datenreihe* hinzu, die die Basis für den *Ring* als Farbverlaufsskala darstellt. Diese Datenreihe bezieht sich nicht auf Werte in Ihrer Tabelle, hier kommen auch wieder Konstanten zum Einsatz. Da mit der zuvor hinzugefügten Datenreihe ein Punktdiagramm erstellt wurde, schlägt Excel diesen Typ auch wieder für die neue Datenreihe vor. Wie in Abbildung 9.17 geben Sie für die y-Werte der Datenreihe einfach zwei durch Semikolon getrennte Einsen ein, Excel wandelt diese Eingabe automatisch in die *Listenschreibweise ={1;1}* um. Die x-Werte können leer bleiben, intern verwendet Excel dafür dann eine ganzzahlige Nummerierung, die bei 1 beginnt. Das Ergebnis der zweiten Datenreihe im Diagramm ist eine horizontale Linie vom Punkt 1;1 zum Punkt 2;1.

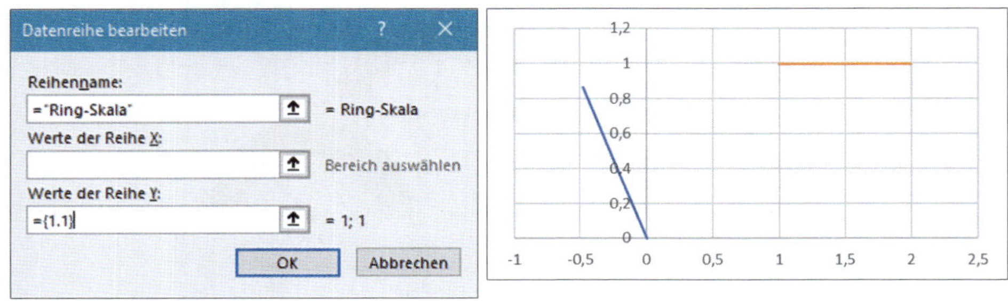

Abbildung 9.17 Die zweite Linie im Diagramm als Basis für den Ring

Jetzt erfolgt die Umwandlung der zweiten Datenreihe in einen Ring. Dafür ändern Sie den Diagrammtyp in ein Kombidiagramm und wählen für die erste Reihe Punkte mit geraden Linien und für die zweite Reihe den Typ Ring. In Abbildung 9.18 ist zu sehen, dass sich jetzt sowohl der Ring als auch die Linie im zweiten Quadranten befinden. Die Änderung der *Achsenskalierungen* von –1 bis 1 bewirkt zusätzlich, dass sich der Mittelpunkt des Ringes in den Nullpunkt des Koordinatensystems verschiebt. Der erste Punkt der Linie wandert ebenfalls in den Nullpunkt, der zweite auf den äußeren Rand des Ringes.

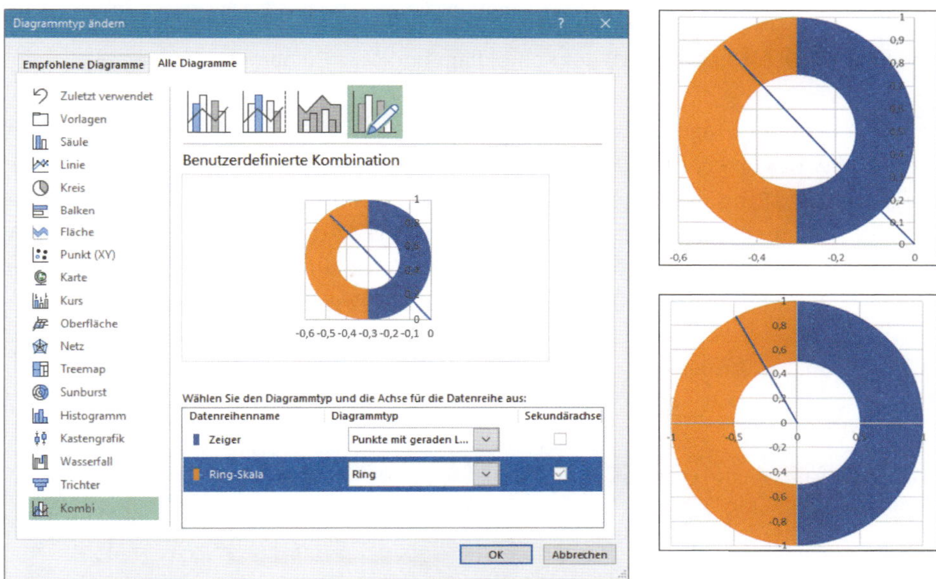

Abbildung 9.18 Umwandlung in eine Kombidiagramm und Änderung der Skalierung

Jetzt sind nur noch einige Formateinstellungen vorzunehmen, und der Tachometer ist fertig (siehe Abbildung 9.19). Die Achsen selbst sind nicht mehr notwendig und können entfernt werden. Den *Winkel* des ersten *Ringsegments* setzen Sie auf 90°, beide Segmente sind jetzt an der horizontalen Achse gespiegelt. Wenn Sie das untere Segment *ohne Rahmen* und *ohne Füllung* formatieren, ist nur noch der obere Halbring zu sehen. Dessen Füllung ändern Sie in einen linearen Farbverlauf von Grün über Gelb nach Rot. Zum Schluss erfolgt noch die Anpassung der Linienendpunkte, der Nullpunkt erhält einen Kreis, der Punkt auf dem Ring einen Pfeil. Eine Beschriftung des Zeigerdrehpunktes mit Wert aus Zellen erlaubt es Ihnen, den vom Zeiger angezeigten Prozentwert auch im Diagramm zu platzieren.

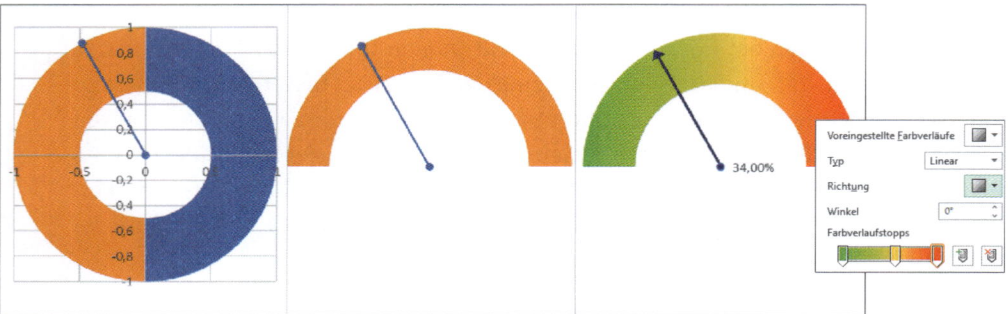

Abbildung 9.19 Formatierungen des Kombidiagramms als Tachometer

Es bleibt noch die Frage nach den Koordinaten des zweiten Punktes des Zeigers. Um diese zu beantworten, ist in Abbildung 9.20 ein kleiner Ausflug in die *Trigonometrie* aufgezeigt. Der Ring als solcher stellt den *Einheitskreis* mit dem Radius 1 dar. Zu jedem Winkel im Einheitskreis lässt sich der x- und der y-Wert eines Punktes mithilfe der *Sinus-* und der *Kosinus-Funktion* berechnen. Ein Blick auf den Einheitskreis mit dem Winkelmaß *Radiant* verdeutlicht das Verhalten des Zeigers auf dem Tachometer.

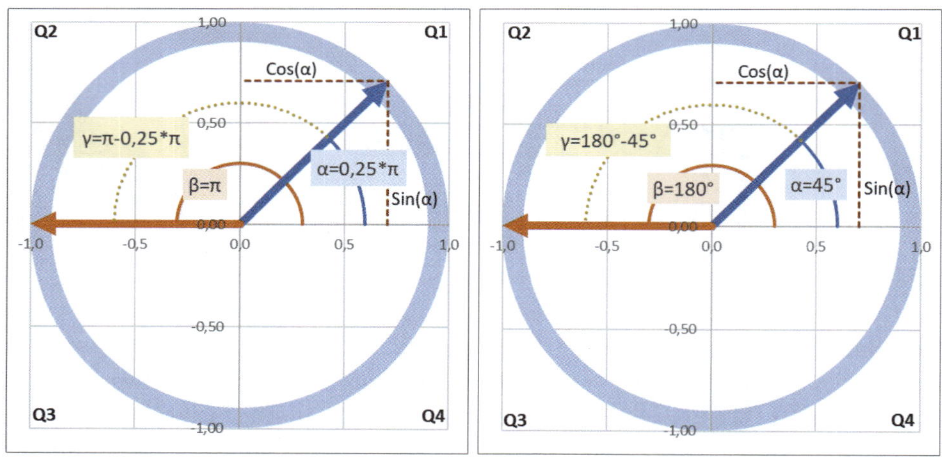

Abbildung 9.20 Einheitskreis im Bogenmaß (Radiant) und in Grad

Per Festlegung hat der Einheitskreis den Radius 1, der Mittelpunkt liegt im Nullpunkt des *kartesischen Koordinatensystems*. Alle Betrachtungen von Winkeln beziehen sich auf die positive horizontale Radiuslinie, die Drehrichtung von Winkelzeigern läuft entgegen dem Uhrzeiger. Dieses Modell lässt bezogen auf den Tachometer leicht erkennen, dass der Winkel *Pi* dem Zeigerwert 0 % entspricht, bei 100 % auf dem Tachometer lautet der Winkel 0°. Die Skala des Tachometers umfasst somit genau einmal Pi, allerdings in entgegengesetzter Bedeutung. Je kleiner der Tachowert, desto größer der Winkel und umgekehrt. Dieser Umstand lässt sich leicht durch Subtraktion des anzuzeigenden Prozentwertes von 100 % umgehen.

Winkel = (100%–x%)×Pi

Jetzt haben Sie zwar den Winkel des Zeigers im Tachometer, Sie benötigen jedoch die x- und die y-Koordinate des Punktes auf dem Einheitskreis. Denn damit können Sie erst den zweiten Punkt für die Zeigerlinie im Tachometer einzeichnen. Hier kommen jetzt die Sinus- und die Kosinus-Funktionen zum Einsatz. Bei bekanntem Winkel im Einheitskreis ergibt der Kosinus des Winkels die x-Koordinate, der Sinus liefert die y-Koordinate.

```
B4 = COS(PI()*(100%-B2))
B6 = SIN(PI()*(100%-B2))
```


Mit diesen Formeln können Sie jeden beliebigen Wert von 0 % bis 100 % auf einem Halbring anzeigen. Es sind über diesen Ansatz auch Varianten von Tachometern denkbar. Anstelle eines halben Ringes als Skala können Sie auch einen Dreiviertelring realisieren, dieser würde die Winkel von 7/4 Pi bis 5/4 Pi umfassen.

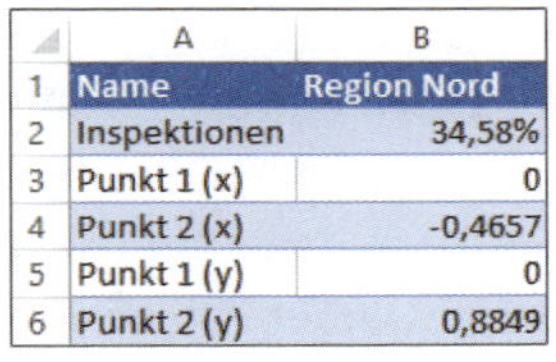

	A	B
1	Name	Region Nord
2	Inspektionen	34,58%
3	Punkt 1 (x)	0
4	Punkt 2 (x)	-0,4657
5	Punkt 1 (y)	0
6	Punkt 2 (y)	0,8849

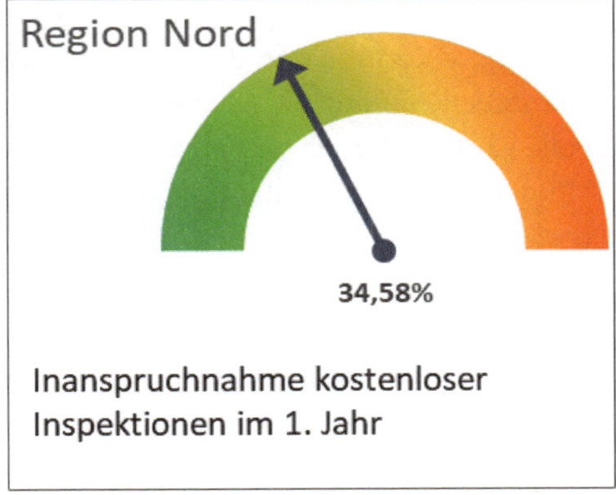

Abbildung 9.21 Tachometeranzeige 34,58 % und resultierende Punktkoordinaten

9.5 Gestapelte Kästchen – Säulen in kleine Einheiten aufteilen

Bei einer reinen Säulendarstellung steht nur die Höhe der Säule für den anzuzeigenden Wert. Für einen plakativen Mengenvergleich ist die Aufteilung der Säule in kleine Kästchen eine gestalterische Alternative zur monolithischen Säule. Dabei werden z. B. wie in Abbildung 9.22 bis zu fünf Kästchen nebeneinander angezeigt, bevor eine weitere Reihe aufgestapelt wird. Die Werte im Diagramm sind also nicht nur durch die Höhe dargestellt, auch der Füllgrad einer Reihe ist entscheidend. Diese Aufteilung der Säulen ist nur bei ganzzahligen Werten sinnvoll, jedes Kästchen repräsentiert ja eine ganze Einheit.

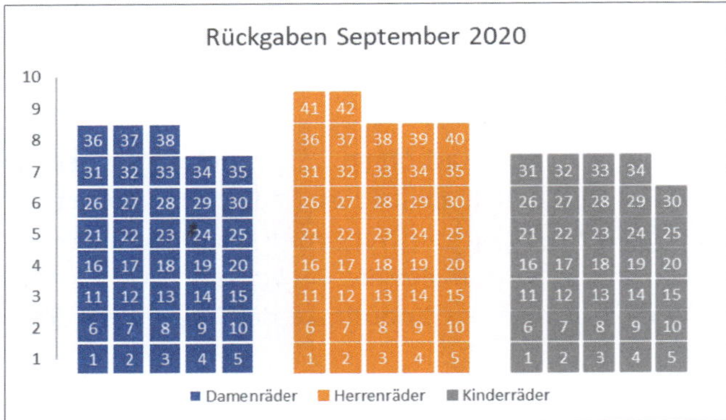

Typ	Rückgaben 09/2020
Damenräder	38
Herrenräder	42
Kinderräder	34

Abbildung 9.22 In Kästchen aufgeteilte Säulen

Diese Darstellung ist in Excel nicht als eigener Diagrammtyp vorhanden. Es ist aber möglich, diese Form eines Diagramms nachzubauen. Mit dem variablen Diagrammtyp *Punkte* und den richtig vorbereiteten Daten ist die Aufteilung einer Säule in Kästchen realisierbar. Die Idee dahinter ist am Beispiel in Abbildung 9.23 aufgezeigt, bei dem acht Kästchen in Dreierreihen dargestellt werden sollen. Zuerst benötigen Sie die nummerierten x- und y-Koordinaten der Punkte für die Datenreihe. Die Anzahl der Zeilen Ihrer Datentabelle ergibt sich aus dem darzustellenden Wert, im Beispiel acht. Die Datentabelle kann auch mehr Zeilen enthalten, Sie müssen dann nur dafür sorgen, dass keine Punkte größer als acht im Diagramm angezeigt werden. Die ersten drei Punkte haben die x-Werte 1, 2 und 3, die y-Werte lauten bei allen 1. Die jeweils nächsten drei Punkte haben wieder die x-Werte 1, 2 und 3, die y-Werte lauten jetzt jedoch 2 bzw. 3. Basierend auf dieser einfachen Datentabelle zeigt ein Punktdiagramm mit verbundenen Linien jetzt schon die Struktur des *Kästchendiagramms* in Abbildung 9.23 an.

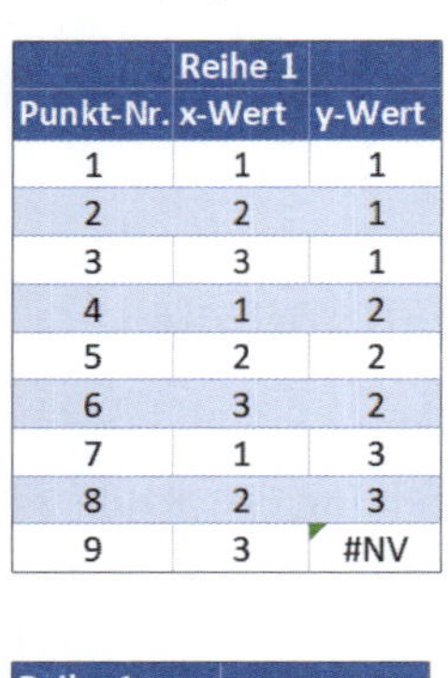

	Reihe 1	
Punkt-Nr.	x-Wert	y-Wert
1	1	1
2	2	1
3	3	1
4	1	2
5	2	2
6	3	2
7	1	3
8	2	3
9	3	#NV

Reihe 1	
Wert	8

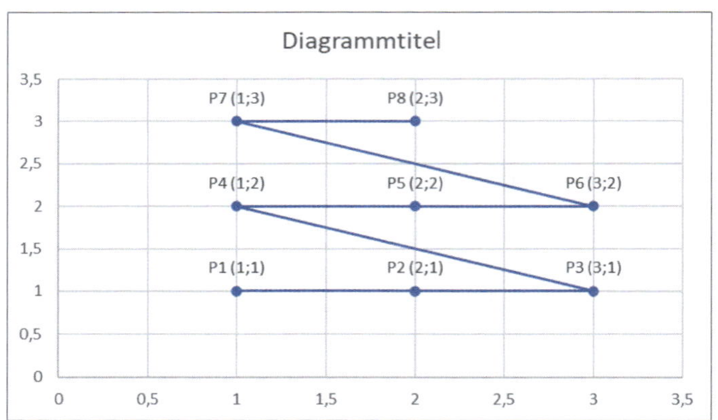

Abbildung 9.23 Punktdiagramm als Basis für eine Kästchendarstellung

Um den letzten Punkt nicht im Diagramm darzustellen, setzten Sie einfach eine Koordinate auf *#NV*. Dadurch kann Excel diesen Punkt nicht zeichnen, trotzdem ist er in der Tabellenlogik weiterhin enthalten.

Jetzt sind nur noch einige Formatierungen notwendig, um aus dem Punktdiagramm mit geraden Linien eine Säule aus gestapelten Kästchen zu machen. Zuerst ändern Sie den Diagrammtyp in ein *Punktdiagramm ohne Linien*. Dann wählen Sie als Markierungssymbol der Punkte ein Quadrat und erhöhen die Größe auf 35. Achsen und Gitterlinien sind nicht notwendig, diese können also entfernt werden. Als Beschriftung wählen Sie zentriert WERT AUS ZELLEN und verweisen auf die Spalte mit der Nummerierung. Zum Schluss muss noch die Größe der Zeichnungsfläche angepasst werden, um gleiche Abstände zwischen Reihen und Spalten der Kästchen zu erhalten. Das Ergebnis sehen Sie in Abbildung 9.24.

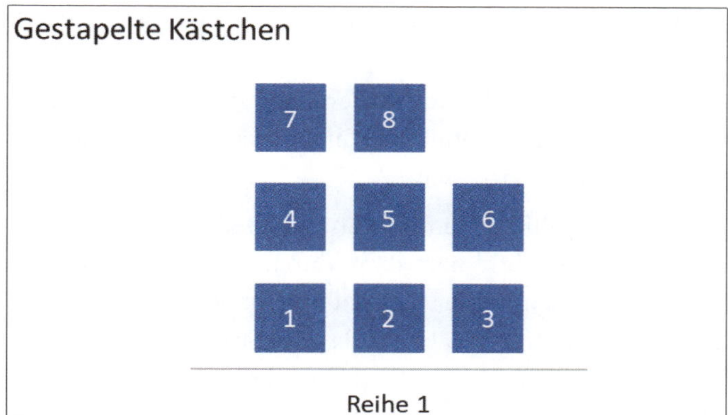

Reihe 1	
Wert	8

Abbildung 9.24 Einfaches Kästchendiagramm zur Anzeige des Wertes 8

Mit dieser Methodik lassen sich auch höhere Werte oder mehrere Datenreihen nebeneinander darstellen. Im Beispiel der zurückgegebenen Räder im September 2020 (siehe Abbildung 9.22) mit den Datenreihen »Damenräder«, »Herrenräder« und »Kinderräder« ist die Datentabelle jedoch schon sehr umfangreich. Alle x- und y-Werte der drei Datenreihen für knapp 50 Zeilen manuell zu erstellen, wäre ein langwieriges und fehleranfälliges Verfahren. Die schnellere und flexiblere Art ist die Berechnung der Punktkoordinaten mit Formeln. Hier kommen neben einigen *Bedingungen* die Funktionen *Rest* und *Ganzzahl* zum Einsatz:

```
B3 = WENN(REST(A3;5)=0;5;REST(A3;5))
C3 = WENN(A3<=$J$2;GANZZAHL((A3-1)/5)+1;#NV)
D3 = WENN(REST(A3;5)=0;5+6;REST(A3;5)+6)
E3 = WENN(A3<=$J$3;GANZZAHL((A3-1)/5)+1;#NV)
F3 = WENN(REST(A3;5)=0;5+12;REST(A3;5)+6+6)
G3 = WENN(A3<=$J$4;GANZZAHL((A3-1)/5)+1;#NV)
```

Typ	Damenräder		Herrenräder		Kinderräder	
Kästchen-Nr.	x	y	x	y	x	y
1	1	1	7	1	13	1

Typ	Rückgaben 09/2020
Damenräder	38
Herrenräder	42
Kinderräder	34

Abbildung 9.25 Erste Zeile der Datentabelle zur Eingabe der Formeln

Mit der Funktion *Rest* wird der Rest einer Division ermittelt. Die Formel bezieht sich hier immer auf die Kästchennummer in Spalte A, der Divisor ist die Zahl 5, also die Anzahl der Kästchen pro Reihe. Für die Kästchennummer 1, 6, 11 etc. lautet das Ergebnis 1, in diesen Zeilen steht immer der x-Wert des ersten Kästchens einer Reihe. Entsprechend ergibt die Formel für die Kästchennummer 2, 7, 12 etc. das Ergebnis 2, also den x-Wert der jeweils zweiten Kästchen. Mit derselben Berechnung werden auch die x-Werte des dritten und des vierten Kästchens jeder Reihe ermittelt. Da die Funktion *Rest* für die Kästchennummer 5, 10, 15 etc. jedoch das Ergebnis 0 liefert, muss dieser Fall mit der Funktion *Wenn* abgefangen werden. Anstelle der 0 muss hier die 5 als x-Koordinate des fünften Kästchens stehen. Für die x-Werte der zweiten und dritten Datenreihe werden noch 6 bzw. 12 addiert, somit verschieben sich die Kästchen für Herren- und Kinderräder im Diagramm nach rechts.

Die Funktion *Ganzzahl* rundet eine Zahl auf den Vorkommaanteil. Es wird hier von der Kästchennummer in Spalte »A« 1 subtrahiert, dann durch 5 dividiert und dann wieder 1 hinzuaddiert. Damit ergibt sich immer für fünf aufeinanderfolgende Kästchen der y-Wert. Für die Kästchennummer 1-5 lautet das das Ergebnis 1, Kästchennummer 6-10 ergibt 2 etc. Die umschließende Funktion *Wenn* prüft, ob die Kästchennummer in Spalte »A« kleiner gleich dem Wert der zurückgegebenen Räder ist. Ist dies nicht der Fall, dann soll das Kästchen nicht angezeigt werden. Mit dem Fehlerwert *#NV* (nicht verfügbar) weisen Sie Excel an, die Anzeige dieses Kästchen zu unterbinden. Die so berechnete Datentabelle für maximal 50 Kästchen sehen Sie in Abbildung 9.26.

Realisierung von Datensequenzen

Immer wenn Sie eine *Sequenz* oder *Folge* von Daten benötigen, lässt sich diese gut mit den Funktionen *Rest* und *Ganzzahl* aufbauen. Für eine Folge mehrerer gleicher Elemente (z. B. 1, 1, 2, 2, 3, 3 ...) ist der ganzzahlige Anteil einer Division einzusetzen. Sich wiederholende Sequenzen (1, 2, 3, 1, 2, 3 ...) lassen sich mit dem Rest einer Division realisieren. Den zweiten Parameter dieser beiden Funktionen können Sie in vielen Fällen mit der Funktion *Zeile* ermitteln, damit entfällt eventuell eine separate Spalte für die Nummerierung. Mit der Addition oder Subtraktion weiterer Werte passen Sie die Ergebnisse der Funktionen Ihren Anforderungen an.

Typ	Damenräder		Herrenräder		Kinderräder	
Kästchen-Nr.	x	y	x	y	x	y
1	1	1	7	1	13	1
2	2	1	8	1	14	1
3	3	1	9	1	15	1
4	4	1	10	1	16	1
5	5	1	11	1	17	1
41	1	#NV	7	9	13	#NV
42	2	#NV	8	9	14	#NV
43	3	#NV	9	#NV	15	#NV
44	4	#NV	10	#NV	16	#NV
45	5	#NV	11	#NV	17	#NV
46	1	#NV	7	#NV	13	#NV
47	2	#NV	8	#NV	14	#NV
48	3	#NV	9	#NV	15	#NV
49	4	#NV	10	#NV	16	#NV
50	5	#NV	11	#NV	17	#NV

Abbildung 9.26 Datentabelle als Basis für ein Kästchendiagramm

Hinter den Kästchen verbergen sich Punkte, bei denen das Markierungssymbol in ein ausgefülltes Quadrat geändert wurde. Und anstelle der einfarbigen Füllung eines Quadrats können Sie auch beliebige *Grafiken* als Füllung angeben. Auf diese Art lassen sich Diagramme erstellen, die in Richtung *Infografik* gehen. Die Anzeige eines Wertes wird dabei als Menge von Symbolen realisiert. Im Beispiel geben Fahrräder statt der ursprünglichen Kästchen die Menge an. Die zentrierte Datenbeschriftung bei transparenten Symbolen ist oftmals nicht gut zu lesen. Hier bietet sich nur die Beschriftung des letzten Symbols an. Diese lässt sich leicht mit einer Formel in einer zusätzlichen Spalte festlegen. In der Formel wird nur mittels *Wenn* geprüft, ob die Kästchennummer dem darzustellenden Wert entspricht. Ist das Ergebnis positiv, wird der Wert eingetragen, ist es negativ, bleibt die Zelle leer. Jetzt müssen Sie nur noch die *Datenbeschriftung* hinzufügen und mit WERT AUS ZELLEN als Beschriftungsoption auf die Spalte der Beschriftungen referenzieren, und Sie erhalten das Diagramm aus Abbildung 9.27.

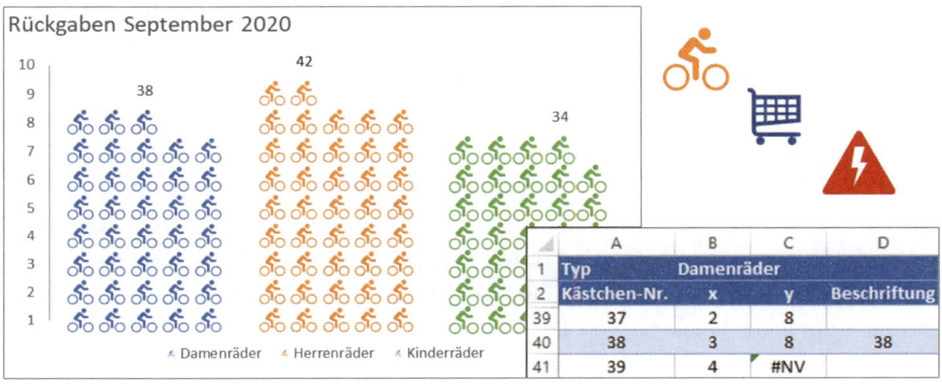

Abbildung 9.27 Einfache Infografik

9.6 Flächenvergleich – Relation zweier Werte als Quadratflächen anzeigen

Möchten Sie Flächen in Quadratmetern grafisch vergleichen, können Sie diese als Säulen oder als Kreise darstellen. Einen besseren Effekt erzielen Sie, wenn Sie die Quadratflächen zum Größenvergleich aufeinanderlegen. Mit zusätzlichen Angaben wie den absoluten oder den relativen Werten erschließt sich den Betrachtern in Abbildung 9.28 auf einen Blick das Größenverhältnis der Flächen. Excel erlaubt es leider nicht direkt, beispielsweise die Lagerfläche von Fahrradgeschäften mit der Gesamtfläche in Form von Quadraten zu vergleichen. Aber auch hier können Sie mit dem Universaldiagrammtyp *Punkte* eine entsprechende Darstellung nachbauen. Neben der generellen Logik ist die richtig konstruierte Datentabelle der Schlüssel zum Erfolg. Die Daten in Form der Koordinaten der Punkte bilden die Basis für diese Art eines Diagramms.

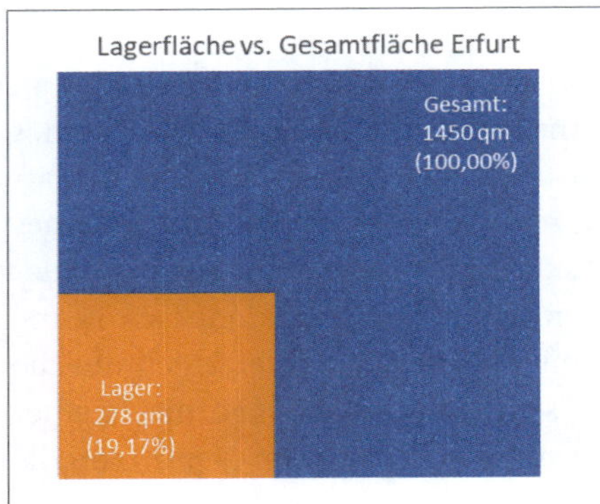

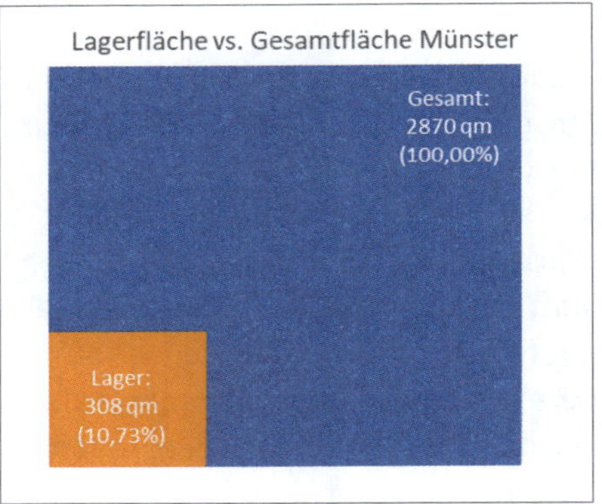

Abbildung 9.28 Vergleich von Teilflächen mit den Gesamtflächen

Die Idee zur Realisierung dieser Darstellung ist recht simpel und soll an einem ganz einfachen Beispiel in Abbildung 9.29 verdeutlicht werden. Die Quadrate entstehen durch viele eng nebeneinanderliegende Linien. Eine rechte hohe Anzahl von Punkten mit verbundenen Linien werden wie bei einer Ziehharmonika zusammengeschoben. Eine Erhöhung der *Linienstärke* hat dann zur Folge, dass daraus eine geschlossene Fläche entsteht. Die einzigen Variablen bei dem Diagramm sind die absoluten Zahlen der beiden Vergleichsflächen, alle anderen notwendigen Werte sowie die *Punktkoordinaten* werden daraus berechnet. Die größere Fläche entspricht per Festlegung 100 %, die kleinere als relativer Anteil aus den 100 % berechnet sich durch einfache Division (Orange dividiert durch Blau). Die Wurzel aus beiden Flächen ergibt die Seitenlängen der Quadrate. Für die größere Fläche ergibt sich so die Seitenlänge 1, für die kleiner im Beispiel 0,5. Alle x- und y-Werte der Punkte zum Zeichnen der Linien liegen somit zwischen 0 und 1.

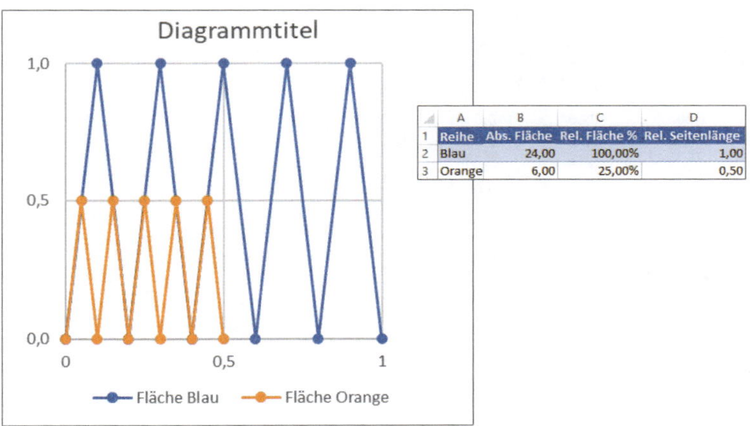

	A	B	C	D
1	Reihe	Abs. Fläche	Rel. Fläche %	Rel. Seitenlänge
2	Blau	24,00	100,00%	1,00
3	Orange	6,00	25,00%	0,50

Abbildung 9.29 Erstellung von quadratischen Flächen mit Linien

Zur Verdeutlichung bestehen die beiden Datenreihen »Blau« und »Orange« aus nur elf Punkten und somit aus zehn Verbindungslinien. Die x-Werte der elf Punkte ergeben sich aus der Division der fortlaufenden Nummer der Punkte, bei 0 beginnend, durch die Anzahl der Linien multipliziert mit der jeweiligen Seitenlänge. Damit unterteilen Sie die horizontale Achse in zehn gleiche Teilstücke. Für die erste blaue Reihe ergibt sich so die Schrittweite 0,1 und für die zweite orangefarbene Reihe eine Schrittweite von 0,05.

```
H3 = G3/10*$D$2
J3 = G3/10*$D$3
```

Jede zweite y-Koordinate der Punkte ergibt sich aus der Seitenlänge der Flächen. Da es sich um ein Quadrat handelt, ist die Breite der Fläche gleich der Höhe. Jetzt müssen Sie nur dafür sorgen, dass ein ständiger Wechsel der y-Koordinate zwischen 0 und 1 bzw. zwischen 0 und 0,5 in Ihrer Datentabelle realisiert wird. Dafür können Sie wieder die Funktion *Rest* einsetzen. Für jede gerade Punktnummer gibt die Funktion den Wert 0 aus, für jede ungerade erhalten Sie als Rest der Division den Wert 1. Dieser Wert, jetzt jeweils mit der Seitenlänge multipliziert, ergibt die alternierende Reihe in der Tabelle in Abbildung 9.30.

```
I3 = REST(G3;2)*$D$2
K3 = REST(G3;2)*$D$3
```

Wenn Sie für diese Datentabelle ein Diagramm vom Typ *Punkte mit geraden Linien* einfügen, erhalten Sie das Diagramm in Abbildung 9.29. Der Diagrammbereich und somit auch die Zeichnungsfläche sind bei einem neuen Diagramm immer erst mal rechteckig mit dem ungefähren Seitenverhältnis 1 : 2. Die Darstellung einer quadratischen Zeichnungsfläche erfordert hier unter Umständen noch eine entsprechende Größenanpassung.

	G	H	I	J	K
1		Fläche Blau		Fläche Orange	
2	Punkt	x	y	x	y
3	0	0	0,000	0	0,000
4	1	0,1	1,000	0,05	0,500
5	2	0,2	0,000	0,1	0,000
6	3	0,3	1,000	0,15	0,500
7	4	0,4	0,000	0,2	0,000
8	5	0,5	1,000	0,25	0,500
9	6	0,6	0,000	0,3	0,000
10	7	0,7	1,000	0,35	0,500
11	8	0,8	0,000	0,4	0,000
12	9	0,9	1,000	0,45	0,500
13	10	1	0,000	0,5	0,000

Abbildung 9.30 Datentabelle für alternierende Punkte entlang der horizontalen Achse

Nach demselben Muster sind die Tabellen mit den Grunddaten für das konkrete Beispiel der Lagerflächen vs. der Gesamtflächen in Erfurt und Münster aufgebaut. Hier sind noch drei zusätzliche Spalten hinzugekommen, diese dienen der Beschriftung der Flächen. Bei einer horizontalen und einer vertikalen Ausdehnung von 1 können Sie die Punkte bei 0,85 und 0,15 fest platzieren. Als Beschriftungstext sind die absoluten und relativen Größenangaben als Text zusammengefasst. Die Punkte selbst sind nicht sichtbar, diese können Sie also einfach ohne Füllung und ohne Rahmen formatieren. Die daraus resultierenden Basisdaten sehen Sie in Abbildung 9.31.

Reihe	Abs. Fläche	Rel. Fläche	Rel. Seitenlänge	Beschriftung (x)	Beschriftung (y)	Beschriftung
Gesamtfläche (Erfurt)	1450,00	100,00%	1,00	0,85	0,85	Gesamt: 1450 qm (100,00%)
Lagerfläche (Erfurt)	278,00	19,17%	0,44	0,15	0,15	Lager: 278 qm (19,17%)

Reihe	Abs. Fläche	Rel. Fläche	Rel. Seitenlänge	Beschriftung (x)	Beschriftung (y)	Beschriftung
Gesamtfläche (Münster)	2870,00	100,00%	1,00	0,85	0,85	Gesamt: 2870 qm (100,00%)
Lagerfläche (Münster)	308,00	10,73%	0,33	0,15	0,15	Lager: 308 qm (10,73%)

Abbildung 9.31 Basisdaten für den Vergleich von Flächen

Die Tabellen mit den Koordinaten der Punkte umfassen jetzt 201 Zeilen, es ergeben sich somit 200 Linien für jede Fläche (siehe Abbildung 9.32). Der Abstand der Linien ist jetzt so gering, dass der Eindruck einer geschlossenen Fläche entsteht. Um die Ränder etwas zu glätten, können Sie bei Bedarf die Markierungen der Punkte entfernen und die Linienstärke etwas erhöhen.

Kreise statt Quadrate

Basierend auf demselben Ansatz können Sie auch Kreisflächen erstellen und übereinanderlegen. Mit 360 Linien vom Kreismittelpunkt zu Punkten mit einem Abstand von 1° auf einem gedachten Ring erzeugen Sie eine Kreisfläche. Durch die richtige Wahl des Mittelpunkts und des Radius lassen sich so auch Kreisflächen vergleichen.

	Gesamtfläche Erfurt		Lagerfläche Erfurt	
Punkt	x	y	x	y
0	0,000	0,000	0,000	0,000
1	0,005	1,000	0,002	0,438
2	0,010	0,000	0,004	0,000
3	0,015	1,000	0,007	0,438
4	0,020	0,000	0,009	0,000
5	0,025	1,000	0,011	0,438
197	0,985	1,000	0,431	0,438
198	0,990	0,000	0,433	0,000
199	0,995	1,000	0,436	0,438
200	1,000	0,000	0,438	0,000

	Gesamtfläche Münst		Lagerfläche Münster	
Punkt	x	y	x	y
0	0,000	0,000	0,000	0,000
1	0,005	1,000	0,002	0,328
2	0,010	0,000	0,003	0,000
3	0,015	1,000	0,005	0,328
4	0,020	0,000	0,007	0,000
5	0,025	1,000	0,008	0,328
197	0,985	1,000	0,323	0,328
198	0,990	0,000	0,324	0,000
199	0,995	1,000	0,326	0,328
200	1,000	0,000	0,328	0,000

Abbildung 9.32 Detaildaten zur Erstellung der Flächen

9.7 Muster hervorheben – unterschiedliche Punktgrößen in einem Raster

Das maschinelle Erkennen von Mustern, die Ableitung aus den Ergebnissen sowie eine eventuelle Visualisierung stellen heute eine wichtige Funktionalität der Informationstechnologie dar. Excel ist dafür natürlich nicht das richtige Werkzeug, trotzdem lassen sich mit Diagrammen einfache Muster und somit Auffälligkeiten rudimentär darstellen. Zum einen bieten Oberflächendiagramme hier gewisse Möglichkeiten, zum anderen erlauben auch Punktdiagramme interessante Darstellungen. Um beispielsweise Verkaufszahlen von E-Bikes in verschiedenen Regionen in einem Jahr zu analysieren, können monatliche Werte klassifiziert und mit unterschiedlichen Symbolen versehen werden. Der rein optische Vergleich der Symbole gibt Aufschluss über die Daten. In Abbildung 9.33 ist gut zu erkennen, dass in drei Regionen die höchsten Verkaufszahlen in den Sommermonaten lagen und in der kälteren Jahreszeit der Verkauf zurückging. Bei einer Region ergibt sich ein anderes Muster, hier sind hohe und niedrige Werte über das ganze Jahr verteilt. Mit dieser Erkenntnis ließe sich jetzt analysieren, was die Ursache dieser Auffälligkeiten ist.

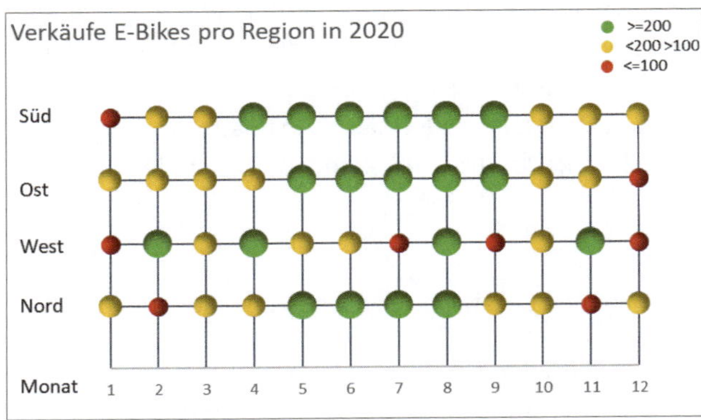

Abbildung 9.33 Muster mit verschiedenen Kreissymbolen

Der Erstellung eines solchen Diagramms liegt folgende Idee zugrunde. Mehrere unterschiedliche formatierte Datenreihen eines Punktdiagramms haben identischen x- und y-Koordinaten, liegen also exakt übereinander. Sie legen dabei nur fest, ob ein Punkt gezeichnet werden soll oder nicht. Ist eine Bedingung erfüllt, erhält die y-Koordinate in der Datentabelle einen Wert, ist die Bedingung nicht erfüllt, wird *#NV* in die Tabelle geschrieben. Im vereinfachten Beispiel in Abbildung 9.34 sehen Sie, dass die drei Punkte der blauen und der orangefarbenen Reihe dieselben x-Werte 1, 2 und 3 haben. In der blauen Reihe haben die ersten beiden Punkte einen y-Wert, der dritte lautet *#NV*. In der orangefarbenen Datenreihe verhält es sich genau umgekehrt, nur der dritte Punkt hat einen echten y-Wert. Das Ergebnis des Diagramms zeigt zwei blaue und einen orangefarbenen Punkt nebeneinander.

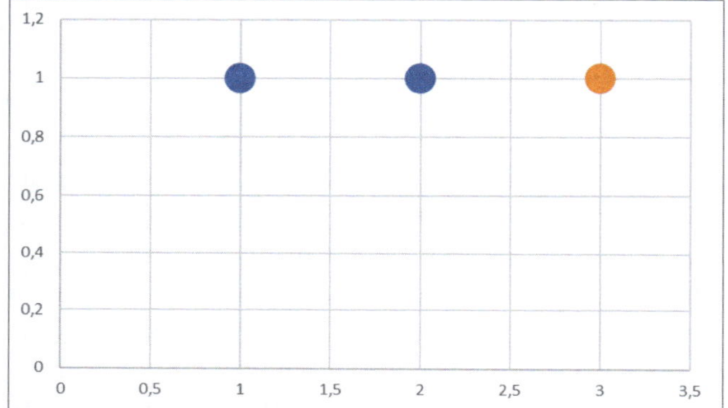

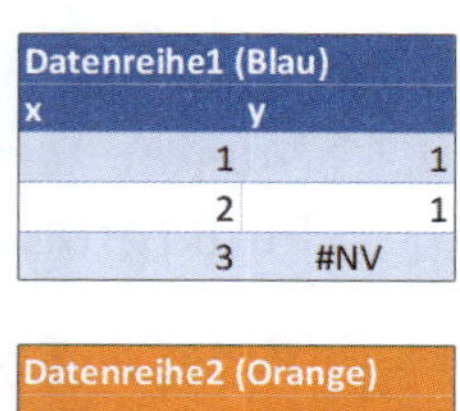

Datenreihe1 (Blau)	
x	y
1	1
2	1
3	#NV

Datenreihe2 (Orange)	
x	y
1	#NV
2	#NV
3	1

Abbildung 9.34 Zwei Datenreihen mit unterschiedlich gefärbten Punkten

Im Beispiel der E-Bike-Verkäufe in Abbildung 9.35 basiert das Diagramm auf einer Datentabelle mit zwölf Zeilen pro Region, in Summe also 48 Zeilen. Die Monate sind genauso wie die Regionen nummeriert. In der Spalte »Verkäufe« steht der Wert, mit dem in den Spalten »Intervall« verglichen wird, ob also ein *#NV* oder die Nummer der Region eingetragen wird. Diese Nummer stellt dann den y-Wert des Punktes im Diagramm dar. Als Formel zur Entscheidung, ob ein Punkt aus den Reihen gezeichnet wird oder nicht, kommt die Funktion *Wenn* zum Einsatz. Ist die Anzahl der Verkäufe kleiner oder gleich 100, wird in Spalte »Intervall 1« der Werte der Region eingetragen. Ist der Wert größer, so lautet das Ergebnis *#NV*. In der nächsten Spalte erfolgt der Vergleich auf größer 100 und kleiner 200, in der dritten Spalte auf größer gleich 200.

```
E2 = WENN(D2<=100;C2;#NV)
F2 = WENN(UND(D2>100;D2<200);C2;#NV)
G3 = WENN(D2>=200;C2;#NV)
```

Wenn Sie jetzt ein *Punktdiagramm ohne Verbindungslinien* einfügen, legen Sie für alle drei Datenreihen die Spalte »Monat« für die x-Werte fest. Die y-Werte der ersten Datenreihe stehen in Spalte »Intervall 1«, für die beiden nächsten Datenreihen entsprechend in »Intervall 2« und »Intervall 3«. Jetzt sind nur noch einige Formateinstellungen nötig, um das Diagramm in Abbildung 9.33 zu erhalten. Die Punkte jeder Reihe erhalten unterschiedliche Farben, der räumliche Effekt entsteht durch einen innenliegenden Schatten. Die Anpassung der Größe der Markierungssymbole bewirkt, dass die roten Punkte am kleinsten sind und die grünen am größten. Vertikale und horizontale Gitterlinien erzeugen das Raster, auf jedem Kreuzungspunkt liegt eine farbige Kugel.

Region	Monat (x)	Nummer (y)	Verkäufe	Intervall 1	Intervall 2	Intervall 3
Nord	1	1	102	#NV	1	#NV
Nord	2	1	92	1	#NV	#NV
Nord	3	1	165	#NV	1	#NV
Nord	4	1	188	#NV	1	#NV
Nord	5	1	249	#NV	#NV	1
Nord	6	1	282	#NV	#NV	1
Nord	7	1	306	#NV	#NV	1
Süd	8	4	660	#NV	#NV	4
Süd	9	4	285	#NV	#NV	4
Süd	10	4	186	#NV	4	#NV
Süd	11	4	141	#NV	4	#NV
Süd	12	4	105	#NV	4	#NV

Abbildung 9.35 Datentabelle für ein Punktdiagramm zur Darstellung verkaufter E-Bikes

In der Datentabelle in Abbildung 9.35 wurde der Monat einfach von 1 bis 12 durchnummeriert, in der Spalte »Monat« steht kein explizites Datum. Dadurch wurde eine kleine Problematik im Zusammenhang von Punktdiagrammen und Datumswerten umgangen. Excel unterscheidet bei der horizontalen Rubrikenachse zwischen Text- und Datumsachsen. Die Rubriken einer Textachse sind intern ganzzahlig bei 1 beginnend nummeriert und somit eindeutig. Die jeweilige Beschriftung bzw. der Name der Rubriken ist nicht weiter von Bedeutung, entscheidend ist die Nummer der Rubrik und der numerische Abstand von 1 zwischen zwei Rubriken. Wenn Ihre Datenreihe aus den drei Rubriken »Montag, Dienstag, Freitag« besteht, werden in einem Säulendiagramm drei Säulen mit gleichem Abstand gezeichnet. Excel legt die Achse basierend auf den Daten als Textachse fest, eine Umwandlung in eine Datumsachse ist in diesem Fall nicht möglich. Lauten Ihre Rubriken hingegen »01.01.2021«, »02.01.2021« und »05.01.2021«, legt Excel eine Datumsachse an, Sie erhalten fünf Rubriken auf der Achse. Zwei Rubriken haben jedoch keinen Wert zum Anzeigen, Säulen hätten beispielsweise die Höhe 0. Eine Datumsachse bietet viele Vorzüge wie z. B. die automatische Sortierung der Daten oder die Festlegung der Einheiten für Haupt- und Teilstriche in Tage, Monate und Jahre.

Wenn Ihre Daten für Rubriken aus Datumswerten bestehen, z. B. dem jeweils ersten Tag eines jeden Monats im Jahr, und Sie wollen daraus ein Punktdiagramm erstellen, macht Excel daraus im Diagramm keine echte Datumsachse. Die Datumsangaben werden in den entsprechenden Zahlenwert umgewandelt und diese als x-Werte der Punkte benutzt. Die Abstände der Punkte schwanken horizontal zwischen 28 und 31, je nachdem wie viele Tage der Monat hat. Diese Schwankungen werden im Diagramm richtig sichtbar, wenn Sie ein Raster aus Gitterlinien und die Beschriftung der Hauptstriche der Achse hinzufügen. Die Punkte liegen nicht mehr auf den Kreuzungspunkten, die Beschriftung zeigt andere Datumswerte an als den jeweiligen 1. des Monats. Dieser Effekt wird in Abbildung 9.36 sichtbar.

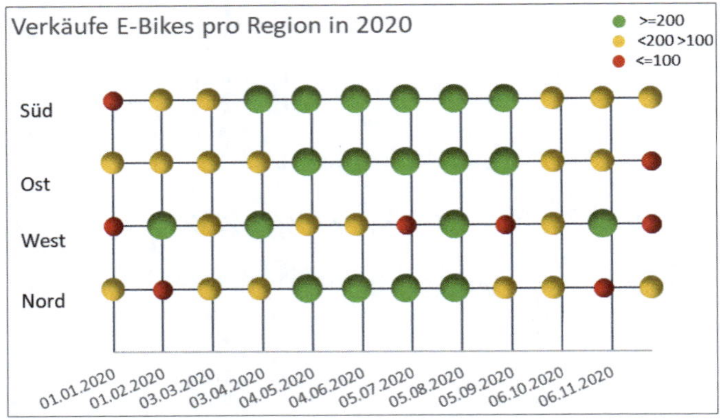

Abbildung 9.36 Verschobenes Punktdiagramm im Raster

Dieser Sachverhalt und auch die Lösung des Problems ist an einem einfachen Beispiel nochmals dargestellt. Sie haben fünf x-Werte, bestehend aus dem ersten Tag der Monate Januar bis Mai. Im Punktdiagramm in Abbildung 9.37 sind jetzt fünf Punkte mit dem y-Wert »1« zu sehen. In den Optionen der Rubrikenachse können Sie zwar das Minimum und das Maximum in Form des Datums »01.01.2020« und »01.05.2020« eingeben. Diese werden aber gleich in den Zahlenwert »Tage ab dem 01.01.1900« umgewandelt. Und bei den Einheiten der Teilstriche verlangt Excel die Eingabe eines festen Wertes, daraus ergibt sich dann die Position der vertikalen Gitterlinien. Sie sehen hier, dass weder die Zahl 28 noch 30 noch 31 richtig ist, die Abstände der Monate variieren ja. Das Ergebnis ist die schon beschriebene Verschiebung der Punkte auf dem Raster.

Abhilfe schafft hier eine zusätzliche Datenreihe mit exakt denselben Daten, die für das eigentliche Punktdiagramm benutzt werden. Wenn Sie diese Datenreihe wie in Abbildung 9.38 zu Beginn als Linie einfügen, wird die Rubrikenachse des gesamten Diagramms als Datumsachse festgelegt. Neu hinzukommende Datenreihen, die dann in den Typ *Punktdiagramm* geändert werden, basieren auf einer echten Datumsachse mit Datumseinheiten für die Haupt- und Teilstriche. Diese Linie soll im Diagramm später nicht sichtbar sein, die Formatierung ohne Füllung und ohne Rahmen lässt sie quasi verschwinden, sie gibt nur noch den Rahmen für die Datumsachse vor.

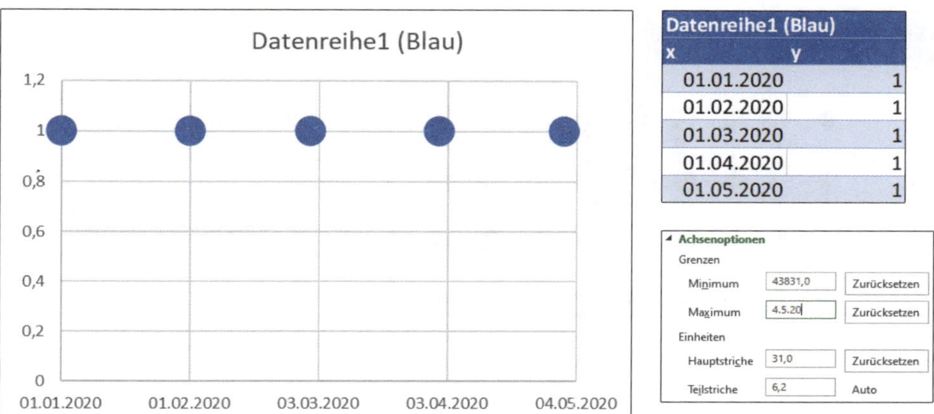

Abbildung 9.37 Achsenoptionen eines Punktdiagramms mit Datumswerten

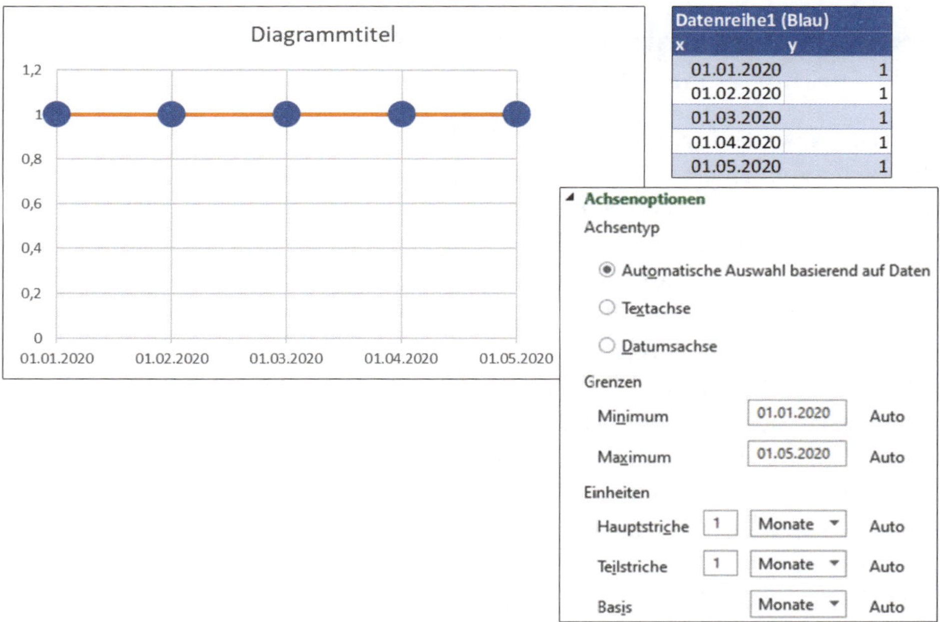

Abbildung 9.38 Linie als Hilfsdiagrammtyp für eine Datumsachse

Im konkreten Beispiel der verkauften E-Bikes besteht die Rubrikenachse jetzt aus wirklichen Datumsangaben, an dieser Stelle formatiert als Monatsbuchstabe und zweistellige Jahreszahl. In Abbildung 9.39 sehen Sie noch die gestrichelte Linie der Hilfsdatenreihe, die durch entsprechende Formatierung später nicht mehr sichtbar sein wird.

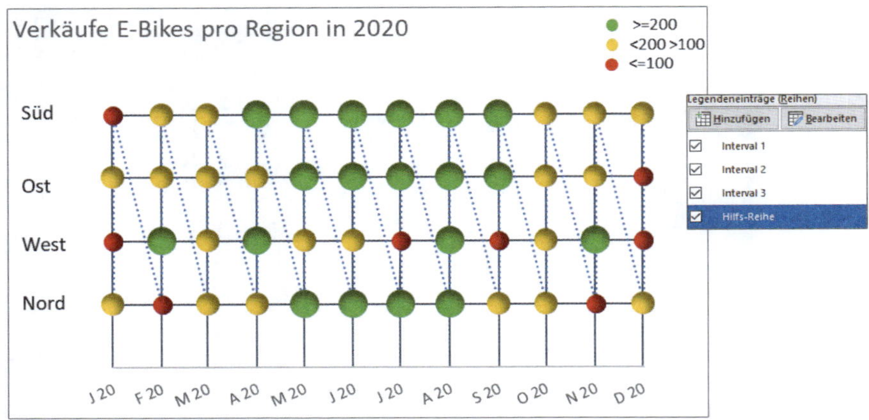

Abbildung 9.39 Muster mit verschiedenen Kreissymbolen auf einer Datumsachse

9.8 Stufendiagramm – Veränderungen als senkrechte Sprünge einer Linie aufzeigen

Um zeitliche Verläufe grafisch darzustellen, kommt in der Regel ein einfaches Liniendiagramm zum Einsatz. Dabei wird eine gerade Linie zwischen den benachbarten Werten der vertikalen Achse gezeichnet. Den Betrachtern wird dabei suggeriert, dass zwischen den Zeit- oder Datumsangaben auf der Rubrikenachse auch ein Wert existiert. Nehmen Sie z. B. die Garantiefälle eines bestimmten Radherstellers pro Monat. Im Januar beträgt der Wert 59, im Februar 54. Im Liniendiagramm werden diese beiden Punkte miteinander verbunden, sodass beim Übergang vom Januar zum Februar scheinbar ein Wert von ca. 56 Garantiefällen vorliegt. Das Problem ist dabei, dass die Rubriken als Monat diskret sind, d. h. abzählbar ohne Zwischenschritte. Bei Monaten gibt es keinen Zeitraum zwischen dem Januar und dem Februar. Eine Linie hingegen ist stetig, hier liegen unendlich viele Punkte zwischen dem Anfang und dem Ende der Linie. Eine diskrete Rubrikenachse und eine stetige Linie passen somit eigentlich nicht zusammen. Trotzdem ist diese Art der Darstellung sehr verbreitet und jede Betrachterin und jeder Betrachter interpretiert diese intuitiv richtig. Möchten Sie dennoch eine ganz korrekte Visualisierung erstellen, bietet sich ein Treppen- oder *Stufendiagramm* an. Dabei werden z. B. die Garantiefälle eines Monats als horizontale Linie in der entsprechenden Höhe gezeichnet. Beim Übergang von einem Monat zum nächsten macht die Linie einen senkrechten Sprung nach oben oder unten, je nach Größe des Wertes im Vergleich zum Vormonat. Dieser Diagrammtyp ist in Excel nicht explizit enthalten, kann aber mit einem Liniendiagramm einfach realisiert werden. In Abbildung 9.40 sehen Sie ein Treppendiagramm am Beispiel der monatlichen Garantiefälle.

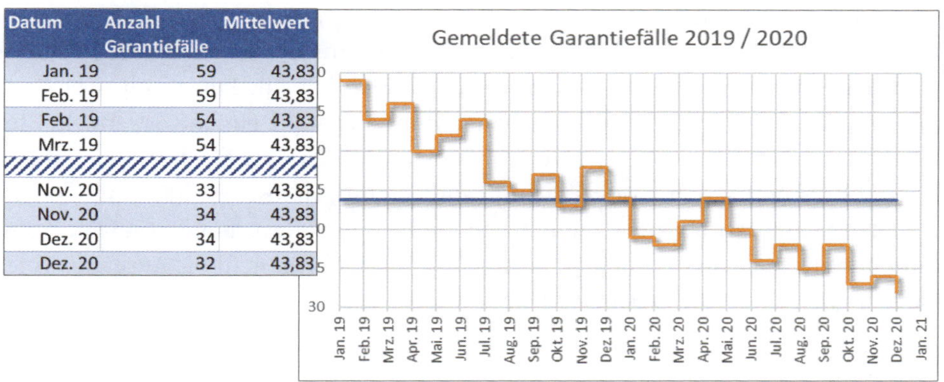

Datum	Anzahl Garantiefälle	Mittelwert
Jan. 19	59	43,83
Feb. 19	59	43,83
Feb. 19	54	43,83
Mrz. 19	54	43,83
Nov. 20	33	43,83
Nov. 20	34	43,83
Dez. 20	34	43,83
Dez. 20	32	43,83

Abbildung 9.40 Stufendiagramm oder Treppendiagramm mit Werten pro Monat

Um ein Stufendiagramm zu erzeugen, ist der richtige Aufbau der Datenreihe entscheidend. Normalerweise haben Sie für eine Rubrik genau einen Wert auf der vertikalen Achse. Bei einem Treppendiagramm haben Sie jedoch zwei Werte pro Rubrik, einmal den Wert der einen Stufe und dann den Wert der folgenden Stufe. Hieran sehen Sie schon, dass die *Rubrikenachse* eine numerische Achse sein muss, also eine *Datumsachse*. Eine *Textachse* lässt dies gar nicht zu, hier werden gleichnamige Rubriken trotzdem immer als separate Rubrik behandelt. In einem vereinfachten Beispiel in Abbildung 9.41 haben Sie Werte für sechs Rubriken vorliegen. Dabei kommen zwei Namen der Rubriken doppelt vor, für die Rubrik »2« haben Sie einmal der Wert »3« und einmal der Wert »5«. Für die Rubrik »3« lauten die Werte »5« und »4«. Wenn Sie jetzt mit diesen Daten ein Liniendiagramm erstellen, ist dies noch kein echtes Treppendiagramm, zwei der Linien verlaufen schräg. Sie sehen an der horizontalen Achse auch, dass die Rubriken »2« und »3« doppelt vorkommen.

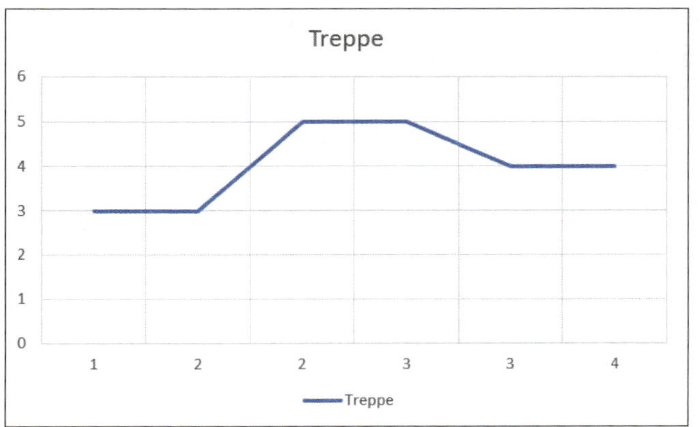

Treppe	
Datum	**Wert**
1	3
2	3
2	5
3	5
3	4
4	4

Achsenoptionen

Achsentyp

- (●) Automatische Auswahl basierend auf Daten
- ( ) Textachse
- ( ) Datumsachse

Abbildung 9.41 Liniendiagramm mit doppelten Rubriken

Wenn Sie jetzt den ACHSENTYP der Rubrikenachse von AUTOMATISCHE AUSWAHL BASIEREND AUF DATEN auf DATUMSACHSE ändern, entsteht schon das Treppendiagramm in Abbildung 9.42. Aus den doppelten Rubriken ist eine Rubrik mit zwei Werten geworden, die schrägen Linien haben sich in senkrechte Linien verwandelt. Die Grenzen ergeben sich aus den ganzen Zahlen 1 und 4, diese entsprechen dem Datum »01.01.1900« und »04.01.1900«. Ein Treppendiagramm lässt sich somit immer dann erstellen, wenn Datums- oder Zeitangaben für die Rubriken vorhanden sind und die Rubriken zweimal vorkommen. Der erste Wert jeder Rubrik stellt die Ausgangsstufe dar, der zweite Wert die folgende Stufe.

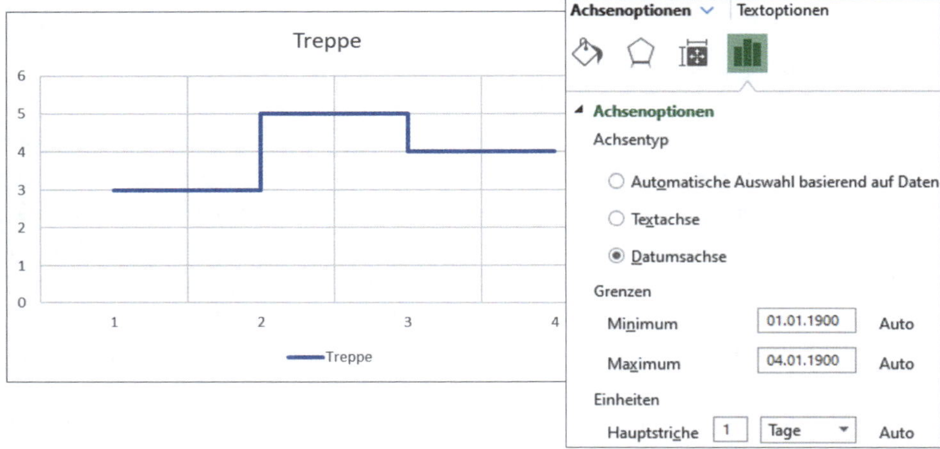

Abbildung 9.42 Treppendiagramm mit drei Stufen

Platzierung der Achsenbeschriftung

Leider ist es nicht ohne Weiteres möglich, die Beschriftung der Rubriken unter der horizontalen Linie einer Stufe zu platzieren. Die Beschriftung der Rubriken steht immer genau unter der senkrechten Linie, dadurch ist die Zuordnung nicht ganz eindeutig. Haben Sie im Beispiel der Garantiefälle im Februar jetzt 59 oder 54 Fälle? Hier kann eine kurze Erläuterung in Form eines Textfeldes im Diagramm Klarheit schaffen (z. B. »Beschriftung steht am Beginn einer Stufe«).

9.9 Strichliste – Werte als Blöcke aus fünf Strichen anzeigen

Drei einfache ganze Zahlen lassen sich auf unendlich viele Arten darstellen. Auf dem Papier würden Sie die Zahlen vielleicht nur hinschreiben, in einem Diagramm mit wenigen Mausklicks drei Säulen erstellen, für eine Präsentation könnten Sie ansprechende Excel-Formatierungen einbauen. Eine sehr plakative Art ist die Darstellung der Zahlen als *Strichliste*, wie in Abbildung 9.43 zu sehen. Die Methode der Strichliste ist hinreichend bekannt, jeder weiß die Zusammenfassung in Blöcken zu fünf Strichen zu lesen und zu deuten. Excel kennt diese Visualisierungsform nicht, mit dem Diagrammtyp *Punkte* und einer gewissen Logik im Aufbau der Datenreihen lässt sie sich trotzdem erzeugen.

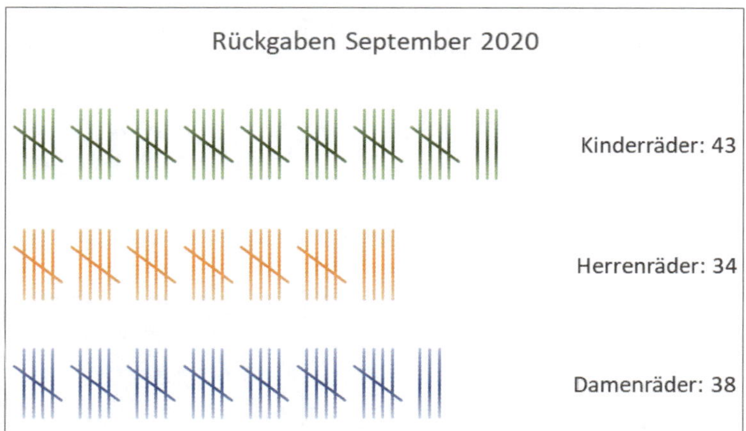

Abbildung 9.43 Strichliste für die plakative Darstellung der Anzahl zurückgegebener Räder

Die Logik im Aufbau einer Strichliste liegt wieder in der Struktur der Datenreihe. Ein Block aus fünf Strichen besteht aus zehn Punkten und somit aus zehn x- und zehn y-Werten. Um aus den zehn Punkten fünf einzelne Linien zu erstellen, ist in den Daten nach jeweils zwei Punkten eine Leerzeile notwendig. Damit unterbrechen Sie die fortlaufende Linie der Datenreihe. Die x-Werte der beiden Punkte der ersten vertikalen Linie lauten 2, die der folgenden Linien 3 bis 5. Die y-Werte der Punkte liegen bei 1 bzw. 5. Somit können Sie schon die ersten vier Linien zeichnen. Die fünfte Linie verläuft schräg von links oben nach rechts unten, die Koordinaten der Punkte ergeben sich so mit 1 und 6 auf der y-Achse sowie 4 und 2 auf der y-Achse. Mit diesen wenigen Daten lassen sich fünf Linien darstellen, die als Fünferblock einer Strichliste angeordnet sind. Ist der Block nicht voll und Sie wollen nur vier Linien darstellen, reicht es aus, eine Koordinate des fünften Punktepaares auf *#NV* zu setzen, schon verschwindet die Linie aus dem Diagramm. In Abbildung 9.44 sehen Sie rechts die Datentabelle für den ersten Fünferblock einer Strichliste.

Nach derselben Methodik lassen sich jetzt weitere Blöcke neben den ersten bzw. auch über den ersten Block setzen (siehe Abbildung 9.45). Horizontal müssen Sie zu den zehn Punkten des ersten Blocks jeweils den Wert 6 hinzuaddieren, die y-Werte horizontal sind identisch. Für einen Block darüber bleiben die y-Werte gleich, die y-Werte hingegen erhöhen sich um 7.

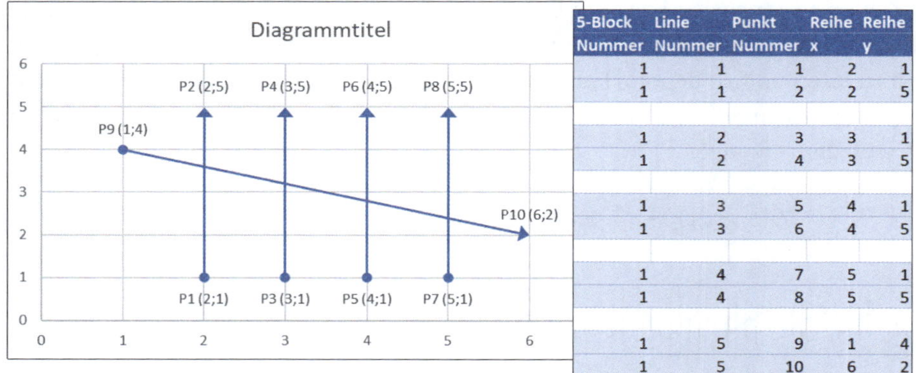

5-Block Nummer	Linie Nummer	Punkt Nummer	Reihe x	Reihe y
1	1	1	2	1
1	1	2	2	5
1	2	3	3	1
1	2	4	3	5
1	3	5	4	1
1	3	6	4	5
1	4	7	5	1
1	4	8	5	5
1	5	9	1	4
1	5	10	6	2

Abbildung 9.44 Aufbau eines Fünferblocks der Strichliste aus zehn Punkten mit Leerzeilen

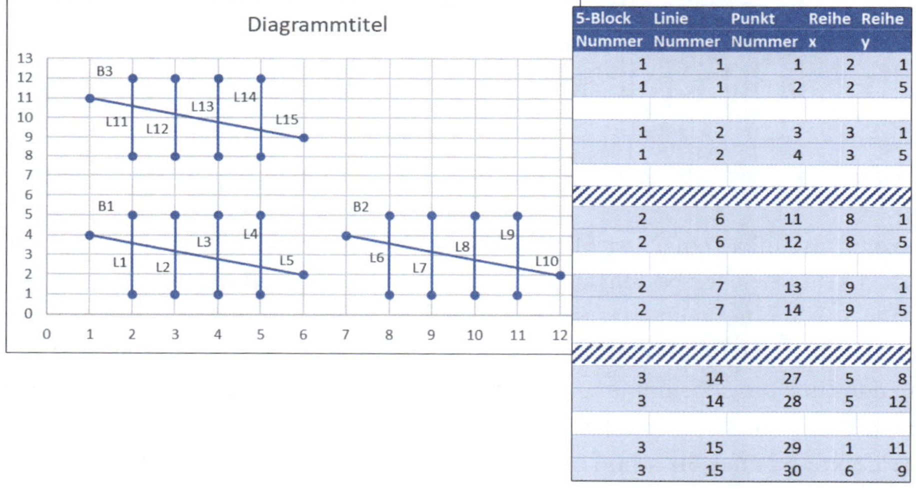

5-Block Nummer	Linie Nummer	Punkt Nummer	Reihe x	Reihe y
1	1	1	2	1
1	1	2	2	5
1	2	3	3	1
1	2	4	3	5
2	6	11	8	1
2	6	12	8	5
2	7	13	9	1
2	7	14	9	5
3	14	27	5	8
3	14	28	5	12
3	15	29	1	11
3	15	30	6	9

Abbildung 9.45 Drei Fünferblöcke einer Strichliste in zwei Reihen

Skalierung des Koordinatensystems

Die gezeigten Beispiele befinden sich im ersten Quadranten des kartesischen Koordinatensystems, der erste Punkt des ersten Blocks liegt nahe beim Ursprung. Die Skalierung der Achsen erfolgt basierend auf den Daten ganzzahlig mit einem Abstand von 1. Sie können selbstverständlich auch andere Koordinaten in Ihre Daten aufnehmen, der erste Punkt kann z. B. auch bei 200 in x-Richtung liegen, der danebenliegende Punkt bei 400. Wichtig ist dann nur, dass sich alle folgenden Punkte auch auf diesen »Urpunkt« beziehen und die Abstände konsistent sind.

In dem Beispiel der zurückgegebenen Räder im September 2020 liegen die drei Werte bei 34, 38 und 43, genau diese wollen Sie als *Strichliste* darstellen. Sie können dafür in der *Datentabelle* wie in Abbildung 9.46 einen Rahmen festlegen, der maximal zehn Fünferblöcke erlaubt, es wäre somit noch etwas Platz für eine Beschriftung. Die notwendigen x- und y-Werte für alle 100 Punkte jeder Datenreihe sowie die dazugehörigen Nummern der Linien ließen sich mit Formeln berechnen, sind wegen der Leerzeile in den Daten jedoch recht aufwendig zu erstellen. Mit den Funktionen *Wenn*, *Rest*, *Ganzzahl* und *Zeile* können Sie die notwendige Logik einbauen. Die Alternative ist eine manuelle Erstellung mit geschicktem Einsatz der *Copy-&-Paste-Funktionalität*. Die einzig notwendige Abfrage in der Tabelle stellen die y-Werte dar, damit legen Sie ja fest, ob eine Linie gezeichnet wird oder nicht. Ist die Liniennummer kleiner gleich dem Vergleichswert, also im Beispiel der Anzahl der Räderrückgaben, so wird die richtige y-Koordinate in die Tabelle eingetragen. Ist die Nummer der Linie hingegen größer, wird *#NV* als Ergebnis der Wenn-Funktion eingetragen. Die daraus resultierende Datentabelle für die Strichliste ist in Abbildung 9.46 zu sehen, die Basisdaten sowie die Daten für die Beschriftung sehen Sie in Abbildung 9.47.


```
E3 = WENN(B3<=J$2;1;#NV)
E4 = WENN(B4<=J$2;5;#NV)
E6 = WENN(B6<=J$2;1;#NV)
F3 = WENN(B3<=J$3;8;#NV)
F4 = WENN(B4<=J$3;12;#NV)
F6 = WENN(B6<=J$3;8;#NV)
G3 = WENN(B3<=J$4;15;#NV)
G4 = WENN(B4<=J$4;19;#NV)
G6 = WENN(B6<=J$4;15;#NV)
```

	A	B	C	D	E	F	G
1	5-Block	Linie	Punkt	Datenreihen	Damenräder	Herrenräder	Kinderräder
2	Nummer	Nummer	Nummer	x	y	y	y
3	1	1	1	2	1	8	15
4	1	1	2	2	5	12	19
5							
6	1	2	3	3	1	8	15
7	1	2	4	3	5	12	19
8							
101							
102	7	34	67	41	1	8	15
103	7	34	68	41	5	12	19
104							
105	7	35	69	37	4	#NV	18
106	7	35	70	42	2	#NV	16
107							
146							
147	10	49	97	59	#NV	#NV	#NV
148	10	49	98	59	#NV	#NV	#NV
149							
150	10	50	99	55	#NV	#NV	#NV
151	10	50	100	60	#NV	#NV	#NV

Abbildung 9.46 Datentabelle für die Strichliste der zurückgegebenen Fahrräder im September 2020

	I	J	K	L	M
1	Typ	Rückgaben September 2020	Beschriftung (Text)	Beschriftung (x)	Beschriftung (y)
2	Damenräder	38	Damenräder: 38	60	3
3	Herrenräder	34	Herrenräder: 34	60	10
4	Kinderräder	43	Kinderräder: 43	60	17

Abbildung 9.47 Basisdaten und Beschriftungsdaten einer Strichliste

Um neben den Strichlisten noch eine Beschriftung zu platzieren, sind im Beispiel noch drei Punkte als weitere Datenreihe ins Diagramm aufgenommen. Diese sind »unsichtbar« formatiert, sie dienen nur der Positionierung des Beschriftungstextes WERT AUS ZELLEN. Die Formatierung der Linien als *Farbverlauf* erzeugt ein wenig den Eindruck, als wären die Linien der Strichliste mit einem Stift gezeichnet.

9.10 Pegelanzeige – Werte in Form einer fünfteiligen Säule darstellen

In technischen Geräten sind manchmal Pegelanzeigen verbaut, die einen Wert ähnlich einer Säule in Form einer Höhenangabe anzeigen. Dabei ist die Säule jedoch in verschiedene Ebenen unterteilt, sodass der Wert gleich optisch klassifiziert werden kann. Diese Art der Anzeige kann auch etwas verallgemeinert zum Einsatz kommen und nicht technische Daten visualisieren. So ist es beispielsweise möglich, die Ergebnisse einer Kundenumfrage nicht nur auf der Skala von 0 % bis 100 % abzulesen, der Wert wird auch gleichzeitig in eine Klasse eingeteilt. Die Klassen können wie im Beispiel der Umfrageergebnisse in Abbildung 9.48 aus fünf Anteilen zu je 20 % bestehen.

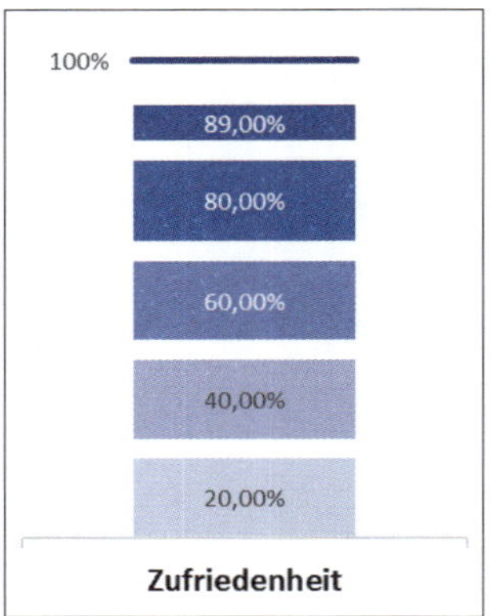

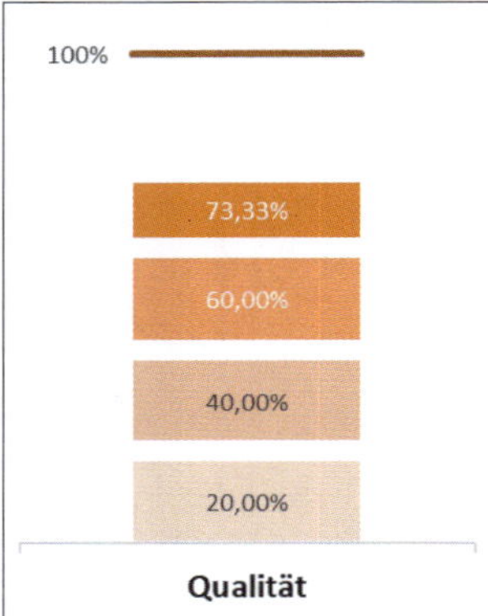

Abbildung 9.48 Pegelanzeigen für die Ergebnisse einer Kundenumfrage in verschiedenen Kategorien

Bei dieser Pegelanzeige ist zwischen den Klassen noch ein kleiner Zwischenraum eingefügt, damit ist eine bessere Unterscheidung möglich. Die Basis eines solchen Diagramms stellt ein gestapeltes Säulendiagramm dar. Die Logik zur Bestimmung der Höhe ist mithilfe von Wenn-Funktionen in der Datentabelle implementiert.

Der Aufbau der gestapelten Säule ergibt sich im Beispiel durch insgesamt neun Anteile, fünfmal die Klassen mit jeweils 20 % und viermal der Abstand mit je 5 % (siehe Abbildung 9.49). Rein rechnerisch ergibt sich so eine maximale Höhe der Säule von 120 %, der anzuzeigende Pegelwert wird aber letztlich nur auf die fünf blauen Anteile verteilt. Die vertikale Achse ist im endgültigen Diagramm deswegen nicht anzuzeigen, diese ist ja auf 120 % skaliert und würde ein falsches Bild vermitteln.

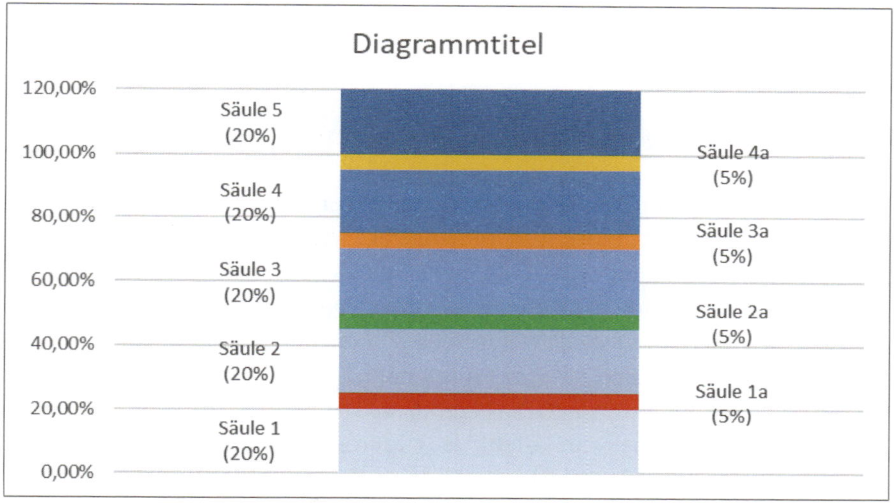

Abbildung 9.49 Schematischer Aufbau der gestapelten Säule als Pegelanzeige

Einige Werte aus dem Umfragebeispiel verdeutlichen Ihnen noch mal die Aufteilung in die 20-%-Klassen. Auf die Frage »Waren Sie mit Ihrem Besuch in unserem Geschäft zufrieden?« haben 90 % mit »Ja« geantwortet, für diesen Pegelwert sind die unteren vier blauen Anteile komplett ausgefüllt, der obere hingegen nur zur Hälfte. Hätten nur 75 % der Kunden die Frage mit »Ja« beantwortet, wären die unteren drei Anteile der Säule mit je 20 % vollständig ausgefüllt, der vierte nur zu ¾. Entsprechend setzt sich ein Wert von 50 % aus zwei ganzen und einem halben Anteil zusammen, 20 % hingegen bestehen nur aus dem unteren Anteil. Die farblichen Abstandssäulen sollen im Diagramm später nicht mehr sichtbar sein, eine Formatierung *Ohne Füllung* und *Ohne Rahmen* lässt sie quasi verschwinden. Es stellt sich jetzt nur noch die Frage nach der Höhe eines jeden blauen Anteils. Dieser kann entweder bei 20 % liegen, wenn der Pegelwert größer ist als der Beitrag dieses Anteils. Oder die Höhe beträgt 0 %, wenn dieser Teil nicht mehr zum Pegelwert beiträgt. Oder es handelt sich um einen Bruchteil von 20 %, die Höhe eines blauen Bereichs liegt zwischen 0 und 20 %. Die Säulen der vier beispielhaften Prozentwerte sehen Sie in Abbildung 9.50.

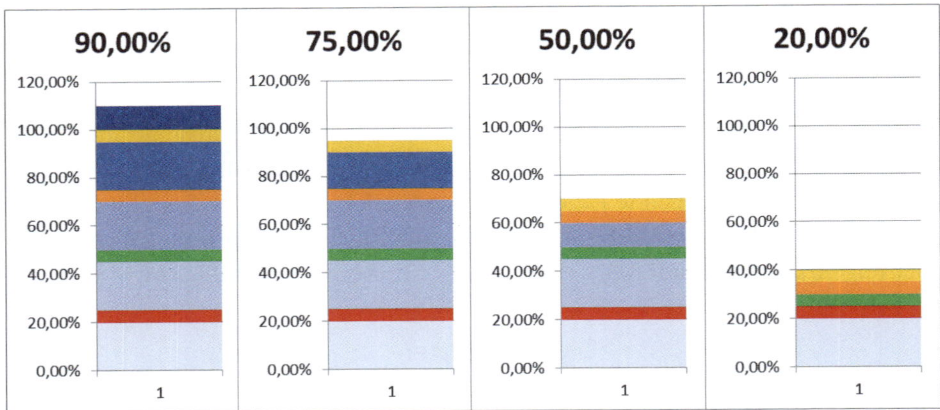

Abbildung 9.50 Verschiedene Pegelwerte und Darstellung mit Säulenanteilen

Um das Diagramm *Pegelanzeige* flexibel zu gestalten, ist im Beispiel der Kundenumfrage eine Tabelle mit den Ursprungsdaten angelegt worden (siehe Abbildung 9.51). Hier ist neben der Art der Frage (Zufriedenheit, Qualität etc.) die Anzahl der Antworten insgesamt und die Anzahl positiver Antworten eingetragen. Das prozentuale Verhältnis ergibt sich durch einfache Division, dies ist dann der Pegelwert, der angezeigt werden soll. Des Weiteren sind als Konstanten noch die Werte der Anteile mit 20 % und die Abstände mit 5 % festgelegt. Die eigentliche Datentabelle mit den neun Werten ist recht einfach aufgebaut und dient als Datenquelle für das gestapelte Säulendiagramm. In der Spalte B verbergen sich die Formeln zur Bestimmung der Anteilshöhe.

```
B10=WENN($B$4>=A10*$B$5;$B$5;WENN($B$4-(A10-1)*$B$5>=0;
    $B$4-(A10-1)*$B$5;0))
```

Die Logik dieser Formel ist in der Tabelle 9.1 an dem Pegelwert 65 % verdeutlicht. Die erste Wenn-Abfrage prüft, ob der Pegelwert größer oder gleich dem Ergebnis der Multiplikation aus der Nummer des Anteils und den 20 % ist. Ergibt die Abfrage *Wahr*, wird dieser 20-%-Anteil vollständig benötigt. Ist diese Wenn-Abfrage hingegen negativ, folgt eine weitere Wenn-Abfrage. Ist dabei das Ergebnis aus der Subtraktion des Pegelwertes minus dem Produkt aus der vorherigen Anteilsnummer und den 20 % positiv, so entspricht dieser Wert dem Bruchteil. Ist das Ergebnis der Subtraktion negativ, so beträgt dieser Anteil 0 %.

Anteil	1. WENN	Ja	Nein (>> 2. WENN)	Ja	Nein
1	65 % >= 1 * 20 %	20 %	–	–	–
2	65 % >= 2 * 20 %	20 %	–	–	–

Tabelle 9.1 Formeln zur Bestimmung der Anteilshöhe

Anteil	1. WENN	Ja	Nein (>> 2. WENN)	Ja	Nein
3	65 % >= 3 * 20 %	20 %	–	–	–
4	65 % >= 4 * 20 %	–	65 % – (4-1) * 20%>= 0	5 %	–
5	65 % >= 5 * 20 %	–	65 % – (5-1) * 20 % >= 0	–	0 %

Tabelle 9.1 Formeln zur Bestimmung der Anteilshöhe (Forts.)

Die einzigen Variablen in dieser Darstellung sind »Gesamtheit« und »Anteil«. Wenn Sie nur diesen beiden Zahlen ändern, passen sich die Datentabelle und auch das Diagramm vollständig an. Die Abstände sind im Beispiel mit 5 % angegeben, können bei Bedarf aber auch größer oder kleiner gewählt werden. Die Beschriftung zeigt immer die Summe des aktuellen und des vorherigen Anteils an. Mit einer kleinen Formel im Beschriftungsfeld in Spalte C lässt sich diese einfach ermitteln:

```
C13 = WENN(B13=0;"";B13+C11)
```

Mit einer horizontalen Linie über der Säule können Sie dem Betrachter noch die 100 % Grenze anzeigen. Diese ist hier als *Punktdiagramm* realisiert, die x-Werte liegen bei 0,75 und 1,25 und die y-Werte bei 120 %. Um die Beschriftung der Linie auf die realen 100 % zu ändern, wählen Sie WERT AUS ZELLEN für die Datenbeschriftung. Für den Pegelwert 90 % ist in Abbildung 9.51 eine Tabelle mit den Basisdaten und den berechneten Daten sowie die Pegelanzeige selbst zu sehen.

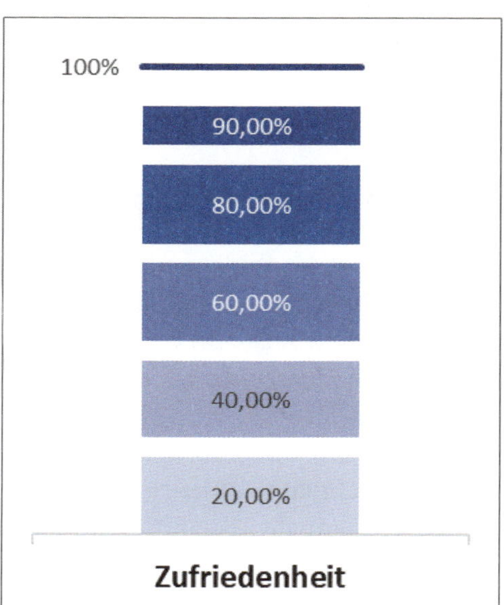

	A	B
1	Rubrik	Zufriedenheit
2	Gesamtheit	10
3	Anteile	9
4	Verhältnis	90,00%
5	Anteil pro Säule	20,00%
6	Abstandssäule	5,00%

	A	B	C
8	Säule	Wert	Beschriftung
9	1	20,00%	20,00%
10	1a	5,00%	
11	2	20,00%	40,00%
12	2a	5,00%	
13	3	20,00%	60,00%
14	3a	5,00%	
15	4	20,00%	80,00%
16	4a	5,00%	
17	5	10,00%	90,00%

Abbildung 9.51 Daten für eine Pegelanzeige

Wenn Sie jetzt noch ein wenig Feinschliff durch Formatierung der Diagrammelemente vornehmen, erhalten Sie eine sehr ansprechende Darstellung der Ergebnisse der Befragung. In Abbildung 9.52 sehen Sie nochmals, dass nur die Werte für »Gesamtheit« und für »Anteile« einzugeben sind, die Diagramme passen sich dank der Berechnung automatisch an.

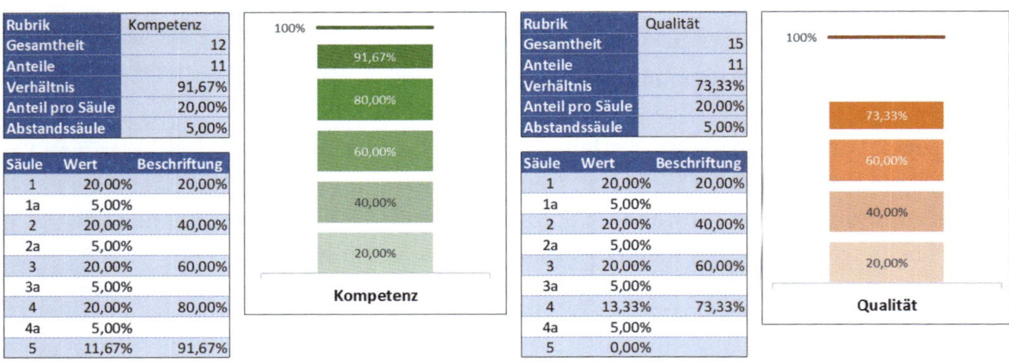

Rubrik	Kompetenz
Gesamtheit	12
Anteile	11
Verhältnis	91,67%
Anteil pro Säule	20,00%
Abstandssäule	5,00%

Säule	Wert	Beschriftung
1	20,00%	20,00%
1a	5,00%	
2	20,00%	40,00%
2a	5,00%	
3	20,00%	60,00%
3a	5,00%	
4	20,00%	80,00%
4a	5,00%	
5	11,67%	91,67%

Rubrik	Qualität
Gesamtheit	15
Anteile	11
Verhältnis	73,33%
Anteil pro Säule	20,00%
Abstandssäule	5,00%

Säule	Wert	Beschriftung
1	20,00%	20,00%
1a	5,00%	
2	20,00%	40,00%
2a	5,00%	
3	20,00%	60,00%
3a	5,00%	
4	13,33%	73,33%
4a	5,00%	
5	0,00%	

Abbildung 9.52 Basisdaten und berechnete Datentabelle für eine Pegelanzeige

Geschachtelte Wenn-Abfragen

Mehrere geschachtelte Abfragen sind oftmals schwierig zu erstellen und zu lesen, in einigen Situationen jedoch notwendig. Auch wenn mittels der Funktion *Wenns* sowie den logischen Funktionen *Und* und *Oder* ein anderes Konstrukt gebaut werden kann, sind Verschachtelungen manchmal unumgänglich. Bei der Erstellung solcher Formeln kann es helfen, wenn Sie sich die möglichen Fälle als separate Tabelle notieren und daraus die Formeln ableiten.

9.11 Stabdiagramm – sehr schmale Säulen in einem Diagramm

Ein *Stabdiagramm* ist nichts anderes als ein *gruppiertes Säulendiagramm* mit sehr vielen schmalen Säulen. Der Vorteil eines solchen Stabdiagramms gegenüber einem *Liniendiagramm* oder *Flächendiagramm* liegt darin, dass Sie *Ausreißer* oder Spitzen in Ihren Daten unter Umständen besser erkennen können. Unter einer Linie kann diese Sicht auf extreme Werte in Ihren Daten leichter verschwimmen. Im Beispiel der wöchentlichen Verkaufszahlen von E-Bikes sind die Werte von zwei Jahren als Säulendiagramm zu sehen. Bei insgesamt zweimal 53 Rubriken auf der horizontalen Achse sind die Säulen ohnehin sehr schmal, die prozentuale Abstandsbreite recht hoch. Eine weitere Anpassung der Reihenoptionen lässt dann die Säulenformation in Abbildung 9.53 entstehen.

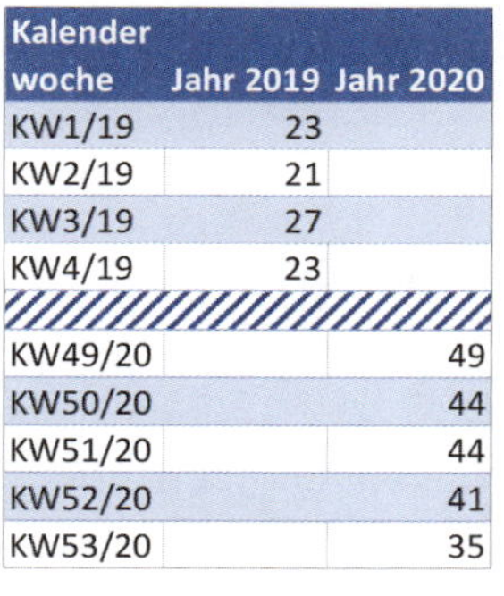

Kalenderwoche	Jahr 2019	Jahr 2020
KW1/19	23	
KW2/19	21	
KW3/19	27	
KW4/19	23	
KW49/20		49
KW50/20		44
KW51/20		44
KW52/20		41
KW53/20		35

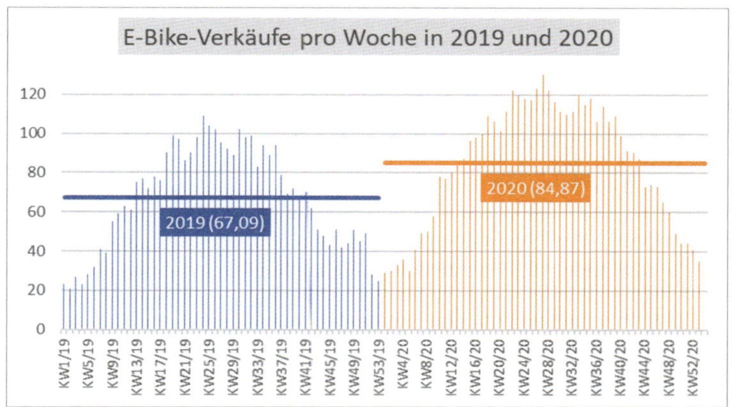

Abbildung 9.53 Stabdiagramm mit unterschiedlich gefärbten Datenreihen

Um zu erreichen, dass die Jahre 2019 und 2020 in unterschiedlichen Farben dargestellt werden, erstellen Sie ganz einfach zwei Datenreihen. Das erste Jahr hat nur Daten für dieses Jahr, die Zellen für das nächste Jahr bleiben leer. Genau umgekehrt ist es bei dem zweiten Jahr, die Zellen bleiben erst mal leer und haben erst Daten ab Beginn des nächsten Jahres. Wenn Sie zusätzlich zu den Stäben noch die Information des Mittelwertes pro Jahr angeben wollen, lässt sich dies gut mit einem *Kombidiagramm* realisieren. Mit zwei weiteren Datenreihen vom Typ *Punkte mit verbundener Linie* können Sie zwei horizontale Linien in das Stabdiagramm integrieren. Dazu berechnen Sie den Mittelwert für jedes Jahr und legen diesen als y-Wert von jeweils drei Punkten pro Linie fest. Als x-Wert der Punkte definieren Sie die erste, die mittlere und die letzte Woche der beiden Jahre beginnend bei 1. Die Beschriftung in Form der Jahreszahl und des Mittelwertes benötigen Sie nur für den mittleren Punkt. Die Daten für die Linien sehen Sie in den Tabellen in Abbildung 9.54.

Mittelwertslinie 2019		
x	y	Beschriftung
1	67,09	
26	67,09	2019 (67,09)
53	67,09	

Mittelwertslinie 2020		
x	y	Beschriftung
54	84,87	
79	84,87	2020 (84,87)
107	84,87	

Abbildung 9.54 Daten für die Mittelwertlinien und die Beschriftung des Stabdiagramms

Dem ursprünglich reinen Säulendiagramm mit den Wochenwerten können Sie jetzt die zusätzlichen Datenreihen hinzufügen. Excel nimmt die beiden neuen Reihen erst mal als weitere Säulen auf, diese müssen Sie noch über DATENREIHEN-DIAGRAMMTYP in PUNKTE MIT GERADEN LINIEN ändern (siehe Abbildung 9.55). Eine Farbanpassung, die Änderung der Punktmarkierung und das Hinzufügen der Beschriftung des mittleren Punktes führt zu einem optisch ansprechenden Stabdiagramm.

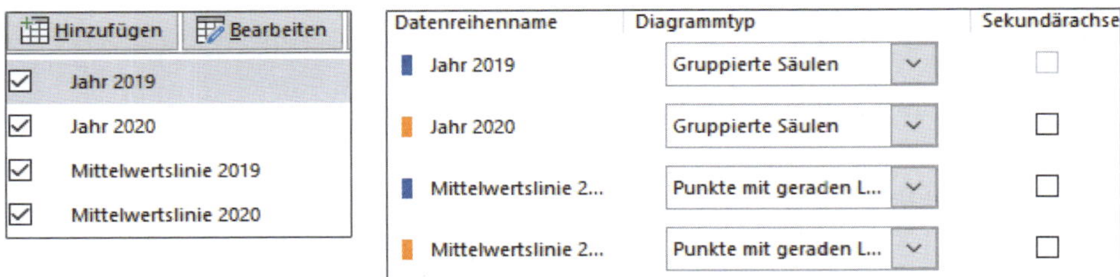

Abbildung 9.55 Kombinierte Diagrammtypen eines Stabdiagramms mit Angabe des Mittelwertes

Linie vs. verbundener Punkte

Im Beispiel wäre es auch möglich gewesen, die Mittelwertlinien als Liniendiagramm einzufügen. Dazu wären auch zwei weitere Datenreihe für die Rubriken »KW1/19« bis »KW53/19« und »KW1/20« bis »KW53/20« nötig, der jeweilige Reihenwert käme aus der Mittelwertsberechnung. Der Vorteil eines Punktdiagramms liegt an dieser Stelle in der genauen Positionierung der Beschriftung. Diese Flexibilität ist in einem Liniendiagramm nicht gegeben, dort müssen Sie die Datenbeschriftung aller 106 Rubriken beachten. Im Punktdiagramm haben Sie nur sechs Datenpunkte, Änderungen sind so leichter zu realisieren.

9.12 Abweichungen zweier Linien – farbliche Unterscheidung mit Fehlerindikatoren

Um den Abstand von zwei Linien darzustellen, bietet Excel zum einen die *Spannweitenlinien* und zum anderen die *positiven/negativen Abweichungen* an. Die erste Variante erlaubt es zwar, die Linien zu formatieren und so z. B. die Farbe und Linienstärke anzupassen, eine Unterscheidung zwischen positiven und negativen Abständen ist jedoch nicht möglich. Diese Unterscheidung lässt sich mit den *Abweichungsbalken* darstellen, in der einen Richtung sind die Balken weiß ausgefüllt, in die andere Richtung schwarz. Allerdings ist eine weiter gehende Formatierung der Abweichungsbalken nicht möglich, diese sehen recht klobig und im Diagramm ein wenig fehl am Platz aus. Die Vorteile beider Varianten lassen sich mit dem Einsatz von *Fehlerindikatoren* kombinieren. So können Sie beispielsweise die Umsatzentwicklung im Servicebereich auf Wochenbasis durch positive und negative Linien gegenüber dem Jahresdurchschnitt aufzeigen. Nach einer Investition in neue Werkzeuge ist der Umsatz in den ersten Wochen kontinuierlich gestiegen, lag aber bis zur Kalenderwoche 13 unter dem Jahresmittelwert. Es folgten einige Wochen mit überdurchschnittlichem Umsatz, dieser ging dann wieder für einige Wochen nach unten. Ab Kalenderwoche 41 lag der Umsatz dann wieder konstant steigend über dem Mittelwert. Sie haben somit insgesamt vier Flächen zwischen der Umsatzkurve und der Mittelwertlinie. Zwei davon sind negativ und sollen durch blaue Abweichungslinien dargestellt werden, zwei sind positiv, diese Linien sollen orange sein. Dieses Diagramm mit den unterschiedlich gefärbten Abweichungslinien sehen Sie in Abbildung 9.56.

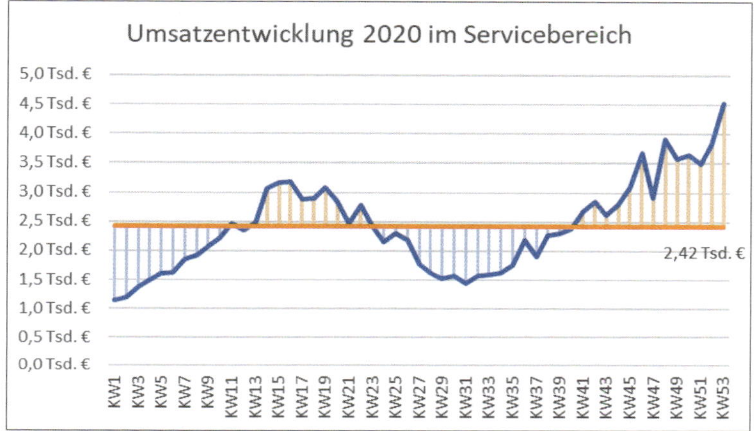

Abbildung 9.56 Liniendiagramm zur Umsatzentwicklung mit Darstellung farbiger Abweichungslinien

Das Prinzip des Einsatzes von Fehlerindikatoren für diesen Anwendungsfall ist am Beispiel in Abbildung 9.57 erläutert. Gegenüber einer horizontalen Linie mit dem Wert »3« haben Sie eine Datenreihe mit weiteren fünf Werten zwischen »1« und »5«, d. h. einige liegen über der horizontalen Linie, einige darunter. In zwei weiteren Spalten berechnen Sie jetzt die Differenz der Linien, einmal »Blau-Orange« und einmal »Orange-Blau«. Die positiven Ergebnisse werden für die Höhe der Fehlerindikatoren benötigt, die negativen sind an dieser Stelle nicht von Bedeutung und wurden deshalb in der Datentabelle in Klammern gesetzt. Die Beschriftung besteht aus dem Betrag der Differenzen.

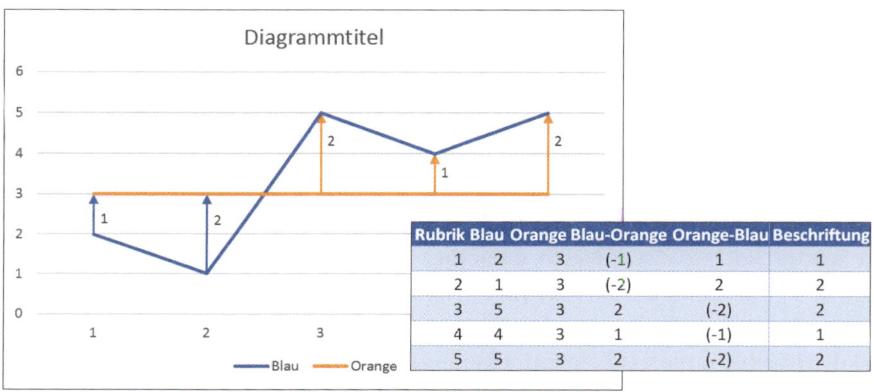

Rubrik	Blau	Orange	Blau-Orange	Orange-Blau	Beschriftung
1	2	3	(-1)	1	1
2	1	3	(-2)	2	2
3	5	3	2	(-2)	2
4	4	3	1	(-1)	1
5	5	3	2	(-2)	2

Abbildung 9.57 Positive Abweichungen zweier Linien

Im nächsten Schritt legen Sie für beide Linien die Fehlerindikatoren fest, die notwendigen Einstellungen können Sie in Abbildung 9.58 sehen. Über die Optionen bestimmen Sie zum einen die Richtung des Indikators, in diesem Fall wird nur der positive Anteil ohne Abschluss benötigt (Plus). Zum anderen bestimmen Sie einen Benutzerdefinierten Fehlerbetrag, den Sie über Wert angeben aus den beiden Differenzspalten beziehen. Der positive Abstand zwischen der blauen und der orangefarbenen Linie steht in Spalte E, der Abstand zwischen der orangefarbenen und der blauen Linie steht in Spalte D. Das Ergebnis im Diagramm sind jetzt die Verbindungslinien zwischen Blau und Orange und zwischen Orange und Blau, Sie können beide unabhängig voneinander formatieren.

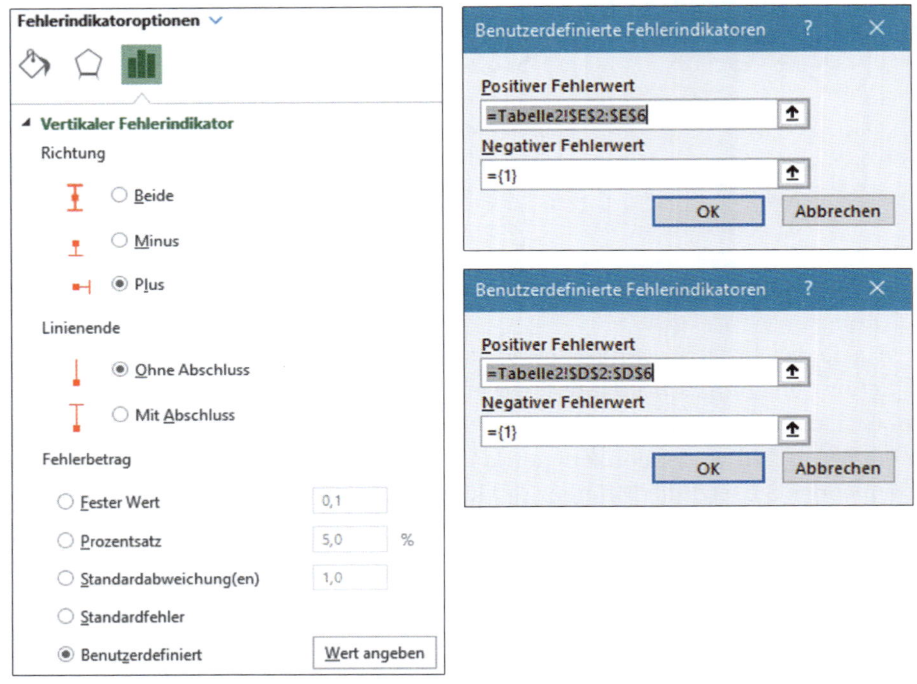

Abbildung 9.58 Optionen der Fehlerindikatoren für die Abweichungslinien

Nach der gleichen Methodik wurden in Abbildung 9.56 die Umsatzzahlen im Servicebereich als Liniendiagramm mit Abweichungen dargestellt. Anstelle des negativen Wertes in Klammern steht hier in der Datentabelle *#NV*, so ist sichergestellt, dass Excel eine vermeintlich leere Zelle nicht doch irgendwo als Zahl interpretiert. Im Diagramm wurde noch zusätzlich ein einzelner Punkt aufgenommen, aus dem ursprünglichen Liniendiagramm ist damit ein *Kombidiagramm* entstanden. Die einzelnen Punkte dienen wieder nur der Beschriftung der Mittelwertlinie. Für das konkrete Beispiel der Umsatzzahlen sind alle notwenigen Daten in den Tabellen in Abbildung 9.59 zu sehen.

Umsatzentwicklung 2020 im Servicebereich				
Kalenderwoche	**Umsatz**	**Jahres-Mittelwert**	**Positives Delta**	**Negatives Delta**
KW1	1.143,40 €	2424,69	1281,29	#NV
KW2	1.200,40 €	2424,69	1224,29	#NV
KW3	1.379,80 €	2424,69	1044,89	#NV
KW4	1.498,40 €	2424,69	926,29	#NV
KW49	3.587,20 €	2424,69	#NV	1162,51
KW50	3.644,40 €	2424,69	#NV	1219,71
KW51	3.495,50 €	2424,69	#NV	1070,81
KW52	3.834,40 €	2424,69	#NV	
KW53	4.525,00 €	2424,69	#NV	

Mittelwerts-Punkt 2020 (rechts)		
x	**y**	**Beschriftung**
53	2424,69	2,42 Tsd. €

Abbildung 9.59 Datentabelle für ein Liniendiagramm mit Werten für Fehlerindikatoren

9.13 Gantt-Diagramm – zeitliche Verläufe von Aktivitäten darstellen

Im Projektmanagement stellt das sogenannte *Gantt-Diagramm* eine verbreitete Methode dar, um Tätigkeiten bzw. Vorgänge in einer zeitlichen Abfolge zu visualisieren. Es gibt zahlreiche Werkzeuge, um Pläne und Gantt-Diagramme für komplexe Projekte zu erstellen und darin Termine, Ressourcen, Meilensteine und Abhängigkeiten abzubilden. In Excel lassen sich mit Diagrammen einfache Darstellungen für das Projektmanagement realisieren, es kann aber kein vollständiger Ersatz für komplexe Steuerungswerkzeuge in der Projektarbeit sein. Im Beispiel in Abbildung 9.60 ist ein einfaches Gantt-Diagramm für das Projekt »Umbau des Verkaufsraumes Ersatzteile« realisiert. Das Projekt besteht aus verschiedenen Tätigkeiten, die mit Angabe des Start- und des Enddatums sowie den realen Arbeitstagen als Vorgang auf einer Zeitschiene liegen.

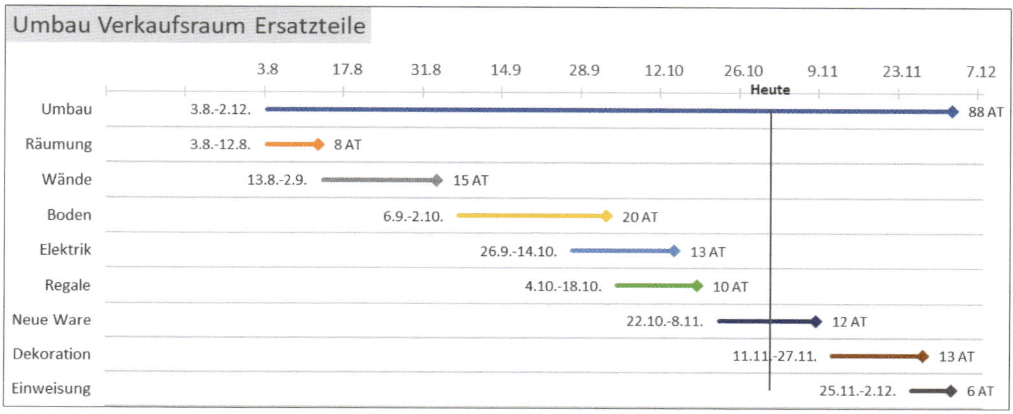

Abbildung 9.60 Einfaches Gantt-Diagramm für ein Umbauprojekt

Die Daten für dieses Diagramm stammen aus verschiedenen Tabellen. In der Basistabelle stehen die eigentlichen Plandaten. Die erste Spalte beinhaltet chronologisch alle Tage Ihres Projekts. Die Einträge beginnen mit dem Datum des Projektstarts, der letzte Eintrag in der Spalte ist das Datum des Projektendes. Alle Tage dazwischen sind aufgelistet, auch die Wochenenden und die Feiertage. Die weiteren Spalten der Basistabelle bestehen aus den einzelnen Tätigkeiten im Projekt. In Abbildung 9.61 sind die Plandaten für das Projekt »Umbau« zu sehen:

1. Umbau (Gesamtprojekt)
2. Räumung (Bestandswaren einlagern, Einrichtung verschrotten)
3. Wände (Wand versetzen, alles neu verputzen)
4. Boden (Fliesen entfernen, Parkett verlegen)
5. Elektrik (Sicherungskasten erweitern, neue Leitungen einziehen)
6. Regale (Zusammenbau und Aufstellung)
7. Neue Ware (Einräumen der Bestands- und der Neuware)
8. Dekoration (Preisschilder anbringen und Aufsteller platzieren)
9. Einweisung (Mitarbeiter in neue Verkaufsfläche einweisen)

Die Nummern der Tätigkeiten haben in der Tabelle eine spezielle Bedeutung. An jedem Tag, an dem diese Tätigkeit durchgeführt wird, steht diese Nummer in der entsprechenden Zelle. Im Normalfall sind die Zeiten einer Tätigkeit zusammenhängend, sodass z. B. in der Spalte »Räumung« vom 3.8. bis 12.8. eine »2« steht, alle anderen Tage bleiben leer. Diese Tabelle in Abbildung 9.61 stellt die Basis für ein *Liniendiagramm* dar, das dann zu einem *Gantt-Diagramm* erweitert wird.

	A	B	C	D	E	F	G	H	I	J
1	Datum	Umbau	Räumung	Wände	Boden	Elektrik	Regale	Neue Ware	Dekoration	Einweisung
2	03.08.20	1	2							
3	04.08.20	1	2							
4	05.08.20	1	2							
5	06.08.20	1	2							
61	01.10.20	1			4	5				
62	02.10.20	1			4	5				
63	03.10.20	1				5				
64	04.10.20	1				5	6			
65	05.10.20	1				5	6			
121	30.11.20	1								9
122	01.12.20	1								9
123	02.12.20	1								9

Abbildung 9.61 Tagestabelle als Basis für ein Gantt-Diagramm

Eine weitere Tabelle dient der Beschriftung der Linien bzw. der Vorgänge im Diagramm. Links neben einer Vorgangslinie soll das Start- und Enddatum stehen, rechts daneben die Anzahl der Arbeitstage (Montag bis Freitag). Die meisten Daten in der Beschriftungstabelle in Abbildung 9.62 sind per Formel ermittelt, die sich auf die Tagestabelle der Tätigkeiten beziehen.

	L	M	N	O	P	Q	R	S	T	U
1	Tätigkeit	Nr.	Spalte	Start-Datum	Ende-Datum	Tage	Arbeitstage	Beschriftung (links)	Beschriftung (rechts)	Hilfs-Datum
2	Umbau	1	B:B	3.8.20	2.12.20	122	88	3.8.-2.12.	88 AT	6.7.20
3	Räumung	2	C:C	3.8.20	12.8.20	10	8	3.8.-12.8.	8 AT	6.7.20
4	Wände	3	D:D	13.8.20	2.9.20	21	15	13.8.-2.9.	15 AT	6.7.20
5	Boden	4	E:E	6.9.20	2.10.20	27	20	6.9.-2.10.	20 AT	6.7.20
6	Elektrik	5	F:F	26.9.20	14.10.20	19	13	26.9.-14.10.	13 AT	6.7.20
7	Regale	6	G:G	4.10.20	18.10.20	15	10	4.10.-18.10.	10 AT	6.7.20
8	Neue Ware	7	H:H	22.10.20	8.11.20	18	12	22.10.-8.11.	12 AT	6.7.20
9	Dekoration	8	I:I	11.11.20	27.11.20	17	13	11.11.-27.11.	13 AT	6.7.20
10	Einweisung	9	J:J	25.11.20	2.12.20	8	6	25.11.-2.12.	6 AT	6.7.20

Abbildung 9.62 Beschriftungstabelle für das Gantt-Diagramm

Um die korrekte Anzahl von Arbeitstagen zu ermitteln, also alle Werktage Montag bis Freitag abzüglich der Feiertage, müssen Sie je nach Standort eine unterschiedliche Liste mit den *Feiertagen* angeben (siehe Abbildung 9.63 links). Excel kann mit einer solchen Feiertagstabelle die *Nettoarbeitstage* zwischen beliebigen Datumsangaben in dem angegebenen Zeitraum berechnen. In einem Gantt-Diagramm ist des Weiteren oftmals noch eine vertikale Linie mit dem aktuellen Datum eingezeichnet. Diese Linie lässt erkennen, welche Tätigkeit gerade ausgeführt wird. Die dafür notwendigen Punkte und die Beschriftung stehen in einer weiteren kleinen Tabelle, zu sehen im rechten Teil von Abbildung 9.63.

	W	X
1	Feiertage Berlin 2020	
2	Neujahr	01.01.2020
3	Internationaler Frauentag	08.03.2020
4	Karfreitag	10.04.2020
5	Ostermontag	13.04.2020
6	Tag der Arbeit	01.05.2020
7	75. Jahrestag der Befreiung vom Nationalsozialismus	08.05.2020
8	Christi Himmerlfahrt	01.06.2020
9	Tag der deutschen Einheit	03.10.2020
10	1. Weihnachtsfeiertag	25.12.2020
11	2. Weihnachtsfeiertag	26.12.2020

	Z	AA	AB
1	Referenz-Datum	Höhe	Beschriftung
2	31.10.20	1	Heute
3	31.10.20	9	

Abbildung 9.63 Feiertagstabelle und Tabelle für Referenzlinie

Die gesamte Herleitung des Aufbaus eines Gantt-Diagramms ist mit ganz einfachen Daten an folgendem Beispiel beschrieben. Sie haben ein Projekt mit einer Laufzeit vom 03.08.2020 bis zum 12.08.2020 geplant, die Basisdaten dafür stehen in der Tabelle in Abbildung 9.64. Dieses Projekt besteht aus drei einzelnen Tätigkeiten. Die erste Tätigkeit soll laut Plan drei Tage dauern, die nächsten beiden jeweils vier Tage. Wann die Aufgaben genau ausgeführt werden sollen, tragen Sie mit der entsprechenden Nummer in die Basistabelle ein. Wenn Sie jetzt mit den zehn Zeilen und vier Spalten ein Liniendiagramm erstellen, erkennen Sie schon in Abbildung 9.64 die Struktur eines Gantt-Diagramms. Jede Datenreihe stellt dabei einen eigenen Vorgang dar, für jede Tätigkeit ist im Diagramm eine Linie in Höhe der Tätigkeitsnummer eingezeichnet. Wenn Sie jetzt noch die vertikale Achse so formatieren, dass die Reihenfolge der Werte umgekehrt wird, lässt sich das Diagramm von links nach rechts und von oben nach unten lesen.

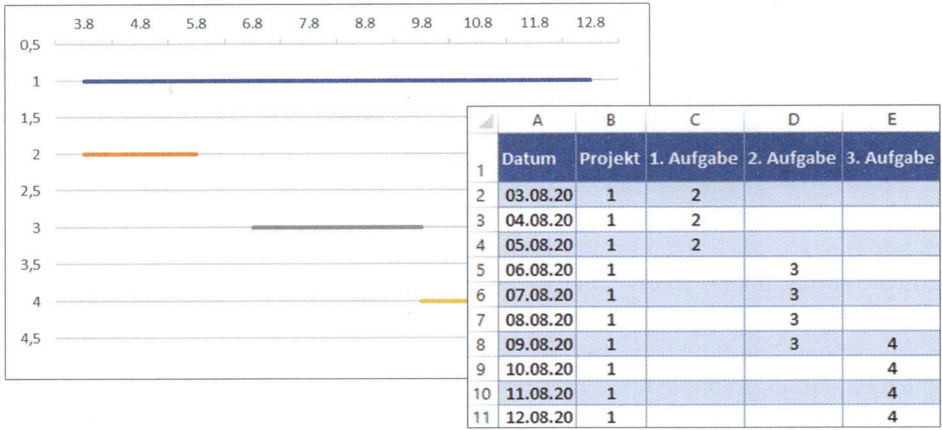

	A	B	C	D	E
1	Datum	Projekt	1. Aufgabe	2. Aufgabe	3. Aufgabe
2	03.08.20	1	2		
3	04.08.20	1	2		
4	05.08.20	1	2		
5	06.08.20	1		3	
6	07.08.20	1		3	
7	08.08.20	1		3	
8	09.08.20	1		3	4
9	10.08.20	1			4
10	11.08.20	1			4
11	12.08.20	1			4

Abbildung 9.64 Basistabelle und resultierendes Liniendiagramm bei umgekehrter Reihenfolge der vertikalen Achse

In der Beschriftungstabelle stehen in der ersten Spalte alle Tätigkeiten bzw. Aufgaben untereinander. Die dazugehörige Nummer sowie die Spaltenadresse aus der Basistabelle sind in den nächsten Spalten angegeben. Die Adresse hat an dieser Stelle den Vorteil, dass durch Nutzung der Funktion *Indirekt* das Kopieren von Formeln nach unten möglich ist. Immer wenn Sie Daten einmal in Zeilen untereinanderstehen haben und diese dann woanders nebeneinander in Spalten stehen, müssen Sie oftmals die Bezüge nach dem Kopieren manuell ändern. Der Einsatz der Funktion *Indirekt* schafft hier Abhilfe. Das Start- und das Enddatum sowie Texte in dieser Beschriftungstabelle werden nämlich automatisch aus der Tagestabelle ermittelt. Die dafür notwendigen Formeln müssen Sie nur einmal erstellen, diese lassen sich dann einfach nach unten kopieren. In der Beschriftungstabelle in Abbildung 9.65 sehen Sie die Ergebnisse der entsprechenden Formeln.

```
O2 = INDEX(A:A;VERGLEICH(M2;INDIREKT(N2);0))
```

Die Schachtelung der Funktionen *Index*, *Vergleich* und *Indirekt* ermittelt das Startdatum jeder Aktivität. Der Vergleich des Wertes »2« aus der Zelle *M2* mit der Spate »B:B« aus der Zelle *N2* ermittelt die Zeilennummer des ersten Vorkommens. Diese Zeilennummer wird dann an die Funktion *Index* übergeben, das Ergebnis ist der Wert in der zweiten Zeile der Spalte »A:A«, also das Startdatum dieser Tätigkeit.

```
P2 = O2+ZÄHLENWENN(INDIREKT(N2);M2)-1
```

Mit der Funktion *Zählenwenn* können Sie alle Zellen zählen, in denen der Wert aus Zelle *M2* in der Spalte aus *N2* stehen. So ermitteln Sie alle Tage, die für eine Tätigkeit geplant wurden. Diese Anzahl addiert zum Startdatum und um eins subtrahiert ergibt das Enddatum.

```
Q2 = ZÄHLENWENN(INDIREKT(N2);M2)
```

Wie schon beschrieben ermittelt die Funktion *Zählenwenn* die Anzahl der geplanten Tage für eine Tätigkeit.

```
R2 = NETTOARBEITSTAGE(O2;P2;$Y$2:$Y$11)
```


Eine solide Projektplanung berücksichtigt nur die Arbeitstage, in der Regel also die Tage von Montag bis Freitag. Diesen Wert können Sie mit der Funktion *Nettoarbeitstage* berechnen. Sie geben das Start- und das Enddatum an sowie einen Bezug auf eine Liste der Feiertage:

```
S2 = TEXT(O2;"T.M.")&"-"&TEXT(P2;"T.M.")
```

Als Beschriftung an der linken Seite der Vorgangslinie soll das Start- und das Enddatum stehen. Aus Platzgründen werden die Datumangaben mit der Funktion *Text* in eine Kurzform gebracht und anschließend mit der Anweisung & verkettet:

```
T2 = R2&" AT"
```

Rechts neben die Vorgangslinie wollen Sie im Diagramm die Anzahl der Nettoarbeitstage mit dem Zusatz »AT« für Arbeitstage schreiben. Hier müssen Sie nur den in Zelle *R2* berechneten Wert mit dem Text »AT« verketten.

Tätigkeit	Nr.	Spalte	Startdatum	Enddatum	Tage	Arbeitstage	Beschriftung (links)	Beschriftung (rechts)	Hilfsdatum
Projekt	1	B:B	3.8.20	12.8.20	10	8	3.8.-12.8.	8 AT	31.7.20
1. Aufgabe	2	C:C	3.8.20	5.8.20	3	3	3.8.-5.8.	3 AT	31.7.20
2. Aufgabe	3	D:D	6.8.20	9.8.20	4	2	6.8.-9.8.	2 AT	31.7.20
3. Aufgabe	4	E:E	9.8.20	12.8.20	4	3	9.8.-12.8.	3 AT	31.7.20

Abbildung 9.65 Beschriftungstabelle für vier Tätigkeiten

Nachdem jetzt alle Beschriftungen festgelegt sind, stellt sich noch die Frage, wie diese in das Diagramm kommen. Dazu müssen Sie noch drei weitere Datenreihen in Ihr Diagramm als Datenquelle aufnehmen und diese in den Typ PUNKTE ändern. Es entsteht somit wieder ein Kombidiagramm. Für diese Reihen stehen die jeweiligen x-Werte in den Spalten »Startdatum«, »Enddatum« und »Hilfsdatum«, die y-Werte für alle Reihen stehen in der Spalte »Nr.«. Alle Reihen als Datenquelle Ihres Diagramms sind in Abbildung 9.66 zu sehen.

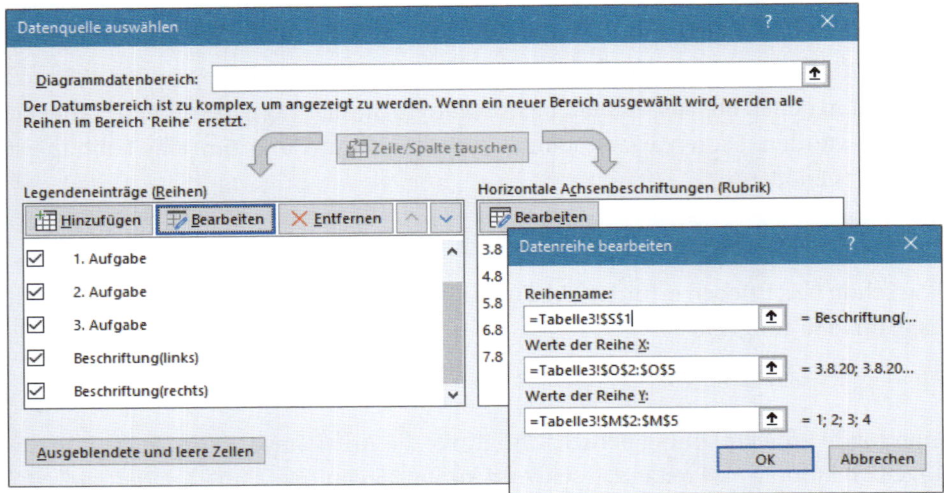

Abbildung 9.66 Datenreihen der unterschiedlichen Projekttätigkeiten und der Beschriftungen

In Abbildung 9.67 sehen Sie jetzt jeweils vier Punkte links und rechts neben den Vorgangslinien und vier übereinanderliegende Punkte beim Datum 31.07. Alle Punkte werden im Diagramm nur zur Platzierung der Beschriftungen benötig und können von daher als »unsichtbar« formatiert werden. Die Beschriftungen aller Punkte stammen aus Zellwerten, also aus den Spalten »Tätigkeit«, »Beschriftung links« und »Beschriftung rechts«. Durch die richtige Positionierung der Datenbeschriftung vermeiden Sie Überschneidungen der Texte, das Diagramm bleibt gut lesbar.

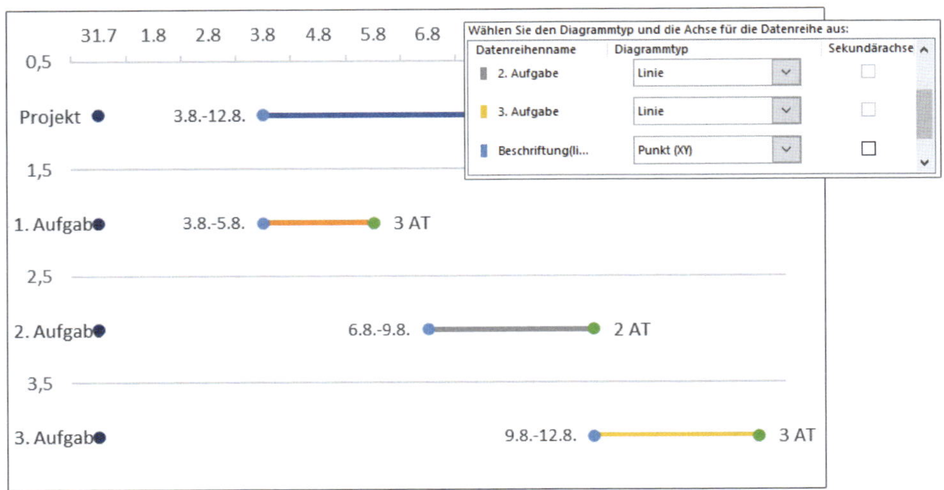

Abbildung 9.67 Grundstruktur des Gantt-Diagramms

Ohne Anpassung der unteren Grenze der Datumsachse wie in Abbildung 9.68 hätten Sie den Effekt, dass die linke Beschriftung des ersten Vorgangs in den Namen des Vorgangs reichen würde. Wenn Sie aber statt der automatischen Grenze »03.08.20« das Datum »31.07.20« eingeben, schaffen Sie hier ein wenig Platz, kein Text überdeckt einen anderen. Um die unnötigen Datumsangaben von der horizontalen Achse verschwinden zu lassen, können Sie einfach ein weiß gefülltes Textfeld ohne Rahmen darüberlegen.

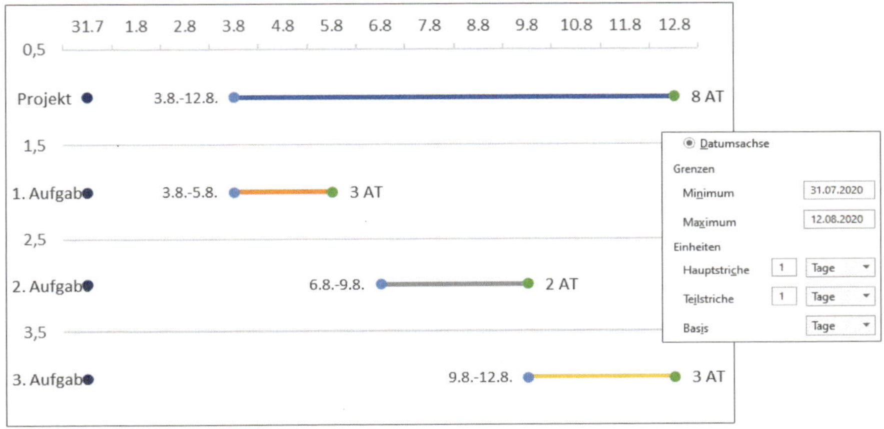

Abbildung 9.68 Beschriftungspunkte im Liniendiagramm

Zum Schluss fügen Sie noch eine weitere Datenreihe als Typ PUNKTE ein. Die x-Werte kommen aus der Spalte »Referenzdatum«, die y-Werte aus der Spalte »Höhe«. Den oberen Punkt können Sie noch mit der Datenbeschriftung »Heute« versehen. Die vertikale Achse wird nicht weiter benötigt, diese kann gelöscht werden. Die im Projektmanagement oft benutzte Raute für Meilensteine können Sie jetzt noch als Endsymbol der Linien festlegen. In Abbildung 9.69 ist das fertige Gantt-Diagramm für die einfachen Beispieldaten mit nur drei Vorgängen zu sehen.

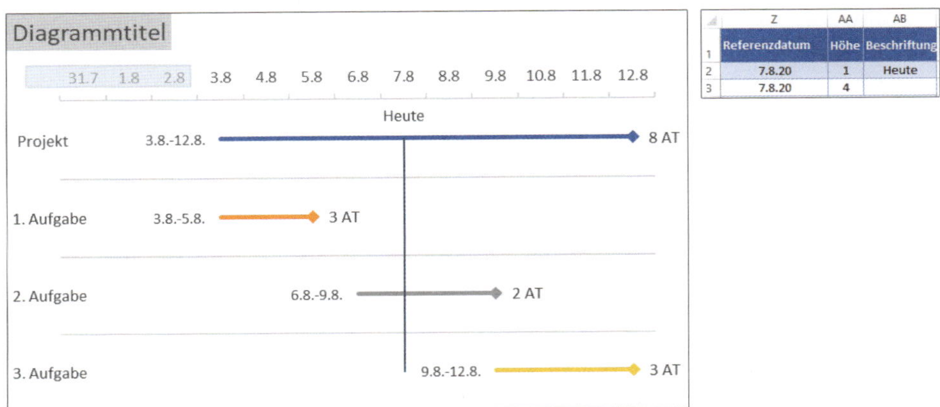

	Z	AA	AB
1	Referenzdatum	Höhe	Beschriftung
2	7.8.20	1	Heute
3	7.8.20	4	

Abbildung 9.69 Einfaches Gantt-Diagramm mit Beschriftungen

Das vorgestellte Prinzip lässt sich durchaus für reale Projekte nutzen, bei einer hohen Anzahl von Vorgängen und einer längeren Laufzeit stößt diese Methodik jedoch an ihre Grenzen.

9.14 Grafische Elemente in Diagrammen – Bilder in Säulen

Alle Flächen in Diagrammen lassen sich mit Bildern ausfüllen. Bilder können sowohl Fotos als auch beliebige Grafiken sein. In Excel stehen Ihnen verschiedene *Onlinebibliotheken* zur Verfügung, aus denen Sie *Illustrationen*, *Piktogramme*, *Sticker* oder auch *Fotos* auswählen können. Selbstverständlich können Sie auch eigene Zeichnungen oder Fotos benutzen. Als Bildquelle lassen sich lokale oder geteilte Speicherorte angeben, von denen Sie ein Bild laden können. Oder Sie kopieren ein Bild in Ihre Zwischenablage und fügen es von dort als Füllung der Fläche ein. Das Bild als solches lässt sich über Formatierungen nicht mehr modifizieren, Sie können aber trotzdem einige Einstellungen ändern und so das Erscheinungsbild anpassen. In Abbildung 9.70 wurde aus den Illustrationen in Excel ein Fahrrad als Bildquelle ausgewählt. Auf der rechten Seite sehen Sie die möglichen Einstellungen dieser Grafik.

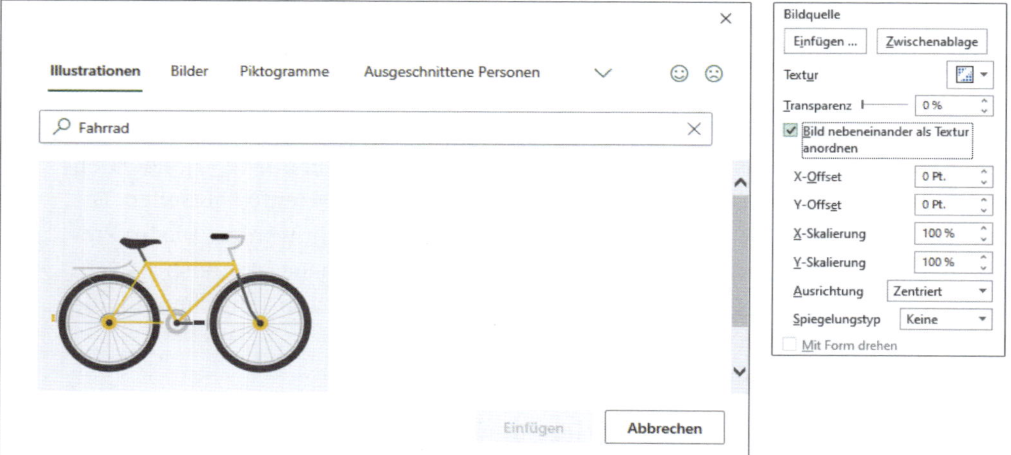

Abbildung 9.70 Auswahl einer Illustration und Optionen im Diagramm

Im Beispiel in Abbildung 9.71 sehen Sie die in Zahlung genommenen Fahrräder pro Monat im Jahr 2020 als Säulendiagramm dargestellt. Statt eines einfarbigen Hintergrundes ist die Zeichnungsfläche mit skizzierten Fahrrädern hinterlegt. Um diese Darstellung zu erhalten, benötigen Sie zuerst eine entsprechende Grafik. Diese können Sie z. B. aus den Illustrationen in ein Excel-Arbeitsblatt einfügen. Über die Zwischenablage können Sie jetzt das Bild als Füllung der Zeichnungsfläche festlegen. In der

Standardeinstellung ist jedoch nur genau ein Fahrrad in der Größe der Zeichnungsfläche zu sehen. Der untere Teil der Grafik wird dabei von den Säulen überdeckt. Wenn Sie jetzt nur einige Einstellungen ändern, werden auf der gesamten Zeichnungsfläche viele kleine Räder sichtbar, auch hinter den Säulen. In der Formatierung der Zeichnungsfläche bewirkt die Aktivierung des Schalters Bild nebeneinander als Textur und die Eingabe des Wertes von 40 % bei der x- und y-Skalierung, dass das Bild verkleinert wird, dafür werden jedoch mehrere Räder dargestellt. Der Spiegelungstyp Horizontal lässt die Räder jetzt abwechselnd nach links und nach rechts zeigen. Eine Transparenz von 30 % bewirkt, dass das Bild weniger kontrastreich erscheint. Wenn Sie jetzt noch in der Säulenformatierung die Füllung auf 30 % Transparenz einstellen, kommen die Räder auch hinter den Säulen zum Vorschein.

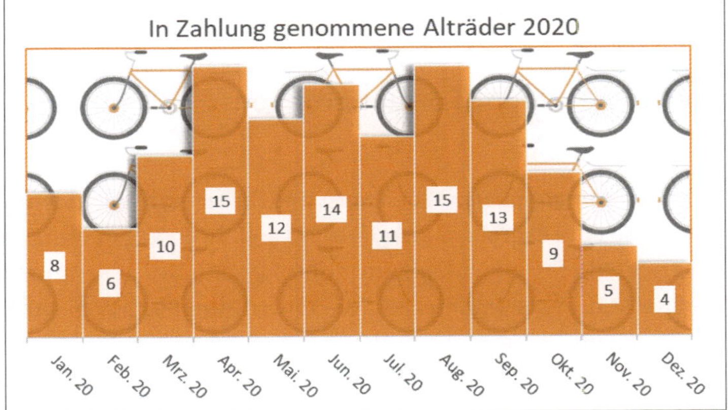

Monat	Anzahl
Jan. 20	8
Feb. 20	6
Mrz. 20	10
Apr. 20	15
Mai. 20	12
Jun. 20	14
Jul. 20	11
Aug. 20	15
Sep. 20	13
Okt. 20	9
Nov. 20	5
Dez. 20	4

Abbildung 9.71 Säulendiagramm mit einer Bildfüllung der Zeichnungsfläche

Möchten Sie die umgekehrte Darstellungsform, also die Säulen vollständig mit einem Bild ausfüllen und gleichzeitig die freie Fläche transparent erscheinen lassen, benötigen Sie eine weitere Datenreihe. Diese Datenreihe besteht im Beispiel aus der Differenz der Alträder zu dem Wert 18. Die Summe beider Werte beträgt also immer 18. Wenn Sie diesen Wert als maximalen vertikalen Achsenwert festlegen, ist sichergestellt, dass die *Zeichnungsfläche* auch eine Höhe von 18 hat. Das Diagramm besteht aus je zwei gestapelten Säulen, alle Säulen zusammen füllen die komplette Zeichnungsfläche aus. Wenn Sie jetzt ein Foto als Füllung der Zeichnungsfläche einfügen, können Sie aus dem einen Rad auf dem Foto wieder mehrere machen und sie in die entgegengesetzte Richtung zeigen lassen. Allerdings verdecken die gestapelten Säulen noch die Zeichnungsfläche, viel ist von den Alträdern nicht zu sehen. Das ändert sich jedoch, wenn Sie jetzt die untere Säulenreihe ohne Füllung und mit einem weißen Rahmen formatieren und die oberen Säulen weiß ausfüllen und die Transparenz auf 15 % einstellen. Das Ergebnis dieser Einstellungen ist in Abbildung 9.72 zu sehen.

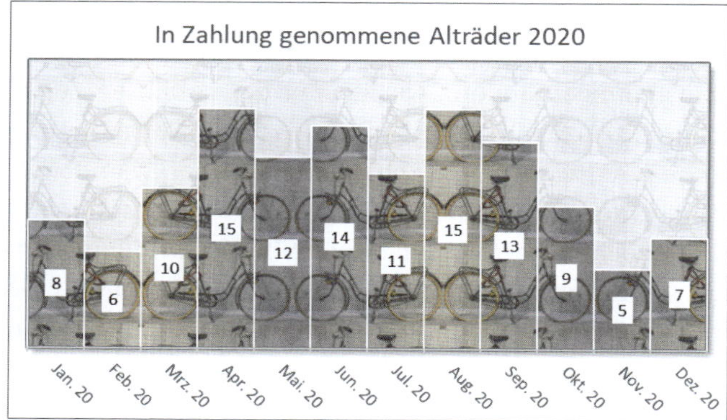

Monat	Anzahl	Differenz zu 18
Jan. 20	8	10
Feb. 20	6	12
Mrz. 20	10	8
Apr. 20	15	3
Mai. 20	12	6
Jun. 20	14	4
Jul. 20	11	7
Aug. 20	15	3
Sep. 20	13	5
Okt. 20	9	9
Nov. 20	5	13
Dez. 20	7	11

Abbildung 9.72 Säulendiagramm mit einer Fotofüllung der Zeichnungsfläche

9.15 Diagrammvorlagen – eigene Formatierungen mehrfach nutzen

Excel erlaubt es, eigene *Diagrammvorlagen* zu speichern und diese dann auf anderen Daten anzuwenden. Wenn Sie ein Diagramm erstellt und nach Ihren Vorstellungen formatiert haben, können Sie dieses als Vorlage im Kontextmenü des Diagramms speichern. Über die rechte Maustaste finden Sie dort einen Punkt ALS VORLAGE SPEICHERN. Wenn Sie z. B. ein Diagramm mit den gefahrenen Kilometern einer mehrtägigen Radtour erstellen und entsprechend formatieren wie in Abbildung 9.73, können Sie diese Formatierung auch auf die Daten einer weiteren Tour anwenden.

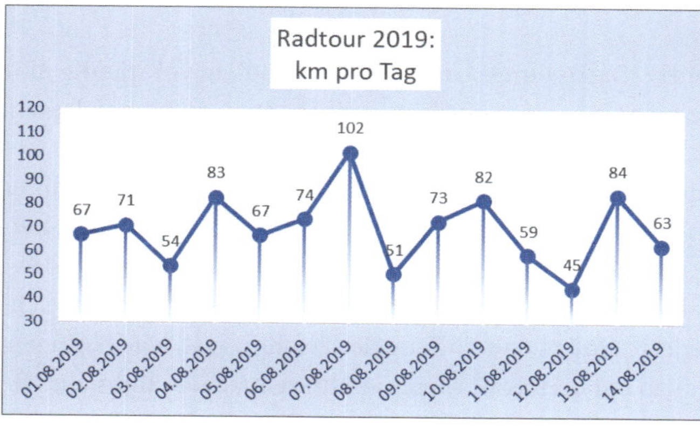

Datum	Radtour 2019: km pro Tag
01.08.2019	67
02.08.2019	71
03.08.2019	54
04.08.2019	83
05.08.2019	67
06.08.2019	74
07.08.2019	102
08.08.2019	51
09.08.2019	73
10.08.2019	82
11.08.2019	59
12.08.2019	45
13.08.2019	84
14.08.2019	63

Abbildung 9.73 Liniendiagramm zum Speichern als Vorlage

Vorlagen werden automatisch in einem dafür vorgesehenen Verzeichnis gespeichert: *AppData\Local\Packages\Microsoft.Office.Desktop_8wekyb3d8bbwe\LocalCache\Roaming\Microsoft\Templates\Charts*. Sie vergeben nur einen Namen für Ihre Vorlage, Excel macht daraus eine Diagrammvorlagendatei mit der Endung *.crtx* (siehe Abbildung 9.74).

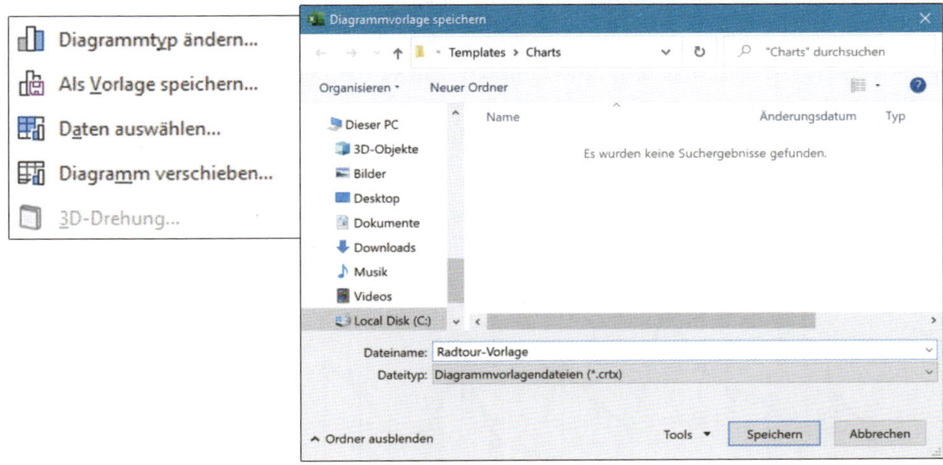

Abbildung 9.74 Speicherort von Diagrammvorlagendateien

Um eine Vorlage zu nutzen und auf andere Daten anzuwenden, wählen Sie beim Einfügen eines neuen Diagramms den Punkt VORLAGEN aus. Ihnen werden hier alle gespeicherten Vorlagen angeboten, so auch die Radtour-Vorlage (siehe Abbildung 9.75). Wenn es Ihre Daten zulassen, erhalten Sie sofort ein neues Diagramm, das genauso formatiert ist wie Ihr ursprüngliches Diagramm.

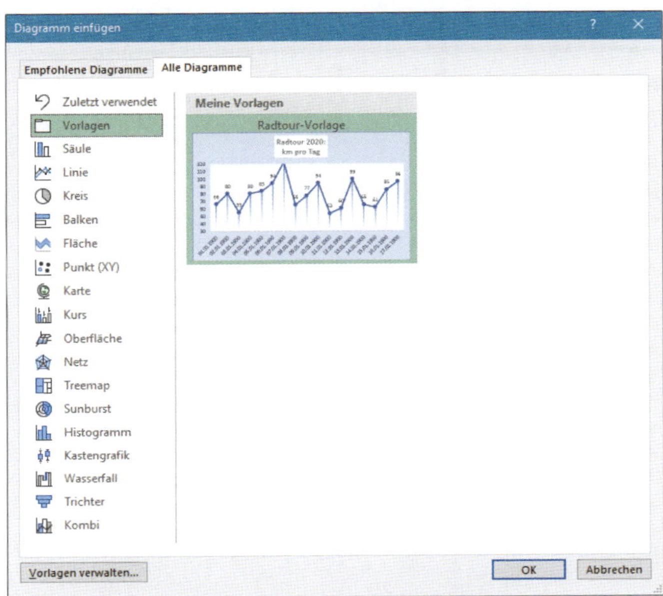

Abbildung 9.75 Eigene Vorlagen als Diagrammtyp

Es gibt ein paar Fallstricke bei den Vorlagen. Wurde z. B. in dem Diagramm, das als Vorlage gespeichert wurde, die vertikale Achse mit dem maximalen Wert 120 km eingestellt, so kommt dieser Achsenwert auch bei dem neuen Diagramm zum Tragen. Sind Sie im Folgejahr an einem Tag mehr als 120 km gefahren, so wird dieser Datenpunkt nicht korrekt angezeigt, die Linie geht über die Zeichnungsfläche hinaus. Sie sollten sich bei der Verwendung von Vorlagen immer sicher sein, dass die Einstellungen in der Vorlage auch wirklich zu Ihren Daten passen, ansonsten erhalten sie unschöne Fehler wie in Abbildung 9.76.

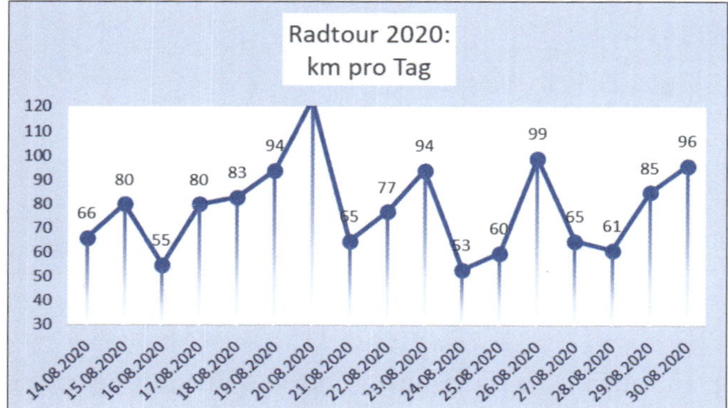

Datum	Radtour 2020: km pro Tag
14.08.2020	66
15.08.2020	80
16.08.2020	55
17.08.2020	80
18.08.2020	83
19.08.2020	94
20.08.2020	123
21.08.2020	65
22.08.2020	77
23.08.2020	94
24.08.2020	53
25.08.2020	60
26.08.2020	99
27.08.2020	65
28.08.2020	61
29.08.2020	85
30.08.2020	96

Abbildung 9.76 Liniendiagramm, basierend auf einer gespeicherten Vorlage

Alternative zu Vorlagen

Sie können anstelle der Vorlagen auch die ursprüngliche Datei hernehmen und diese unter einem anderen Namen speichern. Hier passen Sie nur noch die Daten an und haben auch ein gleich aussehendes Diagramm erstellt.

Danksagung

Es ist noch gar nicht so lange her, dass Heimcomputer etwas Exotisches waren und oftmals fragende oder auch kritische Blicke hervorriefen. An Smartphones und Tablets und an eine weltweite Vernetzung dieser Geräte war damals kaum zu denken. Die Heimautomatisierung, selbstfahrende Autos oder die digitale Durchdringung aller Lebensbereiche mit Apps konnten sich selbst große Visionäre nur in Ansätzen vorstellen.

Ich bin damals mit meinem WG-Mitbewohner zufällig auf die ersten Tabellenkalkulations- und Textverarbeitungsprogramme gestoßen. Es war einfach das Interesse an diesen Computeranwendungen, das uns dazu brachte, tiefer einzusteigen. In vielen gemeinsamen Sessions haben wir uns eingearbeitet, gegenseitig inspiriert und Ideen entwickelt. Unter anderem entstanden daraus schon unsere ersten Aktivitäten als Trainerteam. Thomas, besten Dank für die gute und lehrreiche Zeit.

Die ersten von uns durchgeführten Computer-Schulungen wären ohne den Einsatz und die Organisation von Sylvia nicht möglich gewesen. Somit hat sie schon damals einen kleinen Grundstein zu diesem Buch gelegt. Danke, Sylvia.

Und ohne das Interesse aller Teilnehmerinnen und Teilnehmer meiner Kurse, ohne die vielen Fragen aus der Praxis von meinen Kolleginnen und Kollegen, hätte ich meine Erfahrungen gar nicht sammeln können. Allen diesen Menschen möchte ich ebenso danken.

Und natürlich gilt ein besonderer Dank meiner Frau Susanne. Sie stand mir immer bei allen überfachlichen Themen mit Rat und Tat zur Seite.

Erwähnen möchte ich zum Schluss auch unsere Kater. Es ist immer wieder erstaunlich, welche Tastenkürzel die kleinen Mitbewohner durch beherzte Sprünge auf die Tastatur entdecken. Leider behalten sie diese geheimen Tastenkombinationen dann immer für sich.

Dirk Siegmann
München

Index

J

K

L

M

N

O

P

Q

R

S

T

U

V

W

X

Y

Z